Dynamo pour Autodesk® Revit®

Concevoir, automatiser et exploiter les données

Les outils du BIM

Ahmed Halim
BIM Manager et BIM Développeur chez AIA Life Designers

Préface d'Emmanuel Di Giacomo

Editions Le Moniteur

AUTODESK. Authorized Publisher

Dédiée aux solutions logicielles du BIM, la collection « Les outils du BIM » s'adresse aux professionnels qui souhaitent améliorer leurs pratiques et développer le potentiel métier de leurs outils.

Elle est dirigée par Emmanuel Di Giacomo, architecte et responsable Europe Développement des écosystèmes BIM chez Autodesk®, auteur d'ABCD Blog (www.abcdblog.fr), un blog dédié à l'architecture, l'ingénierie et la construction. ABCD Blog est un lieu d'expression riche où sont régulièrement proposés des interviews et de nombreux articles sur les dernières règlementations et tendances du secteur (BIM, numérisation, IA, conception générative, robotique, industrialisation de la construction...).

Directrice des éditions : Claire de Gramont
Directeur éditorial : Thierry Kremer
Éditrice : Carole Trochu
Édition et coordination des illustrations : Alain Bouteveille
Conception de la maquette et de la couverture : STDI
Réalisation de la couverture : STDI (Claire Anne, Charlène Pineau)
Mise en pages : STDI (Rachel Alonzo)
Réalisation des illustrations : Ursula Bouteveille
Fabricante : Anne-Lise Gonnet

ISBN papier : 978-2-281-14481-9
ISBN numérique : 978-2-281-14482-6
ISSN : 2802-9887

Sommaire

À LA PORTÉE DE TOUS

Exercices

Préface

Lentement mais sûrement, le BIM prend son envol en France et il ne cesse au quotidien de se sophistiquer et de nous dévoiler les opportunités qu'il offre à ses adeptes. Il améliore de toute évidence les pratiques des professionnels de l'AEC (Architecture, Ingénierie et Construction) qui s'en emparent, mais aussi la qualité des projets qu'il permet de planifier, de concevoir et de construire, ouvrant ainsi les portes du possible quant à des bâtiments et infrastructures plus performantes et qualitatives.

Mais au fur et à mesure qu'il avance, de nouveaux besoins se font sentir, notamment celui lié à l'amélioration et à l'augmentation de la productivité au quotidien des sociétés qui l'ont implémenté. Et c'est ici qu'entre en scène la mise en place de solutions spécifiques qui sont des compagnons incontournables de logiciels BIM de pointe telles qu'Autodesk® Revit® qui est l'une des technologies les plus utilisées dans le cadre des projets qui se construisent à l'heure actuelle.

Cette nécessité d'automatiser et de rendre plus aisées un certain nombre de tâches parfois très pointues, est aussi directement liée à l'importance croissante du « I » du BIM qui prend toute son ampleur avec le niveau de maturité et de maîtrise croissant des acteurs. La donnée ou les informations du BIM sont devenues clés et centrales ! Pourquoi répéter manuellement des tâches à faible valeur ajoutée, telles que la création de vues, de plans de ventes, de nomenclatures, la mise en pages et autres opérations répétitives d'un projet, alors que l'on pourrait s'en affranchir de manière automatique ? Pourquoi essayer d'extraire, d'injecter, de modifier ou de supprimer des informations clés du projet, alors qu'un script pourrait s'en charger pour vous et que vous pourriez ainsi dégager du temps pour les tâches à valeur ajoutée telles que la conception ?

Enfin, pourquoi batailler pour modéliser des façades, volumétries ou objets complexes, dupliquer des éléments constructifs ou importer des volumes et éléments provenant d'autres outils, alors qu'un seul clic les rendrait possibles, instantanés et parfaits ?

Tout cela est réalité grâce à une technologie miracle et de pointe dite de « programmation visuelle » qu'Autodesk® a développé sur le marché il y a déjà quelques temps et qui s'appelle Dynamo for Revit.

Plus aucune agence d'architecture, BET ou entreprise de construction ne saurait se passer de cette solution révolutionnaire démocratisant l'optimisation du BIM de pointe !

Mais il nous manquait une chose essentielle pour s'y plonger : un ouvrage de référence sur le sujet, qui vous permette de faire vos premiers pas et de débuter avec cette technologie. C'est ce que nous propose Ahmed Halim, architecte et BIM Manager dans la grande agence AIA Life Designers et l'un des grands experts en France de solutions BIM d'Autodesk® telles qu'Autodesk® Revit®, Dynamo et bien d'autres encore.

Au travers d'une pédagogie maîtrisée, Ahmed nous propose un ouvrage de qualité, facile à comprendre, structuré et progressif qui vous sensibilisera à tous les aspects de l'utilisation de Dynamo en parallèle de Revit® et qui vous mettra enfin le pied à l'étrier d'une technologie que certaines et certains n'osaient approcher par peur de ne pas la maîtriser. Au travers d'une série de chapitres à thèmes intelligents, progressifs et magnifiquement illustrés, vous progresserez très rapidement. Les cas d'usages présentés, propres à notre secteur de l'AEC seront un bon moyen de vous projeter dans votre quotidien et de comprendre les bonnes pratiques et bénéfices d'un outil si puissant.

Cet ouvrage sur Dynamo est un évènement en soi car il n'existait aucune littérature à ce sujet dans le monde, et encore moins en France. Nous vous souhaitons une bonne découverte de l'univers infini que vous propose Dynamo for Revit grâce à ce bel ouvrage d'Ahmed Halim qui vous accompagnera dans ce voyage vers plus de puissance, d'optimisation et de créativité avec Dynamo for Revit.

Bonne lecture à toutes et à tous.

Emmanuel Di Giacomo
Architecte DPLG
Responsable du développement
des écosystèmes BIM Europe pour Autodesk®
Directeur de la collection dédiée aux solutions Autodesk® pour le BIM
« Les outils du BIM » aux Éditions du Moniteur

Avant-propos

Dynamo est un outil encore peu connu des professionnels et dont le potentiel est, pour le moment, sous-exploité. Doté d'un moteur de calcul très puissant, il permet pourtant de réaliser des actions sophistiquées simplement et rapidement et, ce, quel que soit le volume des données à traiter.

Développé spécifiquement pour Autodesk® Revit®, Dynamo for Revit permet de mettre en place facilement des routines ou des fonctions complexes de traitement des éléments. On peut, sans avoir besoin de maîtriser un langage de programmation, importer des données Excel, exporter des données Revit vers Excel, importer des fichiers AutoCAD sans perte, modéliser des formes de géométrie libres, éviter des tâches répétitives, modifier des éléments par groupe, sélectionner des éléments par matériaux, personnaliser des traitements pour un projet…

Fig. A.1

Conçu pour un apprentissage progressif et une mise en pratique immédiate, cet ouvrage s'adresse à tous les utilisateurs d'Autodesk® Revit® qui souhaitent faire évoluer leurs pratiques vers plus d'interopérabilité et d'optimisation.

À propos de l'ouvrage

Les premiers chapitres de cet ouvrage permettent de découvrir les éléments de base constituant l'interface Dynamo et les spécificités de la programmation visuelle.

Les chapitres suivants abordent des fonctionnalités avancées pour mettre en place des workflows efficaces, instaurer des routines spécifiques afin d'éviter les tâches répétitives ou encore prévisualiser des solutions de conception *via* les outils de Generative Design.

Les scripts des exercices sont disponibles en téléchargement afin de faciliter leur compréhension et leurs manipulations. Chaque exercice a été pensé pour correspondre à un usage type dans le cadre d'un suivi de projet.

Dans le détail, cet ouvrage comporte neuf chapitres :

- **1. Dynamo et Dynamo for Revit** : l'objectif de ce chapitre est d'acquérir une compréhension du potentiel de l'outil et des interactions possibles avec Revit. La configuration de base et les ressources disponibles y sont également présentées.
- **2. L'environnement** : ce chapitre permet d'aborder les principes de base de la programmation visuelle. Les manipulations permettant de s'équiper (packages, extensions…) et de personnaliser l'interface de Dynamo for Revit sont également présentées.
- **3. La gestion des imports/exports sous Dynamo** : ce chapitre aborde l'interopérabilité de Dynamo. Il présente un panorama des formats de fichiers pris en charge ainsi que les packages personnalisés qui offrent la possibilité de traiter des formats différents comme AutoCAD ou SketchUp. Leur maîtrise permet de fluidifier les workflows du projet et facilite les tâches de partage, de sauvegarde et de gestion des scripts (notamment en cas de travail collaboratif).
- **4. Le workflow avec Excel** : ce chapitre présente une initiation avancée à la gestion des données sous Excel *via* Dynamo – que ce soit d'Excel vers Revit en import ou de Revit vers Excel en export. Sept exercices types pour un projet y sont présentés : créer des pièces à partir d'un fichier Excel, créer des niveaux à partir d'un fichier Excel, rechercher des éléments à l'aide de valeurs uniques d'Excel, créer une nomenclature clé et importer des données depuis Excel, apprendre à exporter une liste des vues par types et savoir exporter une liste des pièces avec les surfaces programme et surfaces projet.
- **5. Les interactions avec Revit** : ce chapitre permet d'apprendre à sélectionner des éléments dans l'environnement de Revit pour effectuer différentes modifications sous Dynamo (contrôle de la hauteur des pièces dans la maquette, déplacement de plusieurs éléments vers un sous-projet Revit spécifique, renommage d'une liste de vues à partir d'une liste Excel).
- **6. L'automatisation des tâches répétitives sous Revit** : ce chapitre permet de comprendre comment fonctionne le lecteur Dynamo et comment créer des scripts qui pourront être importés et utilisés par d'autres intervenants. Vous apprendrez notamment à créer une liste de plans de vente, à les placer dans des feuilles et à les exporter au format PDF.
- **7. La modélisation d'éléments 3D** : ce chapitre présente les bases des géométries sous Dynamo. Vous découvrirez comment Dynamo interprète la géométrie et comment il faut l'utiliser pour créer des objets 3D (du point jusqu'aux solides 3D). Vous apprendrez également à modéliser un toit de forme libre dans Dynamo puis à le créer dans Revit.
- **8. L'analyse d'une géométrie : le cas des murs-rideaux** : en faisant le lien entre Revit et Dynamo, ce chapitre vous présentera comment sélectionner, créer et modifier les différents éléments d'un mur-rideau dans Revit à l'aide de Dynamo.

Les exercices proposés vous permettront de créer des scripts pour modifier les éléments d'un mur-rideau de manière aléatoire à des fins de conception de façade (notamment les types de panneaux et les matériaux).

- **9. Introduction à la conception générative** : ce dernier chapitre présente les principes fondamentaux du Generative Design (conception générative) avec Dynamo et Revit 2021 (de l'indispensable configuration du script au choix du mode de variation).

> Les utilisateurs avancés pourront s'ils le souhaitent passer les chapitres qu'ils considèrent comme déjà acquis et entreprendre les manipulations proposées selon leur besoin (voir la section *À la portée de tous* dans le sommaire).

Les prérequis

Autodesk® Revit®

Autodesk® Revit® doit être installé avec les dernières mises à jour. Dans ce livre, nous utilisons principalement les versions Revit 2019 et 2021.

La mise à jour des produits Autodesk est gérée par l'**Application de bureau Autodesk** (fig. A.2). Elle est installée en même temps que les produits et accessible depuis la zone de notification de Windows.

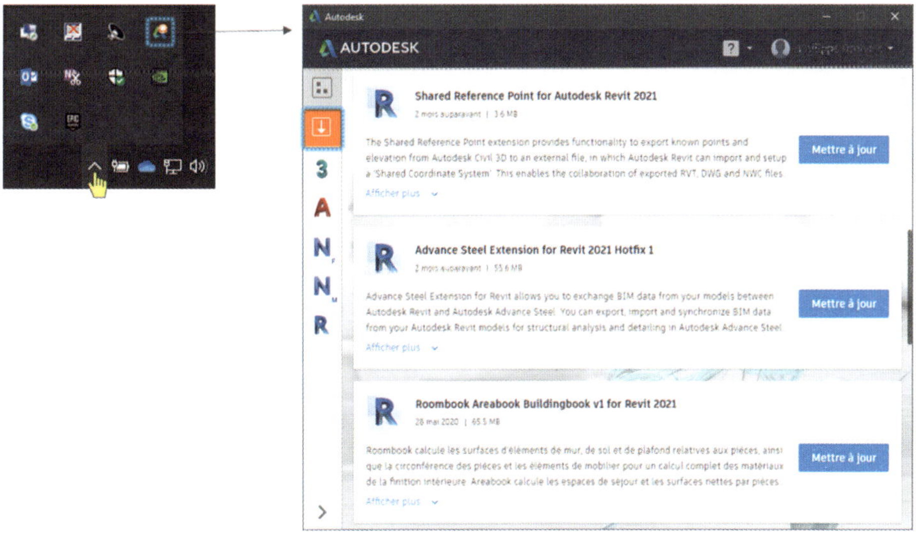

Le bouton avec une flèche orange permet d'afficher les mises à jour disponibles

Fig. A.2

Le programme Éducation d'Autodesk®

Autodesk® offre aux étudiants, aux enseignants et aux établissements d'enseignement admissibles des licences éducatives gratuites d'un an renouvelable pour ses logiciels professionnels et ses applications créatives.

Pour savoir si vous pouvez bénéficier de ce programme, consultez la page du site dédiée à cette opération : https://knowledge.autodesk.com/fr/customer-service/account-management/education-program/free-education-access.

Dynamo

Par défaut, Dynamo est installé sur Revit depuis la version 2020. Si vous utilisez une version antérieure, vous devrez le télécharger et l'installer manuellement à partir du site DynamoBuilds (fig. A.3) :

https://dynamobuilds.com/

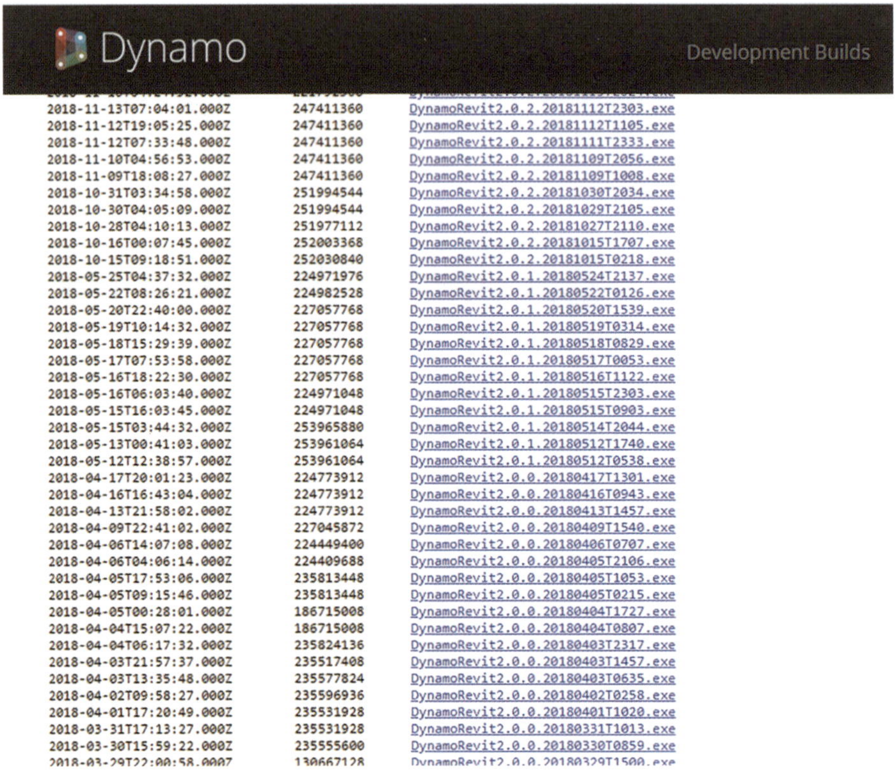

2018-11-13T07:04:01.000Z	247411360	DynamoRevit2.0.2.20181112T2303.exe
2018-11-12T19:05:25.000Z	247411360	DynamoRevit2.0.2.20181112T1105.exe
2018-11-12T07:33:48.000Z	247411360	DynamoRevit2.0.2.20181111T2333.exe
2018-11-10T04:56:53.000Z	247411360	DynamoRevit2.0.2.20181109T2056.exe
2018-11-09T18:08:27.000Z	247411360	DynamoRevit2.0.2.20181109T1008.exe
2018-10-31T03:34:58.000Z	251994544	DynamoRevit2.0.2.20181030T2034.exe
2018-10-30T04:05:09.000Z	251994544	DynamoRevit2.0.2.20181029T2105.exe
2018-10-28T04:10:13.000Z	251977112	DynamoRevit2.0.2.20181027T2110.exe
2018-10-16T00:07:45.000Z	252003368	DynamoRevit2.0.2.20181015T1707.exe
2018-10-15T09:18:51.000Z	252030840	DynamoRevit2.0.2.20181015T0218.exe
2018-05-25T04:37:32.000Z	224971976	DynamoRevit2.0.1.20180524T2137.exe
2018-05-22T08:26:21.000Z	224982528	DynamoRevit2.0.1.20180522T0126.exe
2018-05-20T22:40:00.000Z	227057768	DynamoRevit2.0.1.20180520T1539.exe
2018-05-19T10:14:32.000Z	227057768	DynamoRevit2.0.1.20180519T0314.exe
2018-05-18T15:29:39.000Z	227057768	DynamoRevit2.0.1.20180518T0829.exe
2018-05-17T07:53:58.000Z	227057768	DynamoRevit2.0.1.20180517T0053.exe
2018-05-16T18:22:30.000Z	227057768	DynamoRevit2.0.1.20180516T1122.exe
2018-05-16T06:03:40.000Z	224971048	DynamoRevit2.0.1.20180515T2303.exe
2018-05-15T16:03:45.000Z	224971048	DynamoRevit2.0.1.20180515T0903.exe
2018-05-15T03:44:32.000Z	253965880	DynamoRevit2.0.1.20180514T2044.exe
2018-05-13T00:41:03.000Z	253961064	DynamoRevit2.0.1.20180512T1740.exe
2018-05-12T12:38:57.000Z	253961064	DynamoRevit2.0.1.20180512T0538.exe
2018-04-17T20:01:23.000Z	224773912	DynamoRevit2.0.0.20180417T1301.exe
2018-04-16T16:43:04.000Z	224773912	DynamoRevit2.0.0.20180416T0943.exe
2018-04-13T21:58:02.000Z	224773912	DynamoRevit2.0.0.20180413T1457.exe
2018-04-09T22:41:02.000Z	227045872	DynamoRevit2.0.0.20180409T1540.exe
2018-04-06T14:07:08.000Z	224449400	DynamoRevit2.0.0.20180406T0707.exe
2018-04-06T04:06:14.000Z	224409688	DynamoRevit2.0.0.20180405T2106.exe
2018-04-05T17:53:06.000Z	235813448	DynamoRevit2.0.0.20180405T1053.exe
2018-04-05T09:15:46.000Z	235813448	DynamoRevit2.0.0.20180405T0215.exe
2018-04-05T00:28:01.000Z	186715008	DynamoRevit2.0.0.20180404T1727.exe
2018-04-04T15:07:22.000Z	186715008	DynamoRevit2.0.0.20180404T0807.exe
2018-04-04T06:17:32.000Z	235824136	DynamoRevit2.0.0.20180403T2317.exe
2018-04-03T21:57:37.000Z	235517408	DynamoRevit2.0.0.20180403T1457.exe
2018-04-03T13:35:48.000Z	235577824	DynamoRevit2.0.0.20180403T0635.exe
2018-04-02T09:58:27.000Z	235596936	DynamoRevit2.0.0.20180402T0258.exe
2018-04-01T17:20:49.000Z	235531928	DynamoRevit2.0.0.20180401T1020.exe
2018-03-31T17:13:27.000Z	235531928	DynamoRevit2.0.0.20180331T1013.exe
2018-03-30T15:59:22.000Z	235555600	DynamoRevit2.0.0.20180330T0859.exe
2018-03-29T22:00:58.000Z	130667128	DynamoRevit2.0.0.20180329T1500.exe

Fig. A.3

C'est la version 2.0.3 de Dynamo qui a été utilisée pour cet ouvrage mais les exemples seront également réalisables avec des versions plus récentes.

> **!**
> Si vous ouvrez le script Dynamo fourni avec ce livre dans une version Dynamo plus récente, vous ne pourrez plus le réutiliser dans les versions précédentes.

La documentation

Les ressources suivantes peuvent être consultées en support au besoin :

- **Dynamo Primer** : il s'agit d'un guide utilisateur développé par l'équipe Dynamo. Il est disponible en plusieurs langues, y compris le français.

  https://primer.dynamobim.org/

- **Forum Dynamo** : il s'agit d'un forum pour les utilisateurs Dynamo du monde entier, les échanges se font principalement en anglais.

  https://forum.dynamobim.com/

- **Dynamo Packages** : il s'agit du site officiel géré par l'équipe Dynamo pour tous les packages personnalisés conçus par des experts. Vous pouvez les télécharger et les utiliser dans votre Dynamo.

  https://dynamopackages.com/

- **Dynamo Nodes** : il s'agit d'un site dédié aux nœuds Dynamo. Il contient une liste de presque tous les nœuds Dynamo ainsi que plusieurs flux de travail.

  https://dynamonodes.com/

- **Generative Design Primer** : il s'agit d'un site créé par Autodesk contenant une introduction très détaillée au Generative Design et à ses différentes applications entre Dynamo et Revit 2021.

  https://www.generativedesign.org/

> **Forum Dynamo (version française)**
>
> Ce forum est dédié aux utilisateurs francophones. Comme son homologue anglais, il est géré par un groupe de bénévoles qui partagent leurs connaissances et leurs scripts Dynamo. C'est un environnement convivial pour poser des questions et trouver des réponses. L'inscription est gratuite.
>
> forum.dynamobimfra.com

Les fichiers d'exercices

Cet ouvrage contient des fichiers d'exercices disponibles en téléchargement (au format Revit 2019, Dynamo 2.0.3 et Excel). Ils sont téléchargeables à l'adresse suivante :

bit.ly/Dynamo_Revit_Moniteur

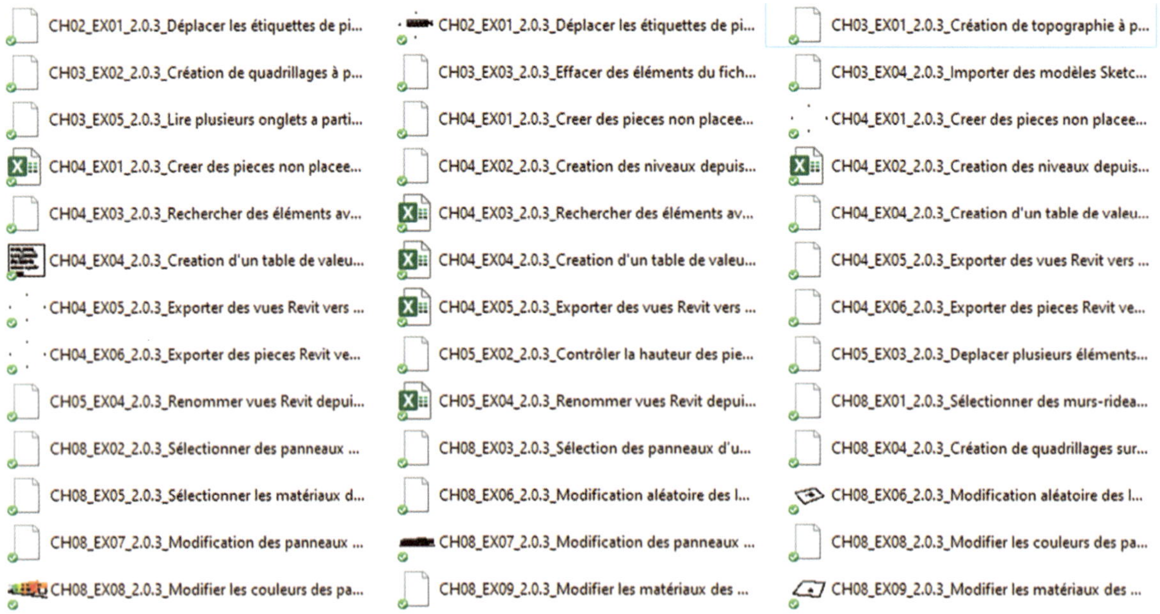

Fig. A.4
Les fichiers d'exercices de l'ouvrage

À noter, tous les fichiers associés à cet ouvrage suivent un système de codification spécifique qui comprend le numéro de chapitre, le numéro de l'exercice, le code de la version Dynamo et le nom du fichier (fig. A.5).

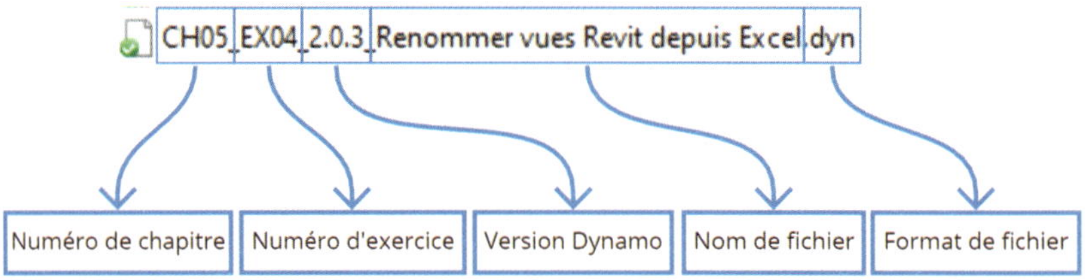

Fig. A.5

> **!** Pour réaliser certains des exercices, les logiciels AutoCAD® et Microsoft® Excel® doivent être installés sur votre ordinateur.

À propos de l'auteur

Ahmed Halim est architecte diplômé de l'Institut supérieur d'ingénierie El Shorouk du Caire, il totalise plus de dix années d'expérience dans les domaines de l'architecture et du BIM. Il travaille actuellement comme BIM Manager et BIM Développeur chez AIA Life Designers à Paris.

Pour plus d'informations, visitez le site web de l'auteur :

https://ahmed-halim.com

Remerciements

Je tiens à exprimer ma profonde et sincère gratitude aux personnes et institutions suivantes. Sans leur aide et leurs conseils, il n'aurait pas été possible d'écrire ce livre.

Je voudrais tout d'abord remercier Emmanuel Di Giacomo, responsable Europe Développement des écosystèmes BIM chez Autodesk®, qui a lancé l'idée d'écrire ce premier livre sur Dynamo en français. Son soutien et ses commentaires ont été très utiles.

Je tiens à remercier chaleureusement Younes El-Hayani pour son appui, ses propositions et son engagement dans ce projet.

Je suis extrêmement reconnaissant envers AIA Life Designers qui m'a permis de poursuivre ma carrière professionnelle en France et je salue tout particulièrement Adrien Paporello, Cécile Grouille et Frédéric Lebreton.

Je suis très redevable à Carole Trochu pour son travail formidable et acharné sur ce livre.

Dzięki Ania.

Enfin, merci à mes parents qui m'ont mis sur la route, il y a longtemps.

Ahmed HALIM

À propos de l'image de couverture

L'image utilisée sur la couverture date de 2014, c'était ma première tentative pour créer une géométrie avancée dans Dynamo. J'ai pensé que cela pouvait être un bon exemple (pas le meilleur) pour vous montrer à quel point Dynamo peut être simple dès que l'on en comprend les bases.

Le processus consistait à créer une liste de polygones (en utilisant des cercles), à construire une logique simple pour effectuer des rotations, à filtrer certaines surfaces et enfin à créer des panneaux à leur sommet. À l'aide d'une simple famille de composants adaptatifs, nous pouvions ensuite créer une tour dans Revit.

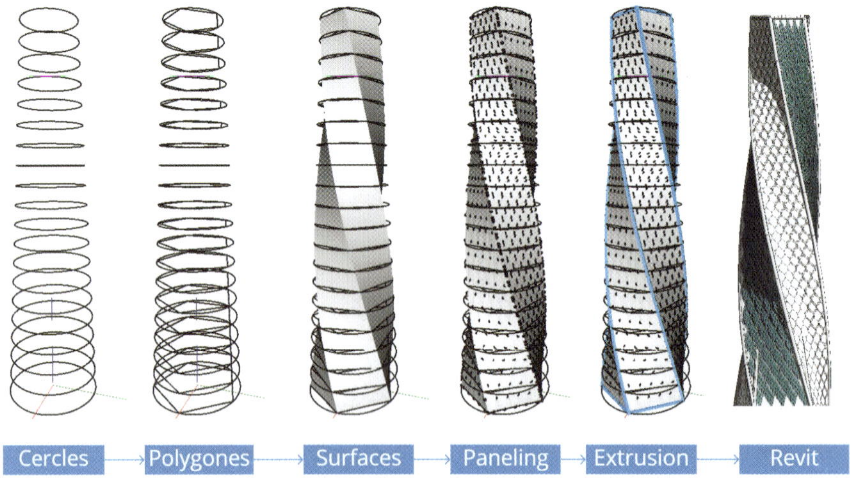

Fig. A.6

Chapitre 1

Dynamo et Dynamo for Revit

Objectifs d'apprentissage dans ce chapitre :

- Acquérir une compréhension de base de Dynamo.
- Mettre en place Dynamo for Revit.
- Utiliser les ressources de la communauté.

1. Les grands principes

Un moteur de calcul puissant

Dynamo® est un logiciel développé par Autodesk® facilitant les processus de **modélisation** et de **gestion des données** quels que soient leurs volumes. Il est particulièrement efficace en modélisation 3D dans le domaine du BIM grâce à sa puissance de calcul, sa réactivité et ses performances.

Un environnement de programmation visuelle

Dynamo permet de travailler dans un environnement de **programmation visuelle** : le programme ou « graphe » circule de « nœud en nœud » à travers le réseau de « fils » (fig. 1.1). En arrière-plan du logiciel, les illustrations sont traduites en code.

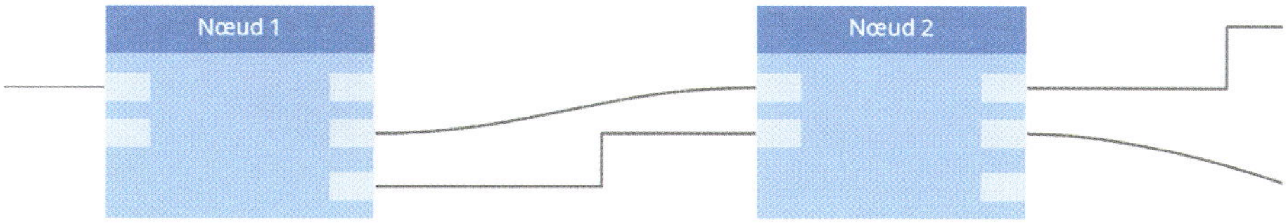

Le processus de programmation visuelle dans Dynamo

Fig. 1.1

Cette interface permet à tous les utilisateurs d'exécuter des requêtes, de définir des éléments de logique personnalisés et d'écrire des scripts complexes sans avoir besoin de maîtriser un langage de programmation comme C#, Visual Basic, Python…

Chaque nœud (ou bloc) est associé à une fonction particulière (fig. 1.2). Cette dernière peut être fournie avec l'application, proposée par les développeurs de la communauté Dynamo (voir § *Ressources*) ou créée dans l'interface.

Le code créé en arrière-plan peut être modifié manuellement

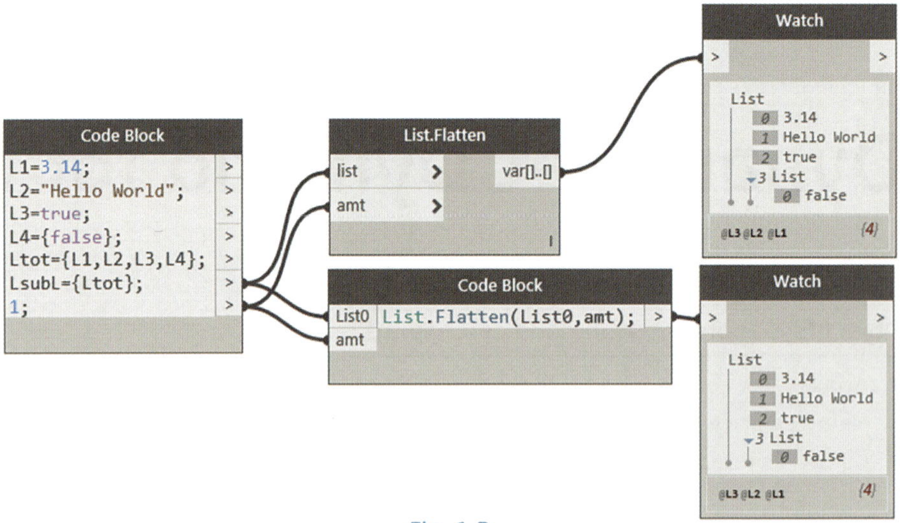

Fig. 1.2

Le résultat peut être très élaboré

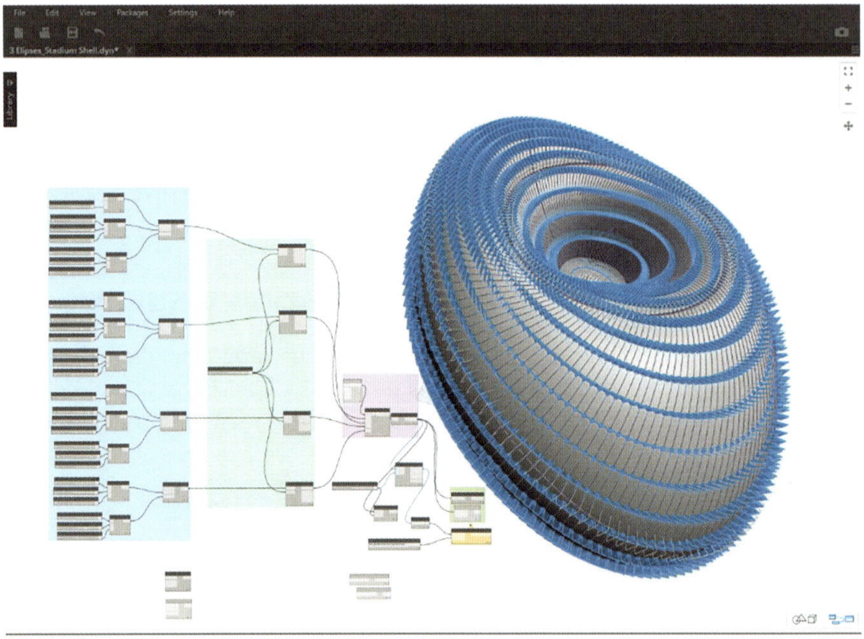

Fig. 1.3

Une aide pour la conception

Avec Dynamo for Revit® la conception architecturale est rationalisée, c'est l'ordinateur qui propose des solutions en fonction des contraintes et des objectifs.

Dynamo for Revit

Fig. 1.4

On identifie trois modes d'aide à la modélisation pour le concepteur :

- **La conception informatique** ou **conception algorithmique** (*Computational Design*) : c'est une approche mathématique de la génération de géométries, d'objets et d'architecture (fig. 1.5).

  Le concepteur, lorsqu'il aborde une conception par calcul, se concentre sur le développement de la procédure qui va lui permettre de créer une conception – et non sur la conception elle-même. Le processus d'itération entre les options et les données est réalisé par l'ordinateur. Cela économise du temps, de l'argent et des efforts, le concepteur se concentre davantage sur la création de toutes les entrées de conception, guides, limitations puisque c'est l'ordinateur qui génère le dessin final.

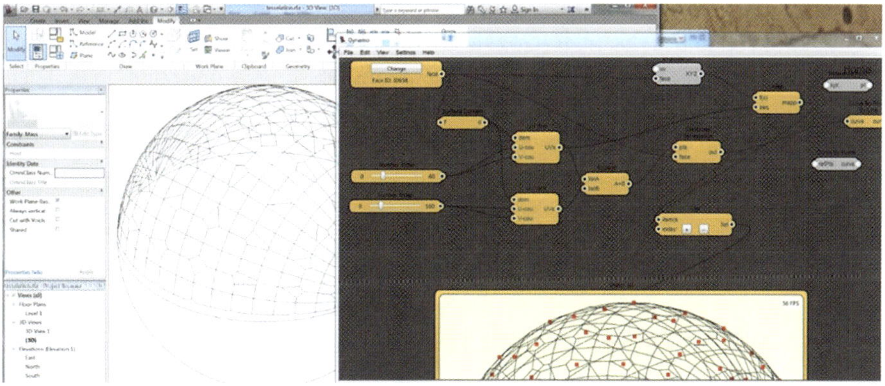

Une des premières versions de Dynamo (source : Zach Kron)

Fig. 1.5

- **La conception paramétrique** (*Parametric Design*) : c'est une approche qui consiste à utiliser des paramètres pour concevoir des objets. Si les paramètres changent, le résultat change. Le concepteur est concentré sur le processus de conception plutôt que sur les objets conçus. L'outil permet aux équipes du projet de se libérer des **tâches répétitives** et de fournir automatiquement des informations utiles aux sous-traitants grâce à son processus de conception paramétrique.

  Les équipes du projet sont en mesure de se concentrer davantage sur les scénarios, les décisions et le concept.

Conception paramétrique

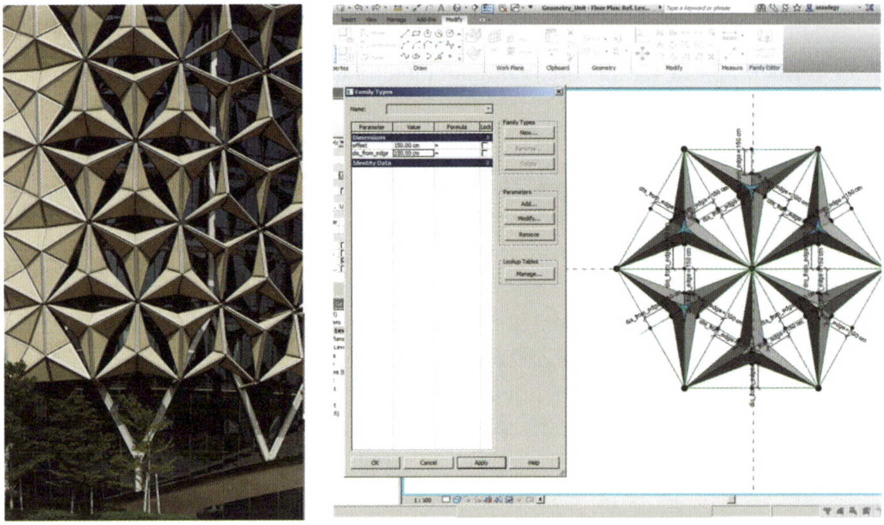

Fig. 1.6

- **La conception générative** (Generative Design) : c'est une approche où les concepteurs et les ingénieurs saisissent les objectifs de conception dans le logiciel de conception générative, ainsi que des paramètres tels que les performances ou les exigences spatiales, les matériaux, les méthodes de fabrication et les contraintes de coût. Le logiciel explore toutes les permutations possibles d'une solution et il génère rapidement des alternatives de conception. Il teste et apprend de chaque itération ce qui fonctionne et ce qui ne fonctionne pas dans le concept recherché.

  En utilisant des outils de design génératif, les architectes sont plus susceptibles de s'orienter vers la génération de solutions plutôt que vers la recherche limitée de formulaires.

Le processus de conception en Generative Design

Avec une **approche standard**, vous définiriez manuellement la longueur, la largeur, la hauteur et le matériau de l'objet. Le résultat obtenu serait un objet physique unique avec une forme fixe et immuable.

Vous auriez la possibilité de tester plusieurs ensembles distincts de dimensions et de combinaisons de matériaux (fig. 1.7) pour obtenir trois ou quatre prototypes (ou le nombre d'itérations souhaitées).

(Source : generativedesign.org)

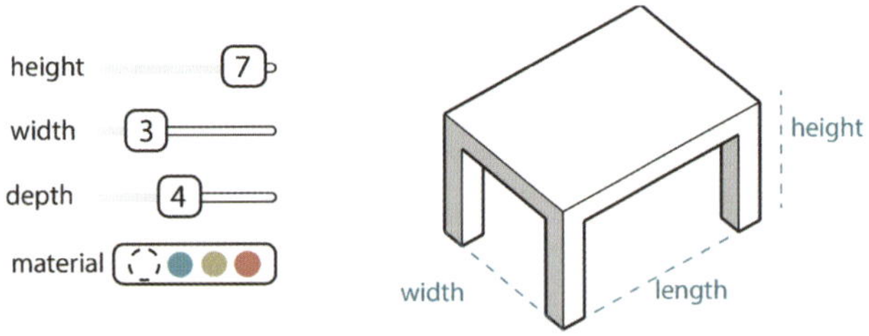

Fig. 1.7

Avec une approche de **conception générative**, vous auriez plutôt créé un algorithme qui spécifierait :
– une plage de valeurs admissibles pour chaque dimension ;
– une série de matériaux disponibles et leurs propriétés (comme le coût/m^2) ;
– un ensemble de règles qui mesureraient le niveau d'adéquation de cette modélisation avec le concept initial.

Ensuite, vous utiliseriez Dynamo pour exécuter l'algorithme et générer une série de conceptions comprises dans les plages que vous avez précédemment spécifiées (fig. 1.8).

(Source : generativedesign.org)

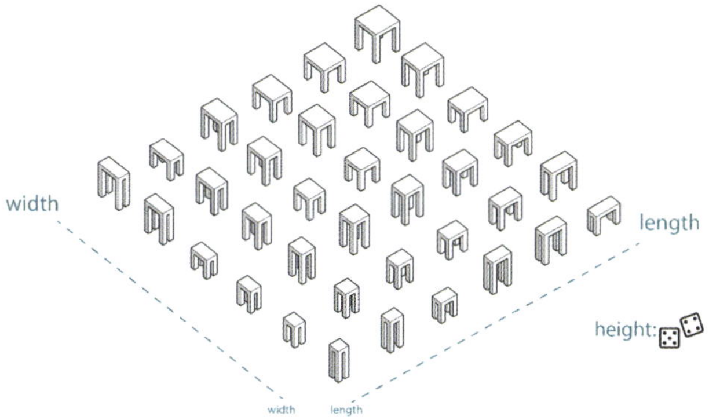

Fig. 1.8

Puis, vous définiriez la manière dont les conceptions générées sont évaluées pour qu'elles correspondent à vos objectifs de conception (fig. 1.9).

(Source : generativedesign.org)

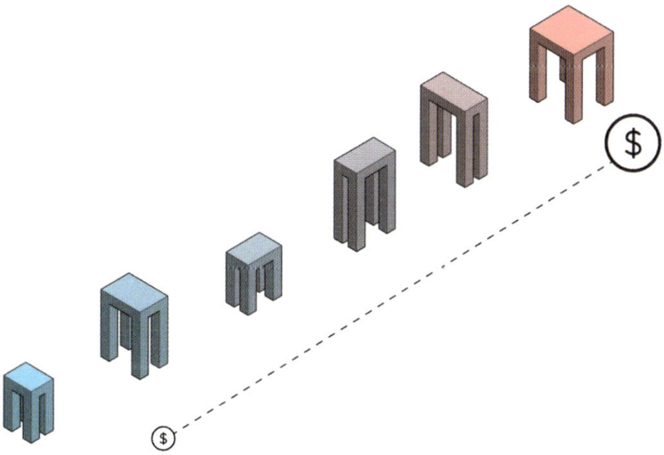

Fig. 1.9

Un outil de modélisation avancée et de gestion pour les workflows

Dynamo for Revit permet de trier, cibler et structurer toutes les données du projet sous Revit quelle que soit leur nature ou leur niveau de détail. Les scripts de l'interface permettent également :

- de modéliser certains objets nativement (import de données et modification de familles) ;
- de réaliser des tâches répétitives (changement les types de fenêtres, création de vues et de pièces, etc.) ;
- de répercuter les changements d'un paramètre sur l'ensemble de la maquette ;
- d'automatiser les contrôles qualités de la maquette numérique ;
- d'automatiser la récupération des informations (caractéristiques techniques, date de mise en œuvre…) ;
- d'exporter des quantités ou des informations quelle que soit la catégorie et de les structurer sur Excel, en CSV ;
- d'exploiter les informations et de créer des alertes (durée de la garantie, avis technique, date prévisionnelle de maintenance…).

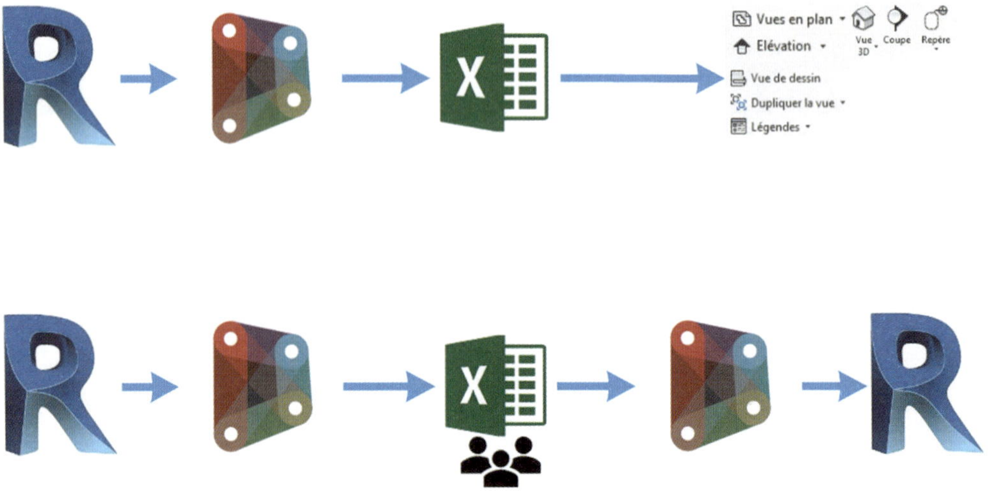

Fig. 1.10
Exemples de gestion des flux avec Dynamo for Revit

2. Installation et mises à jour

Les différentes versions

Dynamo existe en version autonome (Dynamo SandBox® et Dynamo Studio®) et en version plugin pour d'autres logiciels d'Autodesk® comme Revit®, Civil 3D®, FormIT®, Advance Steel®, Alias Design, Maya®…

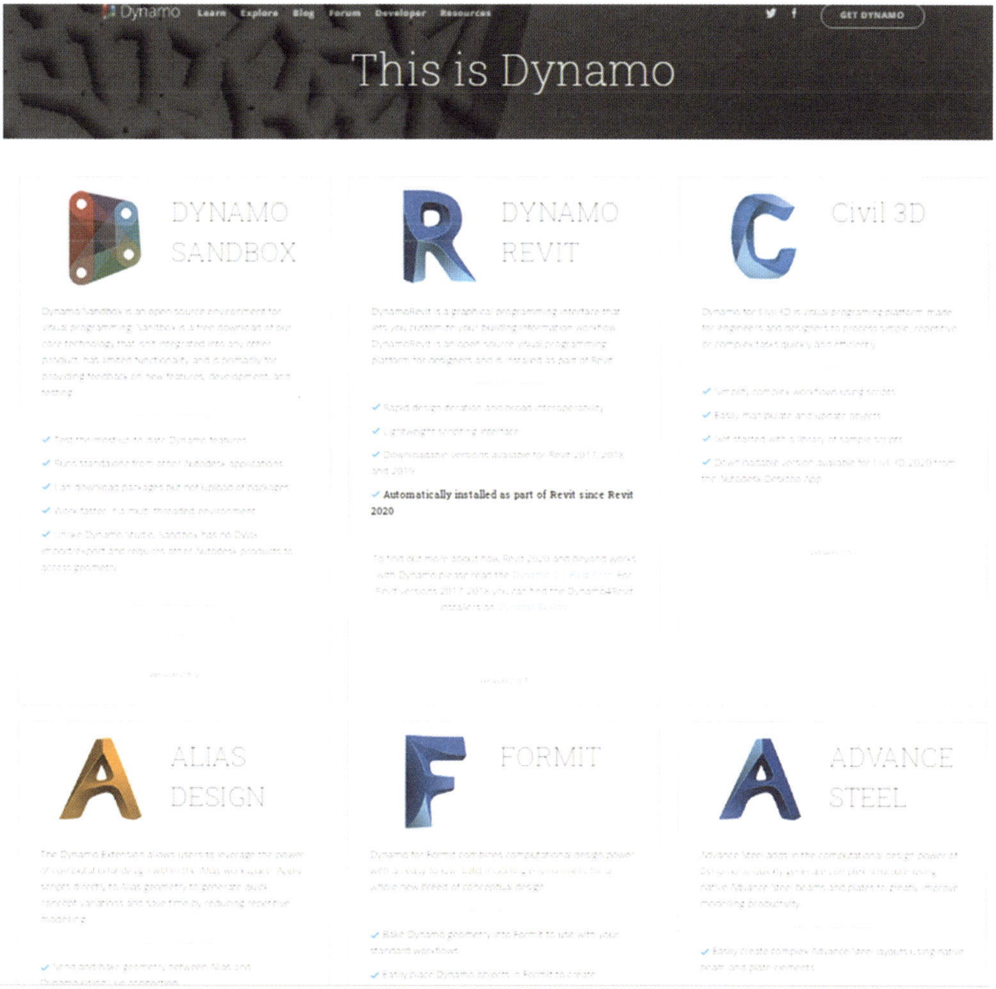

Fig. 1.11
Versions de Dynamo
(source : dynamobim.org)

Depuis la version 2020 de Revit, Dynamo for Revit est installé automatiquement par défaut.

L'interface est disponible en français (fig. 1.12), mais les noms des nœuds (de la bibliothèque) restent en anglais. L'utilisateur peut cependant obtenir leur description en français lorsque la souris les survole.

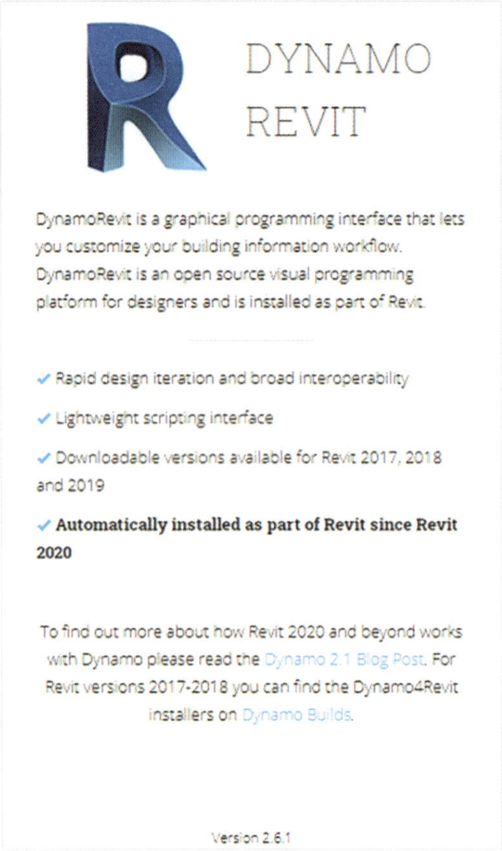

Fig. 1.12

?

Comment installer Dynamo sous Revit 2017, 2018 et 2019 ?

Pour Revit 2017, 2018 et 2019, les versions téléchargeables sont sur le site :

https://dynamobuilds.com/

Identifiez la version Dynamo adaptée à votre version Revit (tab. 1.1).

Tab. 1.1

Compatibilité des versions entre Dynamo et Revit

Version Revit	Version Dynamo
2013	0.6.1 jusqu'à 0.6.3
2014	0.6.1 jusqu'à 0.8.2
2015	0.7.1 jusqu'à 1.2.1
2016	0.7.2 jusqu'à 1.3.2
2017	0.9.0 jusqu'à 1.3.4/2.0.3
2018	1.3.0 jusqu'à 1.3.4/2.0.3
2019	1.3.3 jusqu'à 1.3.4/2.0.3
2020	2.1
2020.2	2.3
2021	2.5
2021.1	2.6

Sélectionnez la version Dynamo adaptée (fig. 1.13).

Cliquez sur **Télécharger**.

Avant l'installation (ou exécution), assurez-vous d'enregistrer et de fermer tous les produits Autodesk ouverts sur votre ordinateur.

Cliquez sur le fichier **.exe** puis sur **Next**.

Assurez-vous que vous avez les droits pour effectuer cette action, sinon contactez l'administrateur informatique de votre organisation.

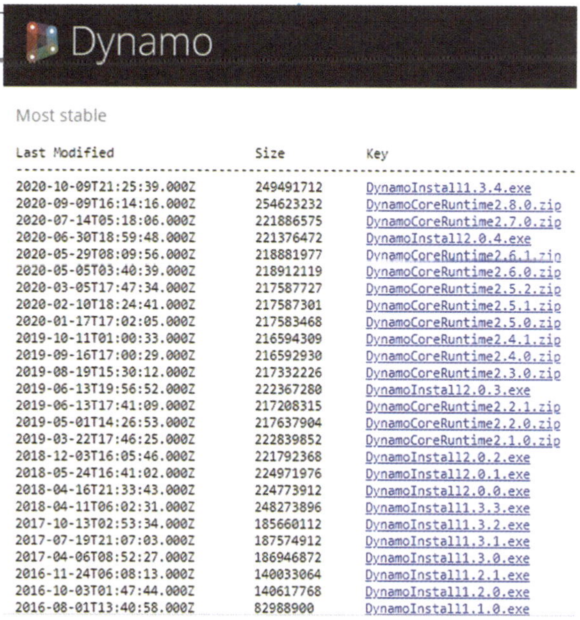

Last Modified	Size	Key
2020-10-09T21:25:39.000Z	249491712	DynamoInstall1.3.4.exe
2020-09-09T16:14:16.000Z	254623232	DynamoCoreRuntime2.8.0.zip
2020-07-14T05:18:06.000Z	221886575	DynamoCoreRuntime2.7.0.zip
2020-06-30T18:59:48.000Z	221376472	DynamoInstall2.0.4.exe
2020-05-29T08:09:56.000Z	218881977	DynamoCoreRuntime2.6.1.zip
2020-05-05T03:40:39.000Z	218912119	DynamoCoreRuntime2.6.0.zip
2020-03-05T17:47:34.000Z	217587727	DynamoCoreRuntime2.5.2.zip
2020-02-10T18:24:41.000Z	217587301	DynamoCoreRuntime2.5.1.zip
2020-01-17T17:02:05.000Z	217583468	DynamoCoreRuntime2.5.0.zip
2019-10-11T01:00:33.000Z	216594309	DynamoCoreRuntime2.4.1.zip
2019-09-16T17:00:29.000Z	216592930	DynamoCoreRuntime2.4.0.zip
2019-08-19T15:30:12.000Z	217332226	DynamoCoreRuntime2.3.0.zip
2019-06-13T19:56:52.000Z	222367280	DynamoInstall2.0.3.exe
2019-06-13T17:41:09.000Z	217208315	DynamoCoreRuntime2.2.1.zip
2019-05-01T14:26:53.000Z	217637904	DynamoCoreRuntime2.2.0.zip
2019-03-22T17:46:25.000Z	222839852	DynamoCoreRuntime2.1.0.zip
2018-12-03T16:05:46.000Z	221792368	DynamoInstall2.0.2.exe
2018-05-24T16:41:02.000Z	224971976	DynamoInstall2.0.1.exe
2018-04-16T21:33:43.000Z	224773912	DynamoInstall2.0.0.exe
2018-04-11T06:02:31.000Z	248273896	DynamoInstall1.3.3.exe
2017-10-13T02:53:34.000Z	185660112	DynamoInstall1.3.2.exe
2017-07-19T21:07:03.000Z	187574912	DynamoInstall1.3.1.exe
2017-04-06T08:52:27.000Z	186946872	DynamoInstall1.3.0.exe
2016-11-24T06:08:13.000Z	140033064	DynamoInstall1.2.1.exe
2016-10-03T01:47:44.000Z	140617768	DynamoInstall1.2.0.exe
2016-08-01T13:40:58.000Z	82988900	DynamoInstall1.1.0.exe

Fig. 1.13

Une fenêtre apparaît, choisissez l'emplacement où Dynamo sera installé (fig. 1.14) puis cliquez sur **Next**. Il est recommandé d'utiliser l'emplacement proposé par défaut.

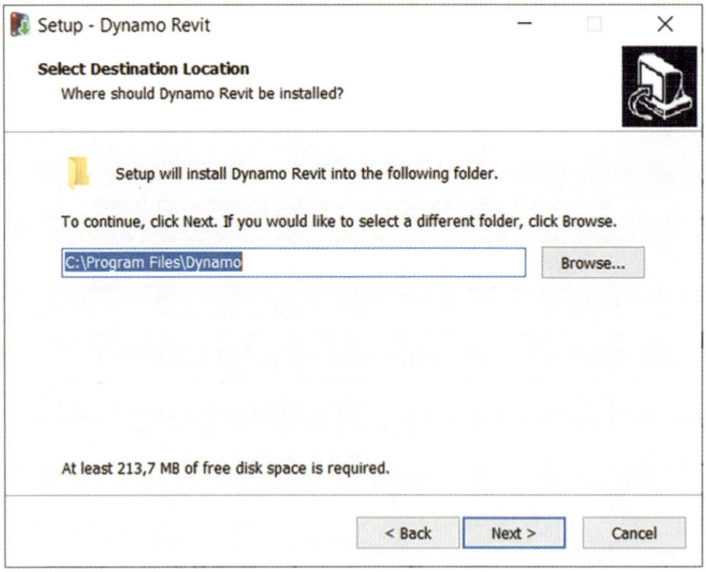

Fig. 1.14

Sélectionnez les versions de Revit que vous souhaitez utiliser avec la version de Dynamo, puis cliquez sur **Next** (fig. 1.15).

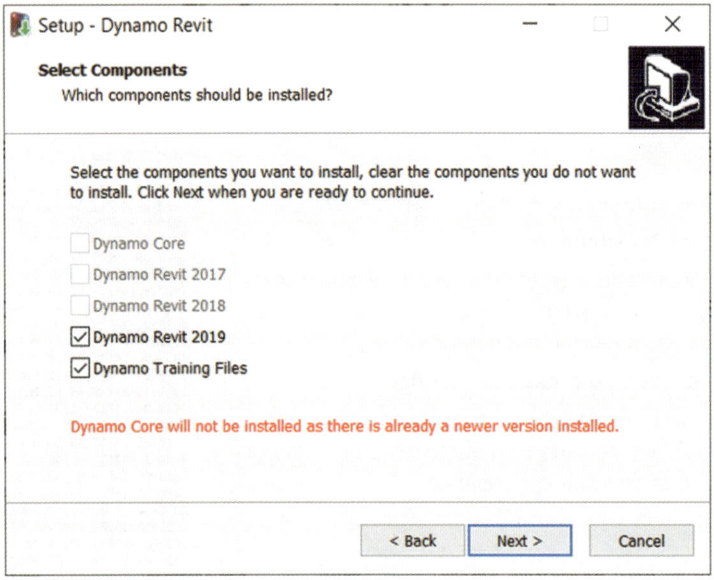

Fig. 1.15

La dernière étape consiste à sélectionner **Install** pour lancer le processus d'installation (fig. 1.16).

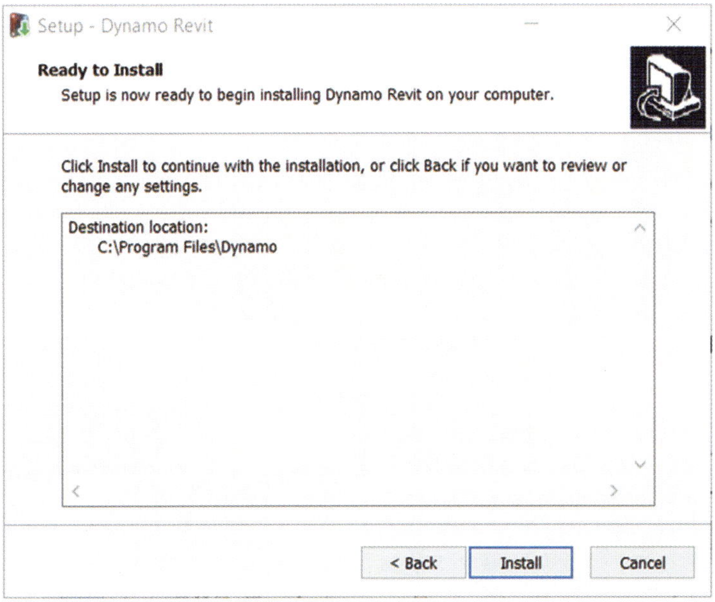

Fig. 1.16

Maintenant que Dynamo est installé, ouvrez Revit et cliquez sur l'onglet Gérer, vous verrez apparaître les deux icônes **Dynamo** et **Lecteur Dynamo** (fig. 1.17).

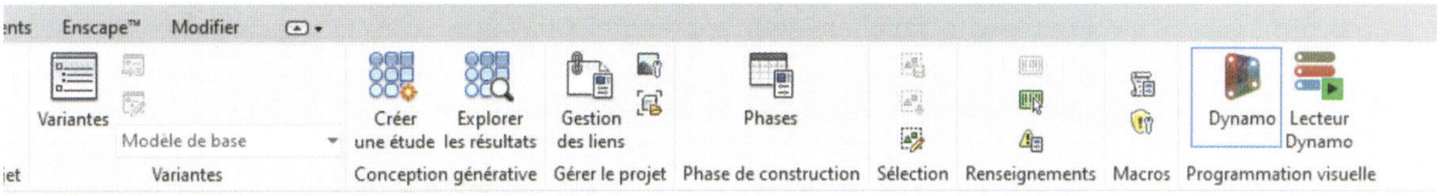

Fig. 1.17

La rétrocompatibilité des versions

Sur Revit, il doit y avoir une compatibilité complète en termes de version du programme utilisé. Par exemple, les fichiers créés sur la version 2020 dans Revit, ne peuvent pas être ouverts sur la version 2019, c'est également valable pour les fichiers composant le projet, il doit y avoir une compatibilité complète de versions.

Ce principe s'appliquait également à Dynamo. Les dernières versions publiées ont cependant vu apparaître des évolutions significatives.

Les scripts Dynamo ne peuvent fonctionner que dans la même version ou dans une version plus récente. Par exemple, un script Dynamo conçu dans une version 1.3 pourra être ouvert et modifié dans une version 2.0. Mais un script réalisé dans une version 2.0 ne pourra pas être ouvert ni modifié dans une version 1.3.

Attention, dès qu'un script Dynamo est ouvert dans une version plus récente de Dynamo, il ne peut plus être compatible avec les versions précédentes de Dynamo (fig. 1.18).

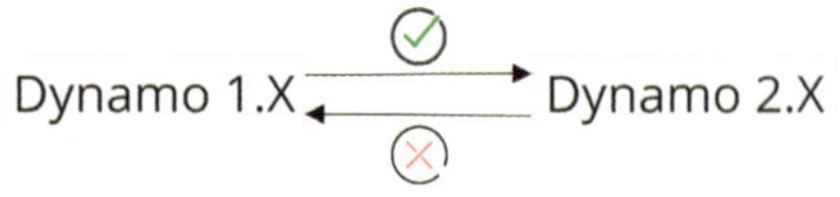

Fig. 1.18

3. Les ressources disponibles

Pour vos recherches, pour apprendre à travailler avec le logiciel, échanger avec les utilisateurs mais aussi trouver de nouvelles idées, nous vous recommandons de régulièrement prendre connaissance des ressources suivantes accessibles en ligne.

Le forum Dynamo

Le forum Dynamo (fig. 1.19) est une source précieuse de renseignements pour apprendre, échanger mais aussi télécharger des scripts :

forum.dynamobim.com (en anglais)

forum.dynamobimfra.com (en français)

Vous pourrez créer un compte qui vous permettra de sauvegarder vos sujets préférés mais aussi d'être en contact avec des utilisateurs internationaux de Dynamo de tous niveaux.

Le forum Dynamo

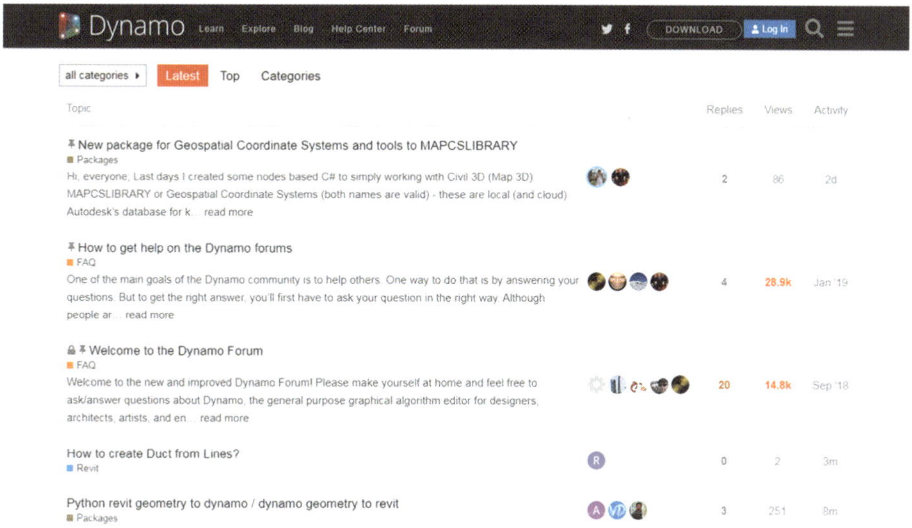

Fig. 1.19

Revit API Docs

Il s'agit d'une base de données en anglais et en ligne pour toutes les versions de l'API Revit (fig. 1.20) qui vous permettra de trouver facilement les fonctions que vous devrez intégrer dans votre script Dynamo :

https://www.revitapidocs.com/

Le site est plutôt destiné aux utilisateurs avancés car il nécessite une certaine maîtrise de la programmation textuelle. Cependant, il peut être adapté pour une bonne compréhension des processus qui composent les workflows Dynamo.

Revit API Docs

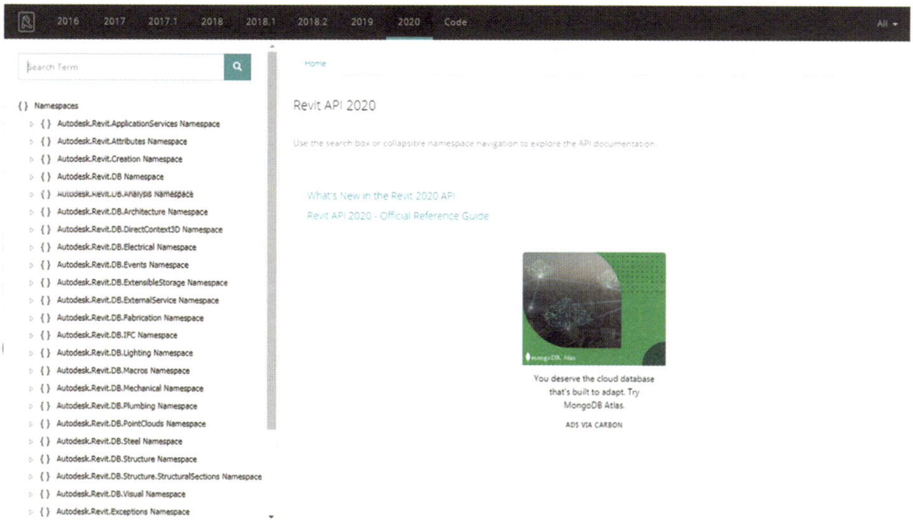

Fig. 1.20

Autodesk University

Autodesk organise chaque année un événement intitulé « Autodesk University » au cours duquel des entreprises du monde entier viennent présenter leurs retours d'expérience sur l'utilisation des produits Autodesk dans leurs projets.

La plupart des sessions sont en anglais (fig. 1.21). Elles sont enregistrées et disponibles en ligne gratuitement :

https://www.autodesk.com/autodesk-university/

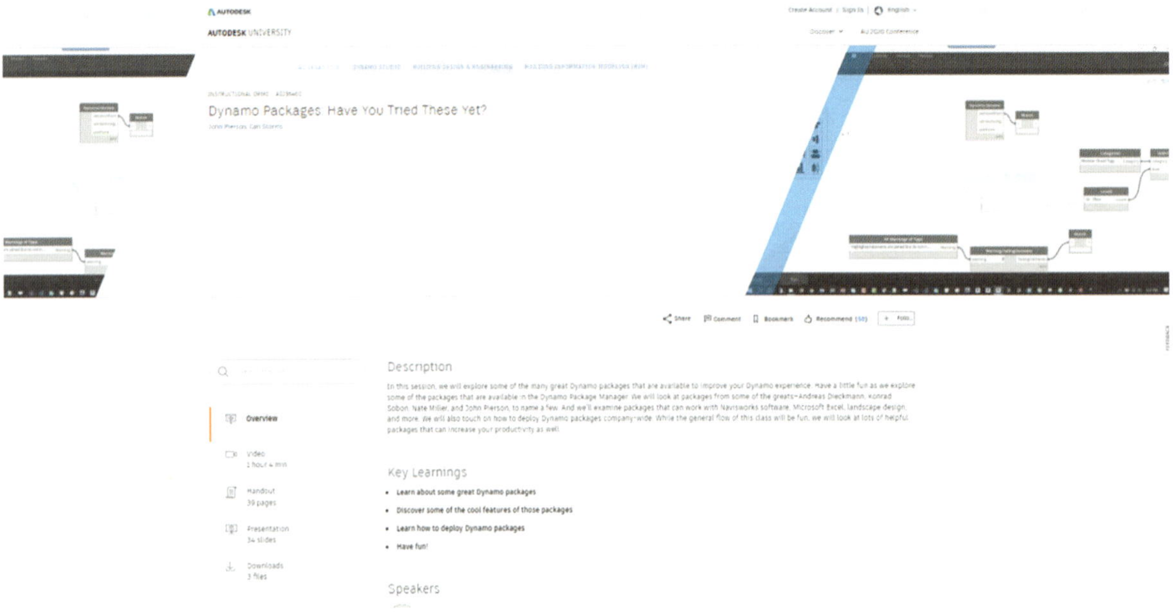

Fig. 1.21
Le site Autodesk University

Chapitre 2

L'environnement

Objectifs d'apprentissage dans ce chapitre :

- Comprendre les principes de la programmation visuelle.
- Découvrir l'interface.
- S'équiper (packages, extensions) et s'organiser.

1. Les éléments de la programmation visuelle

Dynamo permet de créer des scripts à l'aide de la programmation visuelle. Deux objets sont utilisés : les blocs de construction (nœuds) et les connecteurs (les fils). Les fils relient les nœuds et spécifient le flux logique entre eux. On obtient alors un graphe (fig. 2.1).

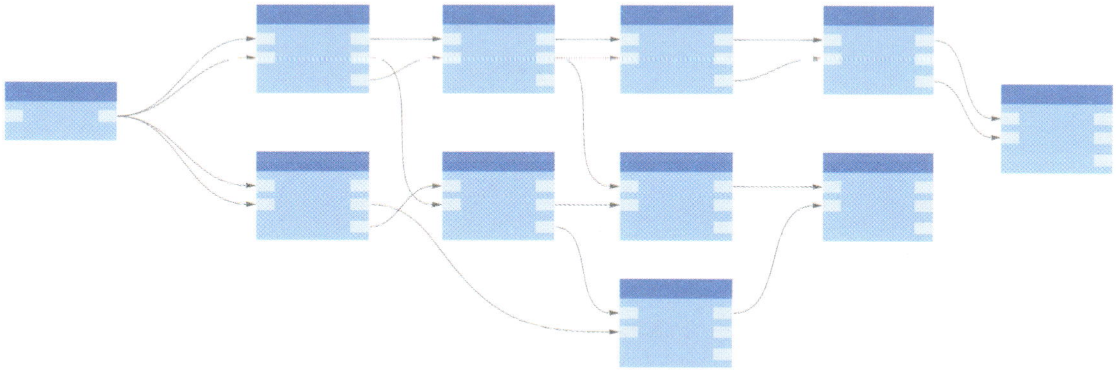

Fig. 2.1
Exemple de graphe Dynamo

Les nœuds

Les **nœuds** sont les éléments qui permettent de créer une séquence de code. Chaque nœud contient un morceau de code ou un algorithme spécifique qui exécute une fonction. Ils sont stockés dans la bibliothèque.

Un nœud est composé de trois parties (fig. 2.2) :

- **Le nom** : c'est l'intitulé personnalisable et modifiable par double-clic.
- **Les ports** : ce sont des blocs intégrés dans le nœud correspondant, à gauche, aux « données d'entrée » qui seront utilisées et, à droite, aux « données de sortie » qui sont le résultat obtenu après traitement.

La structure des nœuds Dynamo

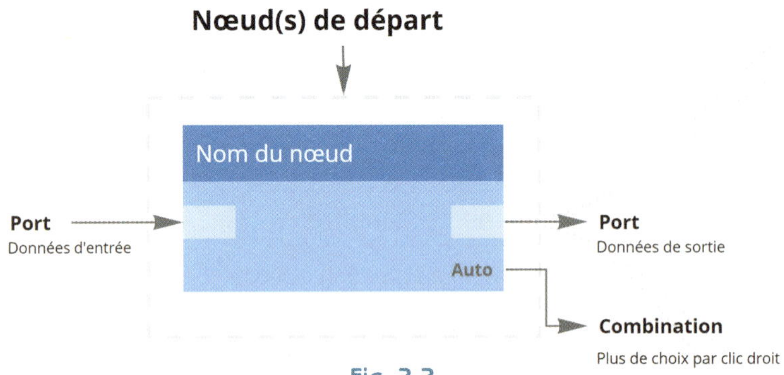

Fig. 2.2

- **La combinaison** : située en bas à droite du bloc, la liste d'options est accessible par un clic droit (fig. 2.3). Ces options permettent de « prioriser » les résultats de chaque nœud. On parle également de laçage des résultats.

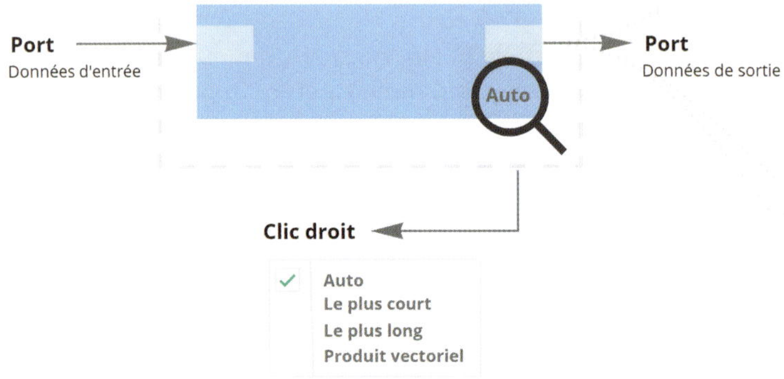

Fig. 2.3

> **!** Le laçage est la manière dont Dynamo fait correspondre les valeurs de deux listes (ou plus) entre elles. Le laçage par défaut pour la plupart des nœuds est réalisé en « Auto ».

Les options de combinaison

Le plus court

Cette option priorise la liste de résultats la plus courte. Si nous avons deux nœuds qui produisent deux listes de résultats (fig. 2.4), Dynamo utilisera la liste la plus courte en priorité dans l'exécution du nœud.

Fig. 2.4

La figure 2.6 est obtenue par le script de la figure 2.5. Elles représentent la modélisation de l'option Le plus court (|).

Modélisation de la combinaison Le plus court (|)

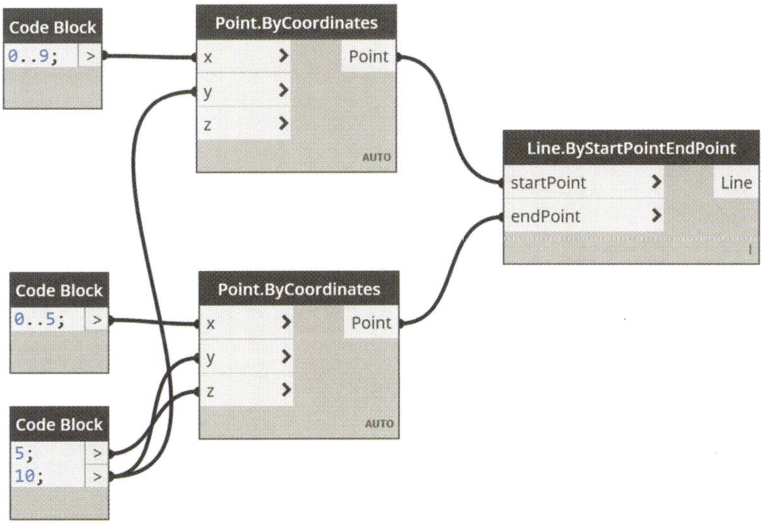

Fig. 2.5

Chaque point de la ligne supérieure est relié au point correspondant de la ligne inférieure. La commande se termine lorsque la ligne supérieure n'a plus de point

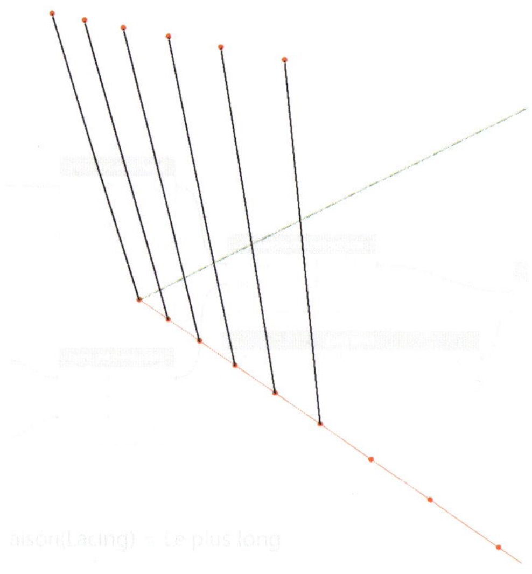

Fig. 2.6

Le plus long

Avec cette option, Dynamo considérera la liste la plus longue comme prioritaire et reliera le dernier élément de la liste la plus courte au reste des éléments de la liste la plus longue (fig. 2.7).

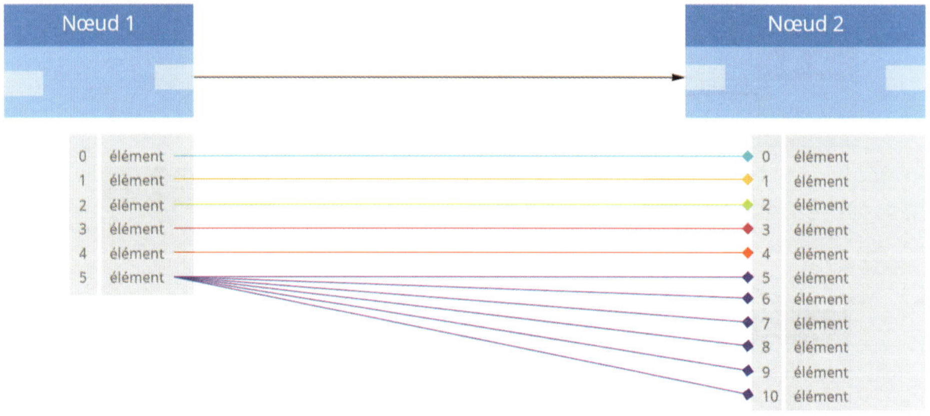

Fig. 2.7

La figure 2.9 est obtenue par le script de la figure 2.8. Elles représentent la modélisation de l'option Le plus long (| | \ ).

Modélisation de la combinaison Le plus long (| | \ )

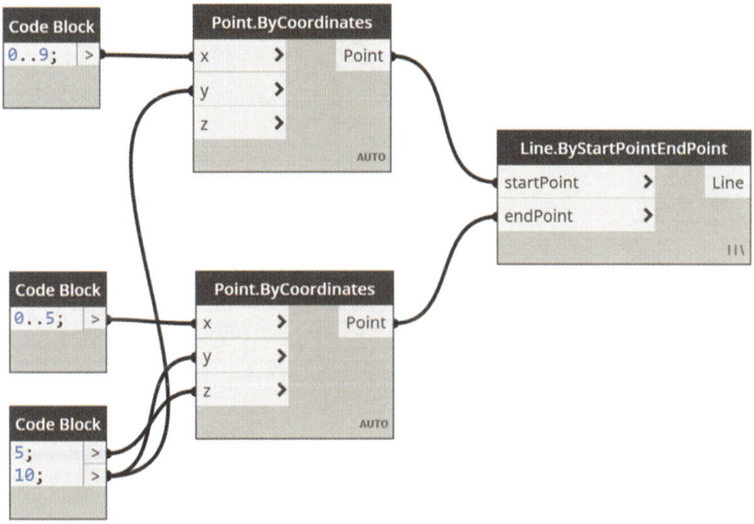

Fig. 2.8

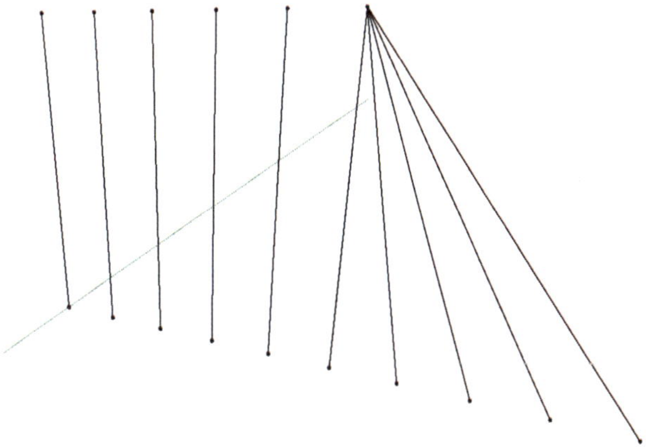

Fig. 2.9

Chaque point de la ligne supérieure est relié au point correspondant de la ligne inférieure. Le dernier point de la ligne supérieure est alors utilisé pour relier tous les points restants de la ligne inférieure. La commande se termine lorsque la ligne supérieure n'a plus de point.

Produit vectoriel

Avec cette option, Dynamo ignorera les longueurs des deux listes et exécutera la fonction en connectant chaque élément de la première liste à chaque élément de la seconde liste (fig. 2.10 à 2.12).

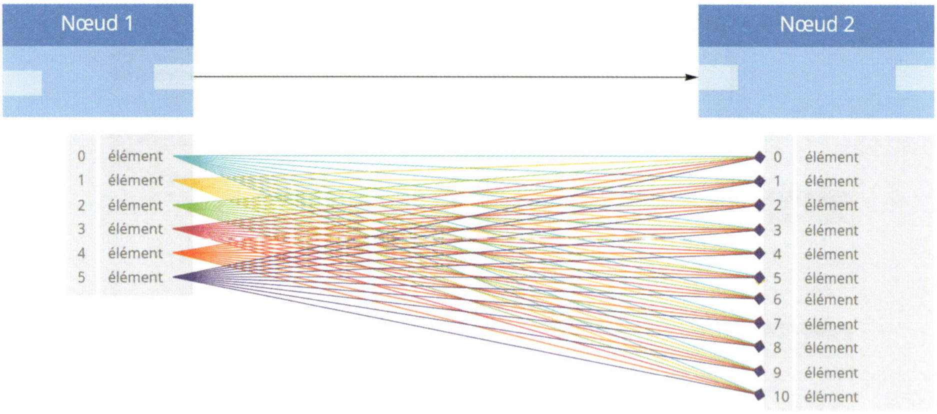

Fig. 2.10

Modélisation de la combinaison Produit vectoriel (xxx)

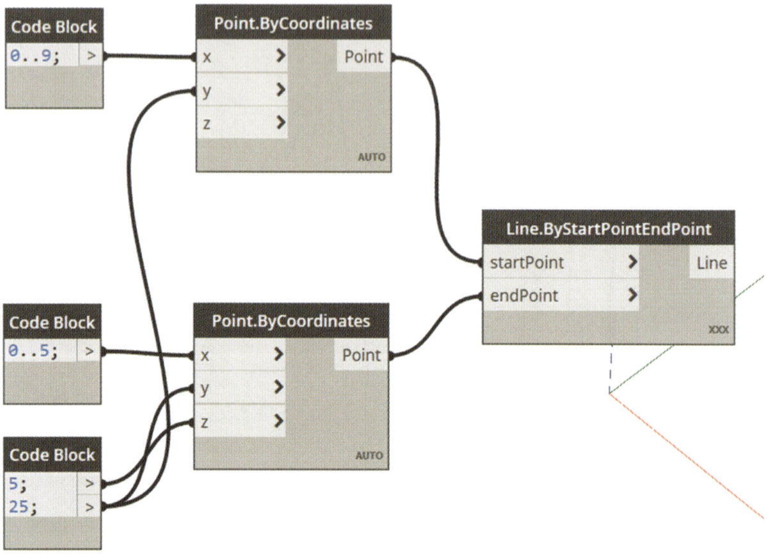

Fig. 2.11

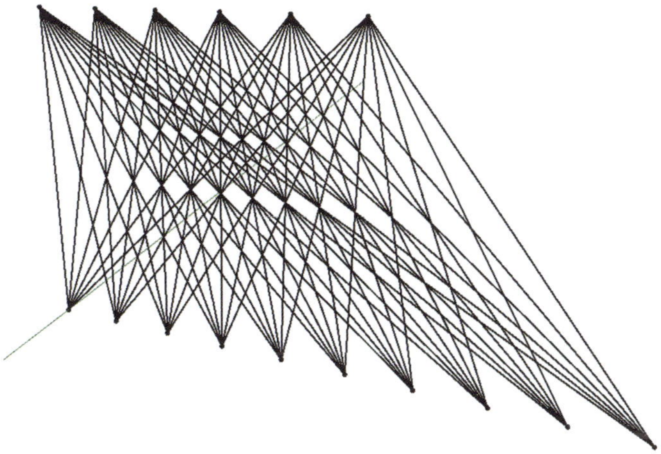

Fig. 2.12

Chaque élément de la première liste est connecté à chaque élément de la deuxième liste

Auto

Cette option a été ajoutée dans la version 2.0 de Dynamo. En fait, Dynamo choisit automatiquement entre les trois options Le plus long, Le plus court et Produit vectoriel. En règle générale, le résultat correspond à des éléments uniques avec des listes qui adoptent souvent le comportement du laçage Le plus court. Mais cela ne se vérifie pas à chaque fois comme le démontre l'exemple suivant.

> Les paramètres de laçage « Le plus court » existants sur Dynamo 1.x seront mappés systématiquement sur Auto lorsque le graphique sera chargé dans Dynamo 2.0.

Comparons les effets des options Auto et La plus courte sur le nœud `Line.ByStartPointEndPoint` (fig. 2.13) :

- dans le cas de l'option Le plus court (groupe Le plus court), on obtient un élément et une liste de plusieurs éléments. Le nœud arrête de créer des lignes dès que l'entrée avec le moins d'éléments est épuisée. Au final, une seule ligne bleue sera créée ;
- dans le cas de l'option Auto (groupe Auto), on obtient un élément et une liste. Le nœud crée des lignes pour chaque point de la liste la plus longue avec le point unique fourni à partir de l'entrée : startPoint. Au final, 4 lignes noires sont produites.

Dans cette situation, on constate que le laçage Auto se comporte comme le laçage Le plus long.

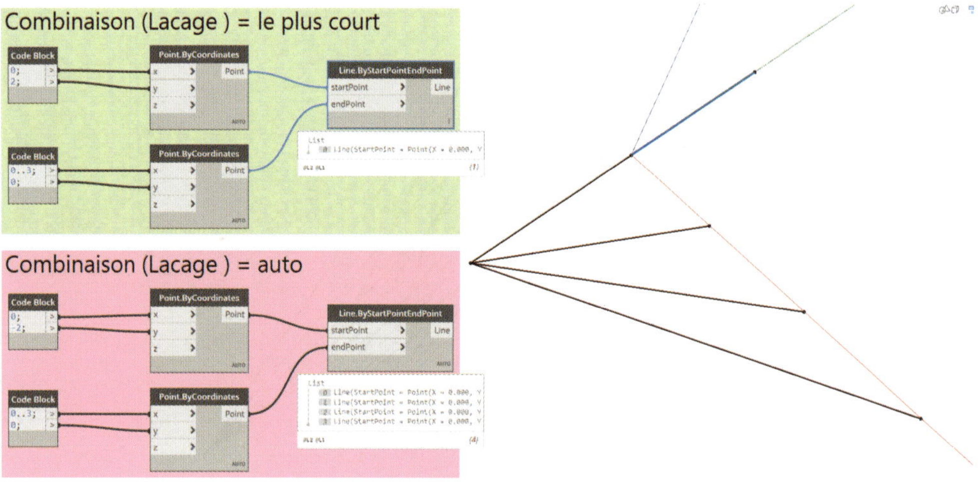

Fig. 2.13
Le laçage Auto se comporte comme le laçage Le plus long

Les connecteurs (fils)

Les fils se connectent entre les nœuds pour établir un flux.

Ce flux s'établit toujours de gauche à droite (figure 2.14), d'un port de sortie vers un port d'entrée d'un autre nœud.

Connexion des nœuds à l'aide de fils

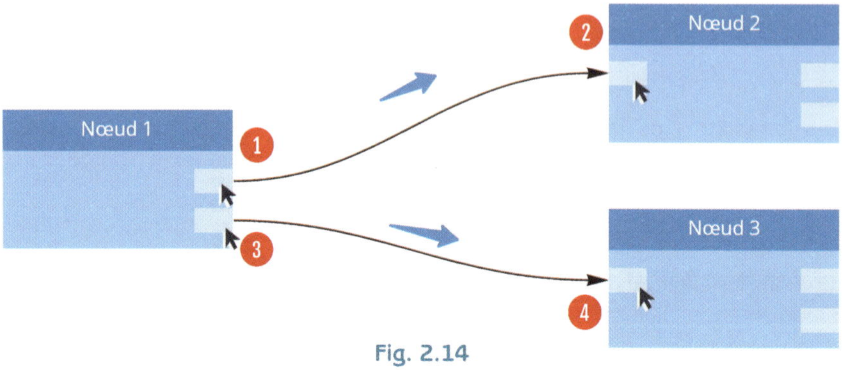

Fig. 2.14

> Les connecteurs peuvent être reliés d'un port de sortie ou de plusieurs ports de sortie à un seul port d'entrée.

Il existe deux formes graphiques de fils pour les connecteurs : les courbes ou les polygones (fig. 2.15). Il est possible de choisir son modèle et d'en personnaliser l'aspect en utilisant le menu **Afficher** (fig. 2.16).

Types de connecteurs de nœuds dans Dynamo

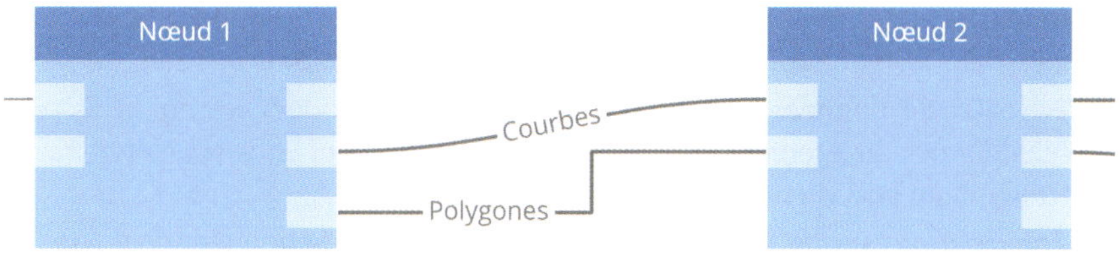

Fig. 2.15

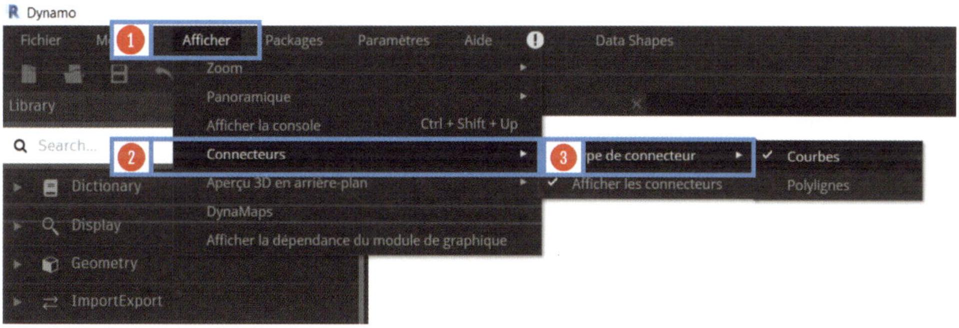

Fig. 2.16
Modification des connecteurs

Les listes

Les données en sortie forment des **listes** (fig. 2.17).

Ces listes sont caractérisées par plusieurs informations (fig. 2.18) :

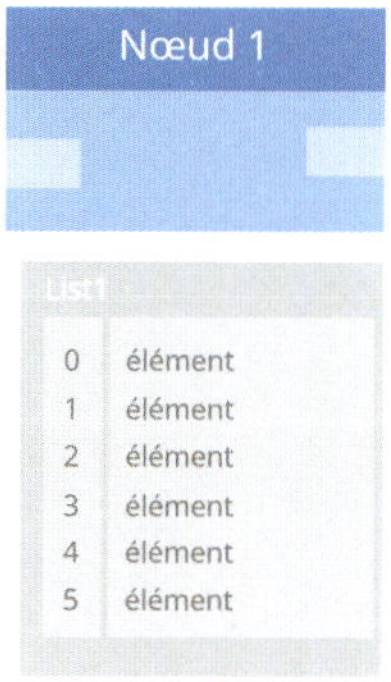

Fig. 2.17
Le concept de listes dans les nœuds Dynamo

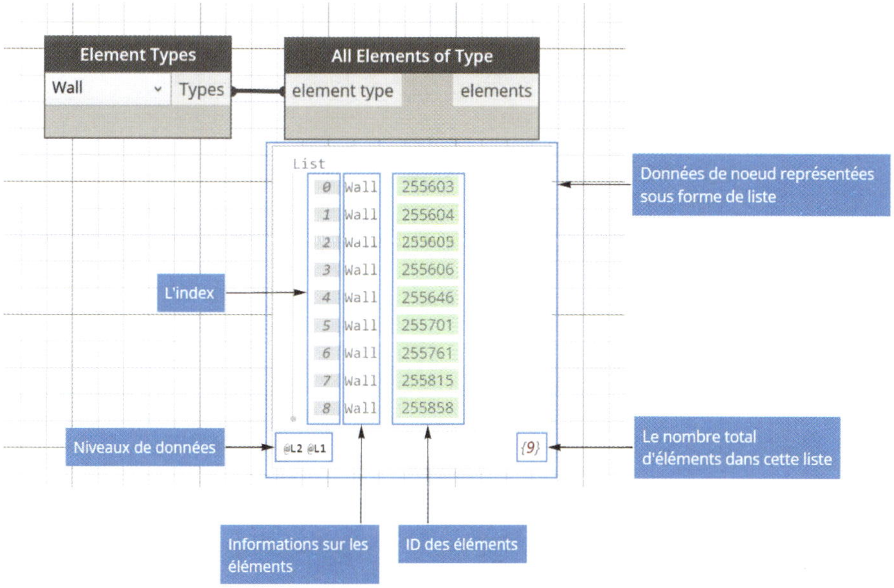

Fig. 2.18

Le contenu des listes Dynamo

- un **Index** : placé devant l'élément, c'est un chiffre qui correspond à la place de la donnée dans l'organisation de la liste ; l'index débute toujours par zéro (0) ;
- les **Niveaux de données** : « List @Level » est une fonctionnalité qui vous permet de sélectionner directement le niveau de liste avec lequel vous souhaitez travailler directement au port d'entrée du nœud ;
- des **Informations sur les éléments** : cela dépend du type de données de la liste. Cela peut être, par exemple, le nom ou la valeur du nœud précédent. Cette information est variable selon les catégories des éléments ;
- l'**ID des éléments** : ce sont les identifiants ou ID Revit propre à chacun des éléments. Lorsqu'ils sont surlignés en vert, ils sont visualisables dans Revit (ou dans Dynamo) par un simple clic ;
- le **Nombre total** : il s'agit du nombre total des éléments non « Null » composant la liste.

Comment activer List @Level ?

Pour activer cette fonctionnalité, cliquez sur la flèche à droite du bloc (comme indiqué sur la fig. 2.19, ❶) et sélectionnez l'option Utiliser des niveaux (❷) pour activer la fonction `List @Level`.

Un spinner apparaît, il permet de sélectionner le niveau de la liste d'entrée à utiliser.

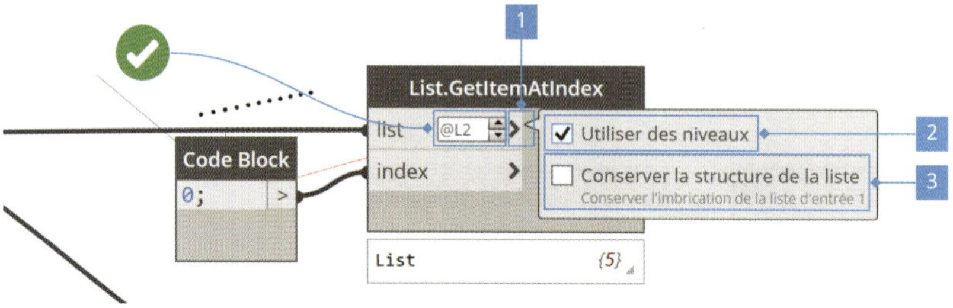

Fig. 2.19

L'activation de la fonctionnalité `List @Level` permet de conserver la structure de niveau de cette entrée : si vous avez délibérément organisé vos données en sous-listes, vous pourrez garder votre organisation de liste intacte et ne perdre aucune information.

Dans l'exemple suivant (fig. 2.20), le nœud `List.GetItemAtIndex` a été utilisé avec les niveaux désactivés et activés :

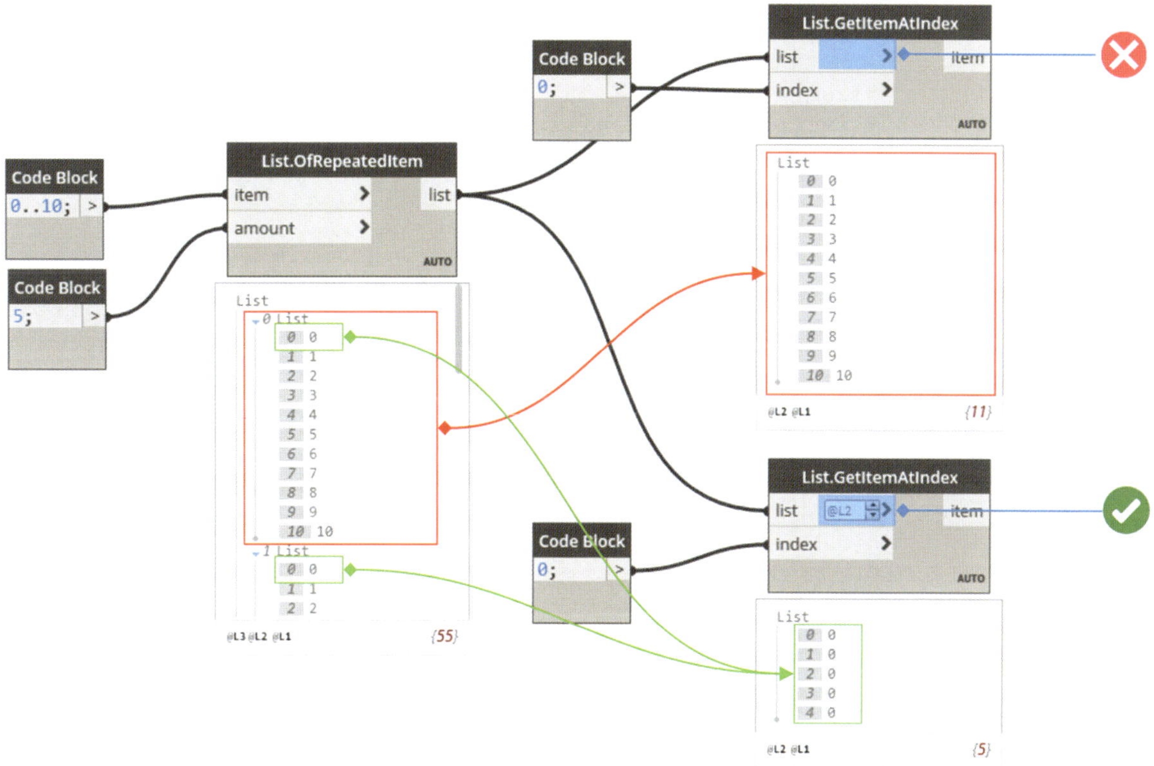

Fig. 2.20

– dans le premier cas, le nœud ne recevra que les éléments du niveau 1 à l'index 0 (en rouge sur la figure 2.20).
– dans le second cas, l'option `@L2` (correspondant au niveau 2) a été activée sur le premier port d'entrée du nœud `List.GetItemAtIndex`. Il utilisera donc les éléments trouvés au niveau 2 de l'entrée entrante `List.OfRepeatedItem` (en vert sur la figure 2.20) et ses éléments seront chaque élément à l'index 0 du deuxième niveau du nœud précédent.

Les listes de listes

Les listes de listes permettent d'effectuer des opérations paramétriques très complexes. Les listes sont vues comme si elles étaient elles-mêmes des objets. Ainsi, plutôt que de sélectionner des sous-éléments avec une commande telle que `List.GetItemAtIndex`, Dynamo sélectionnera cet index de la liste principale dans la structure de données.

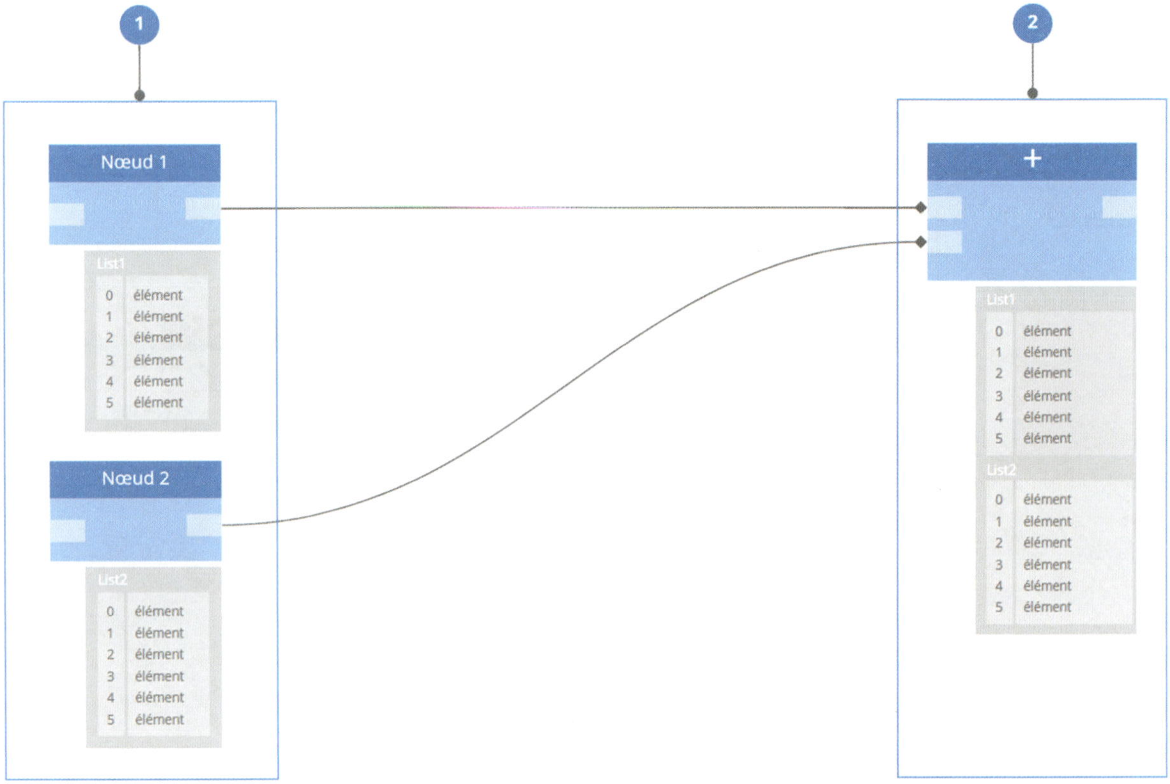

Fig. 2.21
Une liste de listes dans Dynamo

Une liste de listes peut inclure différents types de données. Par exemple (fig. 2.21), si la Liste 1 est une liste de points (un type spécifique de données dans Dynamo) et la Liste 2 une autre liste (un autre type de données provenant de Revit) alors la Liste 3 pourra être une liste des groupes de la Liste 1 + Liste 2 qui comprendra deux types de sous-listes, chacune ayant son propre type ainsi que son propre système d'organisation.

Comment créer un réseau de cercles avec une liste de listes ?

Nous allons reprendre le principe des listes de listes pour créer un réseau de cercles dont nous pourrons faire varier le rayon (fig. 2.22).

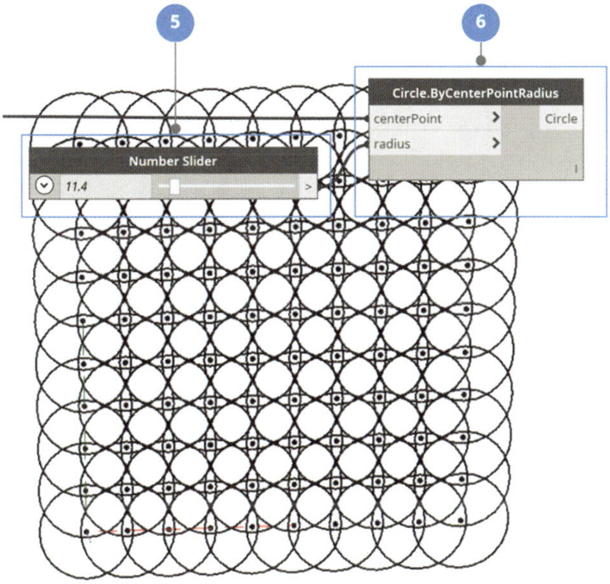

Fig. 2.22

La séquence complète est présentée sur la figure 2.23.

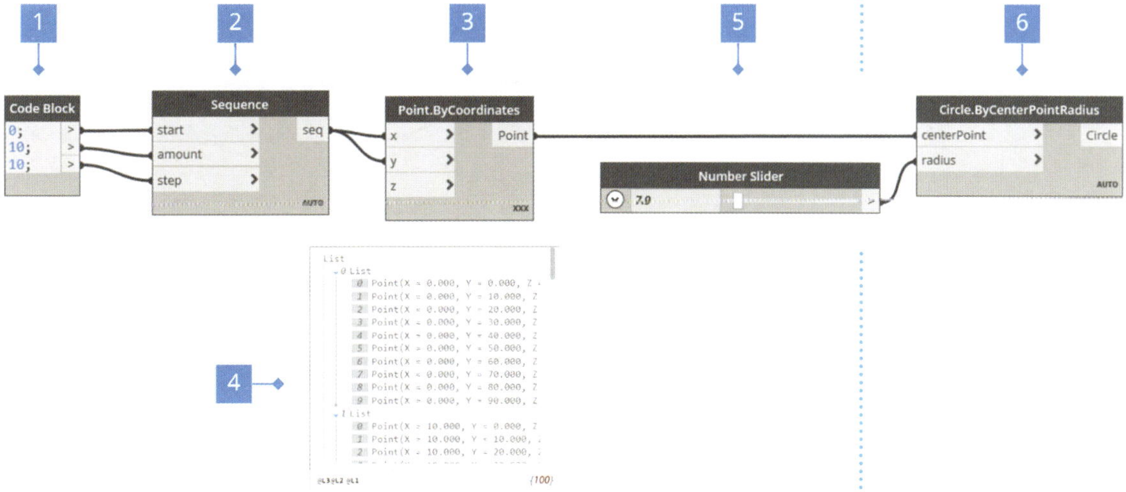

Fig. 2.23

Dans le détail :

1. On crée un nœud nommé `Code Block` auquel on attribue trois valeurs numériques qui correspondent à l'emplacement des points (coordonnées).

2. On ajoute à la construction `Sequence`, un nœud qui va créer une liste de valeurs numériques en utilisant le nœud précédent (fig. 2.24). Trois données sont utilisées : la valeur de départ (`start`), le montant ou nombre d'éléments dont nous avons besoin (`amount`) et la valeur qui correspond à l'espace entre chaque nombre (`step`).

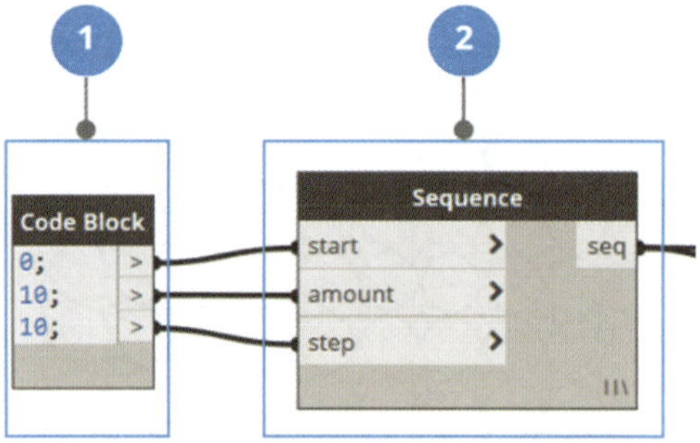

Fig. 2.24

3. Le nœud suivant `Point.By.Coordinates` créera une série de points en utilisant la séquence de nombres précédente (fig. 2.25). Notez que dans ce nœud, il est important de spécifier la combinaison avec l'option **Produit vectoriel** (xxx) afin de forcer Dynamo à produire une liste intersectionnelle de points entre toutes les valeurs de séquence de la première liste de nombres.

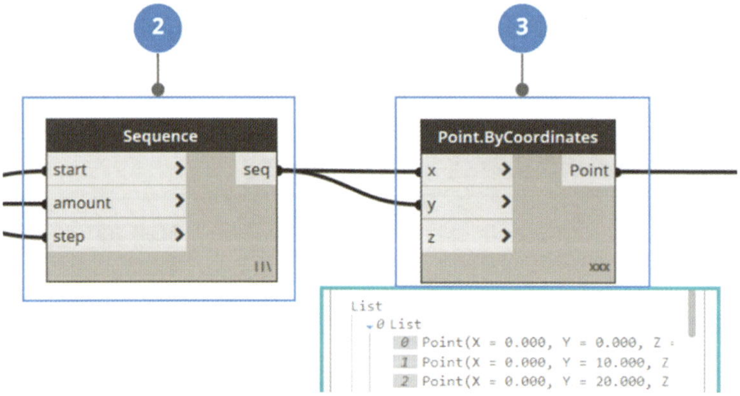

Fig. 2.25

4. On obtient donc une **liste de listes** (fig. 2.26) : une liste de 100 points composée de 10 sous-listes de10 points chacune. Notez que ce sont les valeurs que nous avons indiquées dans le premier nœud.

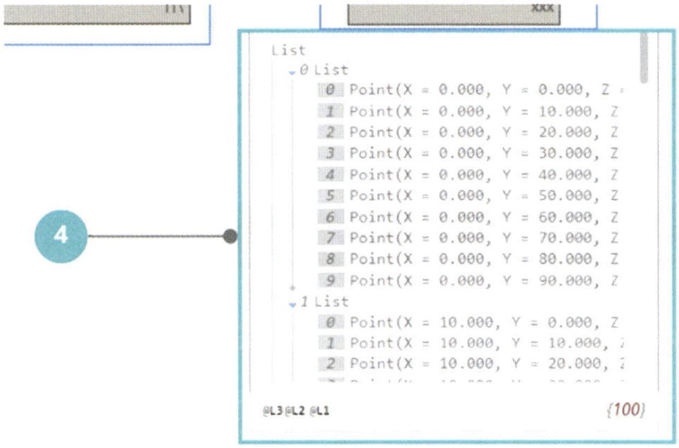

Fig. 2.26

5. `Number Slider` est un nœud tactile personnalisable qui nous permet dans cet exemple de générer une valeur numérique en modifiant la valeur du curseur (fig. 2.27). La valeur générée sera utilisée pour le rayon du cercle.

6. Enfin `CircleByCenterPointRadius` va tracer une liste de cercles à l'intérieur de Dynamo en utilisant une liste de valeurs numériques pour le point central de chaque cercle et le rayon de chaque cercle (fig. 2.27).

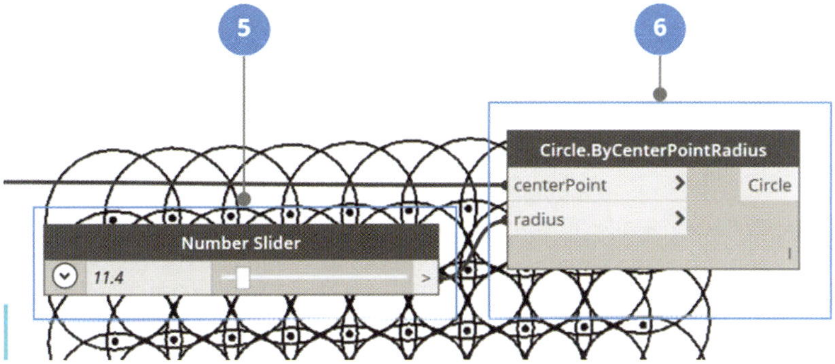

Fig. 2.27

2. L'interface de Dynamo for Revit et ses outils

L'interface utilisateur (UI) de Dynamo for Revit comprend une quinzaine d'éléments. La plus grande partie de l'espace de travail est dédiée à la création du script ainsi qu'à la visualisation des éléments 3D en arrière-plan (fig. 2.28).

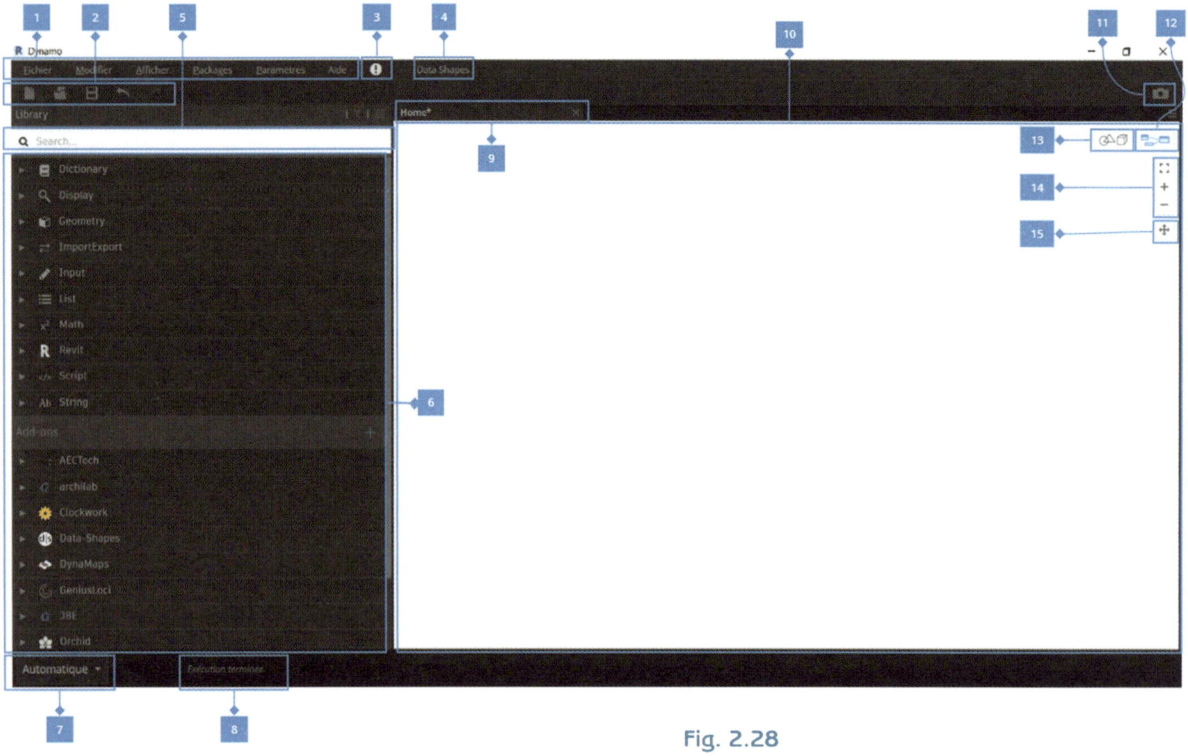

Fig. 2.28

L'interface de Dynamo for Revit

1. Menus, 2. Barre d'outils, 3. Notifications, 4. Extensions, 5. Recherche des nœuds, 6. Bibliothèque, 7. Mode d'exécution, 8. Notifications des résultats d'exécution, 9. Titre du fichier, 10. Espace de travail, 11. Export de la vue au format PNG, 12/13 Options d'aperçu, 14. Contrôle du niveau de zoom (vues 2D et 3D), 15. Outil panoramique.

Les menus

Les menus présentent les fonctionnalités de base de Dynamo (fig. 2.29), on y retrouve Fichier, Modifier, Afficher, Packages, Paramètres et l'Aide.

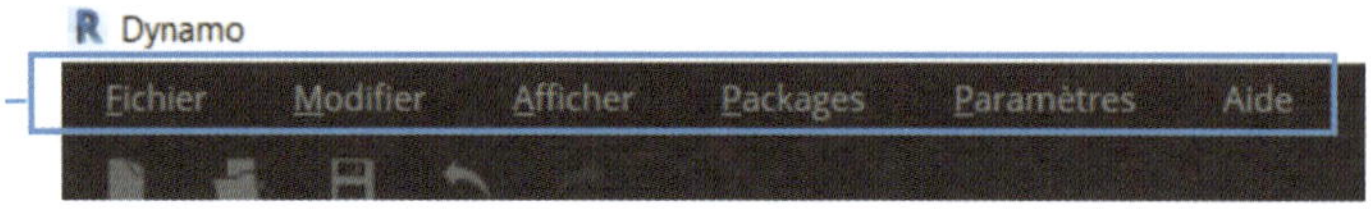

Fig. 2.29

- **Fichier** : ce menu contient les fonctions les plus élémentaires de création, d'enregistrement et de gestion de fichiers dans Dynamo (fig. 2.30).

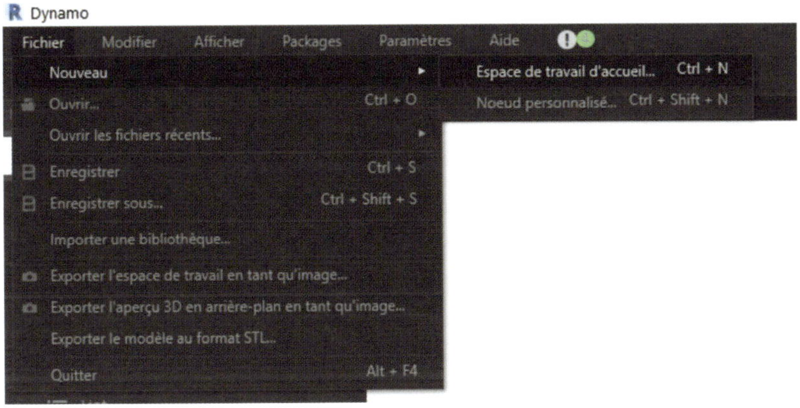

Fig. 2.30

- **Nouveau** permet de créer un nouveau script ou un nœud personnalisé.
- **Ouvrir** permet d'ouvrir un script ou un nœud personnalisé.
- **Enregistrer** permet de sauvegarder le script/nœud Dynamo actif.
- **Enregistrer sous** permet de créer une nouvelle copie du script/nœud actif.
- **Importer une bibliothèque** permet d'importer un nœud de dynamo personnalisé ou une bibliothèque (.dll).
- **Exporter l'espace de travail en tant qu'image** permet d'exporter la vue 2D active (nœuds) sous forme d'image PNG vers un dossier spécifique.

Comment réaliser des captures d'écran ?

Partager un script ou demander de l'aide lors de sa création (sur le forum, par exemple) peut s'avérer crucial pour le bon déroulement du projet.

S'il n'est pas nécessaire de l'ouvrir donc de l'importer, on peut tout simplement réaliser une capture écran et la partager.

Il vous suffit de choisir l'option « Exporter l'espace de travail en tant qu'image… » dans le menu **Fichier** (fig. 2.31).

Par défaut, cette capture est faite en haute définition et au format PNG ce qui permet de conserver une bonne lisibilité du script quelle que soit sa taille.

Cette commande est également disponible sous forme de bouton dans la barre d'outils. Elle a l'aspect d'un appareil photo (voir paragraphes suivants).

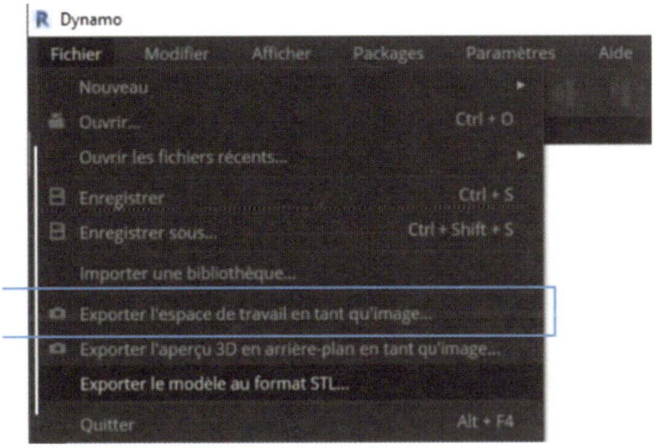

Fig. 2.31
Exporter l'espace de travail en tant qu'image

- **Exporter l'aperçu 3D en arrière-plan en tant qu'image** permet d'exporter la visualisation d'arrière-plan 3D vers une image PNG vers un dossier spécifique.
- **Exporter le modèle au format STL** permet d'exporter une géométrie 3D au format STL.
- **Quitter** permet de fermer Dynamo.

Comment exporter les géométries Dynamo 3D au format STL ?

Dynamo donne à l'utilisateur la possibilité d'exporter les modèles de géométrie 3D au format STL. C'est un format de fichier natif d'un logiciel de CAO créé par 3D Systems. Il est largement utilisé pour le prototypage rapide, l'impression 3D et la fabrication assistée par ordinateur. STL est l'abréviation de « stéréolithographie ».

Pour exporter la géométrie 3D au format STL, ouvrez le menu Fichier, puis sélectionnez Exporter le modèle au format STL (fig. 2.32).

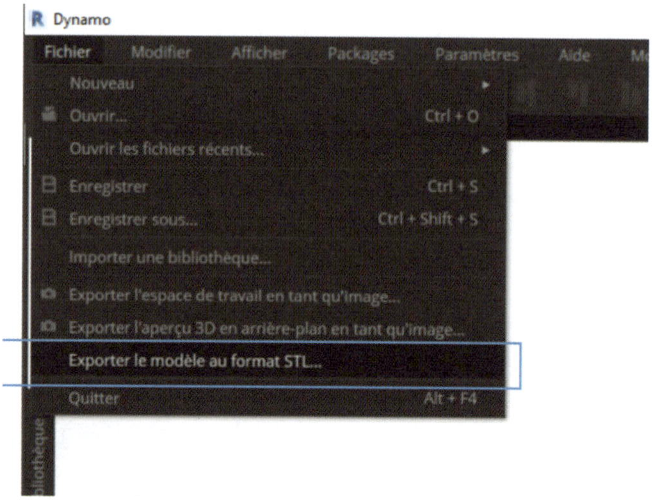

Fig. 2.32

- **Modifier** : ce menu fournit une liste d'options (fig. 2.33) pour éditer le script/nœud, comme la sélection, les options de base de copier/coller, la suppression…

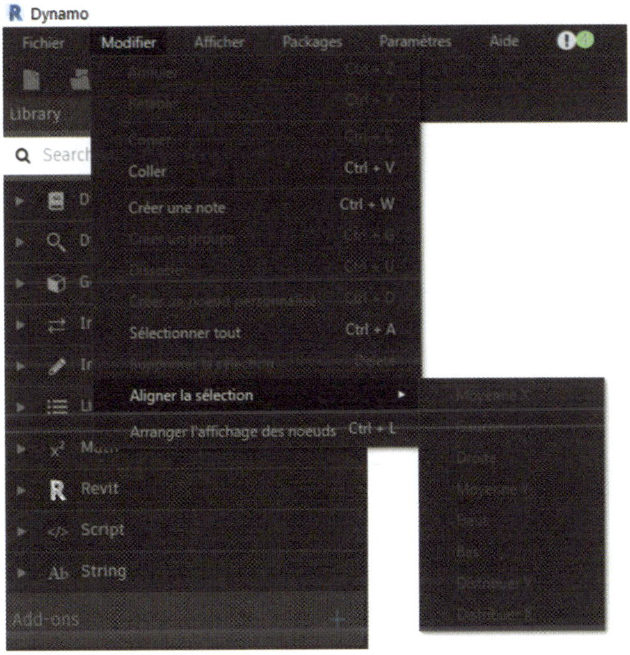

Fig. 2.33

- *Annuler* : permet d'annuler la dernière action.
- *Rétablir* : permet de rétablir la dernière action annulée.
- *Copier* : permet de copier le nœud ou le groupe de nœuds sélectionnés ou tout autre objet dans le presse-papiers de l'espace de travail.

> **!**
>
> La commande de copie dans Dynamo fonctionne également entre différents scripts. Par exemple, vous pouvez ouvrir un script et copier une partie des nœuds dans un autre script.

- *Coller* : permet de coller les nœuds précédemment copiés dans le presse-papiers.
- *Créer une note* : permet à l'utilisateur de créer des notes de texte avec un champ de texte modifiable. Une fois la note ajoutée à l'espace de travail, vous pouvez la modifier en double-cliquant ou en cliquant avec le bouton droit sur le nœud de note (fig. 2.34).

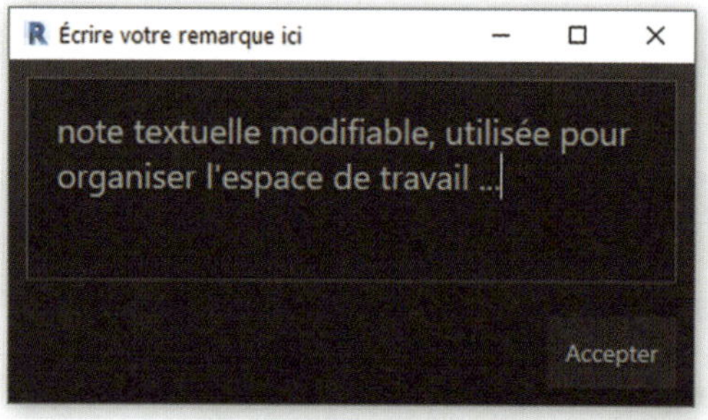

Fig. 2.34

– *Créer un groupe* : permet de regrouper plusieurs nœuds afin de mieux organiser le script Dynamo (fig. 2.35). Lorsqu'un groupe est créé, ses paramètres peuvent être modifiés (ex. : titre et couleur sur la figure 2.36).

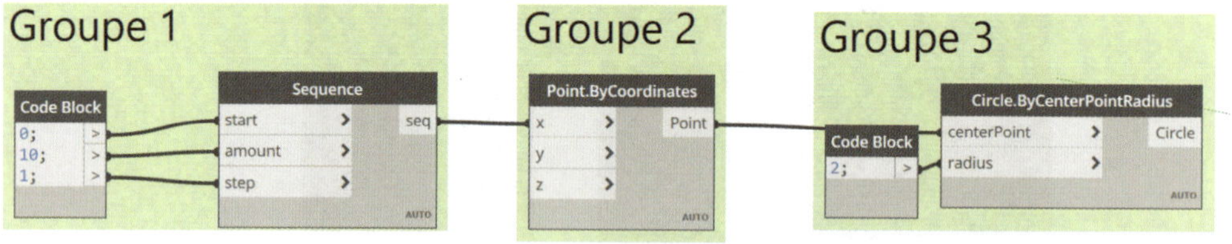

Fig. 2.35

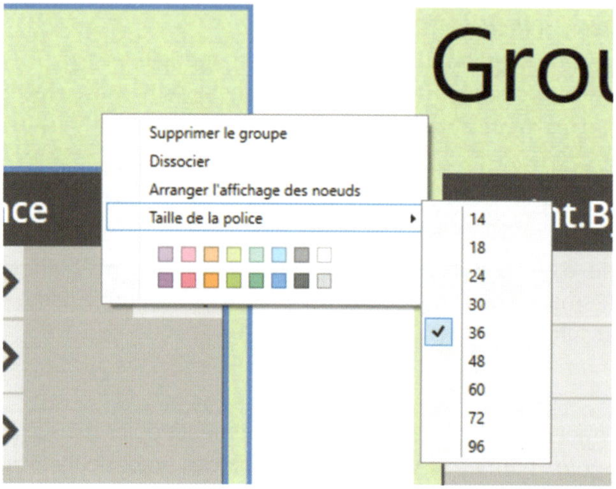

Fig. 2.36

– *Dissocier* : permet de dissocier un groupe de nœuds créé.
– *Créer un nœud personnalisé* : permet de créer un nœud personnalisé à partir d'un groupe de nœuds. Cette option ne fonctionne que lorsque vous avez sélectionné

des nœuds : une nouvelle fenêtre apparaît et vous pouvez alors donner à ce « nouveau » nœud un nom et une catégorie appropriée afin d'être enregistré dans votre bibliothèque et réutilisé plus tard (fig. 2.37).

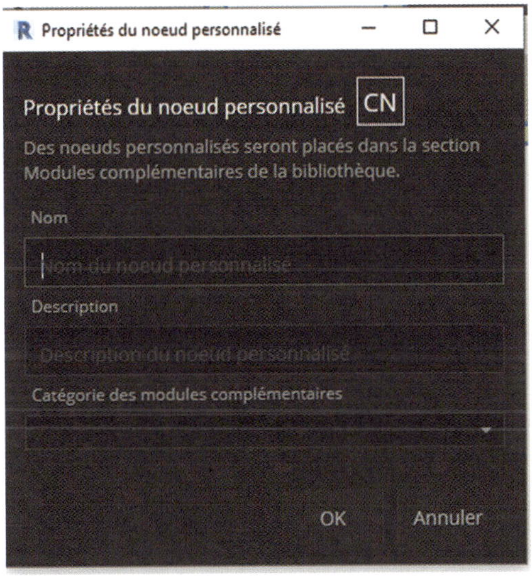

Fig. 2.37

- *Sélectionner tout* : permet de sélectionner tous les nœuds visibles dans l'espace de travail actif. Vous pouvez également utiliser le raccourci Ctrl + A.
- *Aligner la sélection* : permet d'aligner les nœuds sélectionnés entre eux, il offre différentes options (fig. 2.38).

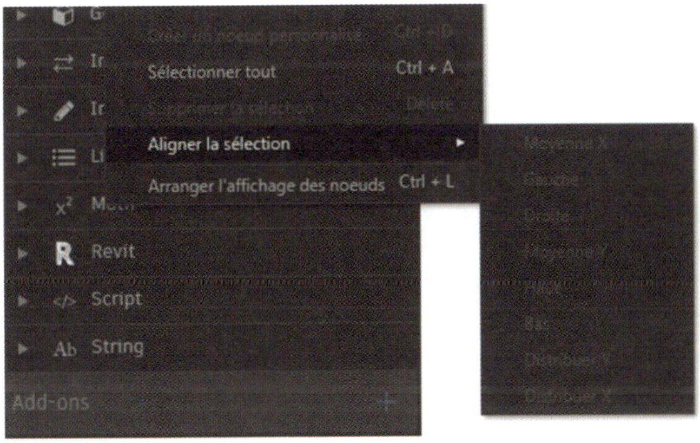

Fig. 2.38

- *Arranger l'affichage des nœuds* : permet de réorganiser automatiquement les nœuds du script Dynamo.

- **Afficher** : ce menu permet de contrôler la visibilité des nœuds, des connecteurs, de la console de fonctions ainsi que des aperçus d'arrière-plan (fig. 2.39).

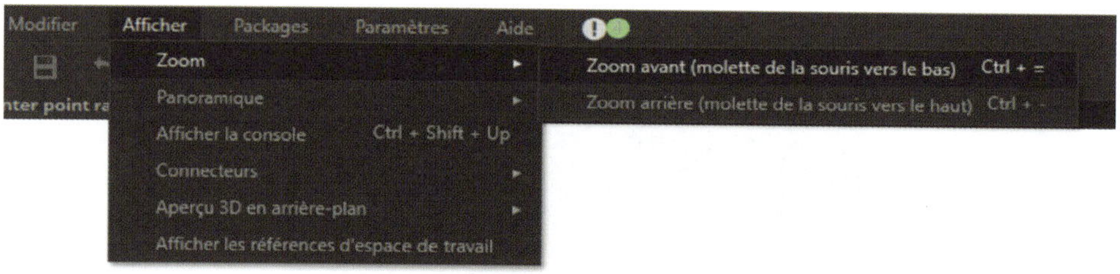

Fig. 2.39

L'une des sous-options les plus importantes est « Aperçus disponibles » (fig. 2.40) car elle vous permet de masquer ou d'afficher l'aperçu des éléments 3D dans Dynamo ainsi que dans Revit. Si vous voyez qu'il y a des lignes bleues ou des points dans Revit, cela signifie que vous devez désactiver l'option « Aperçu en arrière-plan de Revit ».

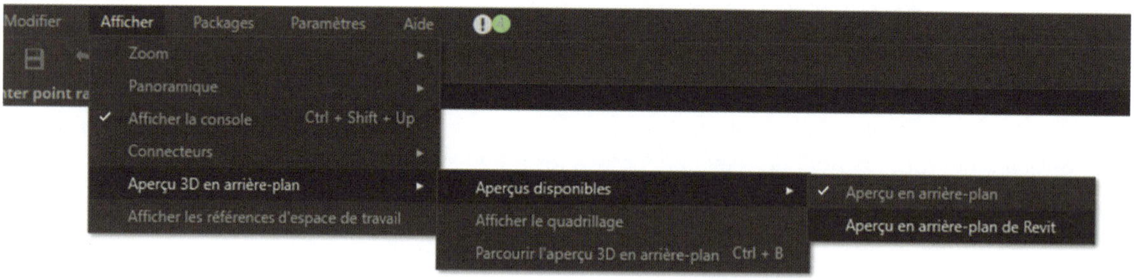

Fig. 2.40

- **Packages** : ce menu permet de télécharger, supprimer et gérer les packages Dynamo personnalisés (fig. 2.41).

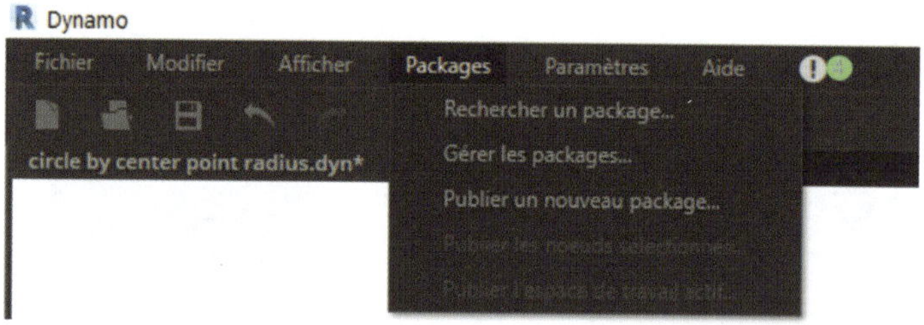

Fig. 2.41

- **Paramètres** : ce menu permet entre autres d'activer ou de désactiver le partage de vos données utilisateur (fig. 2.42).

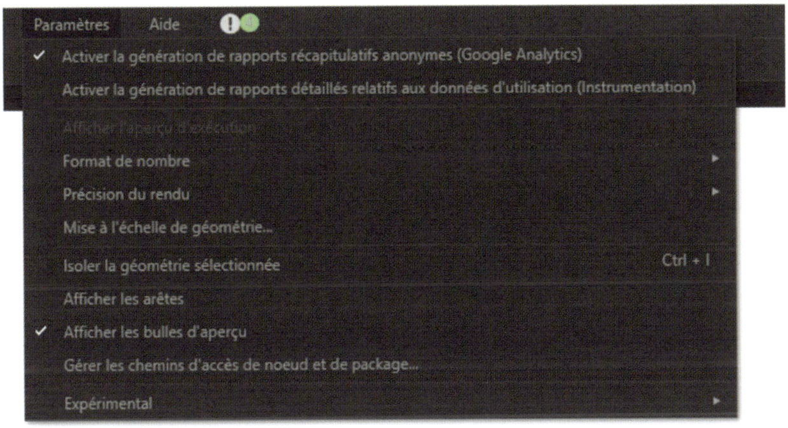

Fig. 2.42

- *Activer de la génération de rapports…* : ces options de partage des données utilisateur peuvent être activées pour contribuer à améliorer Dynamo.
- *Afficher l'aperçu d'exécution* : permet de prévisualiser l'état d'exécution de votre graphique. Les nœuds dont l'exécution est prévue seront mis en évidence dans votre graphique.
- *Format de nombre* : permet de modifier les paramètres du document pour les décimales.
- *Précision de rendu* : permet d'augmenter ou de diminuer la qualité de rendu du document.
- *Mise à l'échelle de géométrie* : permet de sélectionner la plage de géométrie sur laquelle le travail va s'effectuer.
- *Isoler la géométrie sélectionnée* : permet d'isoler la géométrie d'arrière-plan en fonction de la sélection des nœuds.
- *Afficher/Masquer les arêtes de géométrie* : permet d'afficher les arêtes de géométrie 3D.
- *Afficher/Masquer les bulles d'aperçu* : permet d'afficher les bulles d'aperçu des données sous les nœuds.
- *Gérer les chemins de nœuds et de packages* : permet de gérer les chemins de fichiers pour faire apparaître les nœuds et les packages dans la bibliothèque.
- *Expérimental* : permet d'activer les nouvelles fonctionnalités bêta de Dynamo.

- **Aide** : ce menu permet de trouver des exemples de fichiers fournis avec l'installation et d'accéder à l'aide en ligne de l'un des sites web de référence Dynamo (fig. 2.43).

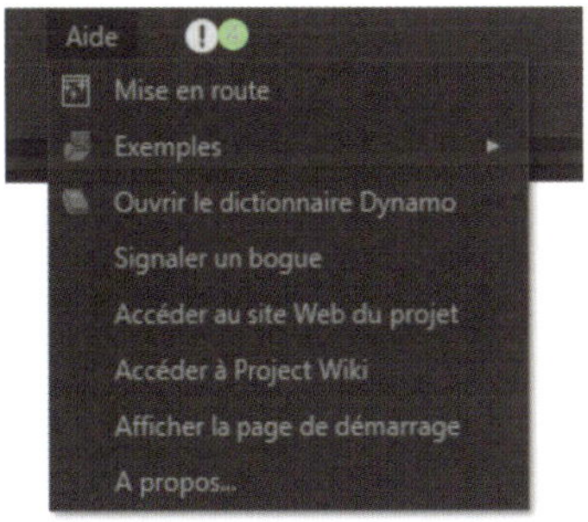

Fig. 2.43

Vous pouvez également vérifier la version de Dynamo installée et la mettre à jour *via* l'option **À propos** (fig. 2.44).

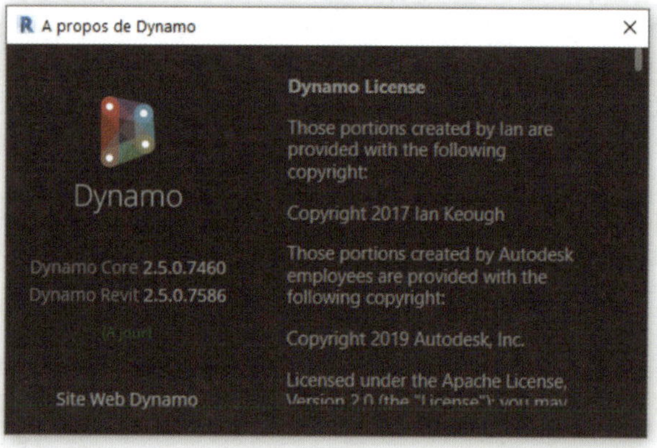

Fig. 2.44

La barre d'outils

La barre d'outils Dynamo contient une série de boutons permettant d'exécuter rapidement des commandes (fig. 2.45).

Fig. 2.45

Le premier bouton de cette barre vous permet de créer un nouveau script. Si vous travaillez déjà sur un script, Dynamo vous demandera si vous l'avez enregistré avant d'en démarrer un nouveau (fig. 2.46).

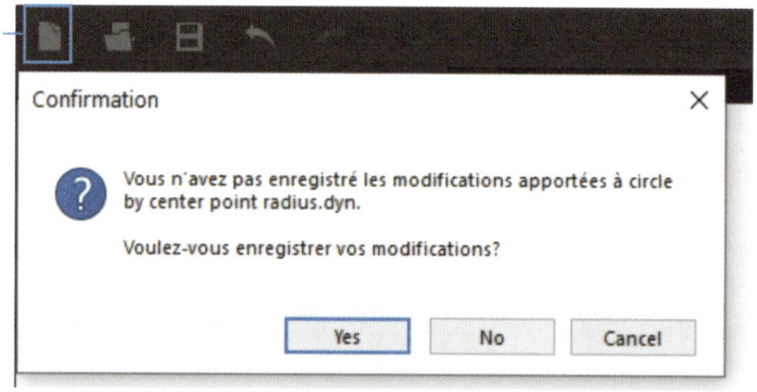

Fig. 2.46

Le deuxième vous permet d'ouvrir un script (nœud) Dynamo existant. De même, si un script est déjà ouvert, Dynamo vous demandera de l'enregistrer (fig. 2.47).

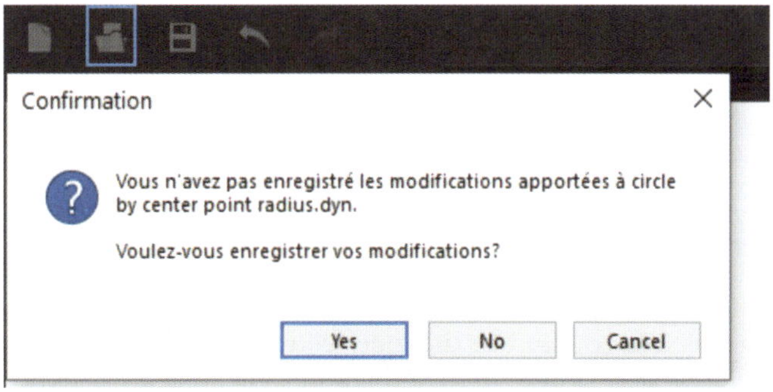

Fig. 2.47

Le bouton suivant permet d'enregistrer le script et/ou nœud en cours (fig. 2.48).

Fig. 2.48

Les dernières options de la barre d'outils permettent d'Annuler [Ctrl + Z] et de Rétablir [Ctrl + Y] une action (fig. 2.49).

Fig. 2.49

Les notifications Dynamo

Ce menu permet de voir les différentes mises à jour du logiciel Dynamo ainsi que la compatibilité de vos versions Python avec les versions actuelles de Dynamo. Il est important de vérifier ce menu si vous rencontrez des problèmes avec les fonctionnalités Dynamo (fig. 2.50).

Les notifications de Dynamo signalent des problèmes avec les fonctionnalités

Fig. 2.50

Les extensions

C'est à la suite des notifications, dans la barre de menu, que s'affichent les extensions Dynamo installées (ex. : Data Shapes et Monocle sur la fig. 2.51). Pour plus d'informations sur les extensions, voir le § 3 *Les composants* de ce chapitre.

Fig. 2.51
Les extensions sous Dynamo

Rechercher des nœuds

La première méthode, la plus rapide, consiste à utiliser l'option de recherche dans l'espace de travail *via* la souris. Très pratique, elle permet d'accéder immédiatement, par un simple clic droit, à la description du nœud sollicité et aux info-bulles des fonctionnalités (fig. 2.52 et 2.53).

La recherche dans Dynamo

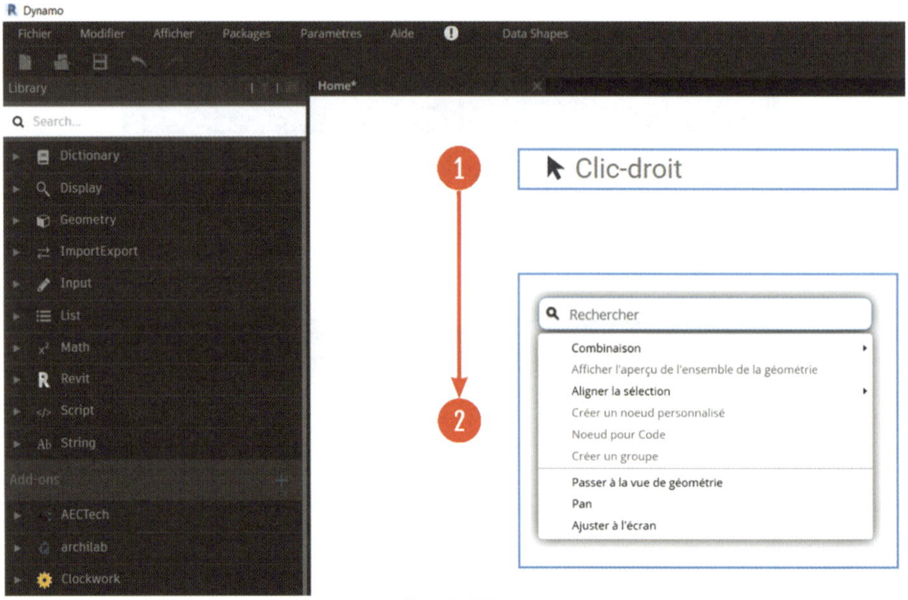

Fig. 2.52

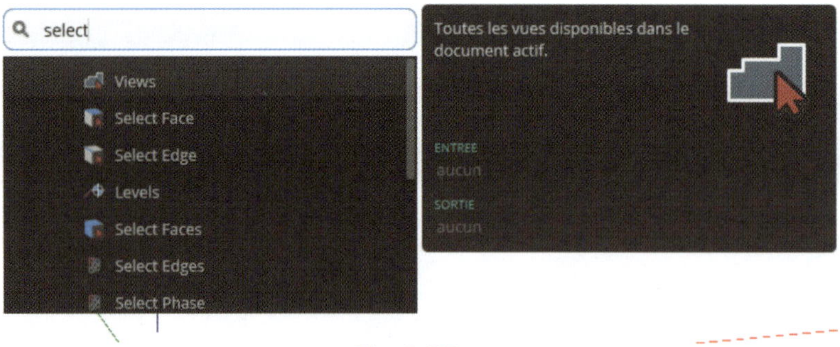

Fig. 2.53

La deuxième méthode, plus classique, consiste à utiliser la barre de recherche (fig. 2.54). Ainsi, si vous commencez à écrire, la bibliothèque Dynamo vous proposera une correspondance optimale (avec un fil d'Ariane pour identifier la catégorie) et une liste d'autres correspondances à la recherche. Lorsque vous appuyez sur Entrée ou cliquez sur l'élément dans le navigateur tronqué, le nœud en surbrillance sera ajouté au centre de l'espace de travail.

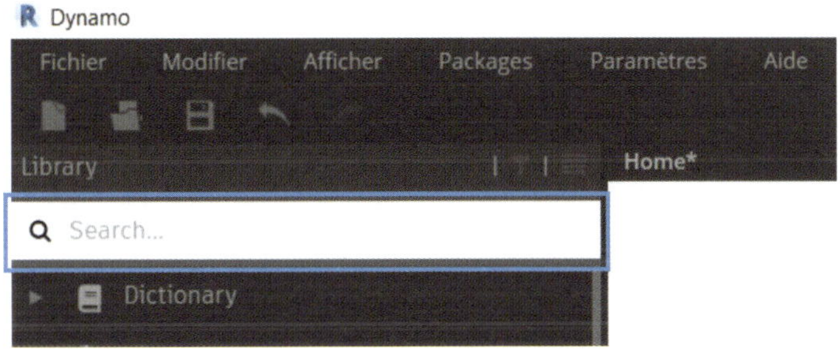

Fig. 2.54

Cette méthode vous donne également la possibilité de détailler vos résultats de recherche : vous pourrez soit les afficher avec une description pour chaque nœud, soit les afficher sous une forme primaire.

Vous pourrez également trier et filtrer les résultats pour n'afficher, par exemple, que les nœuds associés à une catégorie et/ou un package spécifique (fig. 2.55).

Fig. 2.55

La bibliothèque Dynamo

C'est l'espace dans lequel tous vos nœuds sont stockés (fig. 2.56) : les nœuds par défaut fournis lors de l'installation de Dynamo mais aussi les nœuds personnalisés issus de packages ou créés dans l'interface.

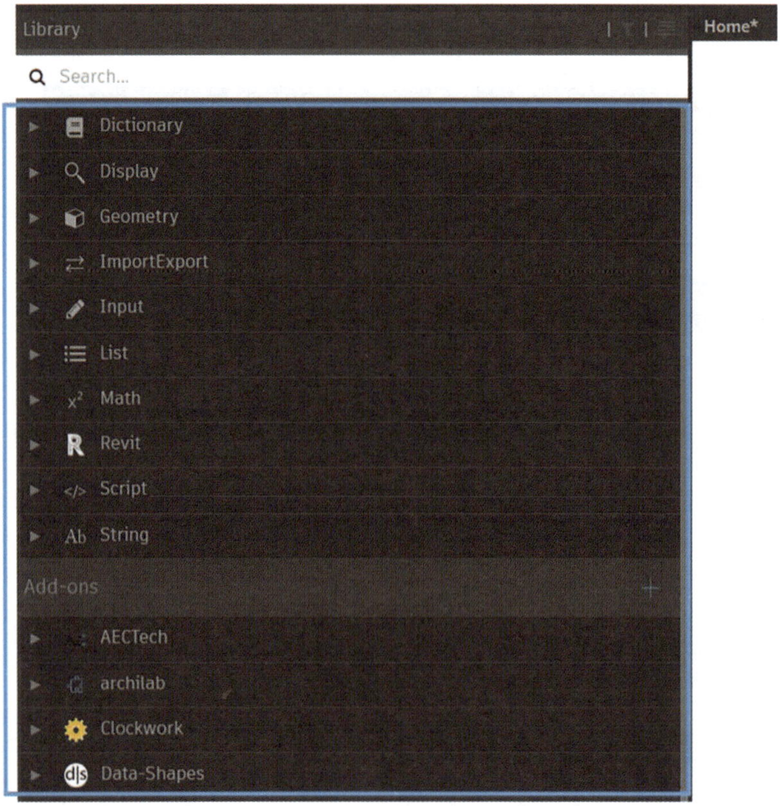

Fig. 2.56

Le mode d'exécution

Cette partie détermine le mode d'exécution du script : manuel ou automatique (fig. 2.57).

Fig. 2.57

> **!** Il est recommandé d'utiliser par défaut le mode d'exécution manuelle.

Les résultats d'exécution

Cette zone affiche les résultats de l'exécution soit « Exécution terminée » ou « Exécution terminée avec des avertissements » (fig. 2.58).

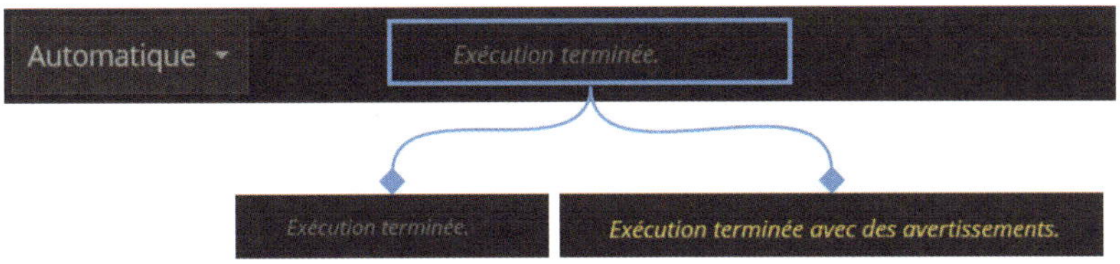

Fig. 2.58

Le nom du fichier

Cette zone affiche le nom ou le titre du fichier actif qu'il soit un nœud ou un script (fig. 2.59).

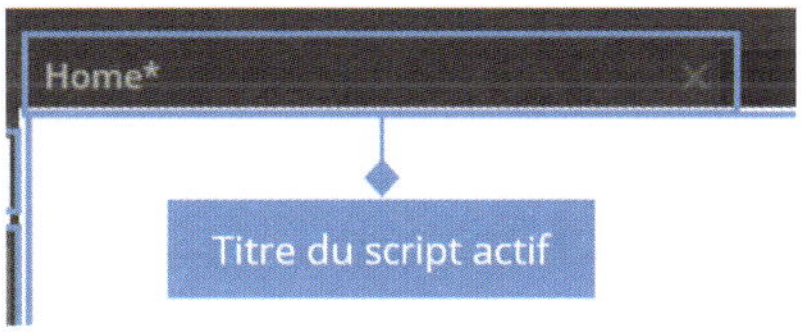

Fig. 2.59

L'espace de travail

Cette zone est l'espace dédié à la création des graphes et à l'exécution des géométries 3D en arrière-plan (fig. 2.60).

Fig. 2.60

Exporter la vue de script

Cette commande en forme d'appareil photo permet d'exporter le script Dynamo en cours (quelle que soit sa taille) sous forme de capture écran au format PNG (figure 2.61). Cette option est extrêmement utile pour la documentation et le partage de votre flux de travail.

Fig. 2.61

Les options d'aperçu

Les deux boutons de cette zone permettent de choisir entre la vue des nœuds ou la vue d'arrière-plan de la géométrie 3D (fig. 2.62).

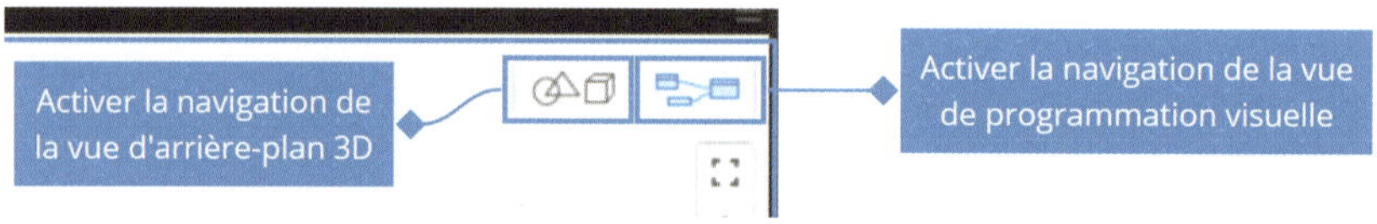

Fig. 2.62

Contrôler le niveau de zoom (vues 2D et 3D)

Les trois boutons de cette zone permettent à l'utilisateur de zoomer (avant, arrière) et d'ajuster la taille de la fenêtre à celle de la fenêtre d'écran active (fig. 2.63).

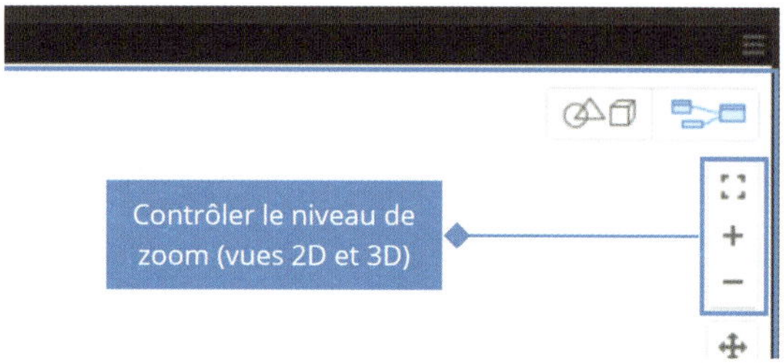

Fig. 2.63

Panoramique

Le bouton de cette zone permet de déplacer la vue dans l'espace de travail de Dynamo.

Vous pouvez sélectionner cette option, puis positionner le curseur à l'emplacement de départ et appuyer sur le bouton gauche de la souris. Faites ensuite glisser le curseur vers le nouvel emplacement.

Vous pouvez également appuyer sur la molette de défilement de la souris ou le bouton central vers le bas et faire glisser le curseur pour effectuer un panoramique (fig. 2.64).

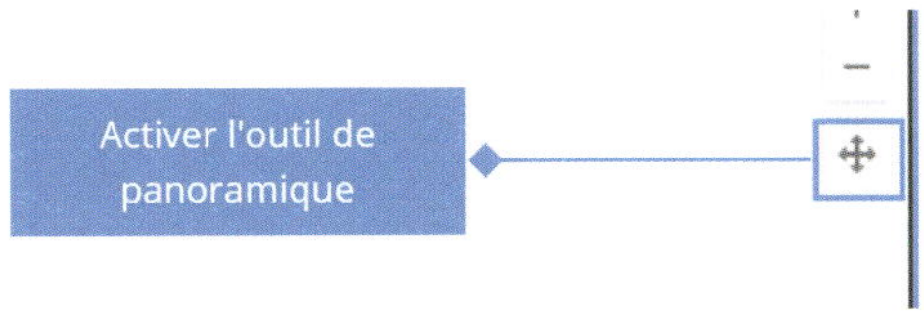

Fig. 2.64

Comment identifier les raccourcis clavier ?

Comme tout logiciel, Dynamo dispose de raccourcis clavier qui permettent de commander certaines actions. Ces raccourcis sont indiqués dans les menus de l'interface (fig. 2.65).

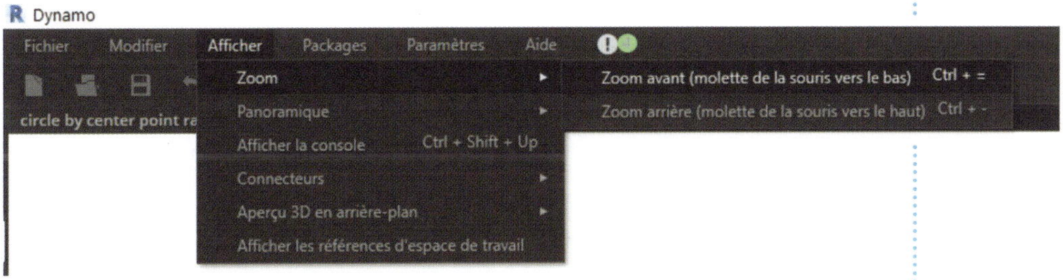

Fig. 2.65

Vous trouverez ci-après une liste des raccourcis clavier les plus courants :
– F5 permet d'exécuter le script ;
– la touche Echap maintenue enfoncée permet de parcourir l'aperçu de la géométrie d'arrière-plan ;
– en appuyant une fois sur Echap, le texte de la zone de recherche de la bibliothèque s'efface ;
– Ctrl + C permet de copier des nœuds ou du texte ;
– Ctrl + G permet de basculer entre les modes géométrie et nœud ;
– Ctrl + N permet de créer un nouveau fichier ;
– Ctrl + O permet d'ouvrir un fichier existant ;
– Ctrl + S permet d'enregistrer ;
– Ctrl + Maj + S permet d'enregistrer sous ;
– Ctrl + V permet de coller des nœuds ou du texte ;
– Ctrl + X permet de couper des nœuds ou du texte ;
– Ctrl + Y permet de rétablir l'action annulée (annule Ctrl + Z) ;
– Ctrl + Z permet d'annuler les actions une à une ;
– Ctrl + L permet d'organiser automatiquement les nœuds ;
– Ctrl + W permet de créer une note ;
– Ctrl + Maj + ⌂ permet d'afficher ou masquer la console.

3. Les composants

La bibliothèque

La bibliothèque Dynamo (ou Library) contient tous les nœuds que nous ajoutons à l'espace de travail pour définir des programmes visuels à exécuter. Les nœuds sont de deux types (fig. 2.66) :

- de base : ils sont fournis par défaut lors de l'installation (Dictionary, Display, Geometry, Import/Export, Input, List, Math, Revit, Script et String) ;
- personnalisés : ils regroupent alors les nœuds issus des packages et ceux créés pour le projet.

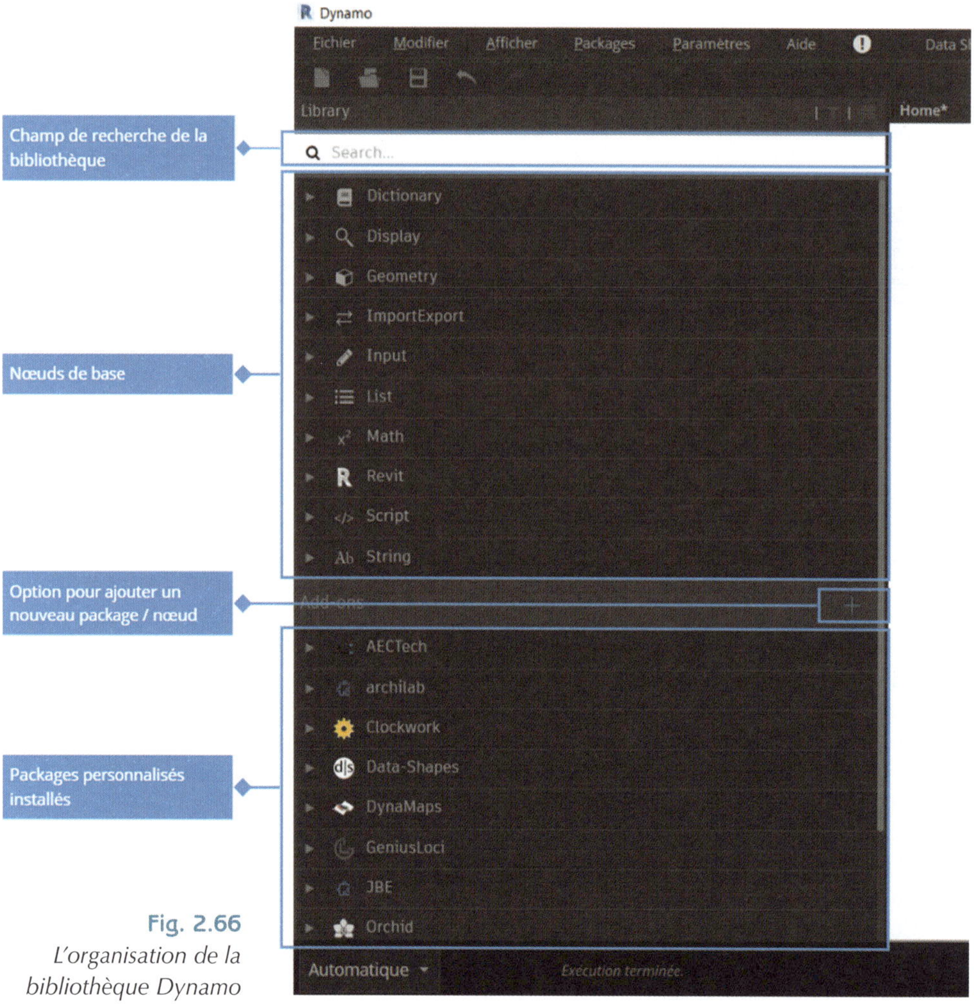

Fig. 2.66
L'organisation de la bibliothèque Dynamo

Au sein de la bibliothèque, les nœuds sont organisés hiérarchiquement et regroupés par catégorie. La navigation peut se faire en ouvrant n'importe quelle catégorie et en cliquant sur le nom du nœud à utiliser.

Comment ouvrir et sauvegarder un script ?

Il existe trois façons d'**ouvrir** des scripts sous Dynamo : *via* le menu Fichier, *via* la fenêtre de démarrage ou encore *via* l'interface Workspace (fig. 2.67 à 2.69).

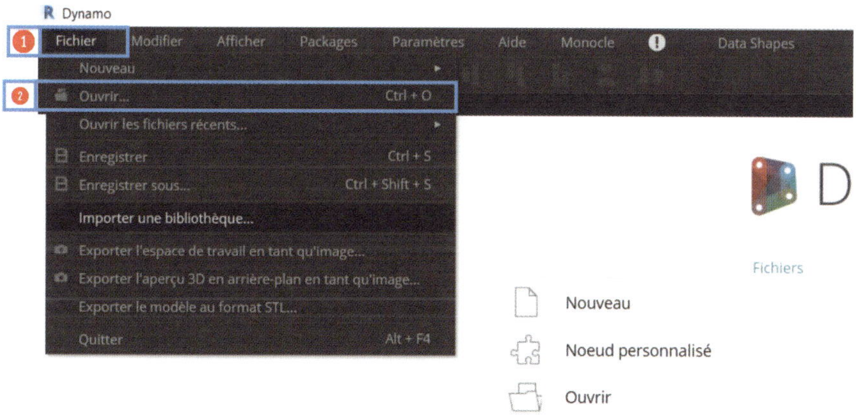

Fig. 2.67

Ouverture d'un script via le menu Fichier dans l'interface de l'espace de travail

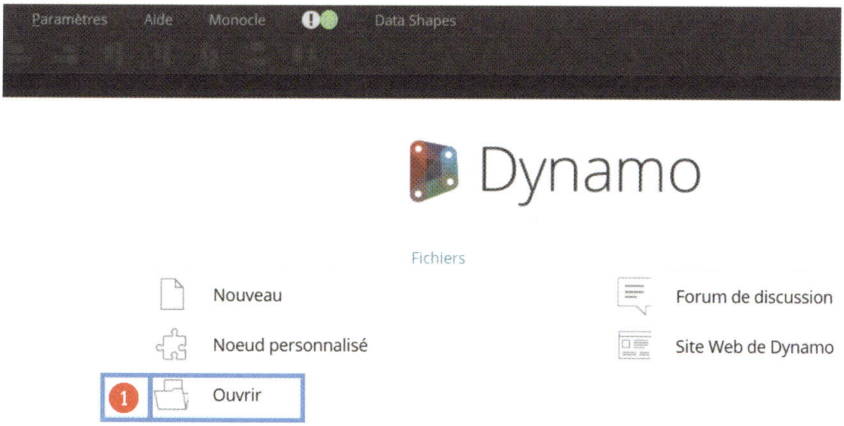

Fig. 2.68

Ouverture d'un script via la fenêtre de démarrage

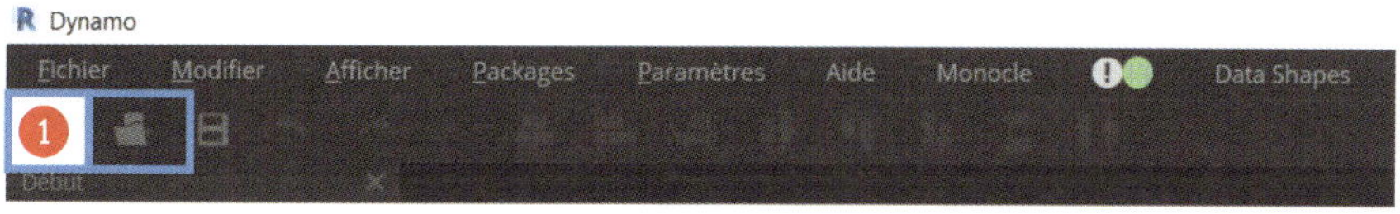

Fig. 2.69

Ouverture d'un script via l'interface Workspace

Soyez prudent lorsque vous ouvrez un script existant car vous risquez de le mettre à jour et il ne sera alors plus possible de l'ouvrir avec une version précédente de Dynamo.

Pour **sauvegarder** un script, on utilise l'option « Enregistrer sous » du menu Fichier (fig. 2.70) ou le raccourci clavier Ctrl + Maj. (Shift) + S.

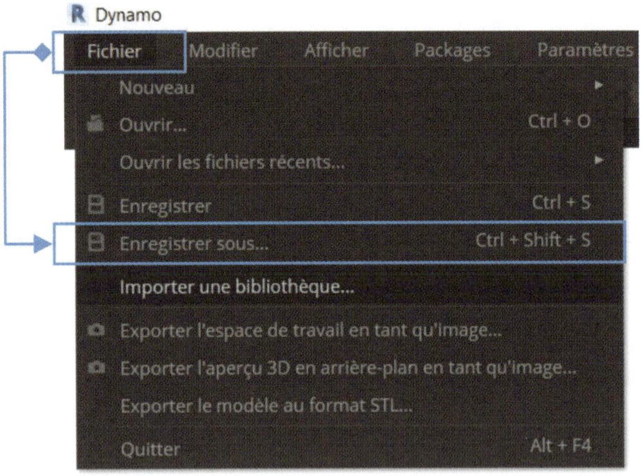

Fig. 2.70

Tous les scripts sous Dynamo portent l'extension .dyn.

Les packages personnalisés

Bien souvent, les fonctions par défaut proposées par Dynamo ne sont pas suffisantes. Il faut donc enrichir son projet avec de nouvelles fonctionnalités soit en les créant, soit en les récupérant sur des sites dédiés enrichis par les développeurs de la communauté Dynamo.

L'un des sites web les plus remarquables est :

https://dynamopackages.com/

Les éléments proposés vous permettront de gagner du temps et de trouver des solutions ingénieuses.

L'installation d'un grand nombre de packages peut réduire la vitesse et les performances de Dynamo. Dans certains cas, cela peut même bloquer l'interface et vous faire perdre votre travail.

Pour télécharger et installer un package sous Dynamo (.zip), il suffit d'aller dans le menu **Packages**, de sélectionner **Rechercher un package**, puis d'installer et/ou rechercher un package spécifique (fig. 2.71)

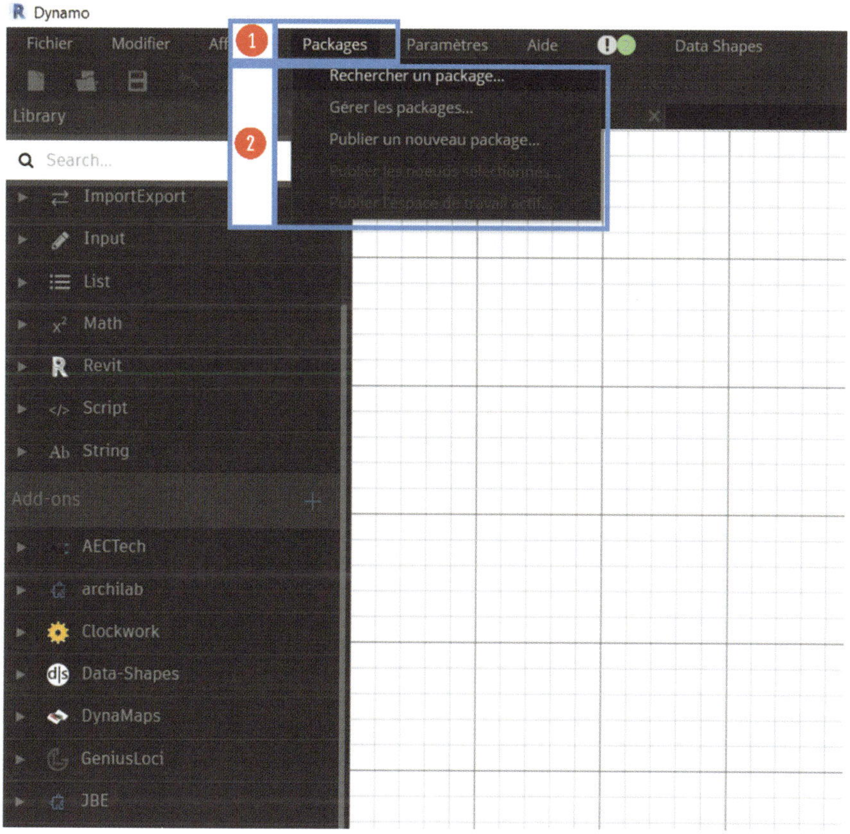

Fig. 2.71

Parmi les packages les plus connus, nous vous recommandons : Archi-lab.net, Data Shapes et Rhythm.

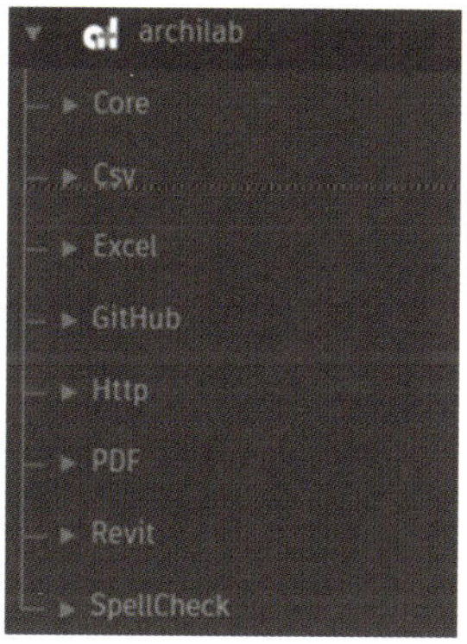

Fig. 2.72
Le package Archi-Lab.net, version 2021.25.14

Archi-lab.net

Conçu par Konrad K. Sobon, le package Archi-lab.net (fig. 2.72) fournit un grand nombre de nœuds personnalisés Zero-touch. C'est l'un des plus complets pour Revit et il possède une liste spéciale de nœuds pour les fichiers Microsoft Excel.

On peut, par exemple, créer des feuilles dans Revit à l'aide du nœud `Sheet.Create-Placeholder` complémenté de deux listes d'informations : la première liste contient les numéros des feuilles (❶, fig. 2.73).et la seconde leurs noms (❷, fig. 2.73). Une fois créées, elles sont connectées au nœud `Sheets.CreatePlaceholder` (❸, fig. 2.73).

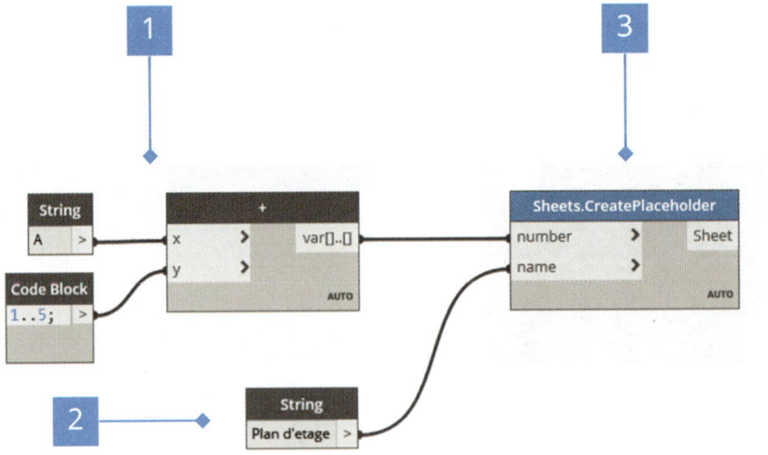

Fig. 2.73

Comment obtenir toutes les vues du même type ?

En utilisant deux nœuds du package Archi-lab.net, nous pouvons facilement obtenir toutes les vues d'un type particulier à partir du modèle Revit. Cette action est utile notamment lorsque l'on cherche à exécuter une tâche spécifique comme renommer, dupliquer ou supprimer toutes vues.

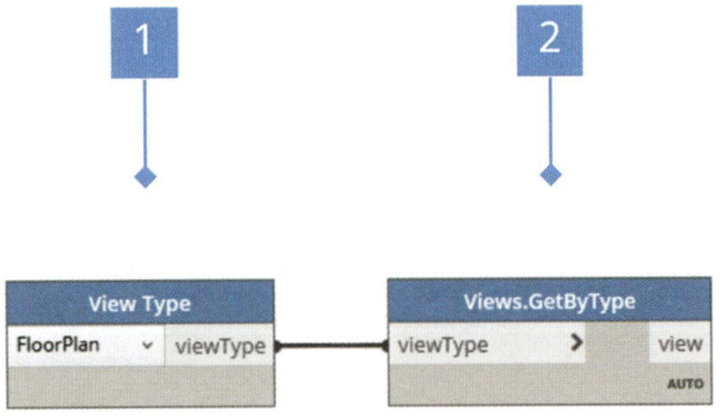

Fig. 2.74

Le processus consiste d'abord à utiliser le nœud `View Type` (Type de vue), à sélectionner le type requis, puis à utiliser le nœud `Views.GetByTpe` pour obtenir la liste des vues (figure 2.74).

Data Shapes

Créé par Mostafa El Ayoubi, Data Shapes a révolutionné le monde de Dynamo pour Revit car c'est le premier package qui a introduit des possibilités d'interface utilisateur Windows permettant ainsi une utilisation des scripts sans avoir besoin de les ouvrir ni de les modifier (fig. 2.75). Le package propose également une liste de nœuds dédiée à la géométrie, Revit, l'interopérabilité…

L'utilisateur exécute le script, puis il voit une série de fenêtres dans lesquelles il peut ajouter/sélectionner des options spécifiques définies par le programmeur Dynamo comme on pourrait le faire sur un arbre de décision.

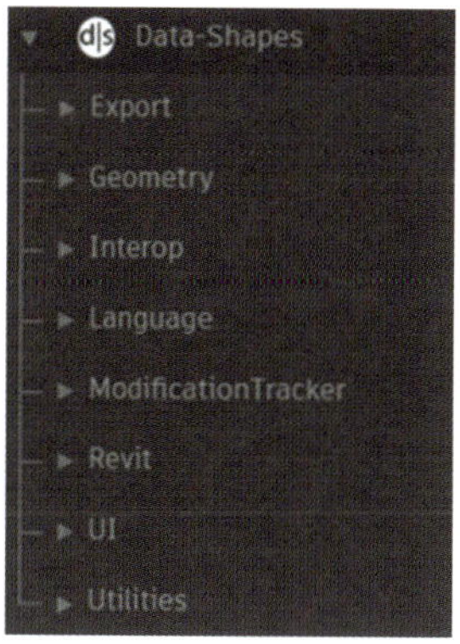

Fig. 2.75
Le package Data Shapes, version 2021.2.91

> À noter, il existe également une extension de vue Dynamo du même nom.

Dans toutes les applications se servant du package Data Shapes, il faudra utiliser le nœud `MultipleInputForm` (❸, fig. 2.76). Ce nœud traduit toutes les entrées précédentes (❶ et ❷, fig. 2.76) en une fenêtre qui apparaît à l'utilisateur (fig. 2.77).

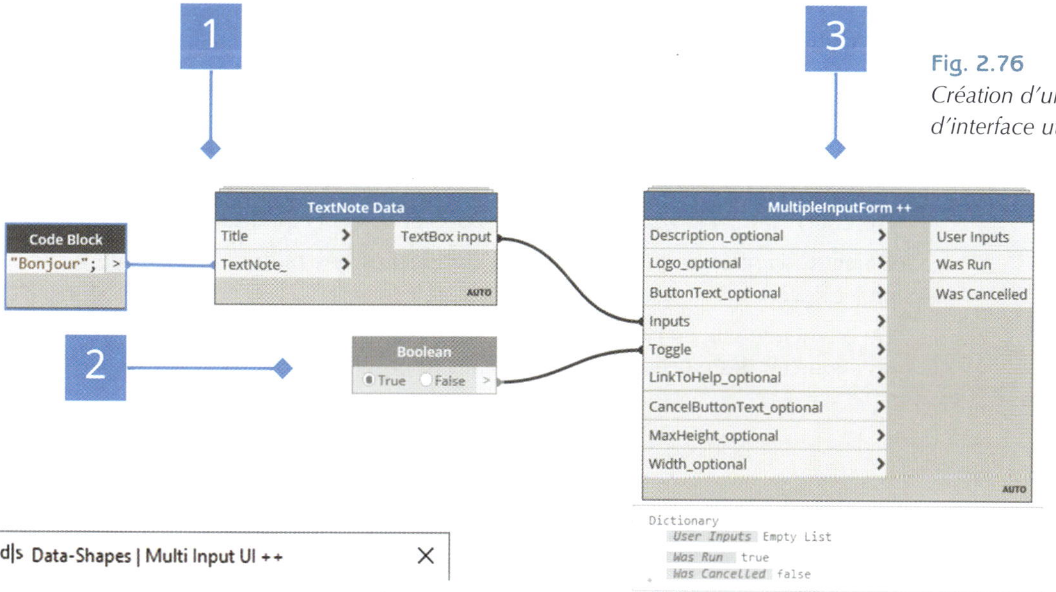

Fig. 2.76
Création d'une fenêtre d'interface utilisateur

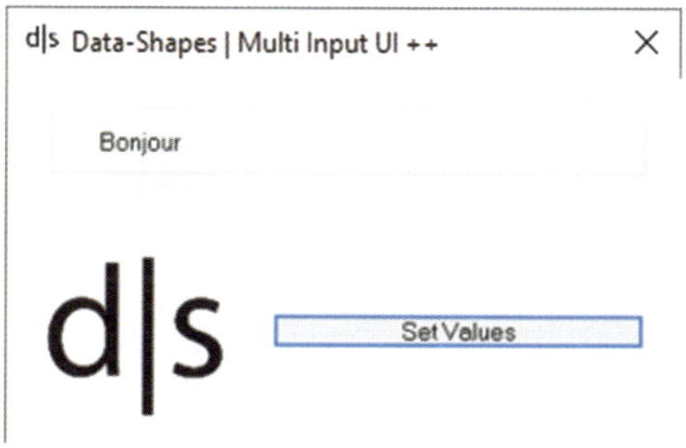

Fig. 2.77
L'interface utilisateur du script Dynamo affiche « Bonjour »

Rhythm

Développé par John Pierson, Rhythm fournit une liste de nœuds utiles pour la gestion de données et la modification de la géométrie dans Revit (voir liste spéciale pour les murs-rideaux).

Rhythm propose également des nœuds amusants comme ceux qui permettent de changer la couleur, faire pivoter ou changer le type de police des rubans Revit.

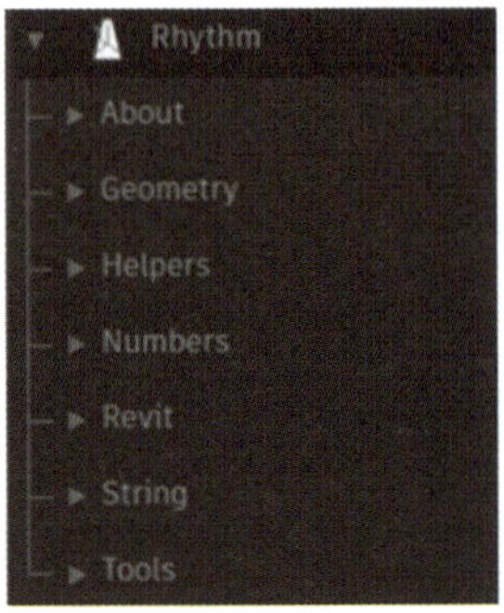

Fig. 2.78
Le package Rhythm, version 2021.1.1

Exercice 2.1

CENTRER AUTOMATIQUEMENT LES ÉTIQUETTES DES PIÈCES DANS LA VUE ACTIVE REVIT

Temps estimé : 10 min

Difficulté : *

Document : les fichiers correspondants à cet exercice sont disponibles (aux formats Dynamo 2.0.3 et Revit 2019) dans le contenu qui accompagne cet ouvrage, ils sont nommés **CH02_EX01_2.0.3_Déplacer les étiquettes de pièce vers le centre.dyn** et **CH02_EX01_2.0.3_Déplacer les étiquettes de pièce vers le centre.rvt**.

Prérequis : les packages Rhythm et GeniusLoci doivent être installés.

Objectif : centrer automatiquement les étiquettes des pièces dans la vue active du projet Revit.

On ouvre une vue en plan d'un projet Revit (fig. 2.79). Sur cette vue, on constate que les étiquettes des pièces ne sont pas toutes disposées au centre des pièces.

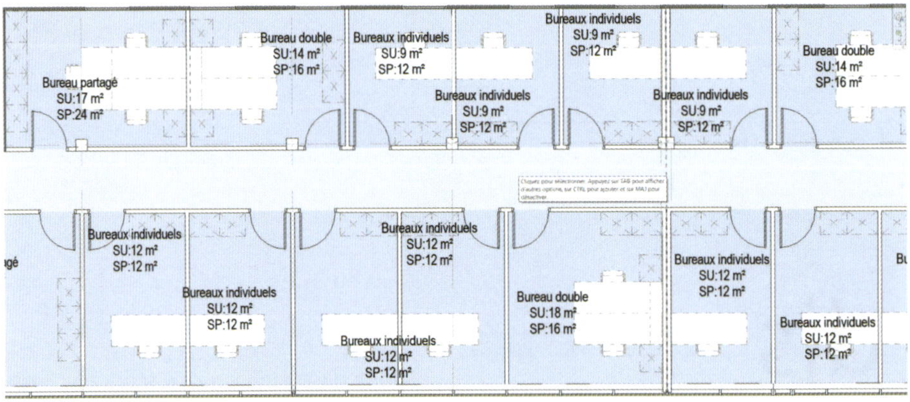

Fig. 2.79

L'idée est de récupérer le document Revit actuel, puis la vue active et enfin d'utiliser le nœud `RoomTag.CenterOnRoomLocation` du package Rhythm pour centrer les étiquettes.

Le script Dynamo pour réaliser cette action se compose de six nœuds (fig. 2.80) :

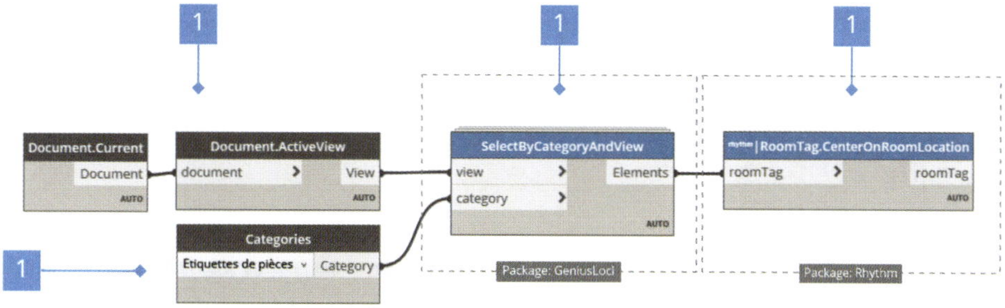

Fig. 2.80

1. `Document.Current` est le nœud qui récupère le document Revit. Il permet à Dynamo de savoir quelle base de données du modèle doit être utilisée.

   `Document.ActiveView` permet de sélectionner la vue active.
2. `Categories`, ce nœud fournit toutes les catégories disponibles dans Revit. Pour cet exercice, nous choisirons « Étiquettes de pièces » dans le menu déroulant.
3. `SelectByCategoryAndView`, il s'agit d'un nœud personnalisé issu d'un autre package nommé GeniusLoci. Ce nœud sert à filtrer tous les éléments de la vue ouverte par une catégorie spécifique. Ici, nous devons sélectionner uniquement les étiquettes de pièce dans la vue actuelle.
4. `RoomTag.CenterOnRoomLocation`, c'est le nœud personnalisé du package Rhythm. Il déplacera automatiquement les étiquettes des pièces au centre des pièces qui sont visibles dans la vue active.

   Une fois les nœuds connectés, nous cliquons sur le bouton « Exécuter », le script s'exécute et nous obtenons le résultat présenté sur la figure 2.81.

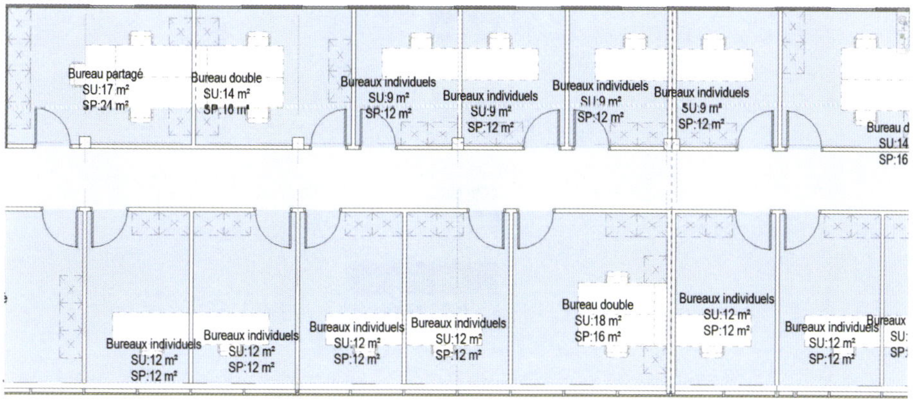

Fig. 2.81

Les extensions

Les extensions sont un outil indispensable dans l'écosystème de la programmation visuelle.

Normales ou de vue, elles permettent aux développeurs d'agir sur des scripts ou des groupes de scripts pour les organiser ou les gérer tout en tenant compte des interactions et de la logique qui les lient.

Les extensions de vue permettent d'enregistrer des éléments de menu personnalisés. Elles apparaissent dans le ruban et non comme un package dans la bibliothèque (fig. 2.82).

Exemple d'une extension de vue : Monocle

Fig. 2.82

Un exemple : Monocle

Monocle est une extension de vue qui fournit de nombreuses applications :

- **Alignement des nœuds** : l'extension fournit une fonctionnalité très utile pour automatiser l'alignement des nœuds dans l'espace de travail. L'utilisateur peut trouver cette fonction dès que plusieurs nœuds sont sélectionnés. Les outils d'alignement sont visibles sur la barre supérieure ou à côté des nœuds eux-mêmes (fig. 2.83).

Monocle, version 2020.7.16

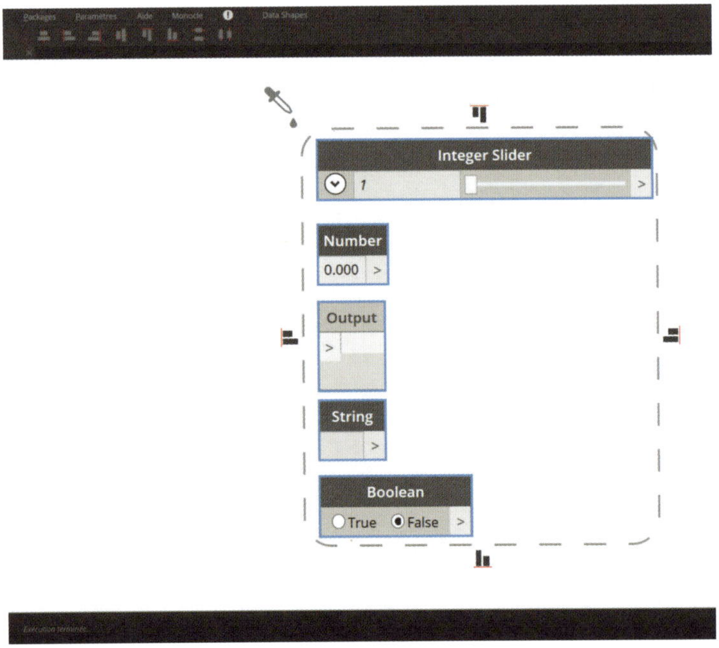

Fig. 2.83

- **Regroupement personnalisé des nœuds** : cette fonctionnalité permet d'organiser les scripts Dynamo et de clarifier les flux de travail ainsi que la catégorie de chaque nœud. L'extension propose six types de groupes personnalisables (fig. 2.84), ces types peuvent être modifiés et renommés *via* la liste déroulante de Monocle.

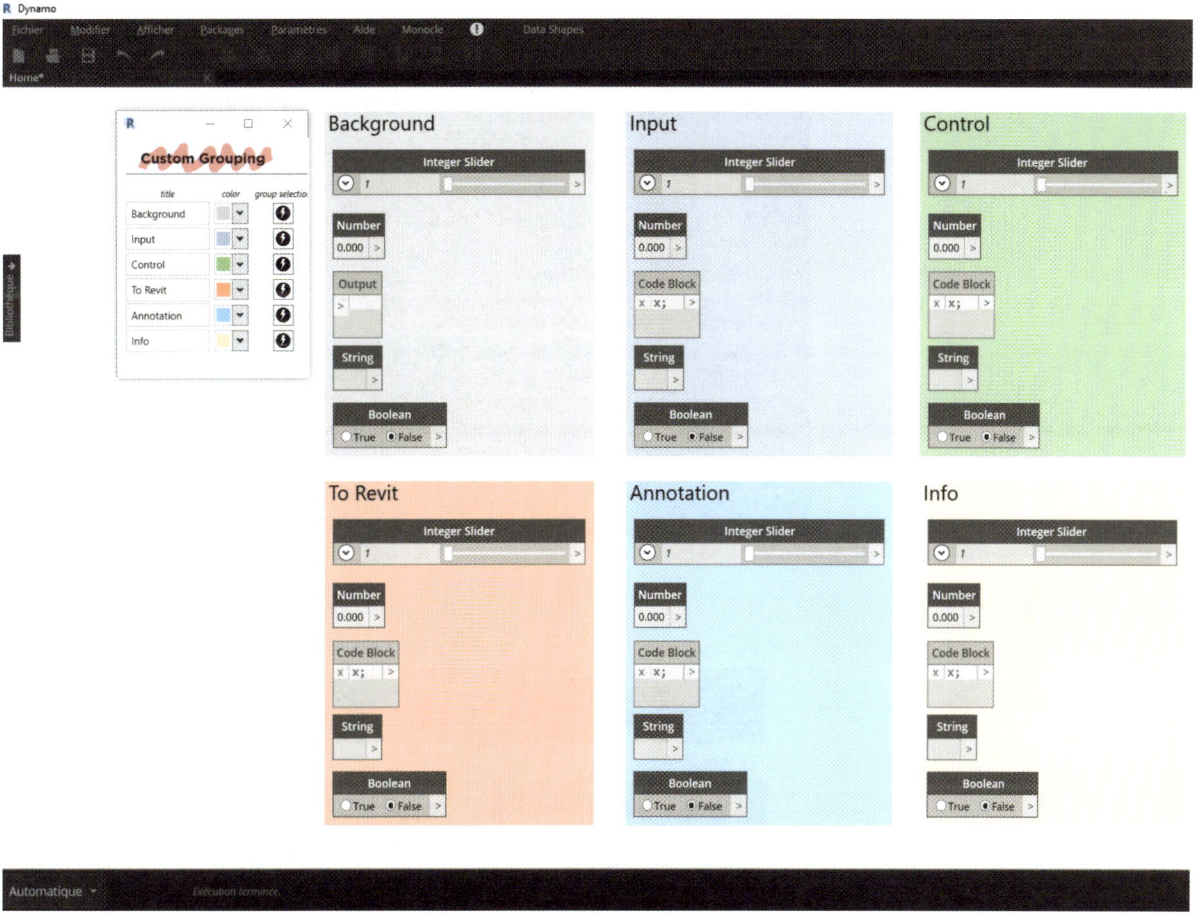

Fig. 2.84

- **Recherche de nœuds** : cette fonctionnalité permet aux utilisateurs de rechercher facilement des nœuds Dynamo en temps réel. Il propose plusieurs types de recherche (fig. 2.85). La fenêtre de recherche de Monocle peut être épinglée dans Dynamo pour remplacer la boîte de recherche par défaut de Dynamo (fig. 2.86).

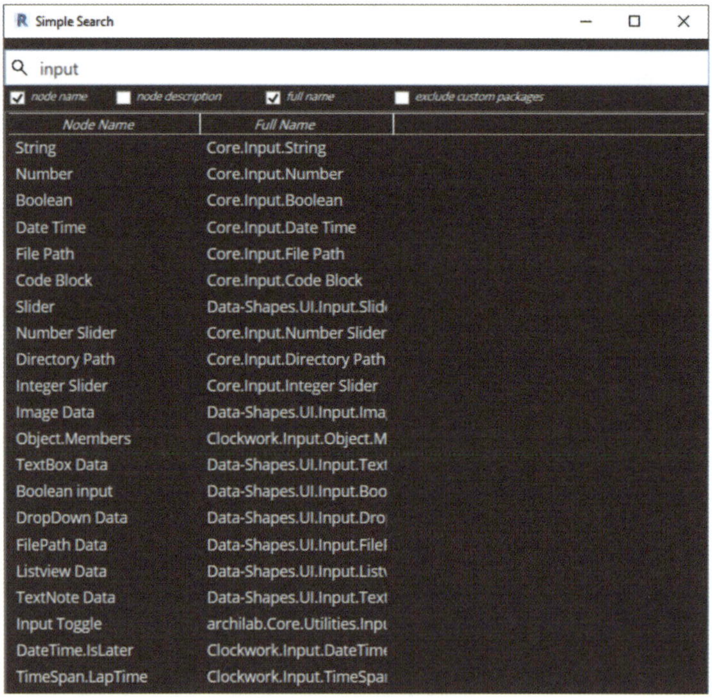

Fig. 2.85

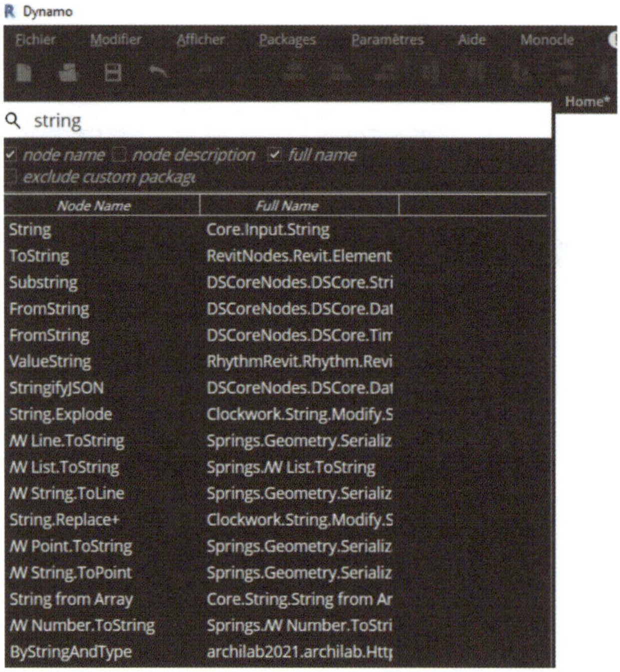

Fig. 2.86

Chapitre 3

La gestion des imports/exports sous Dynamo

Afin de fluidifier les workflows du projet, il est nécessaire de comprendre quels types de fichiers peuvent être importés, enregistrés ou exportés avec Dynamo. Leur maîtrise facilitera les tâches de partage, de sauvegarde et de gestion des scripts, en particulier si c'est un travail collaboratif.

En plus des formats de fichiers pris en charge par Dynamo, les packages personnalisés offrent la possibilité de traiter des formats différents comme AutoCAD ou SketchUp.

Objectifs d'apprentissage dans ce chapitre :

- Comprendre l'interopérabilité de Dynamo for Revit.
- Identifier les fichiers acceptés par Dynamo (importation/ouverture/exportation).
- Utiliser des packages personnalisés pour créer des workflows de qualité.

1. L'interopérabilité

L'interopérabilité est la capacité avec laquelle les différents programmes ou systèmes sollicités vont interagir les uns avec les autres. Sa connaissance est essentielle pour comprendre comment saisir, générer et gérer toutes les informations du modèle BIM.

Comme tout programme, Dynamo accepte l'entrée ou l'extraction de données issues de fichiers natifs ou spécifiques à son fonctionnement (.dyn, .dyf, .dll, .png...). Il existe également plusieurs nœuds par défaut qui permettent d'importer ou d'exporter des données d'autres types de formats de fichiers (.xls, .csv, .txt ...). Ces derniers peuvent être complétés par des packages personnalisés qui offrent davantage encore de possibilités de collaboration (.dwg, .ifc, .skp...).

La spécificité de Dynamo for Revit

Dynamo for Revit a été spécialement conçu pour interagir avec Revit. Il peut créer sa propre géométrie avec des relations paramétriques mais aussi lire et écrire depuis et vers des bases de données externes. Par exemple, dans Dynamo, vous pouvez définir la base de tous les murs et poteaux sur la même élévation. Cela signifie que vous pouvez rendre les paramètres de différentes familles égaux les uns aux autres.

Les applications pour Dynamo et Revit sont infinies. Les utilisateurs de Revit peuvent désormais réaliser facilement (grâce à l'interface de programmation visuelle) des actions complexes ou répétitives qui auraient auparavant nécessité des connaissances particulières comme celle du langage .NET pour écrire une macro. L'utilisateur peut utiliser les menus déroulants de Dynamo pour afficher une liste complète de tous les éléments accessibles dans un projet Revit ou pour référencer des éléments Revit qui ne sont pas encore visibles dans une vue. C'est un excellent outil pour rechercher des éléments existants ou en créer de nouveaux dans un projet Revit ou dans l'éditeur de familles.

Les formats disponibles

Le tableau 3.1 présente les différents formats de fichiers compatibles avec l'environnement Dynamo. Ces types de fichiers peuvent être créés, modifiés ou importés dans l'environnement Dynamo sans aucune configuration personnalisée.

Tab. 3.1

Type de fichiers	Format	Commentaires
Script	.dyn	Les scripts peuvent être ouverts et enregistrés sous Dynamo.
Nœud	.dyf	Les nœuds peuvent être ouverts et enregistrés
Bibliothèques personnalisées	.dll	Elles peuvent être importées mais ne sont pas exportables dans leur intégralité. Seuls les nœuds sont exportables vers une autre bibliothèque.
Fichiers DesignScript	.ds	DesignScript est le langage de programmation au cœur de Dynamo. Les codes DesignScript peuvent être écrits dans Dynamo à l'aide du nœud Code Block.
Python	.py	Les codes Python peuvent être écrits dans l'environnement Dynamo à l'aide du nœud Code Python. Cependant, vous ne pouvez pas « importer » un fichier Python dans Dynamo.

La conversion des unités

L'un des points fondamentaux autour de l'interopérabilité est la conversion des unités. Vous pouvez considérer Dynamo comme une extension de l'interface utilisateur de Revit. Les nombres utilisés dans Dynamo sont exactement comme les nombres que vous entrez dans le paramètre de la boîte de dialogue des propriétés d'un objet sur Revit.

Si vos unités de projet Revit sont définies sur des mètres et que vous créez un point à (1,2,3) et que vous l'importez dans Revit, le point de référence sera à (1 m, 2 m, 3 m). Si vos unités de projet sont définies en millimètres, votre point de référence sera à (1 mm, 2 mm, 3 mm).

Depuis la version 0.8 de Dynamo, la conversion d'unités entre le projet Revit et le script Dynamo est possible. Si vous souhaitez utiliser différentes unités dans votre script ou si vous voulez modifier le script originel, vous pourrez utiliser le nœud `Convert Between Units`. Ce nœud de conversion peut prendre n'importe quelle valeur et la changer en une autre valeur dans une unité différente. Par exemple, l'unité 1 convertie de mètres en pieds donne 0,3281 (fig. 3.1), en cliquant sur le bouton ⇄ on inverse la conversion.

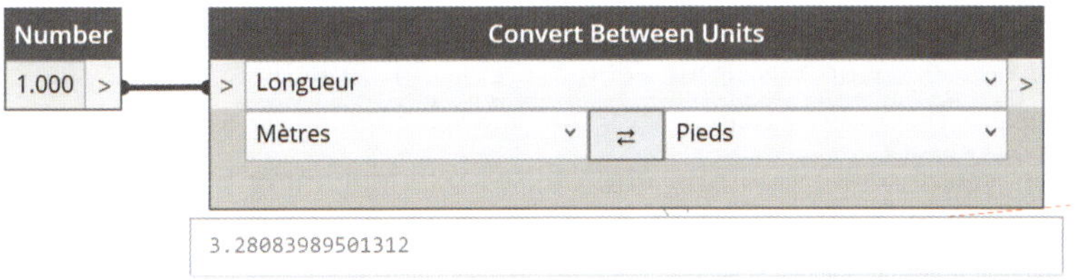

Fig. 3.1

> **!** Si vous changez les unités pendant que vous travaillez dans Dynamo, elles ne seront pas automatiquement répercutées. Vous devrez redémarrer Dynamo.

Les nœuds de base

Par défaut, Dynamo dispose de quatre nœuds qui vous permettent d'importer ou d'exporter plusieurs types de format de fichiers (fig. 3.2) : `Data`, `File System`, `Image` et `Web`.

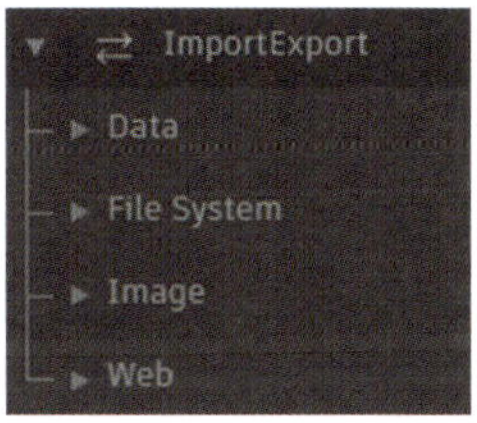

Fig. 3.2

Data

Cette liste de nœuds (fig. 3.3) vous permet de traiter des informations tabulaires comme celles des fichiers du type .xls, .csv… et de les importer ou les exporter. Elle comprend également deux nœuds qui vous permettent d'analyser les fichiers JSON (*JavaScript Object Notation* – Notation objet issue de JavaScript) : `ParseJSON` et `StringifyJSON`.

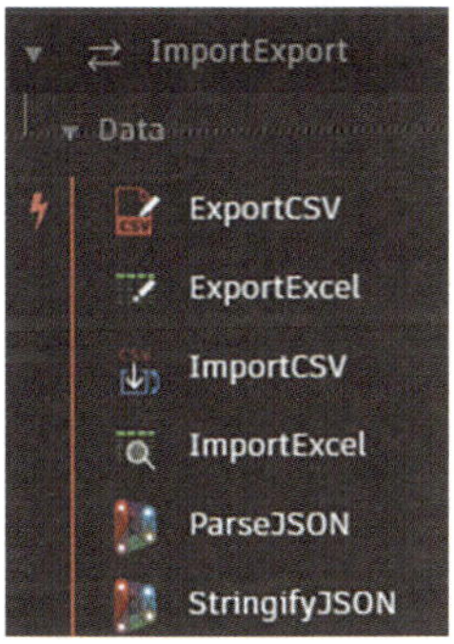

Fig. 3.3

File System

Ces nœuds vous permettent d'interagir avec les dossiers et fichiers du système d'exploitation de votre ordinateur ou du réseau (fig. 3.4).

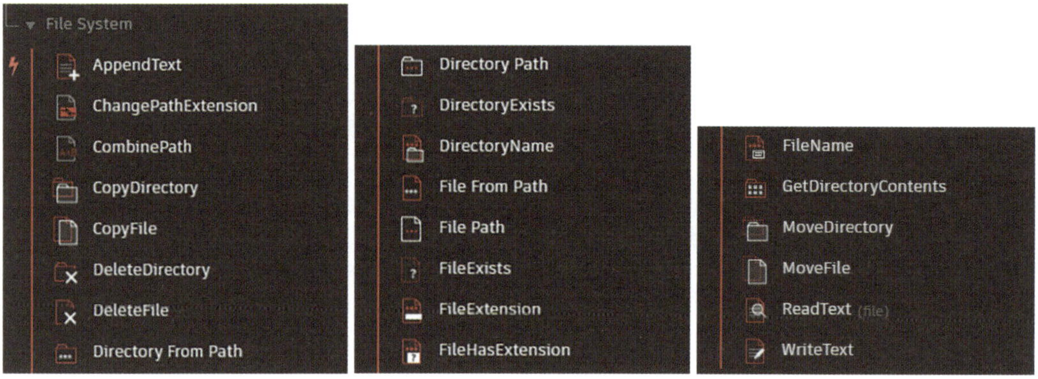

Fig. 3.4

Par exemple, `File Path` permet de sélectionner **un seul** fichier (dans tous les formats) depuis un dossier Windows. Pour définir le chemin du fichier, cliquez sur le bouton « Parcourir… » du nœud `File Path`, puis accédez au fichier souhaité (fig. 3.5).

Les fichiers sélectionnés pourront être utilisés ultérieurement pour effectuer d'autres opérations dans Dynamo à l'aide des nœuds.

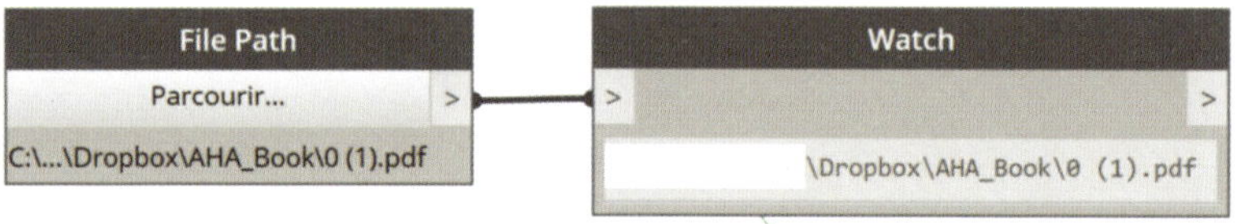

Fig. 3.5

Un autre exemple de cette section de la bibliothèque est le nœud `Directory Path`. Il permet à l'utilisateur de sélectionner un répertoire sur son ordinateur. Pour définir le chemin du répertoire, cliquez sur le bouton « Parcourir… » du nœud, puis accédez au répertoire souhaité.

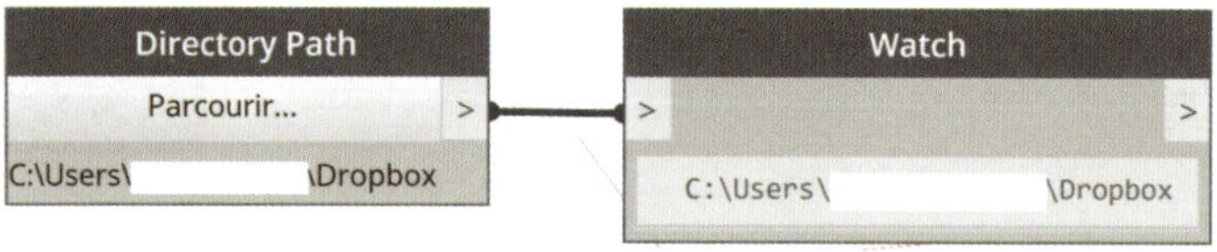

Fig. 3.6

Le nœud `Directory Path` peut être combiné avec d'autres nœuds pour obtenir tous les fichiers du répertoire sélectionné. Par exemple, sur la figure 3.7 nous avons utilisé le nœud `Direcotry From Path` qui permet d'obtenir le répertoire à partir du dossier sélectionné, puis le nœud `FileSystem.GetDirectoryContents` qui permet d'obtenir tout le contenu du répertoire sélectionné.

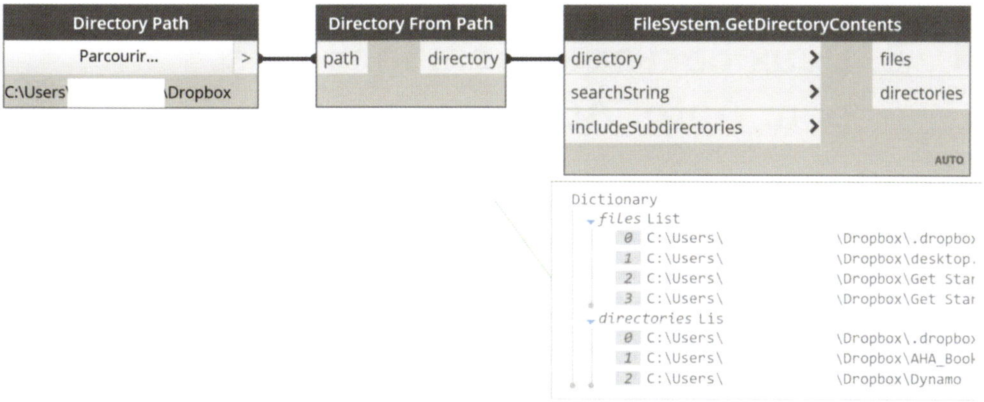

Fig. 3.7

Image

Ces nœuds (fig. 3.8) sont utilisés pour l'analyse des informations sur les images sélectionnées ou liées par Dynamo (comme les dimensions, les pixels...) Ils permettent également d'exporter des vues Revit en .png.

Par exemple dans la figure 3.9, nous avons utilisé le nœud `Image.ReadFromFile` qui crée un objet image à partir d'un objet de fichier d'entrée. Nous utilisons un nœud `File Path` suivi d'un nœud `File From Path` pour créer un objet fichier à utiliser comme entrée d'un nœud `Image Read From File`. Un nœud `Watch Image` est utilisé pour prévisualiser l'image chargée et un nœud `Image.Dimensions` est utilisé pour analyser les pixels de l'image.

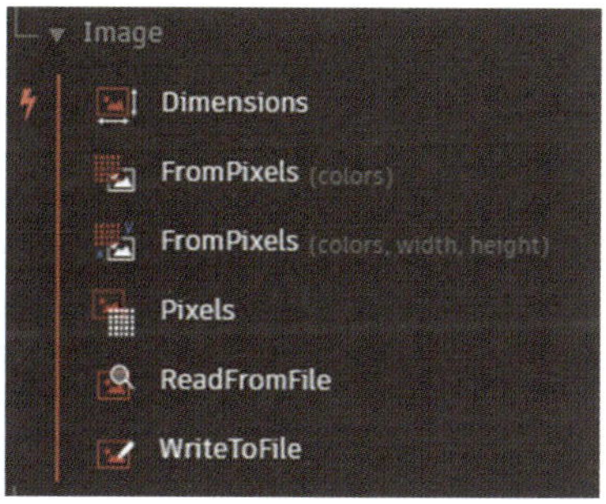

Fig. 3.8

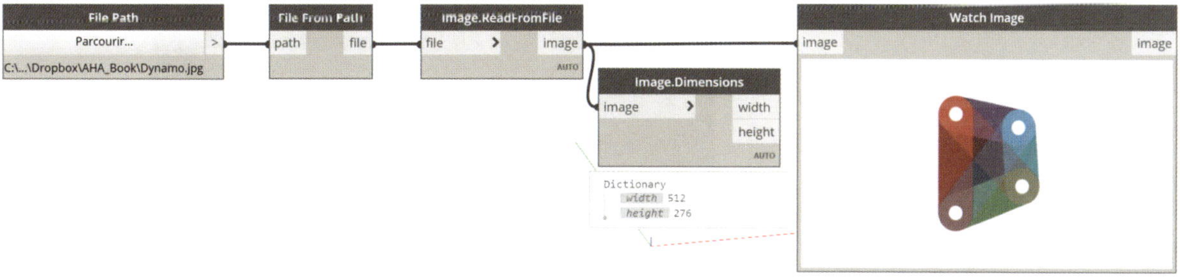

Fig. 3.9

Fig. 3.10

Web

Ce dernier groupe contient le nœud `Web Request` (fig. 3.10). Il est utilisé pour renvoyer le contenu d'une page web sous la forme d'une chaîne de caractères à partir d'une adresse URL saisie en entrée.

2. Deux packages personnalisés pour AutoCAD

Certains packages personnalisés permettent de traiter des formats de fichiers supplémentaires. Dans cette section, nous présentons une sélection de ceux permettant d'étendre l'interopérabilité de Dynamo avec AutoCAD.

?

Comment importer des packages personnalisés ?

Comme indiqué précédemment dans le § 3 du chapitre 2, vous pouvez télécharger directement un package personnalisé depuis le Gestionnaire de packages. Cependant, si vous avez téléchargé un package personnalisé depuis le site web des packages, vous devrez l'importer manuellement. La méthode est assez simple mais elle est limitée aux formats .dll.

1. Cliquez sur Fichier.
2. Choisissez Importer une bibliothèque… (fig. 3.11).

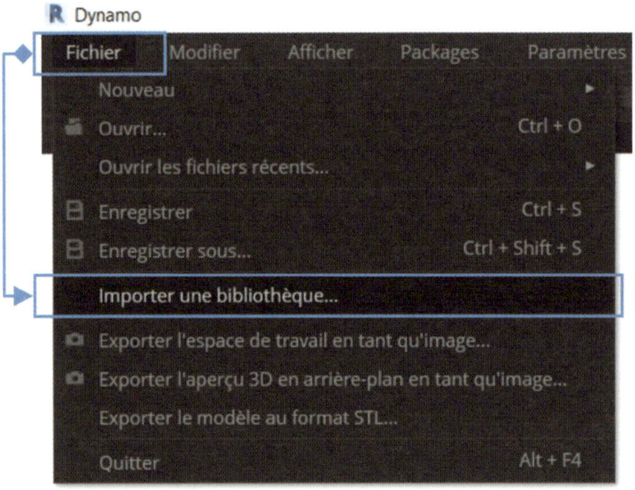

Fig. 3.11

3. Sélectionnez le fichier .dll souhaité et cliquez sur Ouvrir (fig. 3.12).

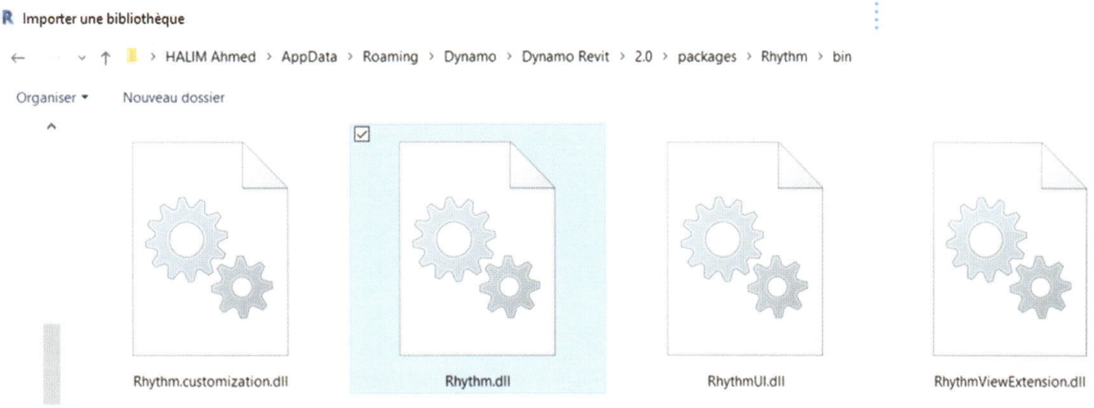

Fig. 3.12

En parlant d'interaction des données avec AutoCAD, environ 99 % des gens penseront à lier ou à importer des fichiers .dwg *via* Revit puis à les utiliser sous Dynamo. Cependant, les nœuds de base ne suffisent pas à gérer cette `ImportInstance` : seule la courbe pourra être extraite et les couches seront toujours indiscernables, le texte ainsi que d'autres informations dans le fichier de lien seront également manquants. Heureusement, il existe des packages qui peuvent étendre les fonctionnalités de Dynamo.

ImportInstance, ce terme utilisé pour décrire un élément créé lors d'une opération d'importation ou de liaison dans Autodesk Revit. Ce peut être un élément dont le format est accepté par Revit : AutoCAD, SketchUp...

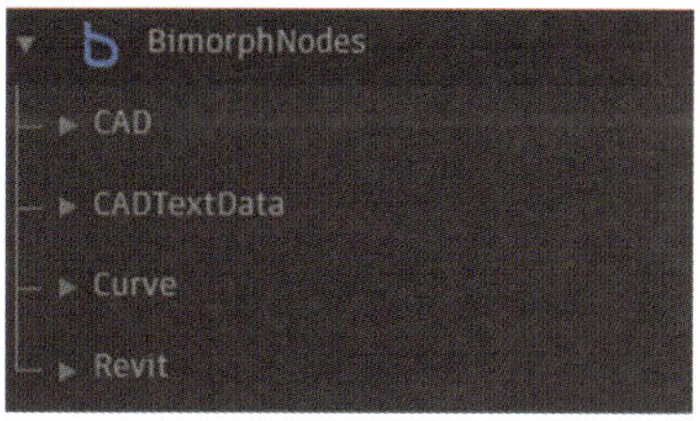

Fig. 3.13

Pour lire le DWG lié, le package BimorphNodes peut nous aider à extraire les courbes dans le fichier de lien couche par couche, sans qu'il soit nécessaire de générer plusieurs couches DWG dans AutoCAD (fig. 3.13). Tous les éléments seront liés dans Revit et il ne sera pas indispensable de lier le corps principal à un DWG ; la décomposition de la courbe par couche pourra être effectuée dans Dynamo.

Ensuite, il y a le package DynamoCAD qui peut fournir une lecture et une interaction de liens en temps réel des documents AutoCAD (fig. 3.14). L'appel de ressources système *via* le nœud `Python Script` dans Dynamo pourra réaliser l'ancrage avec la technologie ActiveX.

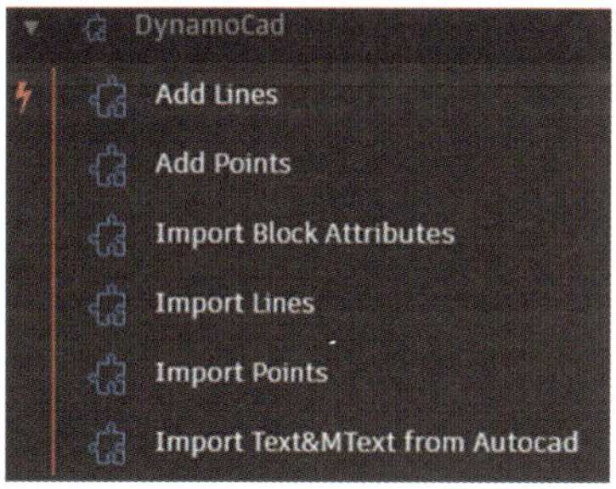

Fig. 3.14

`Python Script` est un nœud qui permet d'écrire du code textuel au lieu d'utiliser la méthodologie de programmation visuelle dans Dynamo. Python est un outil puissant qui peut étendre les capacités de Dynamo et vous permettre de remplacer de nombreux nœuds par quelques lignes de code concises.

Fig. 3.15

KozMos a développé le package LinkDWG qui permet de traiter les données graphiques DWG en temps réel *via* ActiveX et le lien de fichier Revit `ImportInstance` (fig. 3.15).

Prenons l'exemple du nœud `ImportGeometriesBySSET` dans LinkDWG qui permet de lire directement tout le contenu d'un document AutoCAD ouvert.

Sur la figure 3.16, Dynamo est réglé en mode Automatique pour qu'il s'exécute automatiquement ; à la droite de la figure, une fenêtre AutoCAD est ouverte et deux objets sont dessinés. En ajoutant le nœud `ImportGeometriesBySSET`, Dynamo détecte automatiquement le fichier AutoCAD ouvert et transforme les objets en géométries sans qu'il soit nécessaire d'importer le fichier dans Revit ou Dynamo.

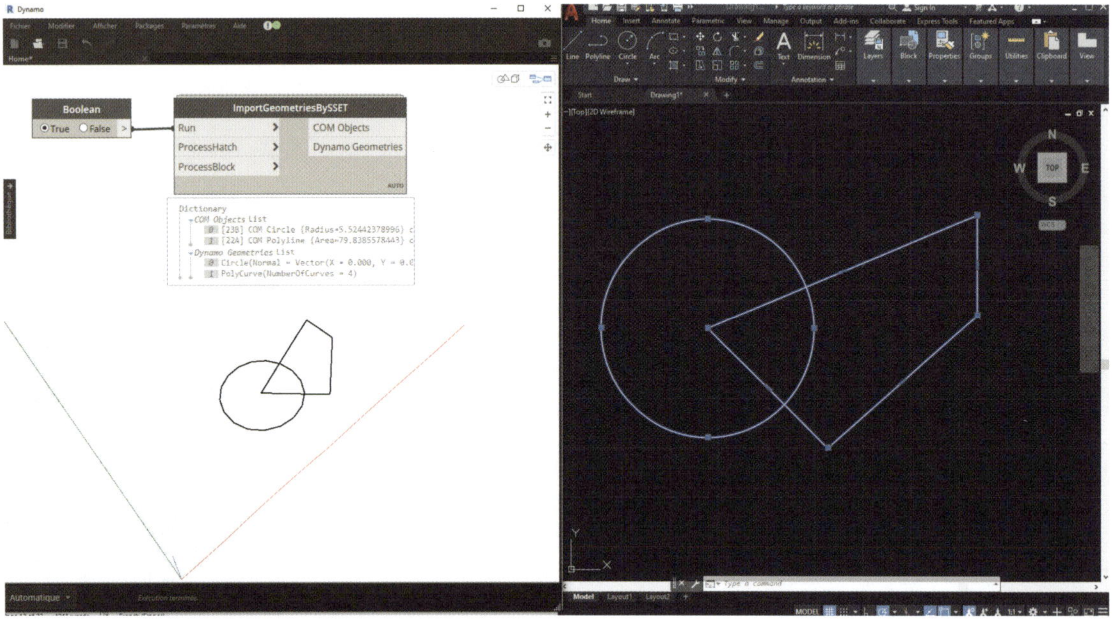

Fig. 3.16

BimorphNodes

BimorphNodes est une application polyvalente qui étend le complément Dynamo for Revit avec une collection de nœuds utilitaires puissants. Le package comprend des nœuds pour :

- effectuer une détection de clash et une vérification des interférences des éléments Revit ;
- extraire le texte des liens CAO ou des importations par nom de calque sans exploser ;
- convertir les courbes des liens CAO ou des importations en courbes Dynamo par nom de couche ;
- convertir les courbes des liens CAO ou des importations en courbes détaillées, modèles ou symboliques Revit par nom de calque ;
- récupérer des éléments des modèles Revit liés à l'aide des nœuds de classe LinkElement ;
- extraire les données du modèle LinkElement à son emplacement hôte ;
- supprimer les courbes en double ;
- dupliquer les feuilles et toutes les vues placées ;
- renuméroter et/ou renommer les feuilles ;
- interroger les couches dans les liens CAO ou les importations ;
- signaler tous les liens et importations CAO dans un document Revit ou de famille ;
- définir la couleur et l'épaisseur des lignes des styles d'objet CAO (calque)...

Vous trouverez ci-après la liste des nœuds de la version 3 du package :

- `CAD.CurvesFromCADLayers` (fig. 3.17) – Ce nœud convertit les courbes à partir d'un lien CAO ou les importe en courbes Dynamo ou lignes de modèle Revit en utilisant les noms de calques d'occurrence d'importation comme filtres.

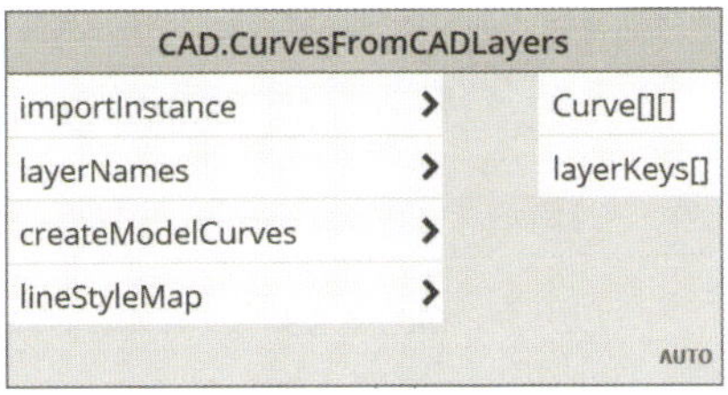

Fig. 3.17

Les noms de calques peuvent être saisis pour filtrer et convertir uniquement les courbes de ces calques. Les courbes sont produites dans des sous-listes en fonction de leur nom de calque et mises en correspondance avec le style de ligne pour empêcher les styles CAO indésirables d'entrer dans votre projet Revit.

Vous pouvez également saisir des noms de style de ligne pour mapper chaque sous-liste à ce style lors de la conversion. Pour convertir toutes les couches, laissez l'entrée layerNames non connectée. Attention, les noms de couche d'entrée et lineStyleMap sont sensibles à la casse.

Le nœud est optimisé pour convertir les types de courbes qui échouent généralement lors de l'utilisation du nœud Dynamo `Element.Curves` ou de l'outil Explode de Revit.

- `CAD.DetailCurvesFromCADLayers` (fig. 3.18) – Ce nœud convertit des courbes à partir d'un lien CAO ou les importe vers des lignes de détail Revit en utilisant les noms de calque d'occurrence d'importation comme filtres.

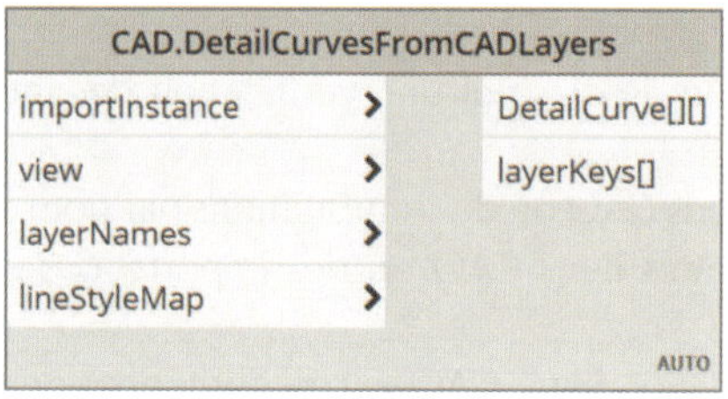

Fig. 3.18

Les courbes sont produites dans des sous-listes en fonction de leur nom de calque et mappées au style de ligne pour empêcher les styles de ligne CAO indésirables d'entrer dans votre projet. Vous pouvez également saisir des noms de style de ligne pour mapper chaque sous-liste de courbes à ce style lors de la conversion. Les noms de calques peuvent être saisis pour filtrer et convertir uniquement les courbes de ces calques.

Pour convertir toutes les couches, laissez l'entrée layerNames non connectée. Attention, les noms de couche d'entrée et lineStyleMap sont sensibles à la casse.

Le nœud est optimisé pour convertir les types de courbes qui échouent généralement lors de l'utilisation du nœud Dynamo `Element.Curves` ou de l'outil Explode de Revit. Il contourne également la limite de 10 000 éléments définie par Revit.

- `CAD.LayerNames` (fig. 3.19) – Ce nœud permet d'obtenir la liste complète des noms de calques à partir d'un lien CAO ou importé dans un projet Revit.

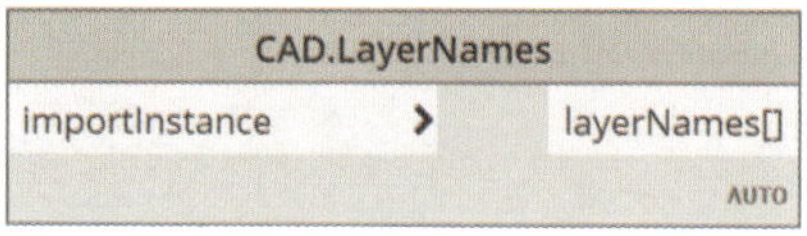

Fig. 3.19

- `CAD.LayerNamesInUse` (fig. 3.20) – Ce nœud permet d'obtenir la liste des noms de calques sous forme de chaînes à partir d'un lien ou d'une importation CAO en cours d'utilisation. Seuls les calques contenant des courbes, des points ou du texte sont signalés.

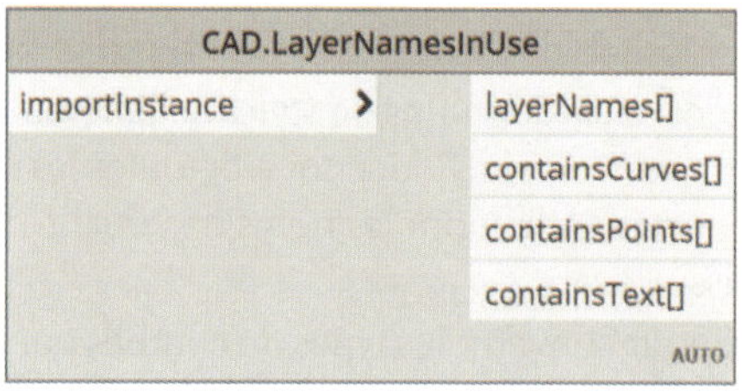

Fig. 3.20

Les listes booléennes sont utilisées comme masques (containsCurves, containsPoints, containsText) pour filtrer des types d'éléments spécifiques sur le fichier AutoCAD importé.

- `CAD.PointsFromCADLayers` (fig. 3.21) – Ce nœud convertit des points à partir d'un lien CAO ou les importe en points Dynamo en utilisant les noms de calque d'instance d'importation comme filtres.

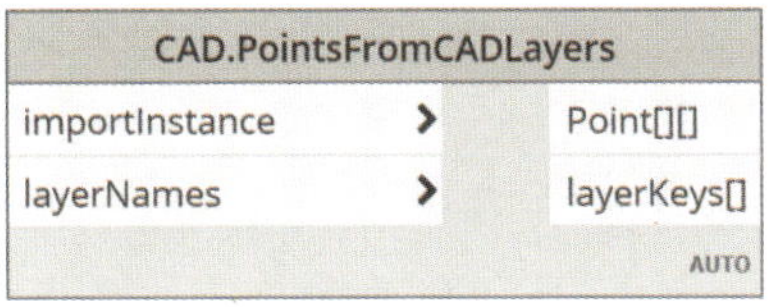

Fig. 3.21

Des noms de calques facultatifs peuvent être saisis pour filtrer et convertir uniquement les points de ces calques. Les points sont générés dans des sous-listes en fonction de leur nom de couche. Pour convertir toutes les couches, laissez l'entrée layerNames non connectée. Attention, les noms de couche d'entrée sont sensibles à la casse.

Ce nœud n'est pas limité à la limite de 10 000 éléments définie par Revit pour une plus grande flexibilité du flux de travail.

- `CAD.ReportInstances` (fig. 3.22) – Ce nœud génère un rapport de tous les liens et importations CAO dans le document Revit actif. Il fournit des informations détaillées sur : le nom de l'instance, l'état du lien, la vue spécifique, l'ID de vue du propriétaire, le nom du sous-projet, le chemin du fichier et le niveau d'hôte.

Les fichiers CAO liés et importés sont générés dans des listes pour faciliter les flux de travail de gestion BIM.

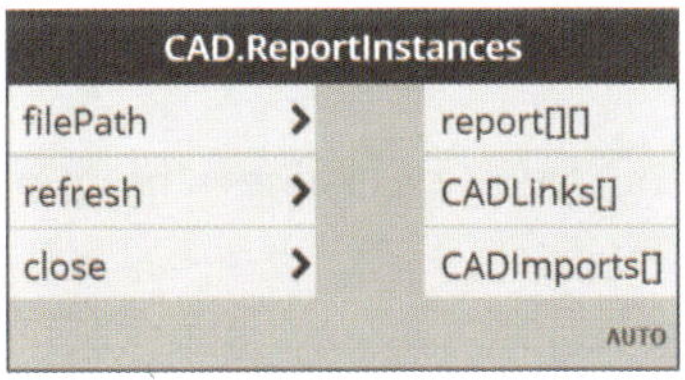

Fig. 3.22

Utilisez l'entrée filePath pour signaler un fichier Revit externe ou une famille en mode silencieux (sans ouverture) en saisissant son chemin de fichier à l'aide d'un nœud de chemin de fichier prêt à l'emploi.

L'entrée close permet aux utilisateurs de fermer tous les fichiers ouverts à l'aide de l'entrée filePath, sinon le nœud fermera automatiquement tous les documents externes ouverts lorsque vous fermez votre graphique ou que vous fermez Dynamo.

- `CAD.SetLayerVisibility` (fig. 3.23) – Ce nœud définit la visibilité du calque à partir de l'instance d'importation d'entrée par nom. Il renvoie l'instance d'importation modifiée.

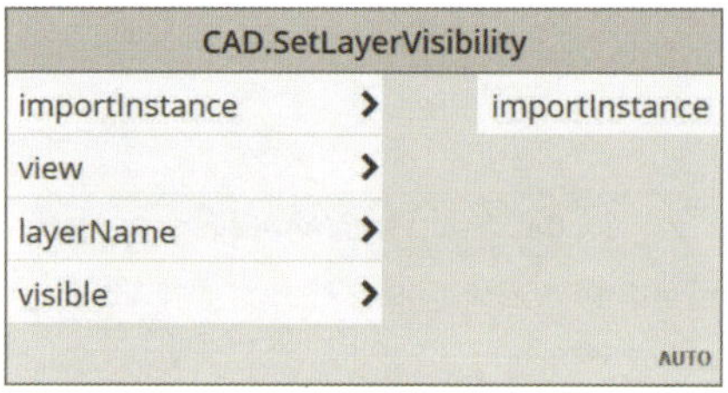

Fig. 3.23

True montrera la visibilité du calque dans la vue donnée, false la masquera. Notez que tout remplacement de vue ou tout modèle de vue appliqué à la vue remplacera ce nœud. Si vous utilisez des gabarits de vue, saisissez le modèle de vue comme vue (les modèles de vue sont un type de vue dans Revit).

- `CAD.SetObjectStyle` (fig. 3.24) – Ce nœud permet de modifier les styles d'objets Revit : l'épaisseur et la couleur des calques dans un lien CAO ou une importation.

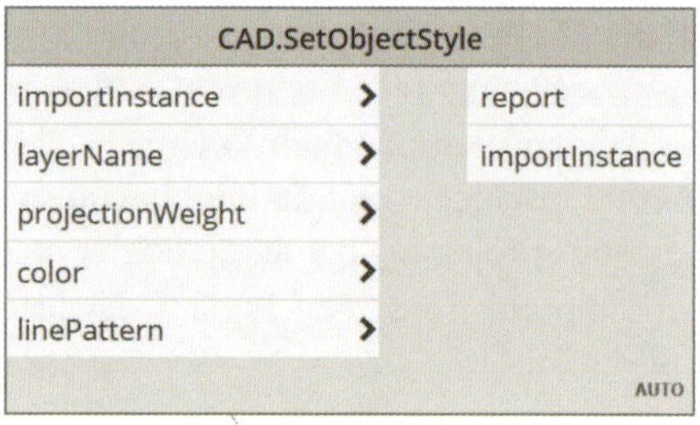

Fig. 3.24

Entrer les calques requis sous forme de chaînes – notez que les noms de calques sont sensibles à la casse.

- `CAD.SymbolicCurvesFromCADLayers` (fig. 3.25) – Ce nœud convertit les courbes à partir d'un lien CAO ou les importe dans les lignes symboliques de la famille Revit en utilisant les noms de calque d'occurrence d'importation comme filtres.

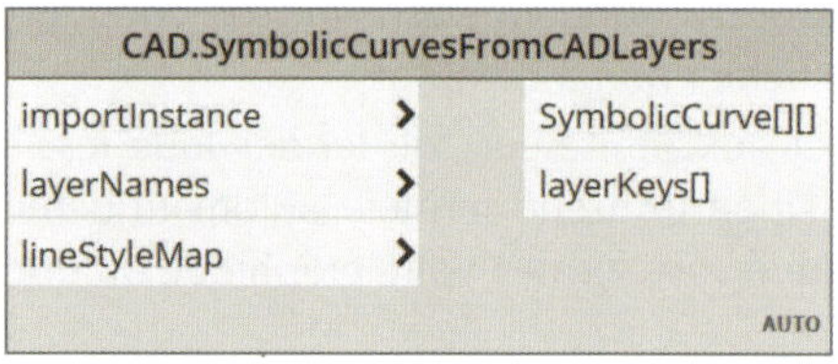

Fig. 3.25

Les courbes sont produites dans des sous-listes en fonction de leur nom de calque et mises en correspondance avec le style de ligne par défaut de la famille pour empêcher les styles de ligne CAO indésirables d'entrer dans votre projet. Vous pouvez également saisir des noms de style de ligne pour mapper chaque sous-liste de courbes à ce style lors de la conversion. Les noms de calques peuvent être saisis pour filtrer et convertir uniquement les courbes de ces calques.

Pour convertir toutes les couches, laissez l'entrée layerNames non connectée. Attention, les noms de couche d'entrée et lineStyleMap sont sensibles à la casse.

Le nœud est optimisé pour convertir les types de courbes qui échouent généralement lors de l'utilisation du nœud Dynamo `Element.Curves` ou de l'outil Explode de Revit. Le nœud contourne également la limite de 10 000 éléments définie par Revit pour une plus grande flexibilité du flux de travail.

LinkDWG et LinkDWG2

LinkDWG est un package développé par Koz Jono Yeoh. Il utilise la technologie ActiveX pour lire le jeu de sélection depuis AutoCAD ce qui le rend unique parmi les autres packages disponibles. Il existe deux versions du package : LinkDWG et LinkDWG2.

Son installation est identique à l'installation de tous les packages Dynamo. Afin d'éviter les conflits avec les versions antérieures installées sur l'ordinateur, le nouveau package LinkDWG2 utilise uniformément la branche racine de « LinkDWG ». Le nom de LinkDWG2 est également utilisé dans le répertoire de fichiers pour exister en même temps que la version antérieure de LinkDWG.

Lorsque vous utilisez LinkDWG, assurez-vous qu'AutoCAD est installé dans sa version standard. LinkDWG doit utiliser la technologie ActiveX pour capturer AutoCAD en cours d'exécution ou démarrer AutoCAD. Certaines versions simplifiées ouvertes d'AutoCAD, en raison du manque de simplification de certains fichiers, peuvent entraîner l'utilisation interactive normale d'ActiveX et l'échec de LinkDWG. En théorie, toutes les versions d'AutoCAD 2005 et ultérieures peuvent prendre en charge la technologie ActiveX.

> **!**
>
> Si plusieurs versions d'AutoCAD sont installées sur l'ordinateur, c'est la version la plus récente qui sera appelée lors de l'utilisation du package LinkDWG (processus AutoCAD.Application). Et réciproquement, lorsque vous utilisez les nœuds liés à ActiveX de LinkDWG, vous devez utiliser la dernière version d'AutoCAD installée sur votre ordinateur pour ouvrir les dessins DWG.

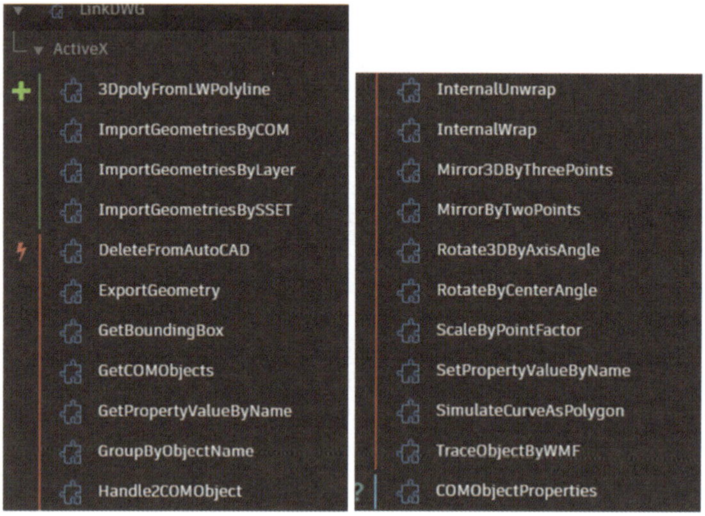

Fig. 3.26

Lorsqu'il devient possible d'utiliser la technologie ActiveX pour accéder au document AutoCAD en temps-réel, on peut lire et reconstruire les informations du document dans Dynamo en fonction de nos besoins. Les éléments géométriques de base (points, lignes droites, arcs, cercles et courbes Spline) seront au centre de la reconstruction dans Dynamo.

LinkDWG enrichit considérablement la prise en charge de ces entités. Elles peuvent être parfaitement converties dans Dynamo (fig. 3.27).

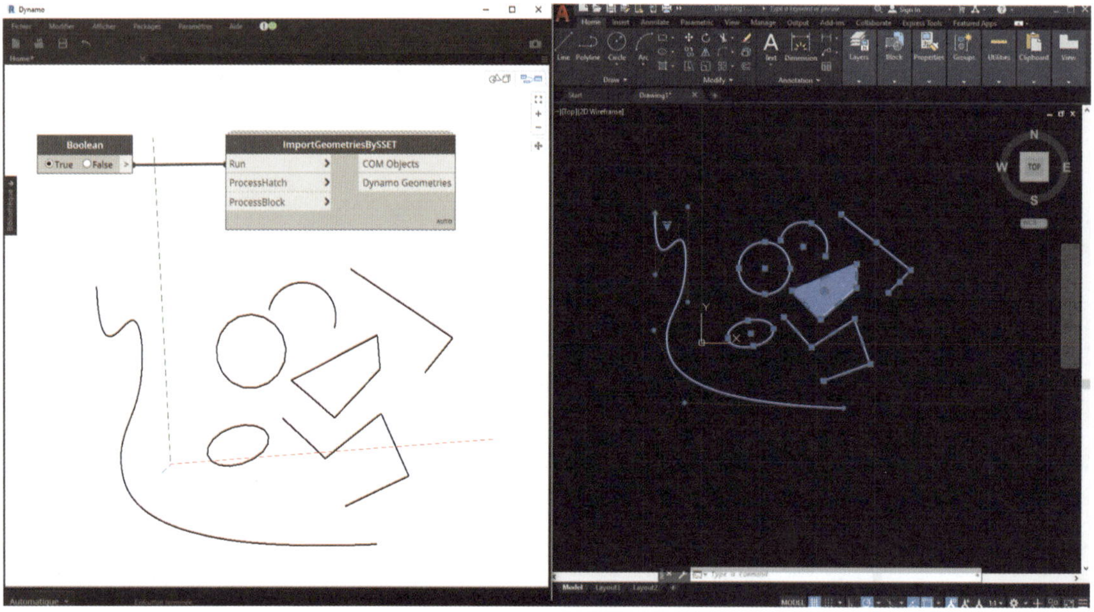

Fig. 3.27

Le processus d'utilisation des nœuds ActiveX dans le package LinkDWG peut être réalisé par les étapes suivantes :

1. Démarrez la version la plus élevée d'AutoCAD installée dans le système.
2. Ouvrez le dessin DWG.
3. Sélectionnez l'élément souhaité. N'oubliez pas que vous devez d'abord sélectionner la primitive dont vous souhaitez lire les informations, sinon vous ne pourrez lire aucune donnée dans Dynamo.
4. Connectez les nœuds dans Dynamo (fig. 3.27).
5. Après avoir défini sur True le nœud `Boolean`, les primitives CAD peuvent être lues.

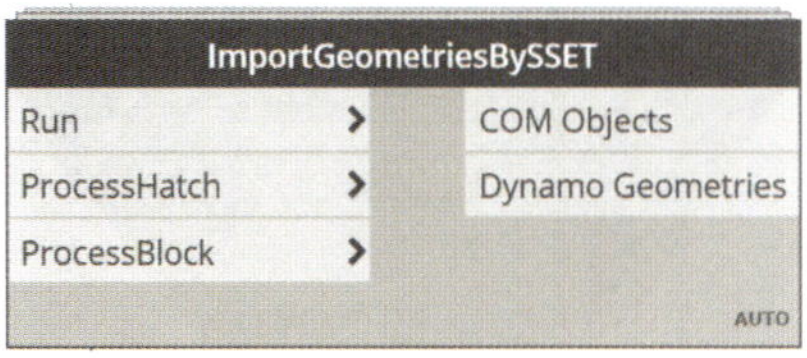

Fig. 3.28

Vous trouverez ci-après la liste des nœuds de base du package et leurs utilisations :

- `ImportGeometriesBySSET` (fig. 3.28) – Ce nœud importe les éléments sélectionnés d'AutoCAD actifs (SSET = Selection Set) dans l'environnement Dynamo. Pour que ce nœud fonctionne, vous devez disposer d'un fichier AutoCAD ouvert contenant tous les dessins et vous devez également sélectionner certains ou tous ces éléments dessinés. L'entrée Run doit être activée par un nœud `Boolean` (True).
- `GetCOMObjects` (fig. 3.29) – Ce nœud obtient divers objets (points, blocs, attributs, texte, mtexts, polylignes, spline, 3Dface) à partir du jeu de sélection actif AutoCAD ou de la disposition. Vous devez générer un AutoCad SelectionSet si vous utilisez l'option Selectionset active (ActiveSSET). Il fonctionne avec AutoCAD Layout ainsi qu'avec les éléments sélectionnés d'AutoCAD et regroupe les éléments par catégorie à partir d'AutoCAD, ce qui facilite l'optimisation des données.
- `ImportGeometriesByCOM` (fig. 3.30) – Ce nœud est l'un des nœuds qui fonctionne avec `GetCOMObjects` ou `ImportGeometriesBySSET`, il a besoin d'une entrée COM_Objects. Il permet de choisir et d'utiliser des types spécifiques de géométries à partir des fichiers AutoCAD Le résultat donne des géométries Dynamo qui peuvent être utilisées ultérieurement pour créer des éléments directement dans Revit.
- `DeleteFromAutoCAD` (fig. 3.31) – Ce nœud interagit avec le fichier AutoCAD lié et vous donne la possibilité de supprimer certains des éléments de ce fichier.

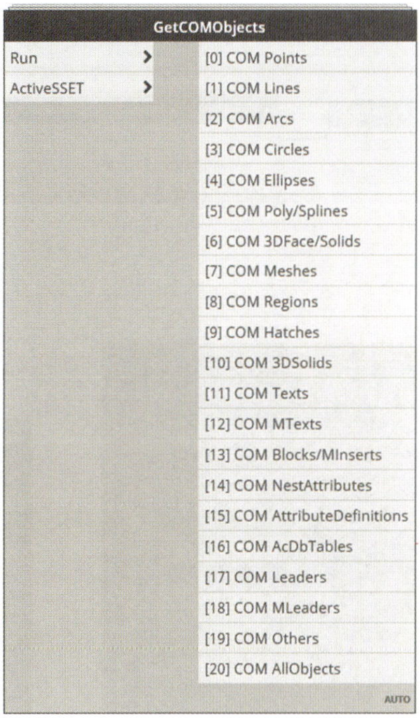

Fig. 3.29

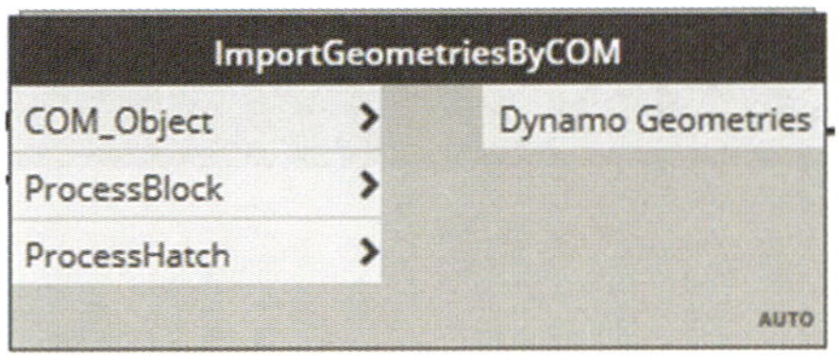

Fig. 3.30

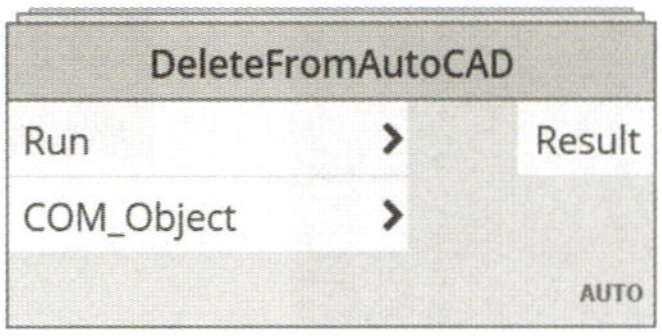

Fig. 3.31

Exercice 3.1 GÉNÉRER UNE SURFACE TOPOGRAPHIQUE REVIT À PARTIR DE LIGNES AUTOCAD

Fig. 3.32

Temps estimé : 15 min

Difficulté : *

Document : le fichier correspondant à cet exercice est disponible (au format Dynamo 2.0.3) dans le contenu qui accompagne cet ouvrage, il est nommé **CH03_EX01_2.0.3_Création de topographie à partir d'un fichier Autocad.dyn**.

Prérequis : les packages LinkDWG2 et Chynamo doivent être installés.

Objectif : utiliser un fichier AutoCAD pré-dessiné pour générer une topographie Revit d'une manière très simple (fig. 3.32).

Le script que nous allons réaliser (fig. 3.33) permet d'importer les courbes AutoCAD et de les transformer en courbes Dynamo puis en topographie Revit.

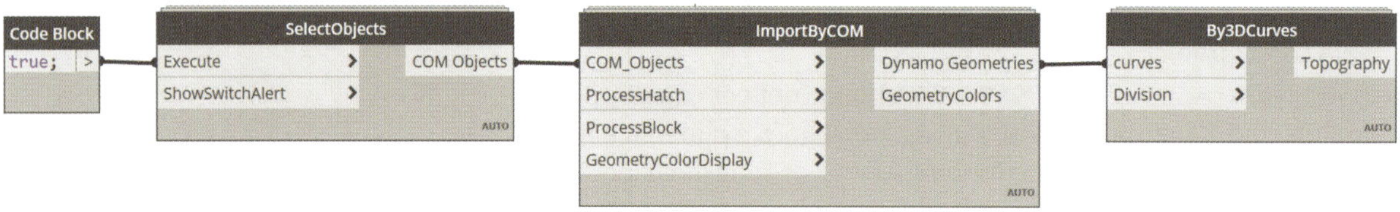

Fig. 3.33

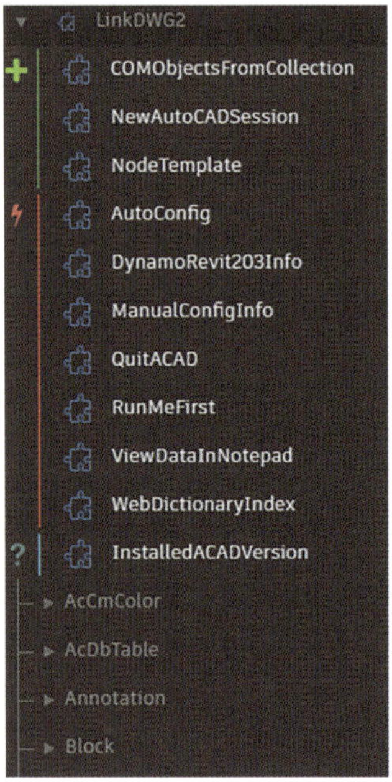

Fig. 3.35

1. Ouvrez le fichier AutoCAD contenant les lignes de topographie (fig. 3.34).

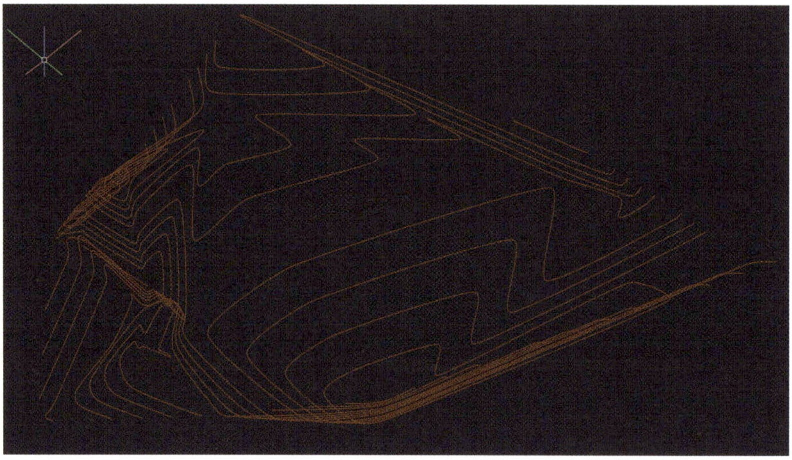

Fig. 3.34

2. Ouvrez Revit et Dynamo puis trouver le groupe de nœuds LinkDWG2 dans la bibliothèque Dynamo (fig. 3.35).

3. Dans l'ordre, sélectionner les nœuds suivants (fig. 3.36) :

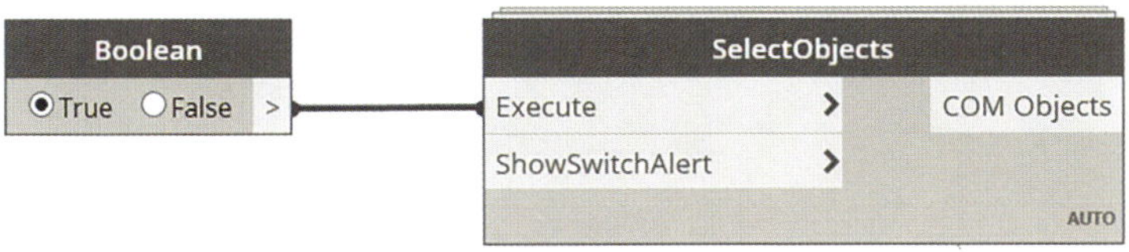

Fig. 3.36

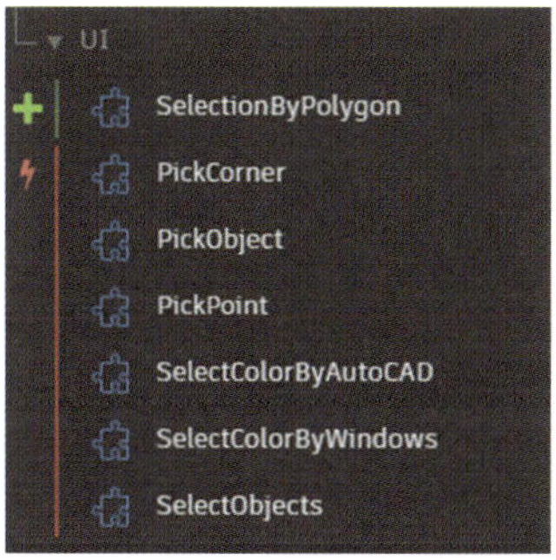

Fig. 3.37

- `Boolean` : ce nœud de base permet d'obtenir la valeur True pour que le nœud suivant soit exécuté.
- `SelectObjects` : ce nœud du package LinkDWG2 (fig. 3.37) active le modèle de sélection dans l'espace de travail AutoCAD. Dès que ce nœud est activé, une petite fenêtre vous demandant d'aller à l'interface d'AutoCAD et de sélectionner les éléments que vous souhaitez importer dans Dynamo s'ouvre (fig. 3.38).

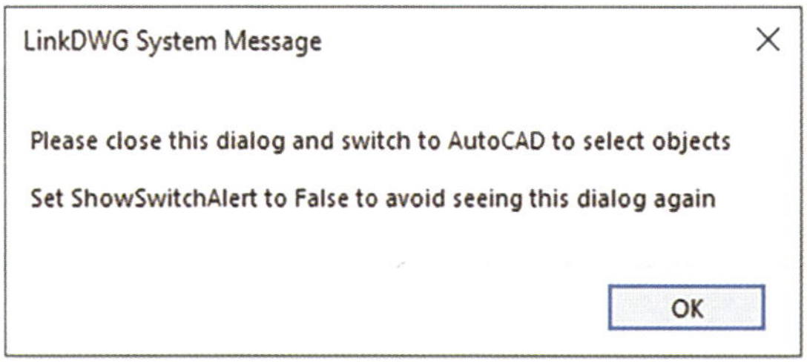

Fig. 3.38

4. Accédez à l'interface AutoCAD et sélectionnez les objets que vous souhaitez importer dans Dynamo, puis appuyez sur la barre d'espace de votre clavier pour mettre fin à la commande (fig. 3.39).

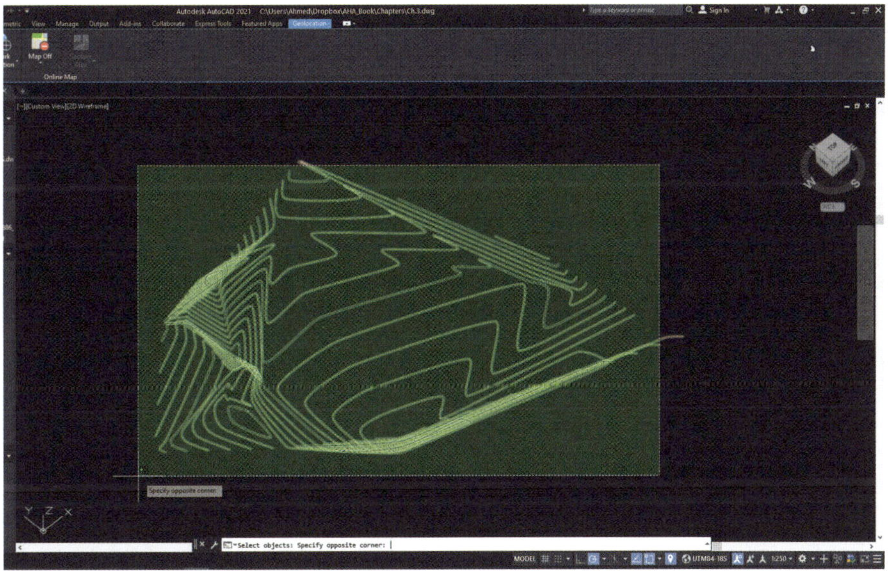

Fig. 3.39

5. Retournez dans Dynamo, vous remarquerez que le nœud `SelectObjects` possède une liste d'éléments qui correspond aux éléments que vous avez sélectionnés dans l'espace de travail AutoCAD (fig. 3.40).

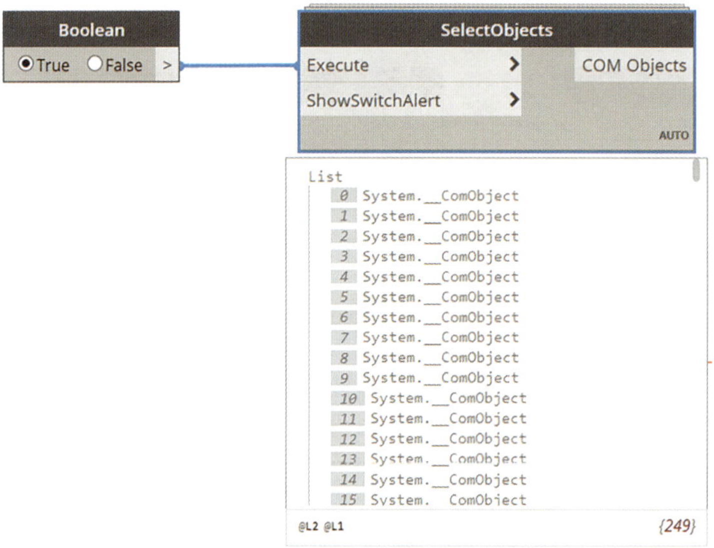

Fig. 3.40

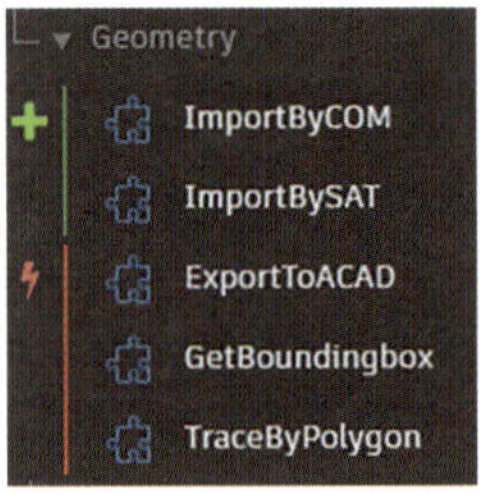

Fig. 3.41

6. Dans le groupe Geometry de LINKDWG2, sélectionnez le nœud `ImportByCOM` (fig. 3.41).
7. Connectez le nœud précédent à ce nouveau nœud. À cette étape, vous pouvez remarquer que le nœud a converti les lignes sélectionnées d'AutoCAD en lignes Dynamo. C'est notre base pour créer la surface topographique dans Revit (fig. 3.42).

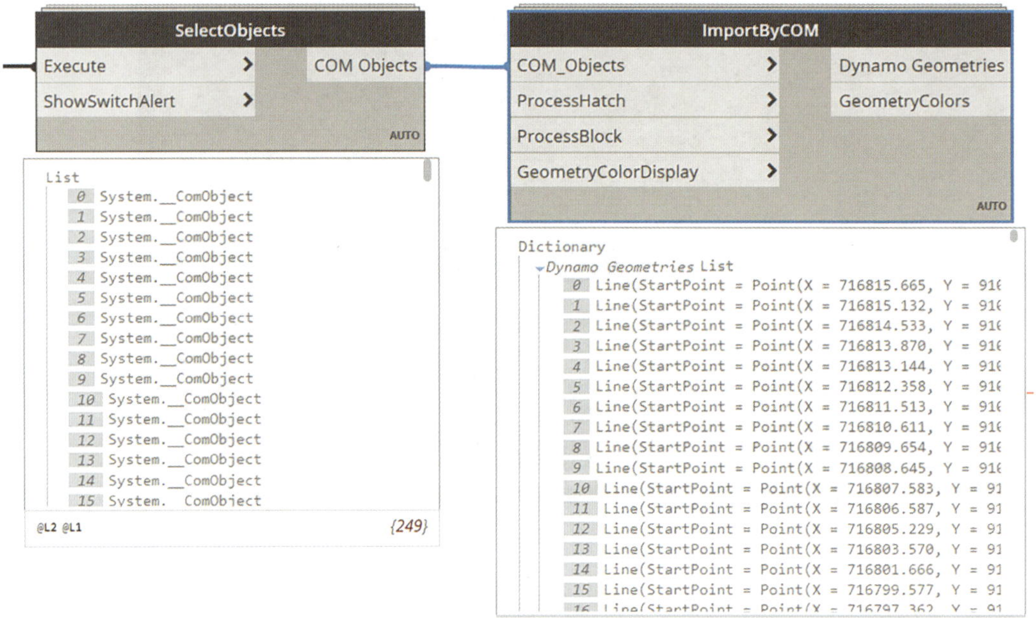

Fig. 3.42

8. Pour créer la topographie Revit, vous devez installer un autre package personnalisé appelé Chynamo. Recherchez et placez ensuite le nœud `By3DCurves` (fig. 3.43).

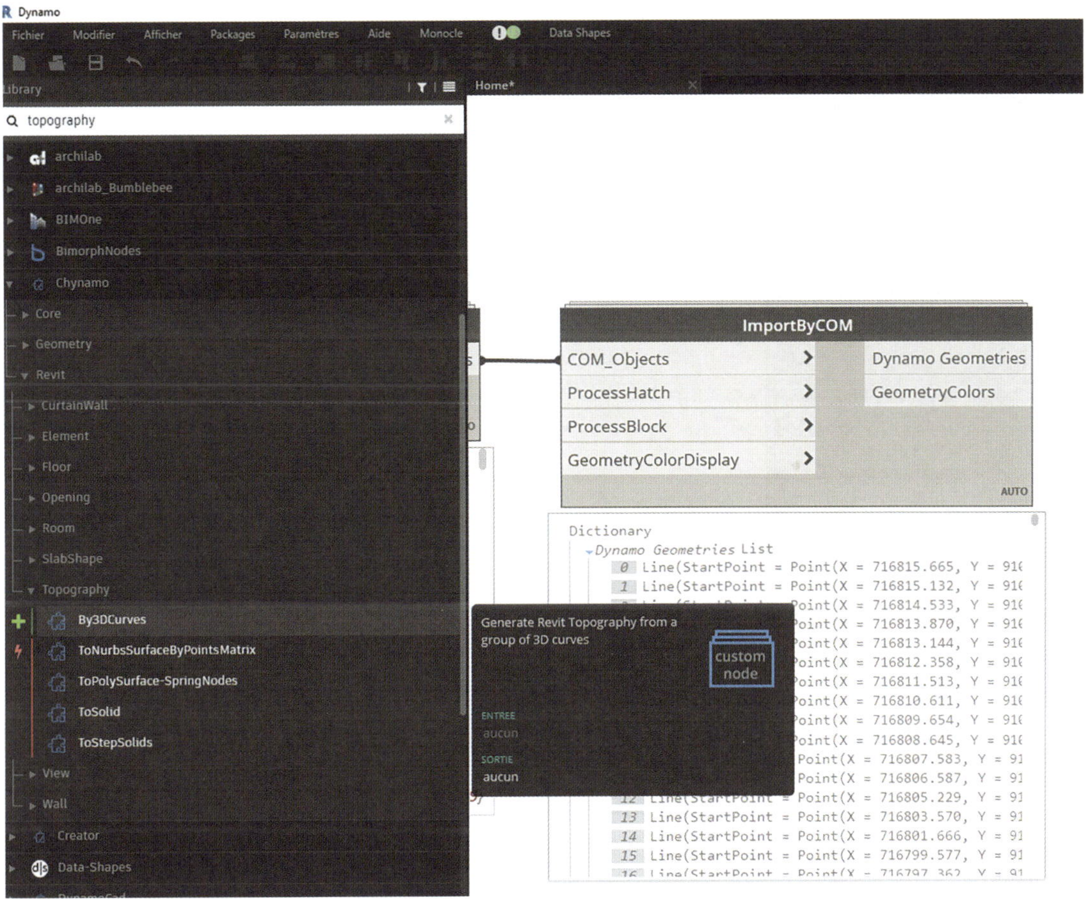

Fig. 3.43

9. Connectez la liste de sortie DynamoGeometries à l'entrée Curves dans le nœud `By3DCurves` (fig. 3.44).

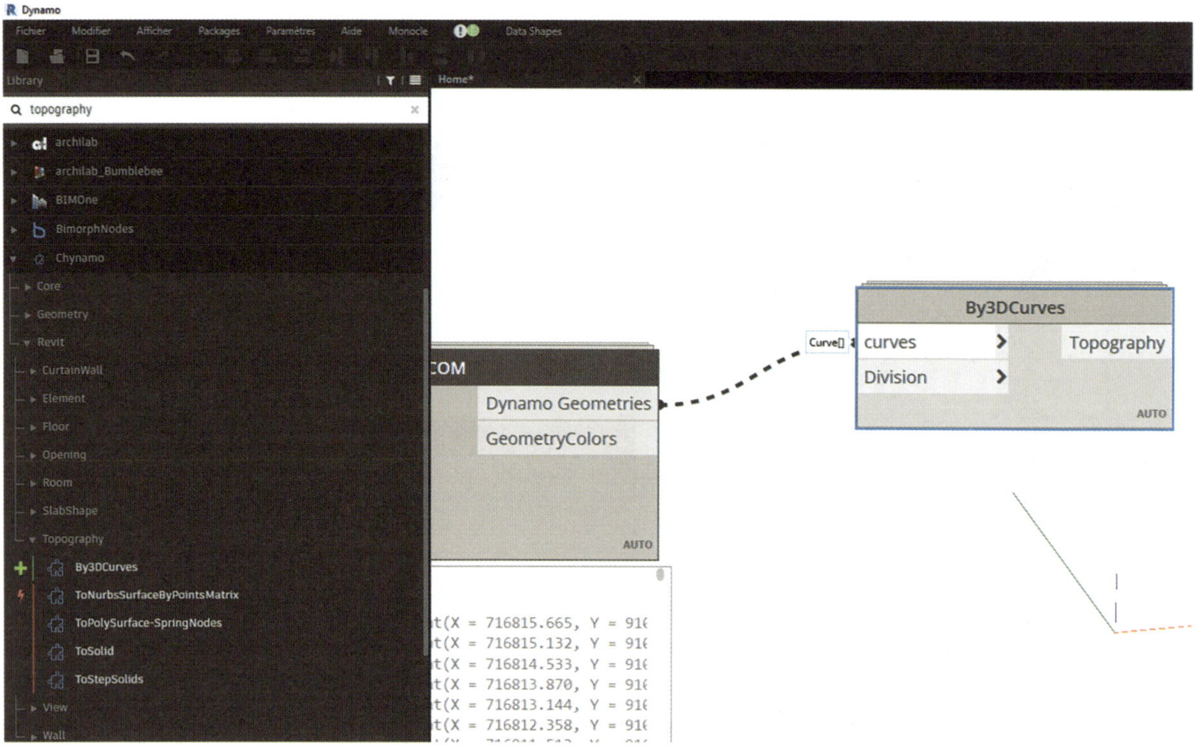

Fig. 3.44

10. Le script est terminé. N'oubliez pas de cliquer sur Exécuter si vous utilisez Dynamo en mode manuel pour obtenir le résultat final (voir fig. 3.32).

Exercice 3.2

CRÉER UN QUADRILLAGE REVIT À PARTIR D'AUTOCAD

Temps estimé : 15 min

Difficulté : *

Document : le fichier correspondant à cet exercice est disponible (au format Dynamo 2.0.3) dans le contenu qui accompagne cet ouvrage, il est nommé **CH03_EX02_2.0.3_Création de quadrillages à partir d'un fichier Autocad.dyn**.

Prérequis : le package LinkDWG2 doit être installé.

Objectif : créer des quadrillages Revit automatiques à partir d'un fichier AutoCAD (fig. 3.45). Le processus est très similaire à celui présenté dans l'exercice 3.1, la seule différence est sur l'utilisation du nœud Dynamo `Grid.By.Line`.

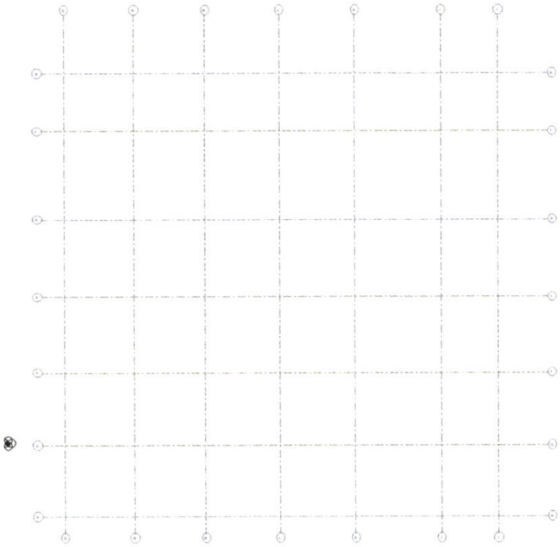

Fig. 3.45

Le script que nous allons réaliser est présenté sur la figure 3.46.

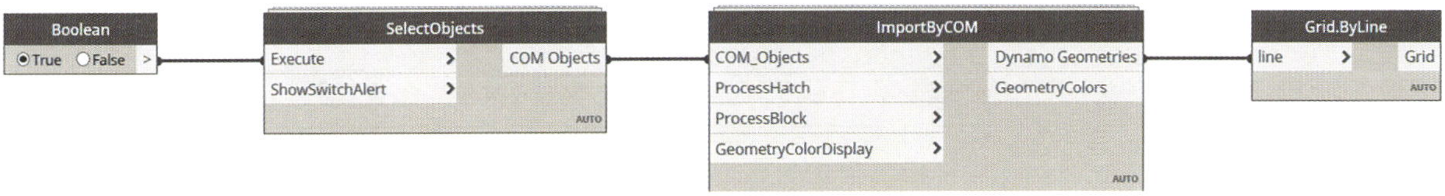

Fig. 3.46

1. Ouvrez le fichier AutoCAD contenant les quadrillages (fig. 3.47).

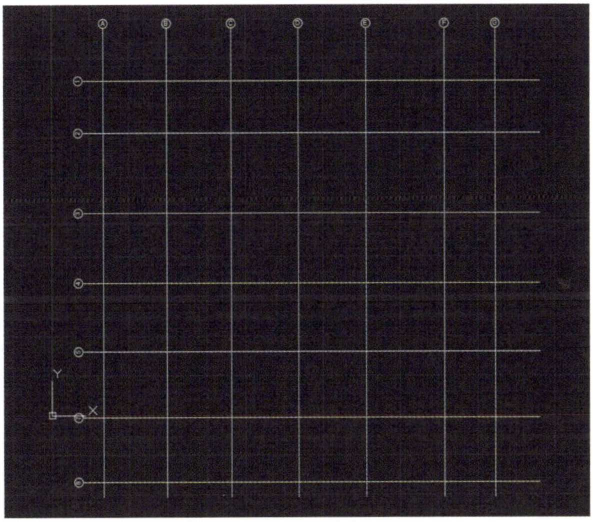

Fig. 3.47

2. Ouvrez Revit et Dynamo. Recherchez les nœuds `Boolean` et `SelectObjects` puis insérez-les dans l'espace de travail Dynamo comme sur la figure 3.48. N'oubliez pas de cliquer sur Exécuter si vous utilisez Dynamo en mode manuel.

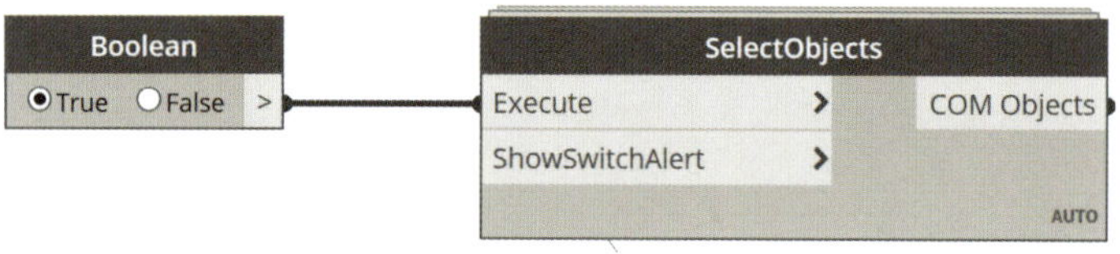

Fig. 3.48

3. Comme dans l'exercice précédent, vous verrez une fenêtre apparaître vous demandant d'aller dans l'espace de travail AutoCAD et de sélectionner les objets à importer (fig. 3.49). Cliquez sur OK et accédez au fichier AutoCAD pour sélectionner les lignes de quadrillages.

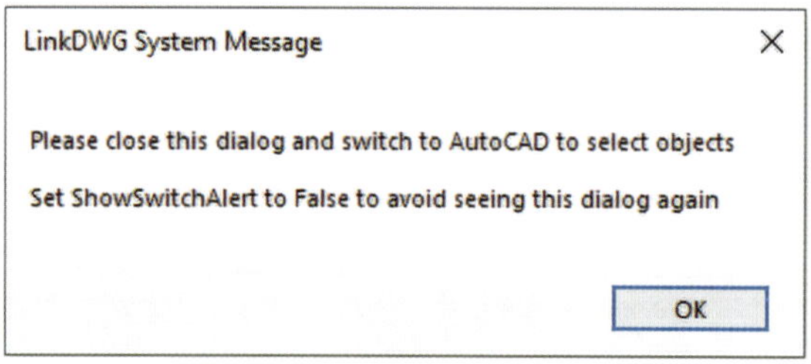

Fig. 3.49

4. Après avoir sélectionné les lignes, retournez dans Dynamo et recherchez le nœud `ImportByCOM`. Ajoutez-le au script et connectez-le avec le nœud précédent `SelectObjects` sur l'entrée COM_Objects (fig. 3.50).

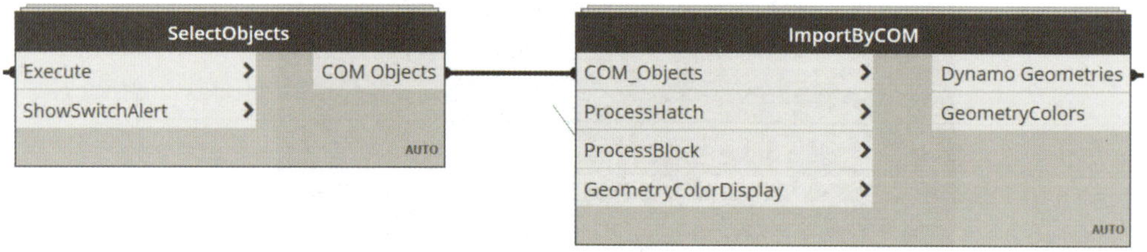

Fig. 3.50

5. Le résultat du nœud précédent sera une liste de lignes importées depuis l'AutoCAD actif.

   Maintenant, recherchez le nœud `GridByLine`, insérez-le dans l'espace de travail Dynamo et connectez la sortie Dynamo Geometries du nœud précédent à la ligne d'entrée (fig. 3.51).

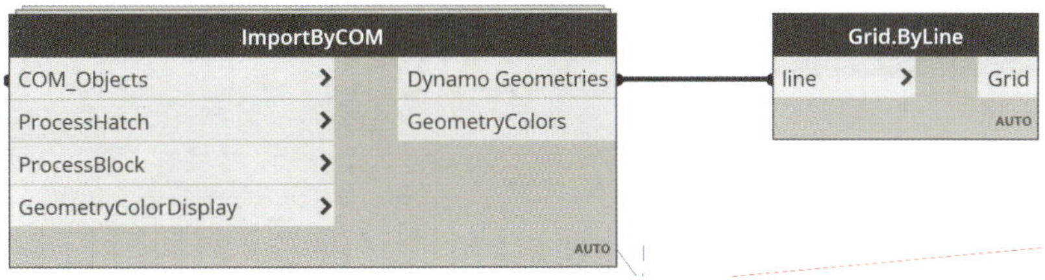

Fig. 3.51

6. Le script est terminé. N'oubliez pas de cliquer sur Exécuter si vous utilisez Dynamo en mode manuel pour obtenir le résultat final.

SUPPRIMER DES ÉLÉMENTS D'AUTOCAD DEPUIS DYNAMO

Exercice 3.3

Temps estimé : 5 min

Difficulté : *

Document : le fichier correspondant à cet exercice est disponible (au format Dynamo 2.0.3) dans le contenu qui accompagne cet ouvrage, il est nommé **CH03_EX03_2.0.3_Effacer des éléments du fichier Autocad.dyn**.

Prérequis : le package LinkDWG2 doit être installé.

Objectif : supprimer des objets *via* Dynamo tout en mettant à jour le fichier AutoCAD ouvert.

Le graphe de suppression reprend la structure de base des scripts présentés dans les exercices 3.1 et 3.2 mais intègre un nouveau nœud : `Erase`.

Le script que nous allons réaliser est présenté sur la figure 3.52.

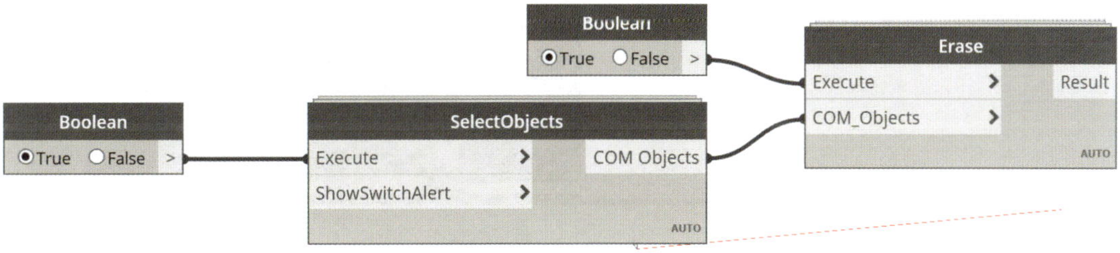

Fig. 3.52

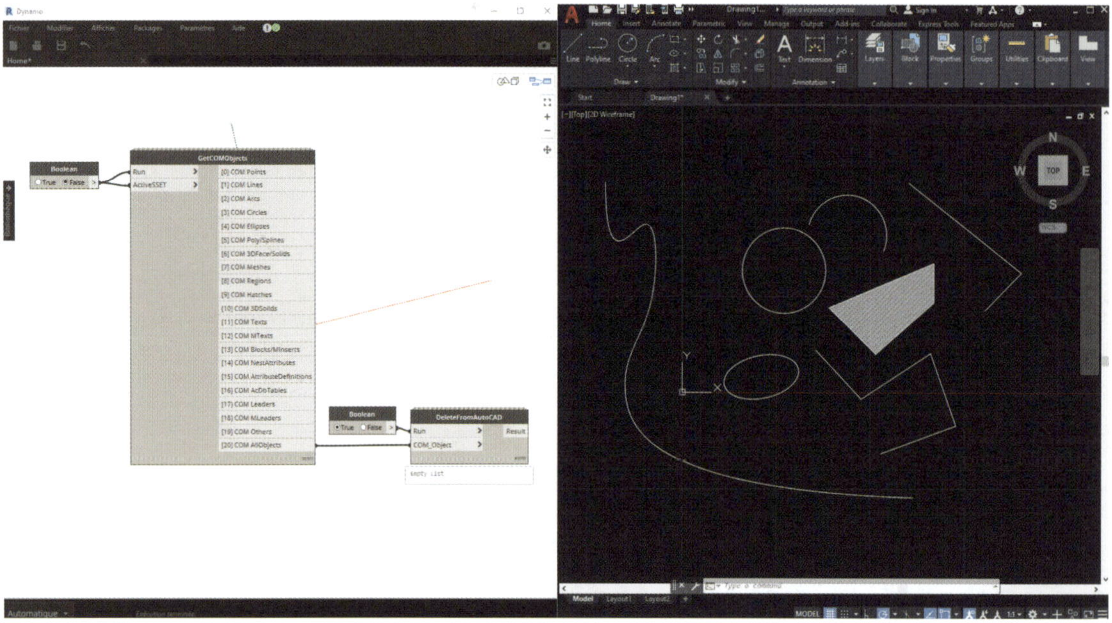

Fig. 3.53

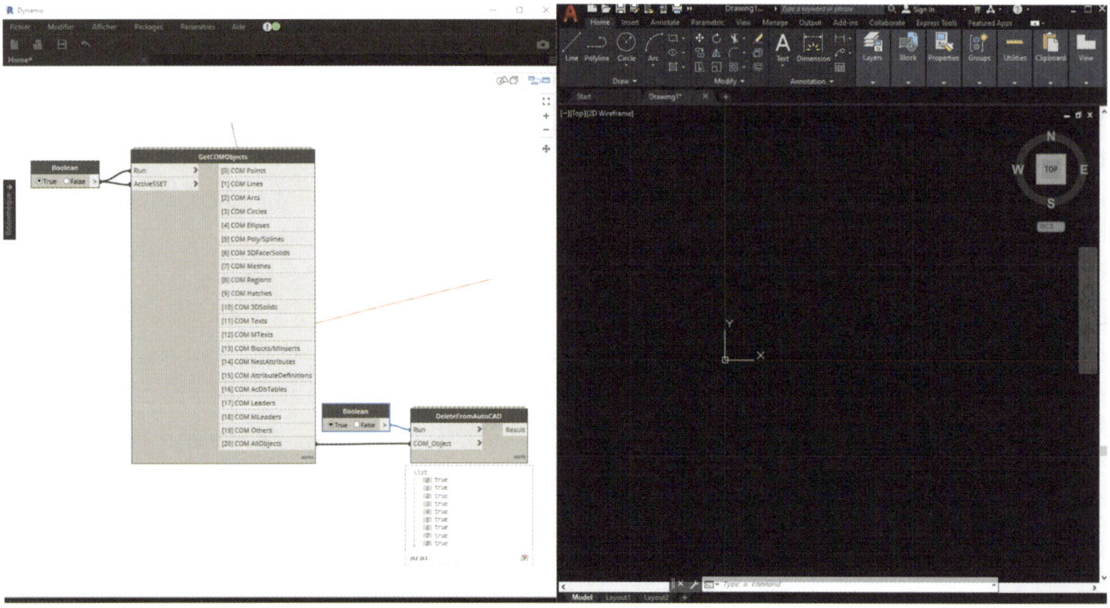

Fig. 3.54

En utilisant des valeurs True pour les deux nœuds booléens, Dynamo interagira avec le fichier AutoCAD ouvert et supprime les objets sélectionnés.

3. Un package personnalisé pour SketchUp : SketchUpForDynamo

Bien que des géométries complexes soient réalisables sous Rhinoceros®3D ou que des formes logiques puissent être dessinées avec Grasshopper ou Dynamo, SketchUp garde un attrait particulier pour les concepteurs notamment pour la modélisation et la visualisation 3D. Cependant, convertir un fichier vers Revit n'est pas une tâche facile.

La méthode courante d'importation *via* Revit reste limitée car le modèle sera simplement inséré dans Revit en tant qu'`ImportInstance` et ne sera pas modifiable.

Le package SketchUpForDynamo (fig. 3.55) créé par Maximilian Thumfart permet d'améliorer l'import. Il utilise un outil qui convertit la géométrie SketchUp en une nouvelle famille Revit de catégorie Mobilier. Cela permet de remplir rapidement Revit avec des éléments de SketchUp et de les annoter.

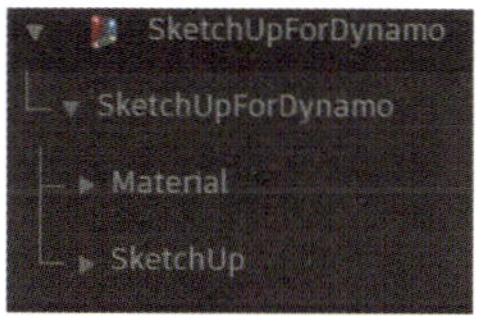

Fig. 3.55

L'installation de ce package se fait *via* le Gestionnaire de packages (voir chap. 2).

Le package contient deux catégories principales vous permettant de lire et d'écrire des fichiers SketchUp directement à partir de Dynamo sans passer par Revit :

- `SketchUp.LoadModel` (fig. 3.56) – Ce nœud chargera tout le contenu d'un modèle SketchUp dans Dynamo. Par défaut, il inclura les maillages (*Meshes*). La désactivation de ces derniers peut aider à réduire les problèmes de performances et accélérer le processus d'insertion.

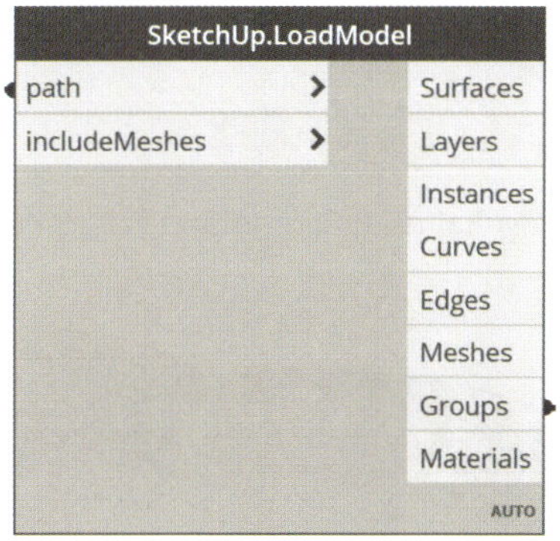

Fig. 3.56

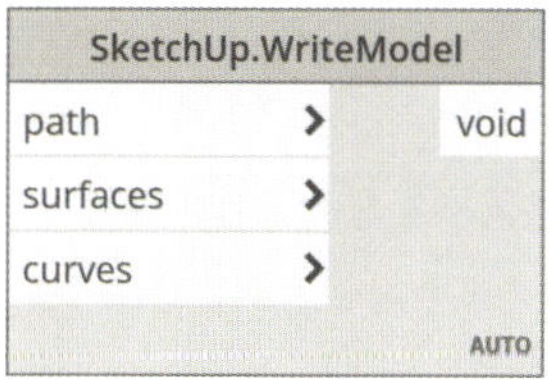

Fig. 3.57

- `SketchUp.WriteModel` (fig. 3.57) – Ce nœud écrit des surfaces et des courbes dans un modèle SketchUp. Les entrées sont les éléments géométriques (courbes et surfaces) ainsi que le chemin où le nouveau modèle SketchUp sera enregistré.
- `SketchUp.ReformatModel` (fig. 3.58) – Ce nœud changera la version d'un modèle existant (ou de plusieurs modèles) vers une autre version de SketchUp. Les données d'entrées sont le chemin des modèles SketchUp existants actuels, la nouvelle version et enfin le nouveau chemin pour les nouveaux modèles mis à niveau.

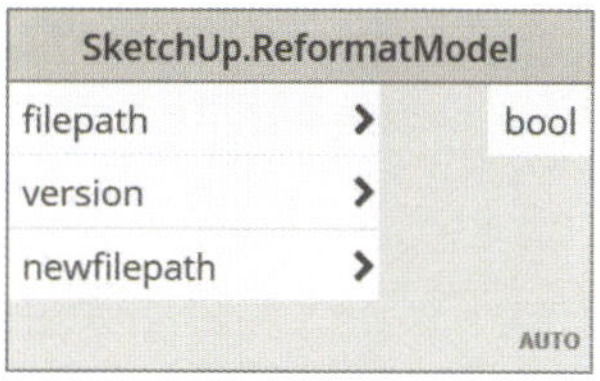

Fig. 3.58

Exercice 3.4 IMPORTER DES MODÈLES SKETCHUP SUR DYNAMO

Temps estimé : 15 min

Difficulté : *

Document : le fichier correspondant à cet exercice est disponible (au format Dynamo 2.0.3) dans le contenu qui accompagne cet ouvrage, il est nommé **CH03_EX04_2.0.3_Importer des modèles SketchUp sur Dynamo.dyn**.

Prérequis : le package SketchUpForDynamo doit être installé.

Objectif : réaliser l'import de fichiers SketchUp.

Le modèle SketchUp utilisé pour cet exercice est un canapé, modélisé dans SketchUp 2018 (fig. 3.59).

Fig. 3.59

La figure 3.60 présente le résultat du fichier importé dans l'espace de travail Dynamo.

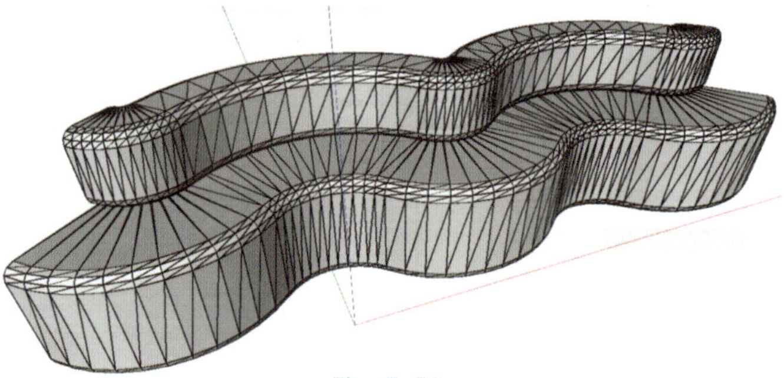

Fig. 3.60

Notez que votre graphe de script peut être différent du script de cet exercice. Tout dépend de la structure du modèle SketchUp. Par exemple, dans le modèle SketchUp du canapé, il y avait des groupes et des sous-groupes, nous avons donc utilisé le nœud `SketchUp.GetGroup` deux fois pour récupérer les géométries à l'intérieur de chaque sous-groupe.

Le script Dynamo réalisé sera similaire à celui de la figure 3.61.

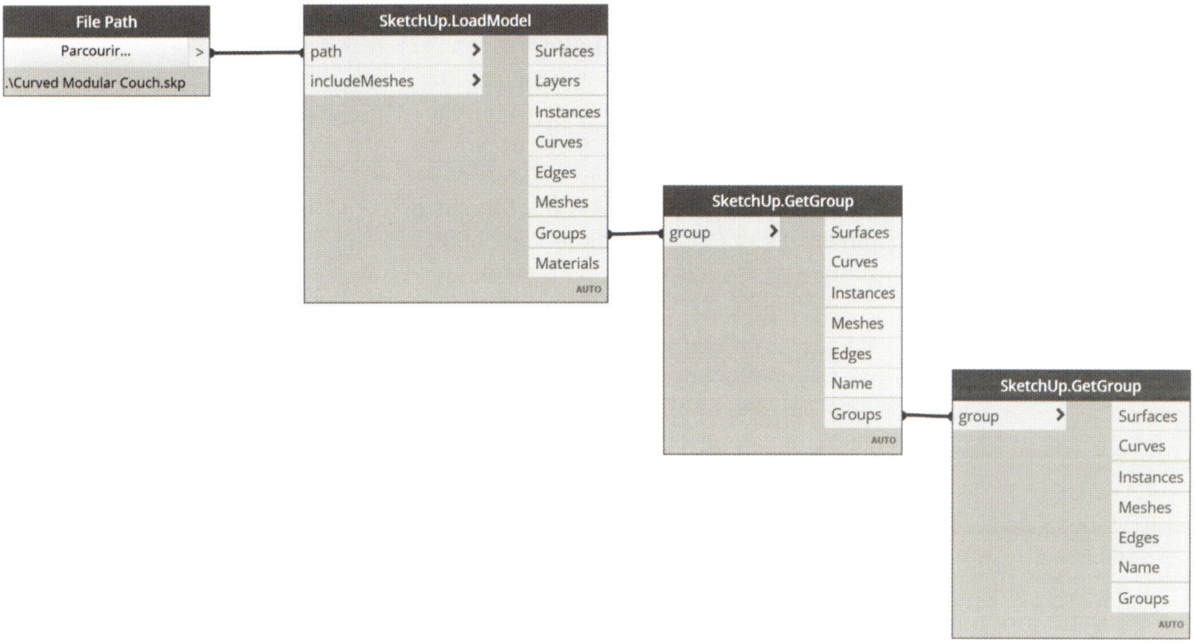

Fig. 3.61

1. Le processus d'importation dans l'environnement Dynamo est simple : on utilise le nœud `File Path` pour déterminer le chemin du fichier SketchUp et une valeur booléenne pour importer ou non les éléments de maillage du modèle SketchUp.

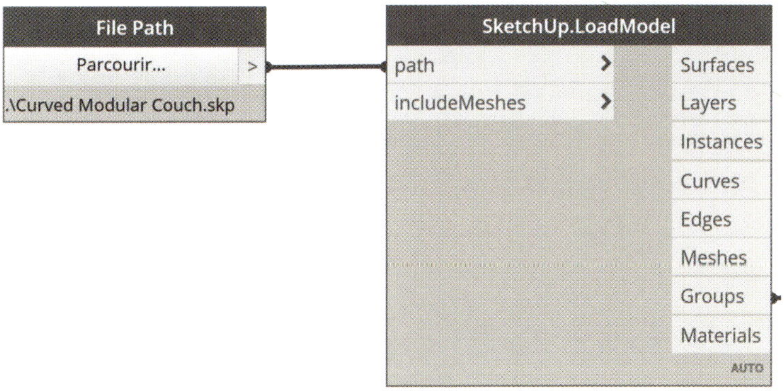

Fig. 3.62

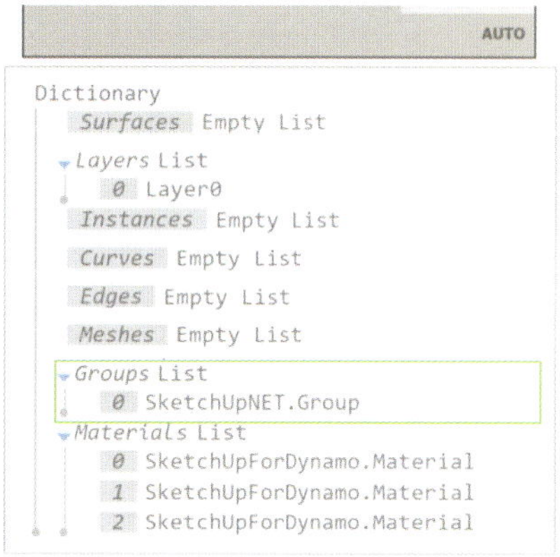

Fig. 3.63

2. Les sorties contiendront presque tous les éléments du modèle SketchUp importé. Vous remarquerez que le contenu du modèle importé est une liste de groupes (voir Groups List dans la fig. 6.63). C'est pourquoi il faut décomposer les résultats afin de récupérer tous les sous-groupes de ce groupe.

3. Recherchez le nœud `SketchUp.GetGroup` et connectez les groupes de sortie du nœud précédent au groupe d'entrée dans le nouveau nœud puis exécutez le script (fig. 3.61). Vous remarquerez qu'il existe une liste décomposée de nouveaux groupes d'éléments. Mais nous ne voyons toujours pas les surfaces, les courbes et les autres objets géométriques de SketchUp importé (fig. 3.64). Nous allons donc utiliser `SketchUp.GetGroup` une fois de plus.

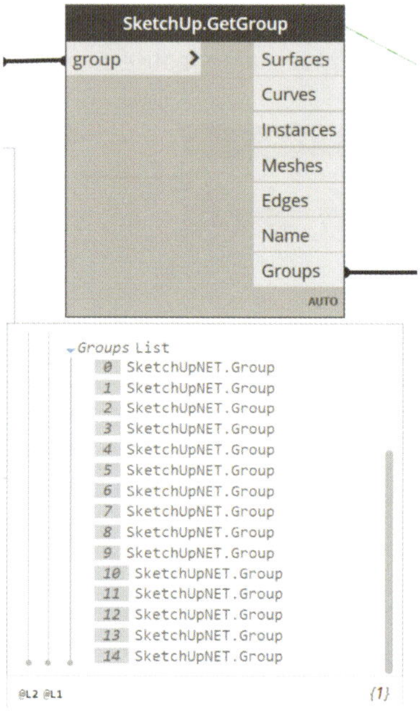

Fig. 3.64

4. Ajoutez le nœud `SketchUp.GetGroup` une fois de plus et connectez les groupes de sortie du nœud précédent au groupe d'entrée dans le nouveau nœud puis exécutez le script. Vous remarquerez que nous avons commencé à voir le contenu géométrique du modèle SketchUp importé (fig. 3.65).

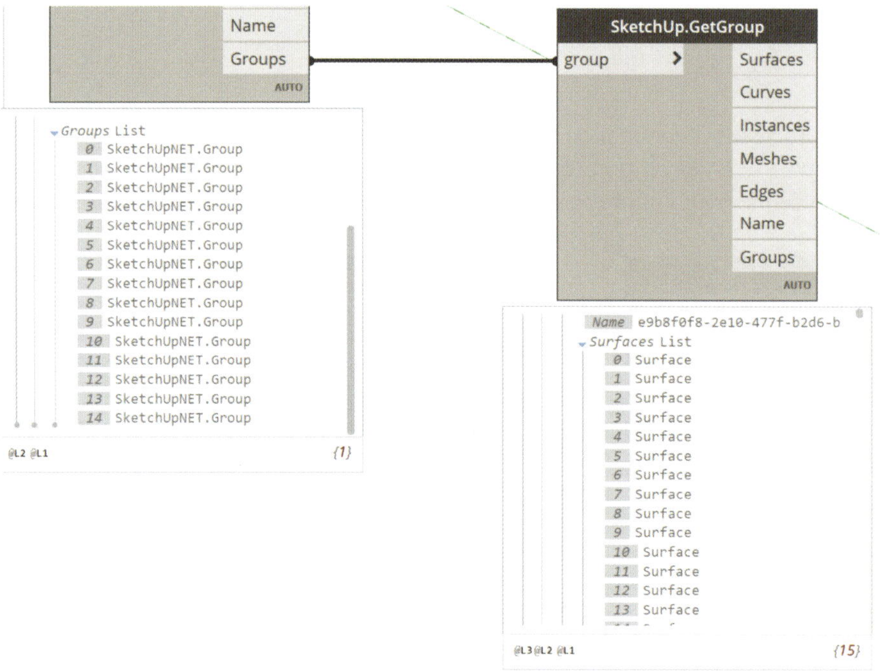

Fig. 3.65

5. À la fin du script, le modèle SketchUp importé peut être visualisé directement dans l'espace de travail Dynamo et utilisé pour créer des familles Revit (voir fig. 3.61).

4. Un package personnalisé pour Excel : Bumblebee

Avec les nœuds Dynamo de base, vous pouvez importer/exporter des fichiers Excel. Mais il arrive parfois que le nœud par défaut `Data.ImportExcel` ne fonctionne pas et génère un message d'erreur (fig. 3.66).

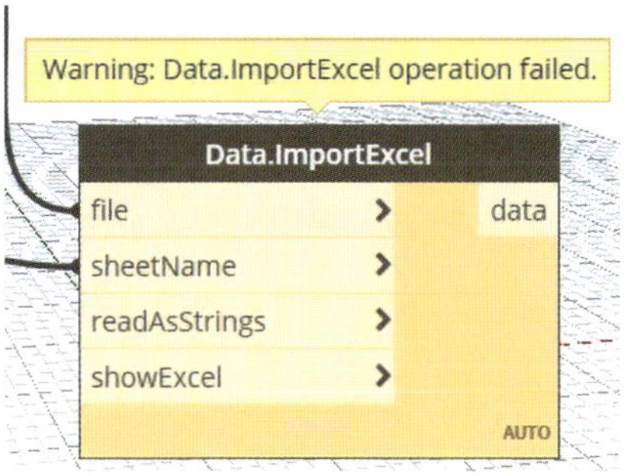

Fig. 3.66

Certains packages personnalisés comme le package Bumblebee (BB) développé par Konrad K. Sobon permettent de contourner ces difficultés.

Fig. 3.67

Ce package permet, par exemple, de lire facilement un document entier ou une plage spécifique de celui-ci. Ces mêmes plages peuvent être créées de différentes manières : à partir d'une origine et d'étendues ou uniquement d'une origine ou d'une étendue. On peut même lire plus d'une feuille de calcul à la fois.

Il est accessible *via* le Gestionnaire de packages dans Dynamo. Après l'installation, il apparaîtra dans la bibliothèque Nodes sous le nom d'archilab_Bumblebee. Il contient sept groupes de nœuds qui couvrent les fonctionnalités d'import/export, de styles graphiques, de mise en forme conditionnelle et de création de graphiques sur Excel (fig. 3.68).

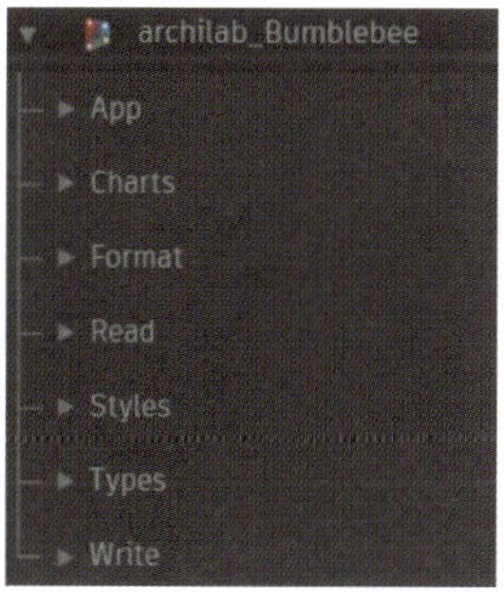

Fig. 3.68

Exercice 3.5 LIRE PLUSIEURS ONGLETS D'UN FICHIER EXCEL

Temps estimé : 15 min

Difficulté : *

Document : le fichier correspondant à cet exercice est disponible (au format Dynamo 2.0.3) dans le contenu qui accompagne cet ouvrage, il est nommé **CH03_EX05_2.0.3_Lire plusieurs onglets a partir d'un fichier Excel.dyn**.

Prérequis : le package Bumblebee doit être installé.

Objectif : réaliser la lecture de plusieurs onglets d'un fichier Excel.

Le script Dynamo réalisé sera similaire à celui de la figure 3.69. On utilisera le nœud `Read Excel` du package Bumblebee.

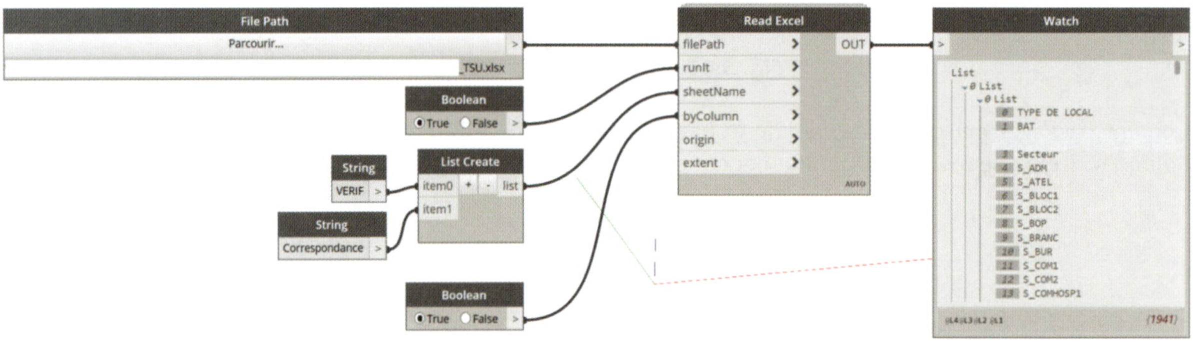

Fig. 3.69

Le nœud `Read Excel` dispose de six entrées (fig. 3.70) :

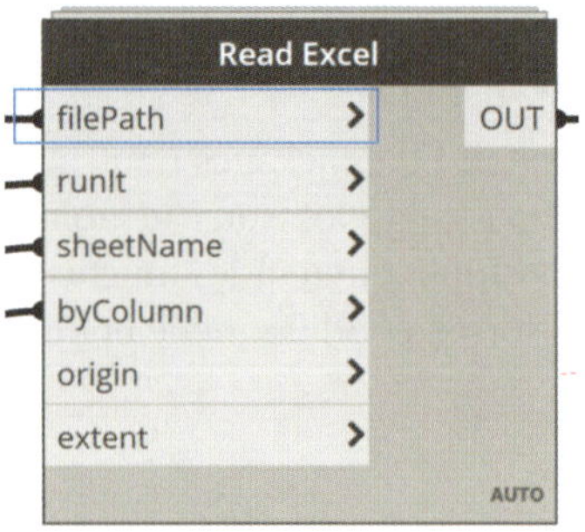

Fig. 3.70

- filePath : utilisez le nœud `File Path` pour pointer sur le fichier Excel à partir duquel vous souhaitez lire les données.
- runIt : utilisez le nœud `Boolean` défini sur True pour activer ce nœud et lire les données du fichier. Définissez-le sur False pour le désactiver (fig. 3.71).

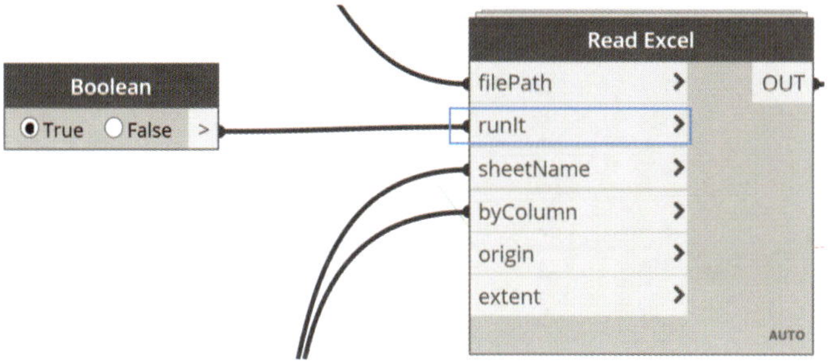

Fig. 3.71

- sheetName : utilisez le nœud `String` ou une Liste `String`, définissez cette entrée sur un seul nom de feuille ou utilisez une liste de noms de feuille pour lire plusieurs onglets depuis le fichier Excel (fig. 3.72).

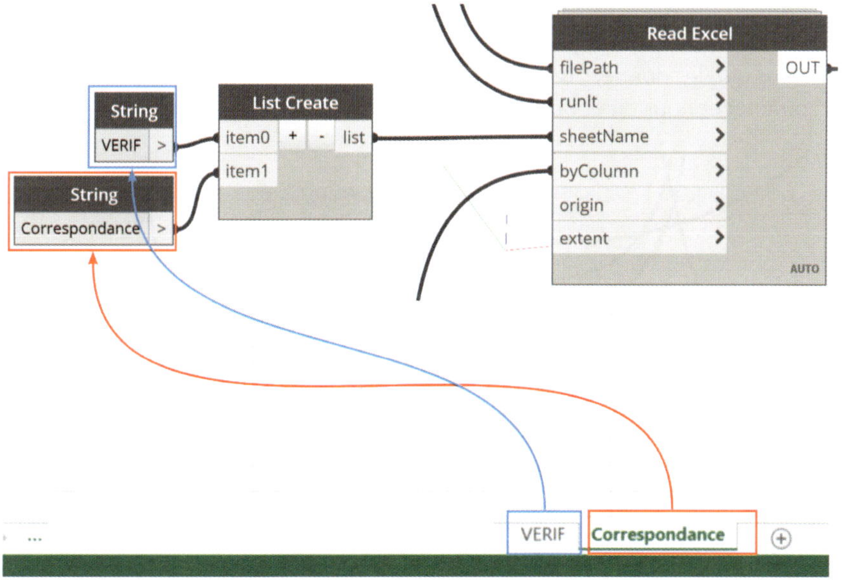

Fig. 3.72

- byColumn : utilisez le nœud `Boolean` avec l'entrée définie sur True pour lire les données Excel « par colonne » (au lieu du comportement Excel par défaut « par ligne »). En activant cette entrée sur True, il ne sera pas nécessaire d'utiliser le nœud `List.Transpose` pour faire orienter les données du fichier Excel.

Dans la plupart des cas, il faudra changer la façon dont Dynamo lit Excel afin d'être cohérent avec la structure de données dans Dynamo qui est basée sur des listes (colonnes).

Dans Excel, les données sont organisées par colonnes et par lignes

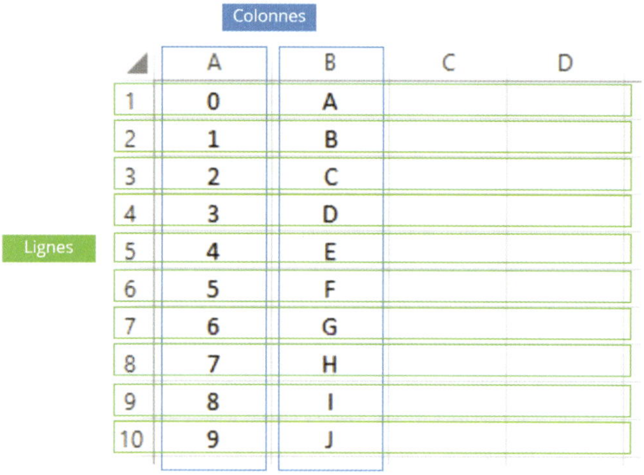

Fig. 3.73

Si nous activons l'entrée byColumn dans le nœud `Read Excel` (fig. 3.74), nous constatons que les données de la figure 3.73 sont réimportées dans un ordre vertical (par colonne) et nous obtenons deux listes.

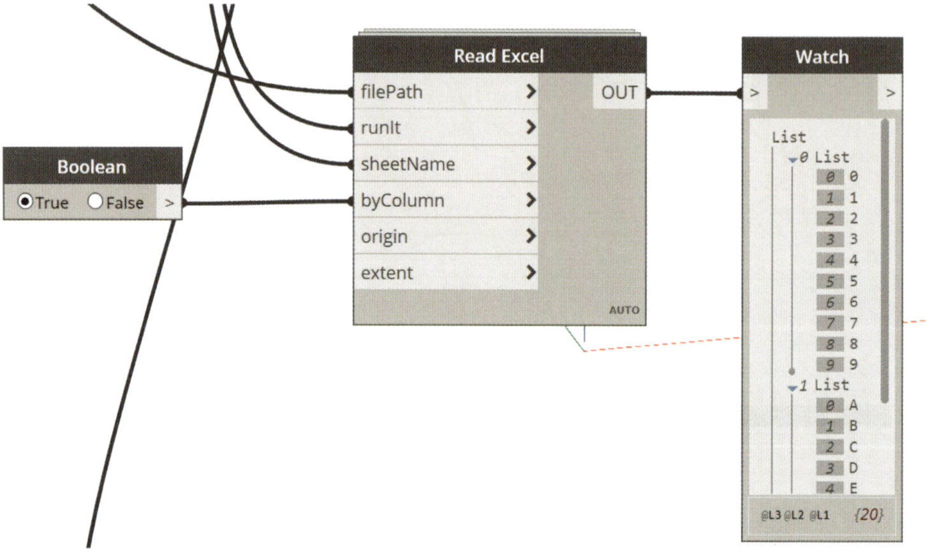

Fig. 3.74

Si nous désactivons l'entrée byColumn dans le nœud `Read Excel` (en entrant une valeur False), nous obtenons 10 listes (fig. 3.75) et deux valeurs par liste (fig. 3.75) car nous avions 10 lignes et 2 colonnes dans le fichier Excel (fig. 3.73).

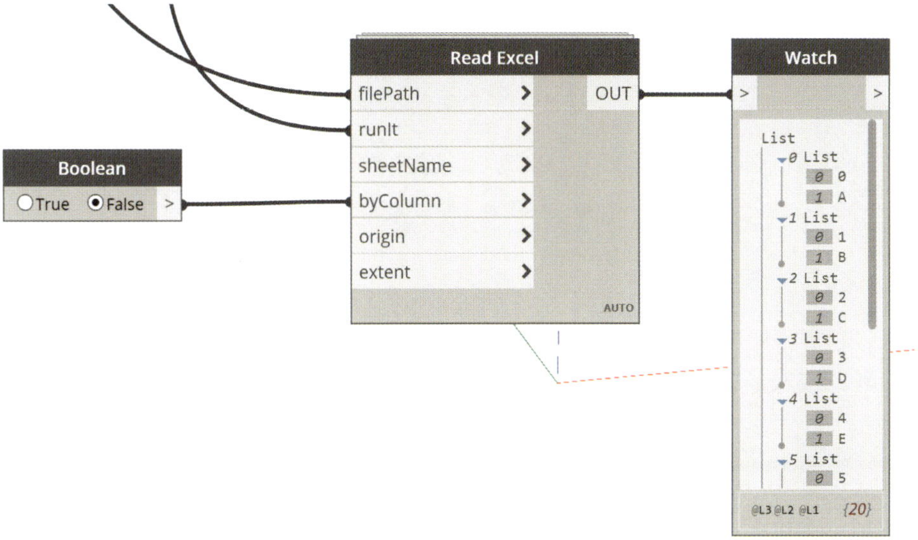

Fig. 3.75

- origin : utilisez le nœud `String` ou une Liste `String`. Laissez cette entrée vide et l'origine par défaut est définie pour commencer à la cellule A1. Vous pouvez soit fournir un format d'adresse Excel : « A1 », soit un format d'index de cellule « List[1,1] » pour définir la cellule d'origine à partir de laquelle les données seront lues.
- extent : utilisez le nœud `String` ou une Liste `String`. Laissez cette entrée vide et l'étendue par défaut sera définie pour lire l'onglet Excel entier. Vous pouvez soit fournir un format d'adresse Excel : « A13 » ou un format d'index de cellule « List[1,13] » pour limiter l'étendue du document que vous souhaitez lire.

Chapitre 4

Le workflow avec Excel

La collecte et la gestion des données du bâtiment à mesure qu'elles évoluent (de la conception initiale à la documentation de construction) peuvent être améliorées grâce à des techniques avancées. Cela inclut la liaison à une source de données externe, l'automatisation de la création des espaces et des pièces, des niveaux, du placement de familles et d'autres processus graphiques et non graphiques qui complètent le processus du BIM.

Ce chapitre présente une initiation avancée à la gestion des données *via* Dynamo et Excel.

Objectifs d'apprentissage dans ce chapitre :

- Comprendre les interactions possibles entre Revit, Excel et Dynamo.
- Apprendre à importer des données Excel dans Revit.
- Maîtriser l'export de données depuis Revit vers Excel.
- Savoir créer des pièces à partir d'un fichier Excel.
- Créer des niveaux à partir d'un fichier Excel.
- Rechercher des éléments à l'aide de valeurs uniques d'Excel.
- Créer une nomenclature clé et importer des données depuis Excel.
- Apprendre à exporter une liste des vues par types.
- Savoir exporter une liste des pièces avec les surfaces programme et surfaces projet.

1. Excel, Dynamo et Revit pour une gestion avancée des données

Excel est un outil puissant capable de calculer, synthétiser et analyser des données. Les utilisateurs peuvent les trier, les filtrer, les mettre en forme et générer des rendus graphiques. La difficulté réside dans leur utilisation au cours de la modélisation car Revit ne fournit pas un moyen clair et simple de les intégrer.

Il existe plusieurs plugins et solutions personnalisées qui peuvent être utilisés pour effectuer la liaison ou l'injection de données dans les modèles Revit la même chose que pour l'extraction de données. La plupart d'entre eux sont payants et adoptent un flux de travail bien spécifique avec des gabarits prédéfinis.

Dynamo for Revit joue le rôle de médiateur ou de traducteur entre Excel et Revit. Il donne à l'utilisateur la possibilité de créer plus facilement ses propres workflows et scripts. La conversion des données Excel en listes sous Dynamo permet de réaliser l'injection ou l'extraction des données dans ou depuis les paramètres des objets Revit (fig. 4.1).

Le concept de traitement des données entre Excel et Revit à l'aide de Dynamo

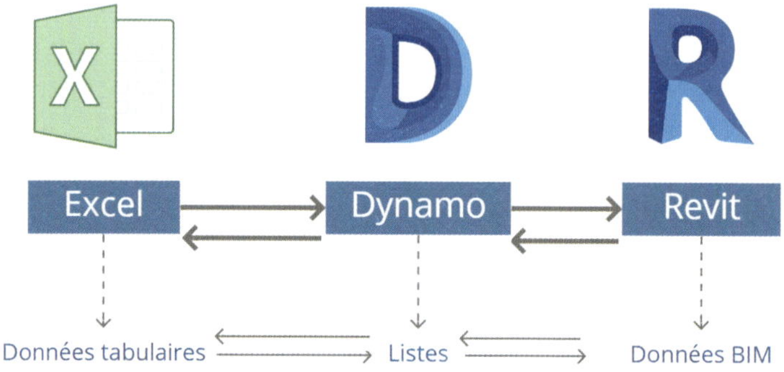

Fig. 4.1

2. Les nœuds d'import/export sous Dynamo

Dynamo fournit deux types de nœuds qui permettent d'importer des données d'Excel vers Dynamo et d'exporter les données de Dynamo (et/ou Revit) vers Excel (fig. 4.2) : `Data.ImportExcel` et `Data.ExportExcel`.

Dynamo dispose de deux types de nœuds pour importer et exporter des données Excel

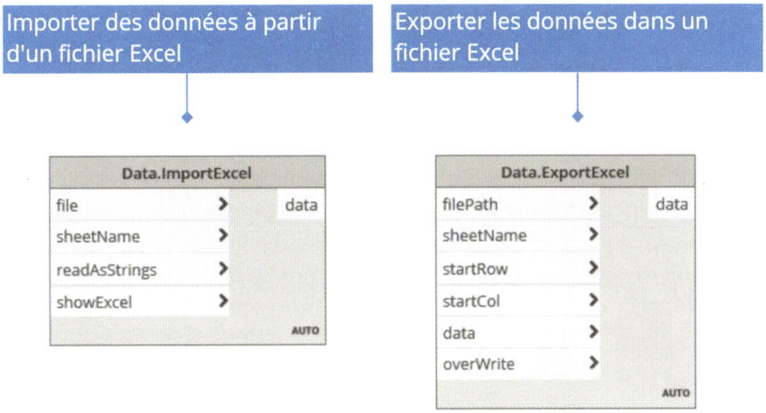

Fig. 4.2

3. Le process

Bien que chaque cas ait sa propre stratégie et son propre mode de réflexion, il est essentiel de trouver la bonne catégorie de l'élément dans Revit et les paramètres associés qui définiront quel nœud doit être utilisé dans Dynamo pour les créer ou les modifier. Les étapes suivantes vous aideront à mieux cibler les besoins.

La préparation du fichier Excel

Dynamo utilise les listes comme structure de données de base. Cependant, il ne faut pas oublier qu'Excel utilise des listes (colonnes) et des lignes. Il est donc important de prendre en compte cette différence pour utiliser les nœuds appropriés en cas d'import ou d'export.

Il est également très important d'utiliser les mêmes unités dans vos fichiers Excel car, par défaut, Dynamo utilisera toujours les unités de la maquette Revit. Par exemple, si les unités de la maquette Revit sont en mètres, les nombres dans le fichier Excel doivent aussi être exprimés en mètres.

De même, si vous utilisez Excel en français et Revit en anglais, vous devrez adapter votre script Dynamo pour transformer les chiffres avec des virgules « , », en chiffres avec des points « . ».

La préparation de la maquette Revit

En règle générale, en cas de modification d'éléments Revit, il devrait y avoir une « destination » pour les valeurs provenant d'Excel. Cette destination est toujours un paramètre d'élément (occurrence ou type).

Dans certains cas, vous devrez créer un paramètre partagé ou de projet afin d'héberger les valeurs d'Excel, cela sera expliqué dans les paragraphes suivants.

4. Importer et utiliser des données depuis Excel sur Revit

Le nœud `Data.ImportExcel` qui est l'un des nœuds de base dans Dynamo (voir chapitre 3), permet d'importer des données à partir d'un fichier Excel. Vous devrez indiquer si les données doivent être lues sous forme de chaînes et préciser le nom du fichier Excel et le nom d'onglet comme données d'entrées. Vous devrez également définir si le fichier Excel doit être ouvert lorsque vous travaillez dans Dynamo (fig. 4.3).

Le nœud `Data.ImportExcel` *permet de lire des données de fichiers Excel*

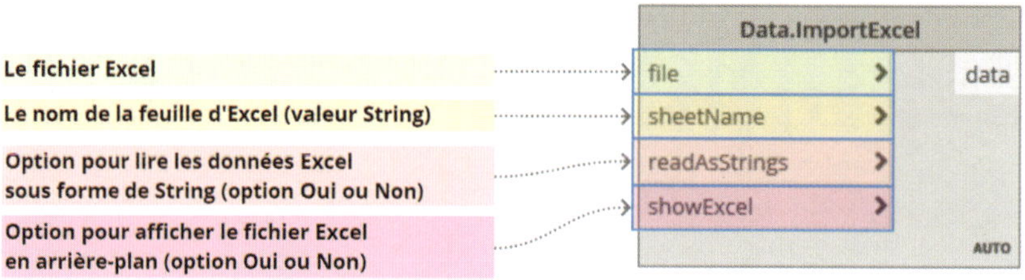

Fig. 4.3

Les chaînes

Les chaînes peuvent être utilisées pour un large éventail d'applications, notamment la définition de paramètres personnalisés, l'annotation d'ensembles de documentation et l'analyse d'ensembles de données textuels.

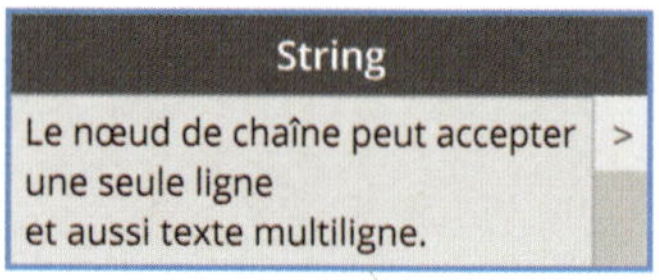

Fig. 4.4

Le nœud de chaîne `String` (fig. 4.4) se trouve dans la catégorie de nœuds Core > Input.

Les exercices suivants rappellent les grands principes qui régissent la mise en place d'un workflow efficace pour l'import de données Excel dans Revit. Ils présentent les opérations les plus courantes comme la création de pièces d'un programme de projet. Cette tâche est l'un des cas d'utilisation les plus importants dans Dynamo, notamment pour les projets à grande échelle réalisés en BIM.

En règle générale, le maître d'ouvrage enverra un fichier détaillé (Excel la plupart de temps) qui répertoriera toutes les pièces requises dans votre projet, vous pourrez le charger dans votre projet. Dans Revit, ces pièces deviendront des « pièces non placées ». Ainsi, lorsque vous placerez une pièce dans votre projet, vous aurez la possibilité de créer une nouvelle pièce ou de placer une pièce « non placée » existante. Le processus est expliqué en détail ci-après.

Exercice 4.1

CRÉER DES PIÈCES NON PLACÉES À PARTIR D'UN FICHIER EXCEL

Temps estimé : 30 min

Difficulté : **

Document : les fichiers correspondant à cet exercice sont disponibles (aux formats Dynamo 2.0.3, Revit 2019, et Excel) dans le contenu qui accompagne cet ouvrage, ils sont nommés **CH04_EX01_2.0.3_Creer des pieces non placees depuis fichier Excel.dyn**, **CH04_EX01_2.0.3_Creer des pieces non placees depuis fichier Excel.xlsx** et **CH04_EX01_2.0.3_Creer des pieces non placees depuis fichier Excel.rvt**.

Prérequis : aucun.

Objectif : apprendre à importer des fichiers Excel dans Revit pour créer des pièces non placées en utilisant un code Python.

La création de pièces et l'importation d'informations personnalisées dans Revit peuvent être très utiles pour gagner du temps et tirer parti des données Excel. Que les données soient courtes ou très longues, cette méthode reste valable (fig. 4.5).

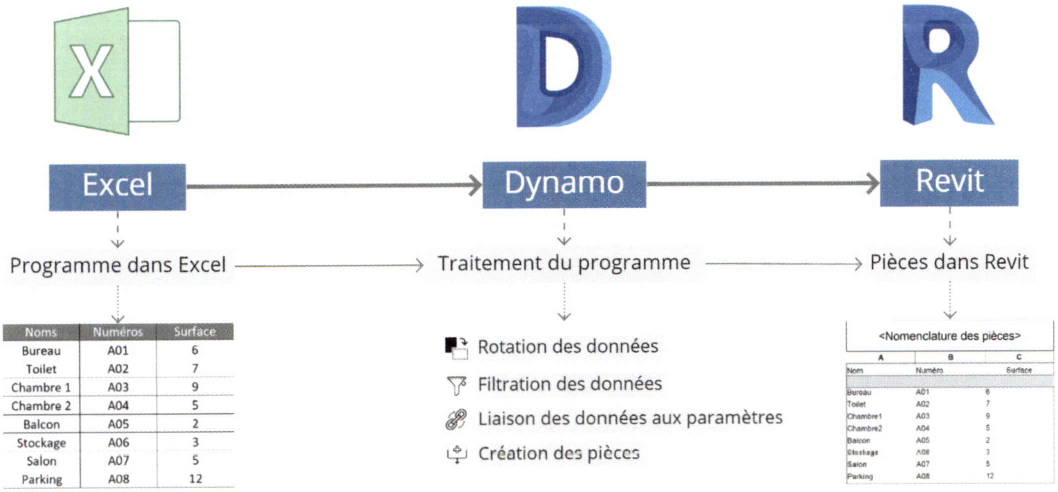

Fig. 4.5
Flux de travail de l'exercice

La préparation du fichier Excel

Dans ce processus de création de pièces dans Revit à partir d'Excel, il est important de bien préparer le fichier Excel qui sera lu dans Dynamo. Vous pouvez imaginer que chaque **colonne** dans Excel correspond à un **paramètre** de pièce dans Revit et que chaque **ligne** correspond à un élément de **pièce** (fig. 4.6).

Dans Excel, chaque ligne représente une pièce et chaque colonne représente un paramètre de pièce

Paramètres de la pièce

Pièces

Noms	Numéros	Surface
Bureau	A01	6
Toilet	A02	7
Chambre 1	A03	9
Chambre 2	A04	5
Balcon	A05	2
Stockage	A06	3
Salon	A07	5
Parking	A08	12

Fig. 4.6

> **!** Dans Excel, il est important que chaque ligne corresponde à une seule pièce. Bien souvent les fichiers sources transmis par le maître d'ouvrage nécessiteront un « nettoyage » pour être injecté de manière appropriée dans la maquette Revit.

La préparation de la maquette Revit

Après avoir préparé le fichier Excel, il faut également préparer la maquette Revit pour qu'elle soit prête à accepter les modifications ou la création de nouvelles pièces. Ce processus consiste essentiellement à créer des paramètres s'ils ne sont pas déjà présents dans votre maquette Revit.

Dans le cas de la création des pièces, Revit requiert au moins **trois** paramètres à utiliser :

- le nom de la pièce,
- le numéro de la pièce,
- la phase de la pièce.

En plus des trois paramètres précédents, la feuille Excel de cet exercice contiendra une colonne supplémentaire « Surface de programme » qui contiendra les surfaces des nouvelles pièces à créer. Cette information sera reprise dans l'exercice 4.7

Afin de copier ces valeurs de surface, vous devrez créer un nouveau paramètre dans la catégorie des pièces le type de ce nouveau paramètre doit être Surface et la catégorie doit être associée aux Pièces (fig. 4.7).

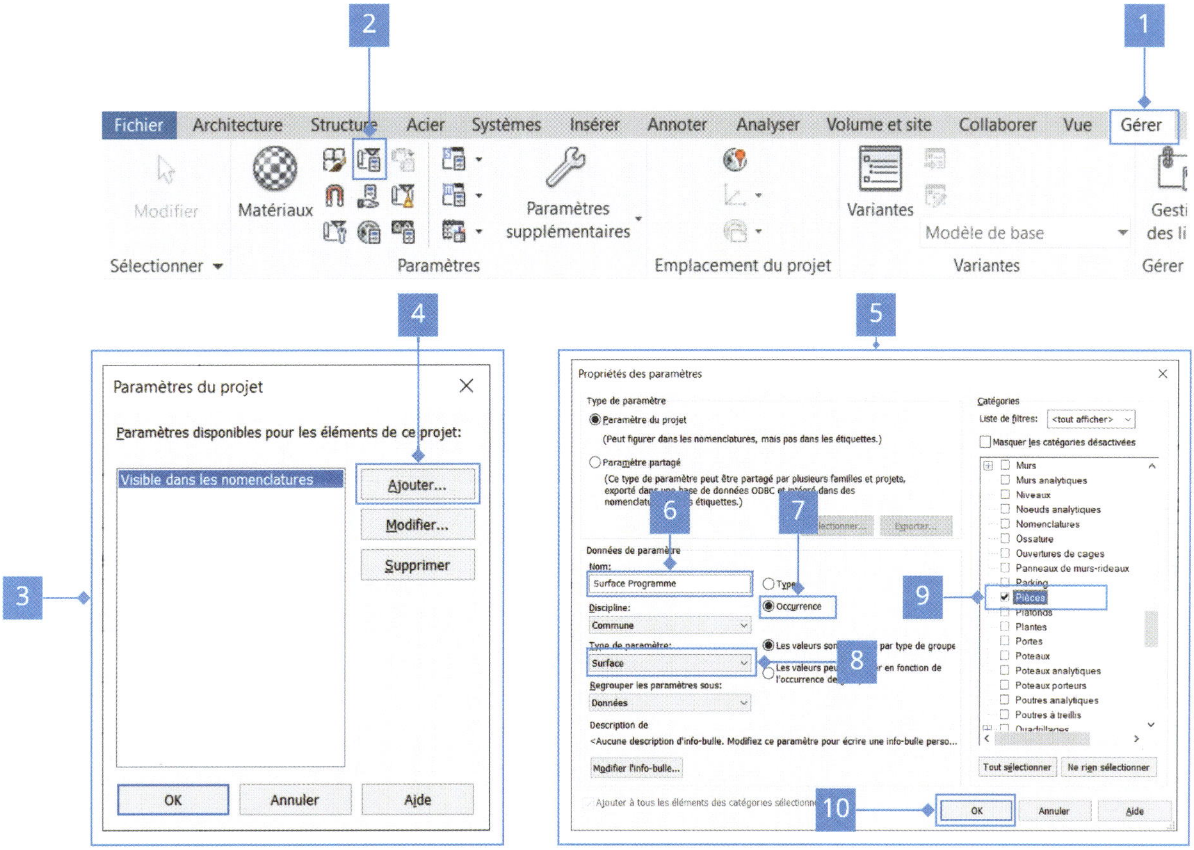

Fig. 4.7

Les étapes de la création d'un nouveau paramètre de projet

L'importation des données Excel dans Dynamo

Pour importer les données dans Dynamo telles qu'elles sont visibles dans Excel, vous pouvez utiliser le nœud `Data.ImportExcel` ou le nœud `Read Excel` du package archilab_Bumblebee (voir chapitre 3).

Ouvrez Dynamo à partir du menu Gérer de Revit puis dans l'onglet Programmation visuelle démarrez un nouveau script Dynamo (fig. 4.8, ❶ à ❹).

Ouverture de Dynamo et démarrage d'un nouveau script

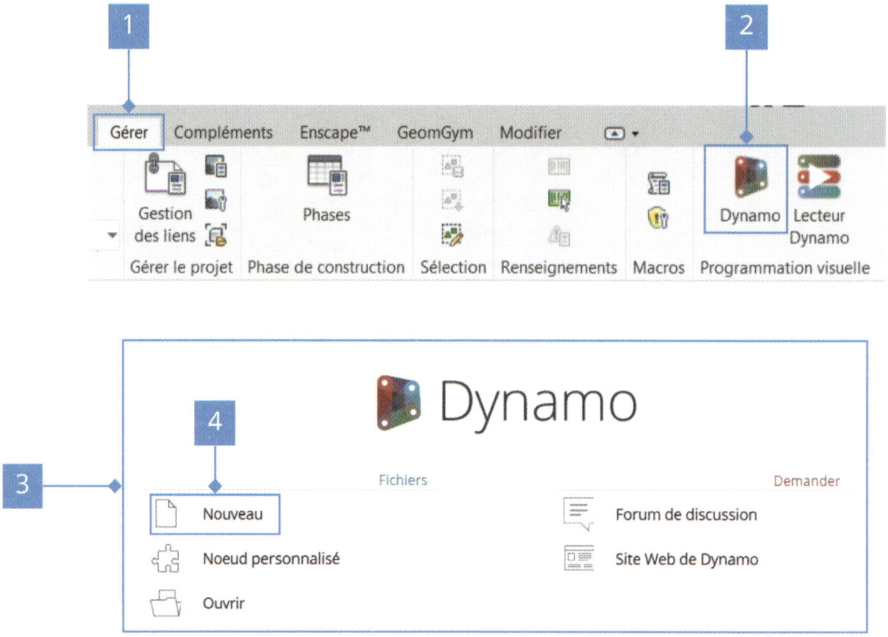

Fig. 4.8

Assurez-vous que vous avez bien choisi le mode « Manuel » (fig. 4.9).

Changement du mode d'exécution sur Manuel au lieu d'Automatique

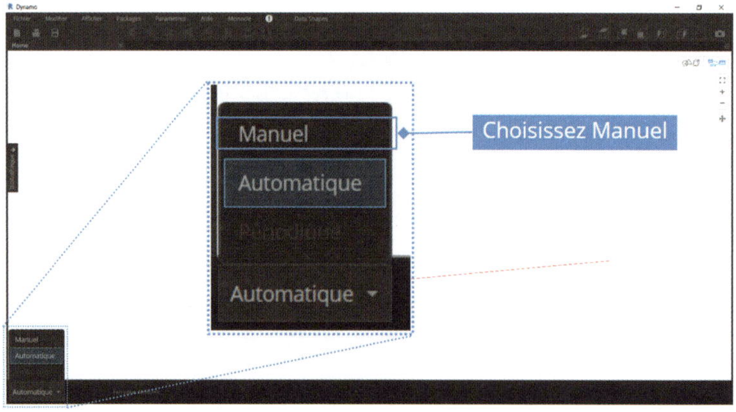

Fig. 4.9

Commencez à placer les nœuds comme sur la figure 4.10 (pour plus de détail voir les figures 4.11 et 4.12) :

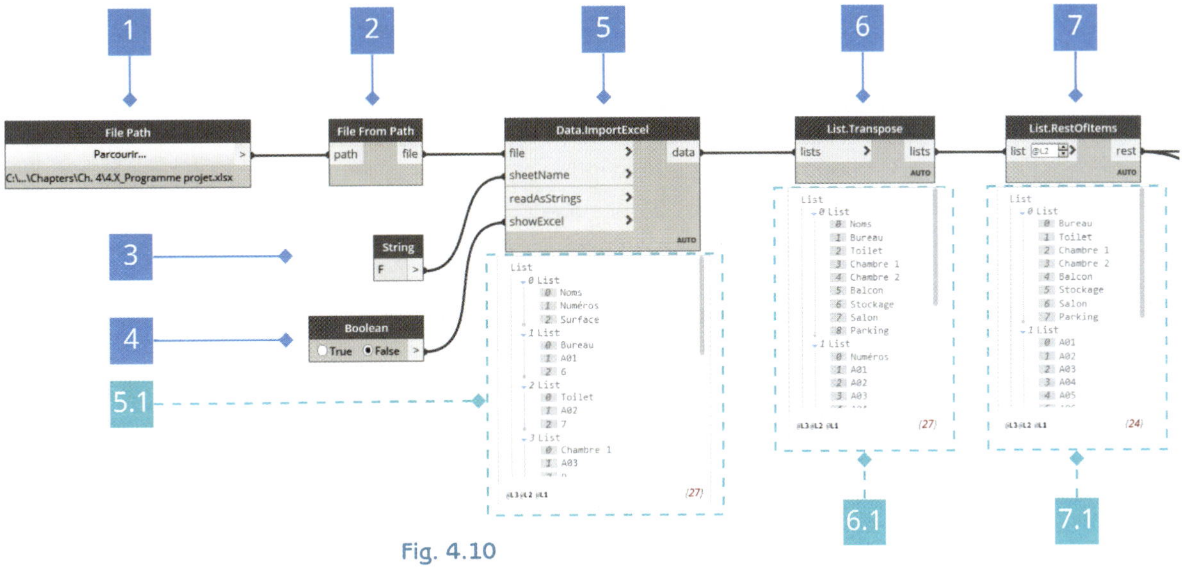

Fig. 4.10

Importation de données Excel dans Dynamo

1. `File Path` (fig. 4.11) : ce nœud vous permet de parcourir votre ordinateur local et de sélectionner des fichiers. Dans ce cas, nous sélectionnons le fichier Excel lui-même. La donnée de sortie est le « chemin » vers le fichier Excel et non le fichier lui-même.

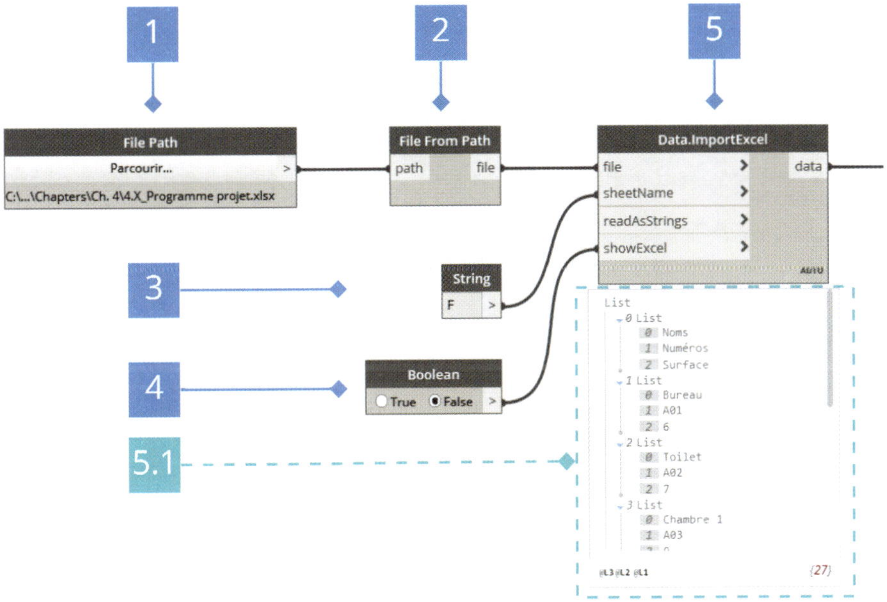

Fig. 4.11

2. `File From Path` : vous pouvez utiliser ce nœud pour obtenir le fichier Excel à partir du chemin que vous avez sélectionné dans l'étape précédente.
3. `String` : un nœud sur lequel vous ne pouvez écrire que des valeurs de chaînes.

   Pour cet exercice, vous devez écrire le nom de la feuille dans le fichier Excel où le programme du projet est écrit.
4. `Boolean` : ce nœud ne propose que deux valeurs True ou False (vrai ou faux). Pour cet exercice, nous avons choisi False car nous ne voulons pas afficher Excel lorsque nous travaillons sur le script.
5. `Data.ImportExcel` : ce nœud est le nœud principal à utiliser lorsque vous souhaitez importer des données à partir d'un fichier Excel. Il accepte quatre entrées principales :

- File : fichier (le fichier Excel lui-même), vous devez toujours utiliser le nœud `File From Path` comme entrée pour cet emplacement dans ce nœud.
- SheetName : nom de la feuille dans laquelle les données sont stockées (fichier Excel).
- readAsString : vous devez choisir True si vous voulez importer les données sous forme de chaînes ou False si vous souhaitez conserver le format du fichier Excel d'origine.
- showExcel : une dernière entrée de valeurs True/False pour afficher ou masquer le fichier Excel pendant l'exécution du script.

Le résultat de ce nœud sont les données brutes provenant d'Excel. Comme vous pouvez le voir, il contient une liste de listes (❺, fig. 4.11).

La liste principale est une liste de 8 sous-listes (car le fichier Excel a 8 lignes) et dans chaque sous-liste, vous voyez 3 valeurs (car le fichier Excel a 3 colonnes).

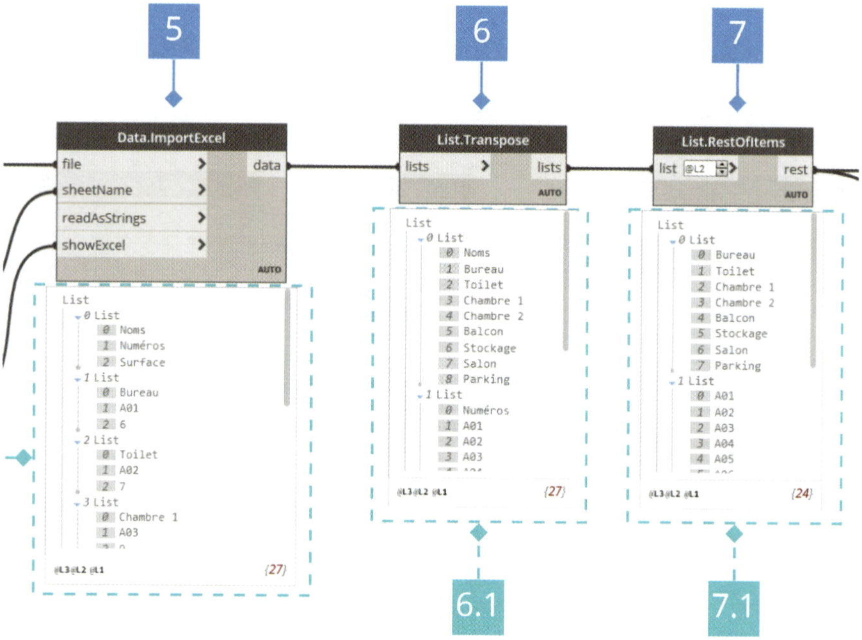

Fig. 4.12

6. `List.Transpose` : ce nœud est très important pour adapter les données Excel (lignes et colonnes) afin qu'elles soient correctement injectées dans les paramètres Revit. La nouvelle liste de données est divisée en 3 listes principales qui représentent 3 colonnes d'Excel et dans chaque sous-liste, vous pouvez voir 8 valeurs qui représentent les 8 lignes d'Excel (voir étape 6.1 de cette liste, fig. 4.12).
7. `List.RestOfItems` : à l'étape précédente (point 6.1 sur la figure 4.12), vous remarquerez que le nom des en-têtes Excel est visible. Cependant, vous n'avez pas besoin de ces noms car ils ne seront injectés dans aucun paramètre. Pour supprimer le premier élément de chaque sous-liste, vous devez utiliser le nœud `List.RestOfItems`, il supprimera le premier élément à l'index 0 et laissera le reste des éléments dans chaque sous-liste.

> **!** Faites attention au niveau de la liste qui doit être @L2 (fig. 4.12). Cela signifie que vous supprimez les premiers éléments des sous-listes et non de la liste principale.

La séparation des données

Comme vous avez pu le voir (fig. 4.13), la sortie du script se fait sur trois sous-listes de données : le nom, le numéro et la surface.

Ces sous-listes seules ne peuvent pas être utilisées pour remplir les paramètres, vous avez besoin de trois listes séparées qui vous permettront de passer facilement vers les paramètres Revit.

Vous pouvez utiliser le nœud `List.GetItemAtIndex` pour sélectionner un élément spécifique dans une liste en utilisant son index (fig. 4.13) :

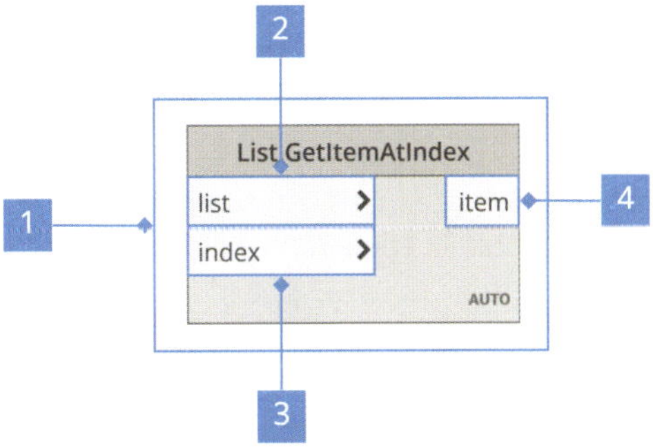

Fig. 4.13

1. Nœud `List.GetItemAtIndex`. 2. La première entrée « list » est la liste que vous souhaitez utiliser pour obtenir les éléments. 3. La deuxième entrée « index » est l'index de l'élément que vous souhaitez obtenir dans la liste. 4. La sortie « item » est l'élément que vous vouliez obtenir de la liste.

La figure 4.14 présente un exemple de séparation des listes en utilisant le nœud `List.GetItemAtIndex` :

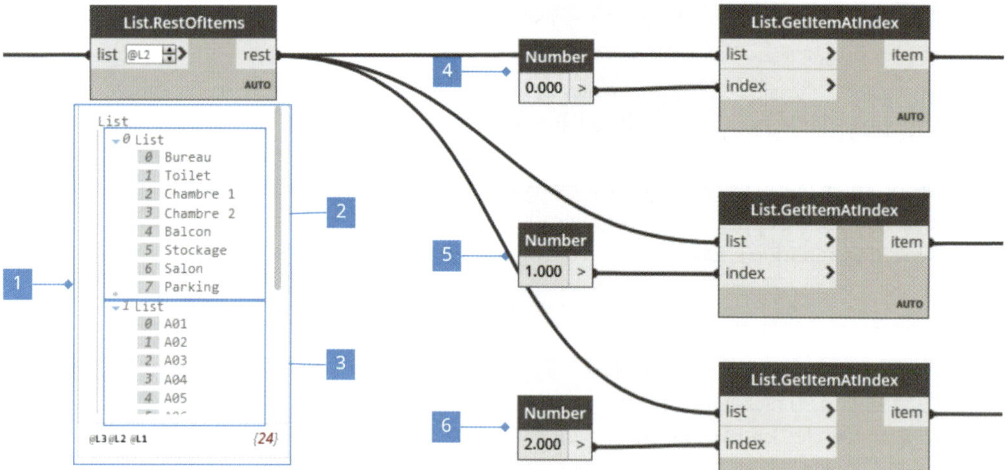

Fig. 4.14

1. Liste des listes du fichier Excel.
2. Première sous-liste du fichier Excel (noms de pièces).
3. Deuxième sous-liste du fichier Excel (numéros de pièces).
4. Utilisation du nœud `List.GetItemAtIndex` pour obtenir la liste des noms de pièces (sous-liste 0).
5. Utilisation du nœud `List.GetItemAtIndex` pour obtenir la liste des numéros de pièces (sous-liste 1).
6. Utilisation du nœud `List.GetItemAtIndex` pour obtenir la liste des surface-programme de pièces (sous-liste 2).

Notez que l'élément du nœud `List.GetItemAtIndex` peut être un élément unique ou une liste d'éléments. Tout dépend de l'organisation de la liste précédente.

La création de pièces non placées

Cette étape utilisera un nouveau nœud appelé `Python Script` car il n'existe pas, sous Dynamo, de moyen simple de créer des pièces non placées. Ce nœud va nous donner la possibilité de créer des scripts Python personnalisés et d'ajouter plusieurs entrées qui seront utilisées par le script. Il se trouve dans la bibliothèque sous Core > Scripting (fig. 4.15).

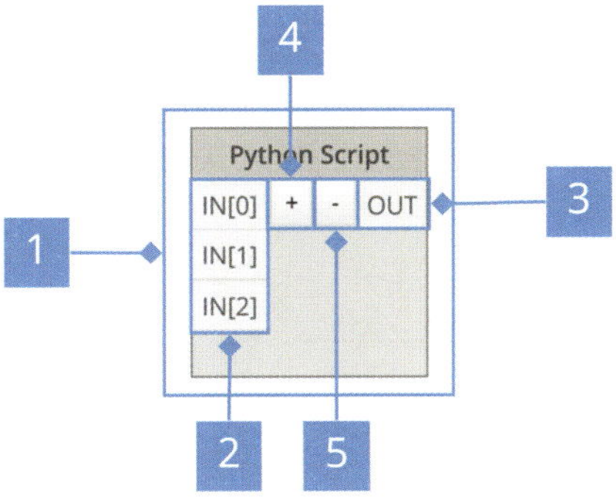

Fig. 4.15

1. Nœud `Python Script`*.*
2. Au moins une entrée doit être utilisée.
3. Liste des sorties.
4. Le signe + ajoute d'autres entrées.
5. Le signe - supprime les entrées.

En double-cliquant sur le nœud, on ouvre l'éditeur de script Python (fig. 4.16).

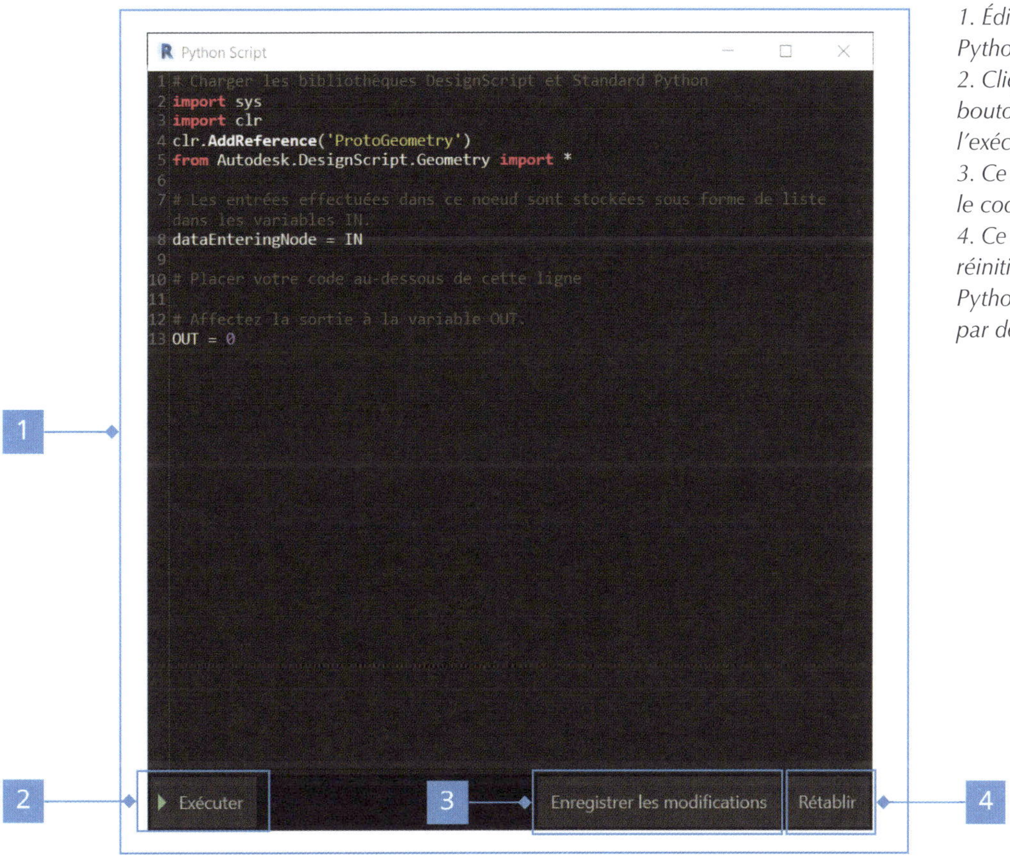

Fig. 4.16

1. Éditeur de script Python.
2. Cliquez sur ce bouton pour démarrer l'exécution du code.
3. Ce bouton enregistre le code sans l'exécuter.
4. Ce bouton réinitialisera l'éditeur Python à sa valeur par défaut.

Pour créer des pièces non placées dans Revit, vous aurez besoin de trois valeurs par défaut : le nom, le numéro et la phase. Ces trois valeurs seront des entrées pour le code Python.

L'utilisation du code Python

Ouvrez Core > Scripting et ajoutez le nœud `Python Script` à l'espace de travail dans Dynamo. Cliquez sur le signe Plus (+) (fig. 4.115) pour ajouter deux entrées supplémentaires puis double-cliquez sur le nœud et écrivez le code Python présenté sur la figure 4.17.

Code Python pour créer des pièces non placées dans Revit à l'aide de Dynamo

1

```
import clr
clr.AddReference("RevitNodes")
import Revit
```

2

```
# Import DocumentManager and TransactionManager
clr.AddReference("RevitServices")
import RevitServices
from RevitServices.Persistence import DocumentManager
from RevitServices.Transactions import TransactionManager
```

3

```
# Import RevitAPI
clr.AddReference("RevitAPI")
import Autodesk
from Autodesk.Revit.DB import *
from Autodesk.Revit.Creation.Document import NewRoom
```

4

```
doc = DocumentManager.Instance.CurrentDBDocument
phase = UnwrapElement(IN[0])
```

5

```
TransactionManager.Instance.EnsureInTransaction(doc)
createRoom = doc.Create.NewRoom(phase)
createRoom.Name = IN[1]
createRoom.Number = IN[2]
TransactionManager.Instance.TransactionTaskDone()
```

6

```
OUT = createRoom
```

Fig. 4.17

Les séquences de code de la figure 4.17 permettent de :

1. Importer des nœuds Revit.
2. Importer le gestionnaire de documents et le gestionnaire de transactions qui permet de démarrer l'action de modification ou de création d'éléments existants ou nouveaux.
3. Importer les bibliothèques `RevitAPI` et les ajouter comme référence dans le script Python actuel. Ce qui permet au script d'utiliser les fonctions de l'API Revit ; cela sera utile pour :

- **from** `Autodesk.Revit.DB` **import** : cette ligne appellera la base de données du modèle Revit actuel, elle sera utilisée pour stocker de nouvelles données (les pièces dans ce cas).
- **from** `Autodesk.Revit.Creation.Document` **import** `NewRoom` : cette ligne importera la fonction `NewRoom` afin de créer de nouvelles pièces dans la maquette Revit actuelle.

4. Définir le modèle de document courant comme modèle de travail, ainsi que de dérouler la phase qui sera branchée sur l'entrée 0 (`IN[0]` = Phase).

5. Lancer le processus de création des nouvelles pièces en utilisant les entrées 1 et 2 comme pour les noms de pièce et les numéros de pièce (`IN[1]` = noms de pièce et `IN[2]` = numéros de pièce).
6. Clôturer le code Python

   Cliquez sur « Enregistrer les modifications » (fig. 4.16).

   Ajoutez le nœud `Select Phase` (fig. 4.18) qui vous permet de sélectionner la phase où les pièces seront créées dans la maquette Revit, sélectionnez une phase appropriée et connectez le nœud à l'entrée 0 (`IN[0]`) du nœud de script Python, connectez les noms de pièce à l'entrée 1 (`IN[1]`) et les numéros de pièce à l'entrée 2 (`IN[2]`).

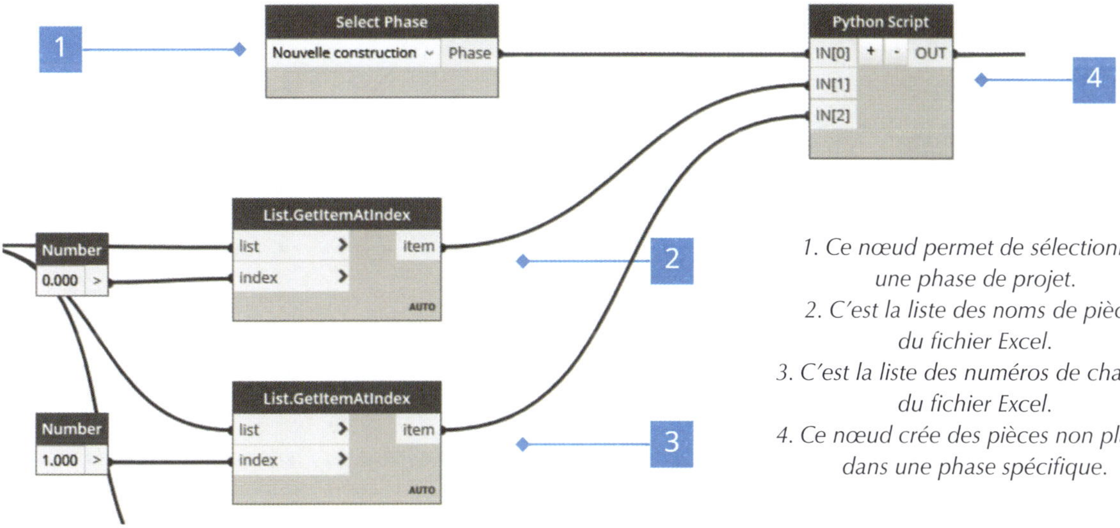

1. Ce nœud permet de sélectionner une phase de projet.
2. C'est la liste des noms de pièces du fichier Excel.
3. C'est la liste des numéros de chambre du fichier Excel.
4. Ce nœud crée des pièces non placées dans une phase spécifique.

Fig. 4.18

La modification des valeurs de paramètres dans Revit

À l'étape précédente, Python a été utilisé pour créer les pièces non placées en utilisant trois paramètres de base : le nom, le numéro et la phase. Dans notre fichier Excel, il y a un paramètre supplémentaire que nous allons introduire, il s'agit de la Surface de programme.

Pour ce faire, nous allons utiliser un nœud appelé `Element.SetParameterByName`. Ce nœud est l'un des nœuds les plus utilisés dans Dynamo car il permet de modifier les valeurs des paramètres des éléments existants dans Revit (fig. 4.19). Il se trouve dans Revit > Elements > Element.

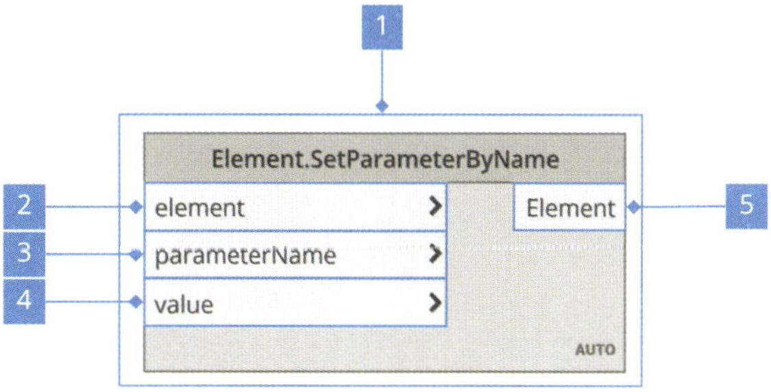

Fig. 4.19

1. Nœud `Element.SetParameterByName`
2. Liste des éléments Revit existants dont vous avez besoin pour modifier leurs paramètres.
3. Nom du ou des paramètres que vous souhaitez modifier.
4. Nouvelles valeurs qui seront modifiées dans les éléments.

7. Après avoir introduit le nœud `Element.SetParameterByName`, continuons à modifier le paramètre de la Surface de programme des pièces. Commencez à partir du script que vous avez créé jusqu'à présent et ajoutez-y le nœud `Element.SetParameterByName` (fig. 4.20 et fig. 4.21).

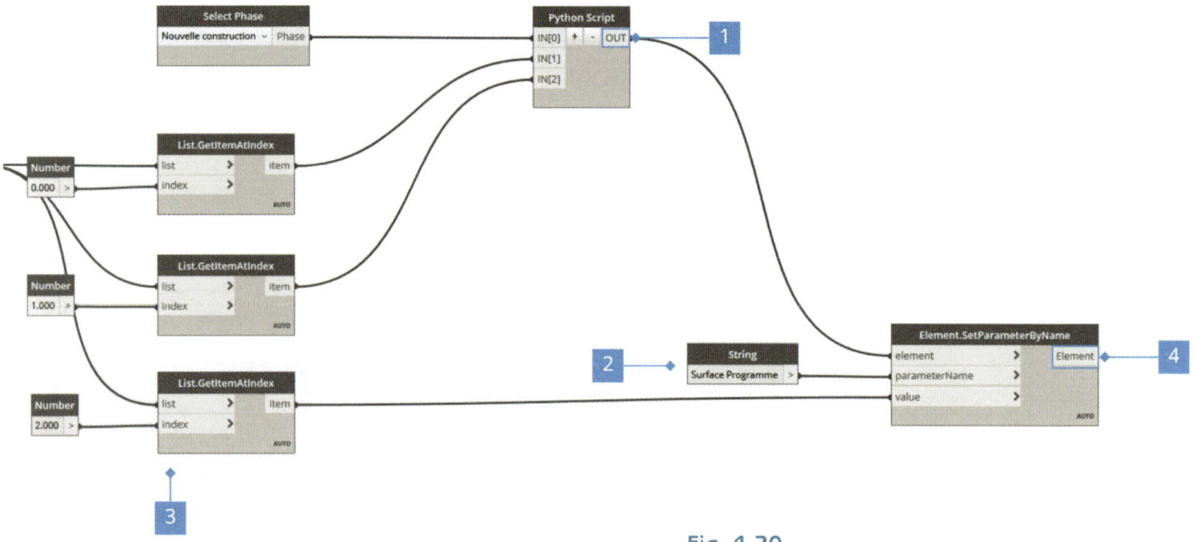

Fig. 4.20

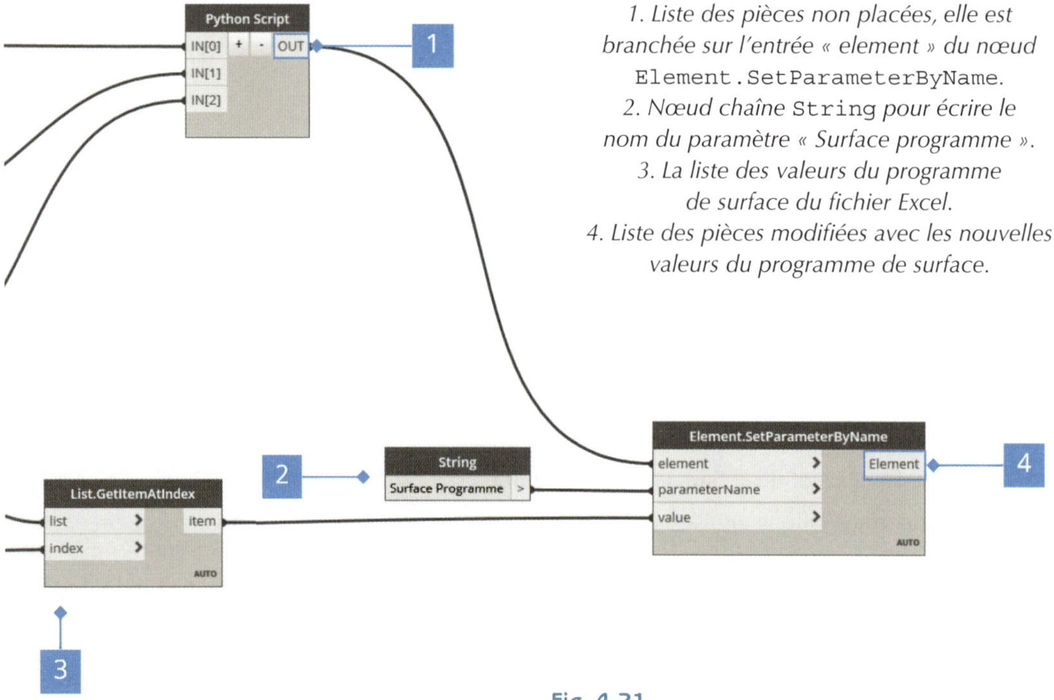

1. Liste des pièces non placées, elle est branchée sur l'entrée « element » du nœud `Element.SetParameterByName`.
2. Nœud chaîne `String` *pour écrire le nom du paramètre « Surface programme ».*
3. La liste des valeurs du programme de surface du fichier Excel.
4. Liste des pièces modifiées avec les nouvelles valeurs du programme de surface.

Fig. 4.21

Le script Dynamo est maintenant terminé (fig. 4.22 à 4.26). Vous avez une liste de pièces non placées remplie avec trois paramètres : le nom, le numéro et une surface du programme de projet requis. Et elles sont prêtes à être placées dans la maquette Revit.

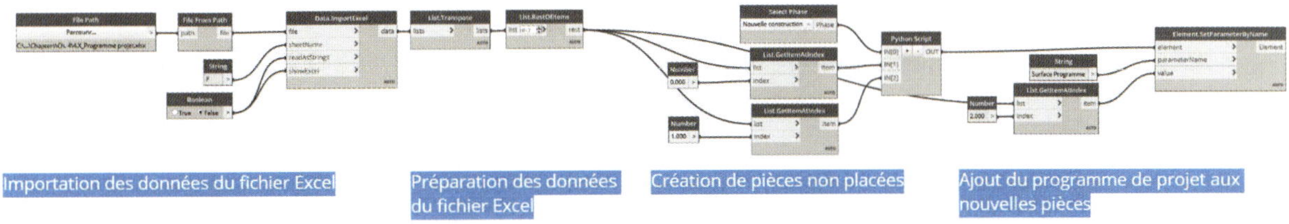

Fig. 4.22

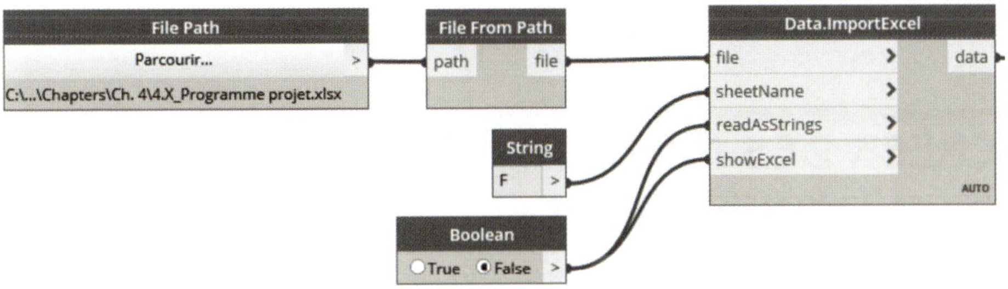

Fig. 4.23

Dans cette étape, nous avons importé le fichier Excel dans l'espace de travail Dynamo

Fig. 4.24

Dans cette étape, nous avons nettoyé un peu les données importées du fichier Excel

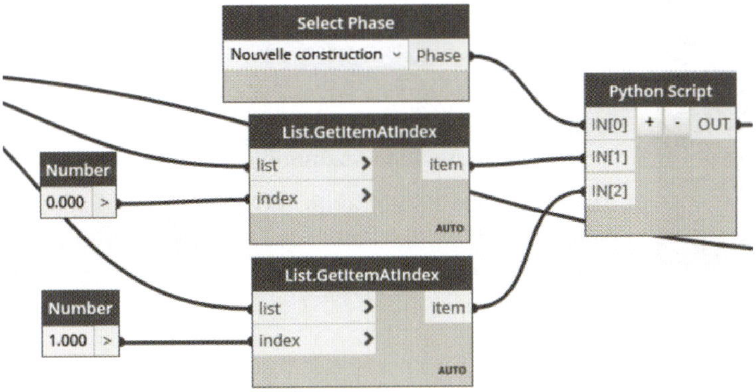

Fig. 4.25

Dans cette étape, nous avons créé des pièces non placées à l'aide d'un code Python personnalisé

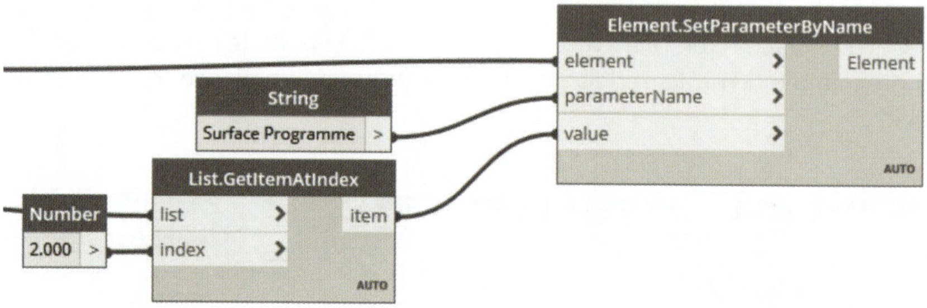

Fig. 4.26
Ajout de données aux pièces non placées : dans cette étape, nous avons ajouté les données du programme Surface aux pièces non placées créées. Pour ce faire, nous avons dû créer un paramètre de projet Revit « Surface programme »

Exercice 4.2 CRÉER DES NIVEAUX À PARTIR D'UN FICHIER EXCEL

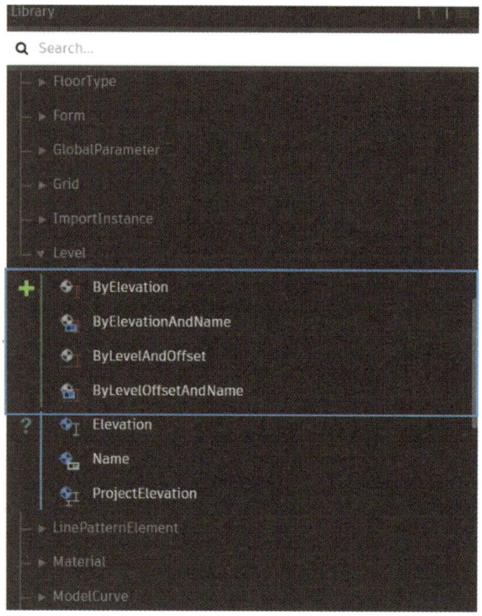

Fig. 4.27

Temps estimé : 10 min

Difficulté : ***

Document : les fichiers correspondants à cet exercice sont disponibles (aux formats Dynamo 2.0.3 et Excel) dans le contenu qui accompagne cet ouvrage, ils sont nommés **CH04_EX02_2.0.3_Creation des niveaux depuis Excel.dyn** et **CH04_EX02_2.0.3_Creation des niveaux depuis Excel.xlsx**.

Prérequis : aucun.

Objectif : apprendre comment utiliser Dynamo pour la création des niveaux dans Revit à partir d'un fichier Excel.

Comme vous l'avez vu dans les exercices précédents, la première chose à laquelle vous devez penser lorsque vous travaillez dans Dynamo pour Revit, ce sont les paramètres associés à l'élément que vous souhaitez modifier ou que vous souhaitez créer.

Pour les pièces, il y avait trois paramètres principaux (voir exercice 4.1). Pour créer des niveaux *via* Dynamo, il existe 4 nœuds accessibles depuis Revit > Elements > Level (fig. 4.27).

Le choix du nœud dépendra du besoin dans le script (fig. 4.28) :

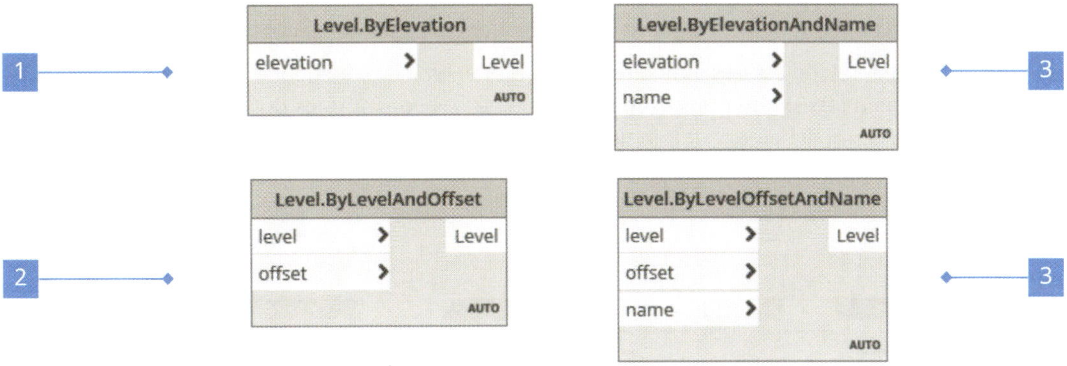

Fig. 4.28

1. `Level.ByElevation` : ce nœud permet de créer des niveaux Revit en utilisant uniquement la hauteur du niveau. Les noms des niveaux seront générés automatiquement.
2. `Level.ByLevelAndOffset` : ce nœud permet de créer des niveaux Revit en utilisant une distance de décalage par rapport à un autre niveau existant dans la maquette Revit.
3. `Level.ByElevationAndName` : ce nœud (comme `Level.ByElevation`) permet de créer des niveaux Revit en utilisant la hauteur et un nom spécifique.
4. `Level.ByLevelOffsetAndName` : ce nœud (similaire au 2e nœud) permet de créer des niveaux Revit en utilisant un niveau Revit existant, une valeur de décalage et un nom spécifique.

> Chacun de ces nœuds nécessite un nombre spécifique d'entrées (fig. 4.28).

Pour la suite de cet exercice, nous utiliserons `Level.ByElevationAndName` car il ne nécessite aucun niveau existant dans la maquette Revit ; il nécessite cependant une liste de noms et une liste de hauteurs de niveau.

Préparation du fichier Excel

Le fichier Excel contient deux colonnes principales (fig. 4.29), chaque ligne sera utilisée pour créer un niveau Revit et chaque colonne sera utilisée pour remplir les paramètres des niveaux.

	A	B
1	Nom de niveau	altimétrie
2	RDC	0
3	R+1	4
4	R+2	8
5	R+3	12
6	R+4	16
7	R+5	20
8	R+6	24
9	R+7	28
10	R+8	32
11	R+9	36
12	R+10	40

Fig. 4.29
1. Les titres de la liste des niveaux de fichiers Excel. 2. Les deux colonnes de noms et de hauteurs des niveaux.

Création de niveaux

Pour commencer, ouvrir le script Dynamo fourni avec l'ouvrage ; dans le nœud `File Path`, cliquez sur Parcourir pour sélectionner le fichier Excel associé à cet exercice.

Cette étape est très similaire à celle de l'exercice précédent (fig. 4.30). La seule différence ici est que nous avons choisi de ne pas convertir les données d'Excel en valeurs `String` (chaîne), simplement parce que nous avons des données numériques (les hauteurs des niveaux).

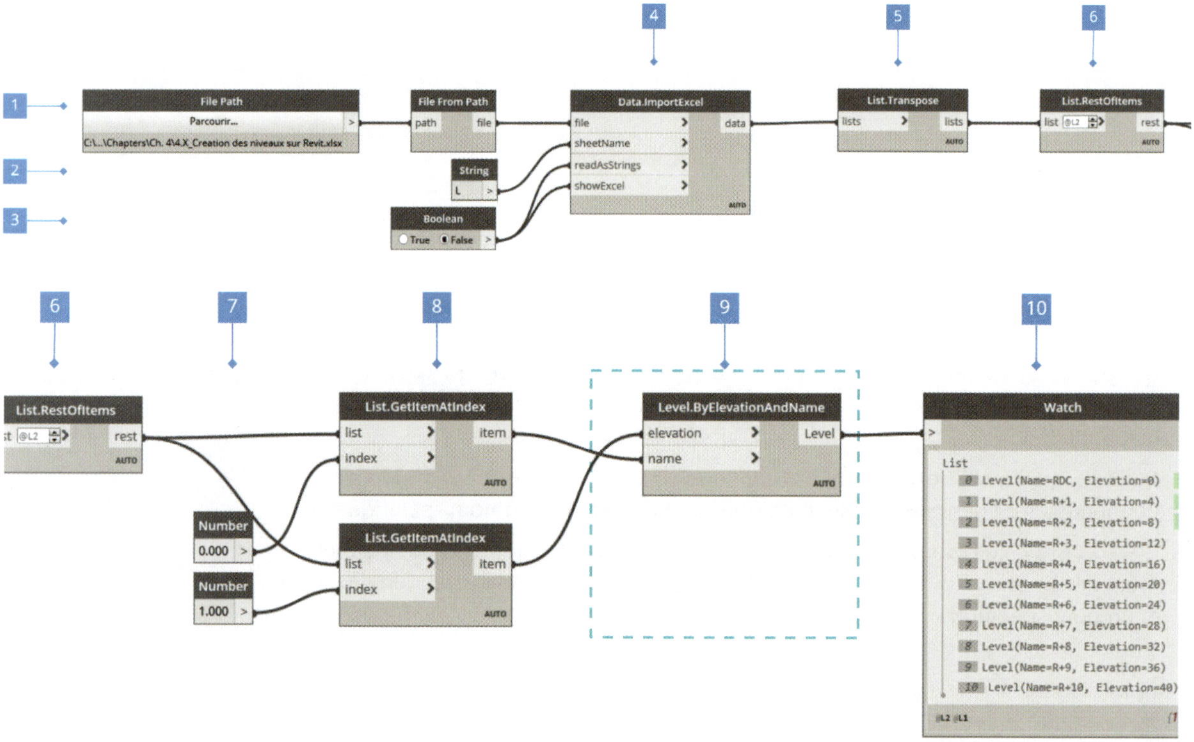

Fig. 4.30

1. `File Path` : ce nœud indique le chemin du fichier Excel. `File From Path` : spécifie le fichier Excel des niveaux à partir du chemin choisi.

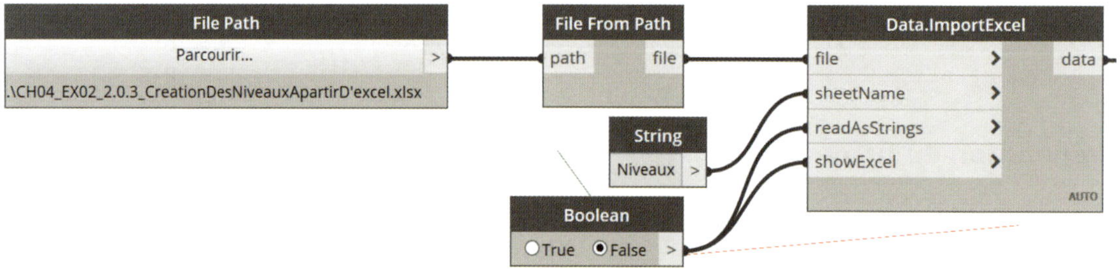

Fig. 4.31

2. `String` : ce nœud de chaîne spécifie le nom de la feuille dans le fichier Excel qui contient les données que vous souhaitez importer dans Dynamo.
3. `Boolean` : ce nœud donne une option True ou False. Vous devez utiliser la valeur False pour éviter de convertir les données Excel en valeurs String et également pour éviter d'afficher le fichier Excel lorsque vous travaillez dans Dynamo. Vous remarquerez également que vous pouvez utiliser un nœud Dynamo comme entrée pour plusieurs nœuds.
4. `Data.ImportExcel` : c'est le nœud principal permettant d'importer les données du fichier Excel.

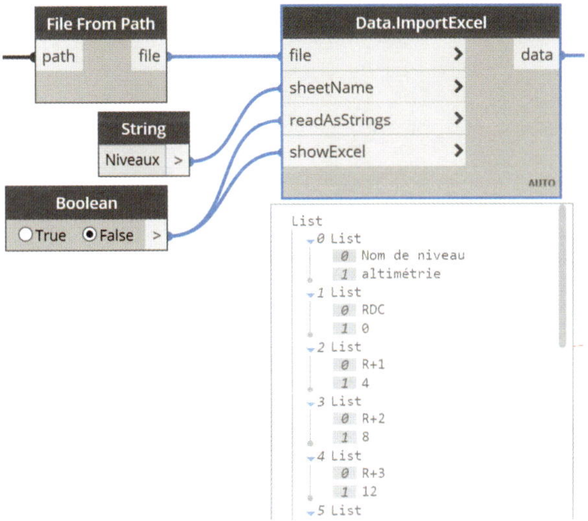

Fig. 4.32

5. `List.Transpose` : ce nœud permet d'adapter les données du fichier Excel afin qu'elles soient compatibles avec l'ordre des données dans Revit.

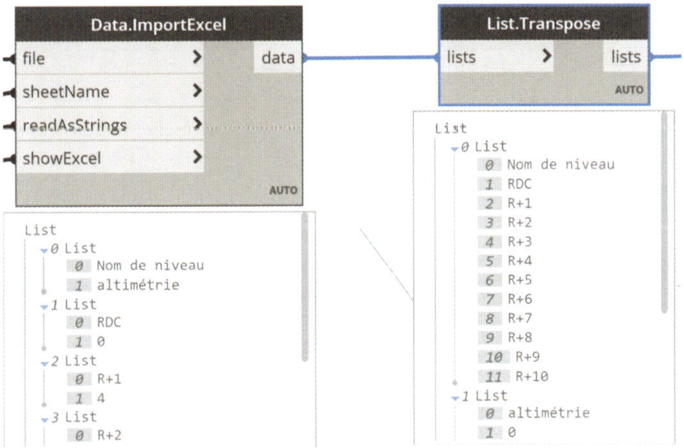

Fig. 4.33

6. `List.RestOfItems` : ce nœud consiste à supprimer l'en-tête des colonnes du fichier Excel.

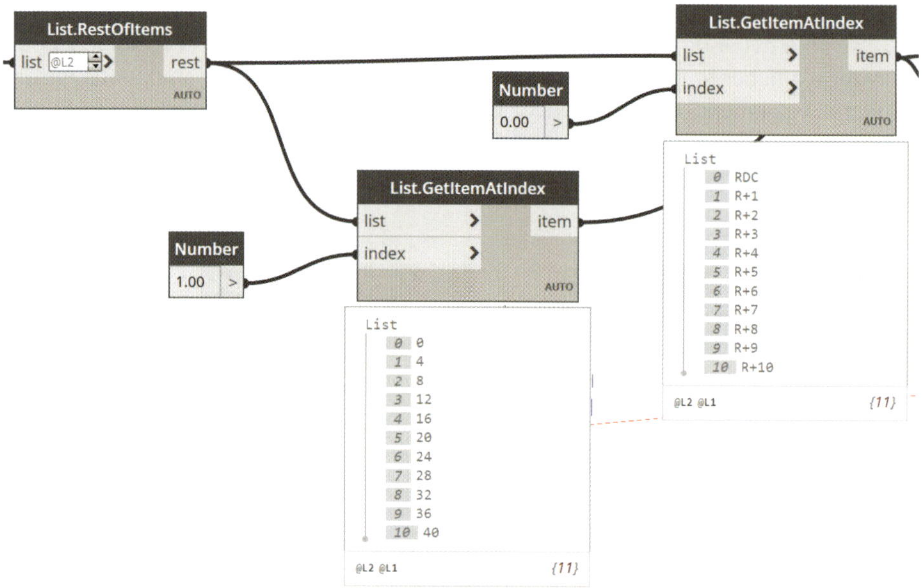

Fig. 4.34

7. `Number` : ce nœud spécifie l'Index des valeurs que vous souhaitez sélectionner dans la liste de listes précédente (à partir de la 6e étape fig. 4.33).
8. `List.GetItemAtIndex` : ce nœud permet d'obtenir une liste spécifique à partir de la liste de listes en utilisant l'index de cette liste.
9. `Level.ByElevationAndName` : ce nœud est utilisé pour créer des niveaux Revit en utilisent la valeur d'élévation et du nom de chaque niveau.

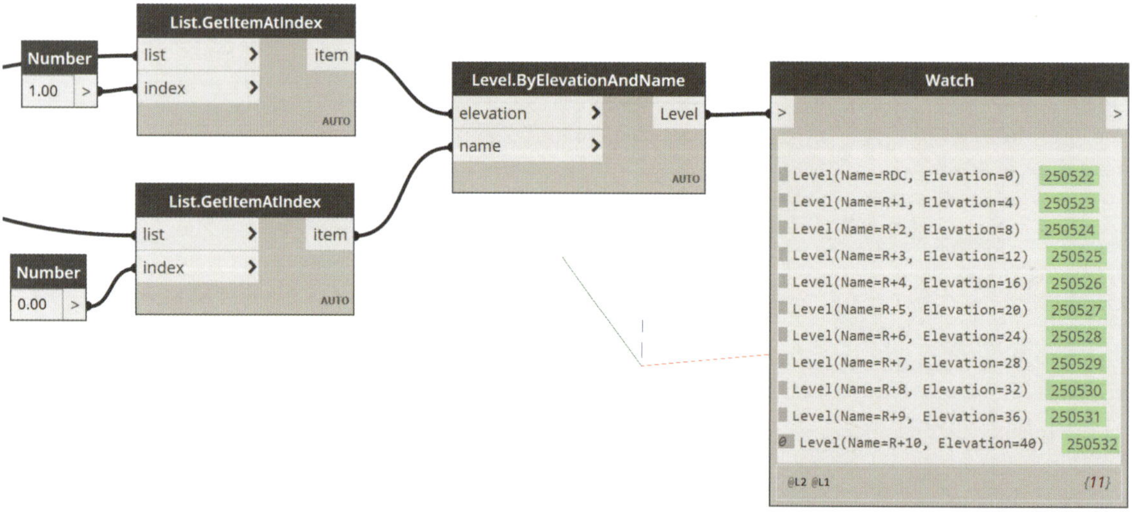

Fig. 4.35

10. `Watch` : enfin, ce nœud vous permet d'étendre la liste précédente dans une vue séparée pour mieux voir ce qu'elle contient. Comme vous pouvez le remarquer (fig. 4.35), le nœud `Watch` affiche une liste d'éléments, à côté, il y aura une liste verte d'ID, ce qui signifie que les niveaux sont créés avec succès dans la maquette Revit.

    Afin de vous assurer que les niveaux sont visibles dans la maquette Revit, vous pouvez soit créer une nomenclature pour voir les niveaux, soit simplement ouvrir une élévation, une coupe ou une vue 3D (fig. 4.36).

<Nomenclature des niveaux>

A	B
Nom	Elévation
RDC	0.00
R+1	4.00
R+2	8.00
R+3	12.00
R+4	16.00
R+5	20.00
R+6	24.00
R+7	28.00
R+8	32.00
R+9	36.00
R+10	40.00

Fig. 4.36

RECHERCHER DES ÉLÉMENTS REVIT DEPUIS EXCEL

Exercice 4.3

Temps estimé : 10 min

Difficulté : *

Document : pour cet exemple, nous utiliserons un fichier Excel pré-exporté qui contient une liste d'identifiants de pièce. Les fichiers correspondant à cet exercice sont disponibles (aux formats Dynamo 2.0.3 et Excel) dans le contenu qui accompagne cet ouvrage, ils sont nommés **CH04_EX03_2.0.3_Rechercher des éléments avec des Identifiants.dyn** et **CH04_EX03_2.0.3_Rechercher des éléments avec des Identifiants.xlsx**.

Prérequis : le package Archi-lab doit être installé.

Objectif : trouver des éléments dans une maquette Revit en utilisant leurs identifiants.

Cette manipulation est utile si vous disposez d'une liste des identifiants d'éléments disponibles (par exemple, dans un format de fichier Excel). Cette liste peut être extraite d'un rapport de détection de conflits ou d'un fichier journal des éléments manquants. L'application de cette méthode est ouverte selon vos besoins.

L'objectif de cet exercice est de trouver des pièces dans une maquette Revit à l'aide de la liste d'informations présentée sur la figure qui sont les identifiants des pièces 4.37.

A
ID Piece
857191
857194
857197
857200
857203
857206
857209
857279
857292
857346
857545
857552
906922
940325

Fig. 4.37

Le script final sera similaire à celui présenté sur la figure 4.38 :

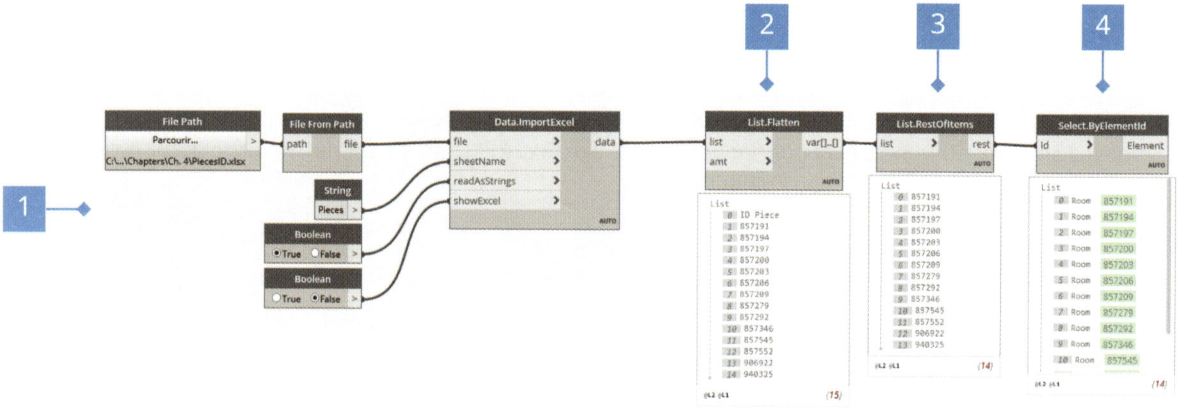

Fig. 4.38

1. Importation du fichier Excel, ici nous avons indiqué que `ReadAsStrings` serait True avec un nœud `Boolean` (fig. 4.39).

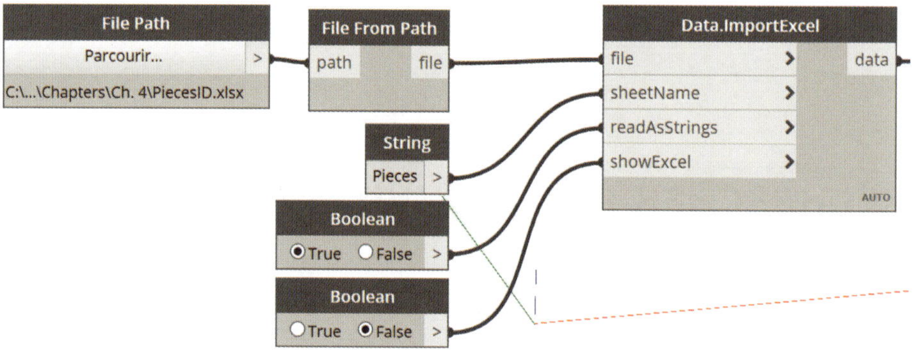

Fig. 4.39

2. `List.Flatten` : ce nœud envoie la liste la sortie du nœud `Data.Import Excel` (en rouge) aplatie. Le nœud `Data.ImportExcel` contient 15 sous-listes. Notre objectif est d'obtenir une seule liste contenant 15 valeurs. Cet objectif a été atteint en utilisant le nœud `List.Flatten` (fig. 4.40).

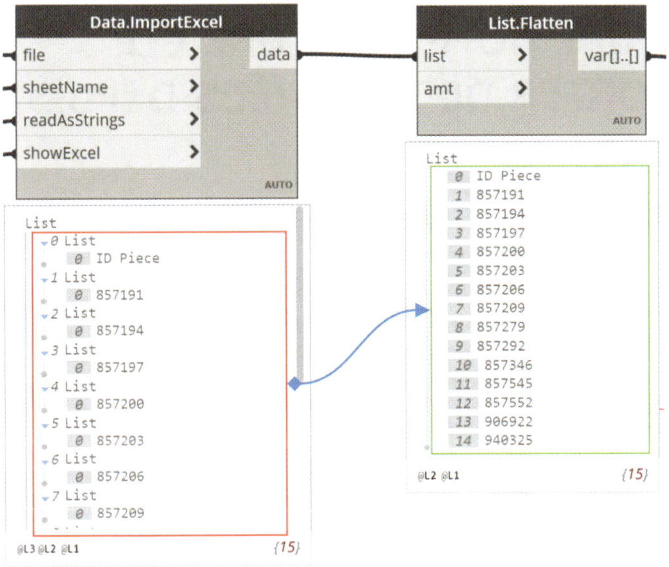

Fig. 4.40

3. `List.RestOfItems` : ce nœud supprimera le premier élément d'une liste (en rouge, fig. 4.41) et renverra les éléments restants (en vert, fig. 4.41) dans une nouvelle liste. Dans l'exemple, nous devons supprimer l'en-tête de la colonne Excel.

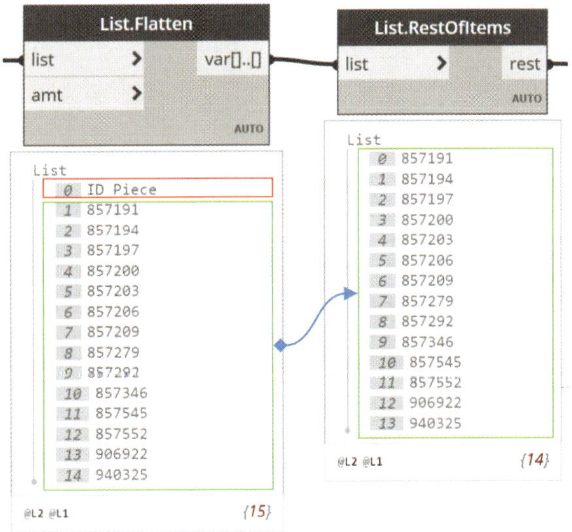

Fig. 4.41

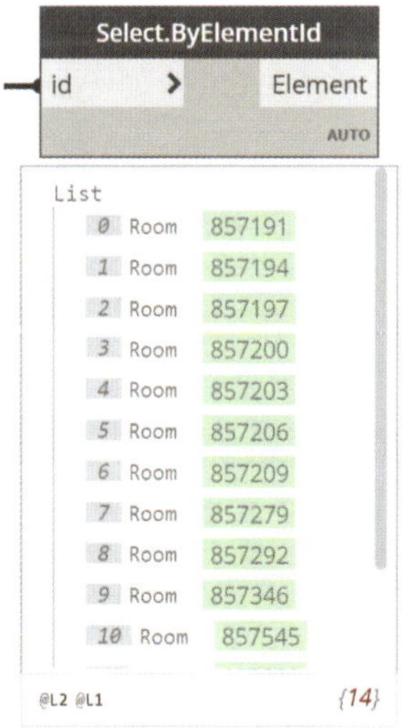

Fig. 4.42

4. `Select.ByElementId` : c'est un nœud du package personnalisé Archi-lab. Il vous permet d'utiliser la liste des ID (au format chaîne) comme entrée et la sortie sera la liste des éléments correspondants dans le modèle Revit (fig. 4.42).

Exercice 4.4 CRÉER UNE NOMENCLATURE CLÉ ET IMPORTER DES DONNÉES DEPUIS EXCEL

Temps estimé : 10 min

Difficulté : **

Document : les fichiers correspondant à cet exercice sont disponibles (aux formats Dynamo 2.0.3, Revit 2019 et Excel) dans le contenu qui accompagne cet ouvrage, ils sont nommés **CH04_EX4_2.0.3_Creation d'un table de valeurs a partir d'excel.dyn**, **CH04_EX4_2.0.3_Creation d'un table de valeurs a partir d'excel.rvt** et **CH04_EX4_2.0.3_Creation d'un table de valeurs a partir d'excel.xlsx**.

Prérequis : le package Archi-lab doit être installé.

Objectif : définir et utiliser des clés pour automatiser l'ajout d'informations de nomenclatures de valeurs cohérent.

Les nomenclatures clés peuvent comprendre plusieurs items ayant les mêmes caractéristiques. Par exemple, une nomenclature de pièce peut avoir 100 pièces avec les mêmes finitions de plancher, de plafond et de base. Plutôt que de saisir manuellement toutes ces informations pour les 100 pièces du programme, vous pouvez définir des clés qui remplissent automatiquement les informations.

Les clés sont définies à l'aide de nomenclatures clés. Elles ressemblent beaucoup aux nomenclatures de composants sauf qu'elles sont définies selon vos spécifications. Lorsque vous créez une clé, elle est répertoriée en tant que propriété d'occurrence pour l'élément. Lorsque vous appliquez une valeur à la clé, les attributs de la clé sont appliqués à l'élément (fig. 4.43).

Exemple d'une nomenclature des clés

<Nomenclature des styles de pièces>

A	B	C	D
Nom de la clé	Finition du mur	Finition du plafond	Finition du sol
Chambre	peinture banche	BA 13 prépeint blanc	Linoléum
Circulation	peinture banche	Dalle 60 x 60 acoustique	Linoléum
Salle de bain	Faience noire	Dalle 60 x 60 hygiène	carrelage

Fig. 4.43

Dans cet exercice, nous utiliserons cette technique de nomenclature de clés pour appliquer des styles de pièce prédéfinis à partir d'un fichier Excel aux pièces d'un modèle Revit.

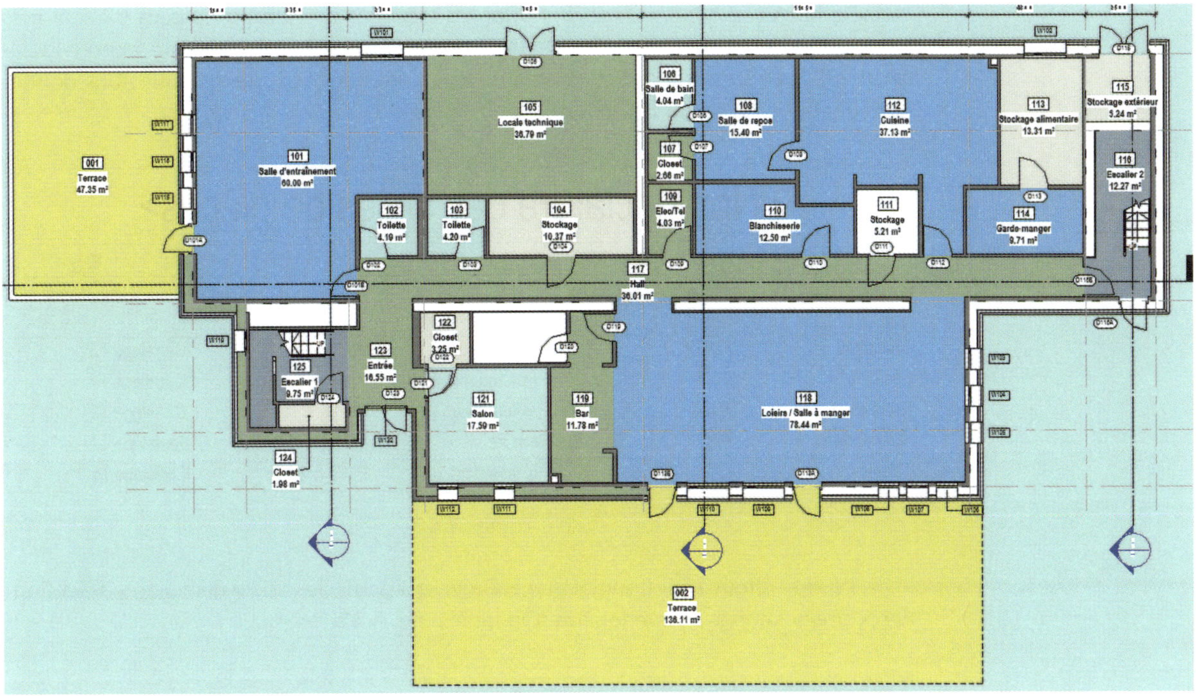

Fig. 4.44

Le fichier Excel (disponible dans les téléchargements) contient 5 styles de pièces. Le plus important est que la première colonne (Nom de la clé) ne contienne que des valeurs uniques (chaque ligne correspond à un seul style de pièce).

	A	B	C	D	E
1	**Nom de la clé**	**Finition de la base**	**Finition du mur**	**Finition du plafond**	**Finition du sol**
2	Stockages	FIN1	Peinture blanc	PLF1	Carrelage T1
3	Espaces	FIN2	Peinture bleu	PLF2	Carrelage T2
4	Chambres	FIN3	Peinture rouge	PLF3	Carrelage T3
5	Escaliers	FIN4	Peinture orange	PLF4	Carrelage T4
6	Terraces	FIN5	Peinture noire	PLF5	Carrelage T5

Fig. 4.45

Nous utiliserons Dynamo pour importer les données de styles de pièces d'Excel vers Revit, après l'exécution du script Dynamo, ces valeurs seront créées dans la nomenclature de clés et pourront éventuellement être appliquées aux pièces pour nous donner le résultat obtenu sur la figure 4.46.

<Nomenclature des styles de pièces>

A	B	C	D	E
Nom de la clé	Finition de la base	Finition du mur	Finition du plafond	Finition du sol
Chambres	FIN3	Peinture rouge	PLF3	Carrelage T3
Escaliers	FIN4	Peinture orange	PLF4	Carrelage T4
Espaces	FIN2	Peinture bleu	PLF2	Carrelage T2
Stockages	FIN1	Peinture	PLF1	Carrelage T1
Terraces	FIN5	Peinture noire	PLF5	Carrelage T5

Fig. 4.46

Dans l'ordre, cliquez sur l'onglet Vue > Créer et à partir de la liste déroulante sélectionner Nomenclatures, Nomenclature/Quantités (fig. 4.47).

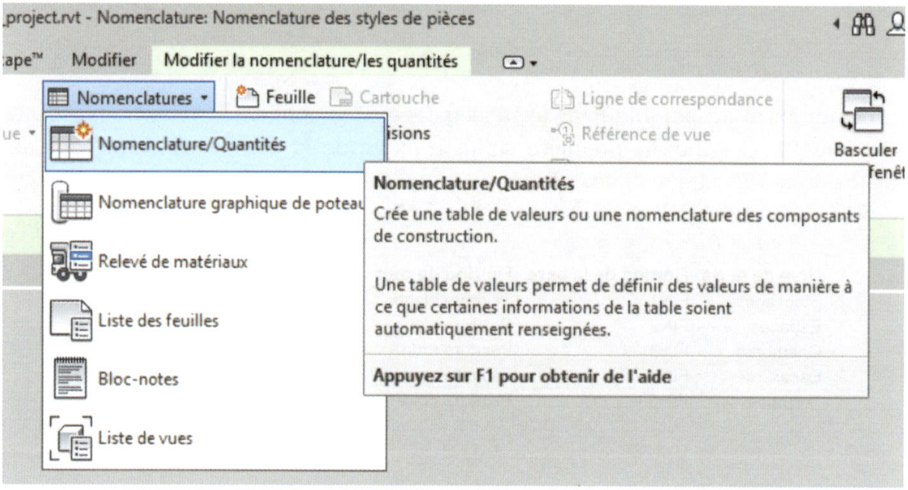

Fig. 4.47

Dans la boîte de dialogue Nouvelle nomenclature, choisissez la catégorie d'éléments pour laquelle vous créez une nomenclature de clés, pour cet exercice, choisissez Pièces.

Sélectionnez Création d'une table de valeurs.

Revit renseigne automatiquement le champ Nom de la table. Il s'agit du nom qui figure parmi les propriétés d'occurrence de l'élément (de la pièce dans notre cas). Si vous le souhaitez, tapez un nouveau nom.

Cliquez sur OK (fig. 4.48).

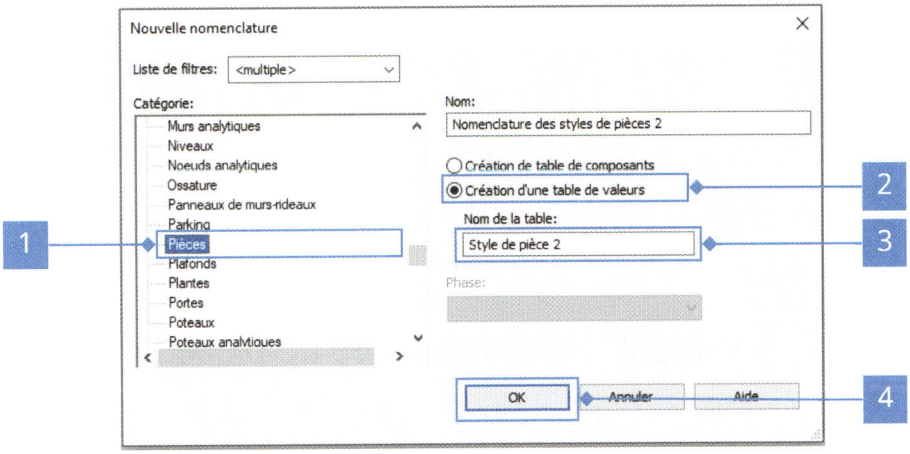

Fig. 4.48

Dans la boîte de dialogue Propriétés de la nomenclature, ajoutez les champs prédéfinis pour le style. Ici nous allons ajouter les paramètres qui correspondent aux colonnes du fichier Excel. Ajoutez, Finition de la base, Finition du mur, Finition du plafond, et Finition du sol (fig. 4.49).

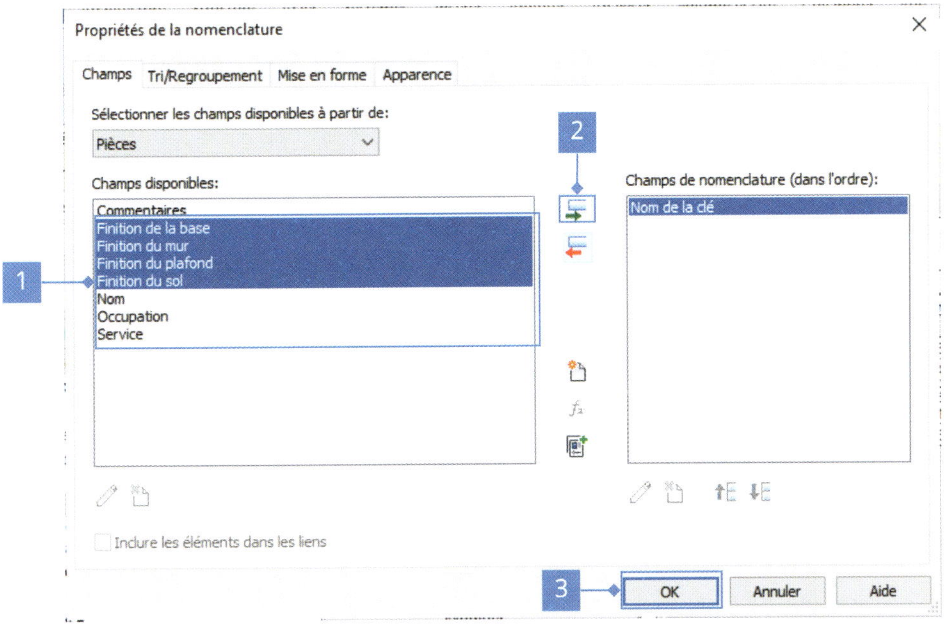

Fig. 4.49

> **!**
>
> Vous ne pouvez pas utiliser des paramètres partagés dans une nomenclature de clés. Cependant, vous pouvez créer des paramètres de projet.

La nomenclature des clés s'affiche (fig. 4.50). Vous remarquerez que la nomenclature est encore vide alors qu'il y a déjà des pièces dans le fichier Revit, c'est normal. Nous allons maintenant importer les données du fichier Excel et remplir la nouvelle nomenclature.

<Nomenclature des styles de pièces>				
A	B	C	D	E
Nom de la clé	Finition de la base	Finition du mur	Finition du plafond	Finition du sol

Fig. 4.50

Ouvrez Dynamo, ensuite ouvrez le script fourni dans cet exercice. (Fig. 4.51).

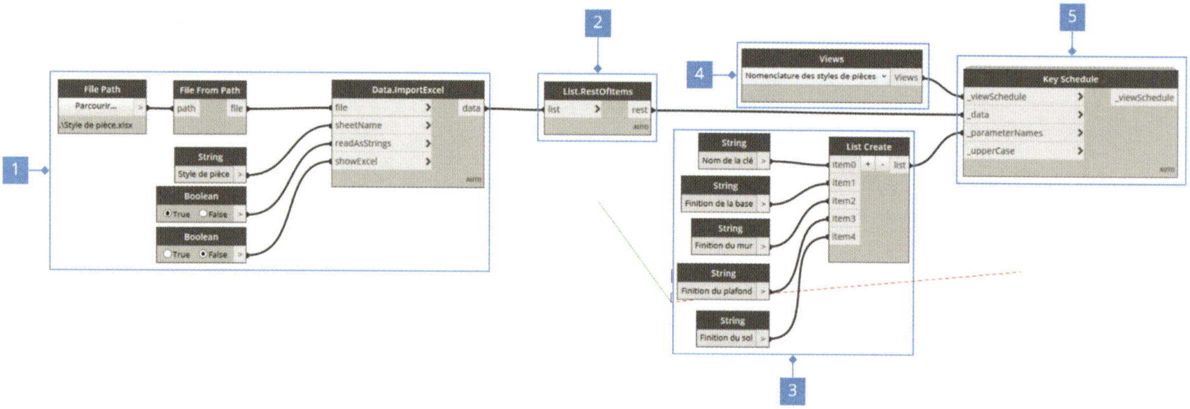

Fig. 4.51

1. Importation du fichier Excel : cette étape est identique dans tous les exemples précédents ; nous devons d'abord importer le contenu du fichier Excel.

   Cliquez sur Parcourir dans le nœud `File Path` et sélectionnez le fichier Excel fourni avec cet exercice. En utilisant le nœud `File From Path`, nous aurons ensuite le contenu du fichier Excel prêt à être utilisé. Notez que l'entrée sheetName dans le nœud `Data.ImportExcel` doit être la même que dans l'onglet du fichier Excel qui contient les données à importer (fig. 4.52).

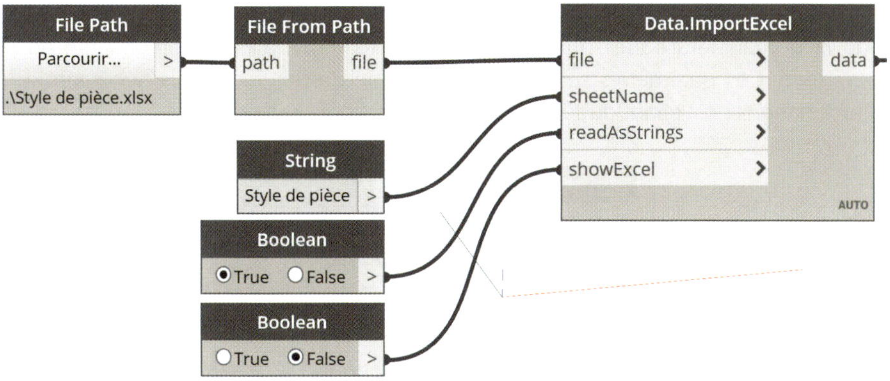

Fig. 4.52

2. `List.RestOfItems` : nous devons supprimer les en-têtes du fichier Excel (en rouge, fig. 4.53) ; nous allons donc utiliser ce nœud qui nous permet de supprimer le premier élément du contenu de la liste d'entrée.

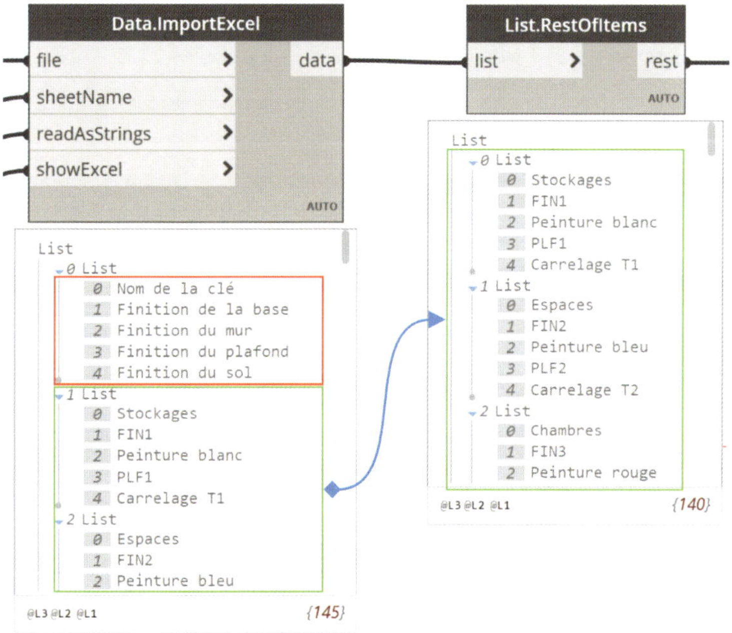

Fig. 4.53

3. Ce sont les paramètres Revit (fig. 4.54) : nous devons écrire les noms des paramètres de la nomenclature clés que nous avons créés dans la partie précédente de cet exemple. Ces paramètres seront utilisés comme destination où ils hébergeront les informations provenant du fichier Excel.

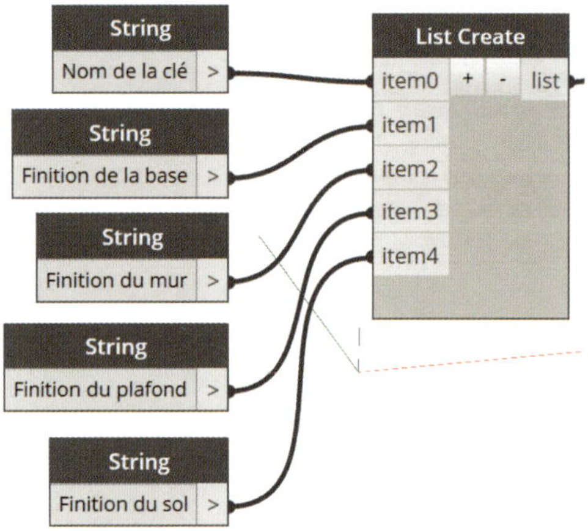

Fig. 4.54

Il est très important que les noms des paramètres dans Dynamo soient exactement les mêmes que ceux des paramètres de la nomenclature Revit. Pour ce faire, nous utilisons une combinaison de nœuds `String` et `List.Create` pour créer la liste de paramètres.

4. `Views` (fig. 4.55) : ce nœud contient un menu déroulant avec toutes les vues disponibles dans un document Revit. Pour cette partie de l'exercice, nous devons choisir le nom de la nomenclature que nous avons créée dans la partie précédente de cet exemple.

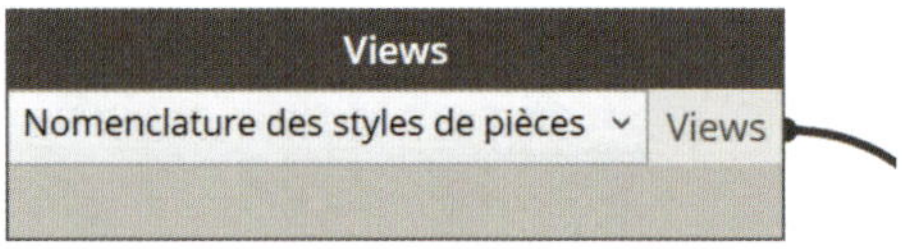

Fig. 4.55

5. `Key Schedule` : ce nœud ne créera pas de nomenclature clé, rappelez-vous que nous avons déjà créé la nomenclature précédemment. Ce nœud prendra une nomenclature de clé créée dans Revit et ajoutera des lignes en fonction du nombre de données dans l'entrée de données.

   Il prendra alors les données fournies et remplira les paramètres pour chaque ligne.

Dans les nomenclatures clés, chaque ligne est un élément dans la base de données Revit (comme une occurrence d'une famille). Chaque élément a alors autant de paramètres qui lui sont assignés qu'il y a de paramètres (colonnes) dans la nomenclature. Chaque nomenclature de clé est construite par défaut avec un paramètre de « Nom de clé » déjà chargé et ajouté à chaque nouvelle ligne.

Dans la figure 4.56, nous avons connecté la nomenclature des clés à l'entrée _viewSchedule, la liste des données d'Excel à l'entrée _data et la liste des paramètres à l'entrée _parameterNames.

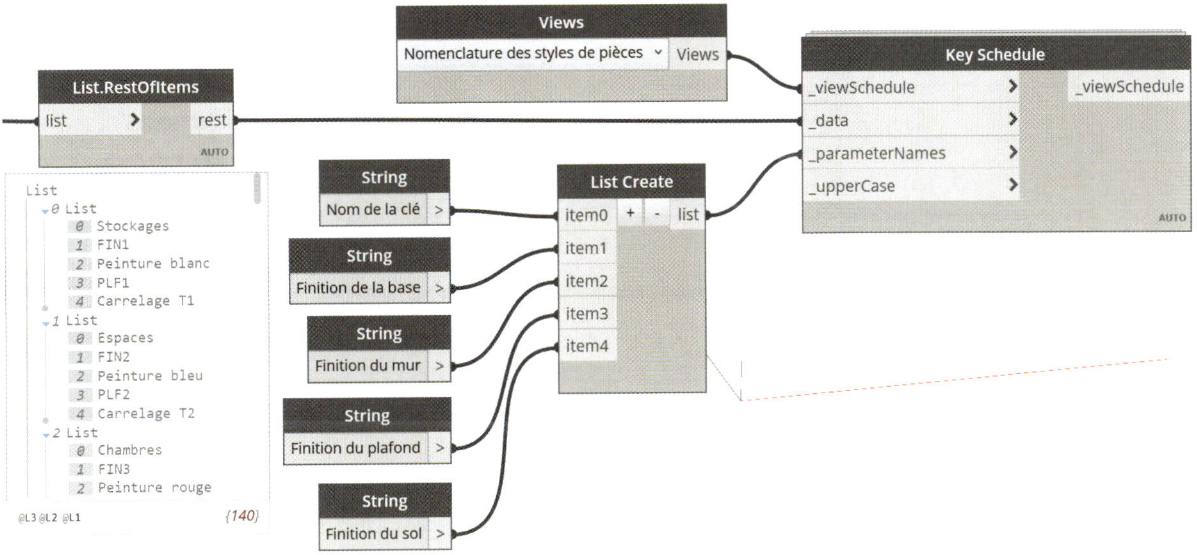

Fig. 4.56

Après avoir exécuté le script, le résultat final de cet exercice sera une nomenclature clé qui comprend les données importées du fichier Excel (fig. 4.57).

<Nomenclature des styles de pièces>

A	B	C	D	E
Nom de la clé	Finition de la base	Finition du mur	Finition du plafond	Finition du sol
Chambres	FIN3	Peinture rouge	PLF3	Carrelage T3
Escaliers	FIN4	Peinture orange	PLF4	Carrelage T4
Espaces	FIN2	Peinture bleu	PLF2	Carrelage T2
Stockages	FIN1	Peinture	PLF1	Carrelage T1
Terraces	FIN5	Peinture noire	PLF5	Carrelage T5

Fig. 4.57

Enfin, pour appliquer ces informations aux pièces, vous pouvez ouvrir une vue Revit (❶, fig. 4.58), sélectionner l'une des pièces dessinées et modifier le paramètre Style de pièce dans la liste des propriétés (❷, fig. 4.58).

Fig. 4.58

5. Exporter des données depuis Revit vers Excel

Dans la partie précédente de ce chapitre, vous avez appris à importer des données d'Excel vers Revit.

Mais Dynamo peut être utilisé également pour extraire toutes les données du modèle Revit dans plusieurs formats. Dans cette partie du chapitre, vous apprendrez à extraire les données Revit au format Excel.

Le nœud `Data.ExportExcel` permet d'exporter des données de Revit et/ou de Dynamo vers un fichier Excel. Vous devrez fournir le chemin entre les données qui seront exportées et le nouveau fichier, en précisant le nom de la feuille dans laquelle les données seront stockées, ainsi que la ligne et la colonne de départ. Ce nœud vous donne également la possibilité d'écraser le fichier Excel existant (fig. 4.59).

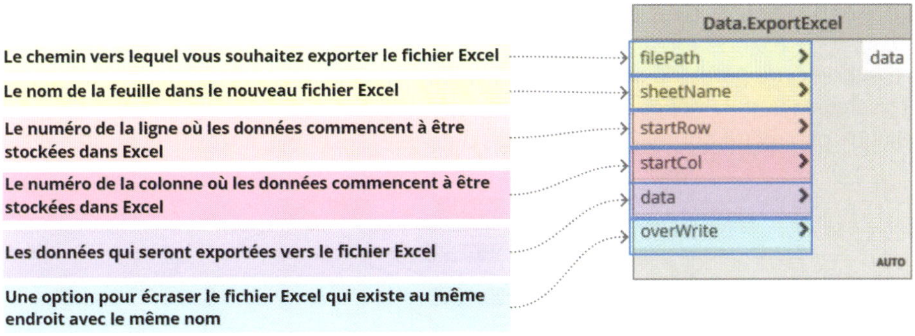

Fig. 4.59

Le nœud `Data.ExportExcel` *permet d'exporter des données Revit/Dynamo vers un fichier Excel*

EXPORTER UNE LISTE DE VUES

Exercice 4.5

Temps estimé : 5 min

Difficulté : ***

Document : les fichiers correspondants à cet exercice sont disponibles (aux formats Dynamo 2.0.3, Revit 2019 et Excel) dans le contenu qui accompagne cet ouvrage, ils sont nommés **CH04_EX05_2.0.3_Exporter des vues Revit vers Excel.dyn**, **CH04_EX05_2.0.3_Exporter des vues Revit vers Excel.rvt** et **CH04_EX05_2.0.3_Exporter des vues Revit vers Excel.xlsx**.

Prérequis : le package Archi-lab doit être installé.

Objectif : exporter tous les noms de vues d'une maquette Revit vers un fichier Excel.

Pour cet exercice, nous allons exporter les vues présentées dans la figure 4.60.

Le script Dynamo se compose de deux parties : la première permet de préparer les données à exporter – dans ce cas, c'est la liste des vues Revit –, la deuxième partie est pour exporter les données vers Excel (fig. 4.61).

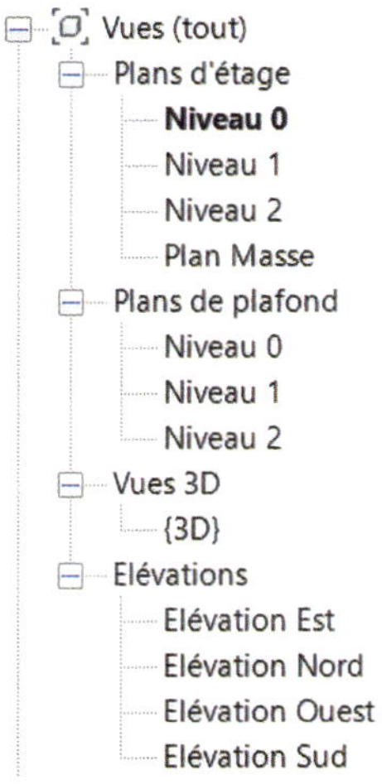

Fig. 4.60

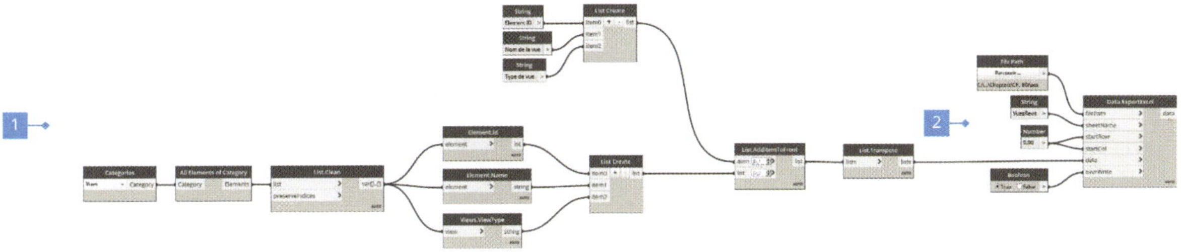

Fig. 4.61
Le script final d'exportation des vues Revit vers Excel

La préparation des données

Le but de cette partie du script est d'obtenir toutes les vues de la maquette Revit avec les valeurs des paramètres des vues et de les regrouper dans une liste avec un titre pour chaque paramètre qui sera exportée vers un fichier Excel (fig. 4.62).

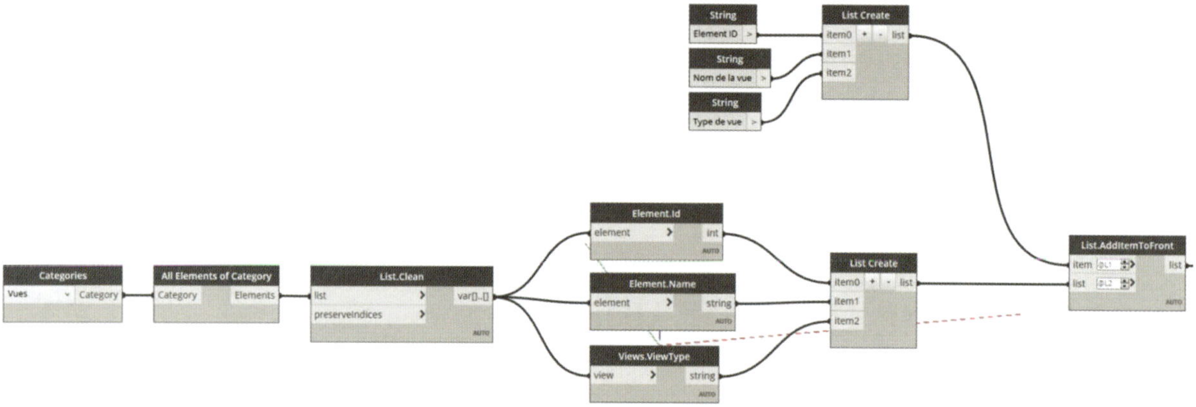

Fig. 4.62
Première partie du script, préparation des données

Pour obtenir toutes les vues de la maquette Revit on peut utiliser deux nœuds :

- `Categories` : ce nœud vous permet d'obtenir une liste des catégories Revit, vous devez choisir Vues dans la liste déroulante (fig. 4.63).

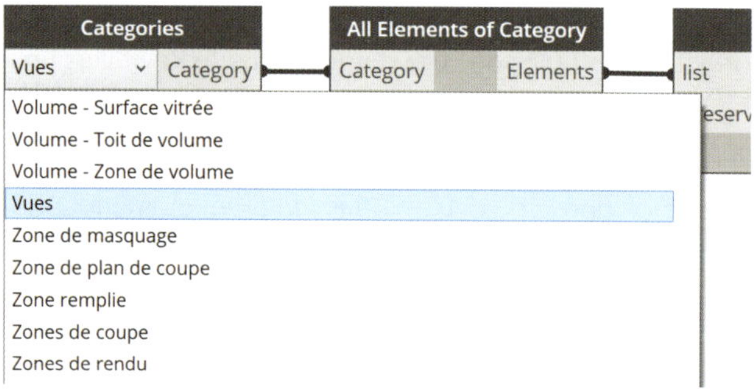

Fig. 4.63

- `All Elements of Category` : ce nœud vous permettra d'obtenir toutes les vues de la maquette Revit ouverte dès qu'il sera connecté au nœud `Categories` (fig. 4.64).

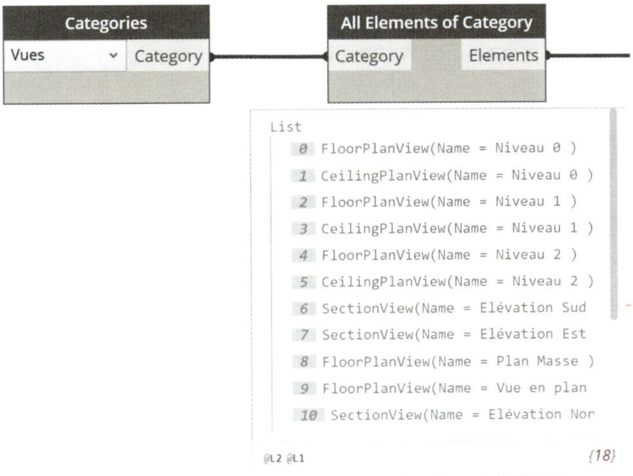

Fig. 4.64

Après avoir obtenu toutes les vues de la maquette, nous devons nettoyer cette liste et supprimer toutes les valeurs Nulls, nous pourrions le faire en utilisant le nœud `List.Clean` (fig. 4.65).

Le nœud `List.Clean` *est utilisé pour nettoyer toutes les valeurs Nulls ou vides dans une liste d'entrées*

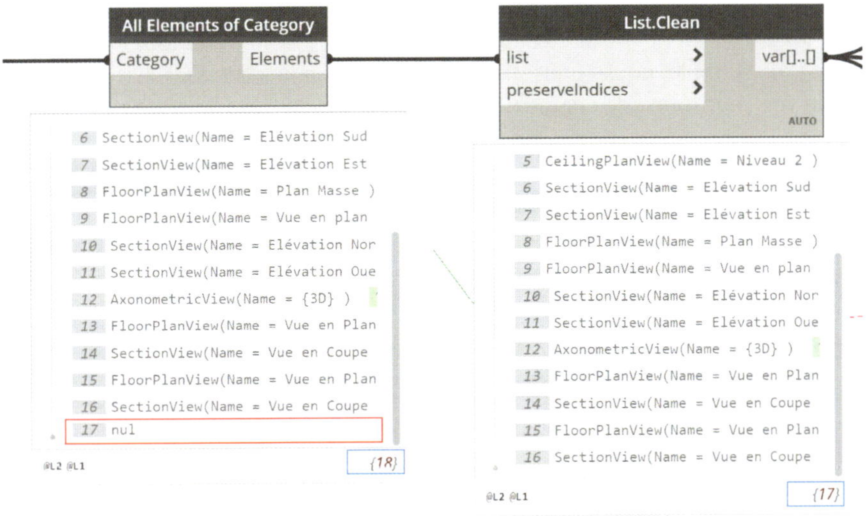

Fig. 4.65

Ensuite, nous devons définir les valeurs des paramètres à exporter. Pour cet exemple, nous obtiendrons trois données :

- **Identifiants** : l'ID est une valeur unique donnée par Revit dès que l'élément est créé dans la maquette, il peut être utile pour localiser facilement la vue dans une maquette Revit.
- **Noms** : le nom de la vue.
- **Types** : le type de la vue (plafond, plan d'étage…).

Pour obtenir ces informations, nous utiliserons les nœuds suivants :

- `Element.Id` : ce nœud renverra l'ID de la vue Revit, un identifiant entier unique (fig. 4.66).

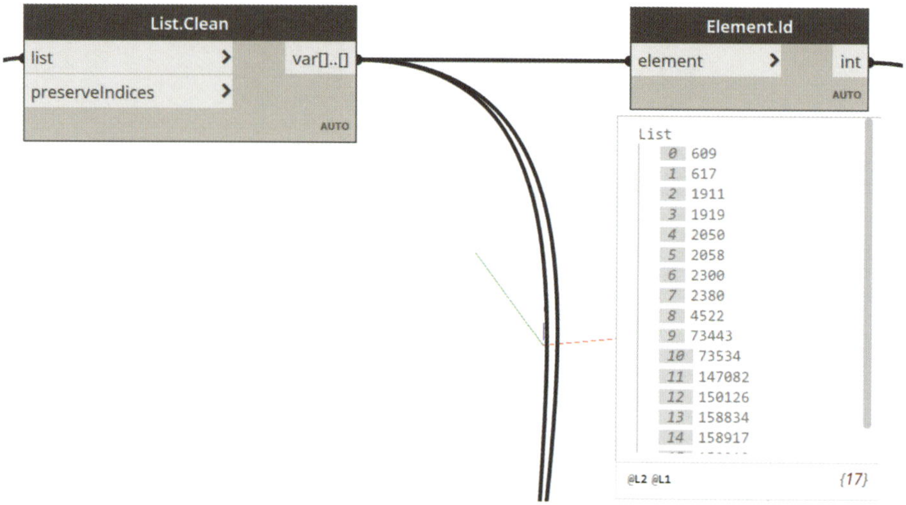

Fig. 4.66

- `Element.Name` : c'est un nœud qui nous indique le nom de tout élément Revit. Dans cet exemple, nous l'utilisons pour obtenir les noms des vues. Il renvoie le nom de la vue sous forme de chaîne (fig. 4.67).

Fig. 4.67

- `Views.ViewType` : il s'agit d'un nœud personnalisé du package Archi-lab. Il obtient le type de la vue (fig. 4.68).

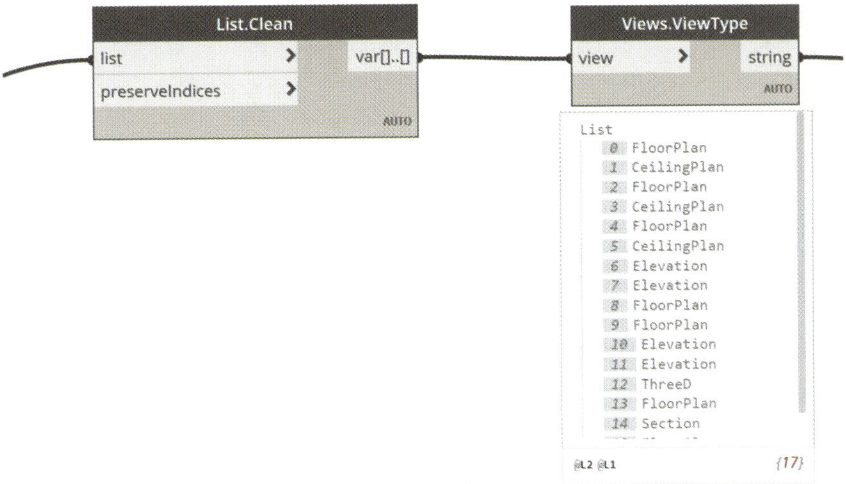

Fig. 4.68

Après avoir obtenu ces données, nous devons les placer dans une liste. Nous utiliserons le nœud `List.Create` qui permet de créer une liste en connectant chaque élément individuel à inclure dans la liste. Utilisez les boutons « + » et « – » pour augmenter ou diminuer le nombre des entrées. Dans l'exemple, nous avons trois listes combinées dans une seule liste (fig. 4.69).

Utilisation du nœud `List.Create` *pour combiner plusieurs listes dans une seule liste*

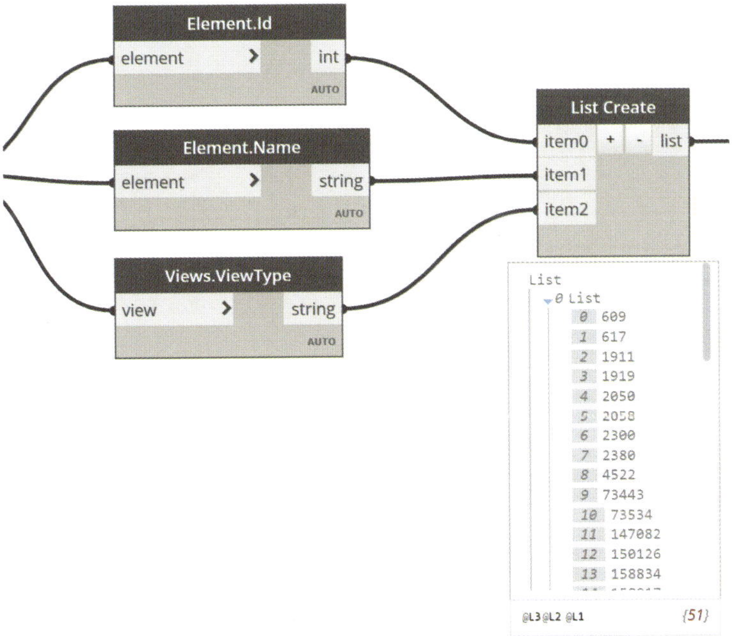

Fig. 4.69

Afin de faciliter la lecture dans le fichier Excel, nous pouvons améliorer notre étape de préparation des données en ajoutant des titres pour chaque valeur de paramètre de l'étape précédente. Ces titres seront les en-têtes du fichier Excel dès son exportation.

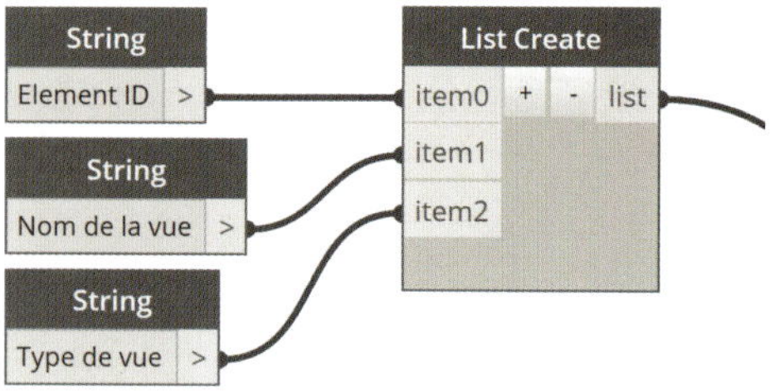

Fig. 4.70
Création d'une liste de chaînes à utiliser pour les en-têtes Excel

Pour ajouter des titres de colonnes, nous utilisons le nœud `String`. Nous avons besoin de créer trois colonnes (donc trois nœuds `String`) puis d'utiliser `List.Create` pour les regrouper dans une liste (fig. 4.70).

Après avoir obtenu toutes les informations nécessaires et préparé les en-têtes des colonnes Excel, nous devons ajouter les titres des colonnes en haut de chaque type de données. Pour ce faire, nous devons utiliser le nœud `List.AddItemToFront`, ce nœud insérera un élément spécifié au début d'une liste donnée. Le nouvel élément aura l'index 0, tandis que les éléments d'origine seront tous décalés d'un index de 1 (fig. 4.71).

Notez que dans cet exemple, nous avons dû changer le niveau de la première entrée (item) pour être @L1 et le niveau de la deuxième entrée (list) pour être @L2 afin de faire correspondre les données correctement.

La raison du changement de niveau est que la première entrée (item) n'a qu'une seule liste avec trois éléments, et la deuxième entrée (list) a 3 listes avec 18 éléments.

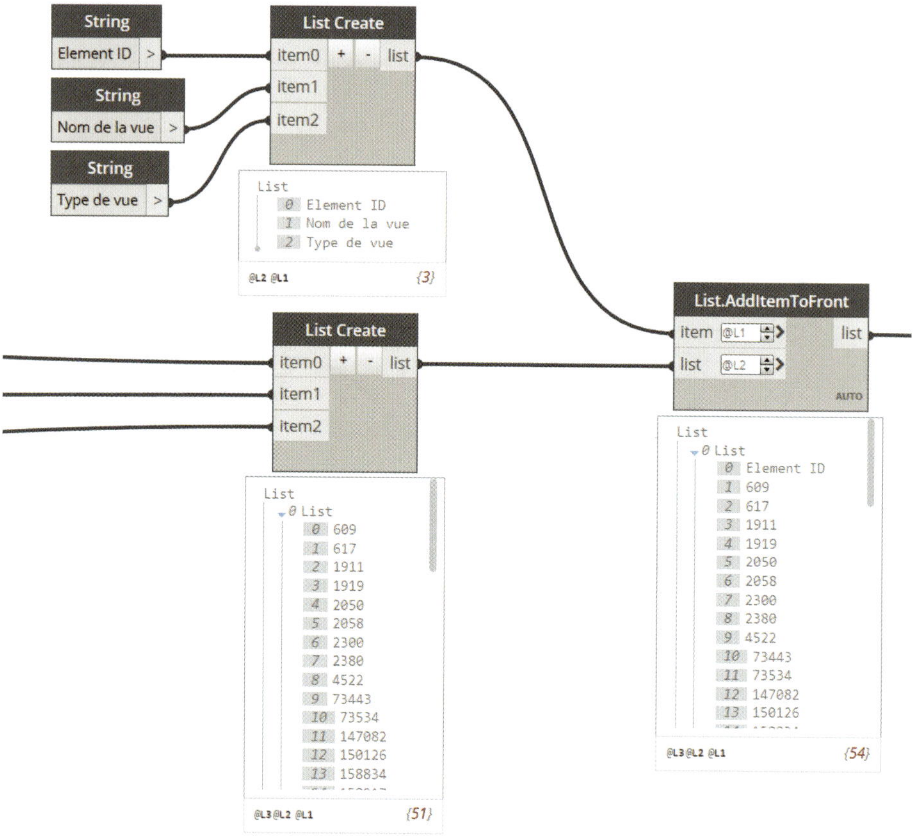

Fig. 4.71

L'exportation des données vers Excel

La deuxième étape consiste à exporter les données vers un fichier Excel, cette étape se compose d'un nœud principal `Data.ExportExcel` et de quelques nœuds supplémentaires pour le rendre prêt à fonctionner (fig. 4.72).

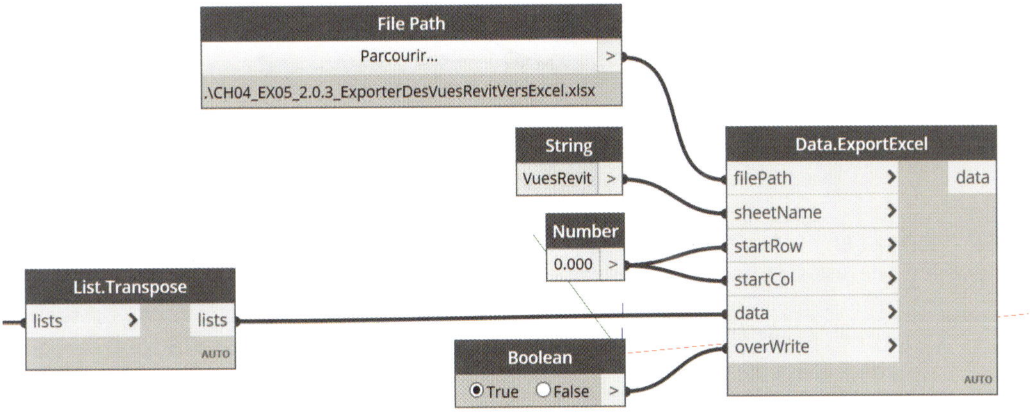

Fig. 4.72

Le nœud `Data.ExportExcel` *est utilisé pour exporter les vues vers un fichier Excel*

Le nœud `Data.ExportExcel` nécessite 6 entrées : le chemin de fichier Excel (*filePath*), le nom de la feuille Excel où les données seront écrites (*sheetName*), la ligne de départ (*startRow*) et la colonne de début (*startCol*), les données qui seront exportées (*data*), et si les données existantes seront écrasées (*overWrite*).

Dans cet exercice, les données (*data*) seront la liste des ID de vues, les noms, et les types de vues.

Les nœuds d'entrée sont répertoriés comme suit :

- `File Path` : ce nœud permet à l'utilisateur de sélectionner un fichier sur son ordinateur. Pour définir le chemin du fichier, cliquez sur le bouton « Parcourir… » puis accédez au fichier souhaité (fig. 4.73).

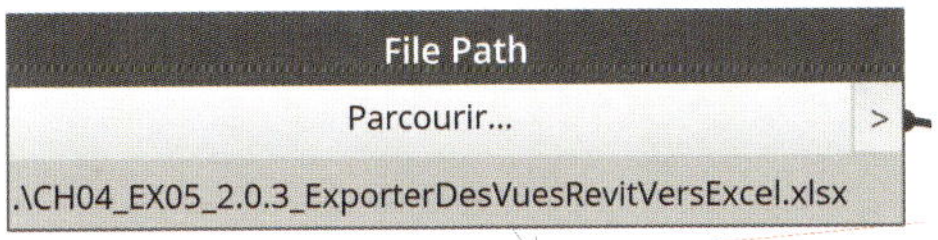

Fig. 4.73

> Si vous n'avez pas encore exporté les données dans un fichier Excel, vous pouvez simplement écrire le nom du fichier avec l'extension *.xlsx* à la fin et cliquer sur Ok. Par défaut, il sera créé automatiquement.

Fig. 4.74

- `String` : ce nœud est utilisé pour écrire le nom de l'onglet Excel où les données seront stockées. Notez que si ce nom n'existe pas dans le fichier Excel, Dynamo le créera (fig. 4.74).
- `Number` : ce nœud est utilisé pour indiquer la ligne/colonne à utiliser dans le fichier Excel (fig. 4.75)

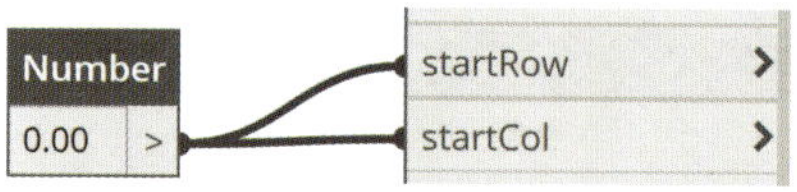

Fig. 4.75
Le numéro de nœud est utilisé pour définir le début de l'insertion des données à exporter. Il est connecté à deux entrées dans le nœud suivant.

- `List.Transpose` : ce nœud prendra une liste de listes et permutera les lignes et les colonnes. Par exemple, une liste qui contient 5 sous-listes de 10 éléments chacune sera transposée en 10 listes de 5 éléments chacune.

  Dans l'exemple, nous générons trois listes de données (Vue ID, nom de la vue, et le type de la vue) et trois Textes pour les en-têtes des colonnes, ensuite nous utilisons `List.AddItemToFront` pour les combiner ensemble. `List.Transpose` le fait passer à 18 listes de 3 éléments chacune (fig. 4.76).

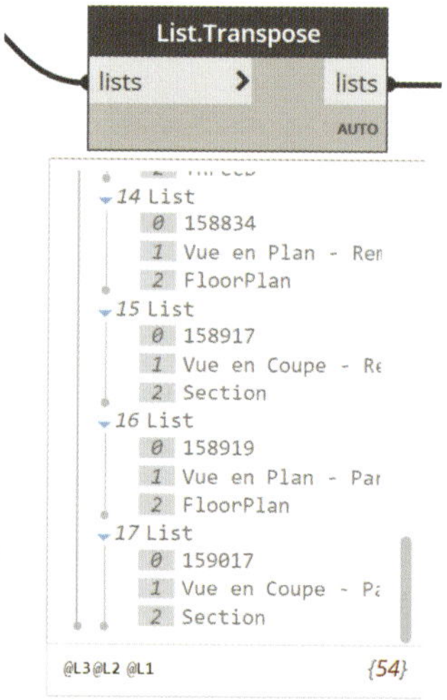

Fig. 4.76
En utilisant le nœud `List.Transpose`, nous pouvons changer l'orientation des données afin de les entrer correctement dans le fichier Excel

- `Boolean` : ce nœud permet de basculer entre deux valeurs qui sont True ou False. Nous l'utilisons pour écraser (ou non) le fichier Excel existant.

Fig. 4.77
Le nœud booléen est assigné à True afin d'écraser le fichier Excel à chaque fois que nous réalisons un nouvel export.

Après l'exécution du script, on obtient un fichier Excel qui contient les noms de vues, les ID de vues et les types de vues (fig. 4.78).

	A	B	C
1	Element ID	Nom de la vue	Type de vue
2	609	Niveau 0	FloorPlan
3	617	Niveau 0	CeilingPlan
4	1911	Niveau 1	FloorPlan
5	1919	Niveau 1	CeilingPlan
6	2050	Niveau 2	FloorPlan
7	2058	Niveau 2	CeilingPlan
8	2300	Elévation Sud	Elevation
9	2380	Elévation Est	Elevation
10	4522	Plan Masse	FloorPlan
11	73443	Vue en plan	FloorPlan
12	73534	Elévation Nord	Elevation
13	147082	Elévation Ouest	Elevation
14	150126	{3D}	ThreeD
15	158834	Vue en Plan - Remplacement des couches hôtes	FloorPlan
16	158917	Vue en Coupe - Remplacement des couches hôtes	Section
17	158919	Vue en Plan - Par défaut	FloorPlan
18	159017	Vue en Coupe - Par défaut	Section
19			
20			
21			

VuesRevit | Sheet1

Fig. 4.78

EXPORTER UNE LISTE DES PIÈCES AVEC LES SURFACES PROGRAMME ET PROJET

Exercice 4.6

Temps estimé : 5 min

Difficulté : *

Document : les fichiers correspondant à cet exercice sont disponibles (aux formats Dynamo 2.0.3 et Revit) dans le contenu qui accompagne cet ouvrage, ils sont nommés **CH04_EX06_2.0.3_Exporter des pieces Revit vers Excel.dyn** et **CH04_EX06_2.0.3_Exporter des pieces Revit vers Excel.rvt**.

Prérequis : aucun.

Objectif : exporter une liste de pièces à partir du fichier Revit avec plusieurs valeurs de paramètres comme l'ID de la pièce, les noms, la surface de projet et la surface de programme de la pièce.

Cet exercice permet de mettre en place l'actualisation du programme de projet pendant ses développements pour s'assurer que l'équipe applique bien ses exigences.

Le flux de travail se compose de deux étapes principales (fig. 4.79) : la préparation de données et l'export vers Excel.

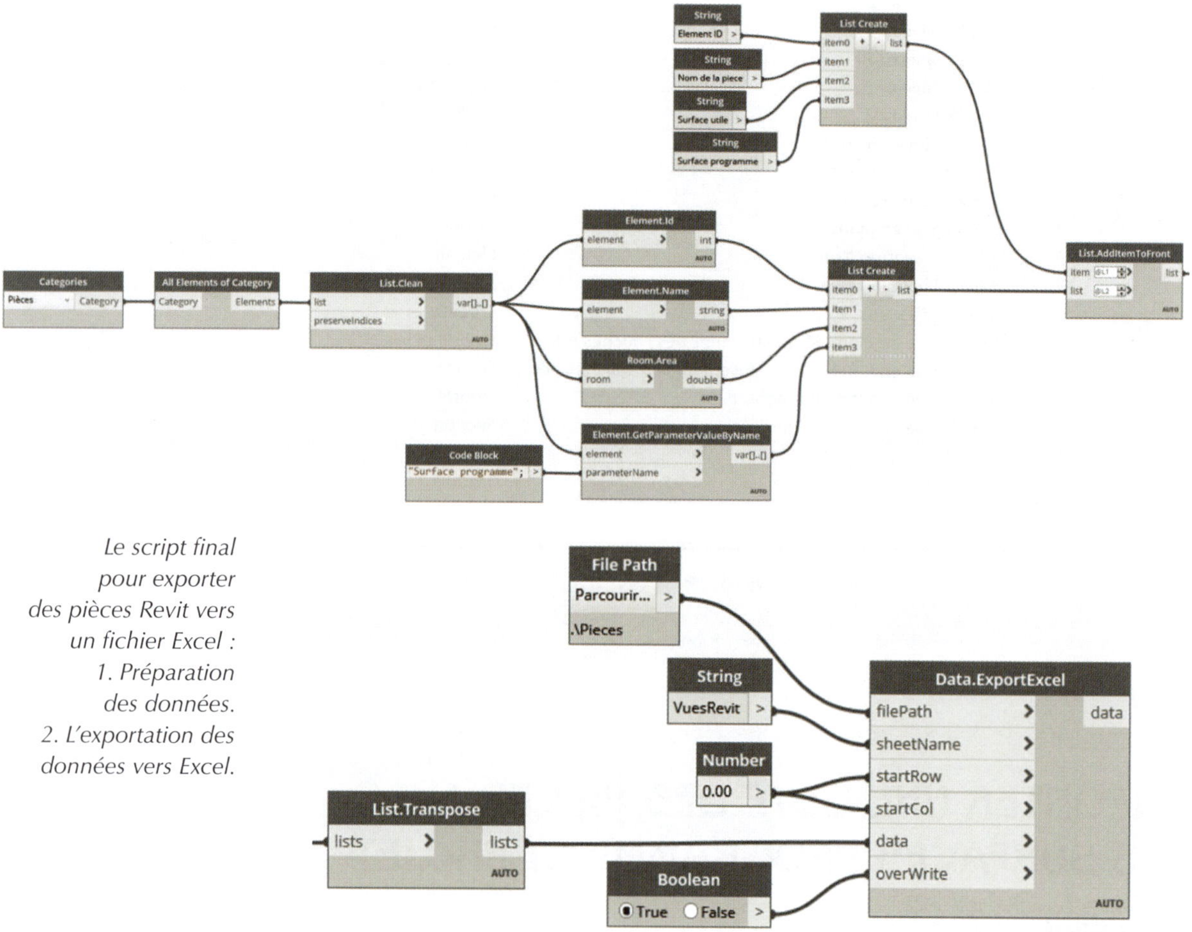

Le script final pour exporter des pièces Revit vers un fichier Excel :
1. Préparation des données.
2. L'exportation des données vers Excel.

Fig. 4.79

La préparation des données

Cette étape consiste à préparer la liste des données à les exporter. Pour cet exercice, nous choisissons l'ID de la pièce, le nom de la pièce, les surfaces projet et programme qui ont été précédemment injectées (voir exercice 4.1).

Comme dans l'exercice précédent, la première chose que nous devons faire est d'obtenir toutes les pièces de la maquette Revit ouverte en utilisant une combinaison des nœuds `Categories` et `All Elements of Category`. Nous pouvons également utiliser le nœud `List.Clean` pour supprimer toutes les valeurs Null s'il y en a (fig. 4.80).

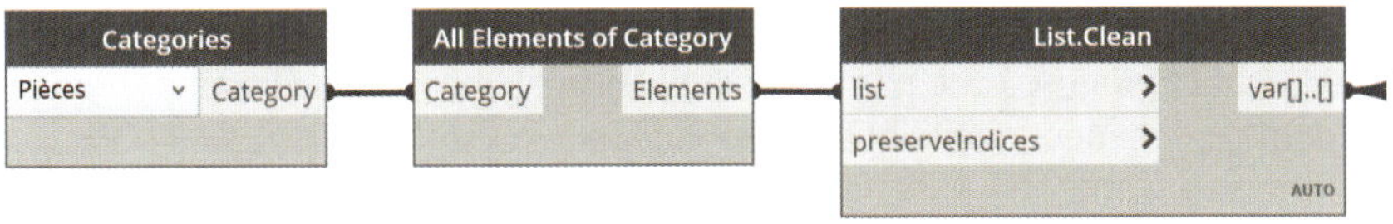

Fig. 4.80

Après avoir obtenu toutes les pièces du projet, nous devons obtenir les valeurs des paramètres de cette liste de pièces (ID, nom, surface projet et programme). On utilise les nœuds suivants (fig. 4.81) :

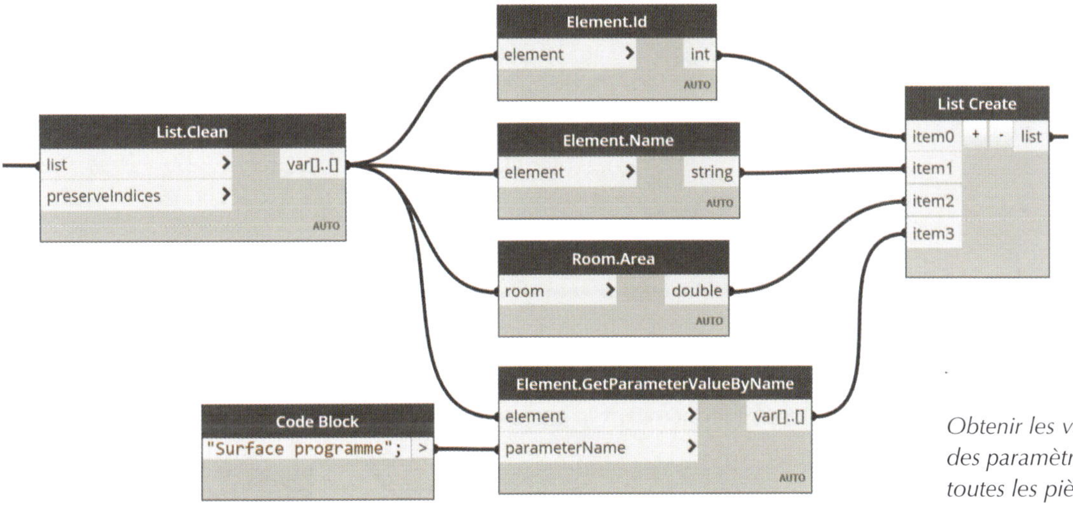

Fig. 4.81

Obtenir les valeurs des paramètres de toutes les pièces Revit

- `Element.Id` : ce nœud renverra l'ID de la pièce Revit. Notez que les valeurs d'`Element.Id` correspondent aux valeurs en vert visibles dans le nœud `List.Clean` (fig. 4.82).

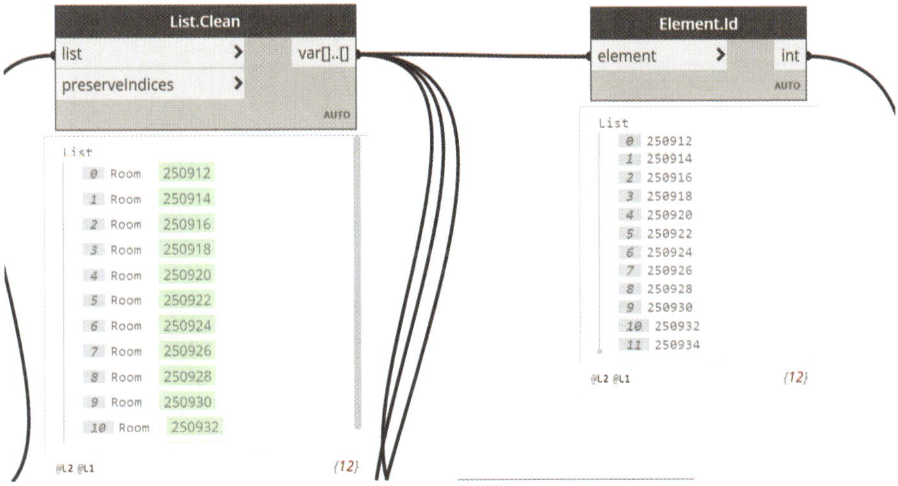

Fig. 4.82

- `Element.Name` : ce nœud renvoie le nom de la pièce sous forme de chaîne. Notez qu'il peut être utilisé avec n'importe quel autre élément dans Dynamo, il obtiendra le nom de l'élément quelle que soit sa catégorie ou son type (fig. 4.83).

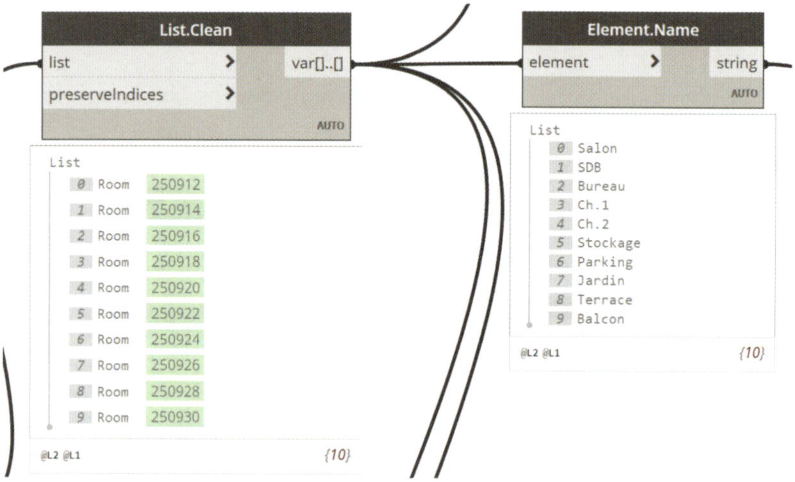

Fig. 4.83

- `Room.Area` : ce nœud renvoie la surface de la pièce si cette dernière est placée et correctement fermée dans la maquette Revit (fig. 4.84).

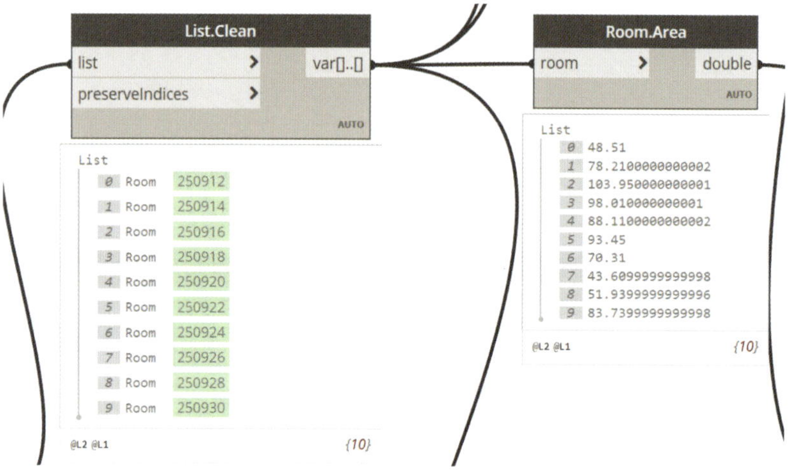

Fig. 4.84

- `Element.GetParameterValueByName` : dans les étapes précédentes, nous avons utilisé un seul nœud pour obtenir les ID des pièces, les surfaces et les noms. Cette méthode fonctionne uniquement avec les paramètres intégrés dans Revit. Si, comme ici, nous avons un paramètre de projet personnalisé, il faut alors utiliser le nœud `Element.GetParameterValueByName`.

  Nous avons également utilisé `Code Block` pour écrire le nom du paramètre : « Surface programme » (fig. 4.85).

> Le nom du paramètre doit être du texte et, dans `Code Block`, le texte doit être écrit entre deux guillemets.

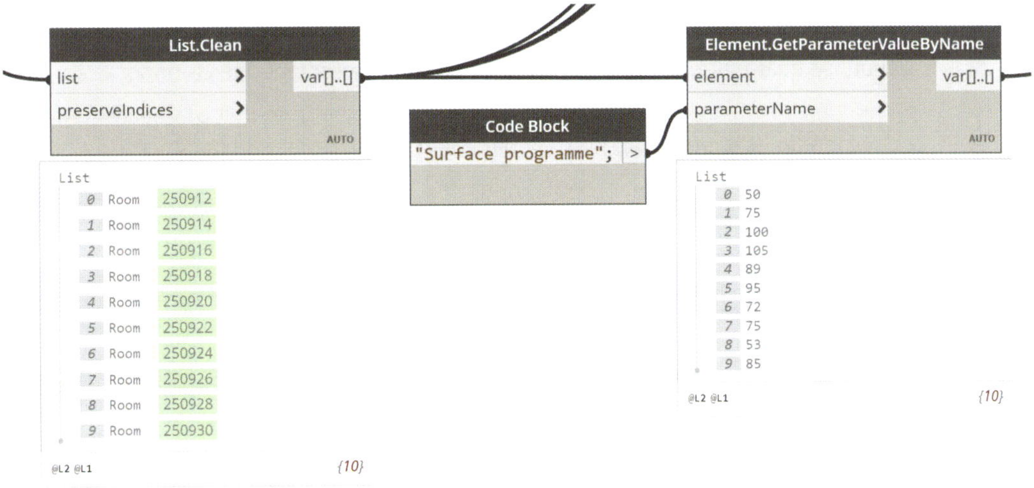

Fig. 4.85

- `List.Create` : après avoir obtenu toutes les informations des pièces, nous devons maintenant combiner toutes ces données dans une seule liste. Nous utilisons donc le nœud `List.Create`.
  Utilisez le « + » pour augmenter le nombre d'entrées et connectez chaque liste des étapes précédentes à son entrée correspondante dans le nœud (fig. 4.86).

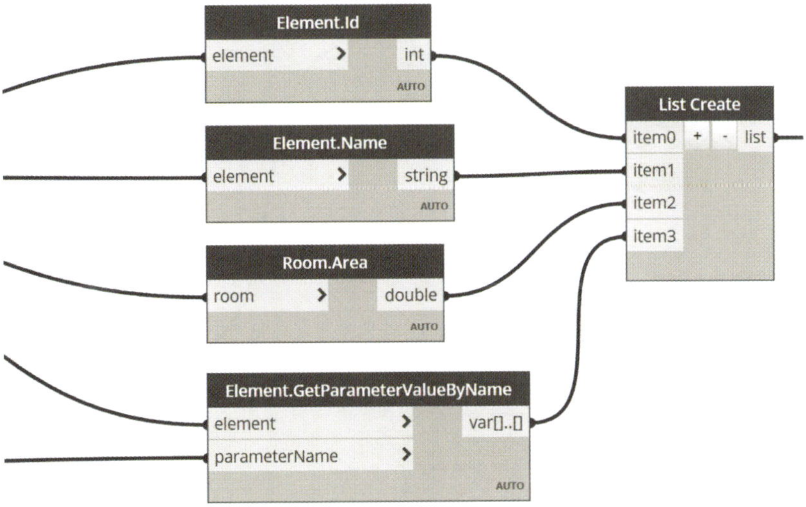

Fig. 4.86

La dernière étape de cette partie est d'ajouter des titres à chaque colonne de données comme nous l'avons fait dans l'exercice précédent ce qui nous permettra de comprendre la signification de chaque colonne lorsqu'elle sera exportée vers Excel (fig. 4.87).

Element ID	Nom de la piece	Surface utile	Surface programme
250912	Salon	48.51	50

Fig. 4.87

On utilise quatre nœuds `String`, chacun d'eux représentant une colonne.

Notez que vous êtes libre d'écrire n'importe quel texte, il ne doit pas nécessairement correspondre exactement au nom du paramètre ni à la valeur du paramètre.

Et comme lors de l'étape précédente, nous devons créer une liste à partir de ces valeurs avec le nœud `List.Create` (fig. 4.88).

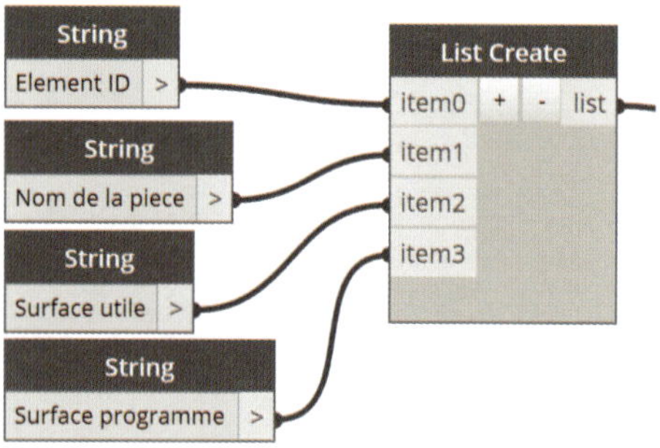

Fig. 4.88

Enfin, nous utiliserons un nœud appelé `List.AddItemToFront` afin d'ajouter les valeurs des chaînes (titres des colonnes) devant chaque colonne de données (fig. 4.89).

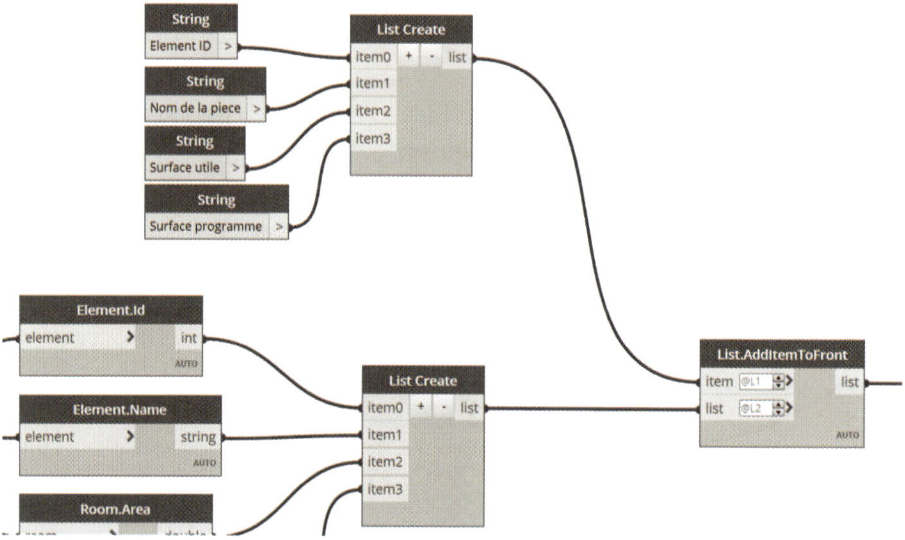

Fig. 4.89

L'exportation des données vers Excel

La deuxième partie de ce script consiste à réaliser l'export des données vers Excel. Nous utiliserons le nœud d'export Excel, `Data.ExportExcel`, qui prendra les données des pièces et les exportera vers un chemin de dossier spécifique (fig. 4.90).

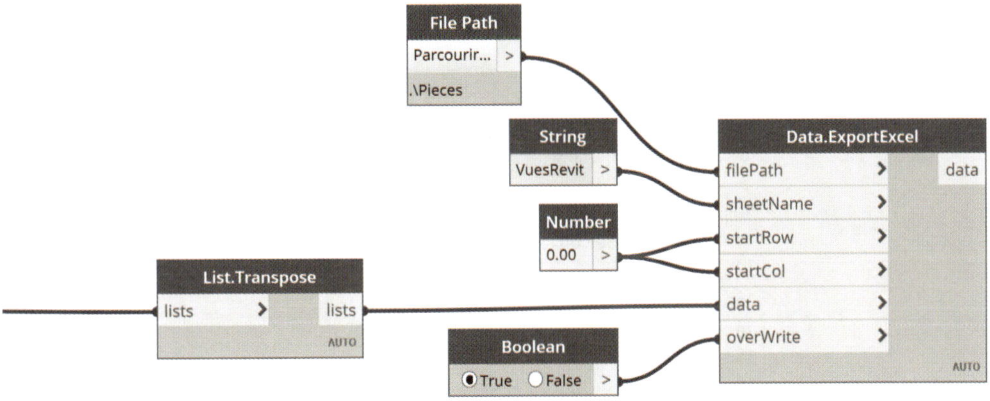

Fig. 4.90

Toutes les entrées sont les mêmes que celles de l'exercice précédent. L'entrée de données est la sortie du nœud `List.Transpose` (fig. 4.91).

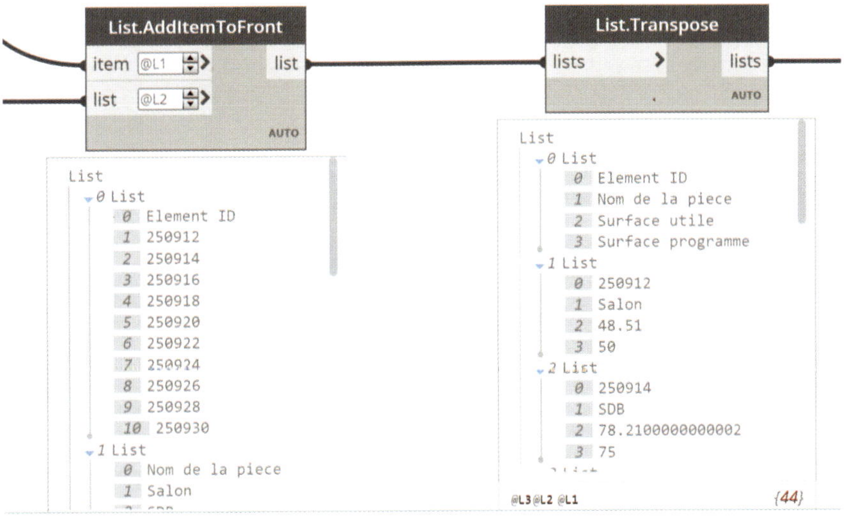

Fig. 4.91

Après avoir exécuté correctement le script, Dynamo exportera les données dans un fichier Excel (fig. 4.92).

	A	B	C	D
1	Element ID	Nom de la piece	Surface utile	Surface programme
2	250912	Salon	48.51	50
3	250914	SDB	78.21	75
4	250916	Bureau	103.95	100
5	250918	Ch.1	98.01	105
6	250920	Ch.2	88.11	89
7	250922	Stockage	93.45	95
8	250924	Parking	70.31	72
9	250926	Jardin	43.61	75
10	250928	Terrace	51.94	53
11	250930	Balcon	83.74	85
12				
13				
14				
15				
16				

VuesRevit | Sheet1

Fig. 4.92

Chapitre 5

Les interactions avec Revit

Le chapitre précédent nous a permis d'apprendre à utiliser Dynamo pour créer des éléments dans la maquette Revit à partir des fichiers Excel et nous avons découvert le nœud `Element.SetParameterByName` qui permet de modifier des éléments existants dans les maquettes Revit.

Dans ce chapitre, vous apprendrez à obtenir et à sélectionner des éléments dans l'environnement de Revit pour effectuer différentes opérations sous Dynamo.

Objectifs d'apprentissage dans ce chapitre :

- Découvrir les bases de la sélection d'éléments à partir d'un fichier Revit.
- Comprendre comment modifier les valeurs des éléments Revit.
- Apprendre à contrôler la hauteur des pièces dans la maquette.
- Apprendre à déplacer plusieurs éléments vers un sous-projet Revit spécifique.
- Apprendre à renommer une liste de vues à partir d'une liste Excel.

1. Sélectionner des éléments à partir du modèle Revit actif

Pour modifier un élément Revit à l'aide de Dynamo, vous devez d'abord « obtenir » ou « sélectionner » les éléments que vous souhaitez modifier.

Pour ce faire, on peut réaliser une sélection manuelle dans une vue Revit avec des nœuds de sélection ou en utilisant les nœuds `Categories`, `Element Types`, `Family Types`...

On peut également utiliser les nœuds dans Dynamo de deux manières différentes, le résultat sera identique : une liste des « occurrences » qui sont déjà dessinées et existent dans la base de données de la maquette Revit.

> **!**
>
> Dynamo vous permet également de sélectionner des éléments à partir d'une maquette Revit liée, ce qui peut être très utile pour copier ces éléments liés ou transférer des données entre les différentes maquettes Revit.

Les nœuds de sélection à partir d'une vue Revit

Avec cette méthode, vous pouvez sélectionner directement des éléments à partir d'une vue Revit (à l'exception des nomenclatures). Le résultat sera une liste d'éléments que vous pourrez modifier ensuite.

Les nœuds de sélection sont accessibles depuis la bibliothèque Dynamo sous Revit > Selection (❶, fig. 5.1).

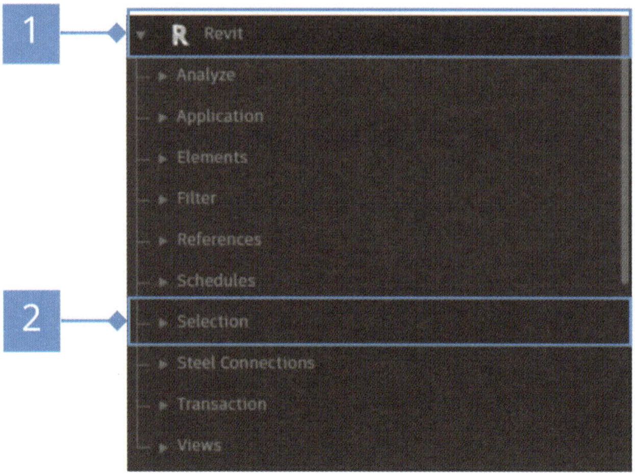

Fig. 5.1

La liste Selection (❷, fig. 5.1) affiche tous les nœuds qui vous permettent de sélectionner des éléments de Revit de manière directe.

La figure 5.2 présente une sélection des nœuds qui peuvent être utilisés :

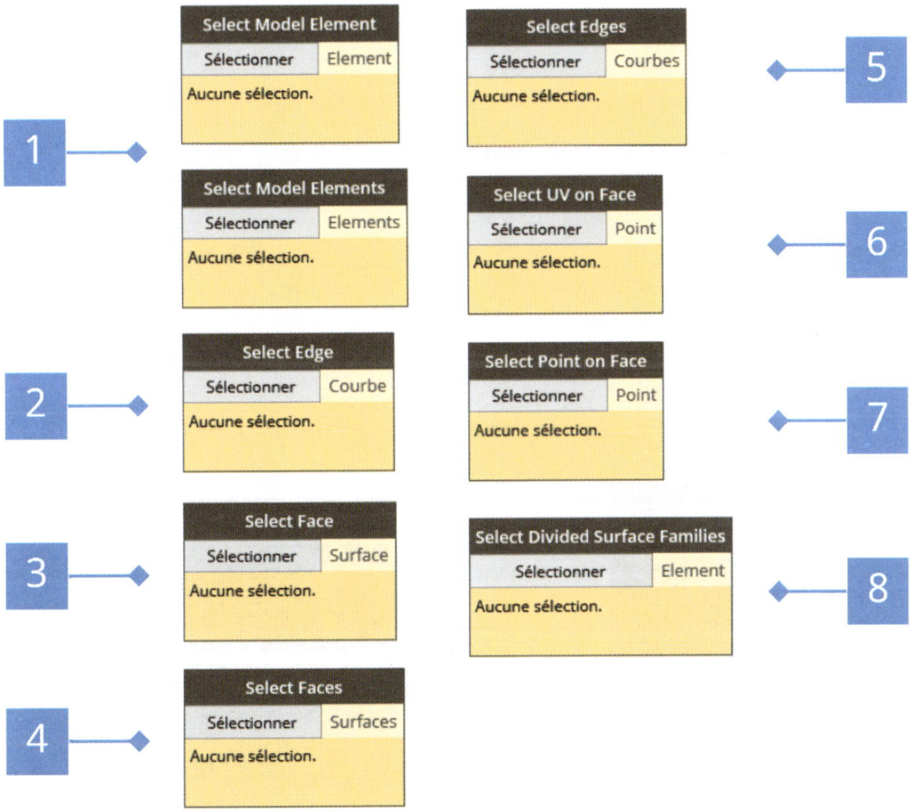

Fig. 5.2

1. `Select Model Element/Select Model Elements` : ces deux nœuds permettent de sélectionner des éléments dans la vue active du modèle Revit.
2. `Select Edge` : ce nœud permet de sélectionner une arête d'un élément 3D à partir de la vue active dans la maquette Revit active.
3. `Select Face` : ce nœud permet de sélectionner une face d'une surface dans la vue active du modèle Revit actif.
4. `Select Faces` : ce nœud permet de sélectionner plusieurs faces de la vue active du modèle Revit actuel.
5. `Edges` : ce nœud permet de sélectionner plusieurs arêtes d'un élément 3D à partir de la vue active dans la maquette Revit active.
6. `Select UV on Face` : en sélectionnant UV sur la face cela fait apparaître un curseur dans Revit qui permet de sélectionner un emplacement UV sur une face. La face apparaîtra en surbrillance avant de choisir l'emplacement UV.

7. `Select Point of Face` : ce nœud permet de sélectionner un point sur une surface existante dans la maquette Revit ouverte.
8. `Select Divided Surface Families` : ce nœud permet de sélectionner des familles d'une surface divisée dans un environnement de surface de volume conceptuel.

Les nœuds Dynamo pour lister les éléments du modèle Revit

Au contraire de la méthode précédente, obtenir des nœuds d'éléments dans Dynamo est un peu différent dans l'application. Ces nœuds n'ont pas besoin d'une vue Revit spécifique car ils traiteront toute la base de données Dynamo. Cependant, ils auront besoin d'un type de nœuds qui définira des spécifications supplémentaires afin de le faire fonctionner.

Ils sont accessibles depuis la bibliothèque Dynamo sous Revit > Elements (fig. 5.3).

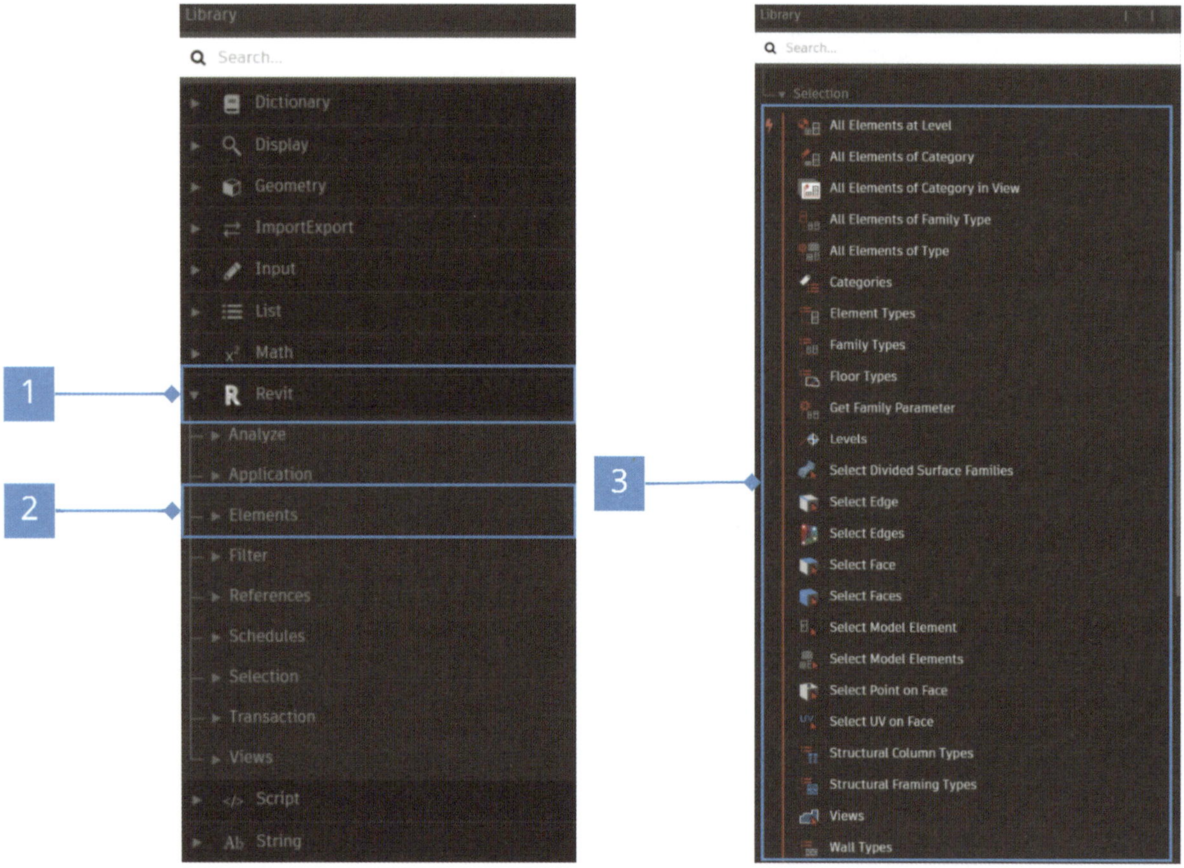

Fig. 5.3

La figure 5.4 présente une sélection des nœuds qui peuvent être utilisés :

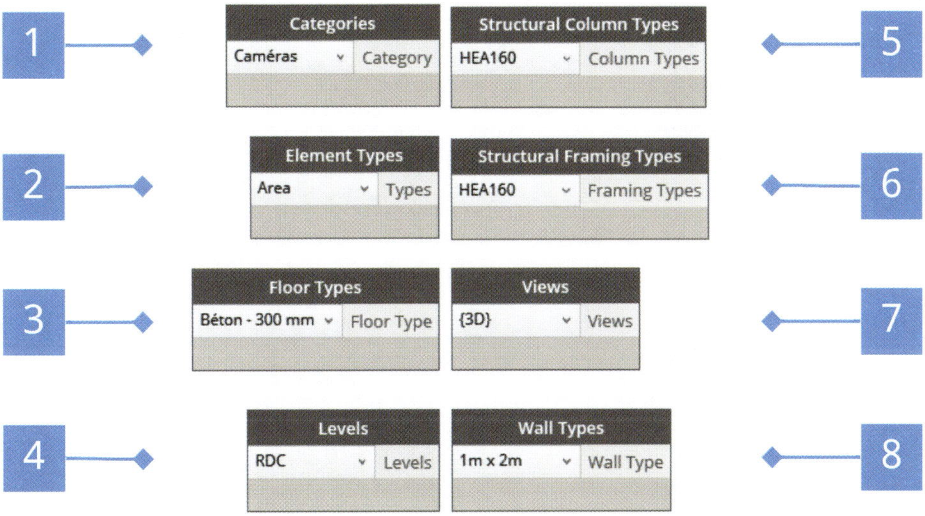

Fig. 5.4

1. `Categories` : ce nœud propose une liste déroulante qui affiche toutes les catégories Revit. Il s'agit d'un nœud d'entrée et sa sortie sera une catégorie.
2. `Element Types` : ce nœud propose une liste déroulante pour tous les types d'éléments disponible dans une maquette Revit. Ce nœud est en anglais uniquement.
3. `Floor Types` : ce nœud propose une liste déroulante qui affiche tous les types de sols du modèle Revit ouvert.
4. `Levels` : ce nœud spécifique est dédié aux niveaux Revit. Il sera différent d'un modèle Revit à l'autre en fonction des niveaux existants.
5. `Structural Column Types` : ce nœud ne concerne que les types de poteaux structurels. Similaire au nœud précédent, il est dépendant du modèle Revit ouvert réel.
6. `Structural Framing Types` : ce nœud ne concerne que les ossatures structurelles.
7. `Views` : ce nœud propose une liste déroulante pour toutes les vues de modèle Revit.
8. `Wall Types` : ce nœud propose une liste déroulante qui affiche tous les types de murs disponibles dans la maquette Revit.

Pour utiliser les nœuds précédents, vous devez utiliser en complément l'un des nœuds suivants qui vous montrera la liste des éléments de chaque catégorie, type d'élément ou type de famille (fig. 5.4) :

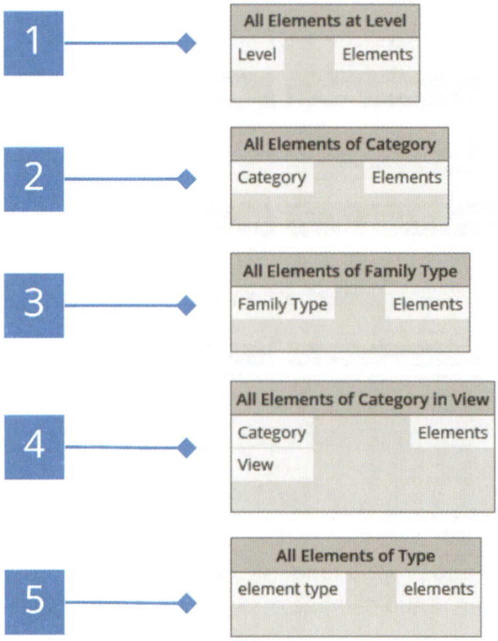

Fig. 5.5

1. `All Elements at Level` : ce nœud permet d'obtenir tous les éléments visibles à un niveau spécifique. Il ne fonctionnera que s'il y a un niveau du projet est connectée au port d'entrée.
2. `All Elements of Category` : ce nœud permet d'obtenir toutes les occurrences d'une catégorie dans la maquette Revit. Il nécessite une catégorie comme entrée.
3. `All Elements of Family Type` : ce nœud permet d'obtenir toutes les occurrences existantes d'un type de famille dans la maquette Revit. Il faut au minimum qu'il y ait un type de famille dans la maquette Revit active pour qu'on obtienne un résultat.
4. `All Elements of Category in View` : ce nœud est semblable à `All Elements of Category`. Il permet d'obtenir une liste des occurrences d'une catégorie dans la maquette Revit mais dans une vue spécifique. Il nécessite principalement deux entrées : la catégorie et la vue où se trouvent les éléments. Il n'est pas nécessaire que l'entrée de vue soit la vue active, il peut s'agir de n'importe quelle vue du fichier Revit. Pour cela, vous pouvez utiliser le nœud `Vues` qui vous montrera toutes les vues dans le fichier Revit actif.

5. `All Elements of Type` : ce nœud est très similaire à `All Elements of Category`. Il sélectionnera tous les éléments d'un type spécifique dans la maquette Revit. Il ne nécessite qu'une seule entrée « les types d'élément ». Il est toujours en anglais.

Exercice 5.1

SÉLECTIONNER DES ÉLÉMENTS DE LA MAQUETTE REVIT AVEC DYNAMO

Temps estimé : 5 min

Difficulté : *

Document : pour cet exercice, nous avons utilisé l'un des exemples par défaut fournis par Autodesk, **RAC_basic_sample_project.rvt**.

Prérequis : aucun.

Objectif : sélectionner des éléments à partir d'une maquette Revit.

Sélection d'éléments dans une vue active de Revit

Dans cette première méthode, vous apprendrez à sélectionner des éléments dans une vue Revit active à l'aide du nœud `Select Model Elements`.

Ouvrez le projet RAC_basic_sample_project.rvt (fig. 5.6).

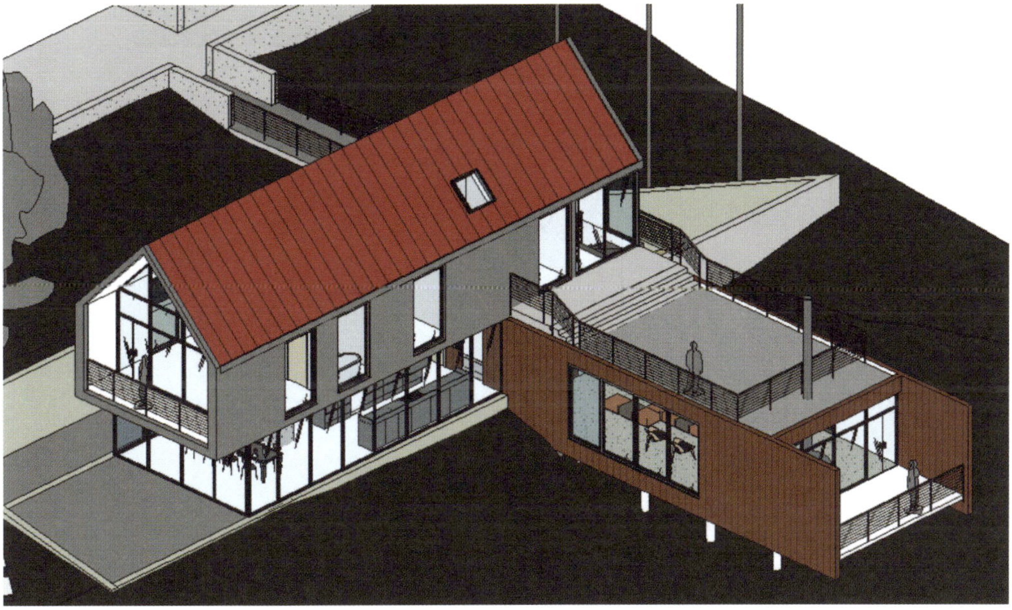

Fig. 5.6

Depuis le menu Gérer dans Revit, ouvrez Dynamo et faites un clic droit pour rechercher le nœud `Select Model Elements` puis placez-le dans l'espace de travail Dynamo (fig. 5.7).

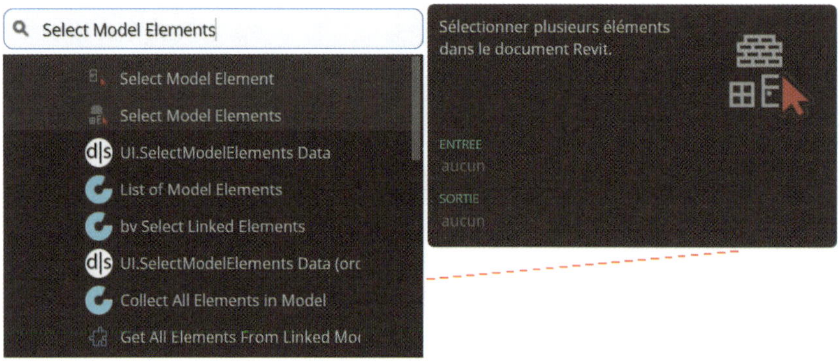

Fig. 5.7

Vous remarquerez que le nœud `Select Model Elements` apparaît en jaune et qu'il y a un texte écrit dans la partie inférieure du nœud « Aucune sélection » ; en bas de la fenêtre de Dynamo, on lit également « Exécution terminée avec des avertissements ». Cela signifie que le nœud ne fonctionne pas encore correctement car rien n'est encore sélectionné (fig. 5.8).

Ces avertissements disparaîtront dès que nous sélectionnerons les murs Revit.

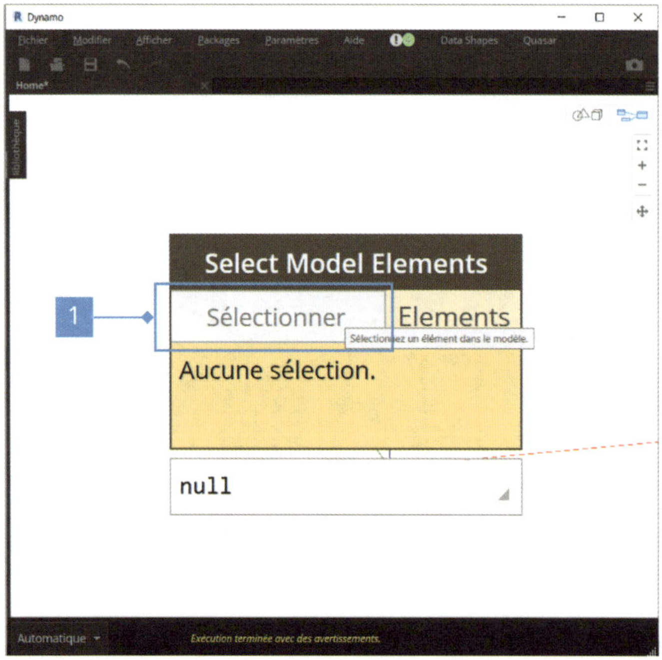

Fig. 5.8

Cliquez sur Sélectionner dans le nœud `Select Model Elements` (fig. 5.8). Vous remarquerez que tout est grisé dans Revit, ce qui signifie que la « transaction de sélection » a démarré et que Dynamo attend que vous sélectionniez des éléments du modèle Revit actif.

Utilisez votre souris pour survoler tous les éléments que vous souhaitez sélectionner dans la vue Revit et relâchez la souris après avoir recouvert tous les murs (fig. 5.9).

Sélection des éléments dans une vue Revit active

Fig. 5.9

Après avoir sélectionné les éléments, le nœud Dynamo affichera la liste des éléments sélectionnés et leurs identifiants Revit (fig. 5.10).

La fin du processus de sélection à l'aide du nœud `Select Model Elements`

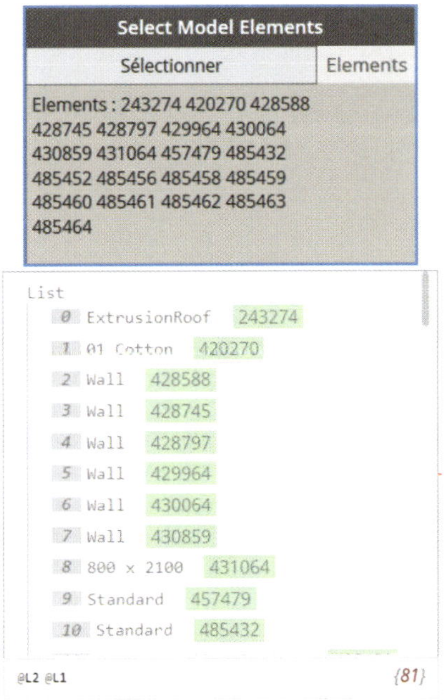

Fig. 5.10

Obtention d'éléments à partir de Revit

En utilisant cette deuxième méthode, vous pouvez obtenir des éléments de l'ensemble du modèle Revit.

Dans l'espace de travail Dynamo, suivez les mêmes étapes que précédemment pour rechercher et placer les nœuds `Categories` et `All Elements of Category`.

Dans le nœud `Categories`, ouvrez la liste déroulante et recherchez « Murs ». Sélectionnez-le (fig. 5.11) et connectez-le au nœud `All Elements of Category` (fig. 5.12).

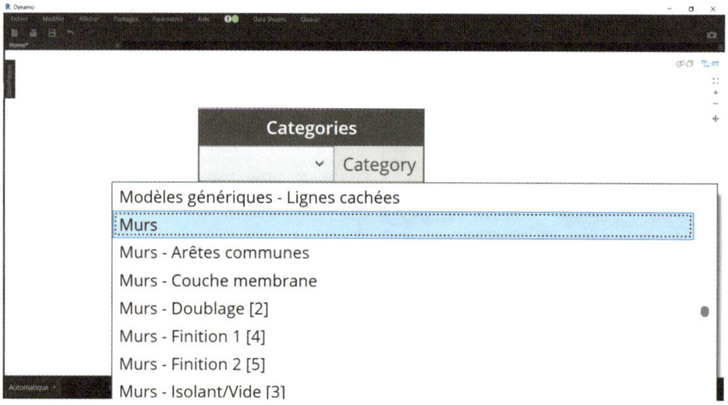

Fig. 5.11

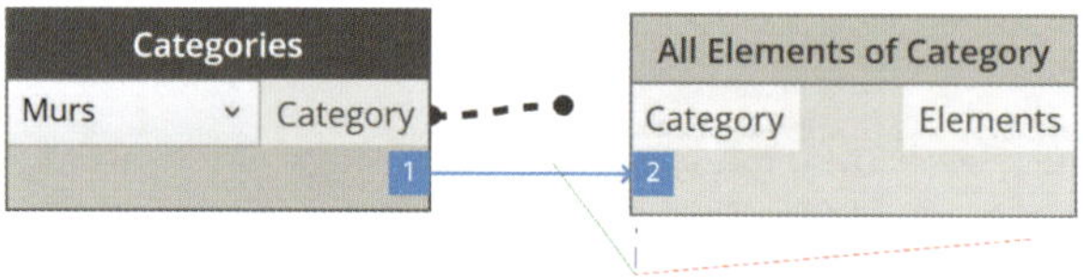

Fig. 5.12
Connectez « Category » du premier nœud à la « Category » du deuxième nœud

L'exécution du script fournira la liste des murs présents dans le modèle Revit (fig. 5.13).

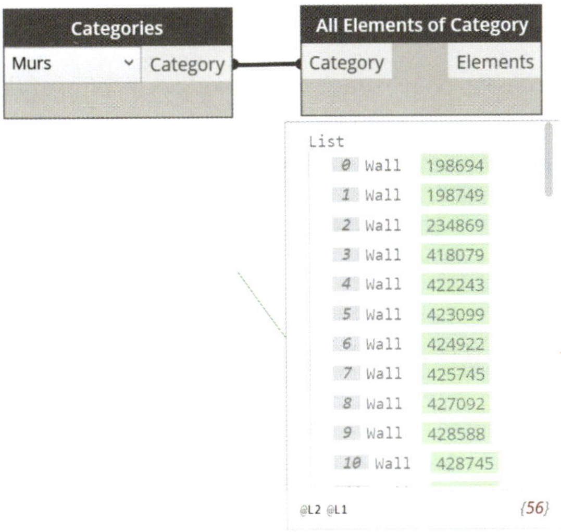

Fig. 5.13

Pour sélectionner plusieurs catégories à la fois, vous pouvez dupliquer le nœud `Categories` et utiliser le nœud `List.Create` pour créer une liste des deux catégories. Puis le nœud `List.Create` au nœud `All Eléments of Category` (fig. 5.14).

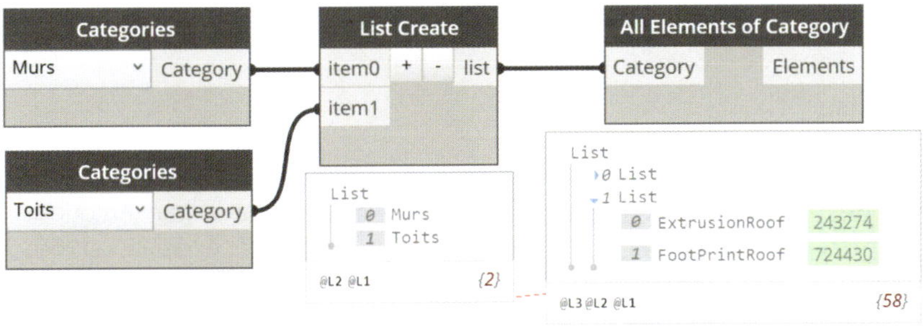

Fig. 5.14

2. Modifier les valeurs des paramètres des éléments d'un projet Revit

En utilisant Dynamo, vous pouvez facilement modifier la plupart des éléments et des familles Revit comme les paramètres de type et d'occurrence.

Paramètre d'occurrence et paramètre de type dans Revit

La modification d'un paramètre d'occurrence (instance) vous permettra de modifier la valeur du paramètre indépendamment des autres occurrences sous Revit.

La modification d'un paramètre de type vous permettra de modifier la valeur du paramètre qui s'appliquera à tous les éléments du type de famille (chargeable ou système).

On utilise également l'expression « Éditer » pour signifier ce type de modifications sur les valeurs des paramètres des éléments.

Exercice 5.2 CONTRÔLER LA HAUTEUR DES PIÈCES DANS LA MAQUETTE

Temps estimé : 10 min

Difficulté : *

Document : nous avons utilisé l'exemple par défaut fourni par Autodesk Revit (RAC_basic_sample_project.rvt). Le fichier correspondant à cet exercice est disponible (au format Dynamo 2.0.3) dans le contenu qui accompagne cet ouvrage, il est nommé **CH05_EX02_2.0.3_Contrôler la hauteur des pieces dans une maquette Revit.dyn**.

Prérequis : nous utiliserons le nœud `Element.SetParameterByName` qui se trouve dans Revit > Elements > Element (voir fig. 4.19).

Objectif : apprendre à modifier la hauteur de toutes les pièces d'un modèle Revit (fig. 5.15).

Fig. 5.15

Ouvrez l'exemple de projet Autodesk RAC_basic_sample_project.rvt et ouvrez Dynamo (à partir du menu Gérer dans Revit).

14 pièces sont déjà placées dans la maquette Revit, nous allons modifier leur hauteur pour qu'elle soit inférieure à la hauteur réelle de 50 cm.

Le script Dynamo final sera construit selon les étapes suivantes (fig. 5.16) :

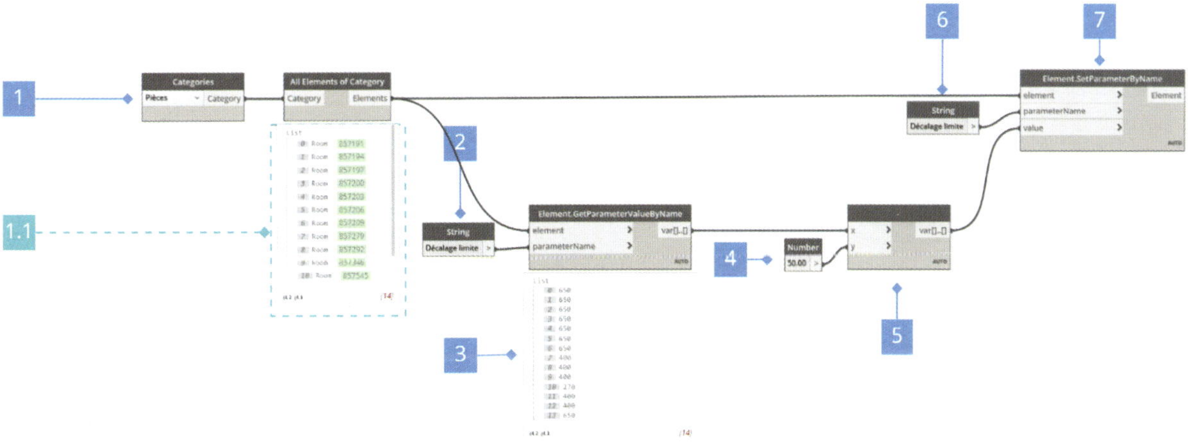

Fig. 5.16

1. `Categories` : ce nœud contient un menu déroulant avec chaque catégorie disponible dans le fichier Revit.

1. 1. `All Elements of Categories` : ce nœud peut être utilisé pour obtenir tous les éléments de la catégorie spécifiée à partir de la maquette Revit (fig. 5.17).

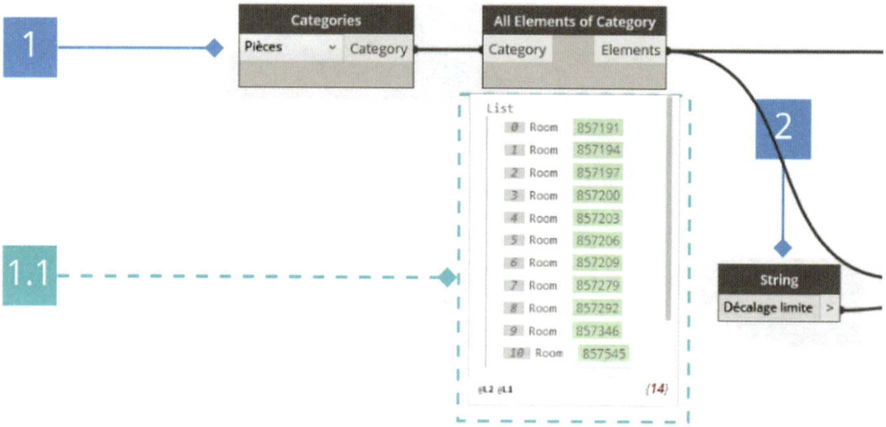

Fig. 5.17

2. `String` : ce nœud permet d'entrer une valeur de chaîne. Dans cet exercice, nous l'utilisons pour écrire le nom du paramètre de pièce « Décalage limite ».
3. `Element.GetParameterValueByName` : ce nœud va retourner la valeur du paramètre, son nom sous forme de chaîne, pour un élément donné. Cela peut être utile pour interroger une liste de paramètres d'éléments (fig. 5.18).

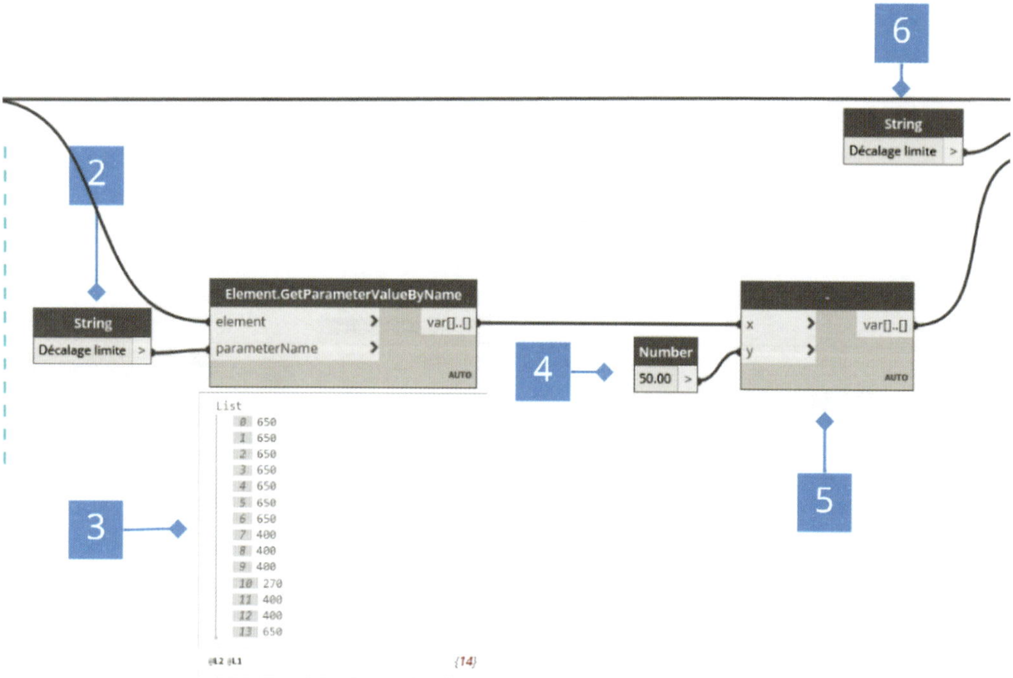

Fig. 5.18

4. `Number` : ce nœud permet à un utilisateur de saisir un nombre statique. C'est utile pour les constantes par exemple. Les nombres peuvent également être créés à l'aide d'un nœud `Code Block`.
5. `-` : est l'opérateur de soustraction. Il renverra le résultat de l'entrée *y* soustraite de l'entrée *x*. Dans l'exemple, nous utilisons la valeur « Number (50 cm) » pour la soustraire des hauteurs des pièces existantes. Le résultat donnera les nouvelles hauteurs des pièces (fig. 5.19).
6. `String` : comme expliqué précédemment, ce nœud permet d'écrire le paramètre de pièce « Décalage limite ».

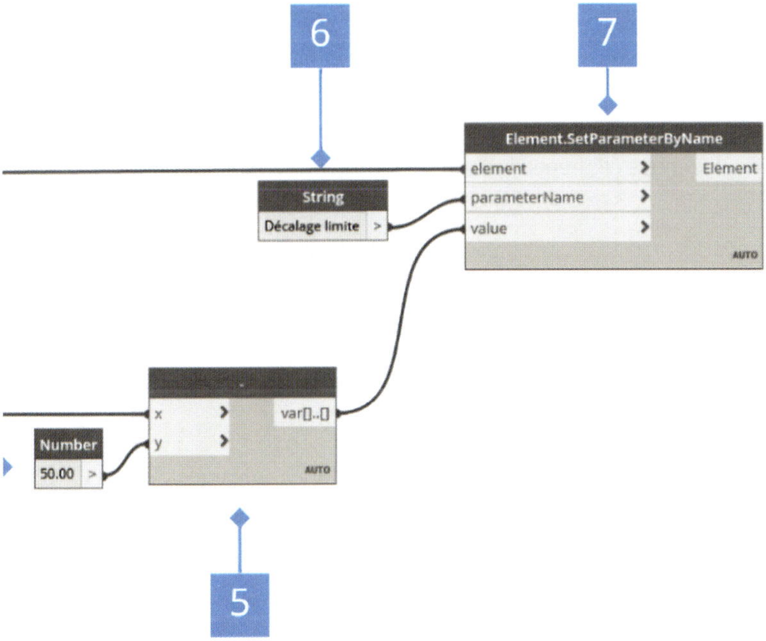

Fig. 5.19

7. `SetParameterByName` : ce nœud modifiera le paramètre d'un élément Revit en fonction de son nom et d'une valeur. Cela peut être mis à jour en direct à partir de Dynamo. Dans l'exemple, il modifie le paramètre de pièce « Décalage limite ».

Exercice 5.3 DÉPLACER PLUSIEURS ÉLÉMENTS VERS UN SOUS-PROJET SPÉCIFIQUE

Temps estimé : 10 min

Difficulté : *

Document : nous avons utilisé l'un des exemples par défaut fournis par Autodesk, RAC_basic_sample_project.rvt. Le fichier correspondant à cet exercice est disponible (au format Dynamo 2.0.3) dans le contenu qui accompagne cet ouvrage, il est nommé **CH05_EX03_2.0.3_Deplacer plusieurs éléments vers un Sous-projet specifique.dyn**.

Prérequis : il faut avoir installé le package Archi-Lab car le nœud `Worksets` va être utilisé. Une autre condition importante dans cet exercice est d'avoir une maquette Revit « centrale » et des sous-projets disponibles dans cette maquette Revit.

Objectif : placer des éléments dans un sous-projet Revit spécifique à l'aide de Dynamo.

> **!**
> L'exercice utilise les pièces comme exemple ; toutefois, tous les autres éléments Revit peuvent être repris (à l'exception des éléments d'annotation, ils n'ont pas de paramètre de sous-projet).

Le script Dynamo final sera construit selon les étapes suivantes (fig. 5.20) :

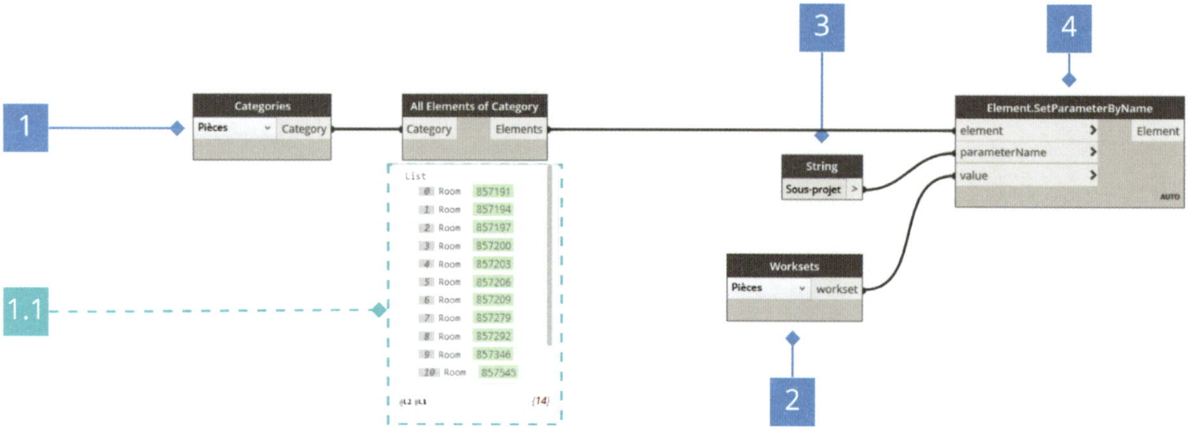

Fig. 5.20

1. `Categories` : ce nœud contient un menu déroulant avec chaque catégorie disponible dans le fichier Revit.
1. 1. `All Elements of Categories` : ce nœud peut être utilisé pour obtenir tous les éléments de la catégorie spécifiée à partir de la maquette Revit (fig. 5.21).

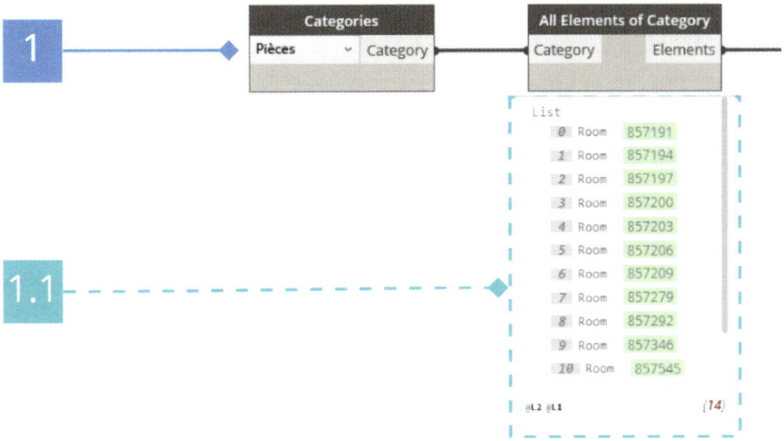

Fig. 5.21

2. `Worksets` : ce nœud du package Archi-lab récupère tous les sous-projets de fichiers Revit (fig. 5.22).
3. `String` : ce nœud est utilisé pour écrire le nom du paramètre « Sous-projet » qui est un paramètre Revit par défaut.

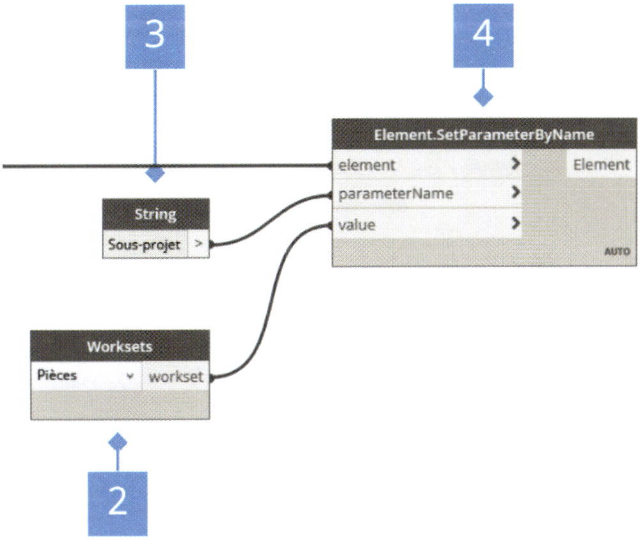

Fig. 5.22

4. `SetParameterByName` : ce nœud permet de modifier la valeur du sous-projet des pièces. La première entrée est la liste des pièces, la deuxième celle du nom du paramètre (Sous-projet), et la troisième est le nouveau nom du sous-projet (Pièces). Après avoir exécuté ce script, toutes les pièces seront déplacées vers le sous-projet Pièces.

Exercice 5.4

RENOMMER UNE LISTE DE VUES À PARTIR D'UNE LISTE EXCEL

Temps estimé : 10 min

Difficulté : **

Document : nous avons utilisé l'un des exemples par défaut fournis par Autodesk, RAC_basic_sample_project.rvt. Les fichiers correspondants à cet exercice sont disponibles (au format Dynamo 2.0.3 et Excel) dans le contenu qui accompagne cet ouvrage, ils sont nommés **CH05_EX04_2.0.3_Renommer vues Revit depuis Excel.dyn** et **CH05_EX04_2.0.3_Renommer vues Revit depuis Excel.xls**.

Prérequis : Microsoft Excel doit être installé.

Objectif : obtenir une liste de vues de Revit et les renommer en fonction d'une liste de noms d'un fichier Excel.

Le changement de nom des vues sous Revit peut-être une tâche très répétitive. Généralement, on utilise Excel puis on importe le fichier dans Dynamo pour renommer les vues Revit.

Le script Dynamo final sera construit selon les étapes suivantes (fig. 5.23) :

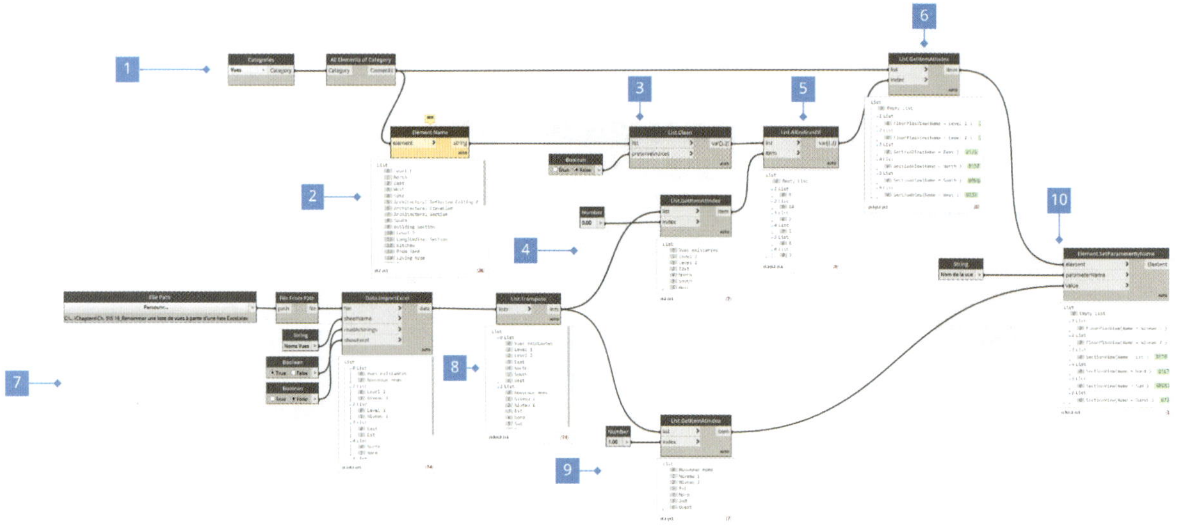

Fig. 5.23

1. On commence par une combinaison de nœuds, `Categories` et `All Elements of Category`, afin de récupérer toutes les vues dans le modèle Revit (fig. 5.24).
2. `Element.Name` : ce nœud renvoie le nom d'un élément sous forme de chaîne. La conversion du nom d'un élément en chaîne simplifie le type de données, le rendant plus flexible pour la manipulation des données (par exemple, dans un masque booléen).

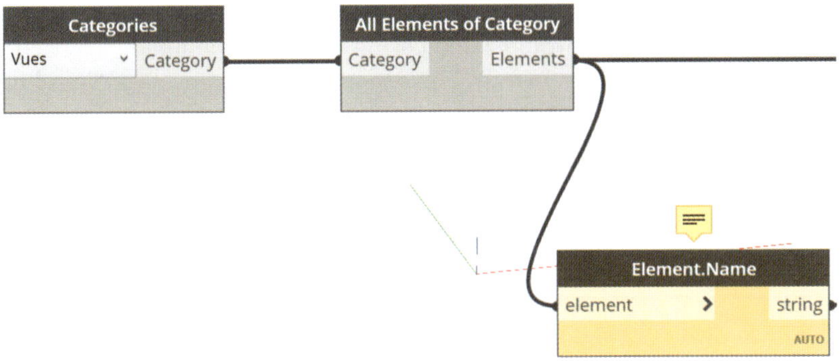

Fig. 5.24

3. `List.Clean` : ce nœud renverra une liste sans valeurs nulles et sans listes vides. Dans l'exercice, une liste est nettoyée de deux valeurs nulles, retournant uniquement les entiers. L'entrée *preserveIndices* peut être basculée par une valeur booléenne pour conserver les index qui contenaient autrefois des valeurs nulles (fig. 5.25).

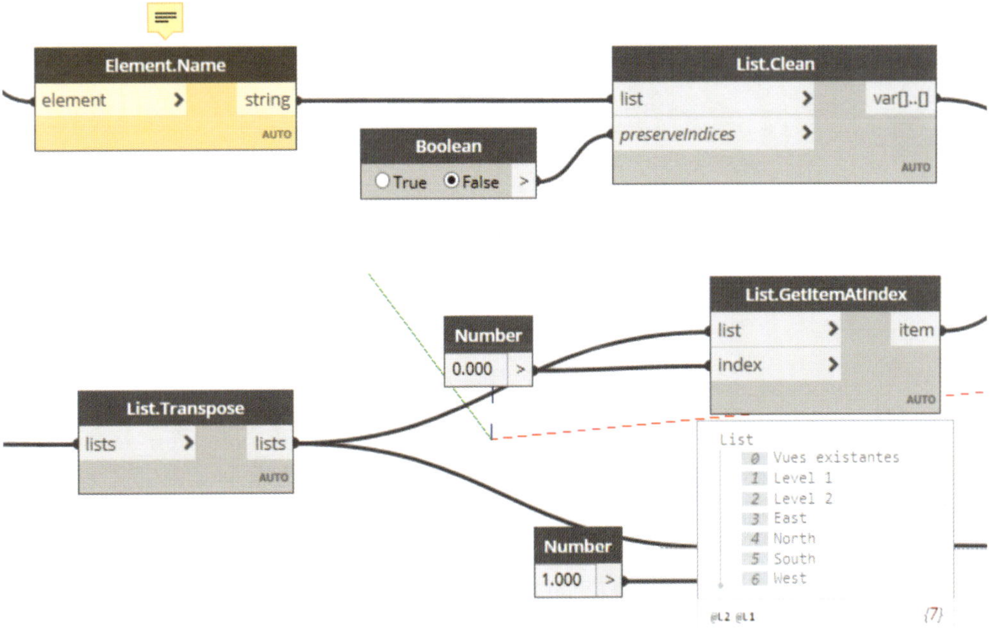

Fig. 5.25

4. `List.GetItemAtIndex` : ce nœud prend une liste d'entrée et un entier puis renvoie l'élément de la liste trouvée à l'index d'entrée. Nous utilisons d'abord un nœud `Number` pour écrire une valeur 0 (qui est l'index des en-têtes Excel). Nous pouvons ensuite extraire un seul élément à un index spécifié en utilisant un nœud `GetItemAtIndex`.

5. `List.AllIndicesOf` : ce nœud sert à rechercher les éléments correspondants dans une autre liste, il renvoie les indices de base zéro de toutes ses occurrences dans la liste. Si l'élément est introuvable, une liste vide est renvoyée. Nous l'utilisons pour trouver les correspondances entre les en-têtes Excel et les vues dans Revit. Ces vues seront utilisées plus loin pour renommer automatiquement les vues au lieu d'écrire les noms de vues manuellement (fig. 5.26).

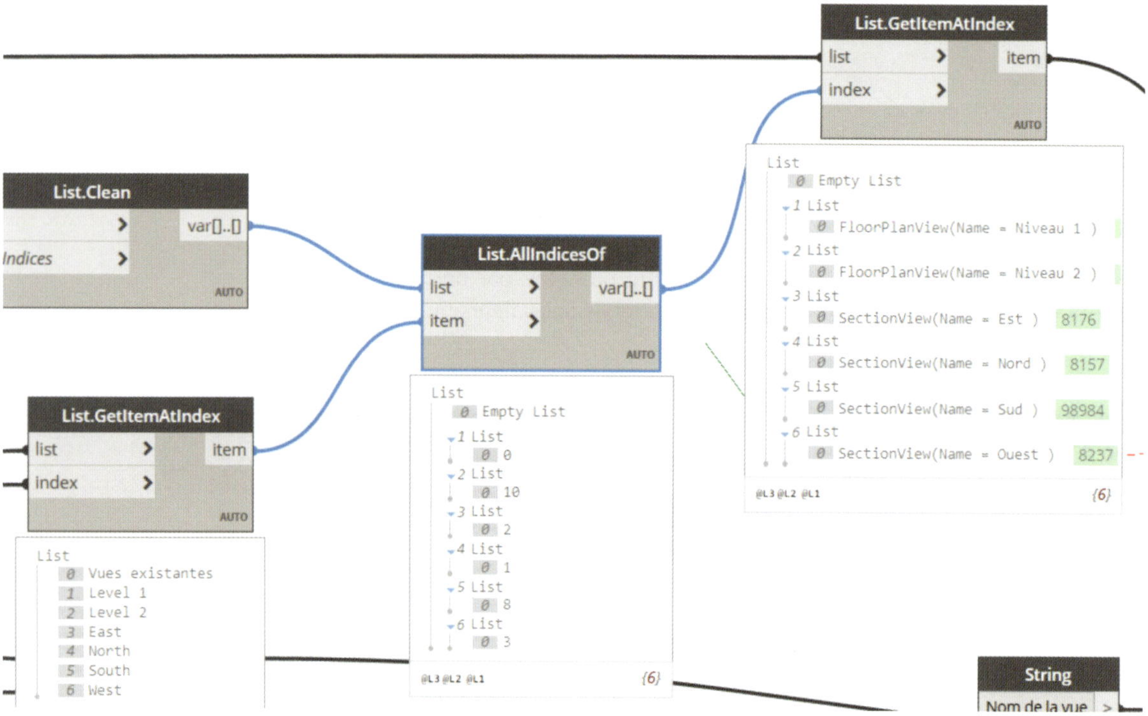

Fig. 5.26

6. `List.GetItemAtIndex` : comme précédemment, ce nœud est utilisé pour rechercher les vues en utilisant leurs noms à partir du fichier Excel.
7. Cette combinaison de nœuds (fig. 5.27) permet d'importer un fichier Excel (voir chap. 4 pour une explication détaillée).

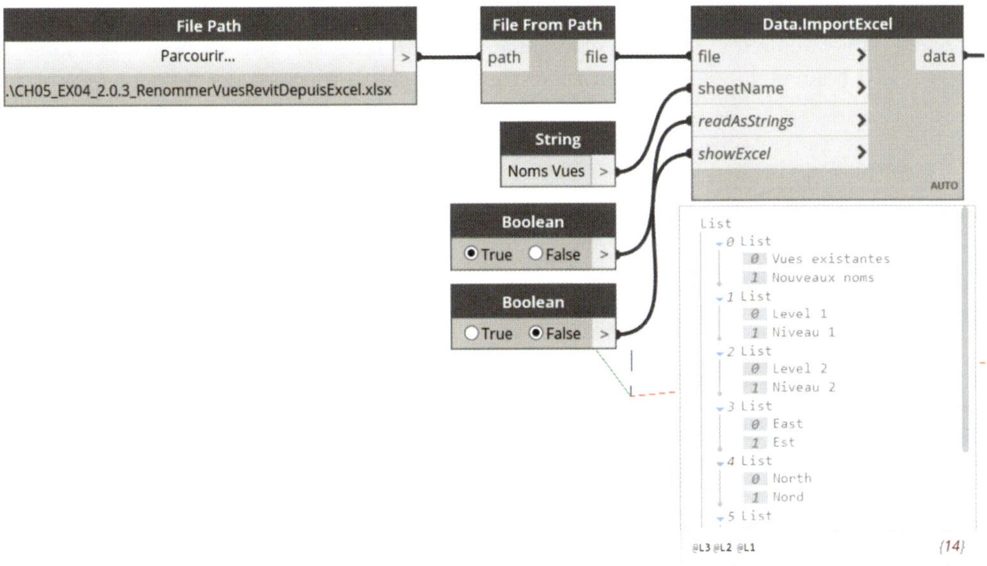

Fig. 5.27

8. `List.Transpose` : ce nœud prendra une liste de listes et permutera les lignes et les colonnes. Par exemple, une liste qui contient 5 sous-listes de 10 éléments chacune serait transposée en 10 listes de 5 éléments chacune.
9. `List.GetItemAtIndex` : ce nœud est utilisé pour obtenir la colonne 1 qui correspond aux noms de vues modifiés à partir du fichier Excel (fig. 5.28).

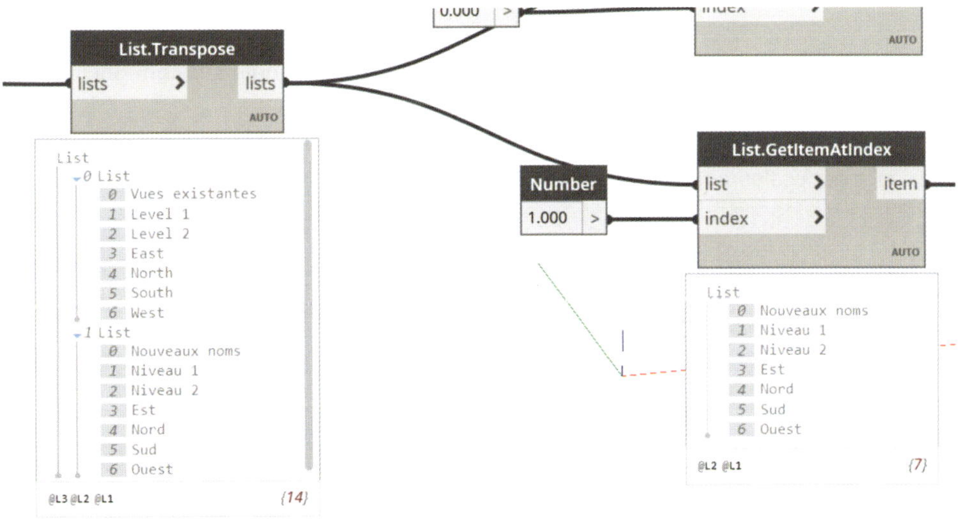

Fig. 5.28

10. `SetParameterByName` : ce nœud est utilisé pour renommer les vues, la première entrée correspond aux éléments de vues, la deuxième au nom du paramètre « Nom de la vue » et la troisième aux nouveaux noms de vues du fichier Excel.

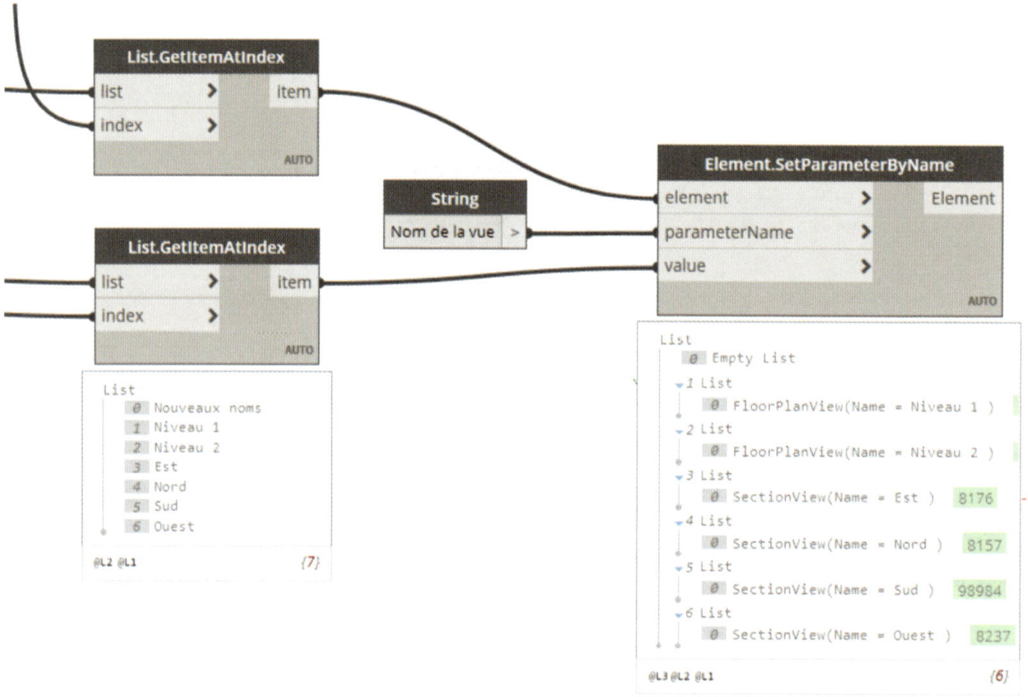

Fig. 5.29

À l'exécution du script, le résultat sera une liste de vues renommées en fonction des modifications du fichier Excel.

Pendant le processus de changement de nom de la vue, Revit vous demandera si vous souhaitez également renommer les niveaux. Cliquez sur Non.

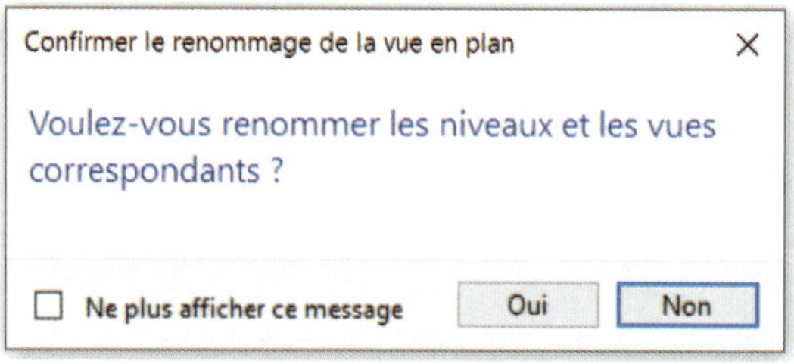

Fig. 5.30

Chapitre 6

L'automatisation des tâches répétitives sous Revit

Si vous travaillez quotidiennement avec Revit, vous savez qu'il y a de nombreuses tâches répétitives qui peuvent nécessiter une automatisation. S'il existe des procédures sous Revit, c'est indéniablement avec Dynamo que vous gagnerez en temps et en précision. N'oubliez pas que vos scripts peuvent être réutilisés d'un projet à l'autre, voire personnalisés d'un projet à l'autre.

Loin d'être exhaustif, ce chapitre présente des processus d'automatisation essentiels qui viendront compléter ceux présentés dans les chapitres précédents.

Objectifs d'apprentissage dans ce chapitre :

- Découvrir comment Dynamo permet d'automatiser la majorité des tâches quotidiennes de Revit.
- Utiliser le lecteur Dynamo (Dynamo Player) pour gagner du temps dans l'exécution des scripts.
- Automatiser une tâche répétitive telle que la création et l'export de plans de vente dans Revit.

1. L'apport de Dynamo

Dans Revit, la majorité des tâches répétitives est liée aux besoins de dessin, de saisie de données ou de coordination. Ces tâches peuvent être décomposées avec le calendrier des phases du projet.

Par exemple, pour un projet dans une phase APS, vous constaterez que vous devez toujours créer des niveaux, des pièces, des vues et des feuilles. Pour un projet en phase APD, vous devrez peut-être nettoyer et analyser la qualité des maquettes Revit, etc.

L'essentiel est donc de déterminer quelle est la phase de votre projet, d'analyser les besoins de votre équipe projet puis de réfléchir à la manière dont Dynamo peut vous aider à accomplir cette tâche.

AU cours des chapitres précédents, nous avons déjà étudié certaines des tâches répétitives liées à la modélisation, à la saisie de données et à la coordination :

- Exercice 3.1 Générer une surface topographique Revit à partir de lignes AutoCAD.
- Exercice 3.2 Créer un quadrillage Revit à partir d'AutoCAD.
- Exercice 3.4 Importer des modèles SketchUp sur Dynamo.
- Exercice 4.1 Créer des pièces non placées à partir d'un fichier Excel.
- Exercice 4.2 Créer des niveaux à partir d'un fichier Excel.
- Exercice 4.4 Créer une nomenclature clé et importer des données depuis Excel.
- Exercice 4.6 Exporter une liste des pièces avec les surfaces programme et projet.
- Exercice 5.3 Déplacer plusieurs éléments vers un sous-projet spécifique.

Les paragraphes suivants ainsi que les exercices 6.1 à 6.4 vont nous permettre de compléter cette présentation par des exemples liés aux besoins de configuration du projet tels que la création de vues, de feuilles et l'exportation de fichiers PDF qui peuvent également être des tâches répétitives pour votre travail au quotidien dans Revit.

2. Le rôle du lecteur Dynamo sous Revit

Le lecteur Dynamo (ou Dynamo Player) est présent dans la barre d'outils depuis Revit 2018, il est accessible *via* le menu Gérer > Programmation visuelle (fig. 6.1). Il permet à tout utilisateur de Revit ou à plusieurs utilisateurs (notamment dans le cadre d'un travail collaboratif) de dérouler les scripts enregistrés sans avoir besoin d'ouvrir l'interface Dynamo et sans avoir besoin non plus de redémarrer le lecteur Dynamo après chaque exécution de scripts.

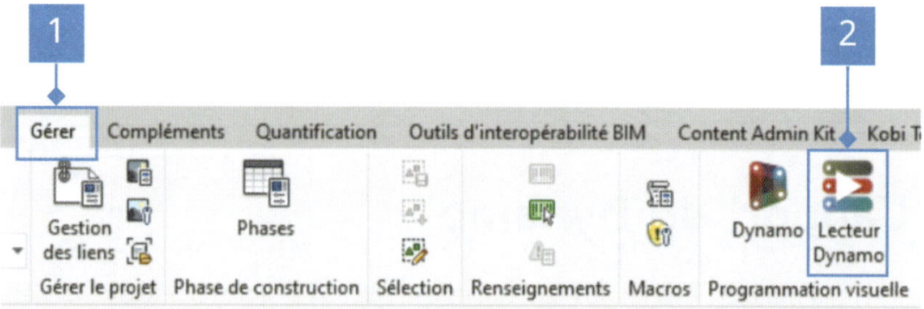

Fig. 6.1

Au démarrage du Lecteur Dynamo, une interface contenant les fonctions de base suivantes s'ouvre (fig. 6.2) :

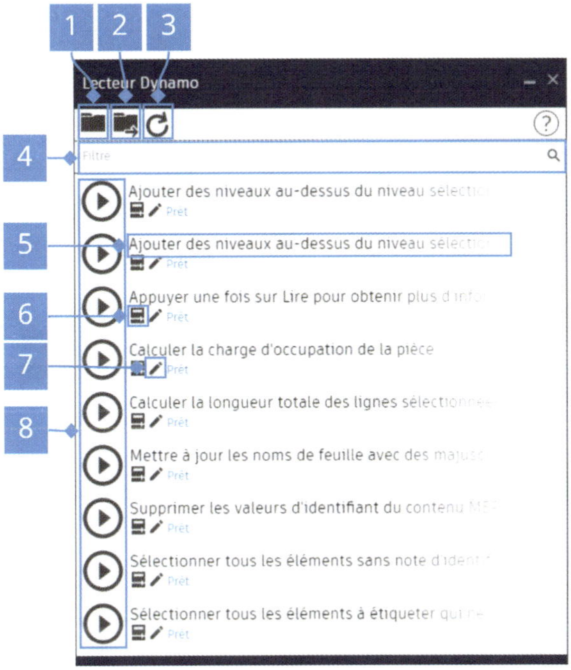

Fig. 6.2

1. Cette icône permet d'ouvrir un répertoire dans lequel tous vos scripts Dynamo sont enregistrés. En définissant ce répertoire de scripts, tous les scripts seront répertoriés et visibles dans la fenêtre du lecteur Dynamo. Par défaut, le lecteur utilisera un dossier créé pour les exemples de scripts par Autodesk, mais vous pourrez choisir n'importe quel dossier de votre ordinateur ou de votre réseau (fig. 6.3).
2. Cette icône permet d'ouvrir le répertoire des scripts dans l'explorateur Windows.
3. Cette icône permet d'actualiser la liste des scripts visibles dans la fenêtre du lecteur Dynamo.
4. Ce bloc permet de rechercher un script Dynamo spécifique dans la liste.
5. Il s'agit du titre du script Dynamo tel qu'il est écrit dans le répertoire.
6. Cette icône permet d'ouvrir une sous-fenêtre pour saisir les entrées des scripts (fig. 6.4).

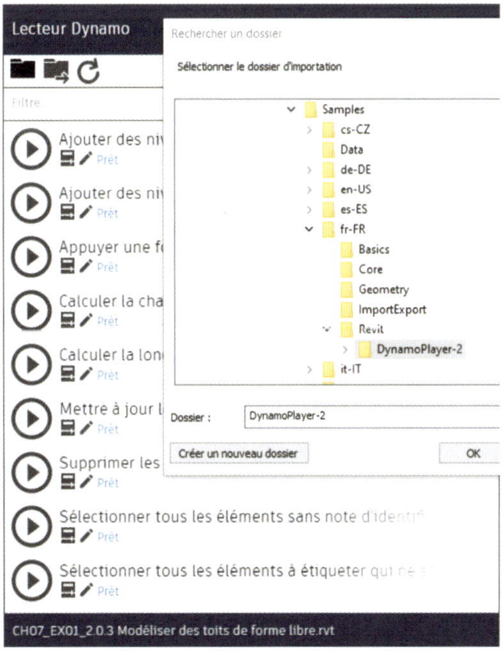

Fig. 6.3

7. Cette icône permet d'ouvrir le script dans l'interface Dynamo afin d'effectuer des modifications.
8. Ce bouton permet d'exécuter ou de lancer le script Dynamo sans ouvrir l'interface Dynamo.

Configurer le script Dynamo

Il est indispensable que le concepteur prépare ses scripts pour qu'ils soient correctement lus par le lecteur Dynamo mais aussi correctement interprété par l'utilisateur.

Deux actions sont souvent nécessaires : le renommage du nœud et sa caractérisation en entrée pour apparaître comme un élément d'option ou de variation possible (fig. 6.4).

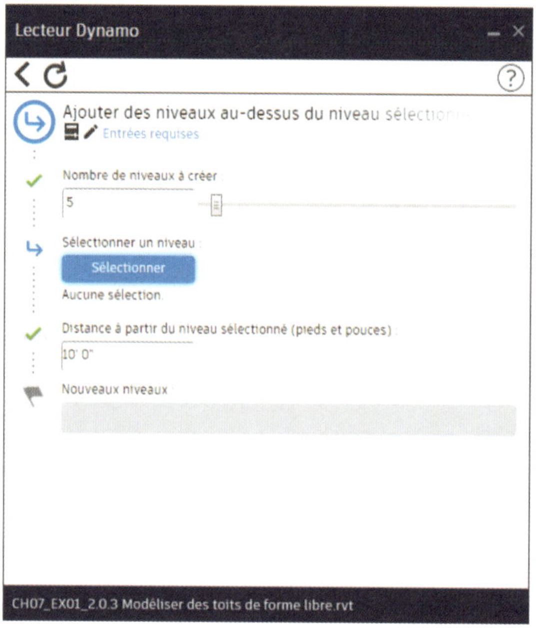

Fig. 6.4

Pour renommer un nœud, il suffit de double-cliquer sur son titre : une fenêtre s'ouvre, on peut alors écrire le nouvel intitulé qui sera pris en compte par la suite dans l'interface (fig. 6.5).

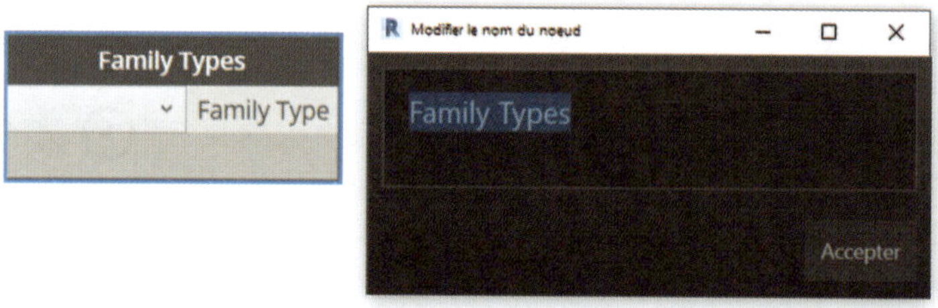

Fig. 6.5

Pour que cet élément soit identifié comme une entrée dans l'interface Dynamo, il faudra cocher l'option « Est une entrée ».

Une fois le nœud placé sous Dynamo, on réalise un clic droit pour ouvrir une fenêtre dans laquelle on sélectionne l'option « Est une entrée » (fig. 6.6) avant de sauvegarder l'ensemble.

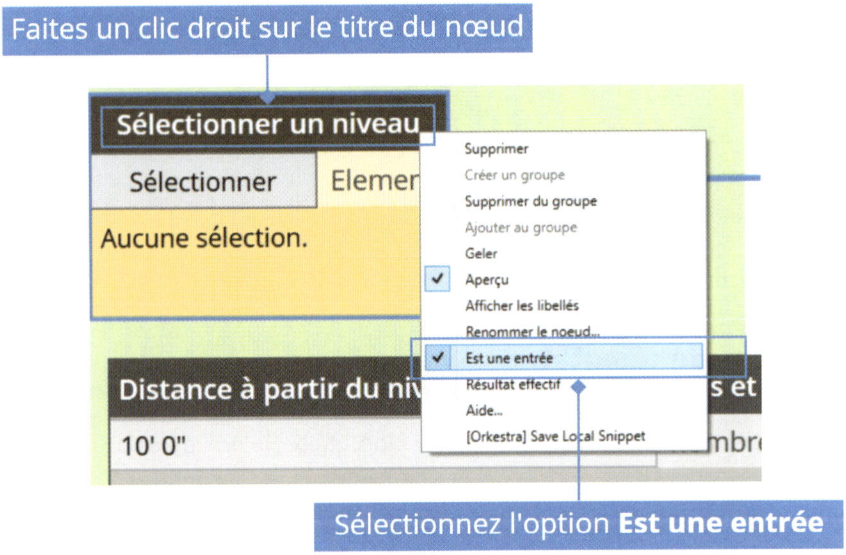

Fig. 6.6

!

Pour tous les nœuds du script qui ne doivent pas être exposés dans le lecteur Dynamo, l'option « Est une entrée » doit être désactivée.

Par la suite, le lecteur Dynamo considérera que ce nœud est incontournable avant de démarrer le script et il apparaîtra dans les entrées à modifier (voir exercice 6.4).

La typologie des entrées

Comme nous l'avons vu, il est important d'identifier les éléments qui serviront d'entrées pour que le lecteur Dynamo fonctionne correctement. Il est également indispensable de savoir quel type d'entrées pourra être pris en charge par le lecteur.

En règle générale, tout nœud d'entrée de sélection interactive ou d'interface utilisateur déroulante (UI) dans Dynamo fonctionnera dans le lecteur Dynamo.

Les types de nœuds les plus courants pour les entrées dans l'interface du lecteur restent cependant :

- `Select Model Element`
- `Select Model Elements`

- `Categories`
- `Element Types`
- `File Path`
- `Directory Path`
- `String`
- `Levels`
- `Boolean`
- `Number`
- `Number Slider`
- `Integer Slider`
- `Views`

En cas de doute, le moyen le plus simple pour savoir si un nœud Dynamo est pris en charge par le lecteur est de faire un clic droit sur ce dernier et de voir si l'option « Est entrée » est activée ou grisée (refus).

Les nœuds de résultat

Parfois, vous aurez besoin de montrer à l'utilisateur le résultat d'une tâche après l'exécution du script dans le lecteur, vous devrez alors utiliser le nœud `Watch`.

Pour définir un nœud `Watch` comme nœud de résultat, cliquez avec le bouton droit sur le nœud dont vous souhaitez montrer la valeur à l'utilisateur, et sélectionnez « Résultat effectif » (fig. 6.7).

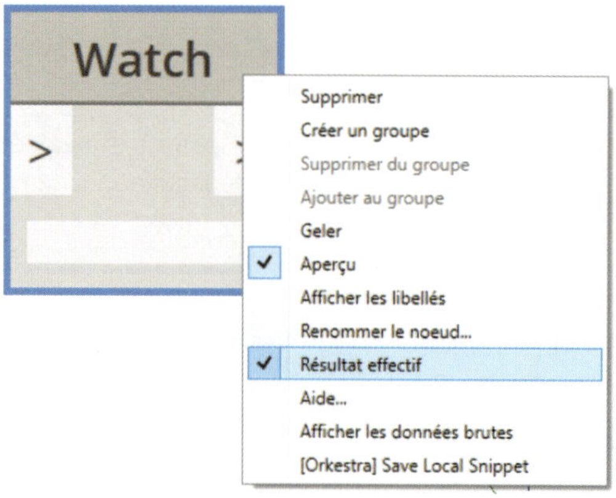

Fig. 6.7

Comme pour les nœuds d'entrée, vous devrez également renommer le nœud `Watch` afin de refléter (en langage utilisateur) le type d'informations contenues.

Une fois le nœud `Watch` défini en tant que nœud de « Résultat effectif » et renommé, il apparaîtra dans le lecteur Dynamo dès que l'utilisateur aura sélectionné l'option « Modifier les entrées » (fig. 6.8).

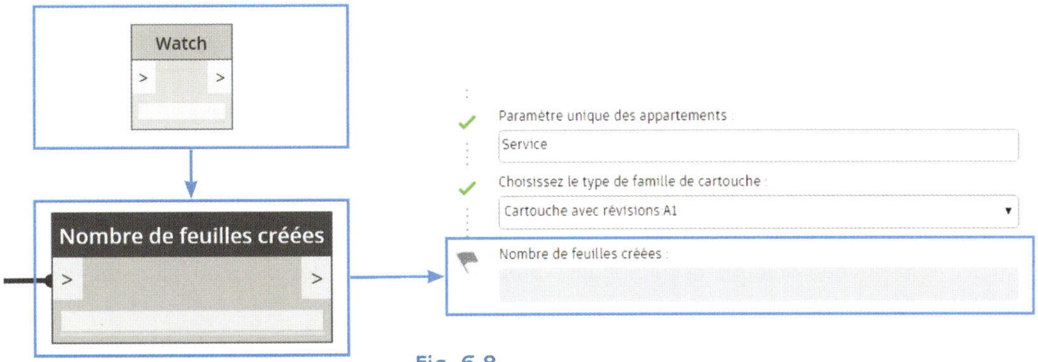

Fig. 6.8

Exécuter un script

Une fois le script Dynamo configuré, l'utilisateur peut utiliser le lecteur pour l'exécuter :

9. Ouvrez le lecteur Dynamo depuis Gérer > Programmation visuelle. Si le mot « Prêt » est visible en bleu sous le nom des scripts, cela indique que le lecteur est prêt pour exécuter le script.
10. Cliquez sur « Modifier les entrées » (fig. 6.9).
11. Complétez les entrées et cliquez sur le bouton « Exécution » (fig. 6.10).

Fig. 6.9

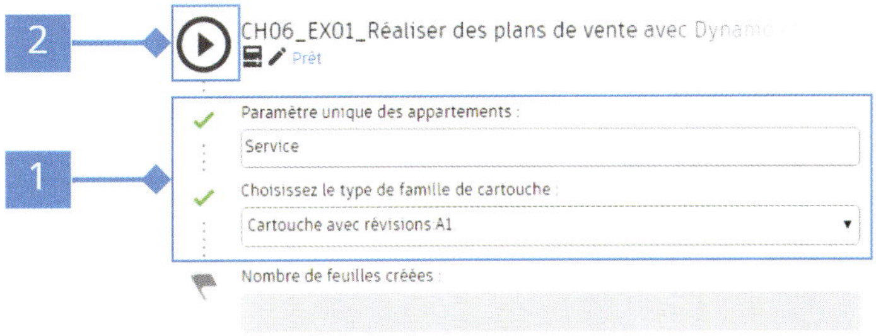

Fig. 6.10

12. Une fois le script exécuté, vous remarquerez que « Prêt » s'est transformé en « Exécution terminée » (❶ fig. 6.11). De plus, si vous avez utilisé les nœuds `Watch` pour rapporter les résultats, ils seront affichés à la fin de la fenêtre (❷ fig. 6.11).

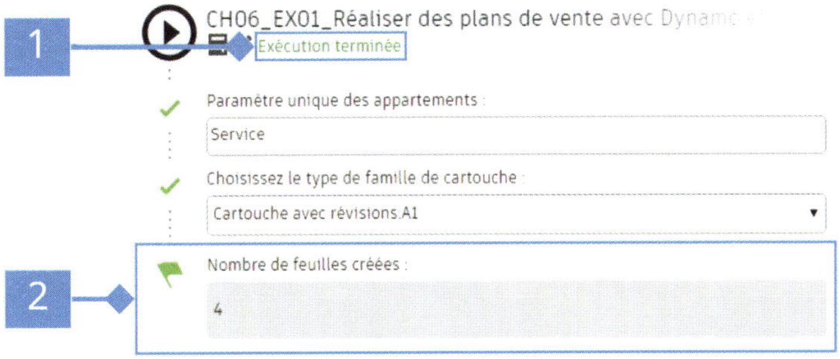

Fig. 6.11

3. Exemple d'une tâche répétitive : les plans de vente

Dans les projets de logement, les plans de vente sont très répétitifs. Le processus dans Revit consiste à créer des vues individuelles pour chaque appartement et à placer ces vues dans des feuilles séparées puis à les exporter au format PDF (fig. 6.12). Plusieurs éléments demeurent cependant communs à ces feuilles (légendes du bâtiment, échelle, etc.).

Dans les exercices qui vont suivre, on va progressivement apprendre à automatiser la récupération de ces données, mais aussi à produire un script Dynamo qui fonctionnera avec le lecteur Dynamo de Revit. Ce script pourra ensuite être utilisé au quotidien pour créer des vues d'appartements et les placer automatiquement dans des feuilles.

Chaque étape sera traitée séparément mais, à la fin, on obtiendra un script complet.

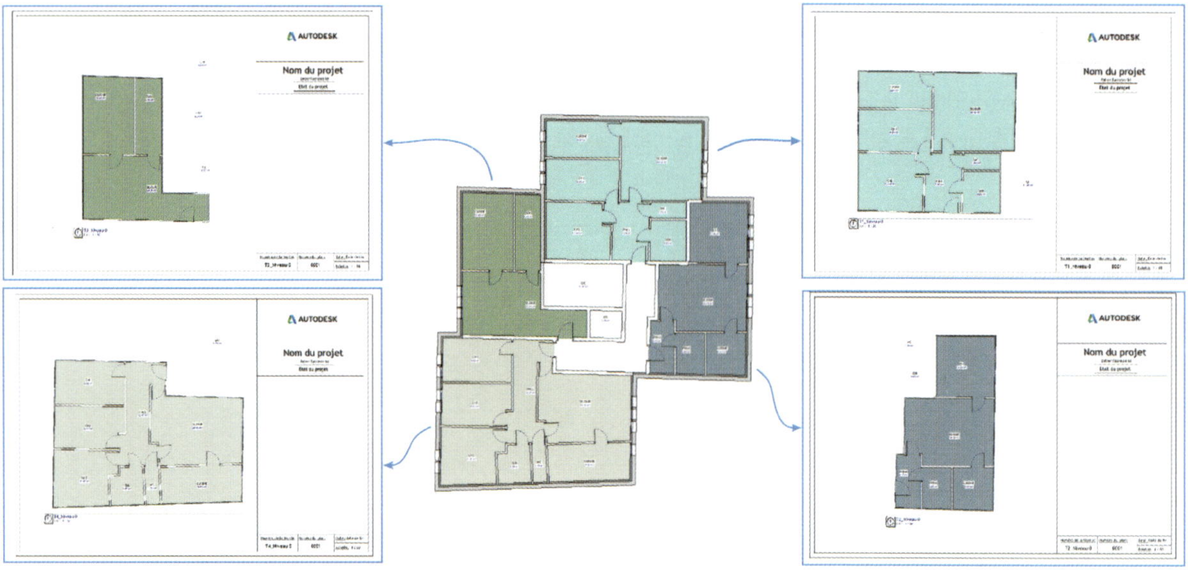

Fig. 6.12

Le workflow va être scindé en trois étapes (et trois exercices) :

- la duplication des vues pour créer des vues en plan cadre par type d'appartements ;
- la création des feuilles et le placement des vues sur les feuilles ;
- l'exportation des feuilles créées au format PDF.

DUPLIQUER DES VUES EN PLAN

Exercice 6.1

Temps estimé : 10 min

Difficulté : **

Document : le fichier correspondant à cet exercice est disponible (au format Dynamo 2.0.3) dans le contenu qui accompagne cet ouvrage, il est nommé **CH06_EX01_2.0.3_Réaliser des plans de vente_P1.dyn**.

Prérequis : les packages Archi-lab, Data-shapes et SteamNodes doivent être installés.

Objectif : apprendre comment dupliquer des vues en plans pour des livrables de plans de vente.

L'idée est de créer plusieurs feuilles contenant chacune une vue en plan pour chaque type d'appartements.

Le script utilisera une vue en plan prédéfinie qui contiendra tous les types d'appartements et une famille de cartouche qui sera utilisée pour placer les vues générées. Enfin, le script permettra d'imprimer ces feuilles dans un unique fichier PDF.

> Le modèle Revit utilisé doit contenir des pièces placées et un paramètre d'occurrence doit contenir le type d'appartements.

Dans le fichier Revit associé à ce chapitre, le modèle contient quatre types d'appartements. Le paramètre Service (par défaut dans Revit, fig. 6.13) est utilisé pour attribuer une valeur à chaque groupe de pièces (fig. 6.14) : T1, T2, T3 et T4.

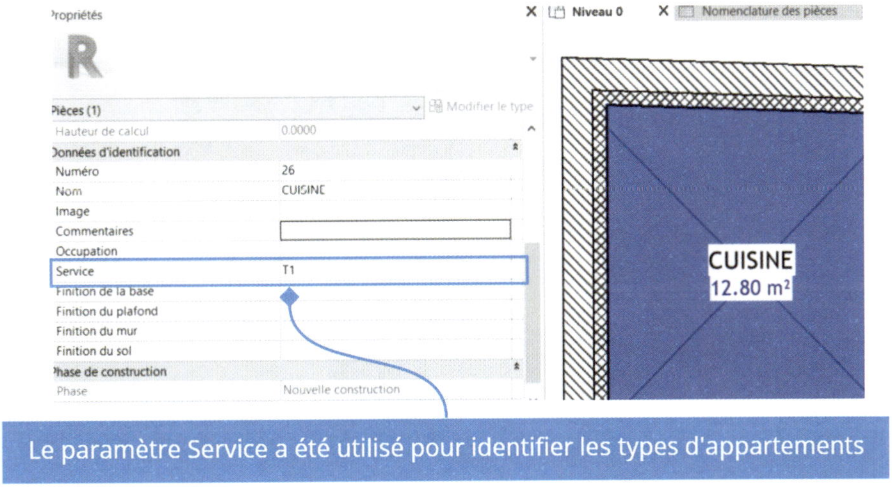

Fig. 6.13

Fig. 6.14

Dans ce premier exercice, nous utiliserons la vue en plan Niveau 0 qui contient tous les types d'appartements à dupliquer, avec une zone de recadrage pour ne montrer que l'appartement en question (fig. 6.15).

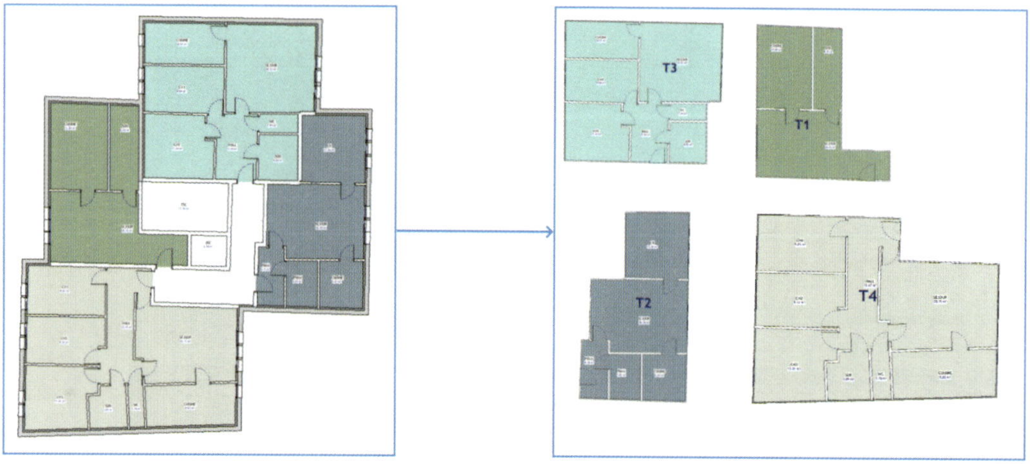

Fig. 6.15

Le script final de l'exercice est présenté sur la figure 6.16.

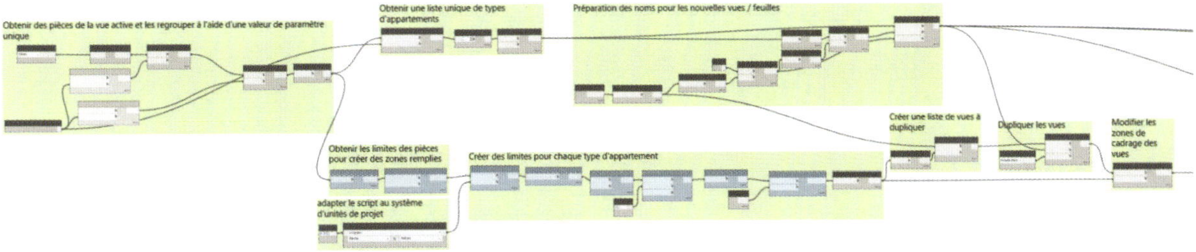

Fig. 6.16

La première étape (fig. 6.17) consiste à obtenir toutes les pièces du modèle Revit et à les regrouper à l'aide du paramètre de type d'appartements (le paramètre Service) :

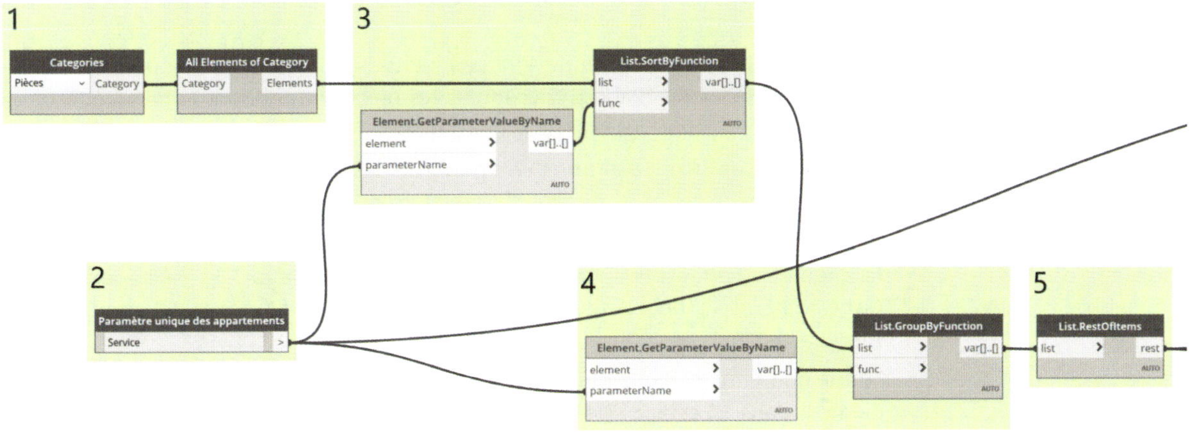

Fig. 6.17

1. On utilise une combinaison de deux nœuds de type, `Categories` et `All Elements of Category`, pour obtenir toutes les pièces du modèle Revit (fig. 6.18).

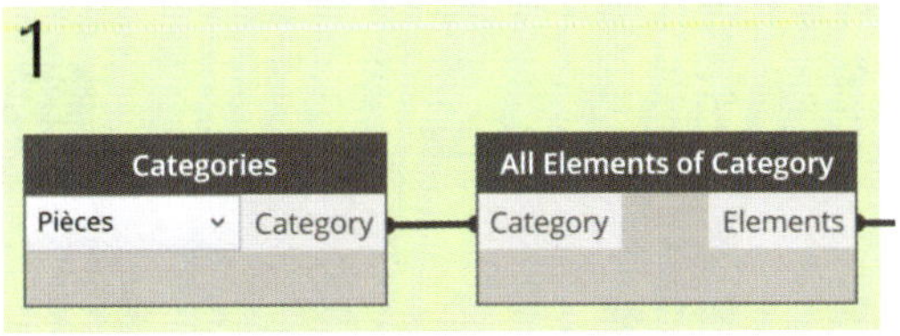

Fig. 6.18

2. On utilise ensuite le nœud `String` pour définir le paramètre de la pièce qui indique les types d'appartements : dans cet exemple, le paramètre s'appelle « Service » (fig. 6.19).

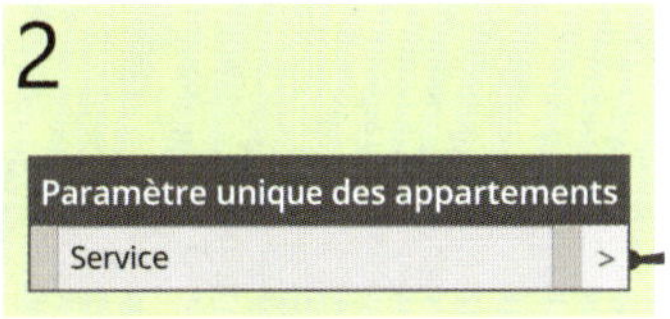

Fig. 6.19

Pour être utilisable dans le lecteur Dynamo, il est assigné comme entrée (fig. 6.20).

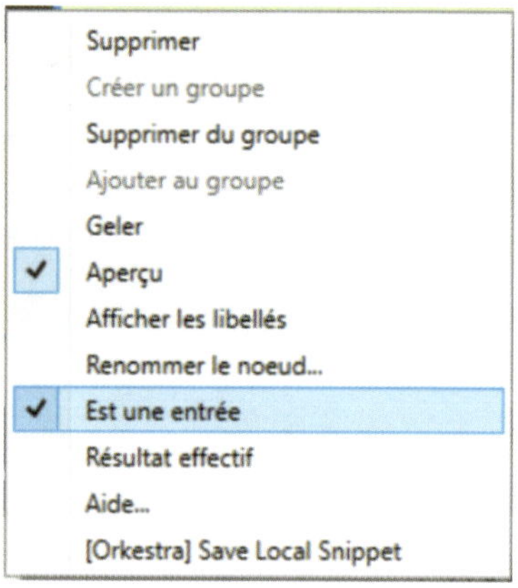

Fig. 6.20

3. Afin d'exclure les pièces qui ne sont pas incluses dans un type d'appartement spécifique, nous devons d'abord trier toutes les pièces en utilisant le paramètre qui a été utilisé pour définir les différents types d'appartements : le paramètre « Service ».

   On utilise `List.SortByFunction` pour trier les éléments à l'aide d'une fonction. Ce nœud nécessite deux entrées : la première est la liste des éléments à trier et la deuxième est la fonction qui sera utilisée pour trier les éléments.

   La première entrée est donc la liste des pièces du nœud `All Elements of Category` et la deuxième entrée sera la fonction du nœud `Element.GetParameterValueByName`.

   Notez que nous n'avons pas eu besoin de connecter la liste des pièces à l'entrée element dans `Element.GetParameterValueByName` car la liste des éléments sera traitée dans le nœud suivant.

   On écrit le nom de paramètre « Service » en utilisant un nœud `String`. Nous avons également renommé ce nœud afin de le rendre prêt à être utilisé dans le lecteur Dynamo (fig. 6.21).

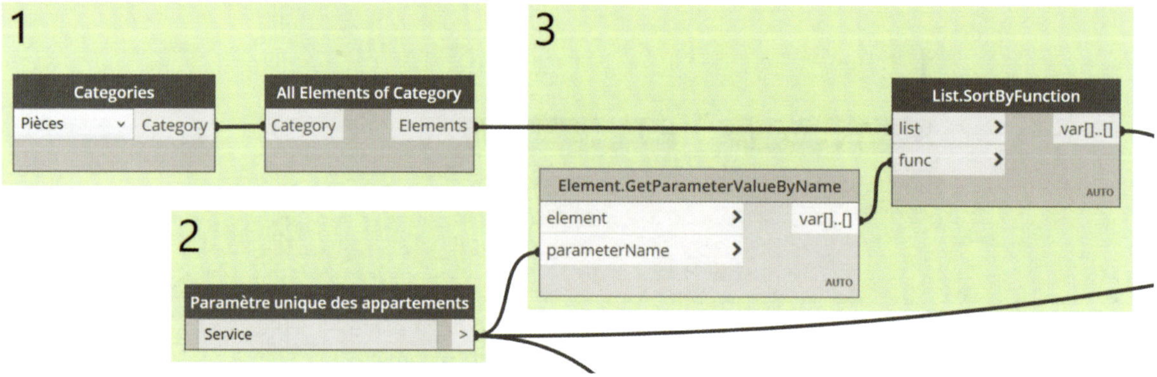

Fig. 6.21

4. L'étape suivante consiste à regrouper les pièces selon le paramètre unique qui définit les différents types d'appartements. On utilise alors le nœud `List.GroupByFunction` (fig. 6.22).

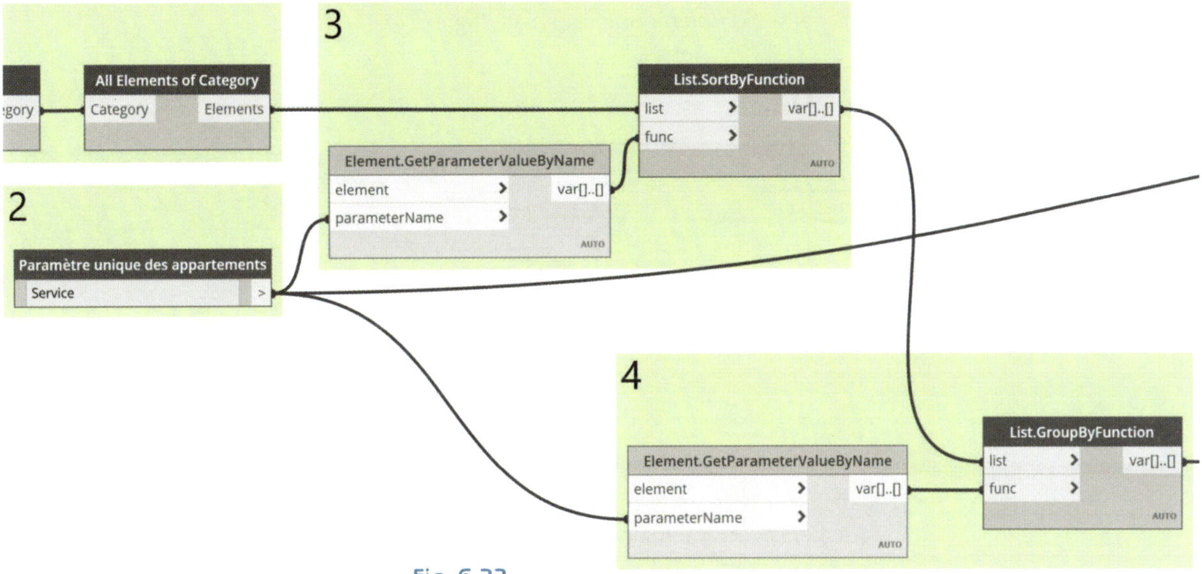

Fig. 6.22

5. Suite au regroupement des pièces par la fonction `Element.GetParameter-ValueByName`, on constate qu'un premier groupe de pièces ne possède aucune valeur de types d'appartements (à savoir, dans cet exemple, les escaliers, l'ascenseur et le hall principal). On doit donc le supprimer de la liste à l'aide du nœud `List.RestOfItems` (fig. 6.23).

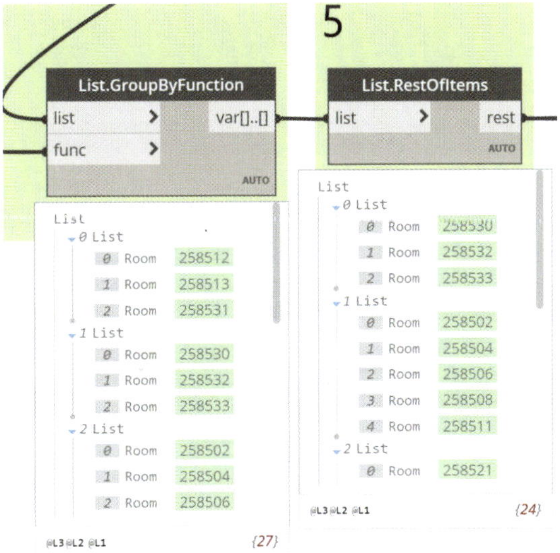

Fig. 6.23

6. Après avoir supprimé les pièces qui ne sont pas incluses dans les types d'appartements, on doit maintenant obtenir la liste unique des noms de types d'appartements. On utilise pour cela `Element.GetParameterValueByName` et `List.UniqueItems` en indiquant la fonctionnalité des niveaux à @L2. Le nœud `List.Flatten` nous permet d'obtenir une liste plate (fig. 6.24).

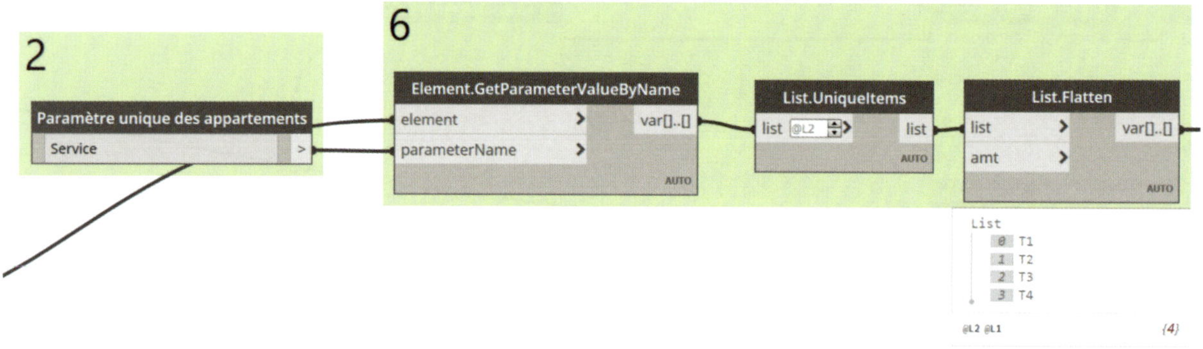

Fig. 6.24

7. Après avoir préparé et regroupé les pièces en fonction du paramètre de type d'appartements, on va maintenant créer une zone cadrée (avec des courbes) pour chaque élément de pièce. Pour ce faire, on utilise `Room.FinishBoundary` puis `PolyCurve.ByJoinedCurves`. Ces nœuds vont créer une liste de courbes pour chaque groupe de pièces dans Dynamo (fig. 6.25).

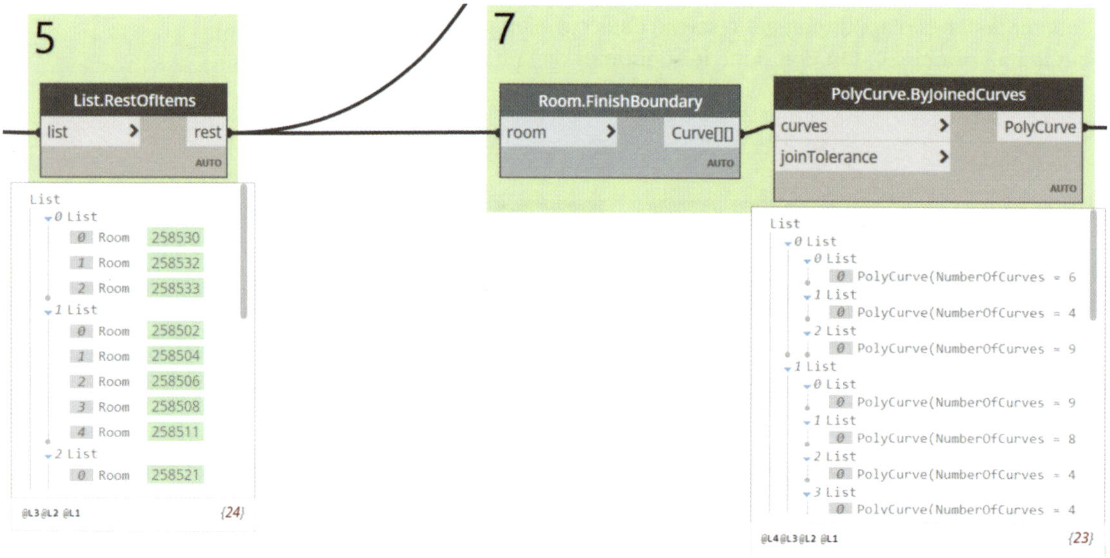

Fig. 6.25

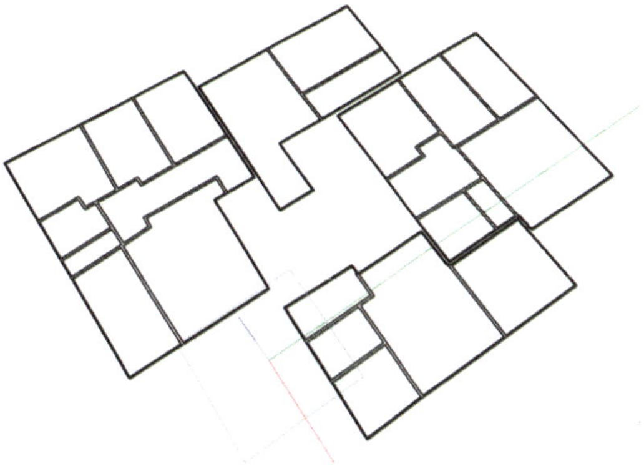

Le résultat de l'étape précédente est une liste de polycourbes (polycurves) fermées, chaque polycourbe fermée représente un élément de pièce (fig. 6.26).

Fig. 6.26

8-9. Nous avons obtenu les éléments de pièces, les types d'appartements et les limites de chaque pièce. Pour créer une vue en plan pour chaque type d'appartements, nous devons maintenant obtenir le contour de chaque groupe de pièces et pas seulement les contours de pièces. Nous utiliserons le script de la figure 6.27 pour les regrouper, chaque groupe utilisant l'intersection des solides comme logique.

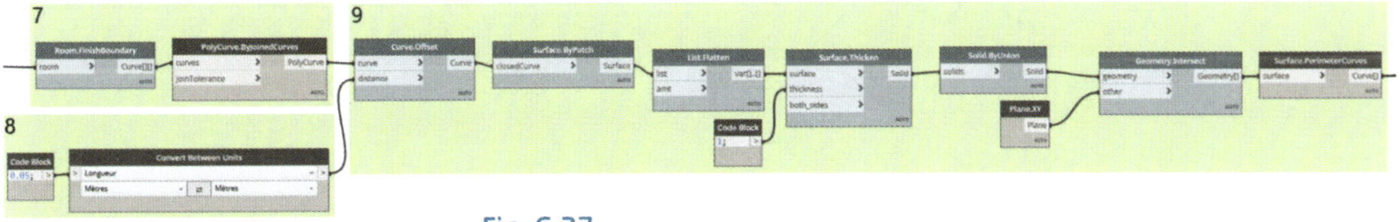

Fig. 6.27

Tout d'abord, on utilise la liste des limites de finition de la pièce pour créer un décalage de 5 cm. On obtient un autre groupe de courbes qui peuvent être utilisées pour créer une surface à l'aide du nœud `Surface.ByPatch` (fig. 6.28).

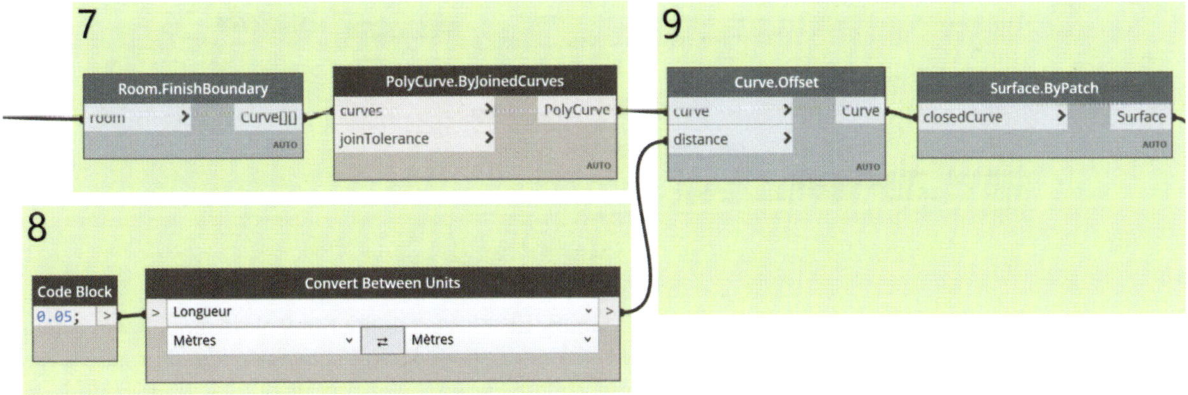

Fig. 6.28

Puis, on utilise le nœud `Surface.Thicken` pour donner une épaisseur à chaque groupe de surfaces ainsi que `Solid.ByUnion` pour créer un solide à partir des solides séparés. Ensuite, le nœud `Geometry.Intersect` permet de générer les courbes d'intersection entre le plan XY et la géométrie des groupes de pièces (fig. 6.29).

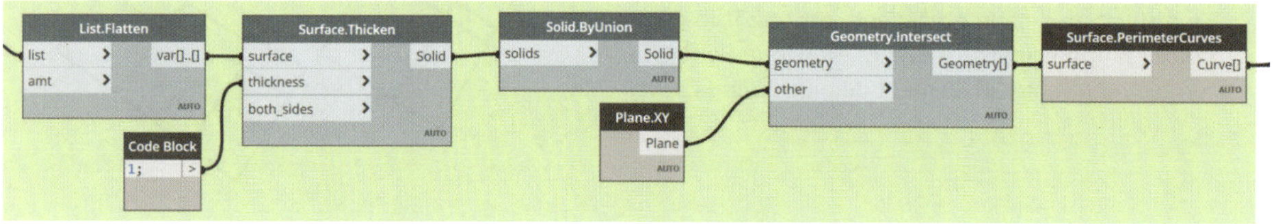

Fig. 6.29

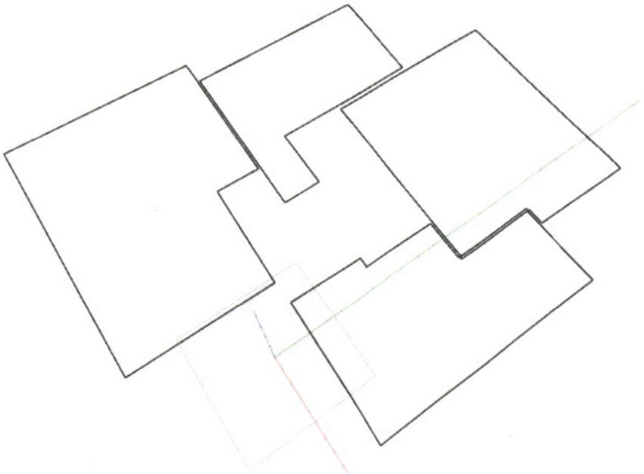

Fig. 6.30

Le résultat obtenu est une liste de polycourbes fermées, chaque polycourbe fermée représente un type d'appartements unique (fig. 6.30).

10. Les pièces sont regroupées par un paramètre unique et on dispose du contour de chaque type d'appartements. On doit maintenant créer un nom unique pour chaque vue des appartements (fig. 6.31).

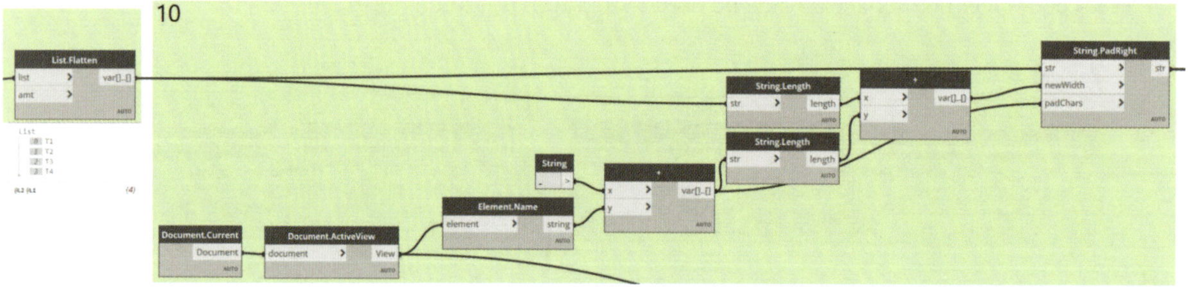

Fig. 6.31

Dans le détail, on utilise `Document.Current` pour obtenir le modèle Revit actuel et `Document.ActiveView` pour obtenir la vue active à partir du modèle Revit ouvert actuel. On utilise ensuite `Element.Name` pour obtenir le nom de la vue active et le nœud + pour ajouter un « _ » avant le nom de la vue active actuelle (fig. 6.32).

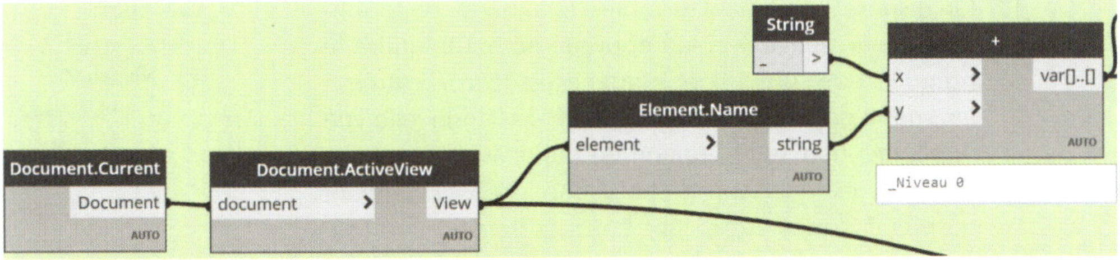

Fig. 6.32

Enfin, on utilise `String.PadRight` pour ajouter le nom du type d'appartements unique au nom de la vue active : on obtient une nouvelle liste de noms uniques, ces noms seront utilisés plus tard pour nommer les vues de chaque type d'appartements (fig. 6.33).

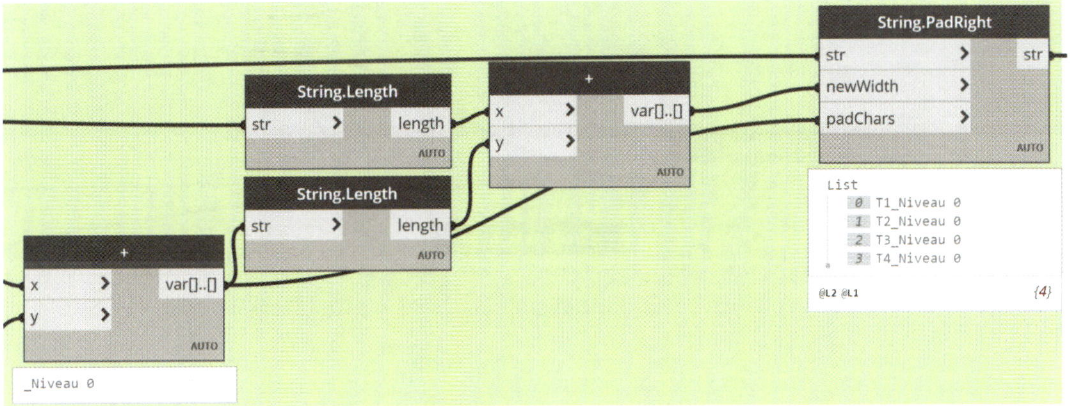

Fig. 6.33

11. On utilise `List.Cycle` afin de créer une liste de vues dupliquées de la vue active. Pour définir le nombre de vues à générer, on utilise le nœud `List.Count` qui compte le nombre de types d'appartements uniques. Dans cet exercice, le nœud `List.Count` a une valeur de 4, c'est pourquoi le nœud `List.Cycle` a créé une liste de 4 valeurs du même élément de vue actif (fig. 6.34).

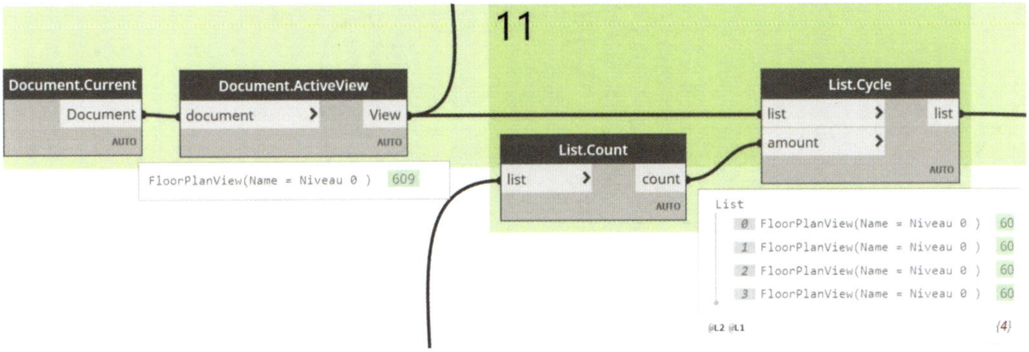

Fig. 6.34

12. On dispose maintenant de toutes les entrées pour dupliquer la vue active avec un nouveau nom. On utilise le nœud `Views.Duplicate` qui nécessite trois entrées : les vues à dupliquer (views), le nom de la nouvelle vue dupliquée (name) et l'option de duplication (options). Dans cet exercice, on a choisi l'option AsDependent du nœud `Duplicate Options` qui créera une liste de vues groupées avec la vue parent (fig. 6.35 et 6.36).

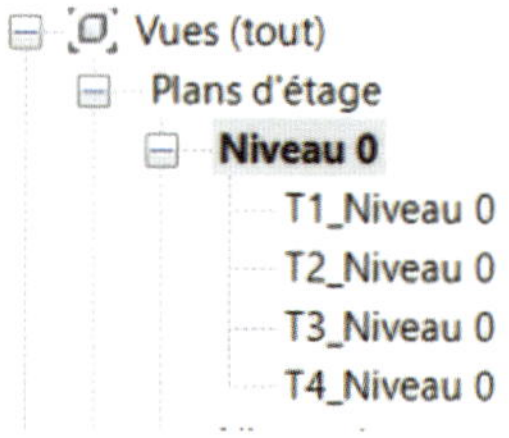

Fig. 6.36

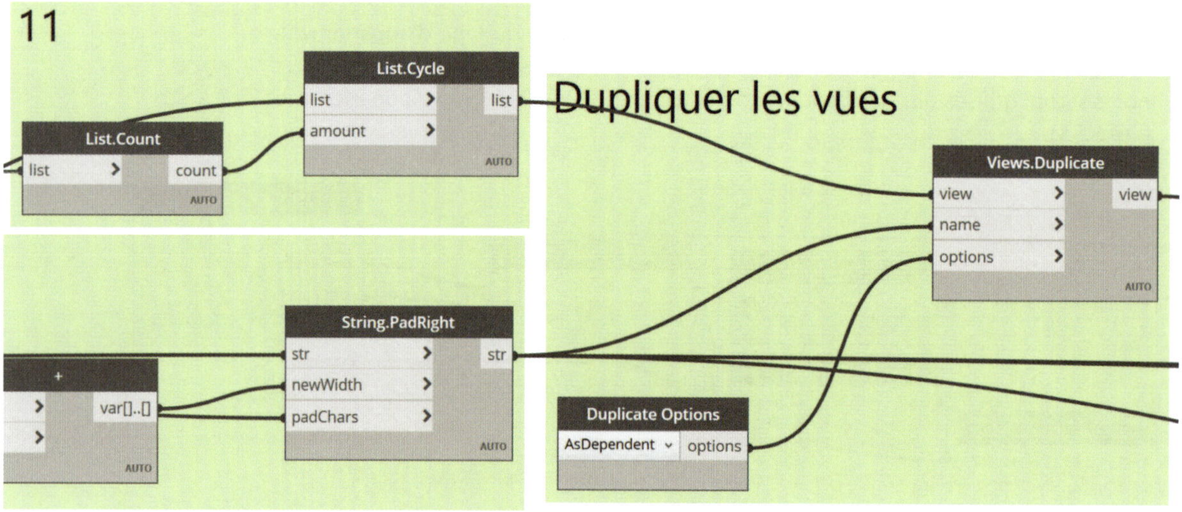

Fig. 6.35

13. La dernière étape consiste à utiliser les contours des appartements pour rogner les zones de vue des nouvelles vues (fig. 6.37). Pour ce faire, on utilise `SetCropRegion` avec en entrées la liste des vues dupliquées et la liste des courbes (`Surface.PerimeterCurves`).

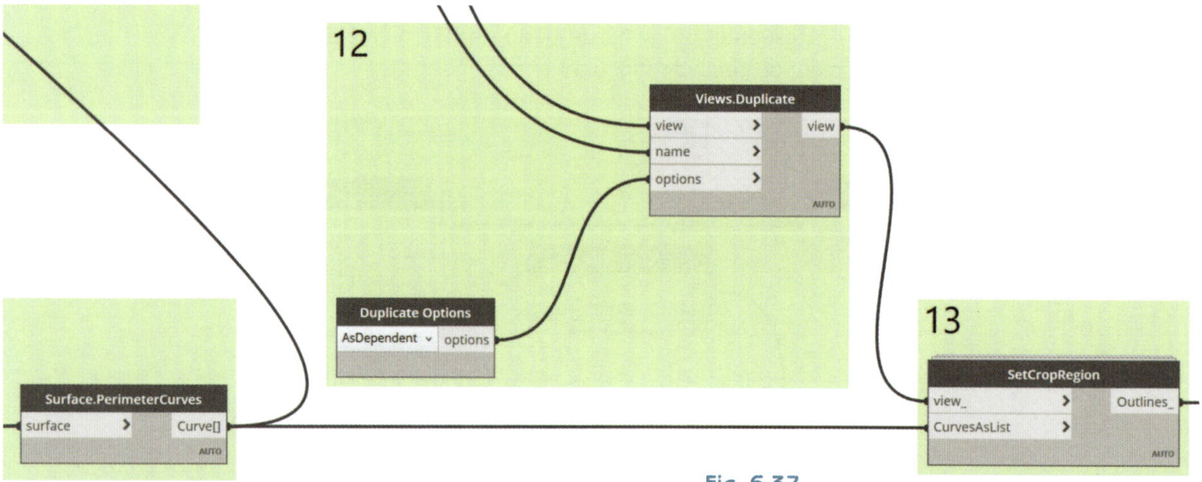

Fig. 6.37

À la fin de cet exercice, on obtient quatre vues en plan dupliquées à partir d'une vue en plan. Chaque nouvelle vue est recadrée pour afficher un type d'appartements (fig. 6.38).

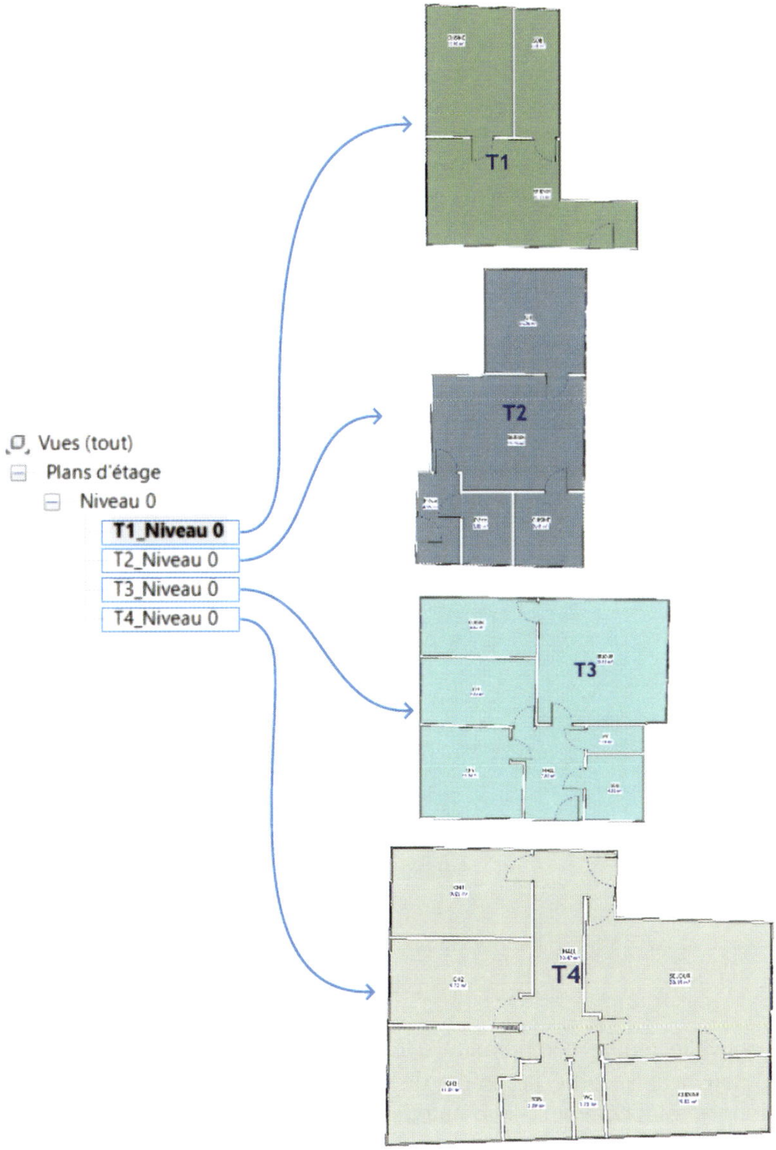

Fig. 6.38

Exercice 6.2 CRÉER DES FEUILLES ET AJOUTER DES VUES AUX FEUILLES

Temps estimé : 10 min

Difficulté : **

Document : le fichier correspondant à cet exercice est disponible (au format Dynamo 2.0.3) dans le contenu qui accompagne cet ouvrage, il est nommé **CH06_EX01_2.0.3_Réaliser des plans de vente_P1.dyn**.

Prérequis : les packages Archi-lab, Data-shapes et SteamNodes doivent être installés.

Objectif : apprendre à créer des feuilles et à placer des vues en plans dans de nouvelles feuilles.

Ce deuxième exercice de la série de création de plans de vente dans Revit concerne les feuilles. Ici, nous utiliserons une famille de cartouches et la liste des vues de l'exercice précédent (fig. 6.39).

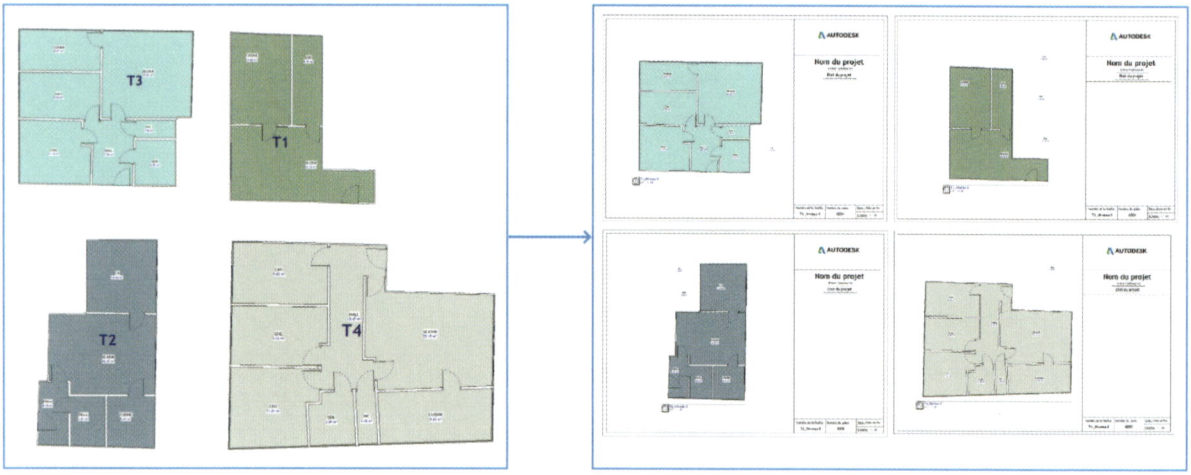

Fig. 6.39

Chaque nouvelle feuille comprendra la famille de cartouche (fig. 6.40). Dans cet exemple, nous avons utilisé la famille de cartouches par défaut qui comprend des informations simples comme le logo Autodesk®, le nom du projet, l'échelle, le nom de la vue, etc.

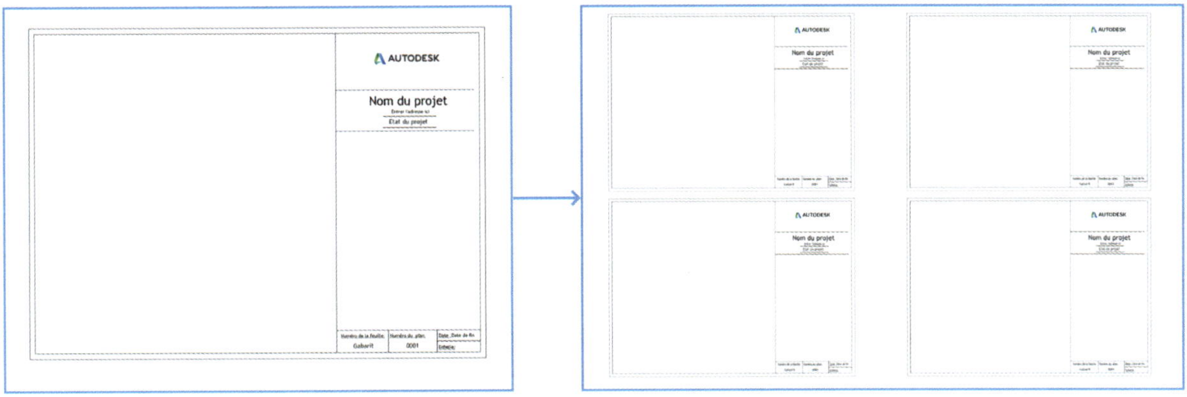

Fig. 6.40

La feuille de modèle comprendra au moins deux éléments (fig. 6.41) :

- La famille de cartouches qui sera dupliquée et utilisée pour les nouvelles feuilles.
- Une vue en plan : les coordonnées de cette vue serviront de référence pour placer les vues dupliquées au bon endroit dans les nouvelles feuilles.

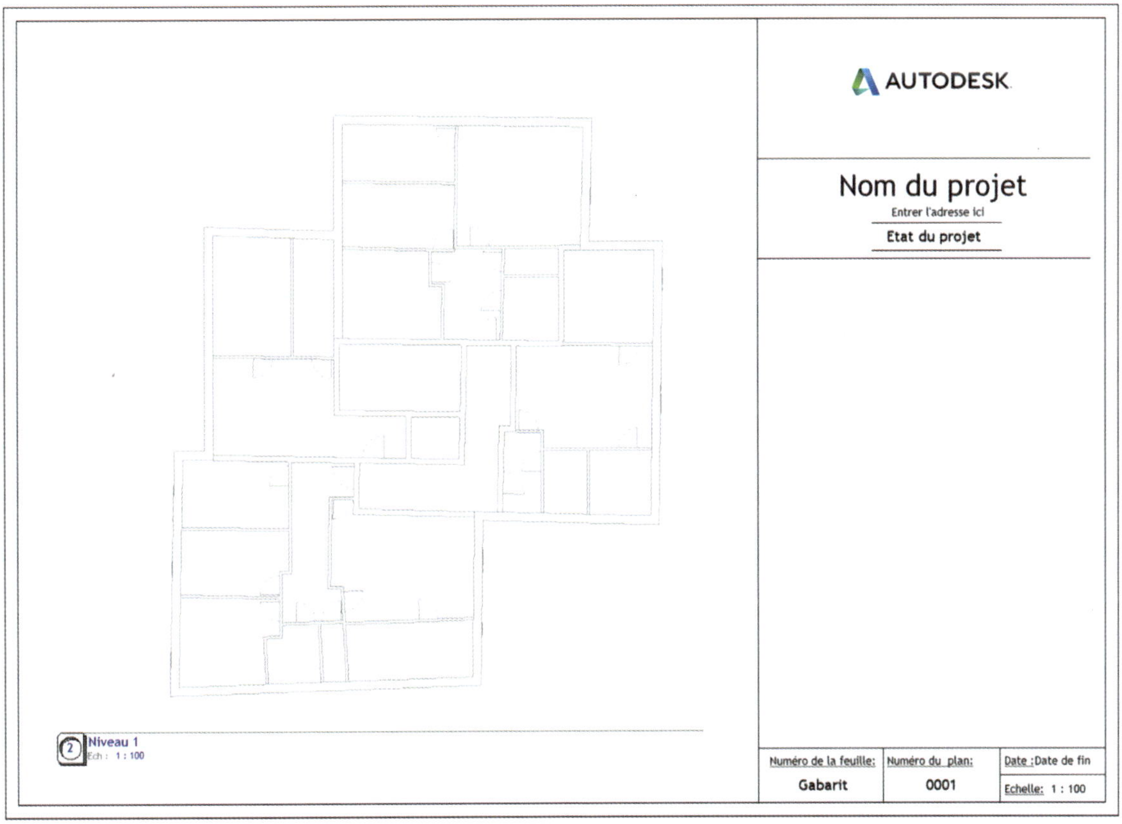

Fig. 6.41

On prend le script ainsi que la liste des vues de l'exercice précédent comme point de départ. On va commencer par chercher une feuille modèle qui sera utilisée pour créer les feuilles pour les nouveaux types d'appartements. Ces prochaines étapes sont présentées sur le script de la figure 6.42.

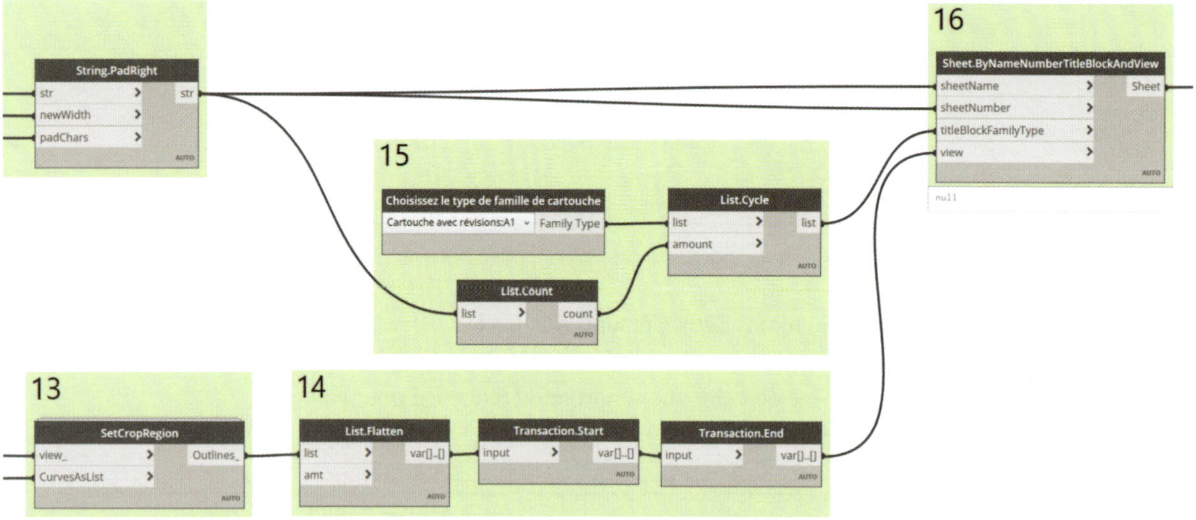

Fig. 6.42

14-16. On utilise le nœud `Sheet.ByNameNumberTitleBlockAndView` pour créer une feuille Revit avec un nom, un numéro, un cartouche et une collection de vues. Cette méthode permettra « d'emballer » automatiquement la vue sur la feuille.

Le nœud nécessite quatre entrées :

- sheetName : le nom de la nouvelle feuille créée.
- sheetNumber : les numéros des nouvelles feuilles créées.
- titleBlockFamilyType : la famille de cartouche qui sera utilisée pour les nouvelles feuilles.
- view : la liste des vues qui seront placées dans les feuilles.

Pour la première étape, on utilise la liste de noms créée dans l'exercice précédent à partir de `string.PadRight` (étape 10) que l'on connecte aux entrées sheetName et sheetNumber (fig. 6.43) – cela signifie que les numéros et les noms des feuilles seront les mêmes ; on peut sinon créer d'autres valeurs pour les nombres.

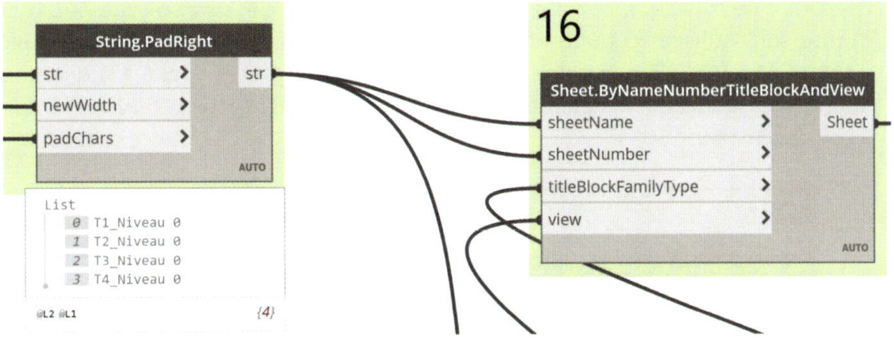

Fig. 6.43

Pour la troisième entrée, on doit créer une liste de familles de cartouches qui sera utilisée pour créer les feuilles (fig. 6.44).

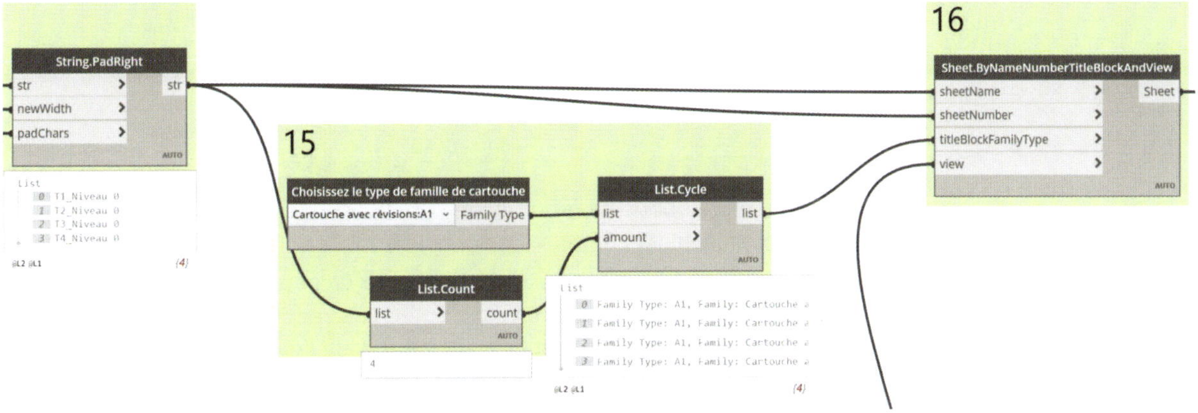

Fig. 6.44

On utilise le nœud `Choisissez le type de famille de cartouche` pour afficher tous les types de familles de cartouches disponibles dans le modèle Revit. Il s'agit en fait du nœud `Family Types` renommé pour les besoins du projet et auquel on attribue l'option « Est une entrée » pour qu'il reste visible comme entrée dans l'interface du lecteur Dynamo.

Afin que les entrées aient la même longueur (4 feuilles/4 vues en plan donc 4 éléments dans chaque liste d'entrées), on utilise le nœud `List.Cycle` qui prendra une liste d'entrée et renverra une nouvelle liste composée de la liste d'entrée répétée selon le nombre d'entrées.

Les sorties de `Choisissez le type de famille de cartouche` et `List.Count` sont utilisées comme entrées du nœud `List.Cycle`. Le résultat obtenu est une liste de 4 éléments de la même famille de cartouche (fig. 6.45) que nous utilisons ensuite comme entrée pour le nœud `Sheet.ByNameNumberTitleBlockAndView`.

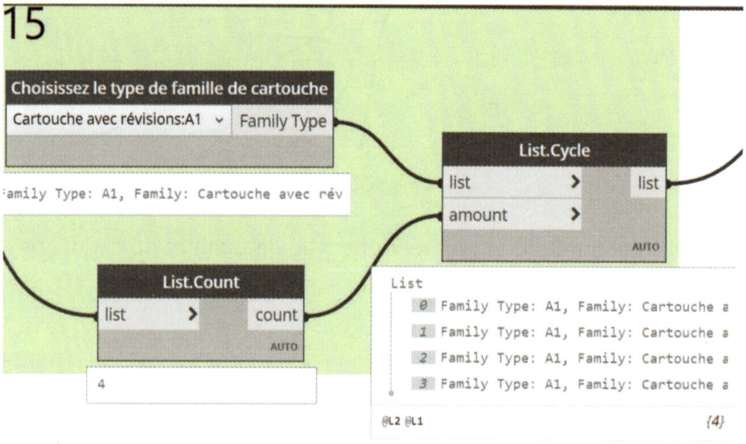

Fig. 6.45

La dernière entrée pour ce nœud (view) est la liste des vues, on utilise celle de l'exercice précédent (fig. 6.46).

À noter, le nœud `List.Flatten` est utilisé pour créer une liste aplatie à partir des vues et les nœuds `Transaction.Start` et `Transaction.End` permettent de vérifier que le document Revit est bien actualisé avant l'exécution du nœud `Sheet.ByNameNumberTitleBlockAndView`.

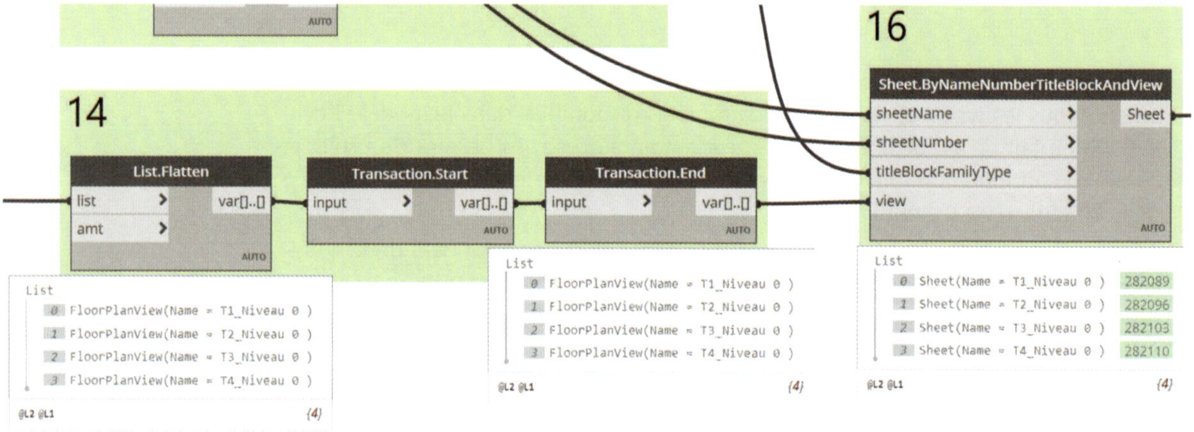

Fig. 6.46

Ce processus va créer une liste de quatre feuilles et placer automatiquement les vues d'entrée dans chaque feuille.

17. La dernière étape de cet exercice consiste à aligner les vues au bon endroit dans les nouvelles feuilles créées à l'aide du nœud `Tool.AlignSheetViewsFromTemplateSheet` (fig. 6.47). C'est ici que nous utiliserons le modèle de feuille que nous avions prédéfini dans le modèle Revit (voir fig. 6.41).

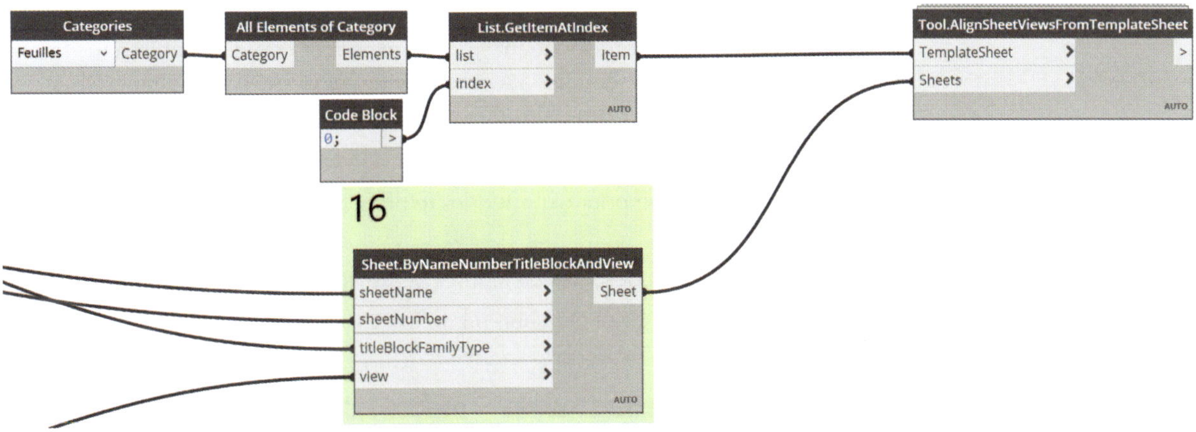

Fig. 6.47

Le résultat final est présenté sur la figure 6.48.

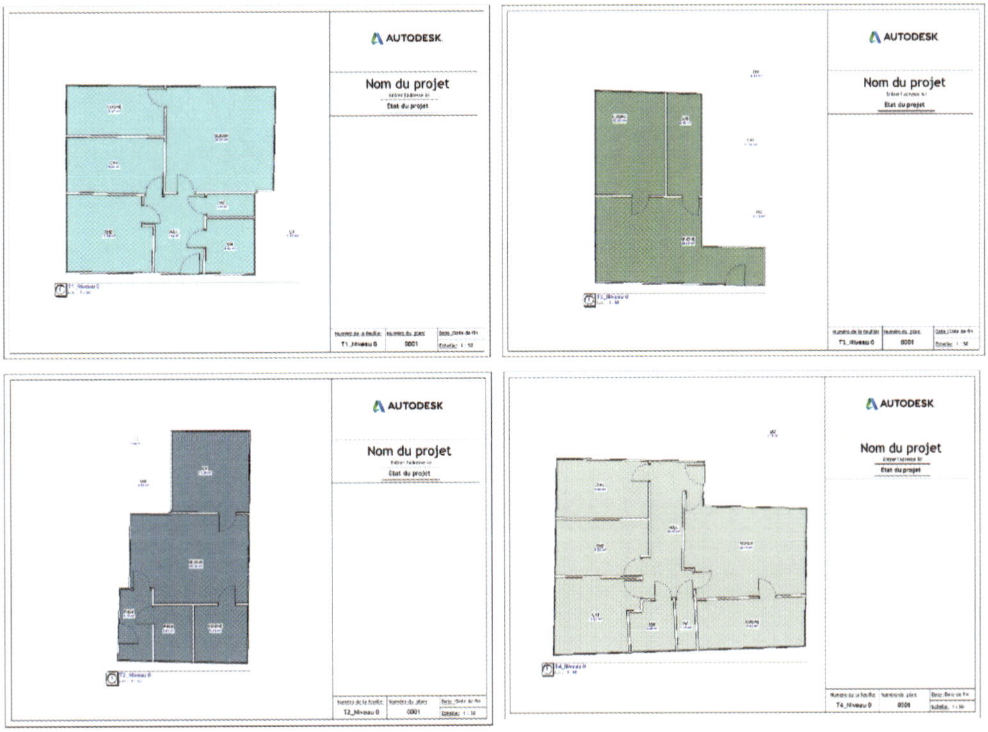

Fig. 6.48

Exercice 6.3 EXPORTER DES FEUILLES AU FORMAT PDF

Temps estimé : 10 min

Difficulté : **

Document : le fichier correspondant à cet exercice est disponible (au format Dynamo 2.0.3) dans le contenu qui accompagne cet ouvrage, il est nommé **CH06_EX01_2.0.3_Réaliser des plans de vente_P2.dyn**.

Prérequis : les packages Archi-lab et GenuisLoci, doivent être installés.

Objectif : utiliser Dynamo pour exporter des feuilles en format PDF.

Cet exercice est dans la continuité des deux précédents exercices, il concerne la troisième phase : l'export des vues de feuilles de Revit au format PDF.

La figure 6.49 présent le script Dynamo final.

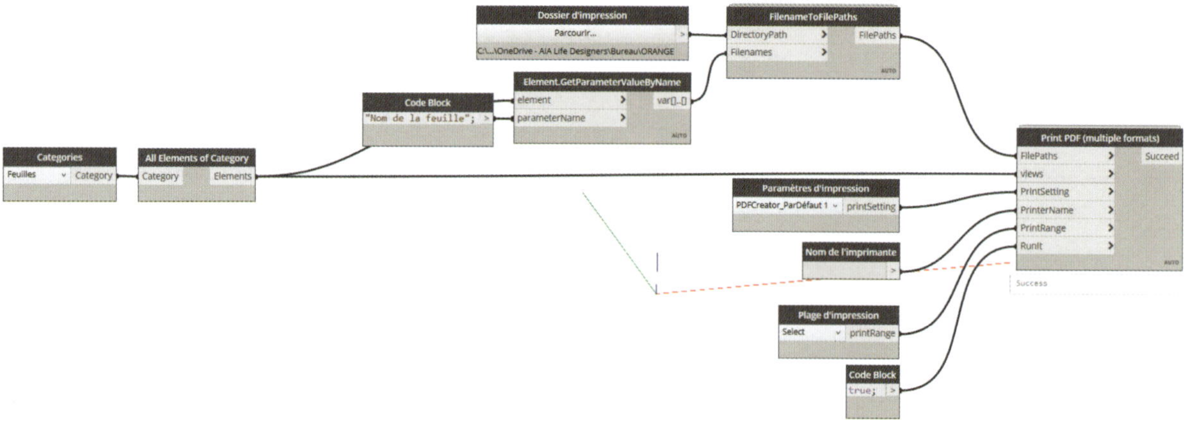

Fig. 6.49

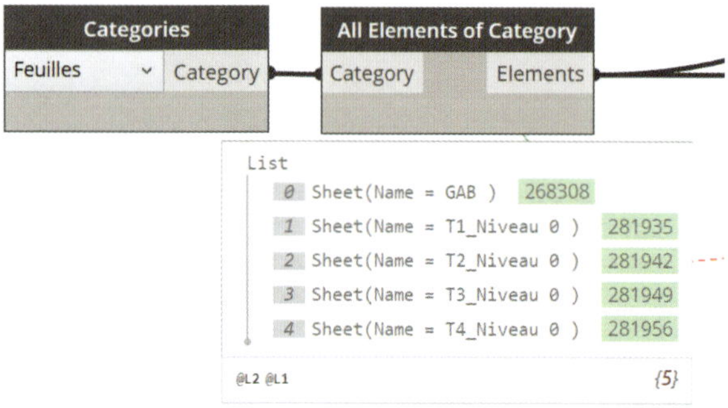

Fig. 6.50

1. Dans ce script, on utilisera les feuilles créées pour le processus d'exportation.

   Pour cet exercice, on considérera que ces 4 feuilles représentent toutes les feuilles du modèle Revit actuel et qu'elles doivent toutes être exportées.

   Pour ce faire, on commence par utiliser les nœuds `Categories` et `All Elements of Category` qui nous donne la liste des feuilles dans la maquette Revit (fig. 6.50).

2. L'étape suivante consiste à préparer une liste de chemins et de noms de fichiers qui seront utilisés pour donner des noms aux feuilles exportées. On utilise le nœud `FileNameToFilePaths` qui nécessite en entrées la sortie du nœud `Dossier d'impression` (ex-`Directory Path`) et une liste de noms de fichiers (fig. 6.51).

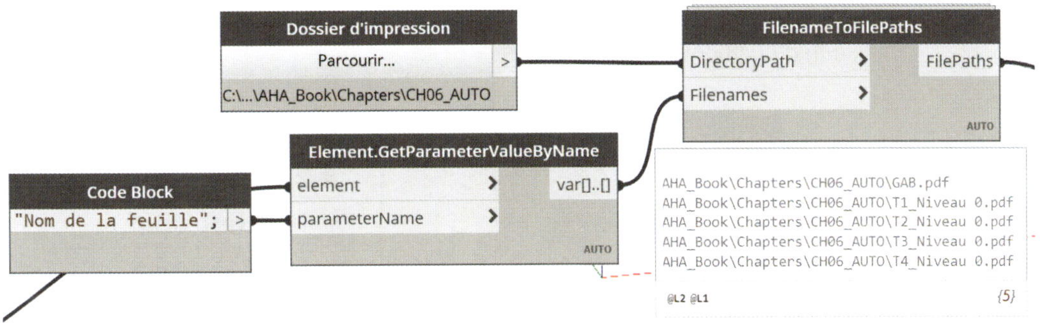

Fig. 6.51

3. La dernière étape consiste à imprimer les feuilles au format PDF, on utilise le nœud `Print PDF (multiple formats)` (fig. 6.52) :

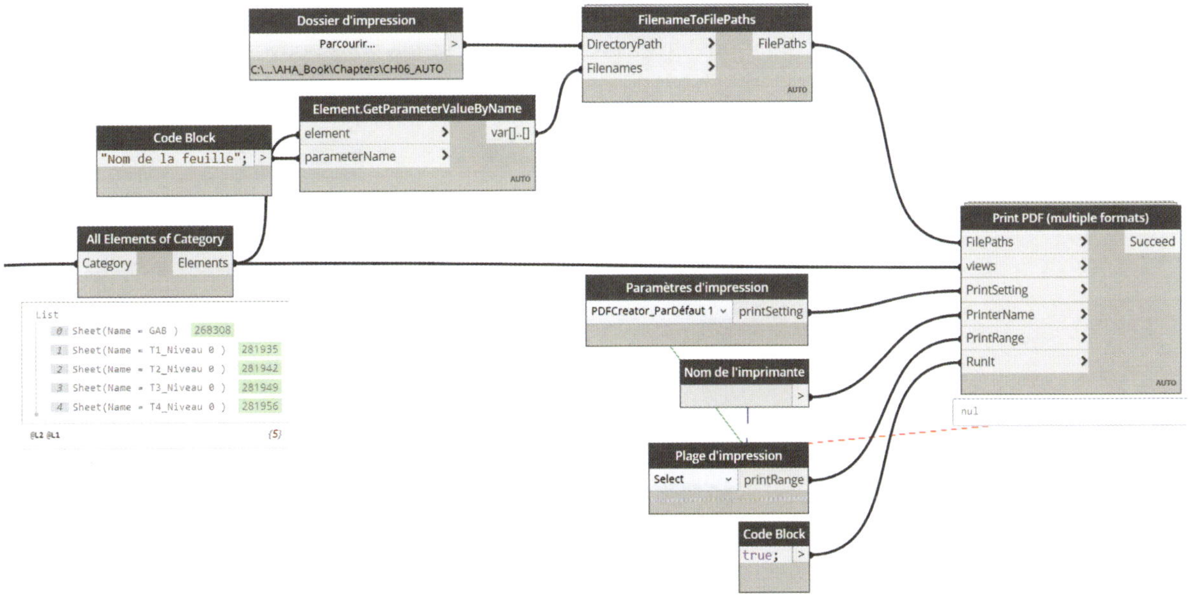

Fig. 6.52

- le nœud `FilenameToFilePaths` est connecté à l'entrée FilePaths, la liste des vues de feuille est connectée à l'entrée views ;
- le nœud `printSetting` qui affiche une liste de tous les paramètres d'impression dans le modèle Revit est connecté à l'entrée PrintSetting ;
- « PDFCreator », c'est le nom de l'imprimante PDF de l'ordinateur pour cet exemple est connecté à l'entrée PrinterName ;

- le nœud `Print Range` qui permet de choisir une valeur (Select) est connecté à l'entrée PrintRange ;
- enfin un nœud `Code Block` est connecté l'entrée RunIt pour exécuter ou arrêter le nœud grâce à une valeur True.

  Si le processus se termine avec succès, le nœud `Print PDF (multiple formats)` affichera le mot « Success » et Dynamo créera des fichiers PDF dans le chemin du fichier sélectionné (fig. 6.53).

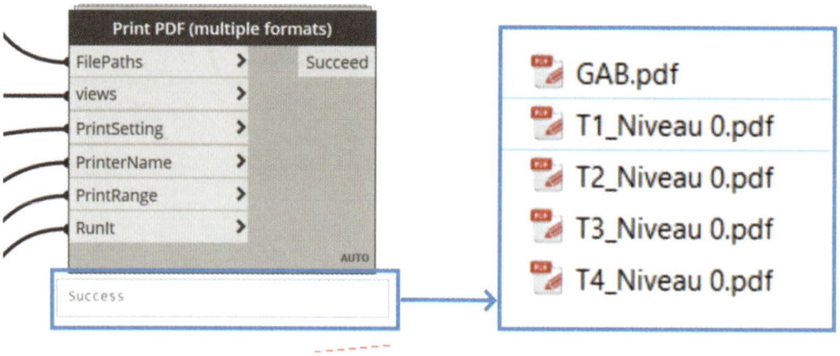

Fig. 6.53

À noter, pour une meilleure lisibilité du script, vous pouvez renommer vos nœuds (voir fig. 6.52 et 6.54).

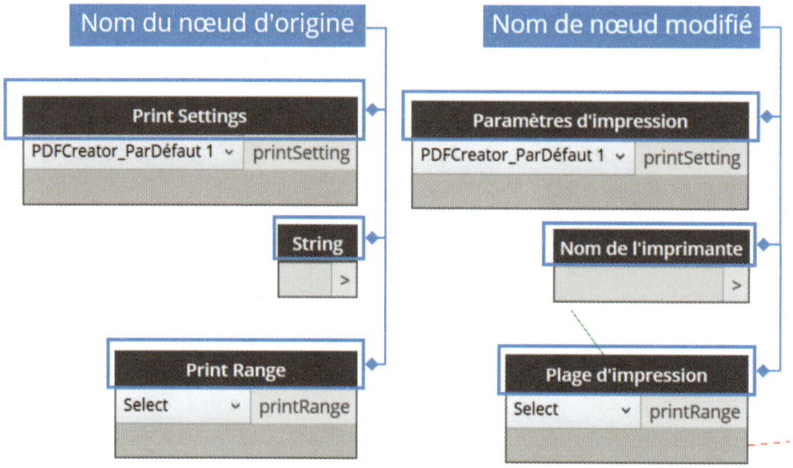

Fig. 6.54

UTILISER LE LECTEUR DYNAMO POUR LIRE LES SCRIPTS

Exercice 6.4

Temps estimé : 10 min

Difficulté : *

Document : les fichiers correspondants à cet exercice sont disponibles (au format Dynamo 2.0.3) dans le contenu qui accompagne cet ouvrage, ils sont nommés **CH06_EX01_2.0.3_Réaliser des plans de vente_P1.dyn** et **CH06_EX01_2.0.3_Réaliser des plans de vente_P2.dyn**.

Prérequis : aucun.

Objectif : utiliser le lecteur Dynamo pour lire un script.

Dans cet exercice, nous allons apprendre à tester et à utiliser les scripts des exercices précédents dans le lecteur Dynamo.

La première chose à faire est de vérifier que le script Dynamo sera lu correctement par le lecteur :

- **Extension des scripts** : assurez-vous que l'extension du script Dynamo est bien .dyn et non .DYN (fig. 6.55).

Fig. 6.55

- **Vérification des nœuds d'entrée** : au cours des étapes de l'exercice précédent, nous avons attribué la valeur « Est une entrée » à certains nœuds car nous avions besoin de l'interaction de l'utilisateur et de promouvoir l'utilisateur pour faire des entrées dans le script (fig. 6.56). Assurez-vous de ne pas en avoir oublié.

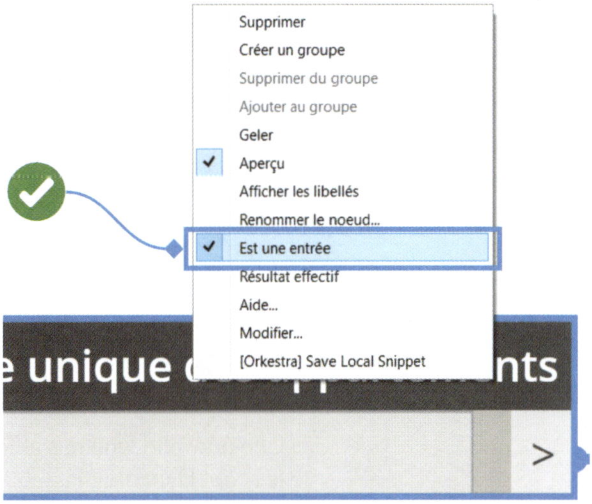

Fig. 6.56

Dans un deuxième temps, on doit indiquer le chemin vers le dossier où sont enregistrés les scripts Dynamo sur l'ordinateur afin que le lecteur puisse les répertorier dans la fenêtre des scripts (fig. 6.57).

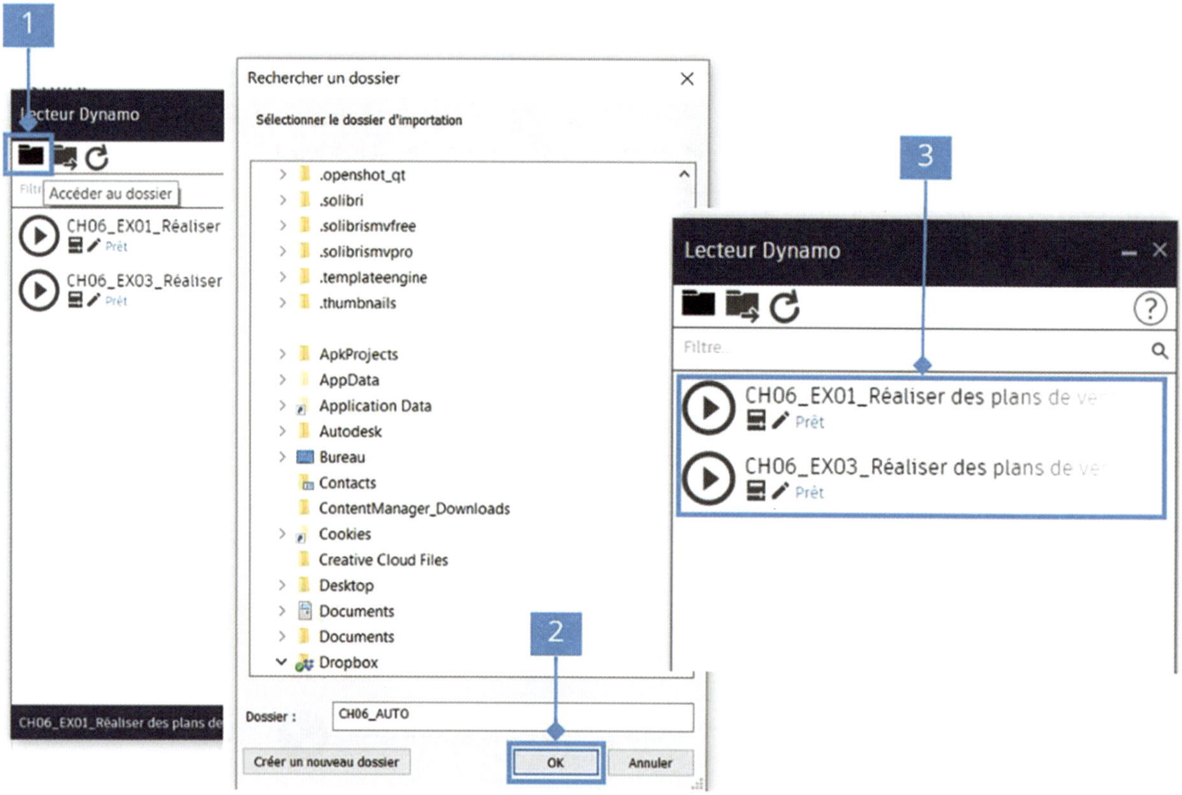

Fig. 6.57

Enfin, on teste le script *via* le lecteur :

1. La première étape est d'ouvrir le lecteur Dynamo à partir du Menu Gérer > Visual Programming > Lecteur Dynamo. Indiquez ensuite l'emplacement du script (voir fig. 6.57). Cliquez ensuite sur l'icône de modification les entrées (fig. 6.58).

Fig. 6.58

2. Une nouvelle fenêtre s'affiche, elle déroule les nœuds indiqués comme entrée dans le script Dynamo (fig. 6.59). Le mot « Prêt » (en bleu) est une notification indiquant que le script est prêt à être exécuté.

Fig. 6.59

3. On modifie les valeurs en fonction des besoins du projet, puis on clique sur l'icône « Exécuter » (fig. 6.60).

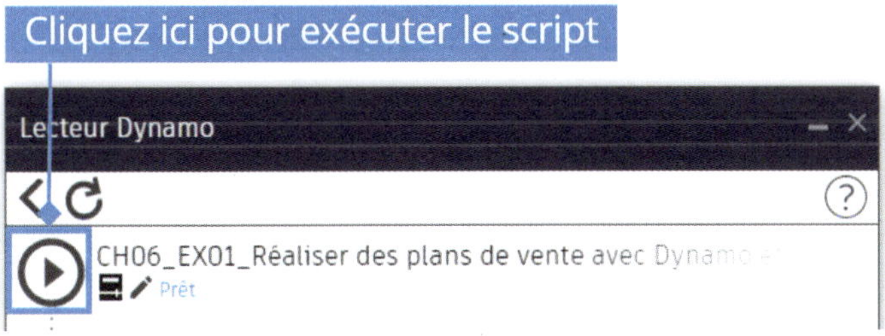

Fig. 6.60

4. Une fois le script exécuté, Dynamo affiche une notification indiquant que l'exécution est terminée (fig. 6.61).

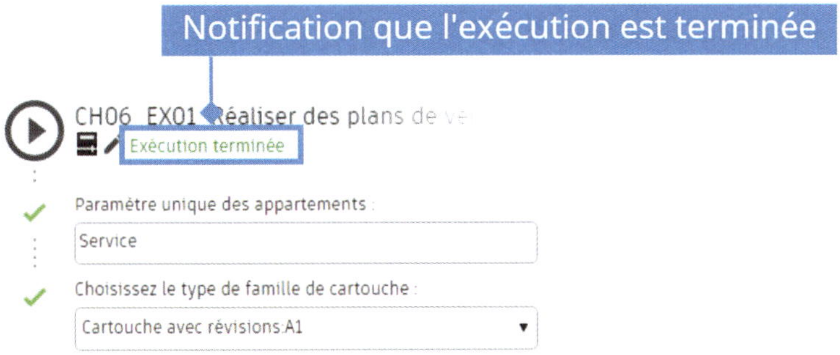

Fig. 6.61

Dans ce script, les nœuds que nous avions indiqués comme entrées étaient visibles dans le lecteur Dynamo (fig. 6.62) :

- Le nœud `Paramètre unique des appartements` a été utilisé comme entrée dans le lecteur Dynamo, elle montre le titre et la zone de saisie pour que l'utilisateur écrive le nom du paramètre.
- Le nœud `Types de familles` a également été utilisé pour afficher une liste déroulante des familles de cartouches disponibles dans le modèle Revit donnant ainsi à l'utilisateur la possibilité de sélectionner la famille la plus adaptée à son besoin.

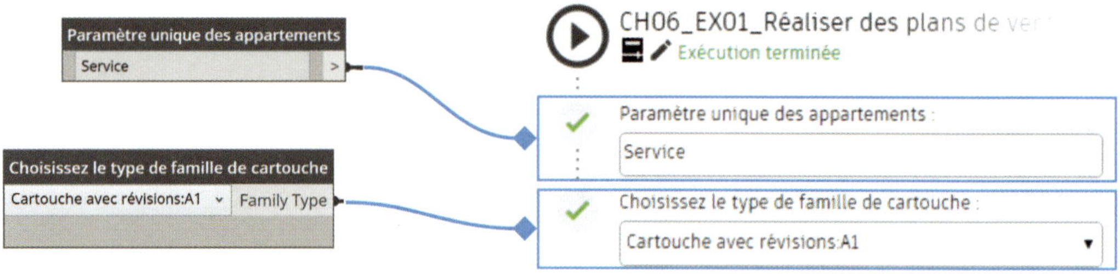

Fig. 6.62

5. Après avoir exécuté le script, les vues et les feuilles sont créées dans le modèle Revit (fig. 6.63).

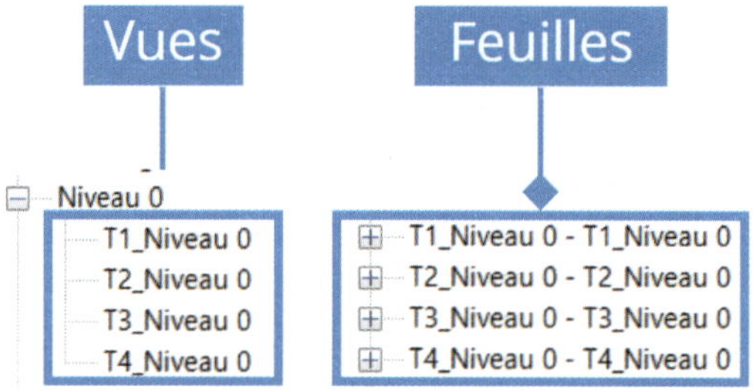

Fig. 6.63

6. On peut maintenant exécuter le script d'export des vues au format PDF. Sélectionnez le script dans le lecteur puis cliquez sur l'icône « Modifier les entrées ». Une fenêtre apparaît montrant les nœuds que nous avions indiqués comme entrées dans le script Dynamo (fig. 6.64).

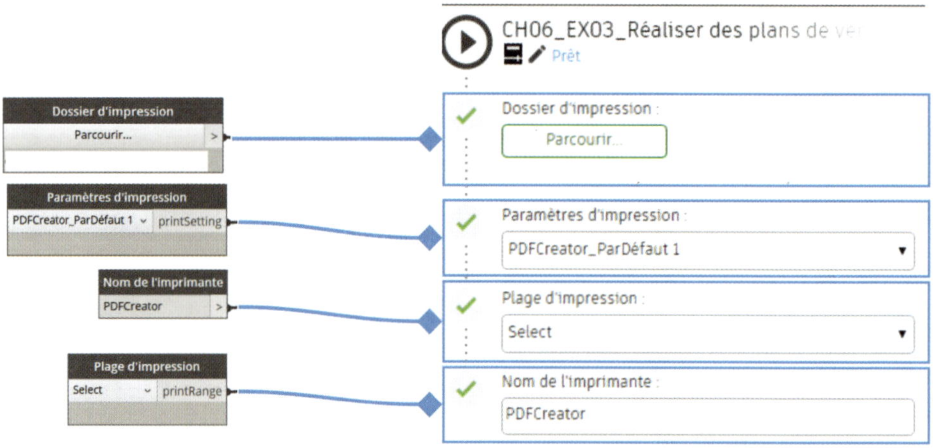

Fig. 6.64

Fig. 6.65

7. Après avoir modifié les entrées selon vos besoins, exécutez le script. Les fichiers PDF seront exportés vers le dossier choisi (fig. 6.65).

Chapitre 7

La modélisation d'éléments 3D

Dans ce chapitre, nous allons explorer les bases de la géométrie dans Dynamo – on parle également de géométrie algorithmique. Nous verrons comment elle peut être générée à l'aide de Dynamo et transformée sur Revit.

Objectifs d'apprentissage dans ce chapitre :

- Comprendre la géométrie dans Dynamo.
- Placer des éléments dans le plan.
- Intégrer des géométries (familles Revit) par pièce.
- Modéliser des toits de forme libre.

1. La géométrie algorithmique

Dynamo offre à l'utilisateur un grand nombre d'options pour la conception et l'automatisation des processus. Afin de comprendre comment on peut analyser ou générer des géométries *via* Dynamo, il faut d'abord être conscients de la géométrie avec laquelle on travaille et comment elle a été créée.

Un célèbre modèle 3D « Stanford Bunny » (ou lapin de Stanford, fig. 7.1) peut nous aider à comprendre ce qu'est la géométrie algorithmique. Ce modèle a été utilisé afin de tester la diversité et la complexité de la géométrie pour la synthèse d'images. Il a été créé en 1994 par Greg Turk et Marc Levoy à l'université de Stanford.

Le lapin de Stanford (source : Trevorgoodchild, Wikipedia)

Fig. 7.1

Grâce à ce modèle, nous pouvons observer que :

- la géométrie est faite de données : le niveau de détail est dans le nombre de données fournies ;
- la géométrie repose sur l'abstraction : les éléments géométriques sont décrits par des valeurs numériques, des relations et des formules dans un système de coordonnées spatiales donné ;
- la géométrie possède une hiérarchie (ou dimensionnalité) : les points s'assemblent pour former des lignes, les lignes s'assemblent pour former des surfaces, et les surfaces s'assemblent pour former des solides etc.

La dimensionnalité des éléments

La dimensionnalité correspond au nombre de dimensions de l'espace dans lequel vit un objet (au sens du nombre de directions indépendantes). C'est un descripteur facile pour les choses que nous modélisons dans Dynamo.

Le nombre de dimensions nécessaires pour décrire une forme nous donne un indice sur la façon dont la géométrie est organisée hiérarchiquement.

Par exemple, le script de la figure 7.2, nous permet de démarrer à la dimension 0 (point) et de terminer à la dimension 3 (cube).

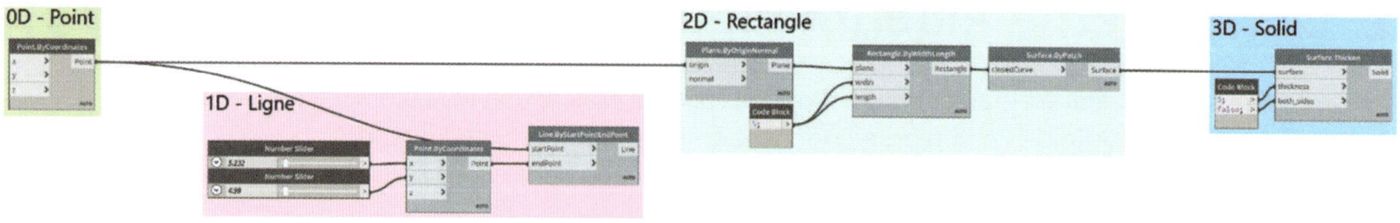

Fig. 7.2

- **00 – Point** (fig. 7.3) : un point (défini par des coordonnées) n'a aucune dimension, ce sont juste des nombres décrivant chaque coordonnée.

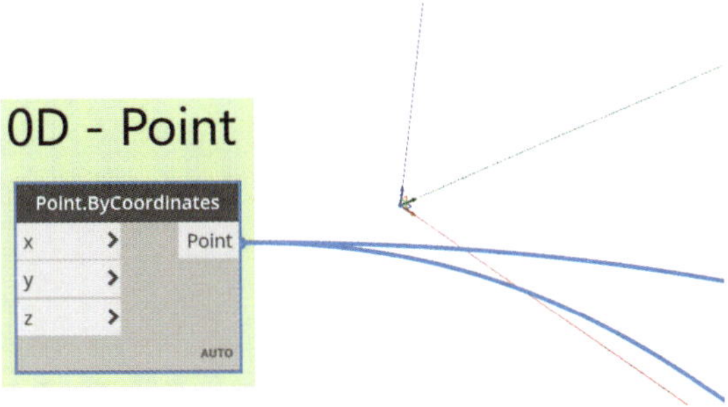

Fig. 7.3

- **1D – Ligne** (fig. 7.4) : une ligne (définie par deux points) a maintenant une dimension ; nous pouvons « marcher » sur la ligne soit vers l'avant (direction positive), soit vers l'arrière (direction négative).

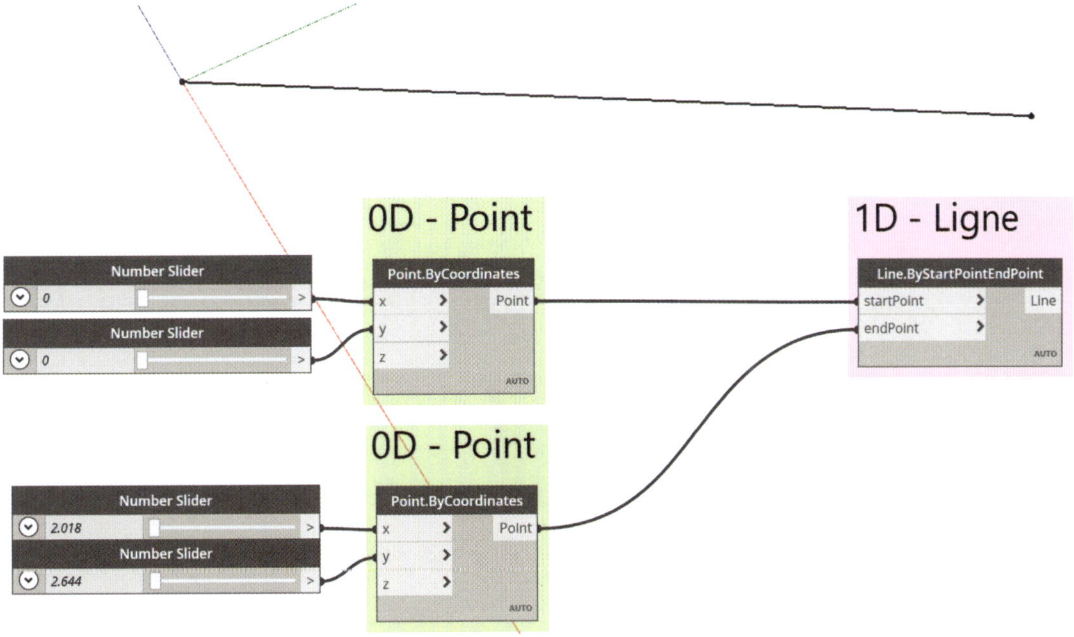

Fig. 7.4

- **2D – Rectangle** (fig. 7.5) : un rectangle (défini par deux lignes) a deux dimensions ; marcher plus à gauche ou plus à droite est maintenant possible.

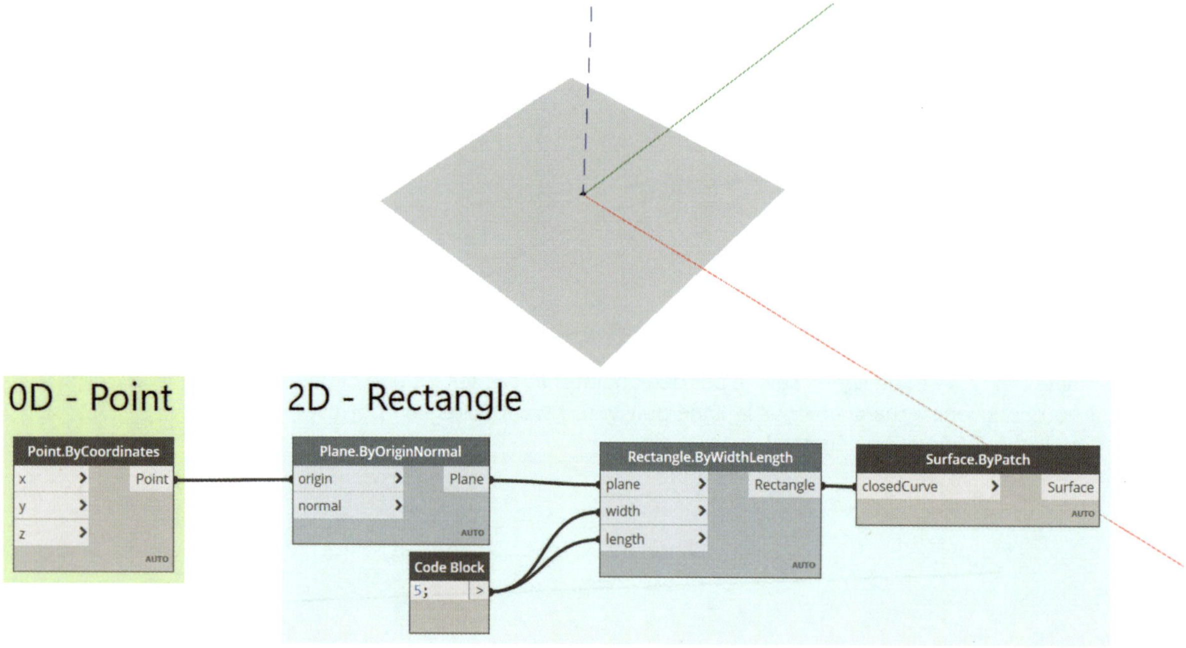

Fig. 7.5

- **3D – Solid** (fig. 7.6) : une boîte (définie par deux plans) a trois dimensions ; nous pouvons définir une position par rapport au haut ou au bas.

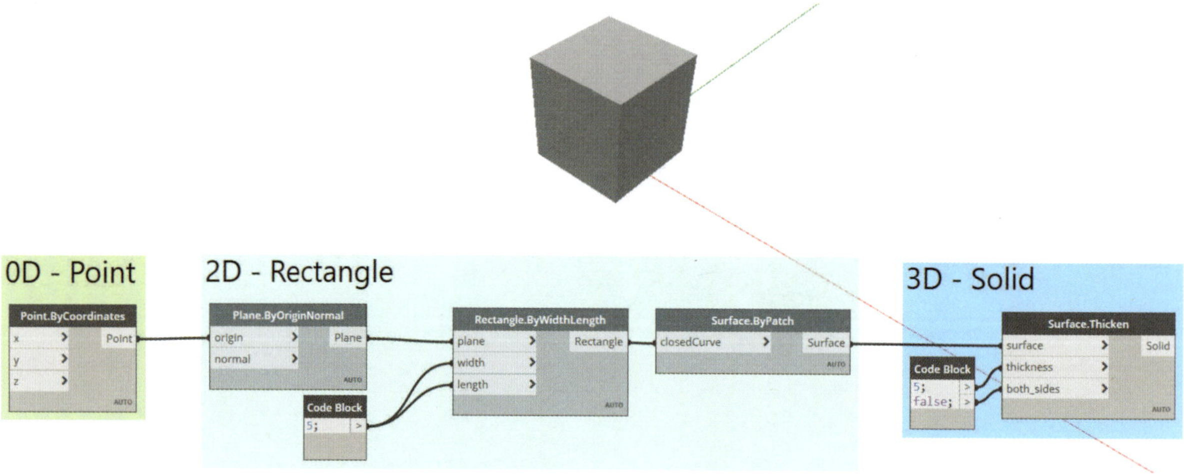

Fig. 7.6

Pour une courbe de type NURBS (fig. 7.7), par exemple, on utilisera trois points et non deux points ou deux lignes.

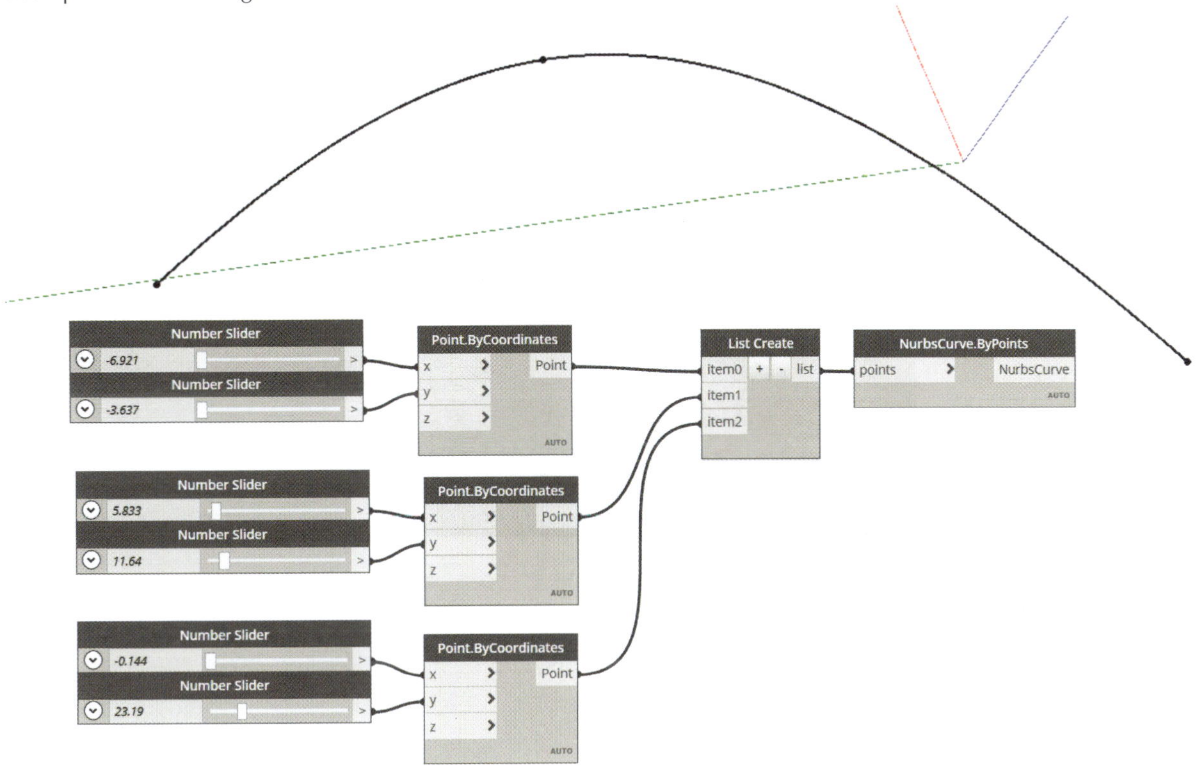

Fig. 7.7

Pour trouver le meilleur moyen de générer ou de modifier une géométrie, il faut comprendre comment elle a été catégorisée.

Les nœuds de géométrie sous Dynamo

Dynamo possède de nombreux nœuds qui permettent de générer des types de géométries. Ils se trouvent dans le groupe Geometry de la bibliothèque de nœuds (fig. 7.8).

Chaque groupe contient plusieurs sous-groupes et chaque sous-groupe contient des nœuds. En survolant le nœud, vous pourrez obtenir une description et des précisions sur les données d'entrées (fig. 7.9).

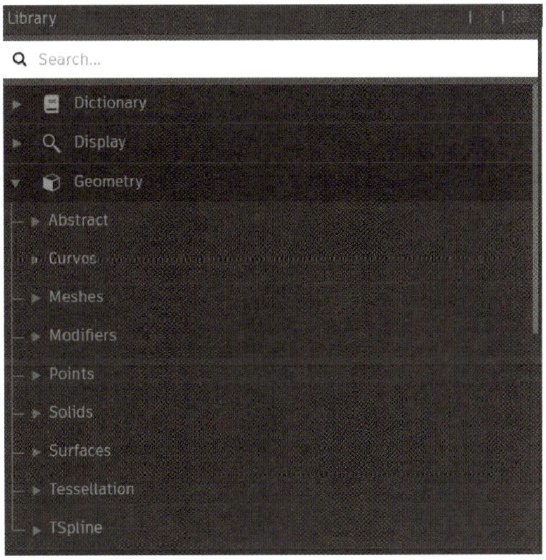

Fig. 7.8

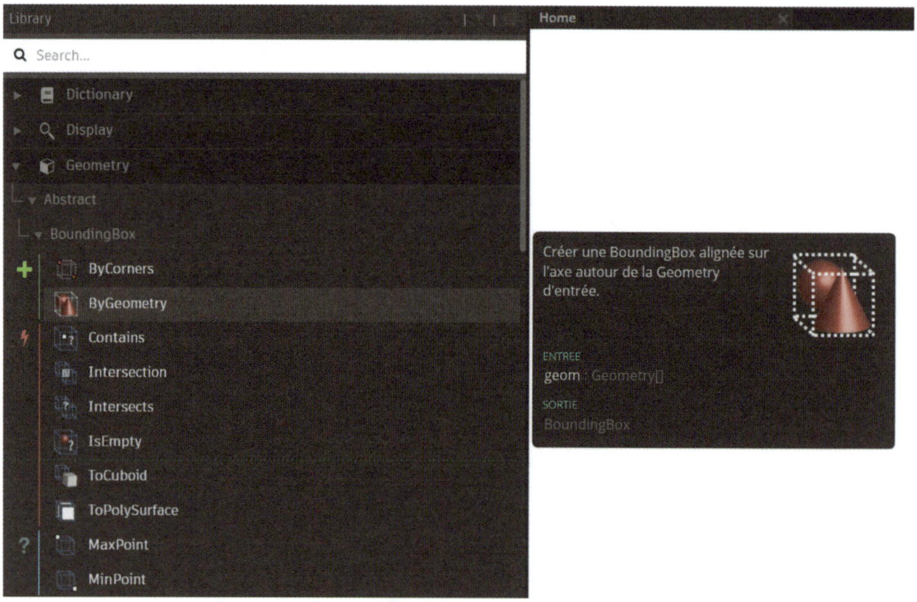

Fig. 7.9

Le tableau 7.1 présente les éléments du premier groupe Abstract permettant de se situer dans l'environnement et le tableau 7.2 présente les principaux types de géométrie disponibles dans Dynamo.

Tab. 7.1

Les composants du groupe Abstract

Emplacements et orientations	Positions et volumes	Relations
Vector (vecteur)	BoundingBox (boîte englobante)	Topology (topologie)
Vector Plan Système de coordonnées	BoundingBox	Vertex Bord Face

Tab. 7.2

Types de géométrie pour la modélisation des formes

Curves	Meshes	Points	Solids	Surfaces
Ligne Polygone Arc Cercle Ellipse Courbe NURBS PolyCurve	Maille	Coordonnées XYZ Coordonnées UV	Cuboïde Sphère Cône Cylindre	Vertex Bord Face

2. Le système de référence

Les vecteurs, plans et systèmes de coordonnées constituent le premier groupe de nœuds de géométrie dans Dynamo (Abstract). Ils permettent de définir l'emplacement, l'orientation et le contexte spatial.

Par exemple, « Une personne devant la tour Eiffel, au niveau de la rue, regardant vers le nord » sera interprétée sous Dynamo ainsi :

- Personne → Type de données dans Dynamo
- Devant la tour Eiffel → Système de coordonnées
- Niveau de la rue → Plan
- Regardant vers le nord → Vecteur

Les vecteurs

Un vecteur est une quantité géométrique décrivant une direction et une amplitude. Ils peuvent être facilement confondus avec les points car ils sont tous deux composés d'une liste de valeurs.

Il y a cependant une différence clé : les points décrivent une position dans un système de coordonnées donné tandis que les vecteurs décrivent une différence relative de position qui équivaut à dire une « direction ».

Les vecteurs peuvent être utilisés pour déterminer la direction des lignes et des courbes (fig. 7.10).

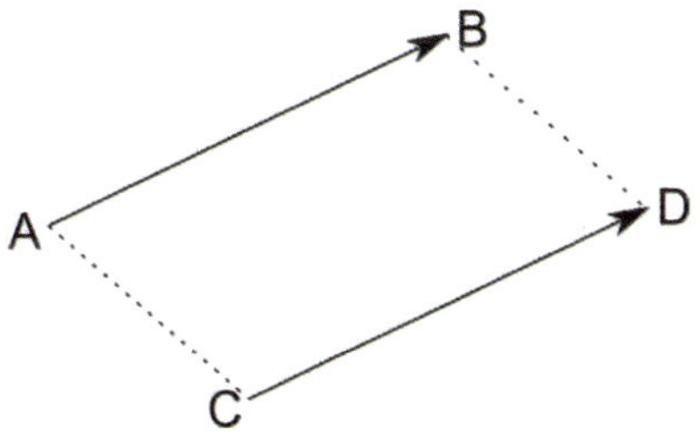

Fig. 7.10

Le point de départ du vecteur est appelé la base (A et C).
Le point final du vecteur est appelé la pointe ou le sens (B et D).
Le vecteur AB/CD n'est pas le même que le vecteur BA/DC (direction opposée).

Comment créer un vecteur dans Dynamo ?

Il existe trois méthodes pour créer des vecteurs dans Dynamo (fig. 7.11). Pour les prévisualiser, il faut utiliser le nœud `Line.ByStartPointDirectionLength`.

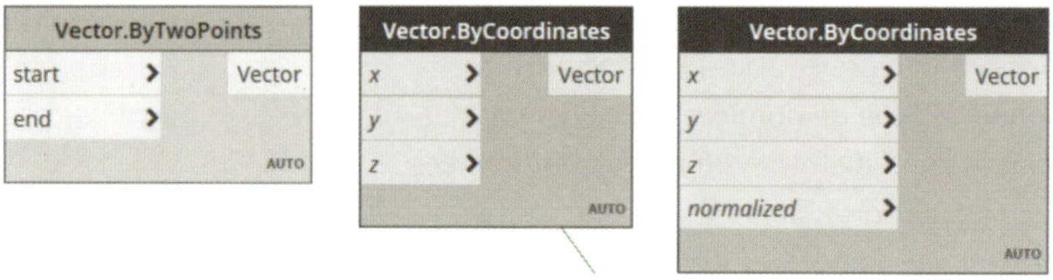

Fig. 7.11

1. Avec `Vector.ByTwoPoints`, on créé un vecteur 2D en utilisant un point de départ et un point final (fig. 7.12).

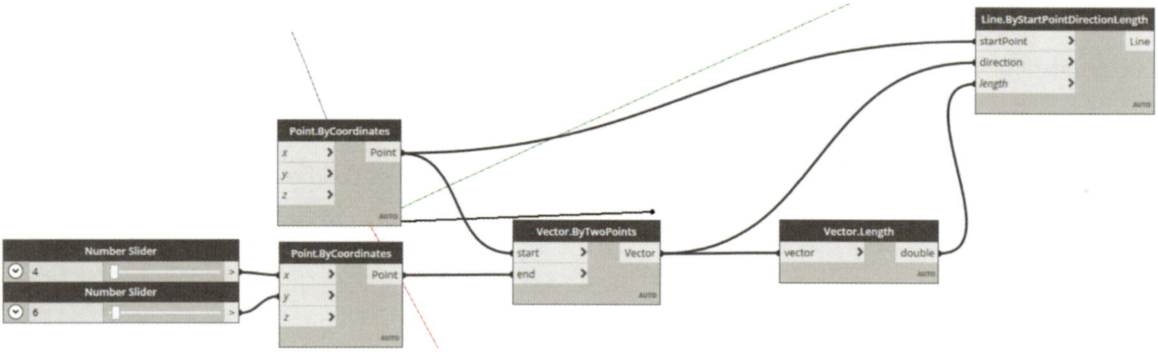

Fig. 7.12

Ensuite avec `Point.ByCoordinates` (fig. 7.13), on créé deux points ayant chacun ses propres coordonnées (fig. 7.14).

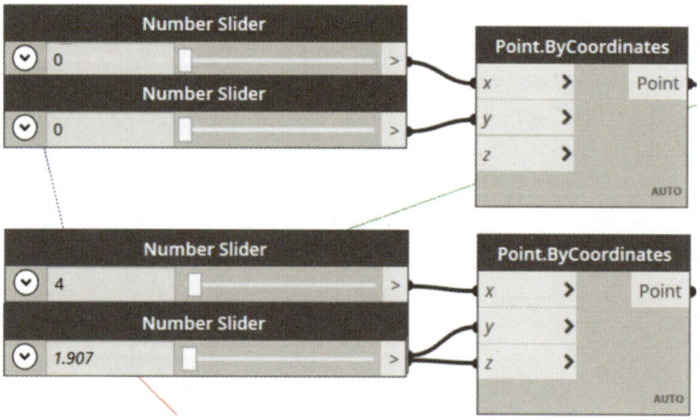

Fig. 7.13

Fig. 7.14

Enfin pour créer le vecteur, on connecte le premier point à l'entrée start de `Vector.ByPoints` et le second à l'entrée end (fig. 7.15).

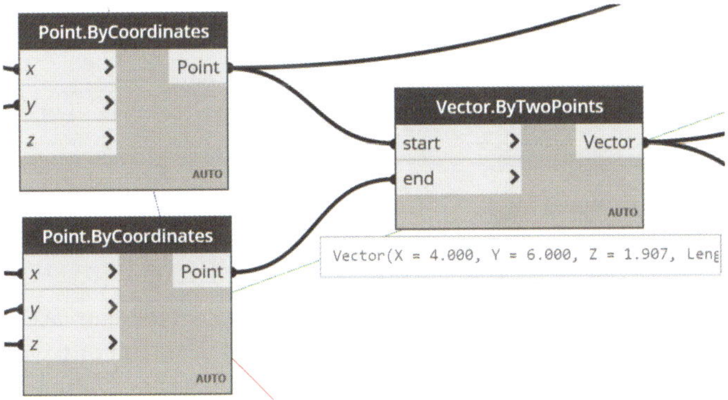

Fig. 7.15

Maintenant que le vecteur est créé, sa longueur et sa direction peuvent être visualisées à l'aide de `Vector.Length` et `Line.ByStartPointDirection-Length` (fig. 7.16).

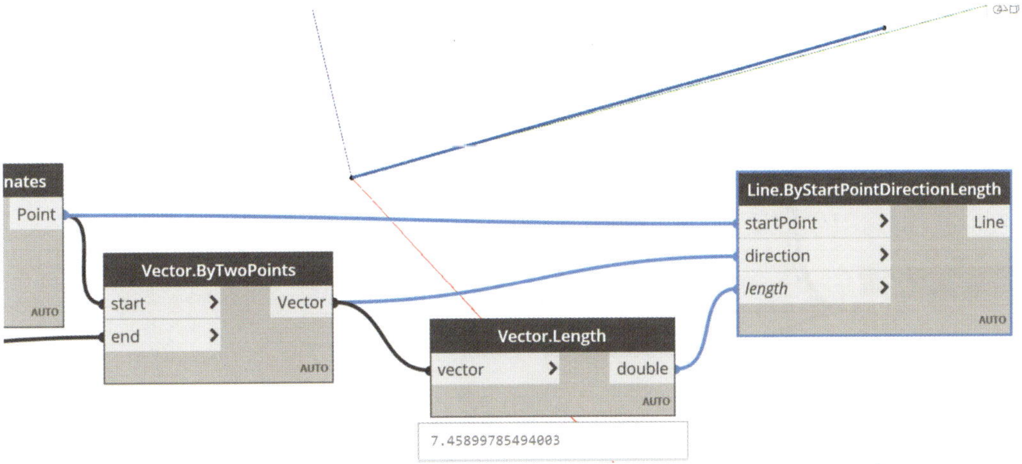

Fig. 7.16

2. Le deuxième nœud permettant de créer un vecteur est `Vector.ByCoordinates`. Pour ce nœud, on a besoin de trois valeurs en entrée (fig. 7.17) : X, Y et Z.

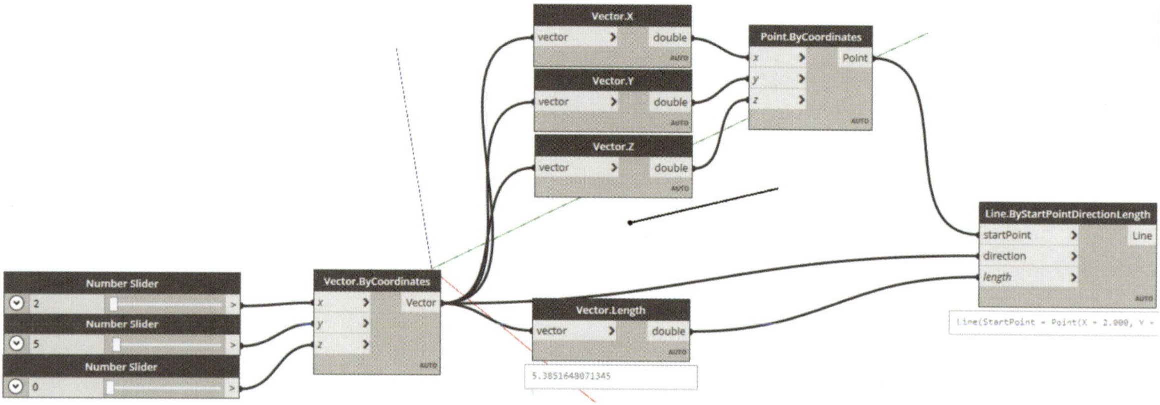

Fig. 7.17

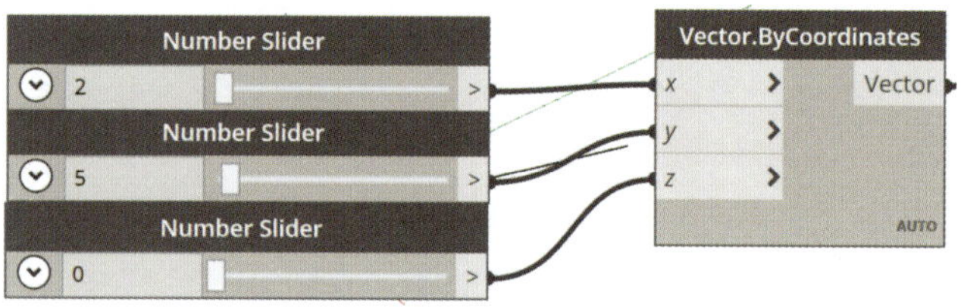

Fig. 7.18

On peut utiliser les nœuds `Number` ou `Number Slider` pour les entrées numériques de `Vector.ByCoordinates` (fig. 7.18).

Pour visualiser le vecteur en 3D, on utilise `Line.ByStartPointDirectionLength`. En entrées, on utilisera `Vector.X`, `Vector.Y`, et `Vector.Z` afin d'obtenir les valeurs X, Y et Z du vecteur (fig. 7.19 et 7.20).

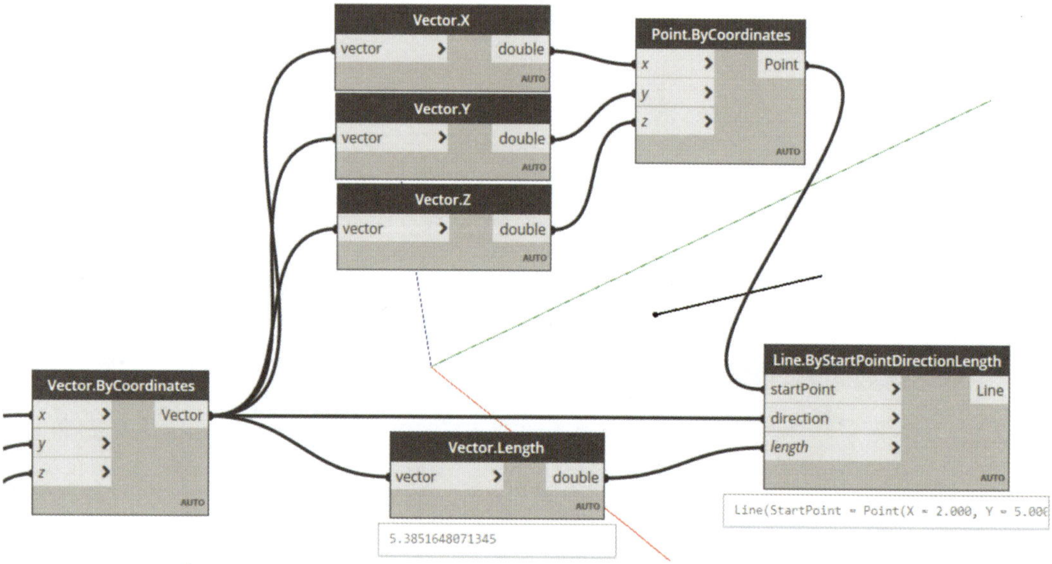

Fig. 7.19

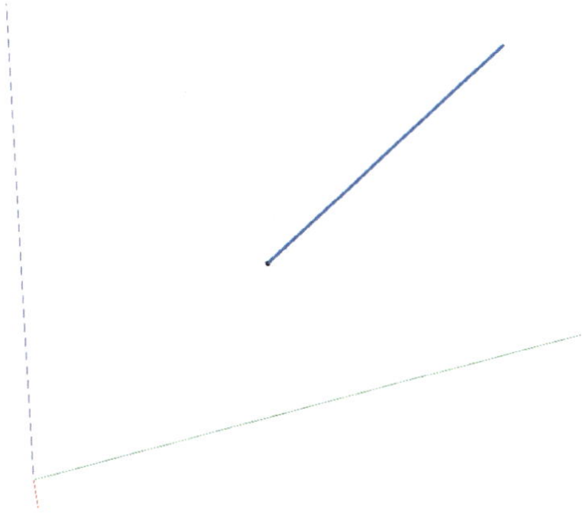

Fig. 7.20

3. Le dernier nœud permettant de créer un vecteur en utilisant des valeurs de coordonnées est `Vector.ByCoordinates` (fig. 7.21). Il nécessite en plus une entrée booléenne pour « normaliser » la longueur : lorsque la valeur booléenne est True, la longueur du vecteur est 1.

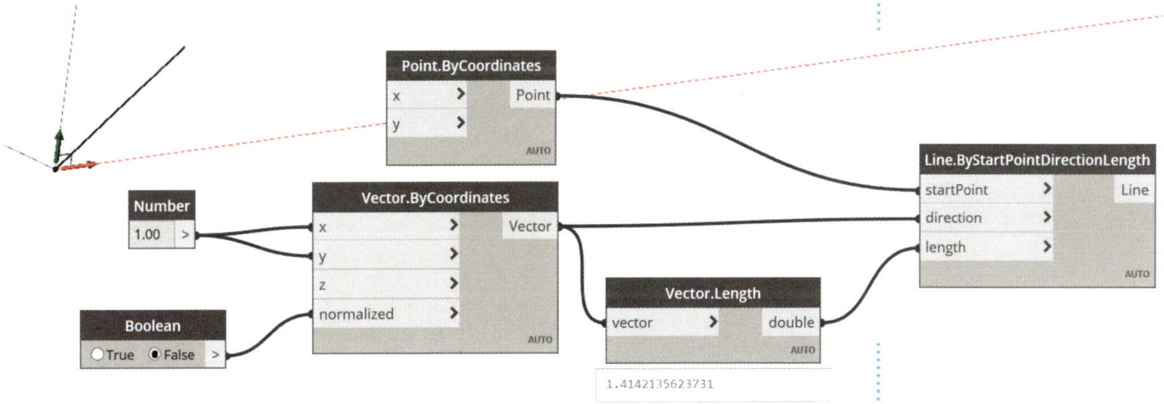

Fig. 7.21
Vecteur par coordonnées

Le plan

Le plan est une surface plate illimitée, munie de notions d'alignement, d'angle et de distance, dans laquelle peuvent s'inscrire des points, droites, cercles et autres figures planes usuelles.

La plupart des logiciels de modélisation tirent parti des plans de construction (XY, XZ, YZ ou nord, sud-est) pour définir un contexte local bidimensionnel dans lequel modéliser.

Comme dans Revit, vous pouvez définir un plan de référence pour dessiner un objet ou placer des éléments. Chaque plan a une origine et une direction X, Y et Z (fig. 7.22).

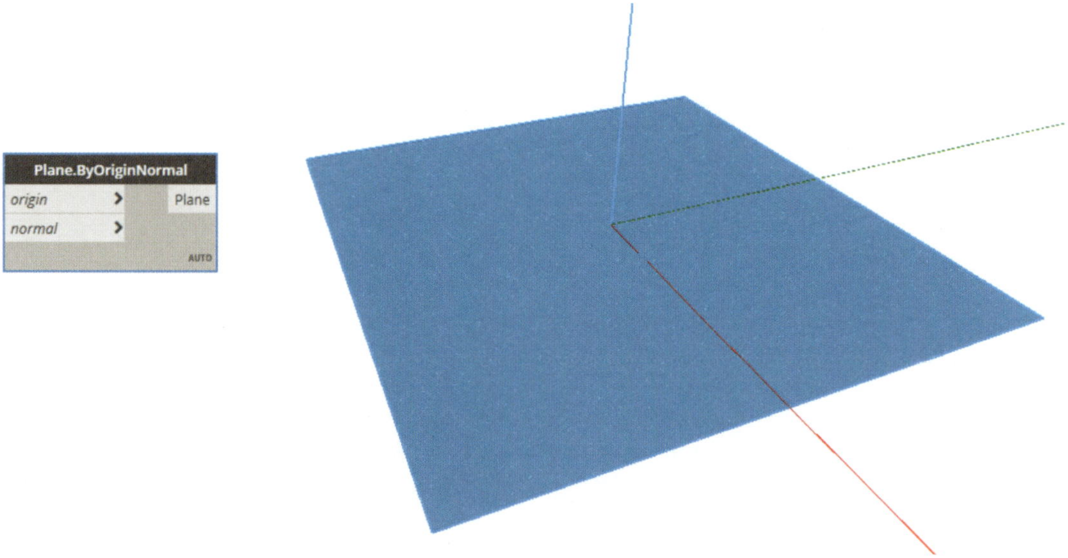

Fig. 7.22

Comment créer un plan avec une normale dans Dynamo ?

Le script est présenté sur la figure 7.23 :

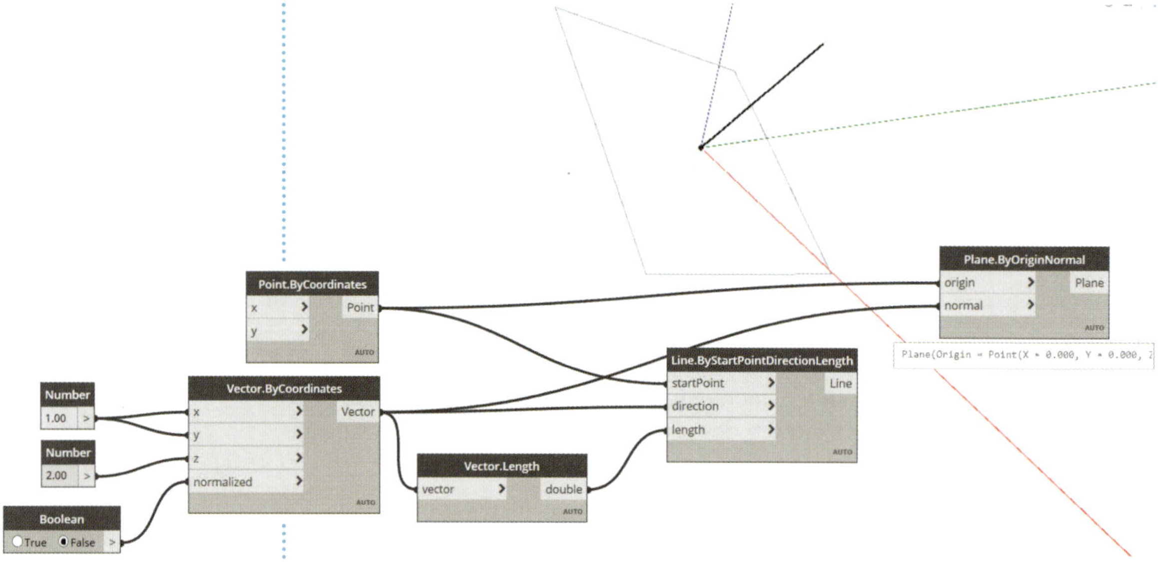

Fig. 7.23

1. `Vector.ByCoordinates` (fig. 7.24) : ce nœud renvoie un vecteur à partir des valeurs de coordonnées et une bascule de normalisation booléenne.

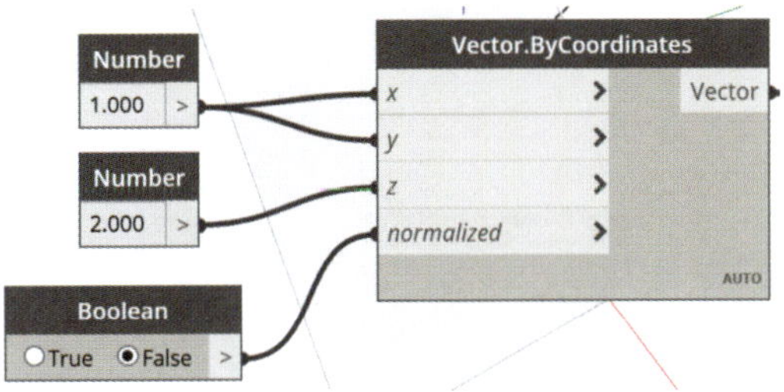

Fig. 7.24

2. `Point.ByCoordinates` (fig. 7.25) : ce nœud a besoin de deux nombres d'entrées et génère un point sur le plan de base Dynamo.

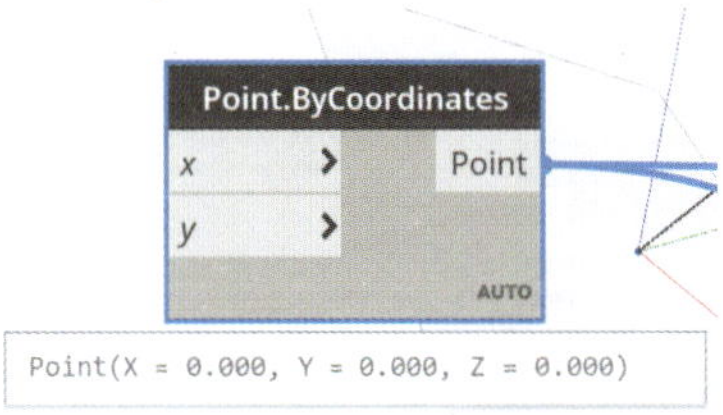

Fig. 7.25

3. `Vector.Length` (fig. 7.26) : ce nœud renvoie la longueur d'un vecteur sous forme de double.

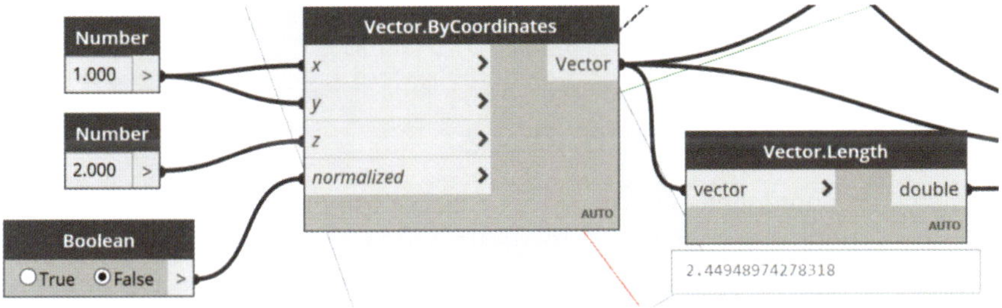

Fig. 7.26

4. `Line.ByStartPointDirectionLength` (fig. 7.27) : ce nœud crée une ligne commençant à l'entrée startPoint, et avec une longueur et une direction en fonction du vecteur de direction d'entrée (direction) et de la longueur (lenght).

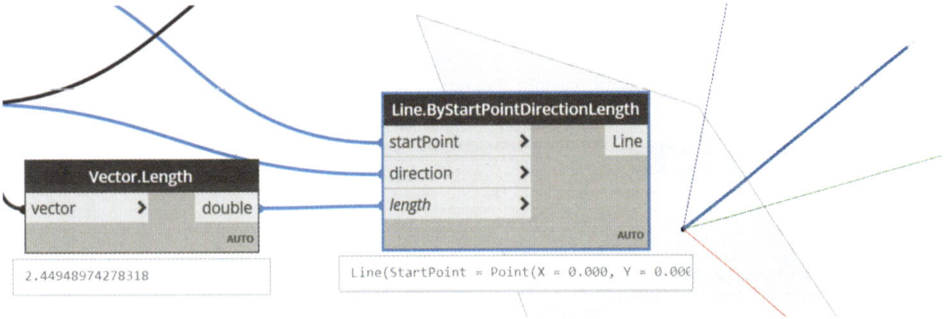

Fig. 7.27

5. `Plane.ByOriginNormal` (fig. 7.28) : ce nœud crée un plan perpendiculaire au vecteur normal d'entrée en utilisant le point d'entrée comme origine.

Dans cet exemple, le nœud `Point.ByCoordinates` (XY) a permis de créer un « point d'origine ». Le vecteur créé dans l'étape précédente est utilisé comme normal pour le nouveau plan.

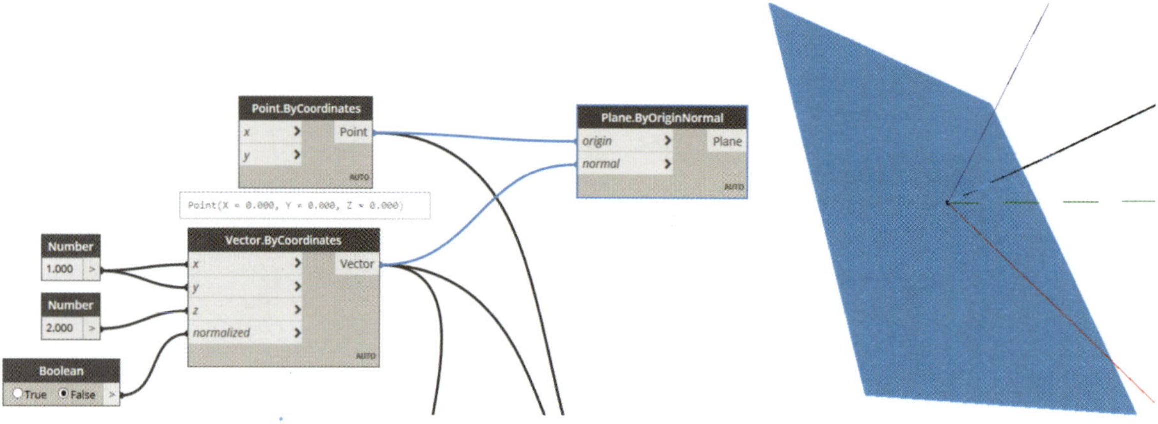

Fig. 7.28

Le système de coordonnées

Un système de coordonnées est un système qui utilise un ou plusieurs nombres, ou coordonnées, pour déterminer de manière unique la position des points ou d'autres éléments géométriques sur une variété telle que l'espace euclidien. Dynamo fournit 10 nœuds qui vous permettent de créer des systèmes de coordonnées (fig. 7.29).

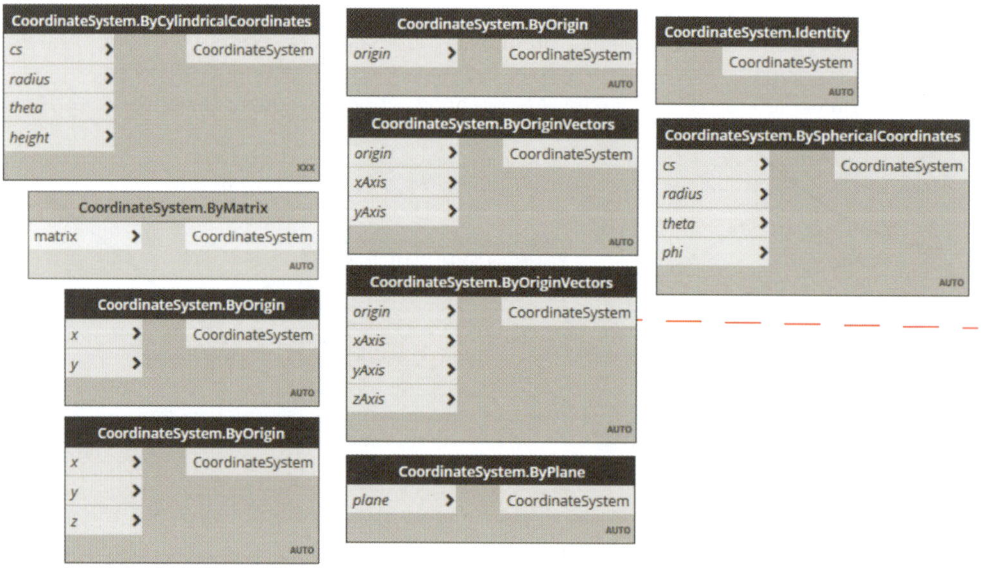

Fig. 7.29

Les systèmes de coordonnées sont représentés par un symbole de lignes tridimensionnelles, colorées en bleu pour la direction Z, en rouge pour la direction X et en vert pour la direction Y (fig. 7.30).

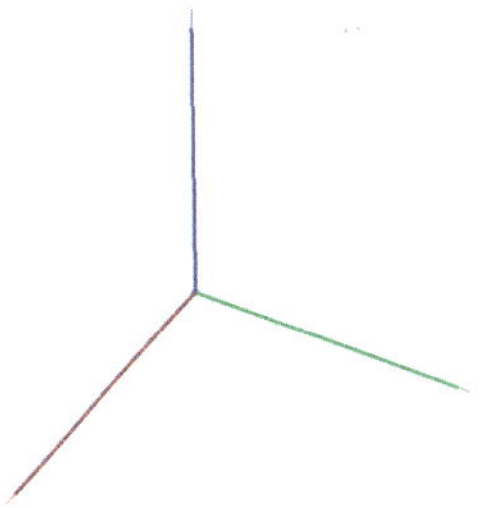

Fig. 7.30
Bleu indique la direction Z, rouge la direction X et vert la direction Y

Comment créer un système de coordonnées dans Dynamo ?

Le nœud `CoordinateSystem.Identity` renverra un système de coordonnées égal au système de coordonnées mondial. Dans l'exemple de la figure 7.31, le système de coordonnées est renvoyé à une origine des axes en (0,0,0) avec X, Y, Z respectivement en (1,0,0), (0,1,0), (0,0,1) et des facteurs d'échelle de 1.

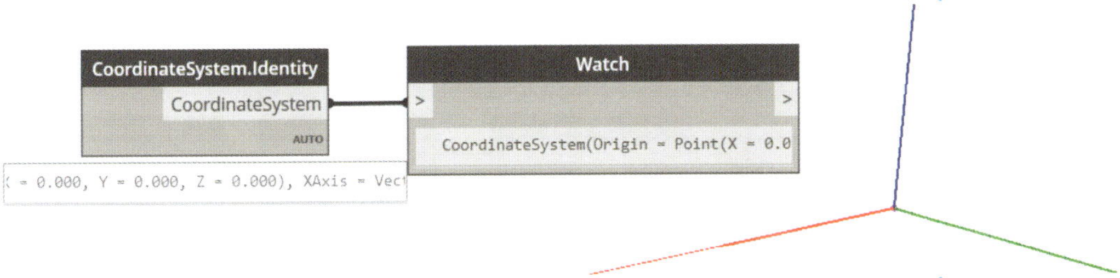

Fig. 7.31

Le nœud `CoordinateSystem.ByOrigin` crée un système de coordonnées avec son origine au point d'entrée. Dans l'exemple présenté sur la figure 7.32, une liste de nouveaux systèmes de coordonnées a été créée à l'aide d'une liste de points placés sur un cercle (fig. 7.33).

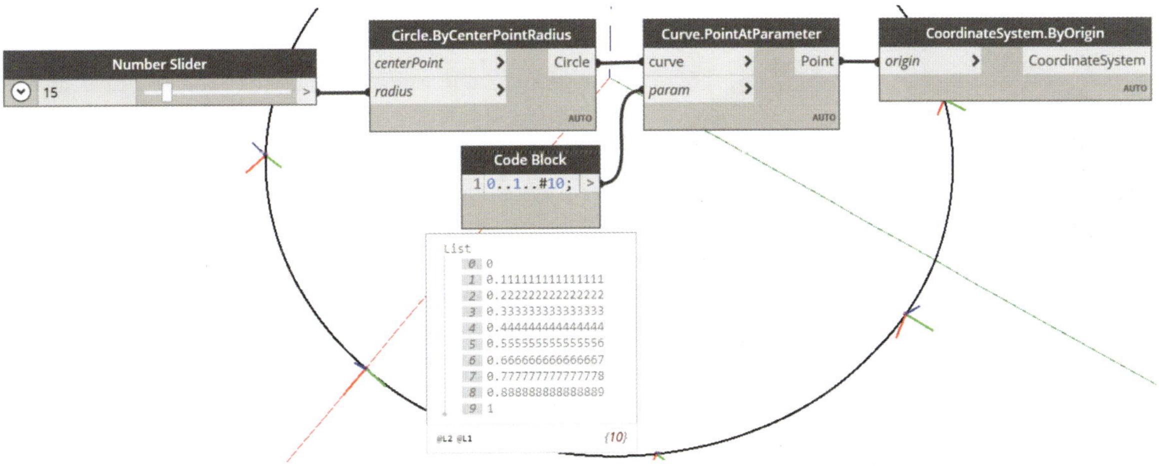

Fig. 7.32

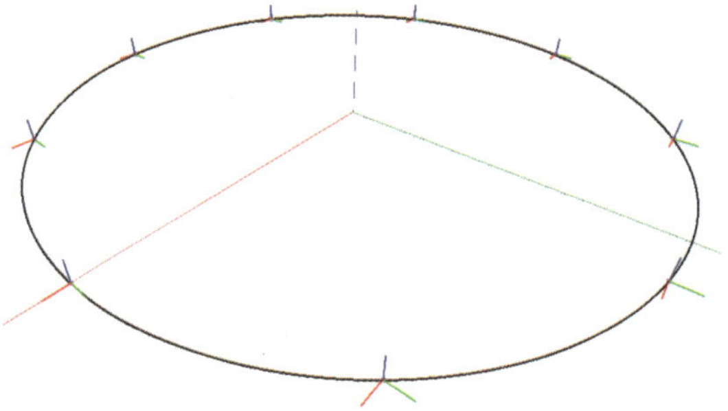

Fig. 7.33

Le même nœud peut également être utilisé pour créer des systèmes de coordonnées sur des surfaces (fig. 7.34) :

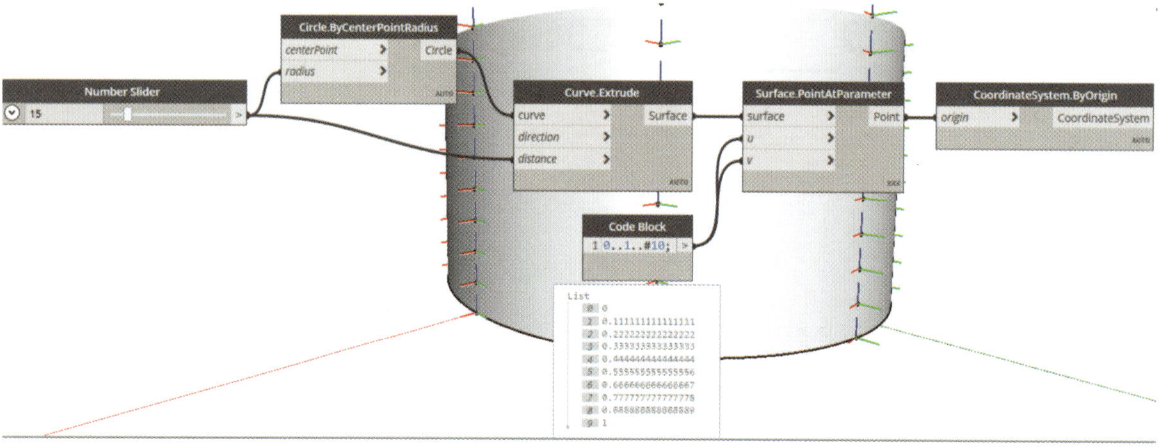

Fig. 7.34

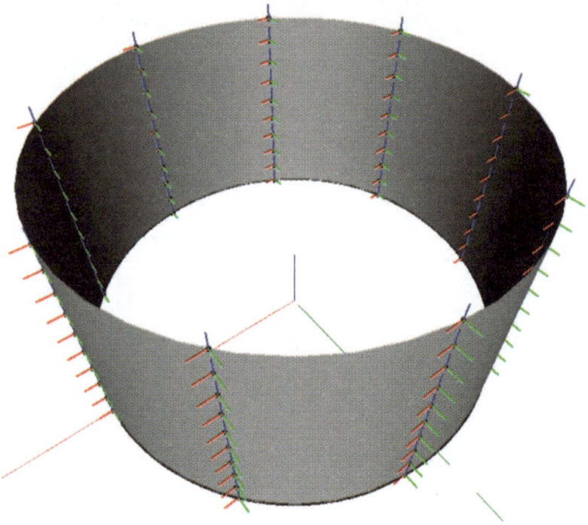

Fig. 7.35

- `Circle.ByCenterPointRadius` : ce nœud permet de créer une forme de cercle en utilisant l'origine (0,0,0) et le rayon de 15 cm.

- `Curve.Extrude` : ce nœud permet de créer une surface à partir de la forme du cercle.

- `Surface.PointAtParameter` : ce nœud permet de créer un point sur une surface en utilisant les valeurs U et V. `Code Block` permet de générer une liste de valeurs à utiliser comme U et V pour les entrées.

- `CoordinateSystem.ByOrigin` : ce nœud permet de créer les systèmes de coordonnées le long des points de la surface (fig. 7.35).

Le nœud `BySphericalCoordinates` (fig. 7.36) renvoie un système de coordonnées à un emplacement de coordonnées sphériques. Au lieu de X, Y et Z décrivant l'emplacement des coordonnées, on utilise le rayon, theta et phi.

Dans l'exemple de la figure 7.37, une surface est mappée à une sphère à l'aide de listes de valeurs phi et theta. Les nœuds `Number Slider` peuvent être ajustés pour modifier la façon dont la surface enveloppe la sphère (fig. 7.38).

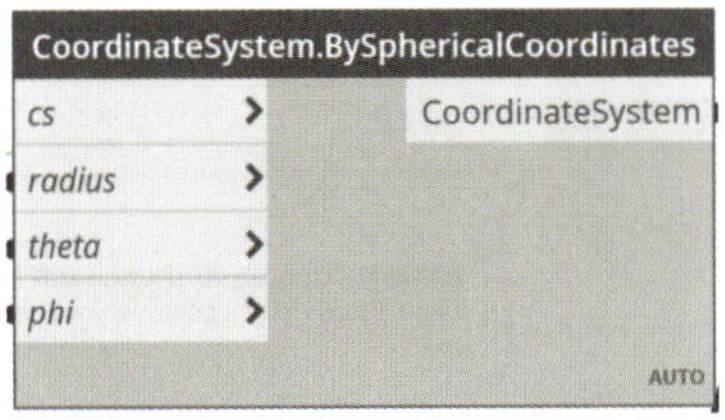

Fig. 7.36

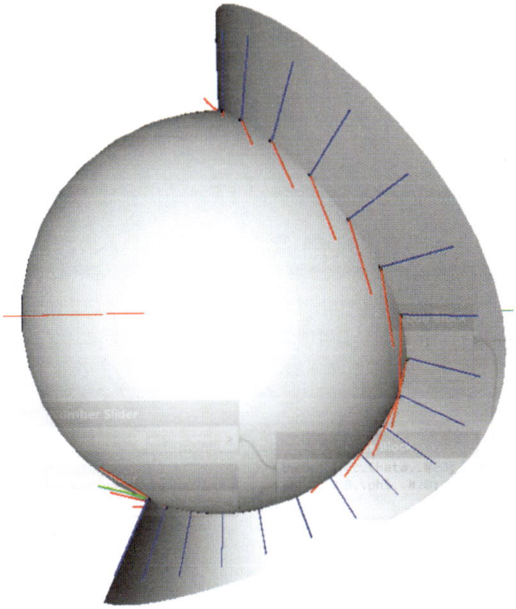

Fig. 7.37

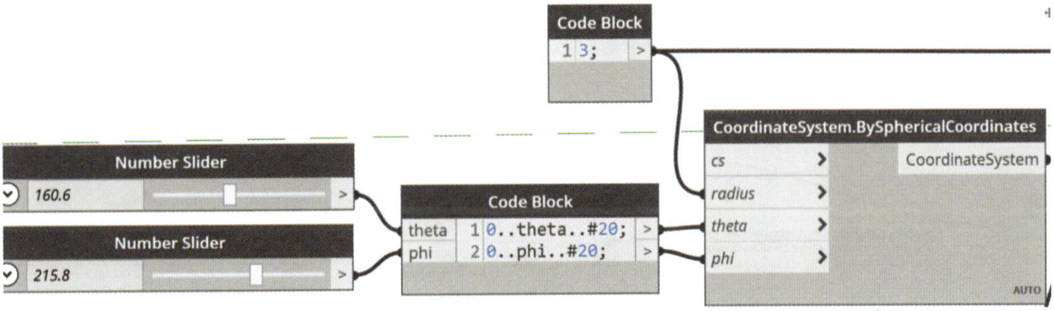

Fig. 7.38

Les nouveaux systèmes de coordonnées sont utilisés pour créer des points et une surface pour mieux visualiser les résultats (fig. 7.39).

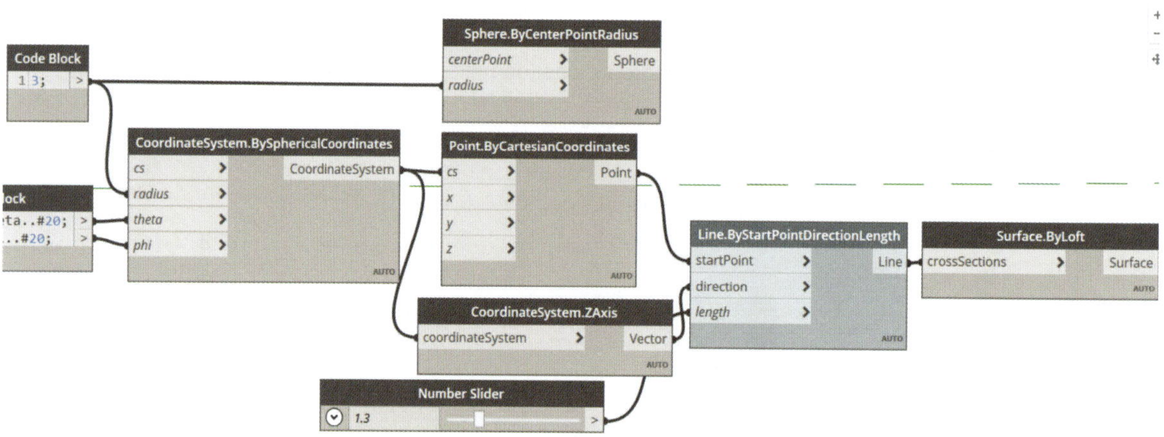

Fig. 7.39

Puis le nœud `CoordinateSystem.ByCylindricalCoordinates` (fig. 7.40) crée des systèmes de coordonnées à l'aide d'un paramètre de forme de cylindre. Au lieu de X, Y et Z décrivant l'emplacement des coordonnées, on utilise le rayon, thêta et la hauteur. Cela nous permet de créer des systèmes de coordonnées autour d'un cercle ou d'une spirale.

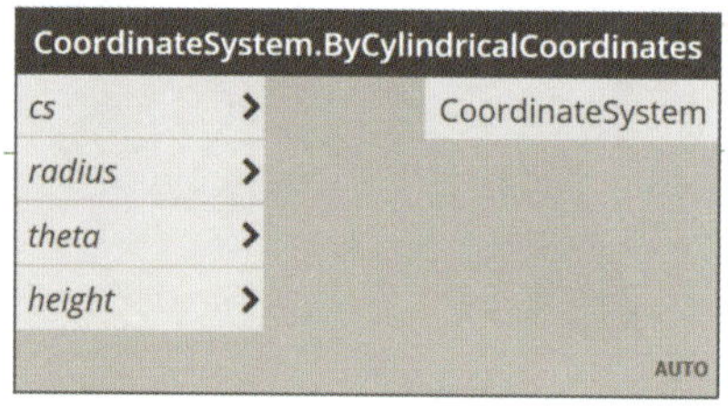

Fig. 7.40

Attention, ce nœud nécessite une forme cylindrique (fig. 7.41). Il est utilisé ici pour créer un escalier en colimaçon (fig. 7.42).

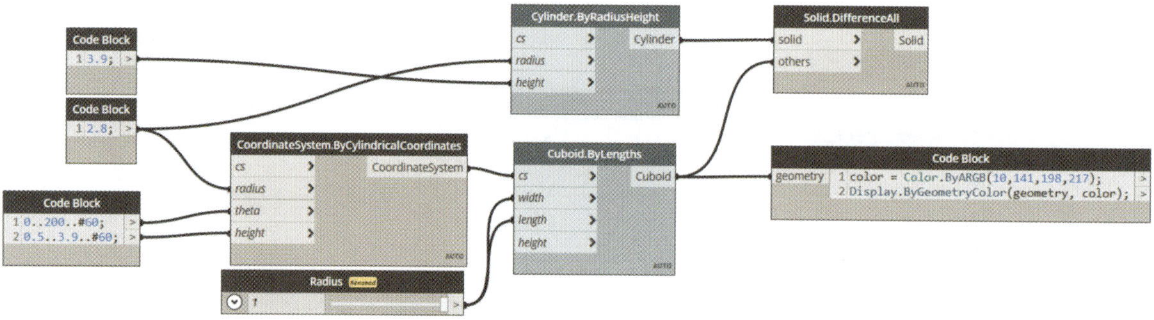

Fig. 7.41

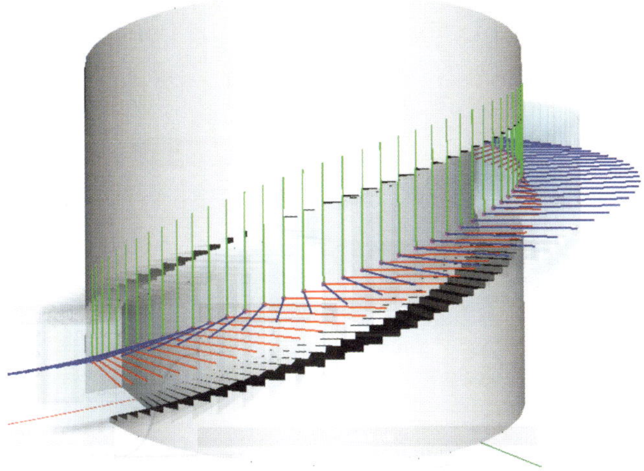

Fig. 7.42

3. Les types de géométrie et leur modélisation

Les points

Les points sont à la base de toutes les autres géométries.

Un point de géométrie est un emplacement (fig. 7.43). Il n'a pas de taille, c'est-à-dire pas de largeur, pas de longueur et pas de profondeur. Il est défini par une ou plusieurs valeurs appelées coordonnées (X, Y, Z).

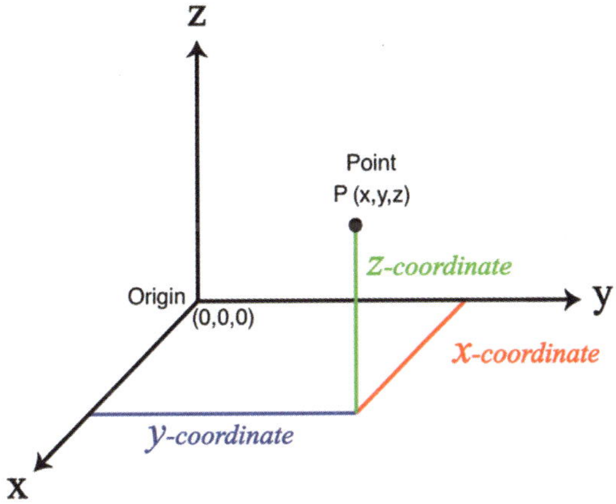

Fig. 7.43

Comment créer des points sous Dynamo ?

Dynamo fournit 6 nœuds permettant de créer des points (fig. 6.44) :

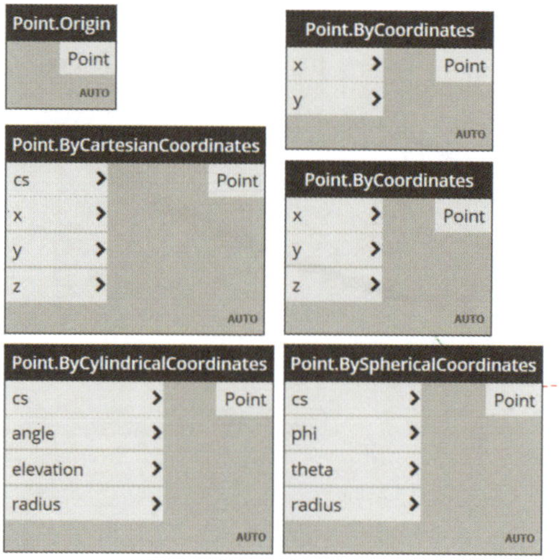

Fig. 7.44

1. `Point.Origin` (fig. 7.46) : ce nœud créera un point à l'origine du World Coordinate System.

Le World Coordinates System (WCS) décrit les coordonnées des géométries Dynamo. Il permet de convertir les coordonnées de géométries Dynamo en coordonnées mondiales et inversement.

Un cercle par centre et rayon est créé à l'aide d'un point à l'origine WCS

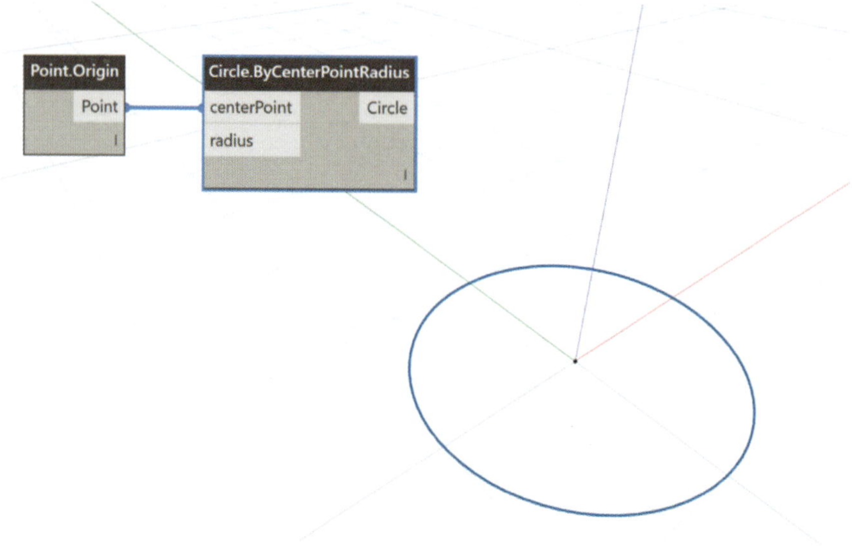

Fig. 7.45

2. `Point.ByCoordinates` (fig. 7.46) : ce point par coordonnées (XY) appelle deux entrées (X et Y) et génère un point sur le plan de base Dynamo.

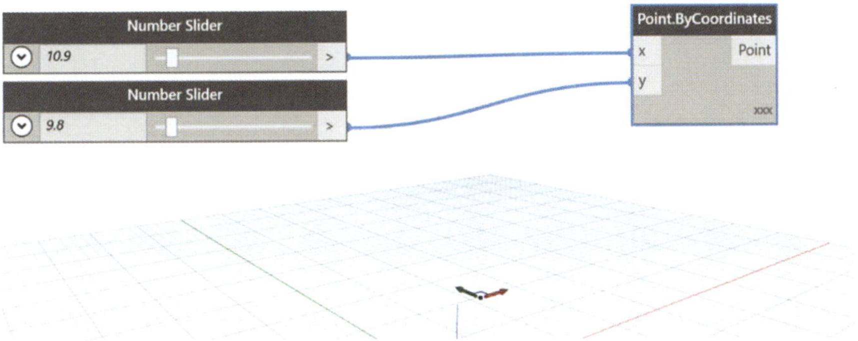

Fig. 7.46

Deux curseurs contrôlent dynamiquement l'emplacement X et Y du point sur le plan Z. Les coordonnées (`Number Slider`) peuvent également être modifiées manuellement dans l'arrière-plan Dynamo 3D.

3. `Point.ByCartesianCoordinates` (fig. 7.47) : ce point par coordonnées cartésiennes permet de définir les valeurs X, Y et Z de l'emplacement d'un point.

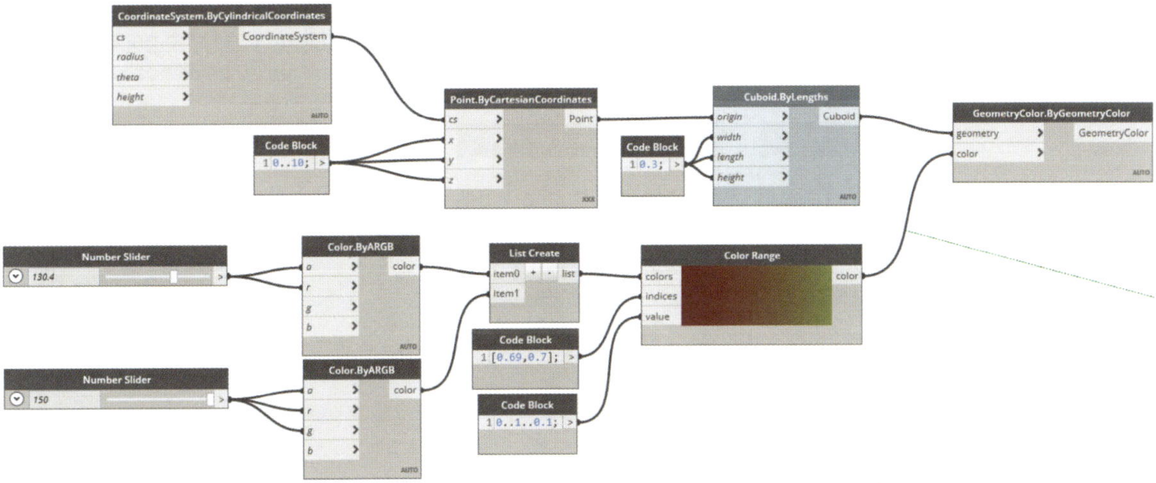

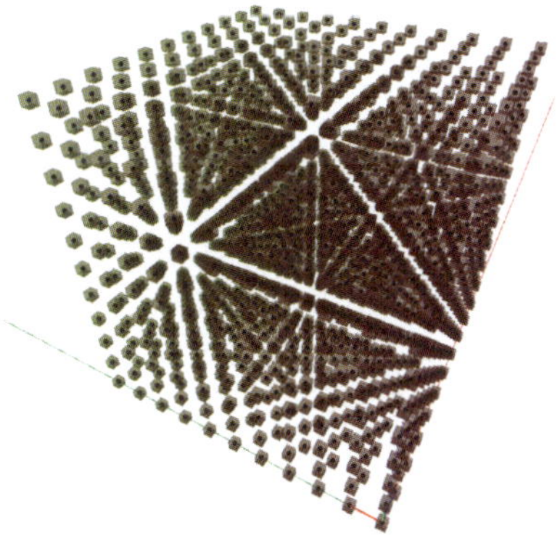

Fig. 7.47

Dans cet exemple, nous définissons plusieurs plages de `Code Block` contrôlées par des curseurs pour piloter le tableau tridimensionnel de points.

4. `Point.ByCoordinates` (fig. 7.48) : ce nœud renverra un point à partir des valeurs des coordonnées X, Y et Z.

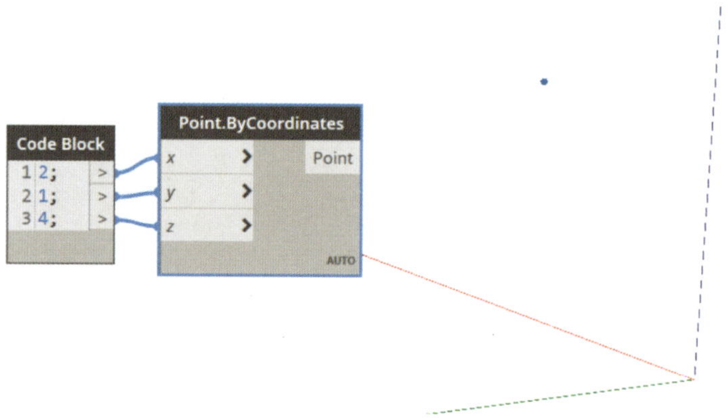

Fig. 7.48

5. `Point.ByCylindricalCoordinates` (fig. 7.49) : ce nœud crée un point situé dans un espace cylindrique. Ici, on définit le laçage sur produit vectoriel (xxx) et on utilise une plage d'angles et d'élévations pour générer une grille de points le long d'un cylindre avec un rayon dynamique (3 nœuds de `Number Slider`).

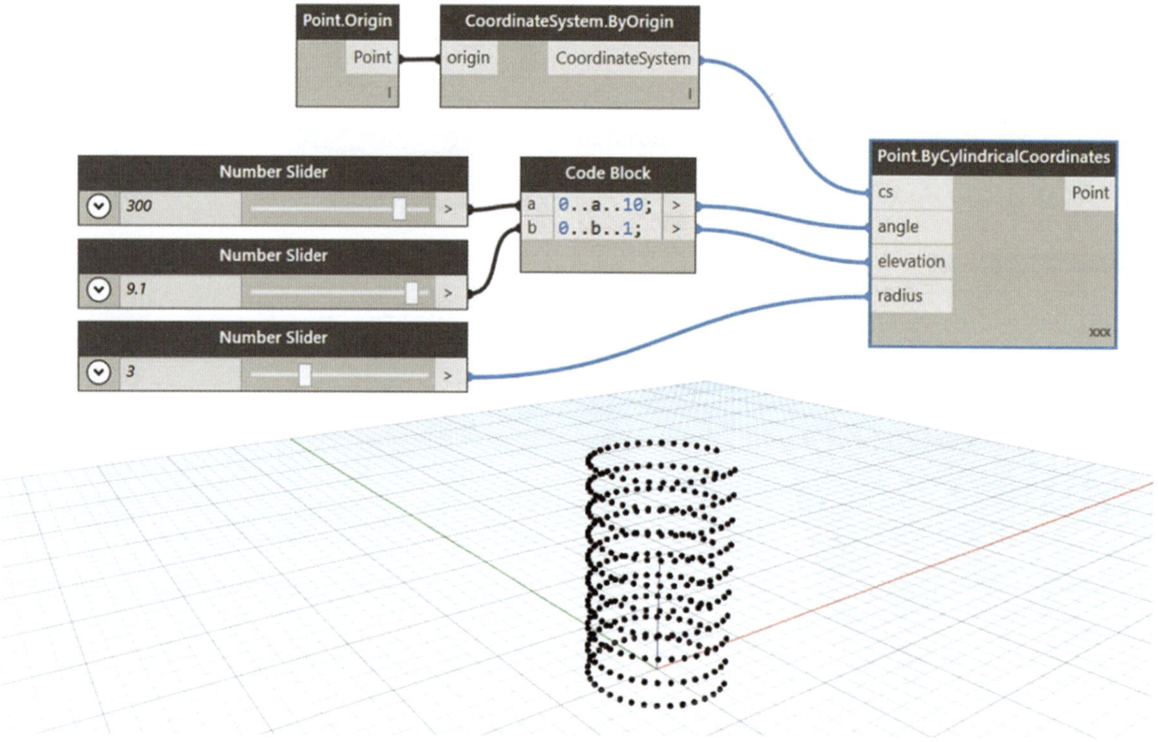

Fig. 7.49

6. `Point.BySphericalCoordinates` (fig. 7.50) : ce nœud crée un point situé dans un espace sphérique. Ici, on définit le laçage sur produit vectoriel (xxx) et on utilise une plage d'angles phi et thêta pour générer une grille de points avec un nœud `Number Slider` et un `Code Block` le long d'un cylindre. Le rayon est dynamique. La sphère est placée dans un système de coordonnées dont l'origine est définie par `CoordinateSystem.ByOrigin` (1,5,1).

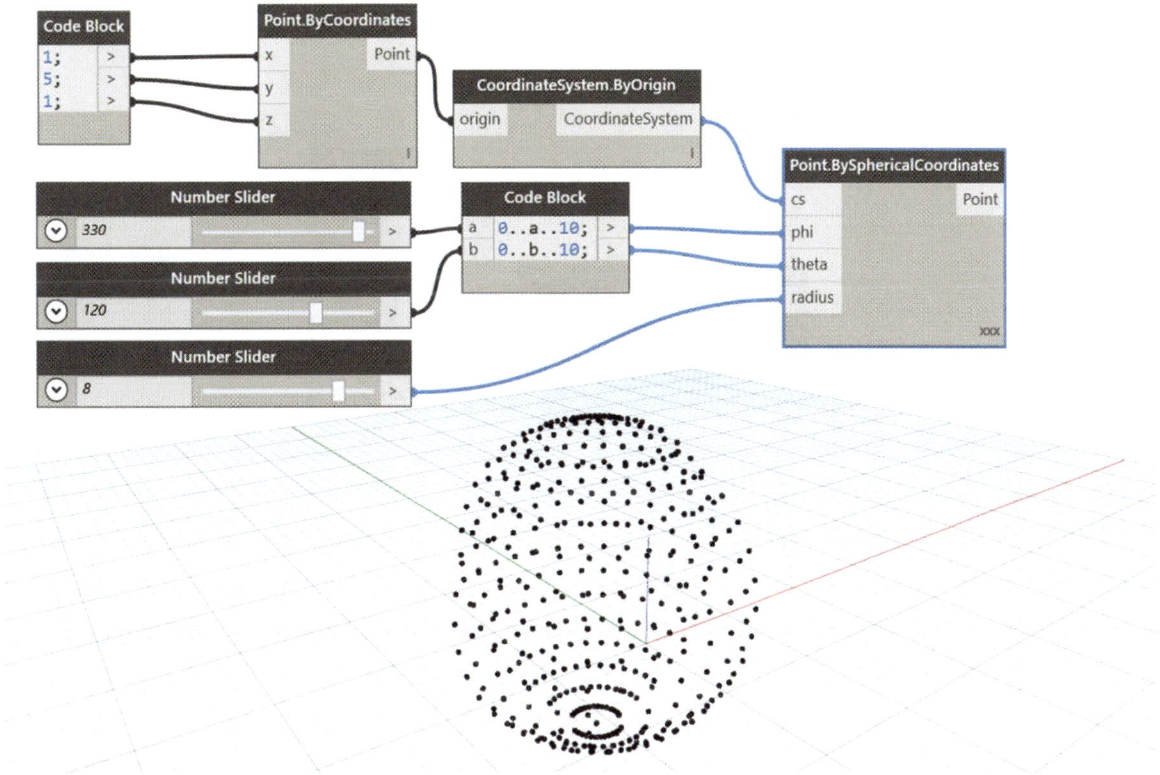

Fig. 7.50

Les courbes

Dans Dynamo, les courbes sont de plusieurs types : ligne, polyligne, arc, cercle, ellipse, courbe NURBS ou polycourbe.

Indépendamment de leur apparence, toutes les courbes ont un point de départ et un point de fin (fig. 7.51). Elles possèdent également un certain nombre de propriétés ou de caractéristiques qui peuvent être utilisées pour les décrire ou les analyser.

Lorsque la distance entre les points de départ et d'arrivée est égale à zéro, la courbe est dite « fermée ».

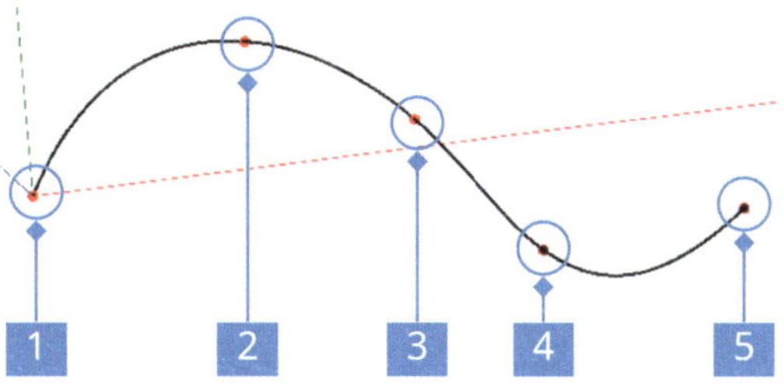

Fig. 7.51

La ligne de base

Pour dessiner une ligne, vous avez besoin de deux points. Et bien sûr, les deux points doivent avoir des coordonnées différentes.

Le script est le suivant (fig. 7.52) :

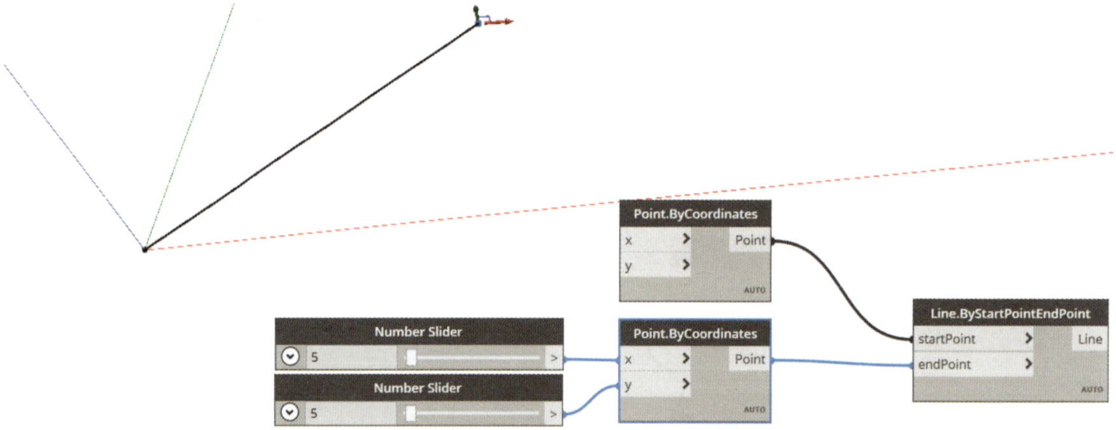

Fig. 7.52

1. `Point.ByCoordinates` : le point par coordonnées (X,Y) appelle deux entrées numériques et génère un point sur le plan de base Dynamo. Dans cet exemple, on utilise deux curseurs (`Number Slider`) pour contrôler dynamiquement l'emplacement X et Y du point sur le plan Z.

2. `Line.ByStartPointEndPoint` (fig. 7.53) : le point final créera une ligne entre deux points d'entrée. Dans cet exemple, on utilise deux nœuds de Point par coordonnées (X,Y), puis on créé une ligne entre les deux points.

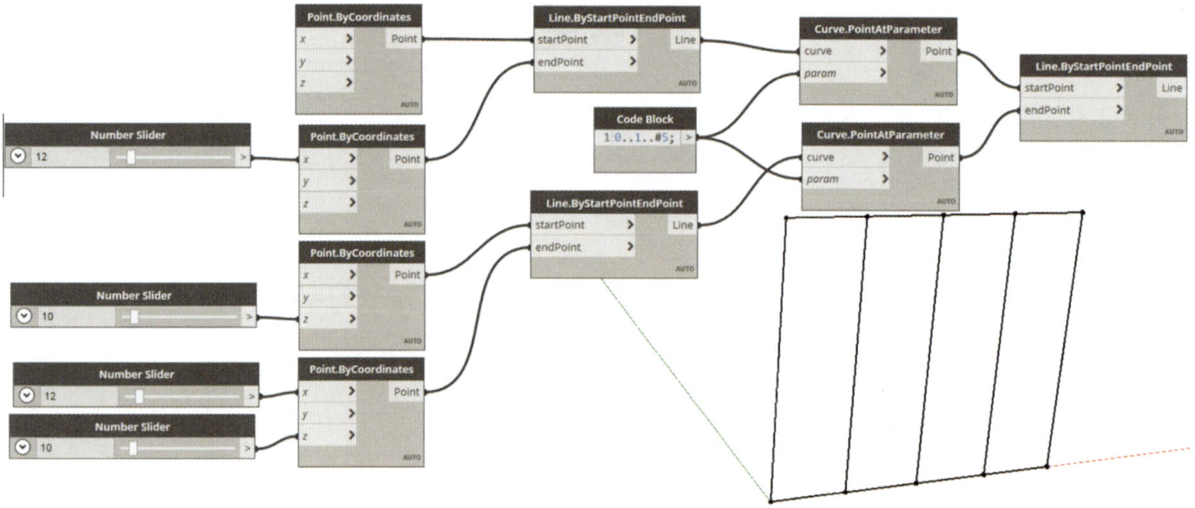

Fig. 7.53

Deux nœuds sont utilisés pour spécifier les coordonnées x, y et z de deux points.

La ligne ajustée à travers les points

Une autre méthode permet de créer des lignes dans Dynamo, elle utilise le nœud `Line.ByBestFitThroughPoints`. Ce dernier crée une ligne en compilant les points comme le ferait un nuage de points. Son entrée est constituée d'une liste de points (fig. 7.54). Nous utilisons un curseur numérique (`Number Slider`) pour contrôler les coordonnées de chaque point généré, puis nous trouvons la ligne la mieux ajustée à travers l'ensemble de points.

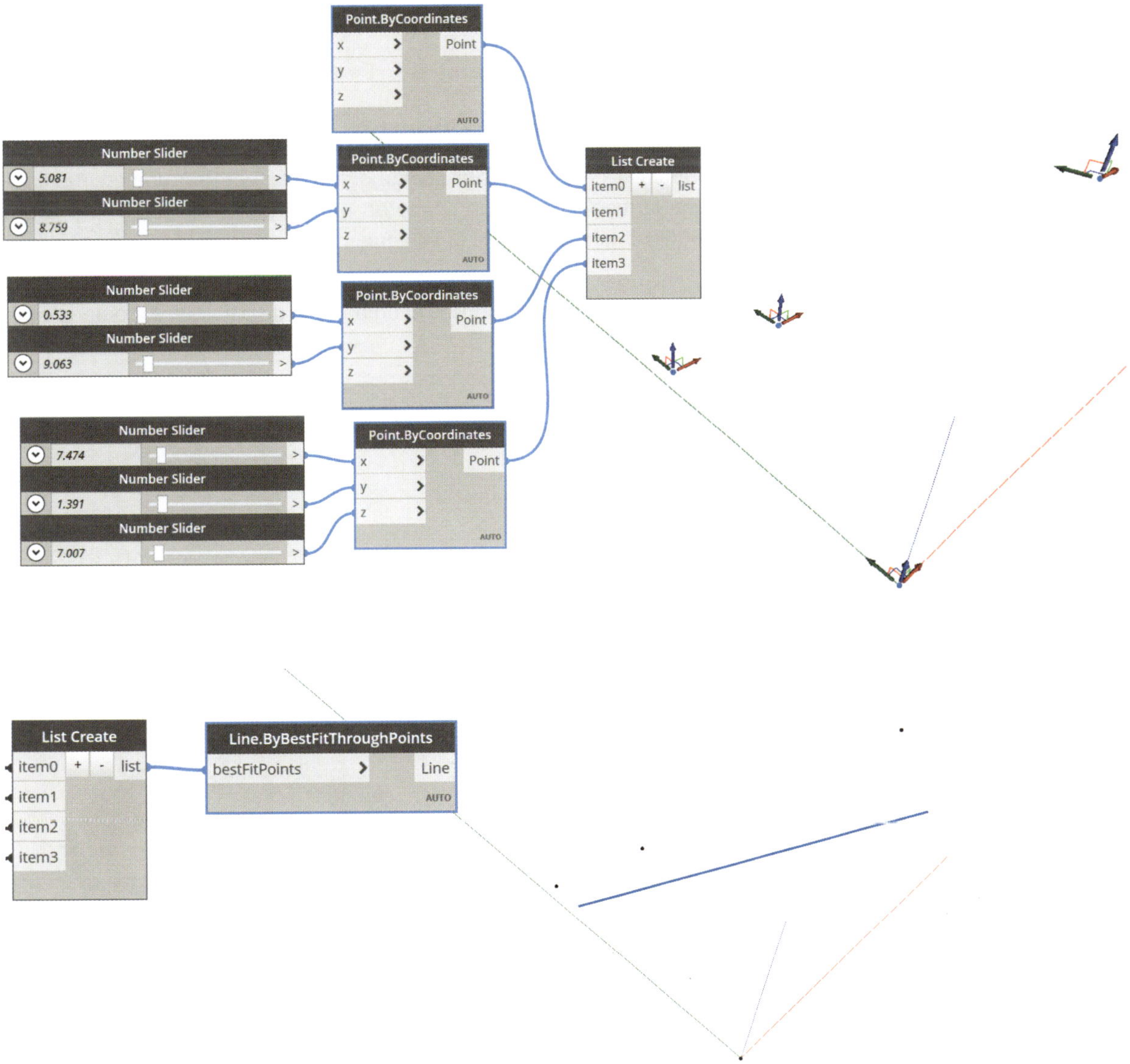

Fig. 7.54

Un curseur numérique contrôle les coordonnées de chaque point généré. La ligne la mieux ajustée sur l'ensemble des points est créée.

La courbe NURBS

Une courbe NURBS (*Non-Uniform Rational B-Spline*) se compose généralement d'une valeur de degré et de points de contrôle pondérés (ou sommets). La courbe passe entre les points de sommet ; le degré détermine le nombre de points affectant la courbe. La direction indique les points de départ et d'arrivée de la courbe telle qu'elle a été dessinée, ce qui peut affecter le résultat de certaines opérations.

L'augmentation du degré d'une courbe NURBS augmente proportionnellement le nombre de sommets, ce qui permet une plus grande flexibilité dans le dessin de la courbe, mais également plus de complexité en raison des nombreux poids affectant la courbe.

Les lignes par tangente à la courbe

Une autre façon de créer des lignes dans Dynamo consiste à utiliser une courbe existante ou une forme fermée (comme un cercle ou un polygone) et à créer des lignes autour d'elle en utilisant la méthode de la tangence.

Le nœud `Line.ByTangency` permet de réaliser cette action, il suffit de définir deux entrées : la courbe d'origine qui sera utilisée et un nombre de paramètres compris entre 0 et 1.

Le nœud `Line.ByTangency` *permet de créer une liste de 20 lignes qui sont ensuite utilisées pour créer des solides par extrusion*

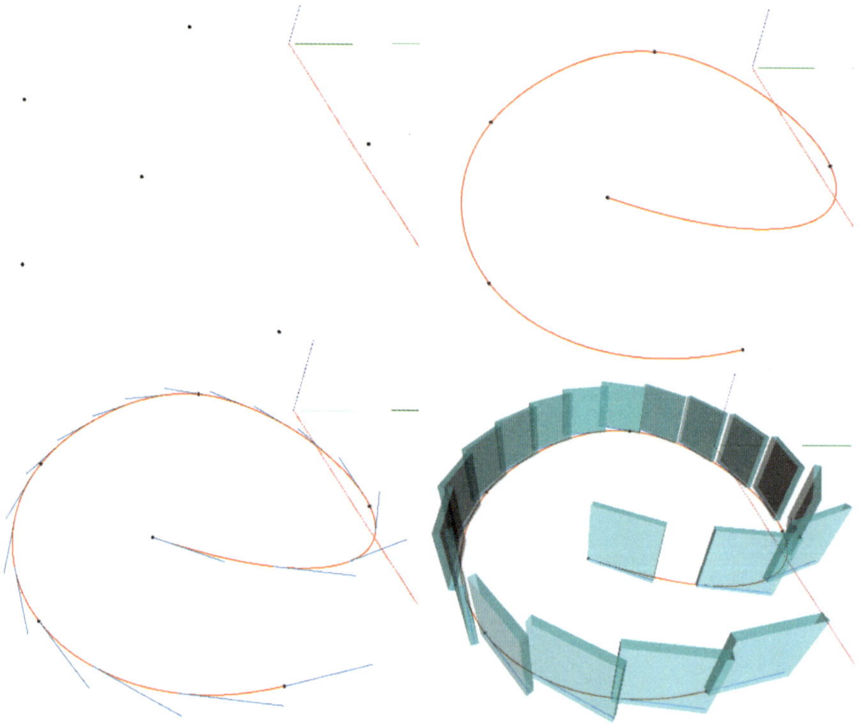

Fig. 7.55

Décortiquons les étapes de réalisation de la figure 7.55 :

- À l'aide de `Point.ByCoordinates`, on créé une liste de points que l'on réunit en une seule liste (`List Create`, fig. 7.56).

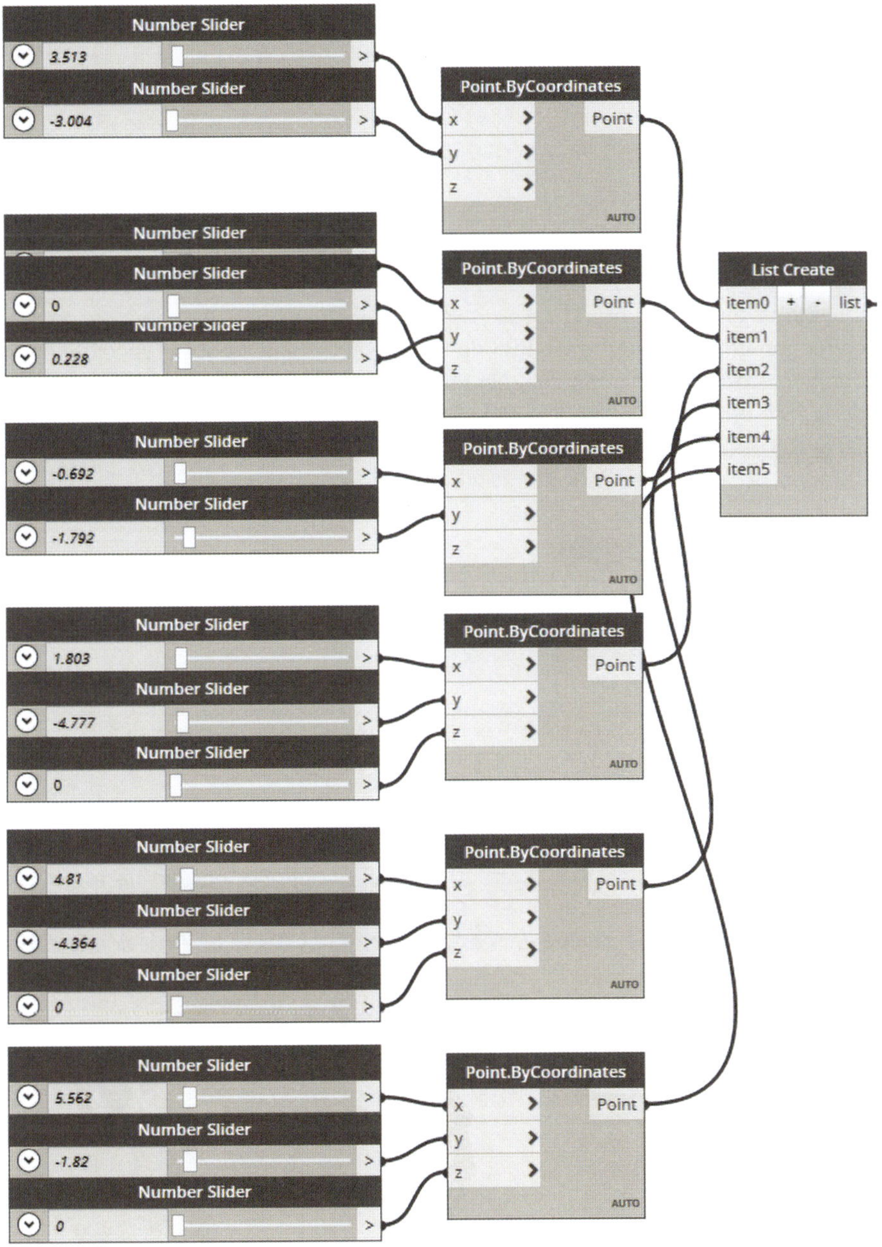

Fig. 7.56

- Puis, on utilise `NurbsCurve.ByPoints` pour créer une courbe NURBS passant par la liste des points obtenus (fig. 7.57 et 7.58).

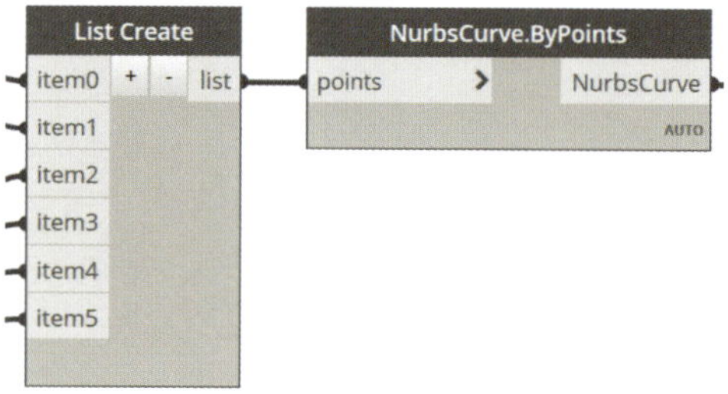

Fig. 7.57

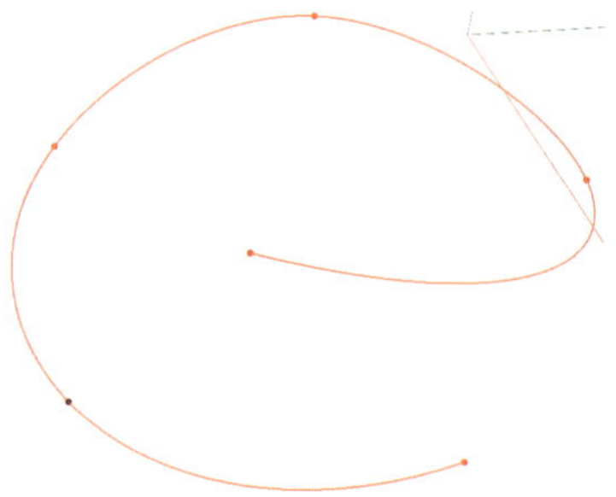

Fig. 7.58

- On utilise ensuite le nœud `Line.ByTangency` (fig. 7.59) : pour la première entrée, on utilise la courbe NURBS de l'étape précédente ; pour la seconde entrée, on utilise `Code Block` afin de créer une liste de valeurs « `0..1..#20` » (le début de la liste est 0, la fin 1 et il y aura 20 valeurs). En exécutant le script, on obtient 20 tangentes (fig. 7.60).

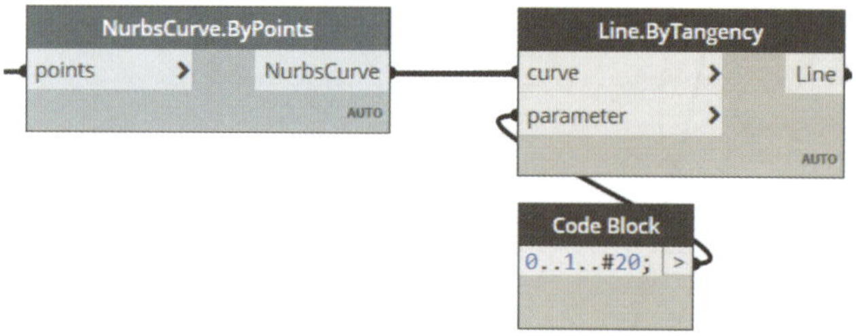

Fig. 7.59

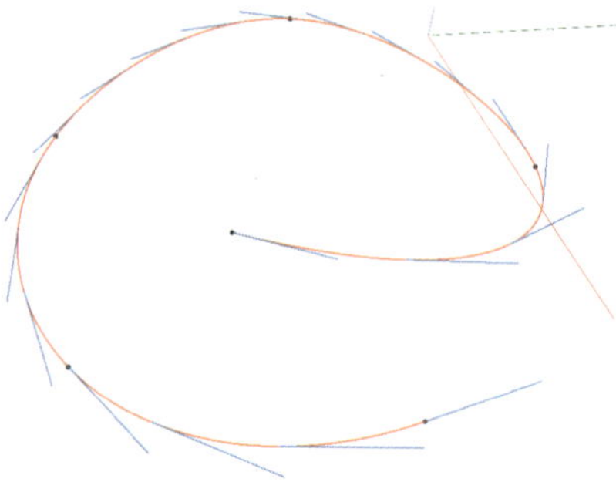

Fig. 7.60

- L'utilisation du nœud `Curve.Extrude` (fig. 7.61) permet ensuite de transformer les lignes 2D en surfaces (fig. 7.62). Ce nœud nécessite trois entrées mais seules les lignes sont utilisées comme entrées ; les autres entrées se font par défaut dans le nœud.

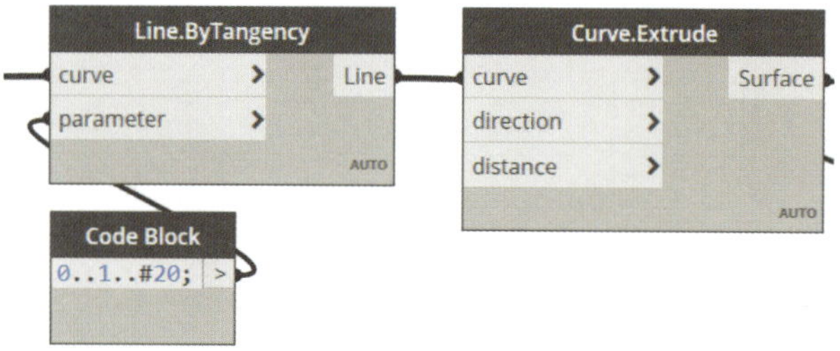

Fig. 7.61

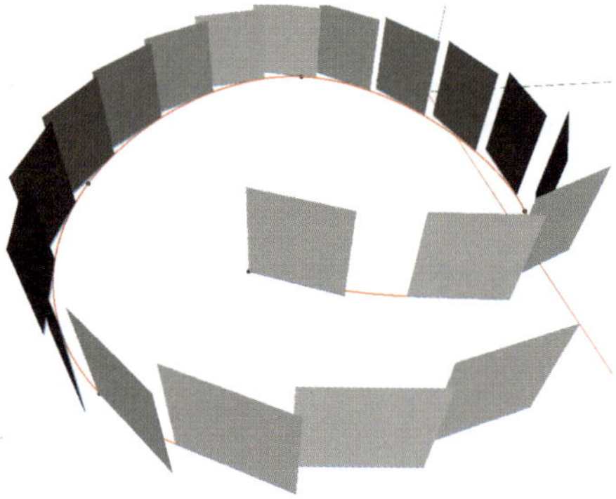

Fig. 7.62

- Pour finir, le nœud `Surface.Thicken` (fig. 7.63) donne une épaisseur aux surfaces (fig. 7.64). On utilise Surface comme première entrée et `Code Block` pour définir l'épaisseur (thickness) du nouveau solide créé.

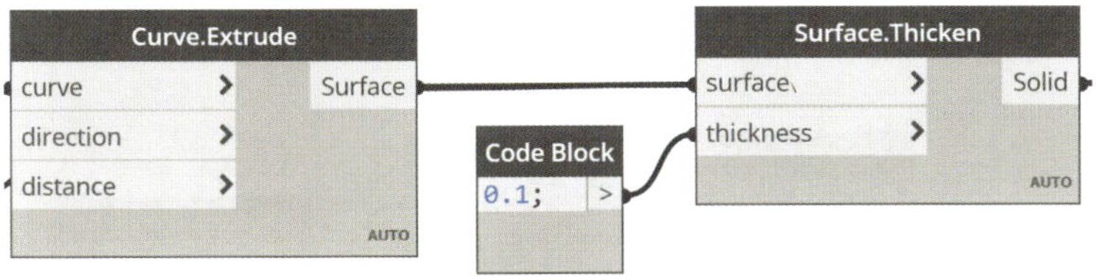

Fig. 7.63

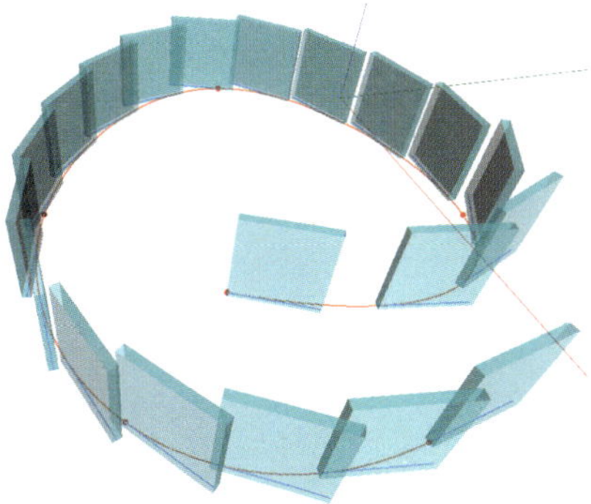

Fig. 7.64

Les surfaces

Une surface est une forme mathématique définie par une fonction et deux paramètres U et V pour décrire l'espace de paramètres correspondant. Cela signifie qu'il y a davantage de données géométriques à partir desquelles travailler avec ce type de géométrie.

Par exemple, les courbes ont des vecteurs tangents et des plans normaux qui peuvent tourner ou se tordre le long de la longueur de la courbe tandis que les surfaces ont des vecteurs normaux et des plans tangents qui seront cohérents dans leur orientation (fig. 7.65).

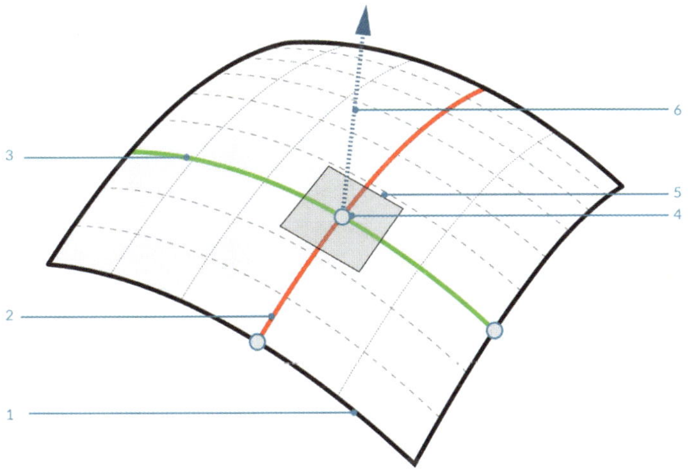

Fig. 7.65
1. Surface ; 2. U Isocurve ; 3. V Isocurve ; 4. Coordonnée UV ; 5. Plan perpendiculaire ; 6. Vecteur normal. (Source : primer.dynamobim.org)

Fig. 7.66

Les surfaces dans Dynamo peuvent être générées à l'aide de plusieurs nœuds, accessibles depuis Geometry > Surfaces > Surface (fig. 7.66).

La surface par Loft (lissage)

On commence par placer trois points afin de créer une courbe de NURBS (fig. 7.67).

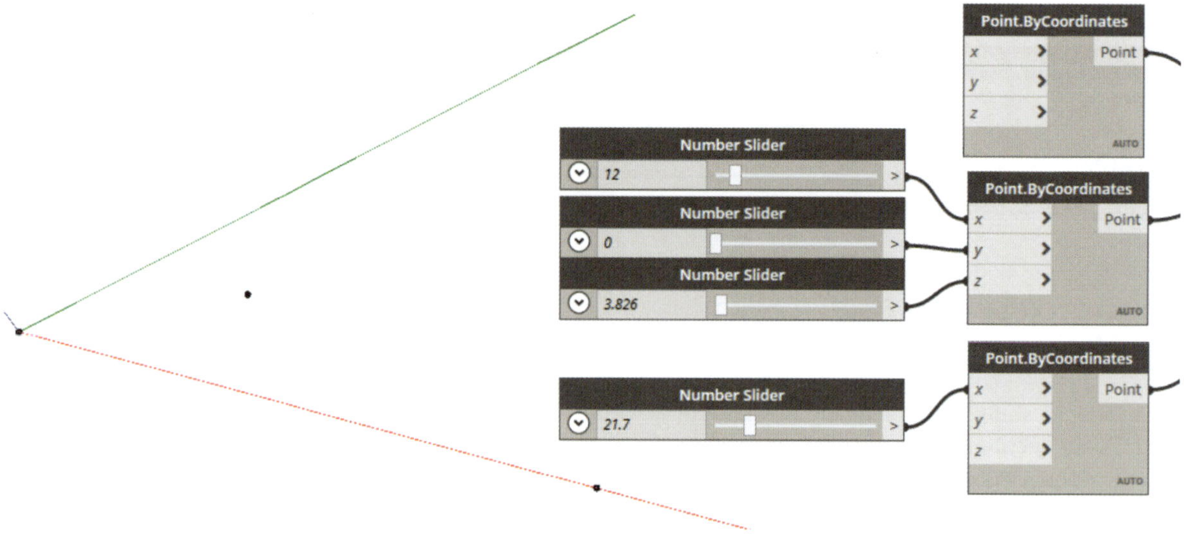

Fig. 7.67

On utilise ensuite le nœud `List Create` pour joindre les trois points ensemble (fig. 7.68).

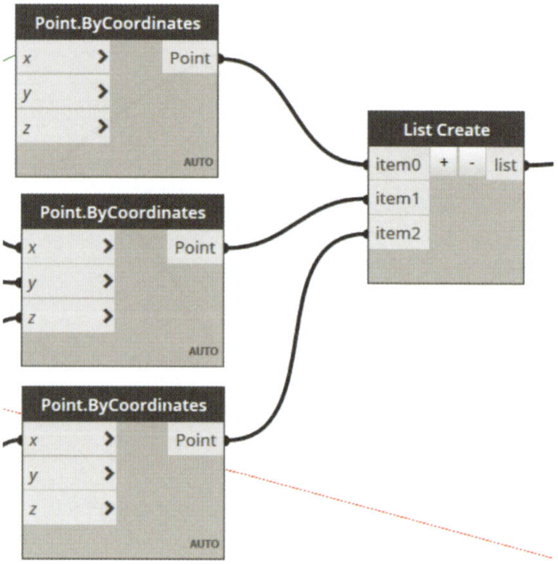

Fig. 7.68

Puis à l'aide du nœud `NurbsCurve.ByPoints` de la bibliothèque, on connecte `List Create` aux points d'entrée (fig. 7.69).

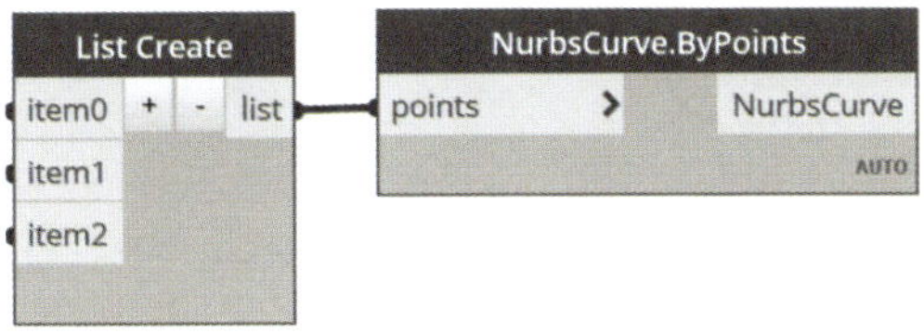

Fig. 7.69

La courbe créée est visible dans l'arrière-plan de l'espace de travail Dynamo (fig. 7.70).

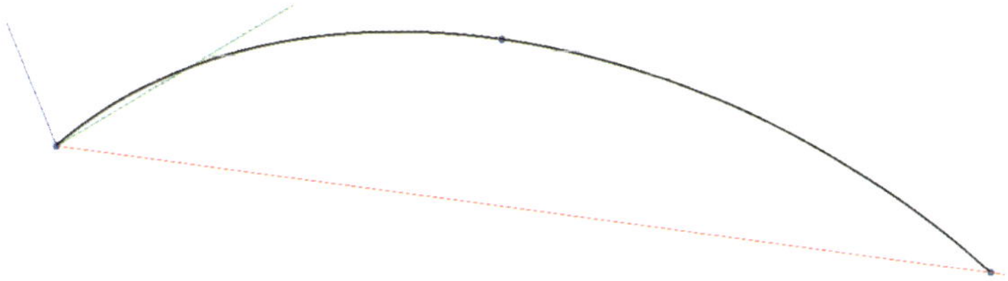

Fig. 7.70

On répète l'opération et on crée une deuxième courbe (fig. 7.71).

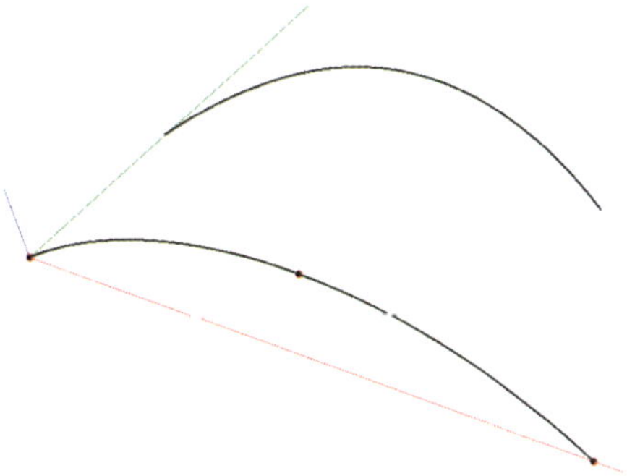

Fig. 7.71

À partir de ces deux courbes et du nœud `List Create`, on crée une liste unique qui est connectée à l'entrée crossSections du nœud `Surface.ByLoft` (fig. 7.72). On obtient alors une surface (fig. 7.73).

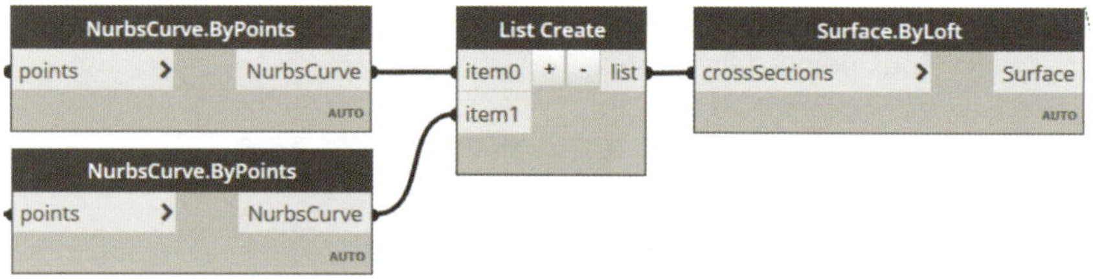

Fig. 7.72

Fig. 7.73

La surface par coupes transversales et chemins

Le nœud `Surface.ByLoft` permet de créer des surfaces dans Dynamo à l'aide de lignes directrices (chemins) et de coupes transversales (profils). Il nécessite deux entrées : les profils qui seront utilisés pour façonner la surface et les chemins que la surface suivra (fig. 7.74).

Une surface créée par des coupes transversales et des chemins

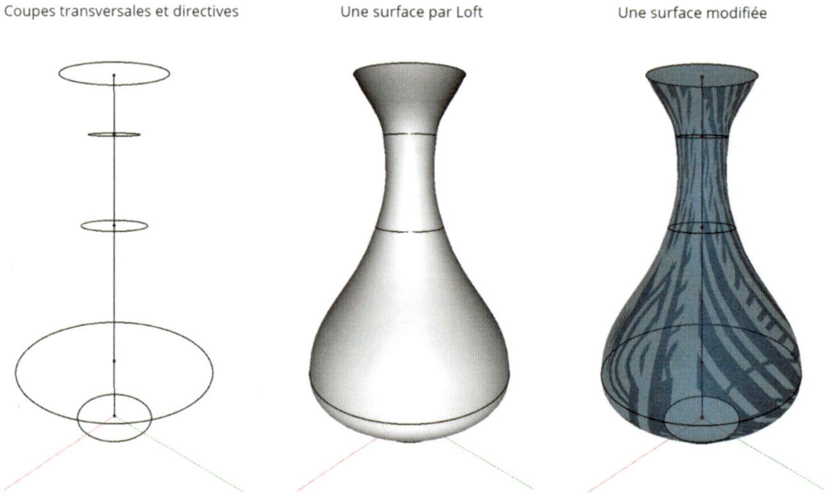

Fig. 7.74

Pour cet exemple, nous avons créé 5 points qui contrôlent toute la forme de la surface (fig. 7.75).

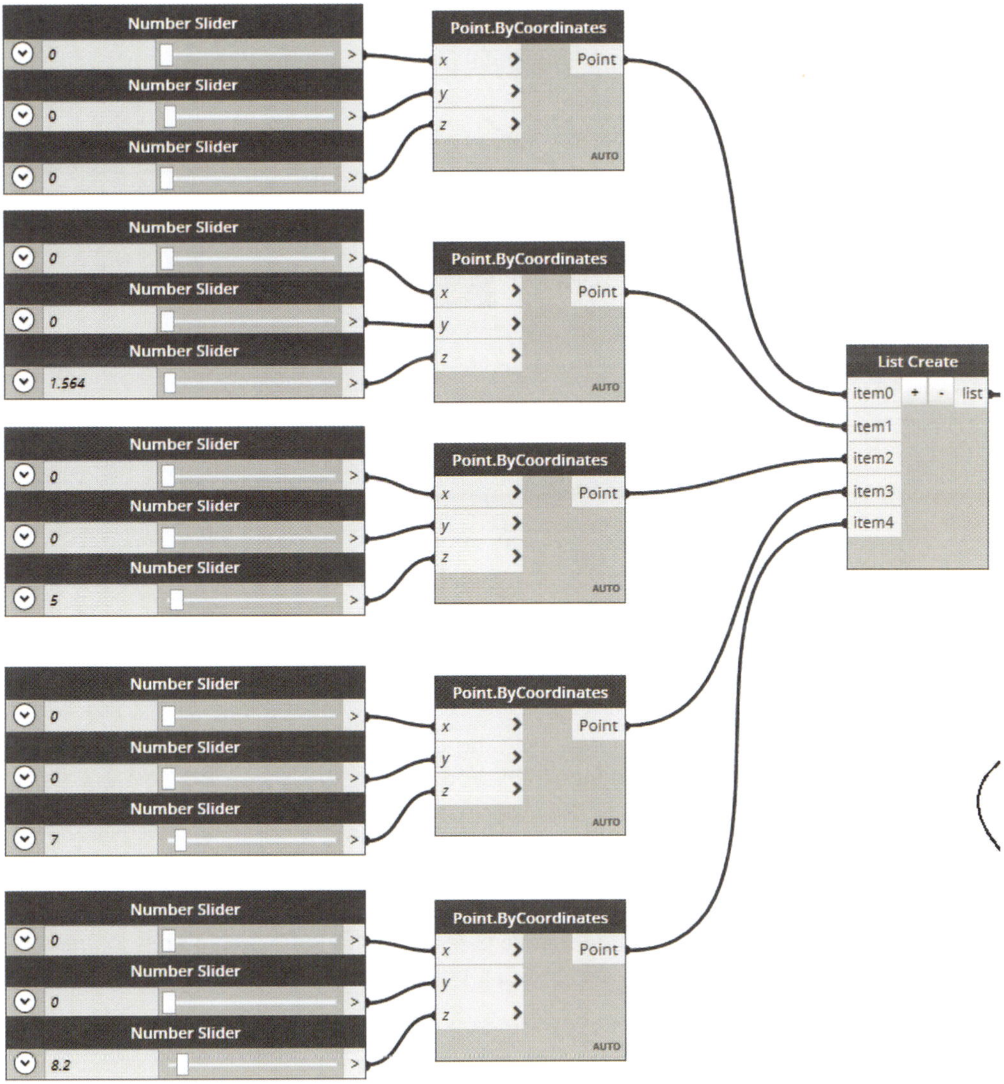

Fig. 7.75

Nous avons ensuite introduit `NurbsCurve.ByPoints` qui représente le chemin de la forme finale (fig. 7.76).

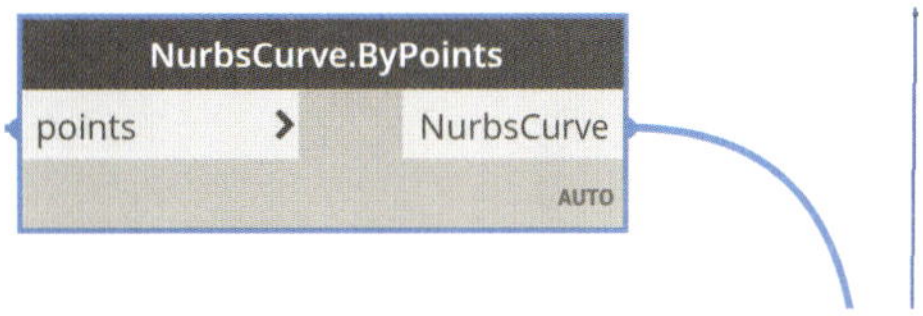

Fig. 7.76

On créé maintenant une liste de cercles en utilisant les mêmes points que ceux utilisés précédemment pour créer la courbe NURBS. Les cercles seront les profils (ou les sections transversales) qui seront extrudés le long du chemin (lignes de guidage).

On utilise `Circle.ByCenterPointRadius` qui a besoin de deux entrées : les points centraux pour chaque cercle et les valeurs radius (fig. 7.77).

Pour les points centraux, on attache la liste des points créés précédemment ; pour les valeurs radius, on utilise `Code Block` pour écrire des nombres, on peut également se servir de `Number Slider` pour le rendre plus facilement modifiable.

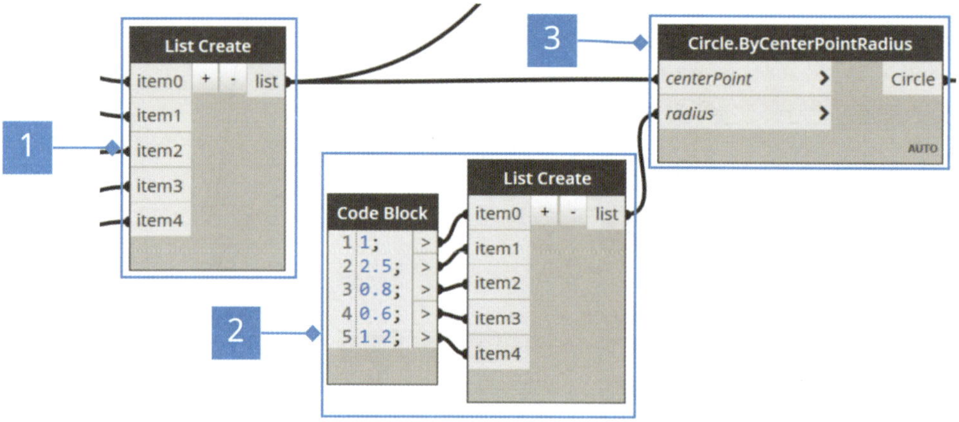

Fig. 7.77

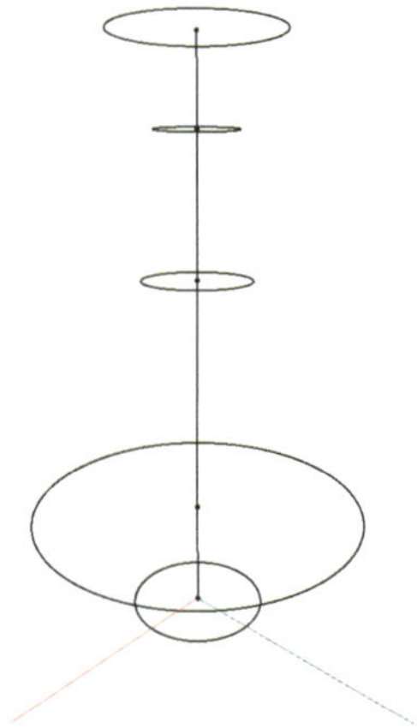

Fig. 7.78

À l'issue de cette étape, on obtient cinq cercles avec différents points centraux et différentes valeurs de rayon (fig. 7.78).

Maintenant que le chemin de surface et les profils de surface sont prêts, on peut les connecter au nœud `Surface.ByLoft` pour créer une surface Dynamo (fig. 7.79 et 7.80).

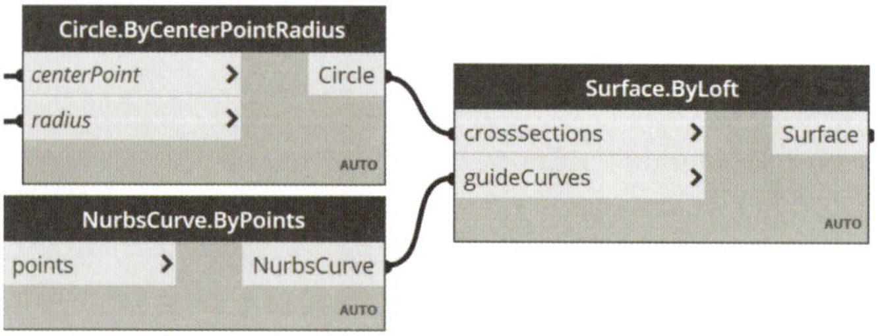

Fig. 7.79

Fig. 7.80

La surface par Ruled Loft

Le nœud `Surface.ByRuledLoft` permet de créer une liste de surfaces répétitives à partir d'une liste de lignes (fig. 7.81 et 7.82).

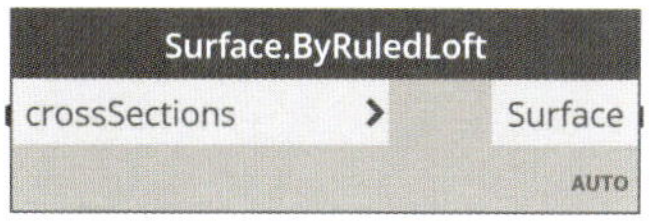

Fig. 7.81

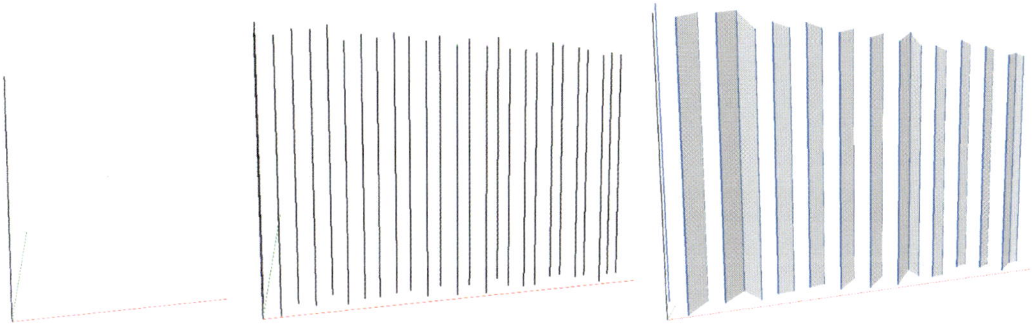

Fig. 7.82

Le nœud utilise une liste ordonnée de courbes comme entrée et permet d'insérer une surface réglée en ligne droite entre les courbes (fig. 7.83 et 7.84).

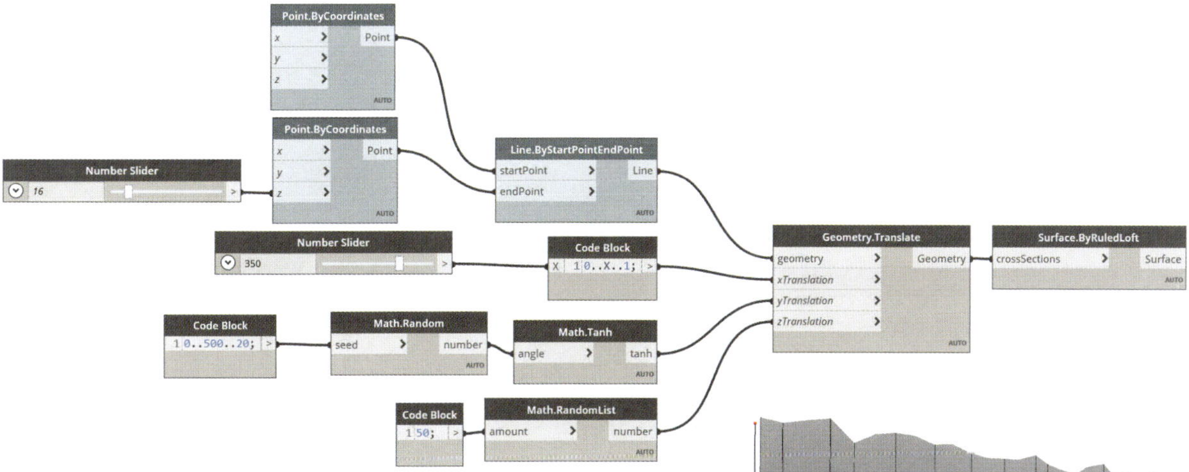

Fig. 7.83

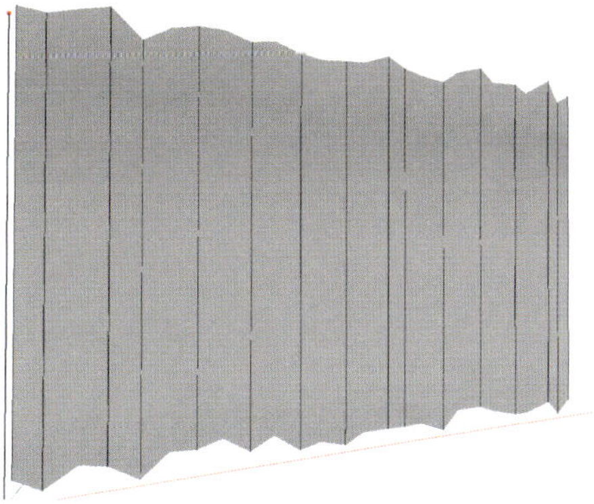

Fig. 7.84

`ByRuledLoft` est peut-être un peu plus rapide que `ByLoft` mais la surface résultante sera moins lisse.

Le script démarre par une ligne le long de l'axe Z (fig. 7.85).

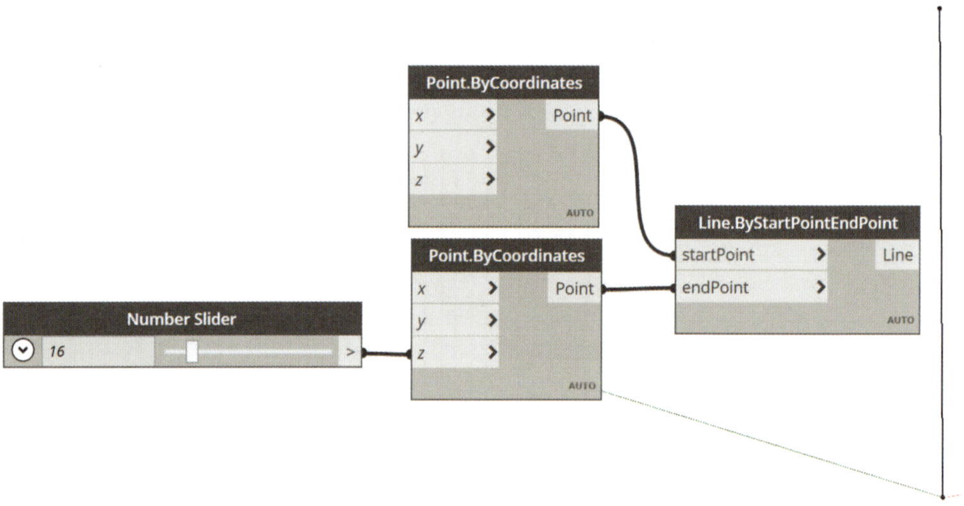

Fig. 7.85

Cette ligne est ensuite traduite en une série de lignes qui suivent une courbe Tanh dans la direction y (fig. 7.86 et 7.87). Le nœud `Math.Tanh` retournera la tangente hyperbolique pour un angle d'entrée en radians.

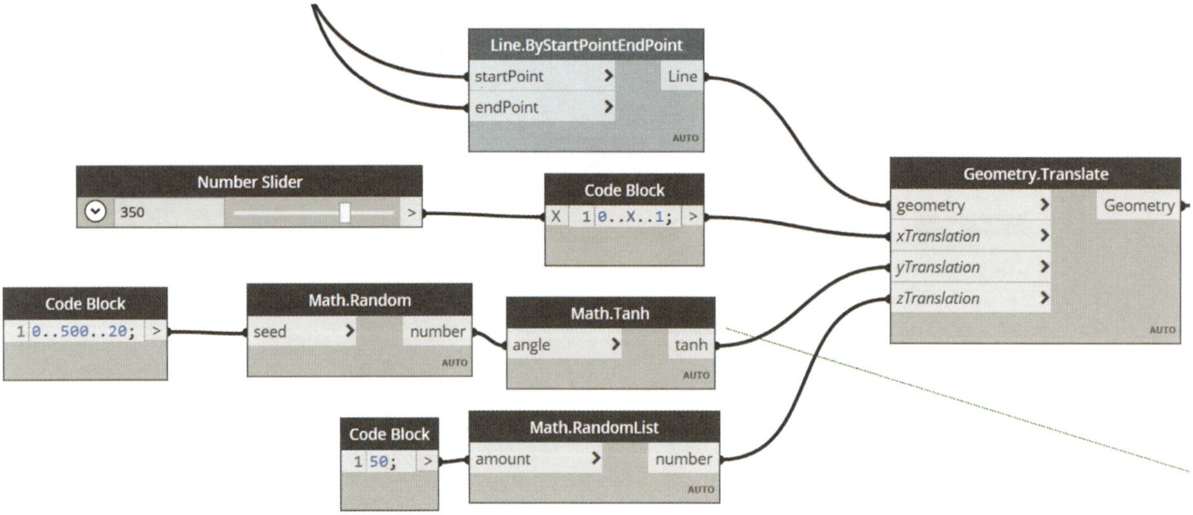

Fig. 7.86

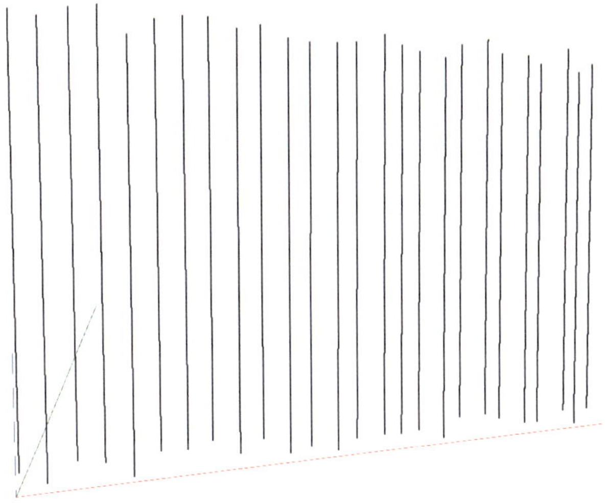

Fig. 7.87

Cette liste de lignes résultante est utilisée comme entrée pour le nœud `Surface.ByRuledLoft`. On obtient finalement une surface avec des segments de ligne droite entre les courbes d'entrée (fig. 7.88).

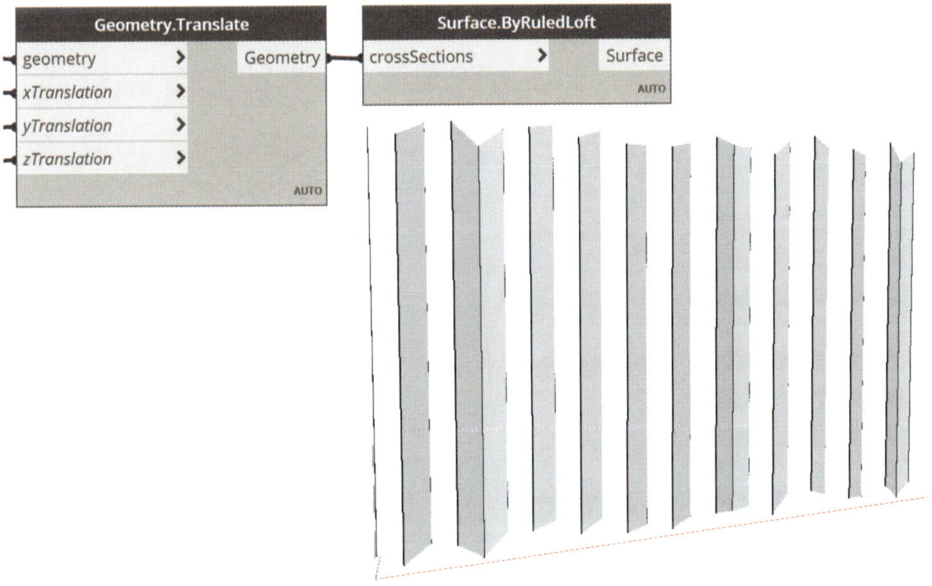

Fig. 7.88

La surface par Sweep (balayage)

Le nœud `Surface.BySweep` crée une surface en balayant une courbe d'entrée le long d'un chemin spécifié.

Ce nœud accepte un seul profil à extruder le long d'un chemin. Le profil doit être une courbe ouverte ou fermée. Le chemin peut être une ligne ou une courbe (fig. 7.89).

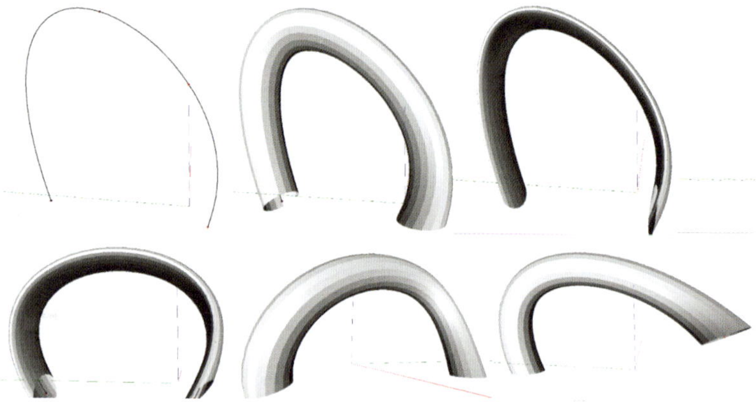

Fig. 7.89

Dans le script suivant (fig. 7.90), on créé une courbe NURBS à quatre points qui sera l'entrée path du nœud `Surface.BySweep`.

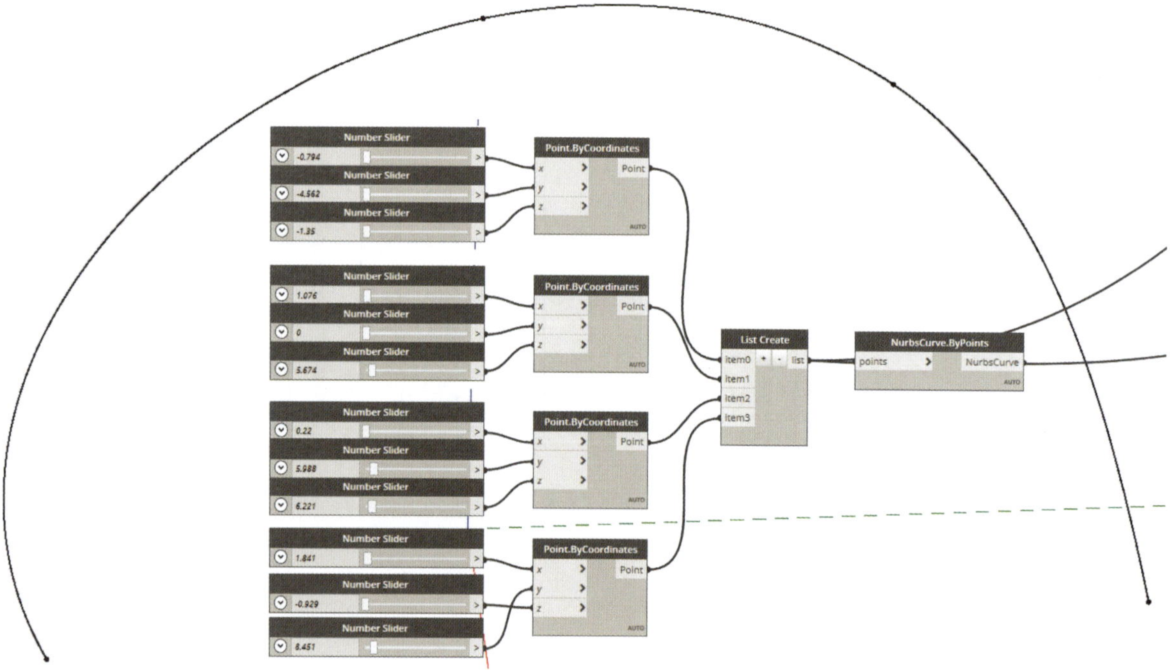

Fig. 7.90

Pour le profil qui sera extrudé à travers le chemin, on créé une forme polygone en utilisant le nœud `Polygon.RegularPolygon`. Ce nœud nécessite deux entrées (fig. 7.91) : un cercle et un certain nombre de côtés.

On utilise les quatre points de la courbe pour créer les cercles et un `Code Block` pour définir le nombre de côtés du polygone (18 côtés dans cet exemple).

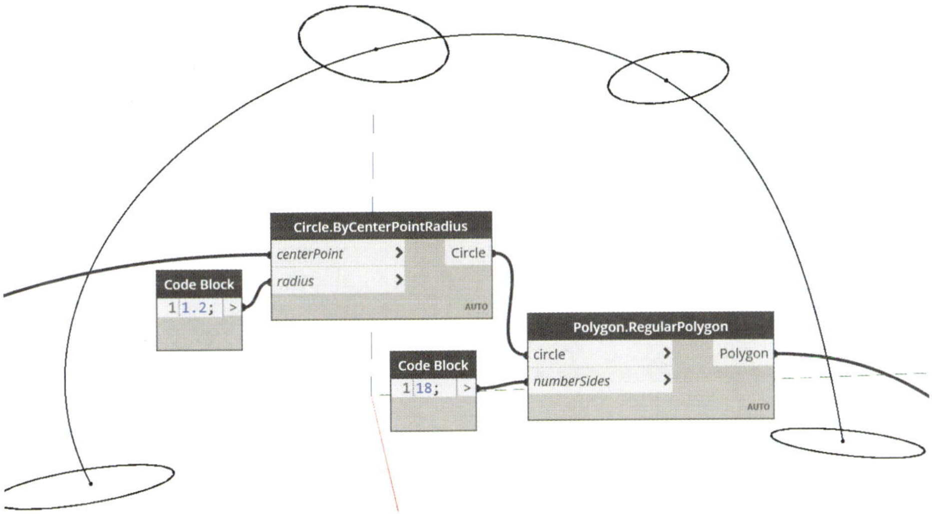

Fig. 7.91

Puis, on utilise `Code Block` pour sélectionner un polygone dans la liste des polygones créée à l'étape précédente (en écrivant un caractère et l'index du Polygon nécessaire dans [.], voir fig. 7.92).

Enfin, la sortie `Code Block` est connectée à l'entrée profile de `Surface.BySweep` et la sortie NurbsCurve est connectée à l'entrée path de `Surface.BySweep`.

Le résultat final obtenu sera une surface extrudée à travers le chemin fourni (fig. 7.92).

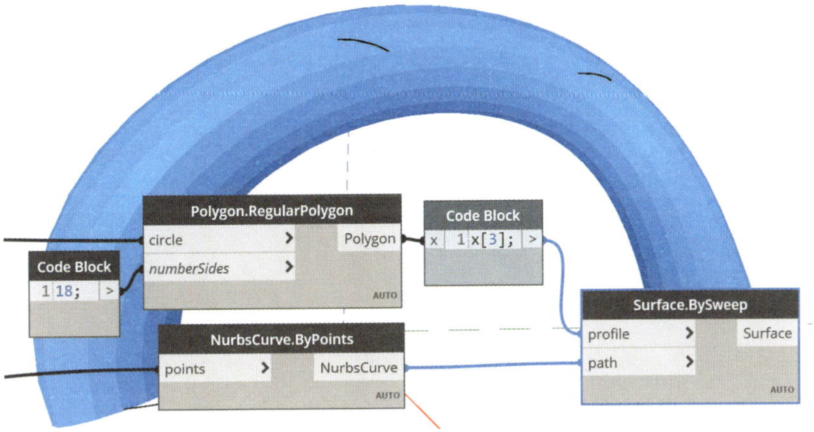

Fig. 7.92

La surface par Patch (courbes fermées)

Le nœud `Surface.ByPatch` permet de créer facilement des surfaces à partir des courbes fermées. Le processus commence toujours par la définition des courbes fermées (fig. 7.93).

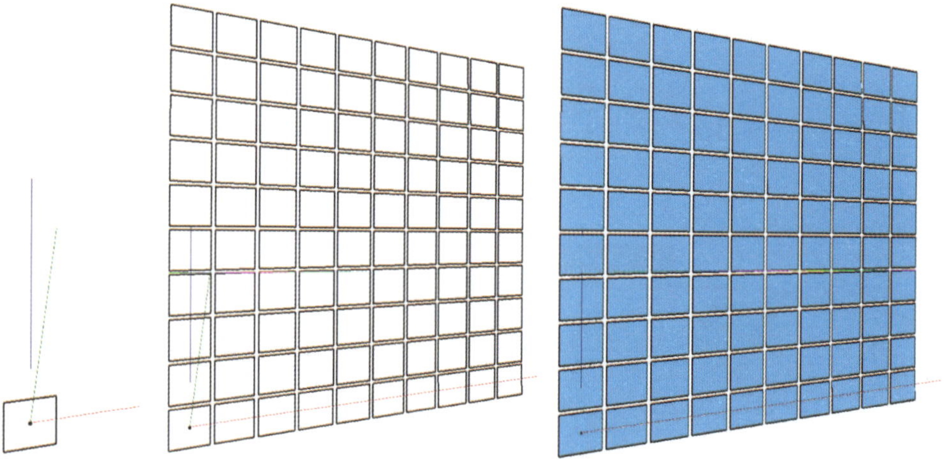

Fig. 7.93

Dans le script suivant, on utilise le nœud `Rectangle.ByWidthLength` pour créer une forme de rectangle fermé comme point de départ (fig. 7.94).

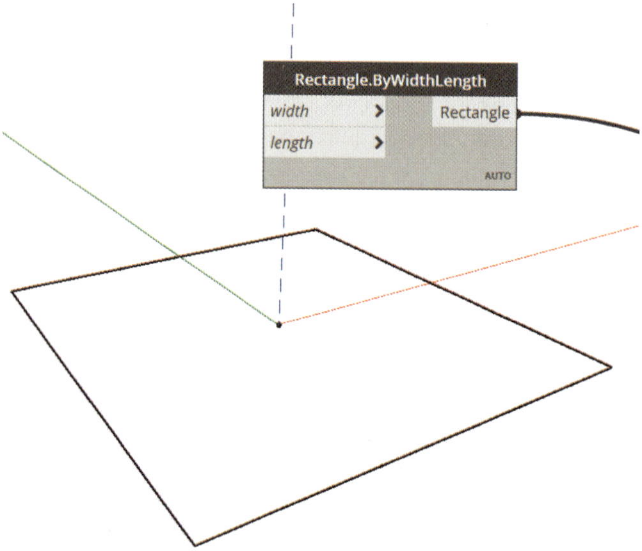

Fig. 7.94

Le nœud `Geometry.Rotate` permet ensuite de changer l'angle d'orientation du rectangle de 90 degrés sur l'axe X (fig. 7.95).

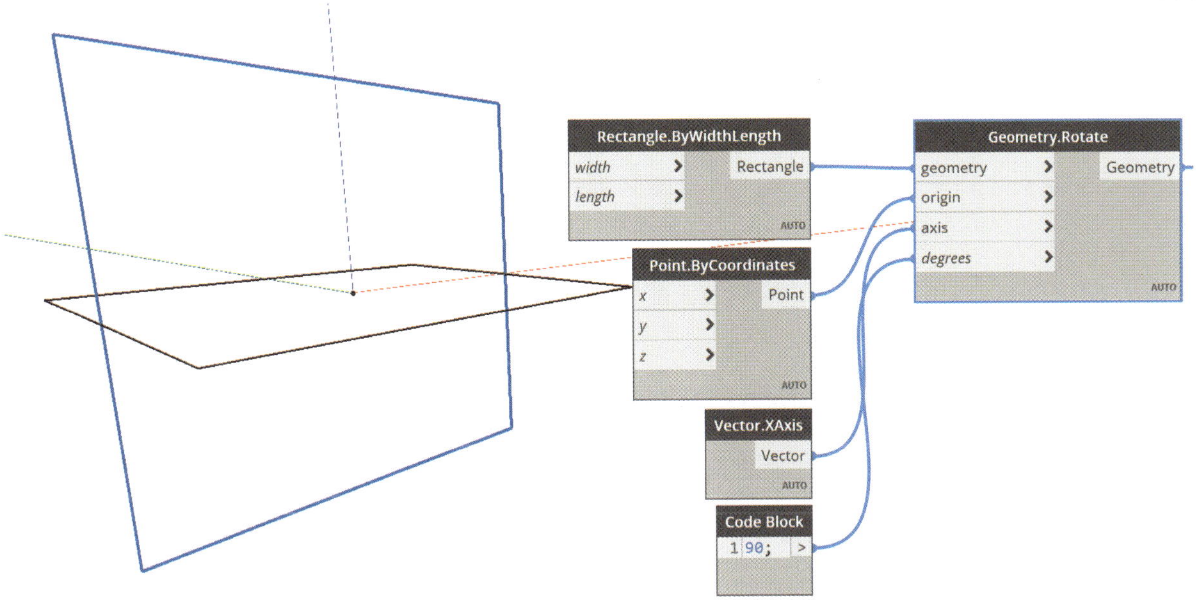

Fig. 7.95

Puis, on place le nœud `Geometry.Translate` afin de créer une série de formes rectangulaires. Notez que la combinaison utilisée est le produit vectoriel (XXX) afin d'obtenir un maximum de résultats (fig. 7.96).

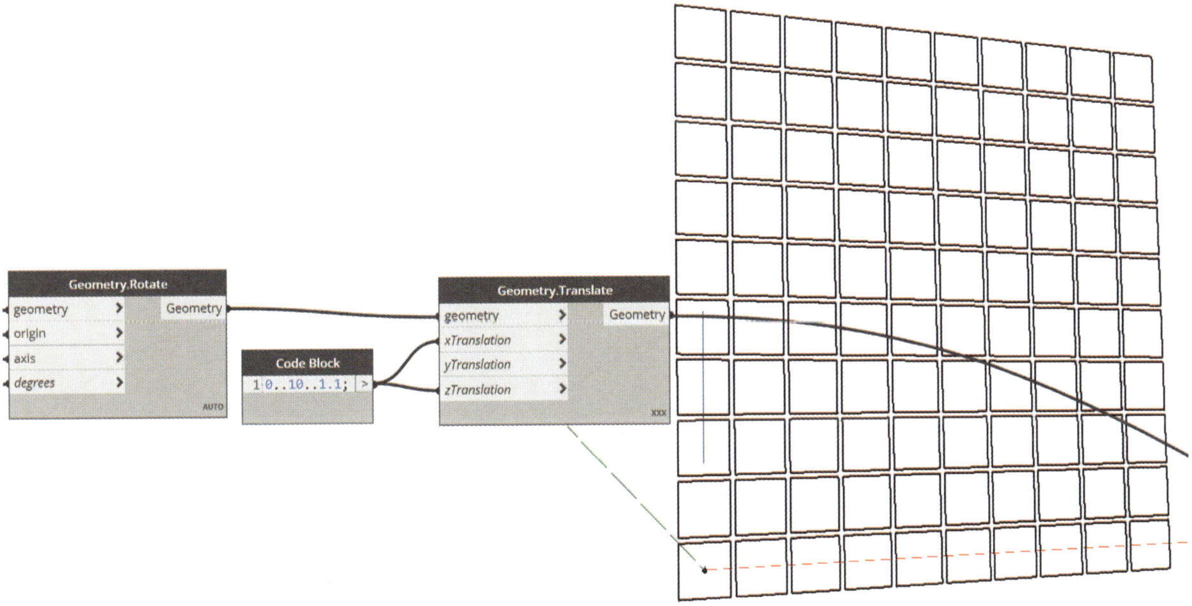

Fig. 7.96

Enfin, on utilise `Surface.BySweep` pour créer les surfaces à partir de la liste des rectangles (fig. 7.97).

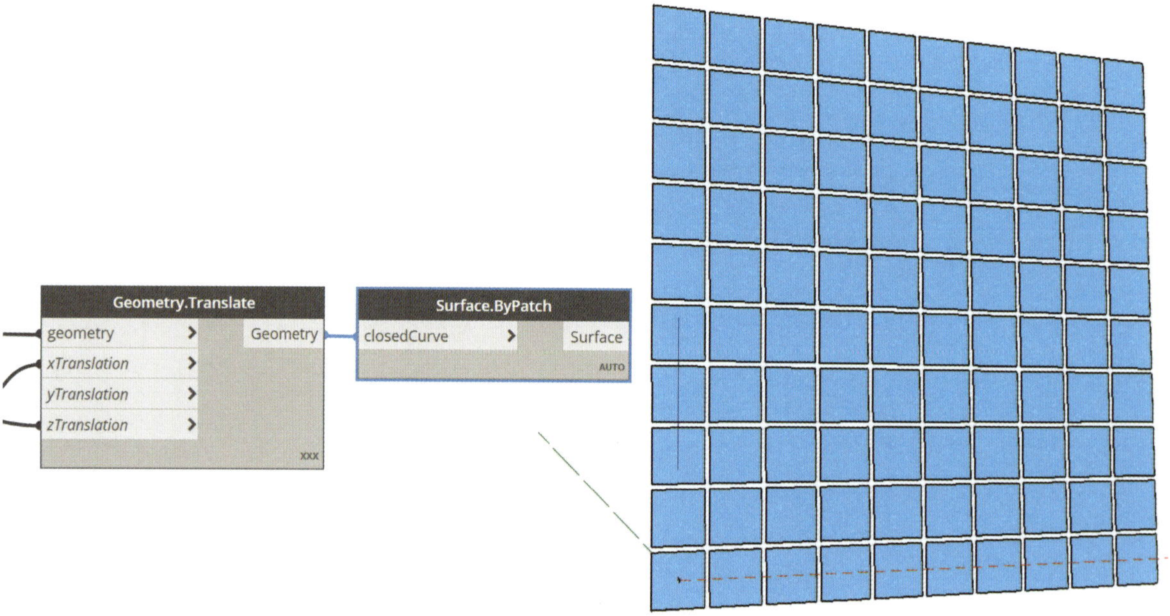

Fig. 7.97

Les surfaces NURBS

Les surfaces NURBS sont constituées de courbes NURBS qui vont dans deux directions U et V. Les mêmes principes s'appliquent.

La surface est une grille (ou un maillage) de points de contrôle pondérés dans les directions U et V. L'augmentation du degré d'une surface dans la direction U et/ou V augmente le nombre de sommets ; ce qui ajoute de la flexibilité ainsi que de la complexité à l'élément (fig. 7.98).

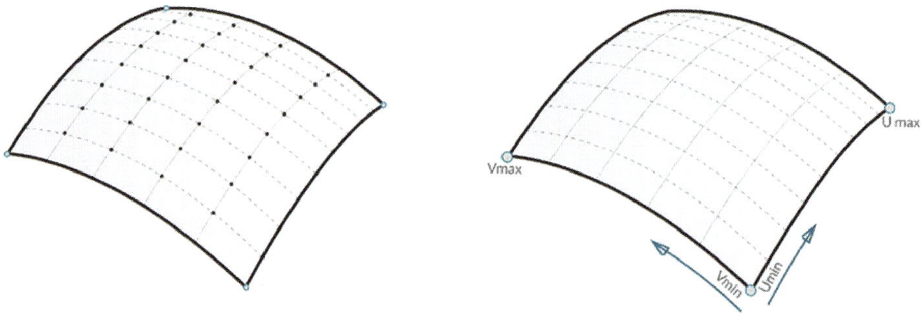

Fig. 7.98
(Source : primer.dynamobim.org)

Dynamo propose cinq nœuds permettant de créer ces surfaces (fig. 7.99). Nous en développerons deux dans les paragraphes suivants.

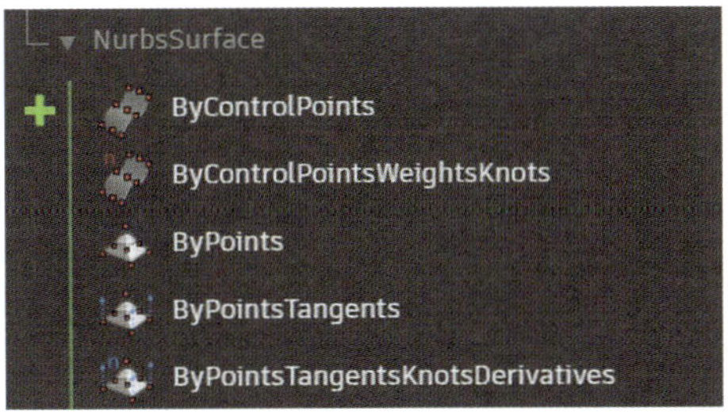

Fig. 7.99

La surface NURBS par points de contrôle

Le nœud `NurbsSurface.ByControlPoints` permet de créer une surface NURBS à partir d'une liste bidimensionnelle de sommets de contrôle (fig. 7.100). Il permet également de calibrer le degré dans les directions U et V.

> Le degré pour U et V détermine le nombre de points affectant la surface NURBS. Son augmentation fait croître proportionnellement le nombre de sommets. On obtient une surface plus flexible et de forme organique.

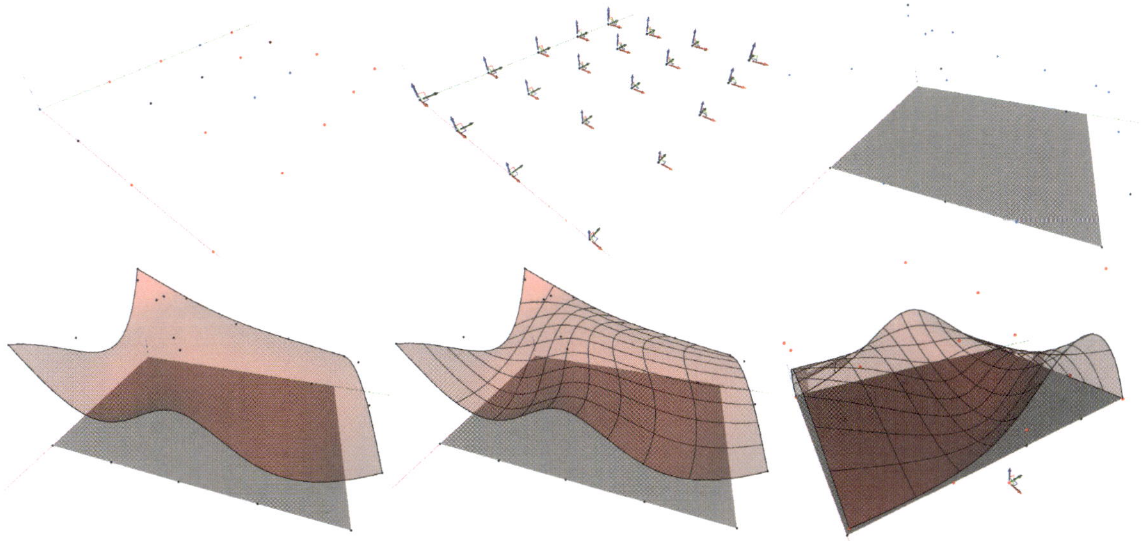

Fig. 7.100

Pour cet exemple, on commence par créer une liste de points de contrôle : on utilise les nœuds `Number Slider` pour contrôler plus facilement les emplacements dans la fenêtre d'aperçu de l'arrière-plan 3D (fig. 7.101).

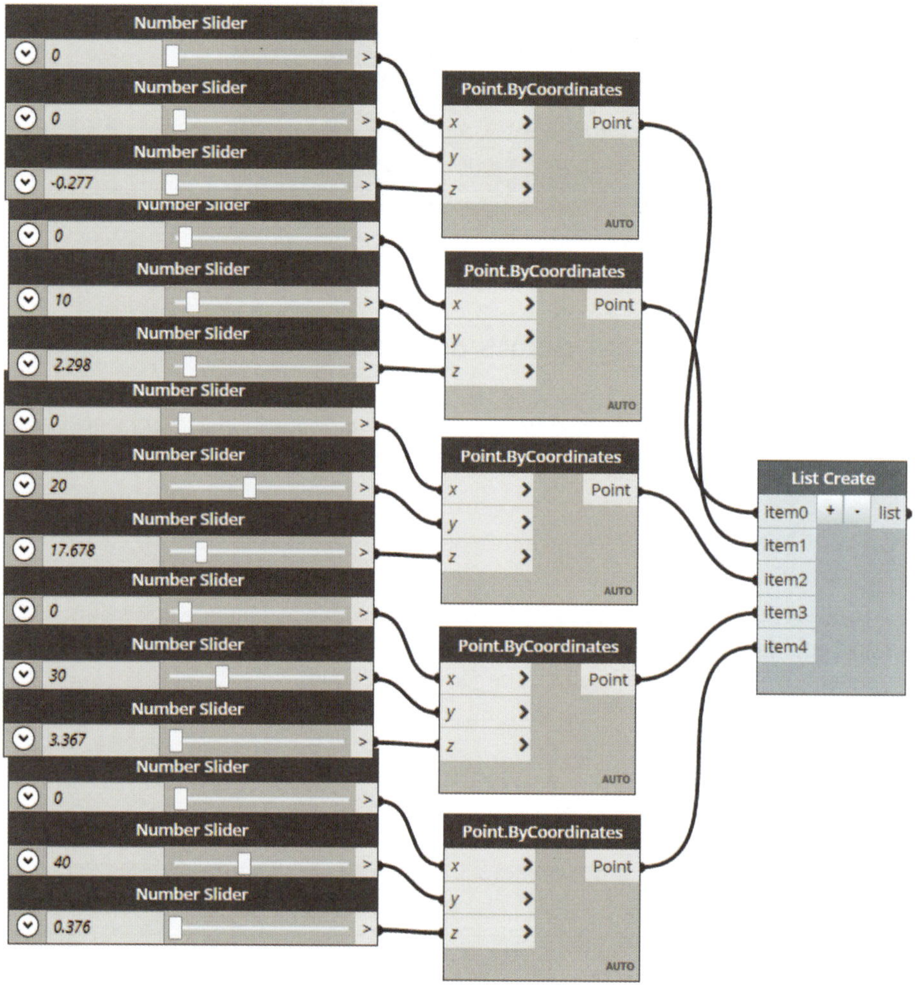

Fig. 7.101

Autant de points que nécessaire peuvent être créés. Dans ce modèle, on propose une liste de quatre sous-listes de points (fig. 7.102) qui seront les points de contrôle de la surface NURBS finale (fig. 7.103).

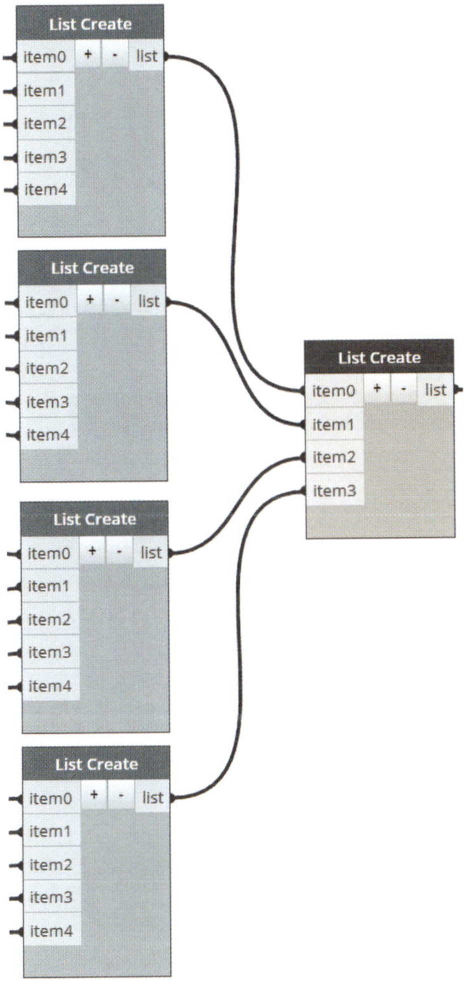

Fig. 7.102

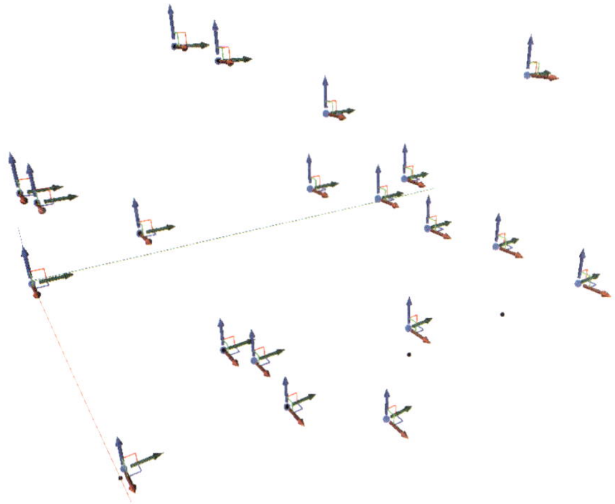

Fig. 7.103

Grâce à l'utilisation des nœuds `Number Slider`, on peut facilement basculer vers la fenêtre d'arrière-plan 3D et contrôler l'emplacement de chaque point. Pour savoir si l'option est active, il faut sélectionner le point et ouvrir l'aperçu d'arrière-plan 3D dans Dynamo (fig. 7.104).

Fig. 7.104

Les lignes 3D (bleues, rouges et vertes) peuvent être sélectionnées et déplacées dans l'espace.

Un fois les points de contrôle créés, on peut les connecter au nœud `NurbsSurface.ByControlPoints`.

On commence par utiliser `Code Block` pour définir le *uDegree* et le *vDegree* de contrôle des angles de la nouvelle surface. Puis, on connecte les points au nœud `NurbsSurface.ByControlPoints`, la surface NURBS finale est créée (fig. 7.107).

Les sommets de contrôle (controlVertices) doivent présentés au moins une unité d'écart avec les valeurs des entrées uDegree et vDegree (fig. 7.105 et 7.106).

Les degrés U et V sont à « 3 » et nos sommets de contrôle sont à « 4 »

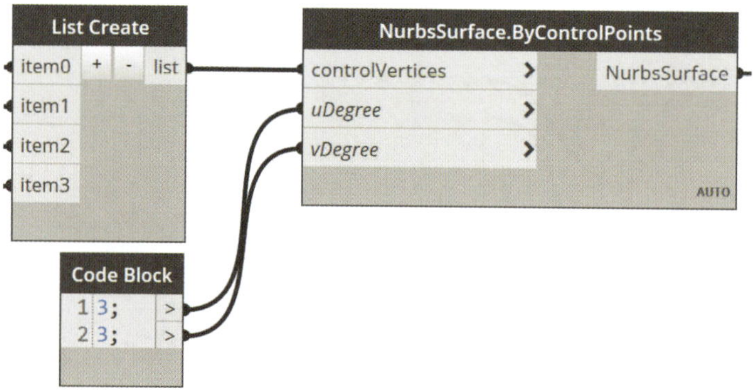

Fig. 7.105

Les valeurs des degrés U et V sont à « 4 » comme les sommets, cela crée une erreur

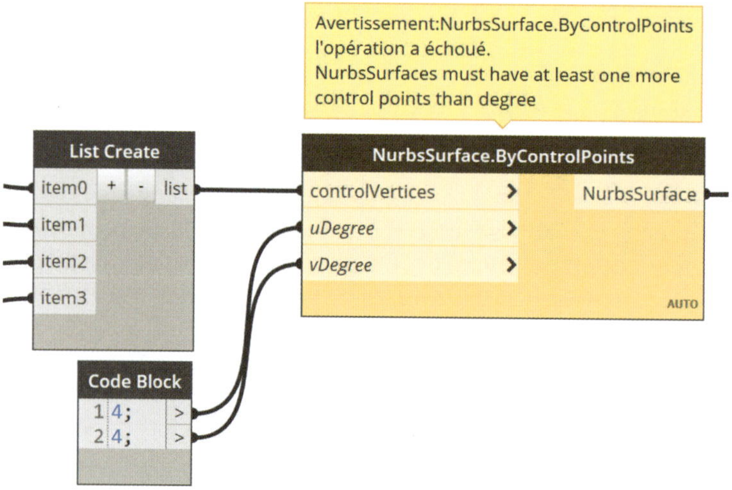

Fig. 7.106

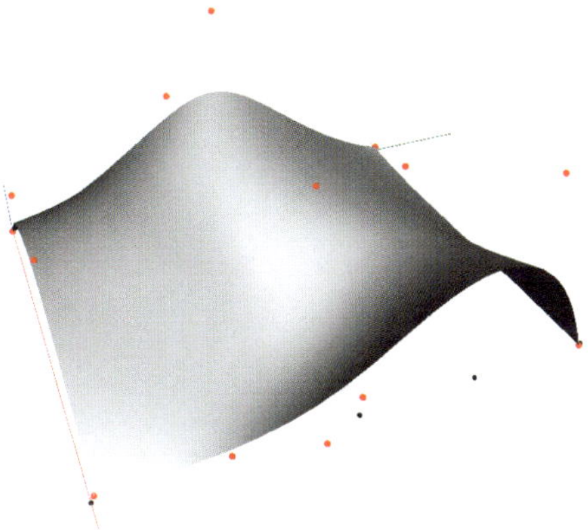

Fig. 7.107

La surfaces NURBS par liste de points

Comme pour le nœud précédent, vous pouvez créer des surfaces NURBS en utilisant directement une liste de points avec le nœud `NurbsSurface.ByPoints`. Les surfaces seront plus lisses et plus réactives (fig. 7.108).

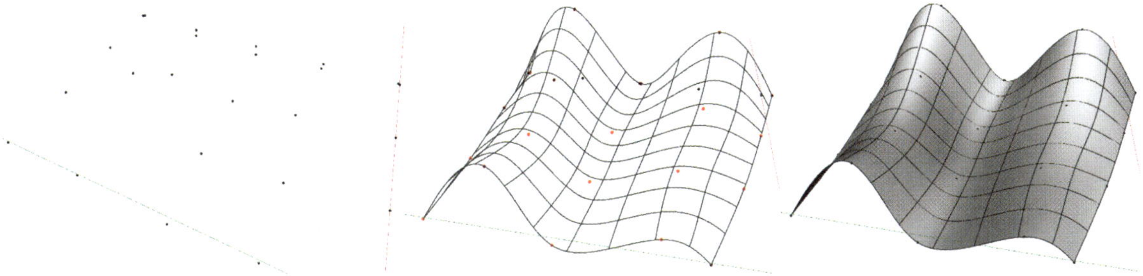

Fig. 7.108

Pour cet exemple, nous avons utilisé les mêmes points que ceux créés dans l'exemple précédent avec `NurbsSurface.ByPoints` (fig. 7.109).

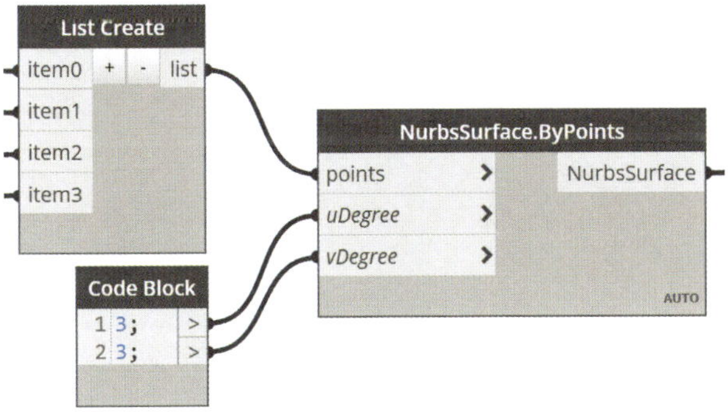

Fig. 7.109

Le résultat obtenu est identique à celui de la figure 7.110 mais la surface est attachée aux points.

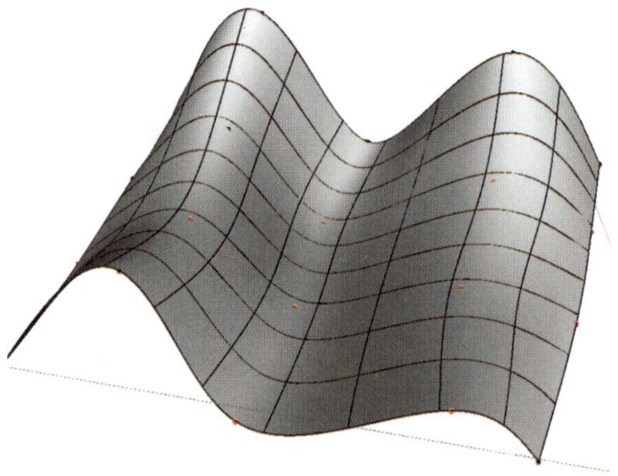

Fig. 7.110

L'ajout du nœud `Surface.GetIsoline` (fig. 7.111) permet de visualiser les isolignes de la surface à un paramètre d'entrée U ou V (fig. 7.112).

L'isoDirection d'entrée est utilisée pour déterminer si la direction U ou la direction V est utilisée : 0 correspond à la direction U, 1 correspond à la direction V.

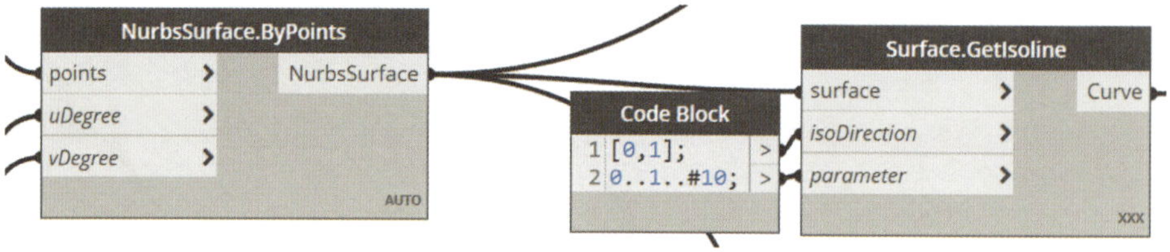

Fig. 7.111

Une surface NURBS par points

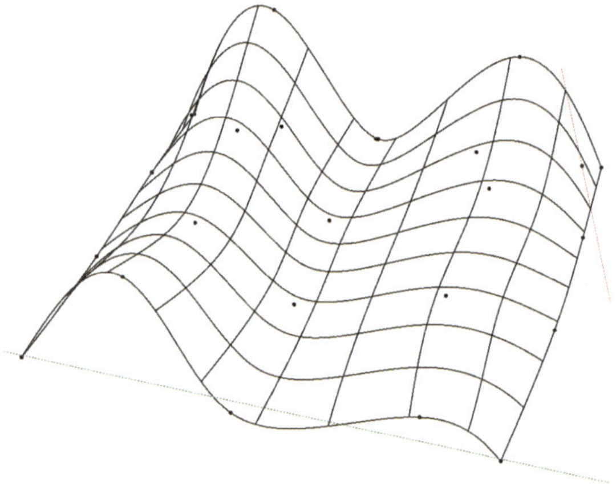

Fig. 7.112

Les polysurfaces

Les polysurfaces sont composées de surfaces jointes par une arête. Les polysurfaces offrent une définition UV au-delà du bidimensionnelle puisqu'il est possible de se déplacer à travers les formes connectées *via* leur topologie. Chacune d'elles peut être traitée différemment mais elles seront toujours connectées *via* une Polysurface (fig. 7.113).

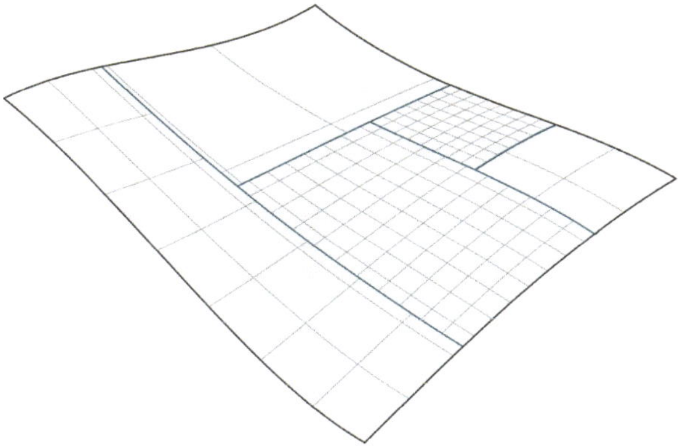

Fig. 7.113
(Source : primer.dynamobim.org)

Dynamo fournit six nœuds permettant de créer des polysurfaces (fig. 7.114). La plupart présente un mode opératoire similaire.

L'un des nœuds remarquables de cette liste est `PolySurface.BySolid` car il permet de créer une liste de polysurfaces à partir d'une géométrie solide.

Avec le script suivant (fig. 7.115), on obtient une liste de toutes les pièces du modèle Revit, leur géométrie (`Element.Geometry`), et on peut générer les polysurfaces (`PolySurface.BySolids`).

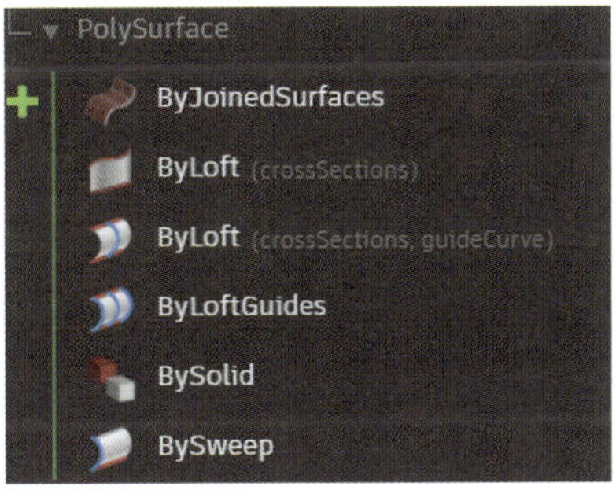

Fig. 7.114

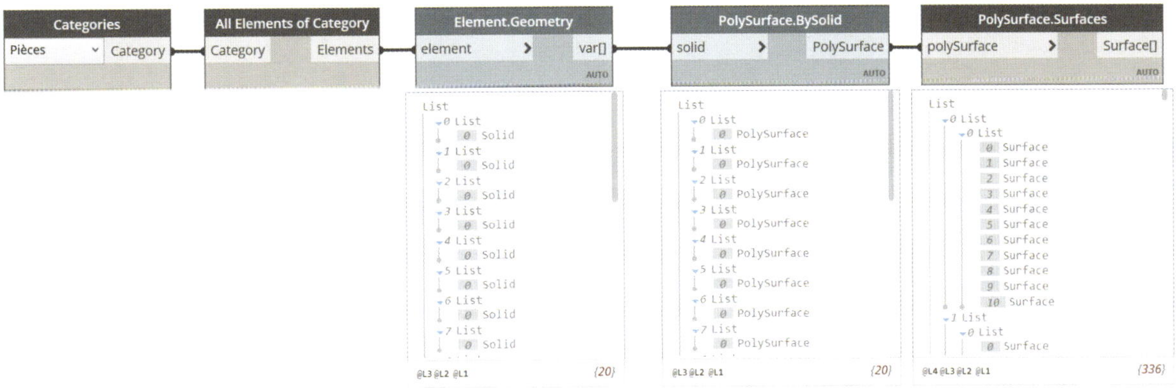

Fig. 7.115

Le nœud `PolySurface.Surfaces` permet de décomposer la liste des polysurfaces en une liste de surfaces séparées qui peuvent être utilisées pour effectuer d'autres opérations (fig. 7.116).

Fig. 7.116

Les solides

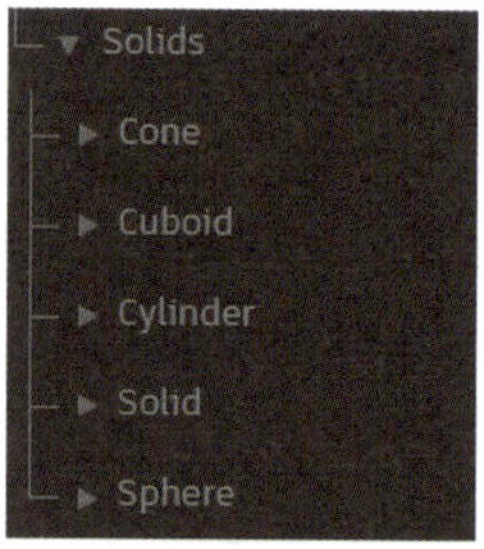

Fig. 7.117

Les solides se composent d'une ou de plusieurs surfaces qui contiennent du volume par le biais d'une limite fermée. Quel que soit le nombre de ces surfaces, elles doivent former un volume « étanche » pour être considérées comme un solide.

Ils peuvent être créés en joignant des surfaces ou des polysurfaces ensemble ou en utilisant des opérations telles que le lissage, le balayage et la révolution.

Un cube avec au moins une face supprimée compte comme une polysurface qui a des propriétés similaires, mais ce n'est pas un solide.

Dynamo propose plusieurs groupes de nœuds pour créer les formes solides les plus élémentaires telles que les sphères, les cônes, les cylindres… Ils sont accessibles *via* Geometry > Solids (fig. 7.117 et 7.118).

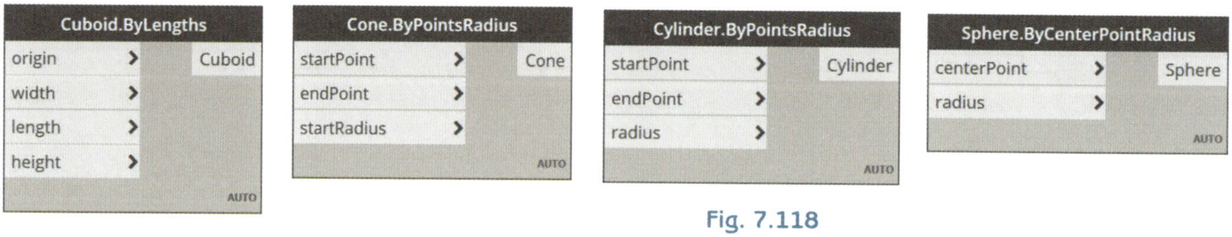

Fig. 7.118

> **!**
>
> La création de solides dans Dynamo commence toujours par une surface. Elle peut être créée, importée à partir d'un fichier ou sélectionnée à partir d'un élément Revit.

Le cuboïde

En utilisant le nœud `Cuboid.ByLengths`, on peut facilement créer un cuboïde et contrôler son origine, sa largeur, sa longueur et sa hauteur (fig. 7.119).

Fig. 7.119

Dans cet exemple pour les entrées du nœud `Cuboid.ByLengths` (fig. 7.120), on utilise un `Code Block` pour créer une séquence de valeurs afin de construire une grille de points (`Point.ByCoordinates`) puis un second `Code Block` pour créer une séquence de valeurs correspondant à la hauteur du cuboïde créé (height).

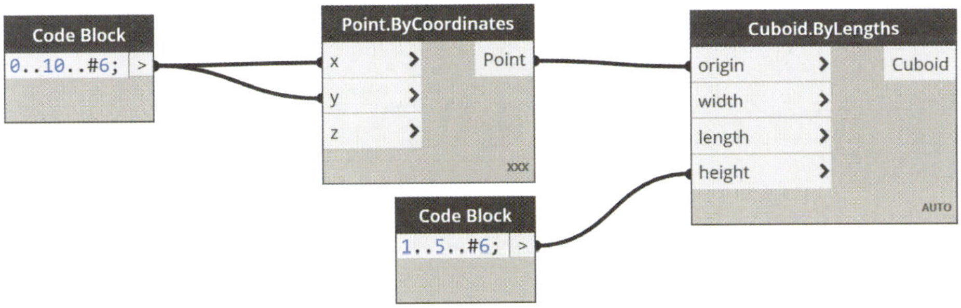

Fig. 7.120

Le cône

Le nœud `Cone.ByPointsRadii` permet de créer un cône en utilisant deux valeurs de rayon pour le début et la fin du cône (fig. 7.121).

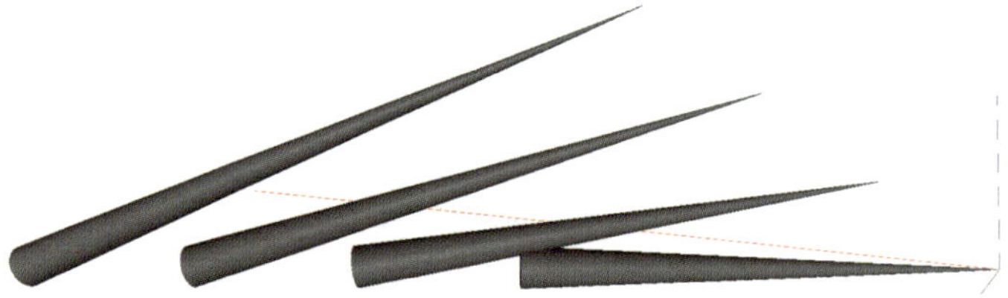

Fig. 7.121

Dans ce script (fig. 7.122), on créé deux listes de points (comme dans l'exemple précédent) et on les connecte au nœud `Cone.ByPointsRadii`. On définit également deux valeurs différentes pour le rayon de départ et les entrées de rayon de fin.

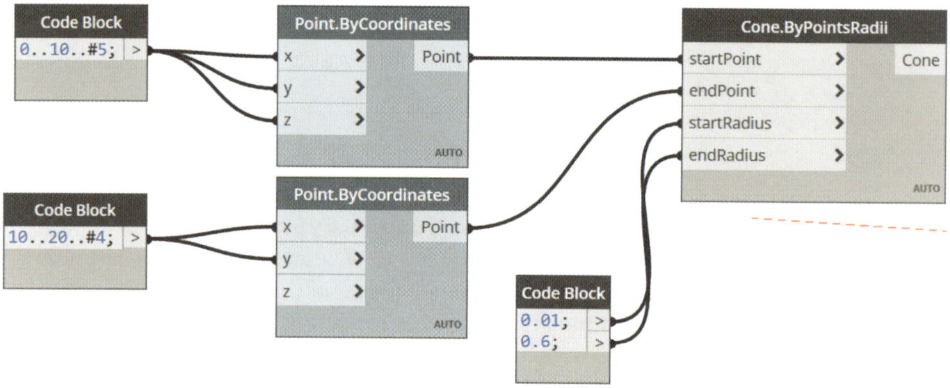

Fig. 7.122

En modifiant le laçage des nœuds `Point.ByCoordinates` et `Cone.ByPointsRadii`, on obtient des résultats différents (fig. 7.123).

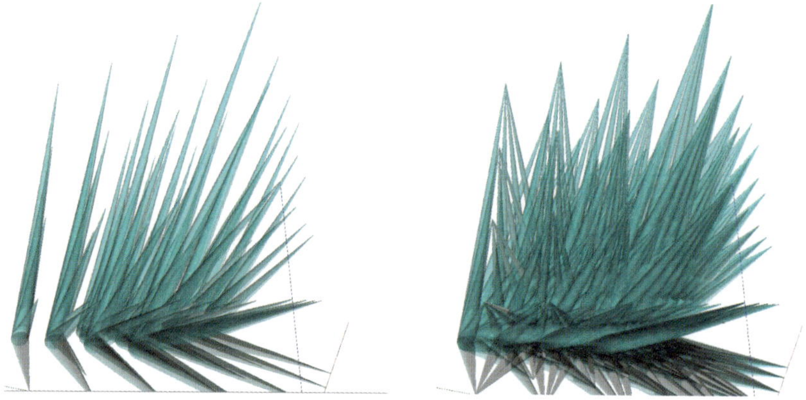

Fig. 7.123

Le cylindre

Le nœud `Cylinder.ByPointsRadius` (fig. 7.124) permet de créer des solides cylindriques à l'aide de trois entrées : les points de départ, d'arrivée et le rayon.

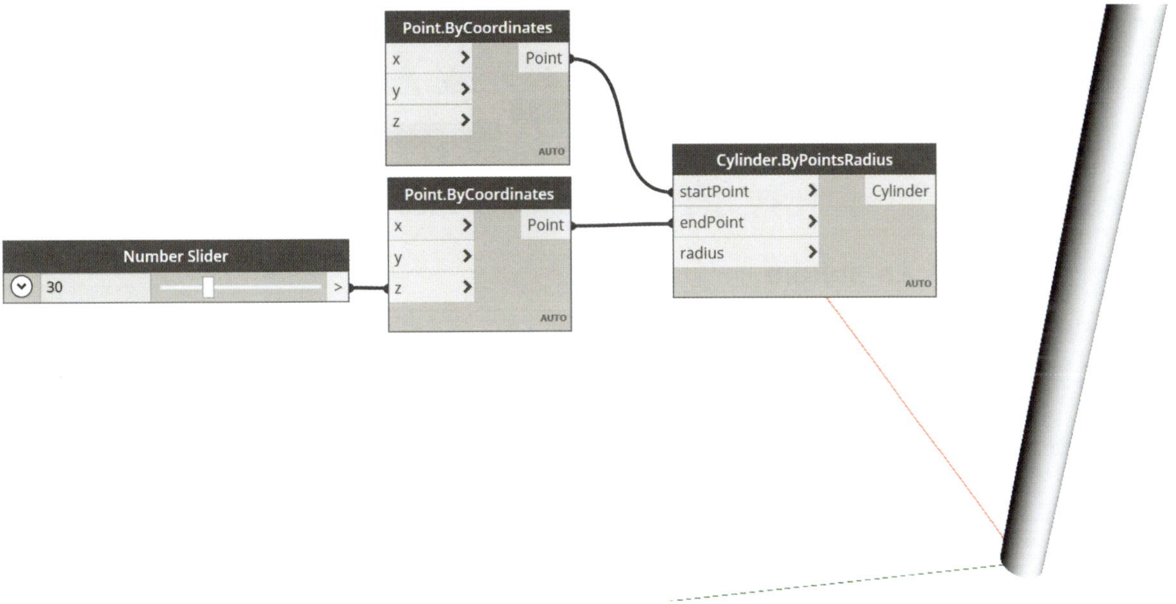

Fig. 7.124

Ce nœud peut être très utile pour créer facilement des modèles plus détaillés (fig. 7.125).

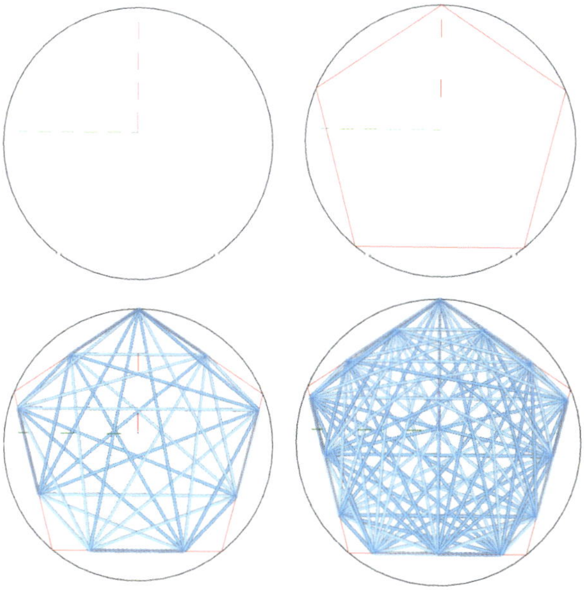

Fig. 7.125

Dans cet exemple, le nœud `Circle.ByCenterPointRadius` (fig. 7.126) est utilisé pour créer un polygone auquel on ajoute des points par paramètres afin de créer ces formes si particulières.

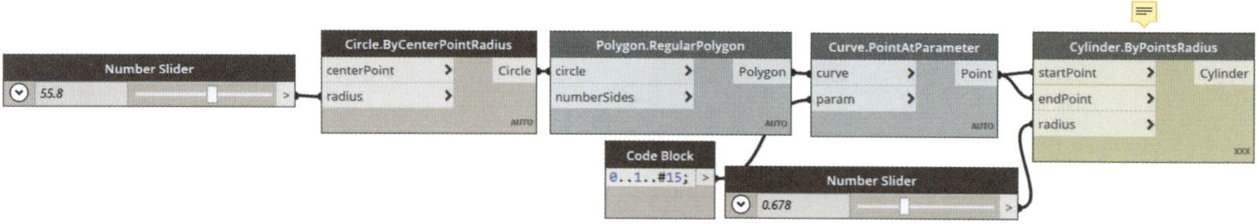

Fig. 7.126

La sphère

Parmi les nœuds disponibles pour créer des sphères dans Dynamo, il y a `Sphere.ByBestFit` (fig. 7.127). Ce nœud vous permet de créer une sphère à l'aide d'une liste de points. La sphère sera créée pour minimiser la distance moyenne entre la liste de points et la surface de la sphère (fig. 7.128).

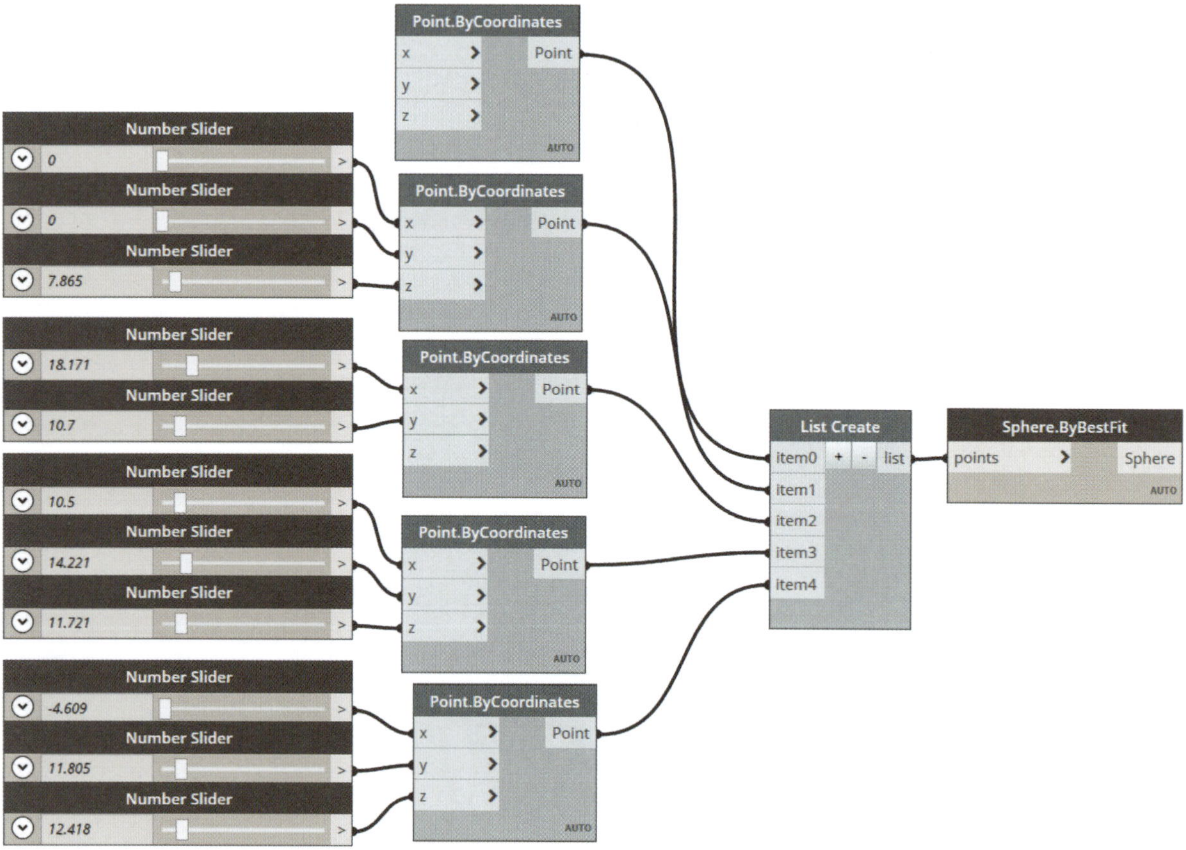

Fig. 7.127

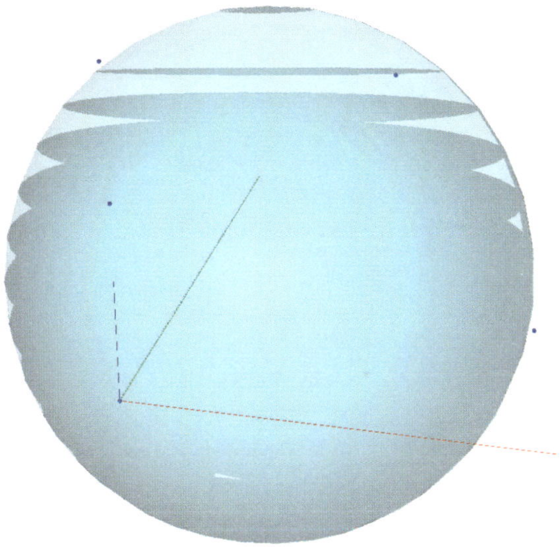

Fig. 7.128

Solide par Thickening (épaississement)

C'est la méthode la plus simple pour la création de solides dans Dynamo car il suffit de donner une épaisseur à une surface. Deux nœuds dont les entrées diffèrent permettent de le faire (fig. 7.129) : `Surface.Thicken` et `Surface.Thicken`.

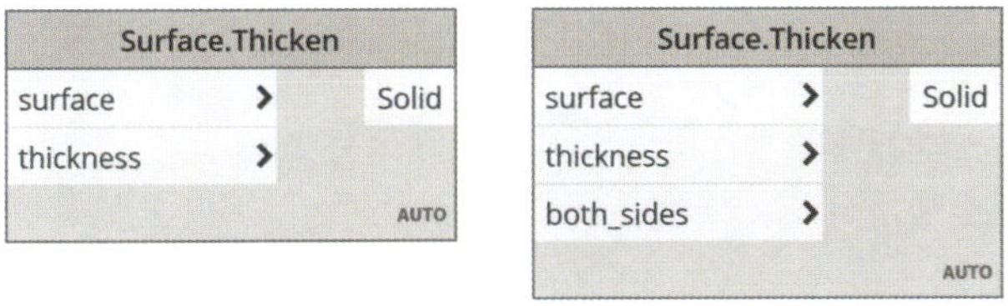

Fig. 7.129

Le premier nœud (2 entrées, fig. 7.130) permet de donner par défaut à la surface une épaisseur identique sur les deux côtés (fig. 7.131).

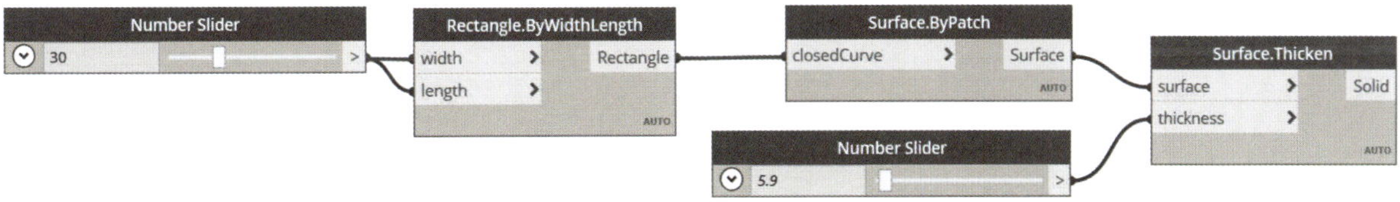

Fig. 7.130

L'épaisseur sera répartie des deux côtés par défaut

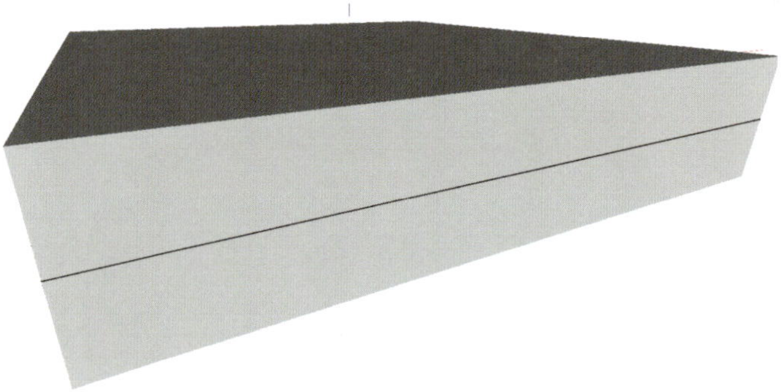

Fig. 7.131

Le deuxième nœud (3 entrées fig. 7.132) permet de contrôler si l'épaisseur sera répartie des deux côtés ou d'un côté uniquement en utilisant un nœud booléen (fig. 7.133).

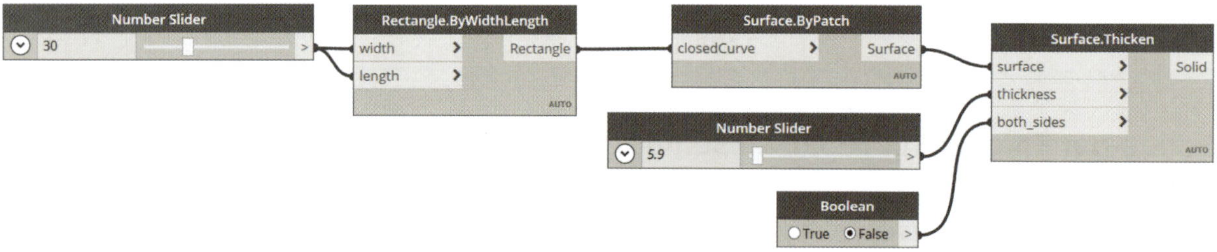

Fig. 7.132

L'épaisseur sera répartie des deux côtés ou d'un côté uniquement

Fig. 7.133

MODÉLISER DES TOITS DE FORME LIBRE

Exercice 7.1

Temps estimé : 15 min

Difficulté : **

Document : nous avons utilisé l'exemple par défaut fourni par Autodesk. Les fichiers correspondants à cet exercice sont disponibles (aux formats Dynamo 2.0.3 et Revit 2019) dans le contenu qui accompagne cet ouvrage, ils sont nommés **CH07_EX01_2.0.3_Modéliser des toits de forme libre.dyn** et **CH07_EX01_2.0.3_Modéliser des toits de forme libre.rvt**.

Prérequis : avoir au préalable installé le package Springs.

Objectif : apprendre à sélectionner des panneaux de mur-rideau à partir d'une maquette Revit en utilisant un code Python simple.

La création de toits dans Revit à l'aide des outils disponibles dans l'interface utilisateur peut être complexe lorsque la forme du toit n'est pas droite. Dynamo permet de simplifier cette tâche.

Cet exercice se base sur l'utilisation d'une liste de colonnes Revit pour créer un toit de forme libre. L'idée est de sélectionner les colonnes et de créer une courbe NURBS pour chaque groupe de colonnes. Dans un deuxième temps, on créé une surface NURBS et on lui donne une épaisseur.

Le nœud personnalisé du package Springs permet ensuite de créer un élément de toit Revit (fig. 7.134).

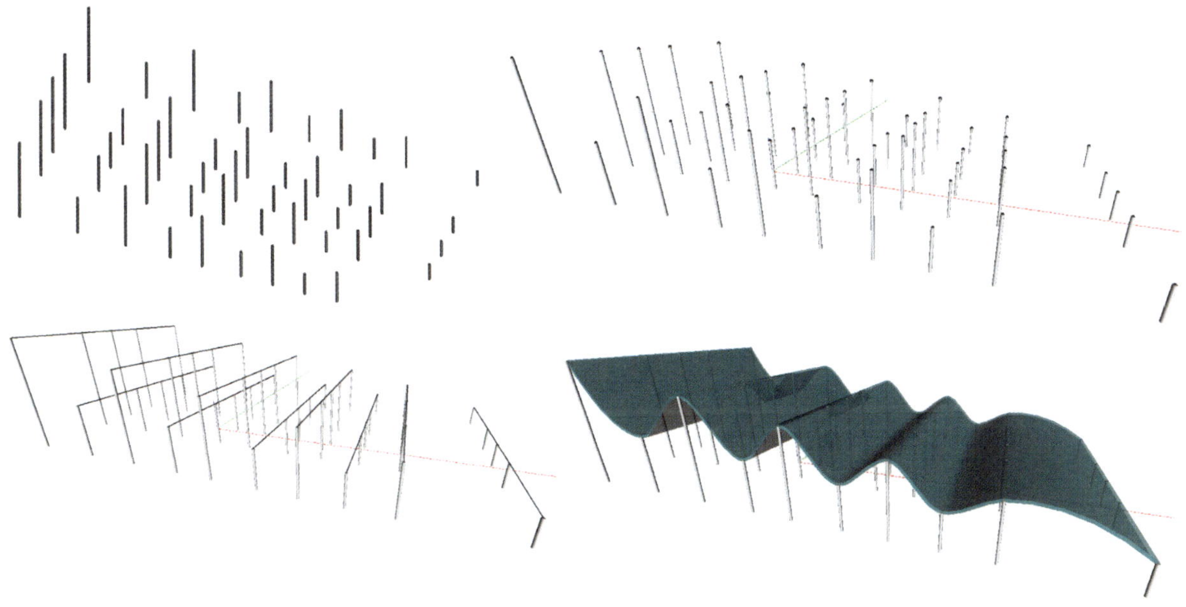

Fig. 7.134

La maquette Revit

Dans la maquette Revit associée à cet exercice, les colonnes sont dessinées parallèlement les unes aux autres. Chaque groupe de colonnes à une hauteur unique afin de créer une forme libre de toiture (fig. 7.135 et 7.136).

Fig. 7.135

Fig. 7.136

Le script final est présenté sur la figure 7.137.

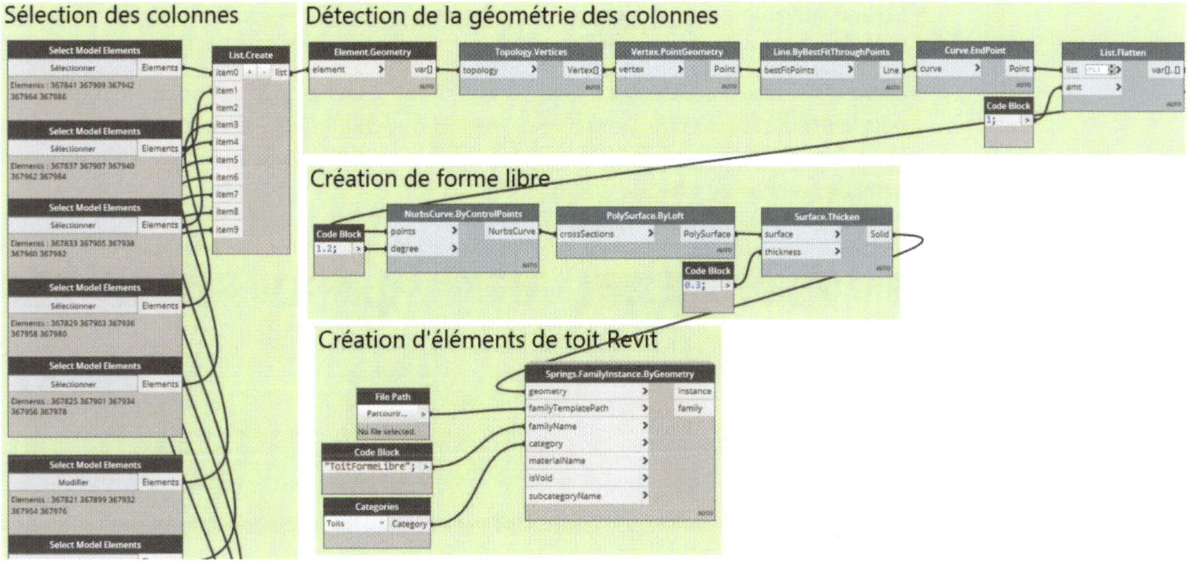

Fig. 7.137

La sélection des colonnes

Il y a 10 groupes de colonnes dans le fichier Revit et chaque groupe a une hauteur unique. On utilise 10 nœuds `Select Model Elements` afin de sélectionner chacun des groupes puis le nœud `List.Create` pour réunir les colonnes dans une même liste. On obtient une liste de 50 colonnes du modèle Revit (fig. 7.138).

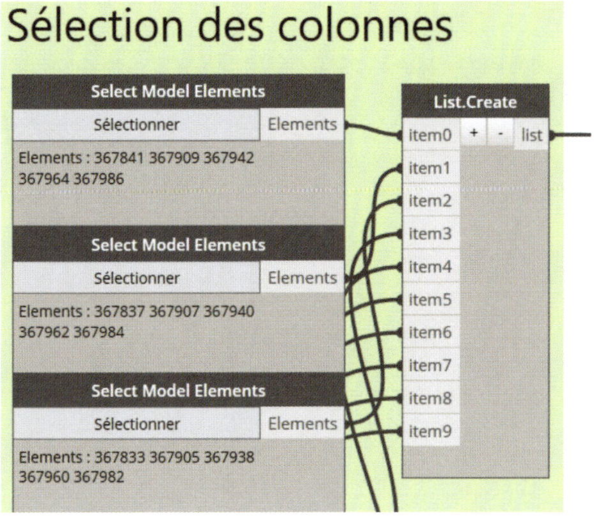

Fig. 7.138

La détection de la géométrie des colonnes

L'étape suivante consiste à obtenir la géométrie des colonnes sélectionnées afin de les utiliser pour créer des courbes NURBS.

Le nœud `Element.Geometry` crée une géométrie Dynamo à partir d'un élément Revit puis le nœud `Topology.Vertices` permet d'identifier les sommets qui contrôlent la forme de chaque colonne. Enfin, le nœud `Vertex.PointGeometry` crée un point dans Dynamo pour chaque colonne (fig. 7.139).

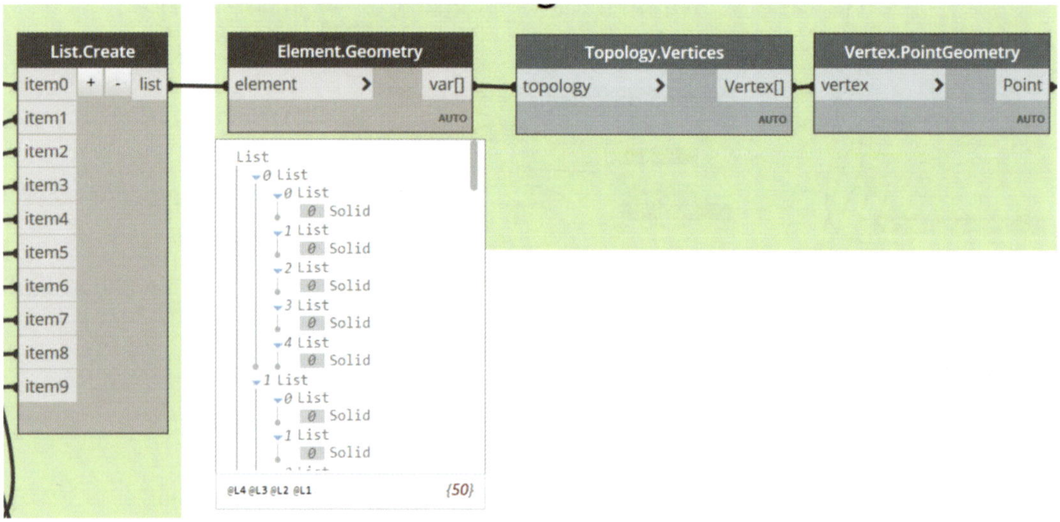

Fig. 7.139

Le nœud `Line.ByBestFitThroughPoints` est utilisé pour créer une ligne pour chaque colonne (fig. 7.140).

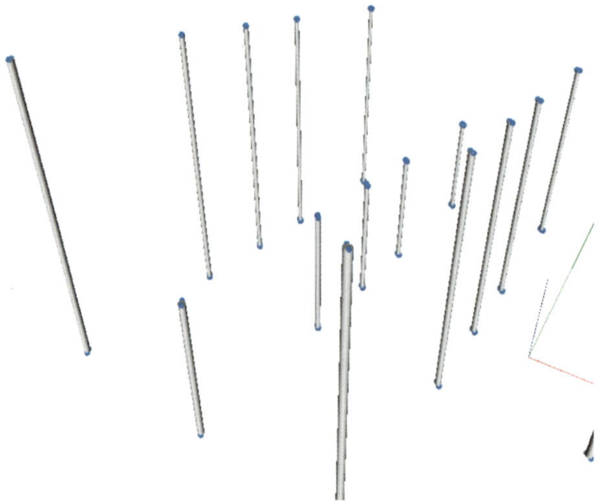

Fig. 7.140

À l'aide du nœud `Curve.EndPoint`, on détecte le point final de chaque ligne puis on aplatit les points à l'aide du nœud `List.Flatten` en précisant le niveau @L3 (fig. 7.141 et 7.142).

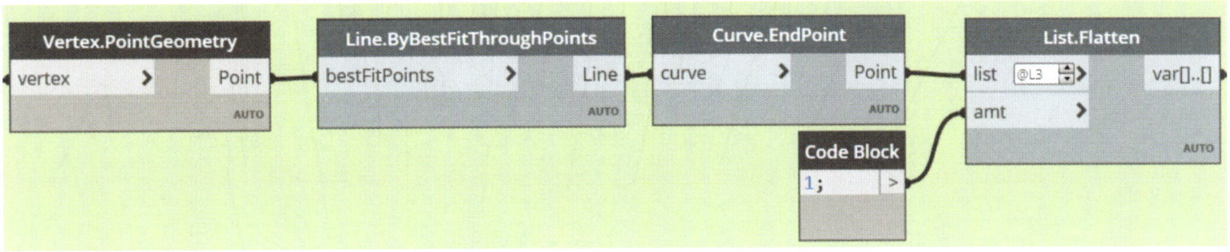

Fig. 7.141

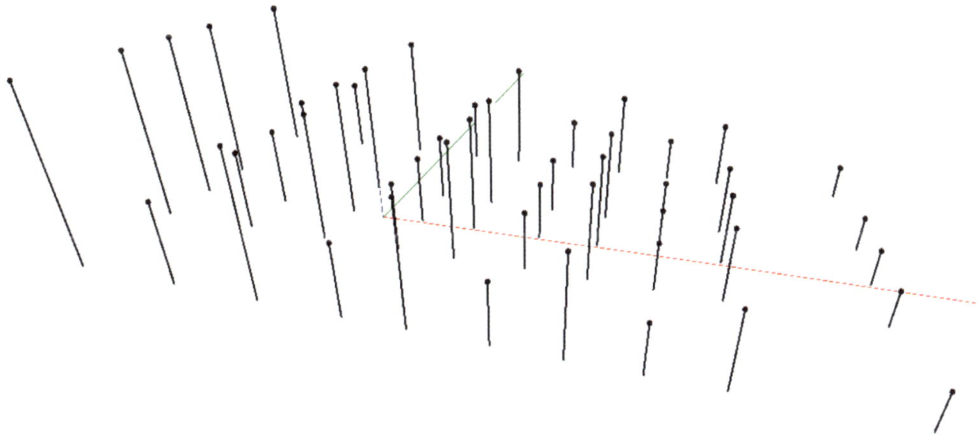

Fig. 7.142

La création de la géométrie de toit dans Dynamo

On utilise le nœud `NurbsCurve.ByControlPoints` pour créer une courbe NURBS pour chaque groupe de colonnes (fig. 7.143 et 7.144).

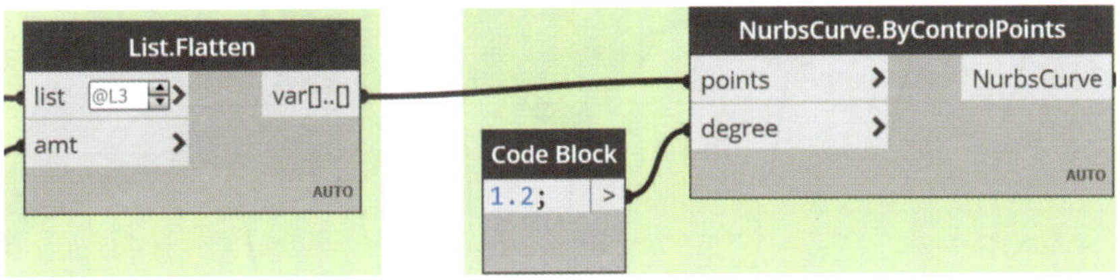

Fig. 7.143

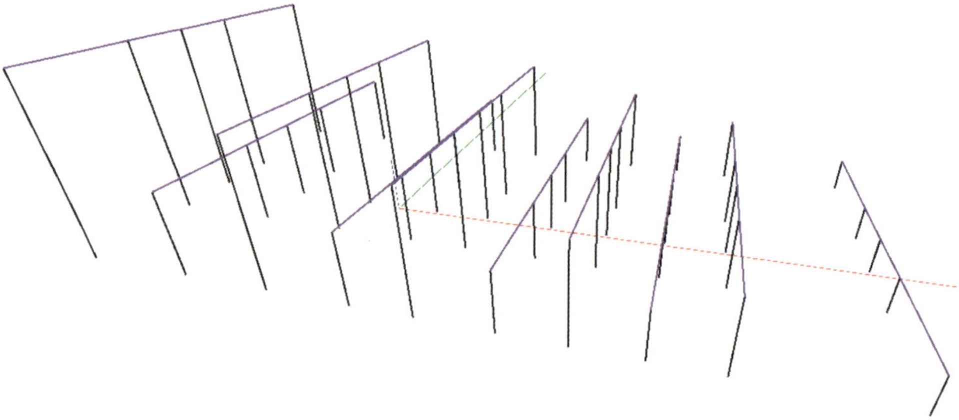

Fig. 7.144

Pour créer la surface du toit, on place le nœud `PolySurface.ByLoft`. La liste de la sortie NurbsCurve de l'étape précédente est utilisée comme entrée des sections transversales (fig. 7.145 et 7.146).

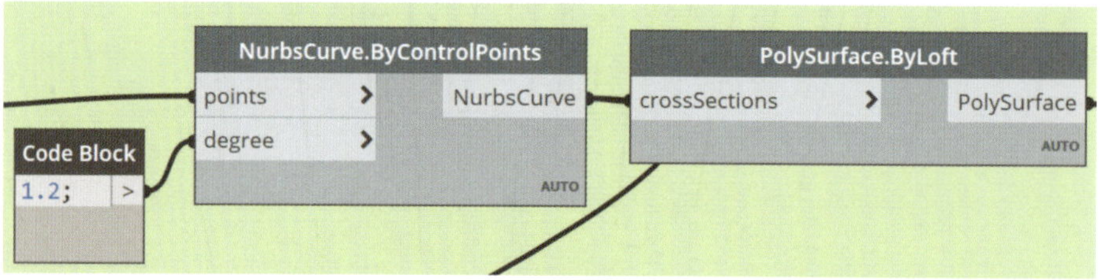

Fig. 7.145

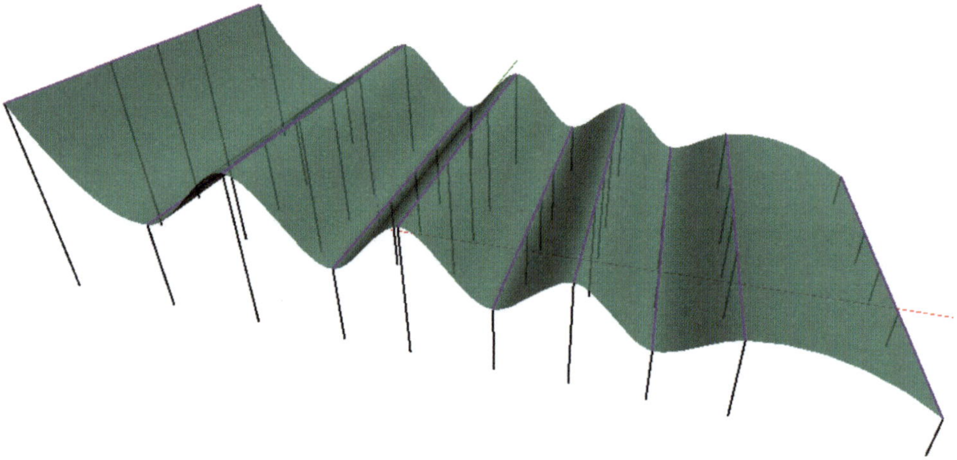

Fig. 7.146

Puis, le nœud `Surface.Thicken` est utilisé pour donner une épaisseur de 30 cm à la PolySurface créée à l'étape précédente (fig. 7.147 et 7.148).

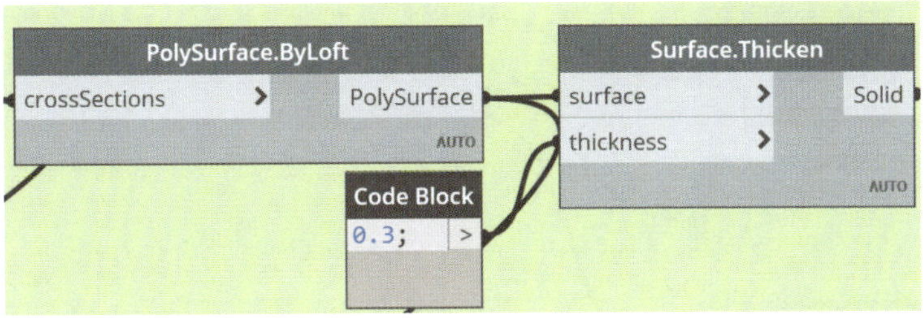

Fig. 7.147

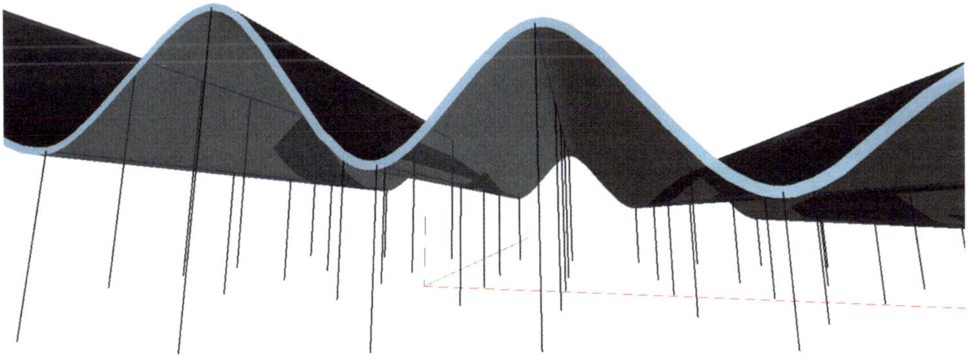

Fig. 7.148

La création des éléments de toit dans Revit

La dernière étape consiste à créer les éléments de toit Revit à l'aide du nœud `FamilyInstance` du package Springs.

Ce nœud utilise une géométrie Dynamo et un fichier gabarit de famille pour créer un élément Revit. L'avantage de cette manipulation est que la famille pourra être modifiée plus ultérieurement.

L'élément solide de l'étape précédente est connecté à l'entrée geometry, on utilise ensuite un fichier de modèle de famille générique (familyTemplatePath), on donne un nom à l'élément de toit à l'aide d'un `Code Block` (ToitFormeLibre) et on définit la category en Toits à l'aide du nœud `Categories` (fig. 7.149).

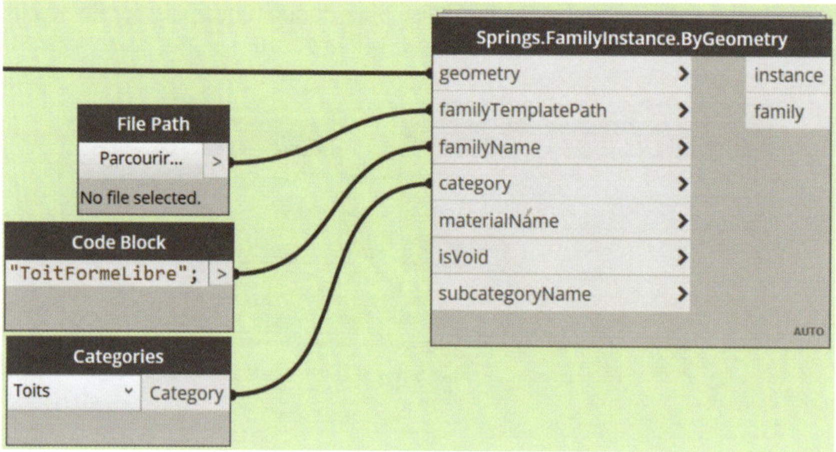

Fig. 7.149

En exécutant ce script, un élément de toit Revit sera créé en tant qu'occurrence de famille de catégorie Toits (fig. 7.150 et 7.151).

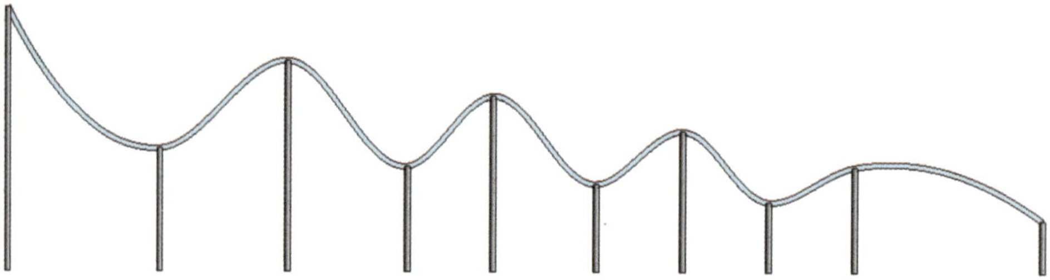

Fig. 7.150

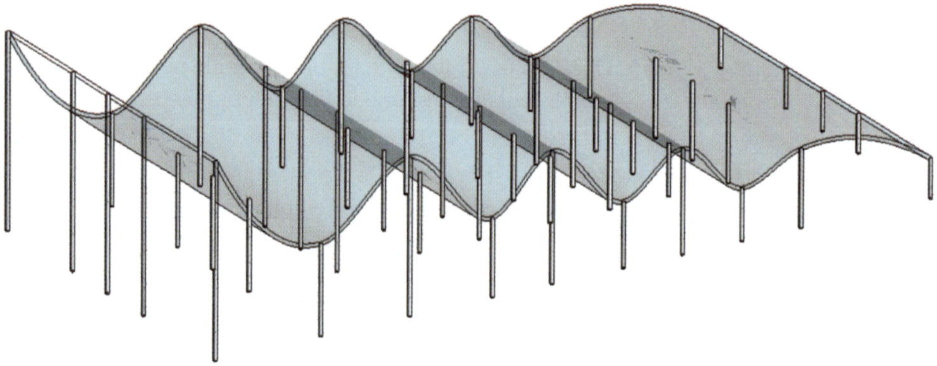

Fig. 7.151

Chapitre 8

L'analyse d'une géométrie : le cas des murs-rideaux

Les murs-rideaux sont des types de murs uniques qui vous permettent d'intégrer des divisions, des meneaux et des panneaux directement dans le mur sur Revit. Ils possèdent un ensemble distinct de propriétés mais partagent néanmoins de nombreuses caractéristiques avec les murs dits de base.

Dans ce chapitre, vous apprendrez à créer et manipuler des murs-rideaux, à les appeler sous Dynamo pour les modifier puis à les intégrer dans l'environnement Revit.

!

Un système de rideau aura les mêmes propriétés qu'un mur-rideau. Il sera utilisé lorsqu'un mur-rideau devra être appliqué sur un volume ; sa forme est généralement non rectangulaire et plutôt organique.

Objectifs d'apprentissage dans ce chapitre :

- Analyser les éléments constitutifs d'un mur-rideau.
- Sélectionner les éléments.
- Apprendre à modifier les paramètres.
- Utiliser les points attracteurs.
- Modéliser de manière aléatoire.

1. Les éléments constitutifs

Les murs-rideaux font partie des familles de systèmes Revit. Trois éléments contrôlent la forme finale de cet objet :

- les quadrillages ;
- les meneaux ;
- les panneaux qui peuvent être eux-mêmes des familles système, des familles chargeables ou d'autres types de murs.

Ces paramètres (fig. 8.2) peuvent être trouvés lorsque vous sélectionnez l'élément de mur-rideau (❶, fig. 8.1), puis en cliquant sur Modifier le type (❷, fig. 8.1).

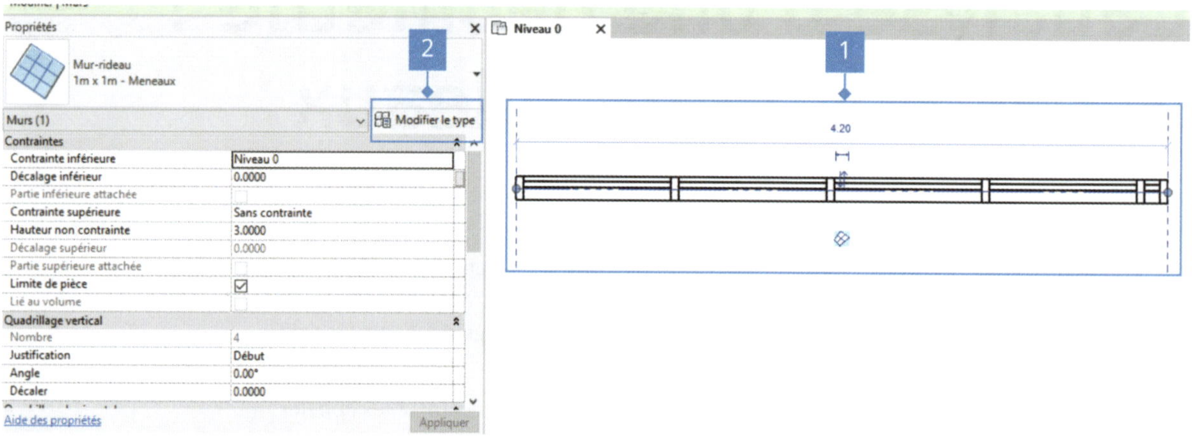

Fig. 8.1

Propriétés du type Mur-rideau

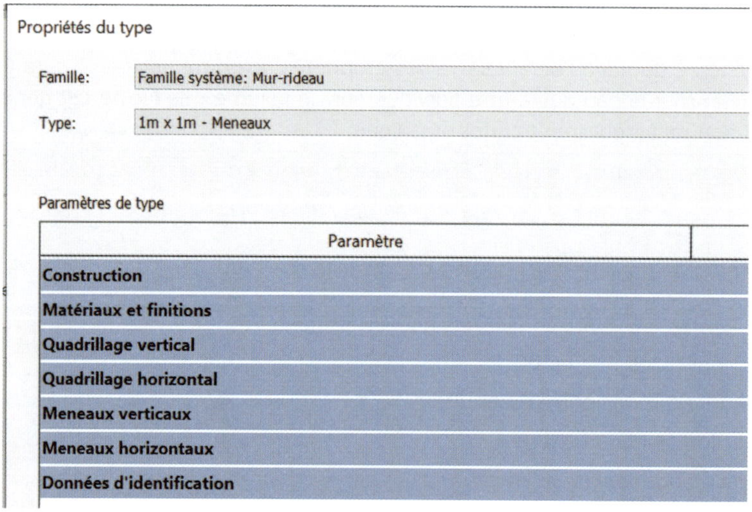

Fig. 8.2

Les quadrillages

L'élément qui contrôle la forme ou la disposition d'un mur-rideau est le quadrillage. Il n'est pas visible dans Revit.

En utilisant Dynamo, on peut les visualiser mais également contrôler leur quantité et leurs positions (fig. 8.3).

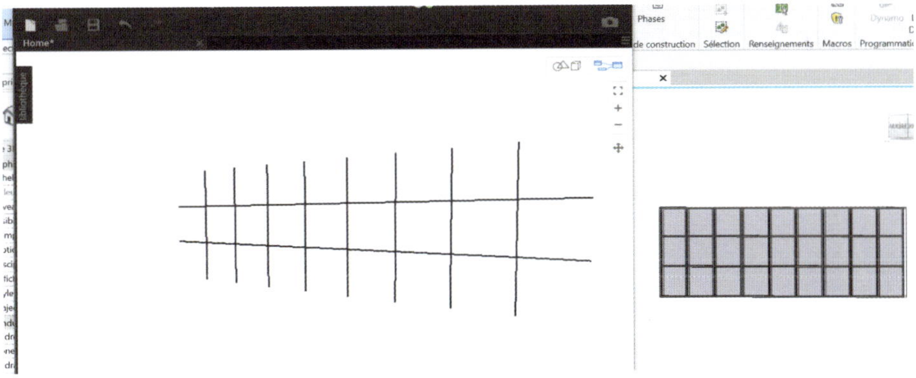

Les quadrillages de mur-rideau sont importés dans l'espace de travail Dynamo

Fig. 8.3

Ils sont divisés en deux types : verticaux et horizontaux (fig. 8.4).

Fig. 8.4

Les quadrillages peuvent être ajoutés ou supprimés ponctuellement ou automatiquement. L'angle d'inclinaison peut également être modifié (à partir de paramètres des propriétés de chaque mur-rideau) pour obtenir le résultat souhaité (fig. 8.5).

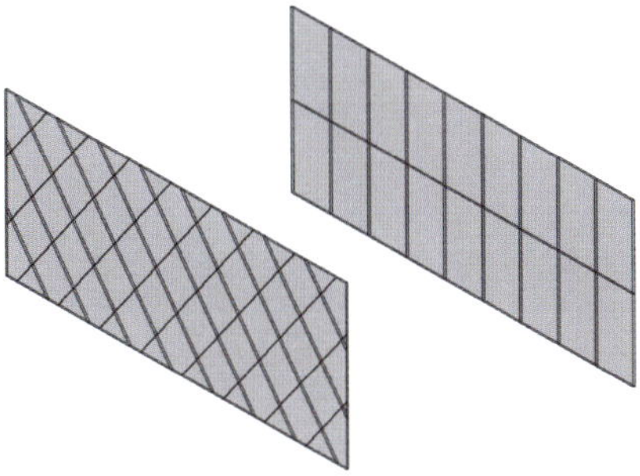

Les deux murs appartiennent au même type de mur-rideau. Lorsque nous avons modifié les angles du mur-rideau sélectionné, cela n'a pas changé l'autre occurrence.

Fig. 8.5

Les meneaux

Les meneaux sont des objets solides placés en haut des quadrillages des murs-rideaux. Ils peuvent avoir plusieurs formes et tailles. Ils sont constitués de familles de profils. Un mur-rideau peut avoir plusieurs types de meneaux et autant que nécessaire (fig. 8.6).

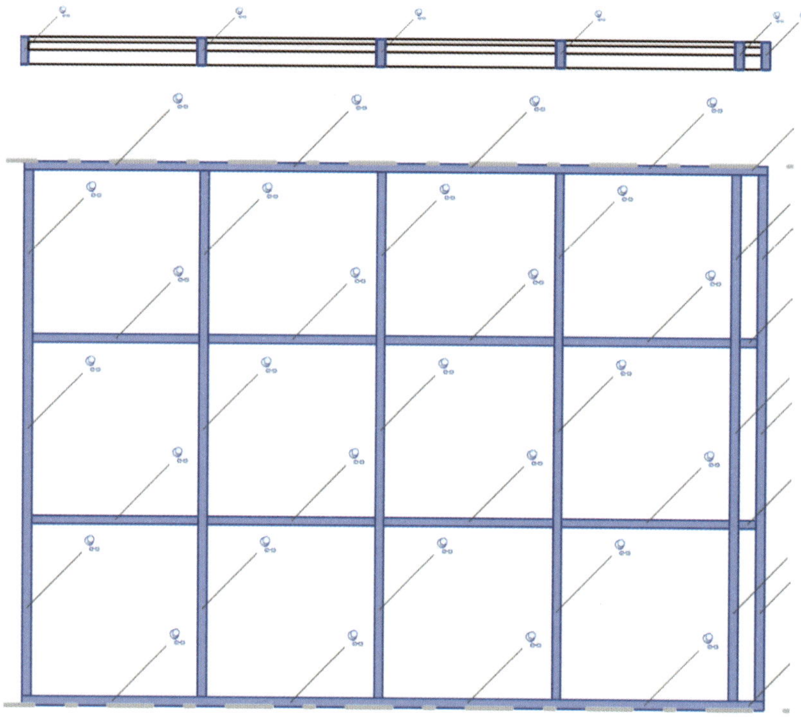

Fig. 8.6

Le quadrillage du mur-rideau définit l'emplacement des meneaux.

Un meneau peut être inclus directement dans le type de mur-rideau, mais il peut également être ajouté ultérieurement, comme dans le cas des quadrillages de mur-rideau.

Pour définir les meneaux du mur-rideau (fig. 8.7), nous pouvons sélectionner l'option Modifier le type (voir fig. 8.2).

Meneaux verticaux	
Type intérieur	Meneau rectangulaire : 150 x 25mm
Type bord 1	Meneau rectangulaire : 150 x 25mm
Type bord 2	Meneau rectangulaire : 150 x 25mm
Meneaux horizontaux	
Type intérieur	Meneau rectangulaire : 150 x 25mm
Type bord 1	Meneau rectangulaire : 150 x 25mm
Type bord 2	Meneau rectangulaire : 150 x 25mm

Fig. 8.7

Les panneaux

Par défaut, Revit propose des types de panneaux de murs-rideaux pleins et vides (fig. 8.8).

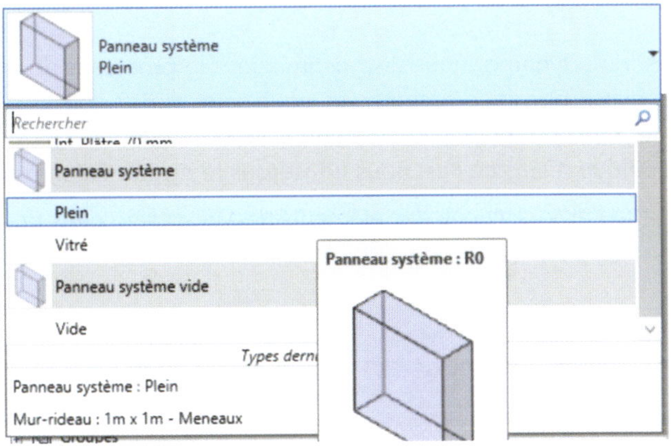

Fig. 8.8

Revit permet également de créer des familles de panneaux de murs-rideaux qui peuvent avoir une forme personnalisée. Elles peuvent être embarquées par défaut dans le mur-rideau à partir de la fenêtre Modifier le type puis modifiées individuellement en sélectionnant le panneau lui-même et en modifiant son type.

Pour définir le type de panneau du mur-rideau, ouvrez la fenêtre Modifier le type et choisissez le type de panneau dans Panneau de mur-rideau (fig. 8.9).

Paramètres de type

Paramètre	Valeur
Construction	
Fonction	Extérieur
Encastrement automatique	☑
Panneau de mur-rideau	Panneau système : Vitré
Condition de jonction	Bord et quadrillage vertical continu

Fig. 8.9

2. La sélection sous Dynamo

Après avoir pris connaissance des différents éléments constitutifs d'un mur-rideau sous Revit, nous allons explorer les différentes possibilités de sélection, de modification et de création sous Dynamo.

La première chose à faire est de définir les **éléments** qui seront utilisés pour exécuter le processus. Pour ce faire, il faut sélectionner les éléments concernés sous Revit en utilisant les nœuds Dynamo conçus à cet effet (fig. 8.10). Cette sélection permet d'accéder à la base de données de Revit qu'il sera alors possible d'interroger, de modifier, de supprimer ou de compléter.

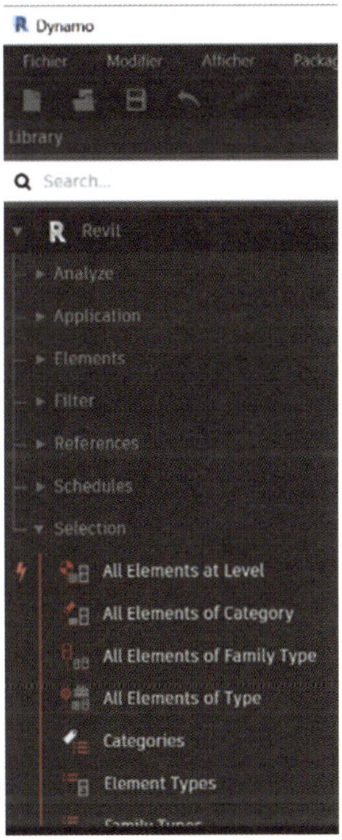

Fig. 8.10
Ouvrez Dynamo, ouvrez la section Revit pour voir les différents nœuds disponibles pour la sélection des éléments dans Revit (voir chapitre 5).

La sélection des murs-rideaux de Revit

Un mur-rideau Revit dans Dynamo est appelé HostingElement. Il s'agit d'un élément d'hébergement pour les quadrillages, panneaux et meneaux, mais c'est aussi une catégorie de murs.

Avant de créer le script Dynamo, nous devons imaginer le processus de sélection des éléments Revit. Il existe plusieurs options, on peut partir du niveau le plus élevé et sélectionner tous les murs du modèle Revit en utilisant la catégorie Murs, ou choisir un élément Revit spécifique. Dans ce cas, nous utiliserons le niveau Occurrence.

La figure 8.11 montre l'arborescence des éléments de Mur-rideau dans Revit.

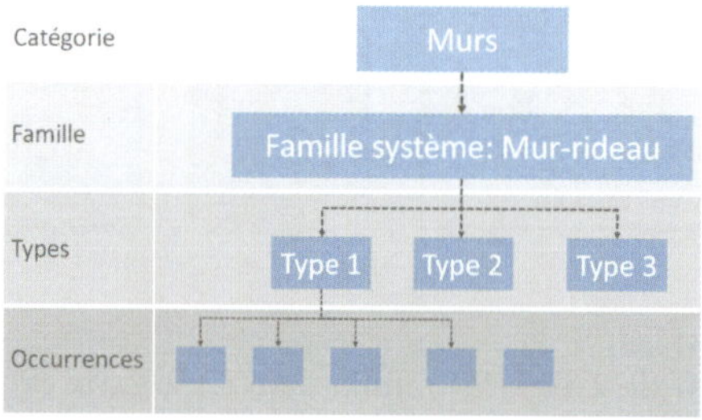

Fig. 8.11

Voici quelques exemples sur la façon de sélectionner les éléments de base des murs-rideaux dans Dynamo.

Exercice 8.1 SÉLECTIONNER DES MURS-RIDEAUX À L'AIDE D'UN NOM DE PARAMÈTRE UNIQUE

Temps estimé : 3 min

Difficulté : *

Document : nous avons utilisé l'exemple par défaut fourni par Autodesk Le fichier correspondant à cet exercice est disponible (au format Dynamo 2.0.3) dans le contenu qui accompagne cet ouvrage, il est nommé **CH08_EX01_2.0.3_Sélectionner des murs-rideaux à l'aide d'un nom de paramètre unique.dyn**.

Prérequis : le package Clockwork doit être installé.

Objectif : apprendre à sélectionner plusieurs occurrences de murs-rideaux d'une vue Revit en les filtrant à l'aide d'un nom de paramètre unique.

Dans le cas de plusieurs murs-rideaux, le nœud `Select Model Elements`, doit être utilisé pour sélectionner tous les éléments visibles dans la vue 3D. L'idée ici est qu'après avoir sélectionné tous les éléments visibles dans la vue Revit, nous allons filtrer les murs-rideaux uniquement avec le nœud `List.Filter`. Pour créer ce filtre, nous devons connaître un paramètre spécial qui n'existe que dans la catégorie Mur-rideau.

Sur cet exemple, nous allons utiliser un paramètre appelé « Angle » qui contrôle la rotation des quadrillages de murs-rideaux (fig. 8.12). Tout autre paramètre unique tel que « Justification » ou « Nombre », par exemple, peut également être utilisé.

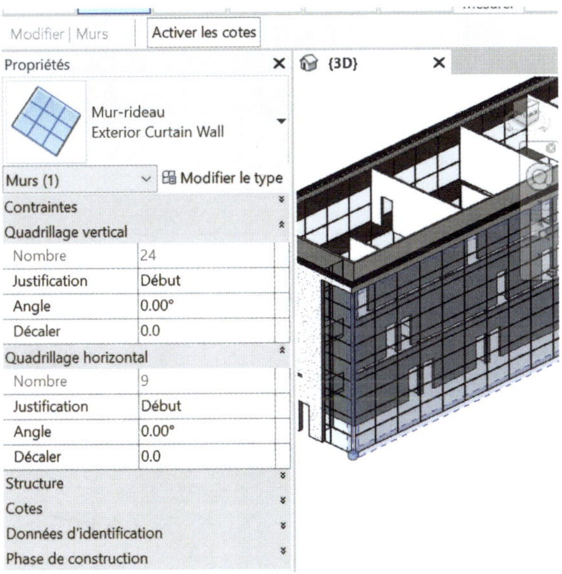

Fig. 8.12

Le processus est illustré par la figure 8.13 :

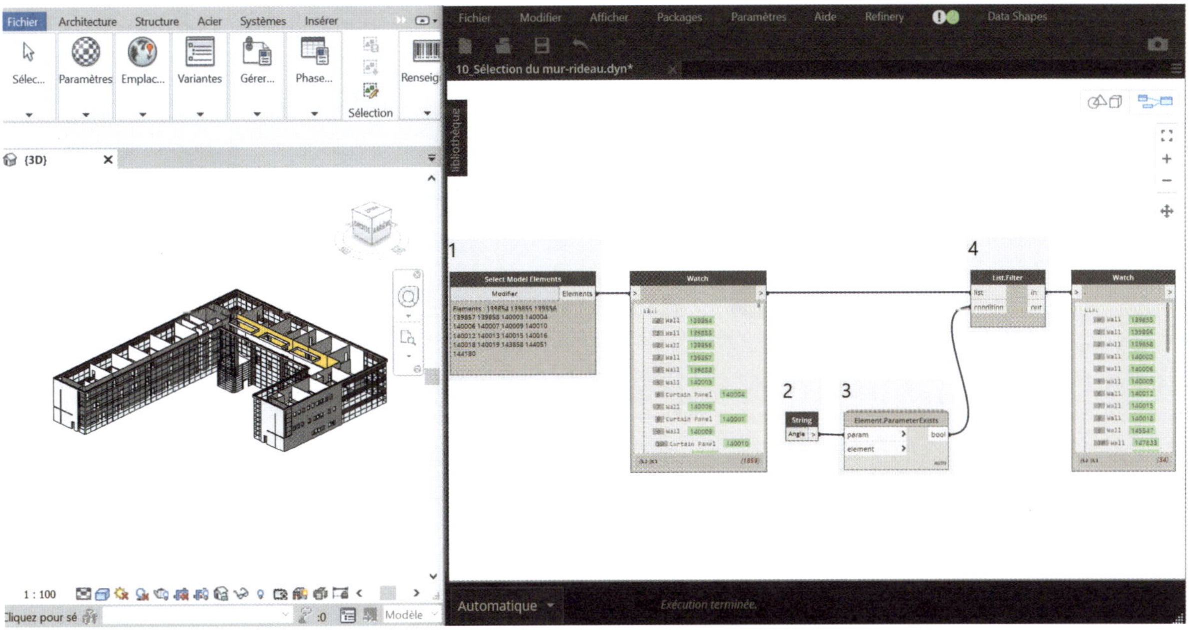

Fig. 8.13

1. `Select Model Elements` (fig. 8.14) : ce nœud vous permet de sélectionner plusieurs éléments d'un modèle Revit.

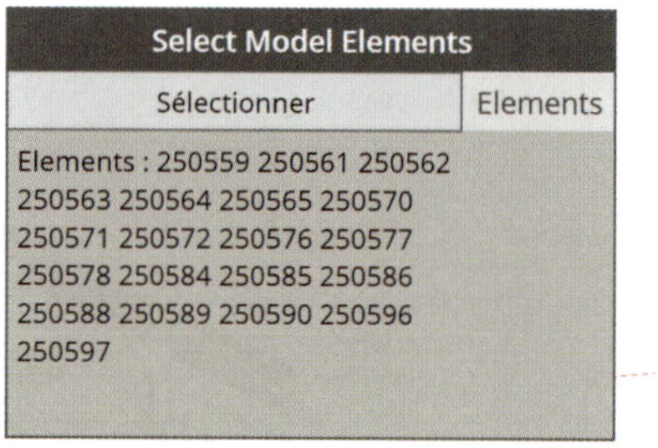

Fig. 8.14

2. `String` (fig. 8.15) : ce nœud peut être utilisé pour saisir des valeurs de texte uniquement. Dans ce cas, nous l'avons utilisé pour écrire un nom de paramètre de mur-rideau (Angle).

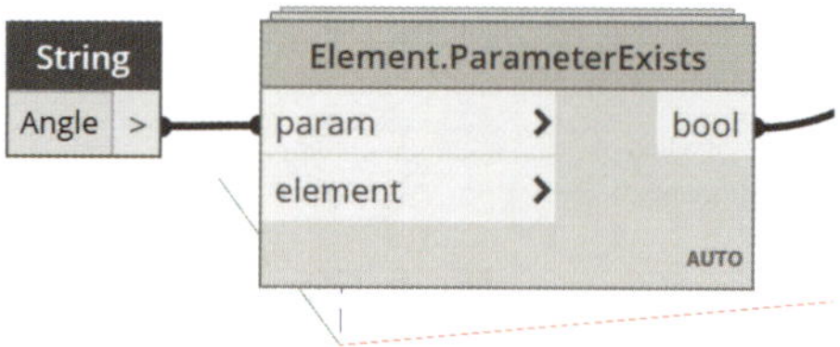

Fig. 8.15

3. `Element.ParameterExists` (fig. 8.16) : c'est un nœud personnalisé du package Clockwork qui vérifie si les éléments d'entrée contiennent un paramètre spécifique ou non.

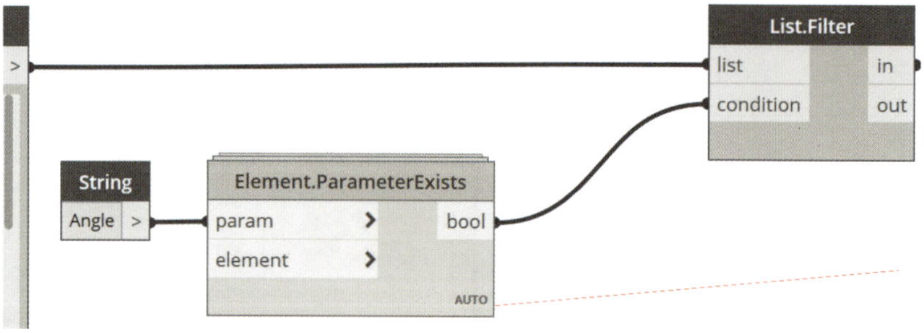

Fig. 8.16

4. `List.Filter` (fig. 8.17) : ce nœud filtre une liste en fonction d'une condition spécifique. Dans le cas présent, nous avons utilisé la condition `Element.ParameterExists` pour filtrer la liste des éléments sélectionnés, si la condition est remplie, les résultats seront dans la sortie in, sinon les résultats seront dans la sortie out. Dans cet exemple, le résultat obtenu est une liste de murs-rideaux dans le sorite in.

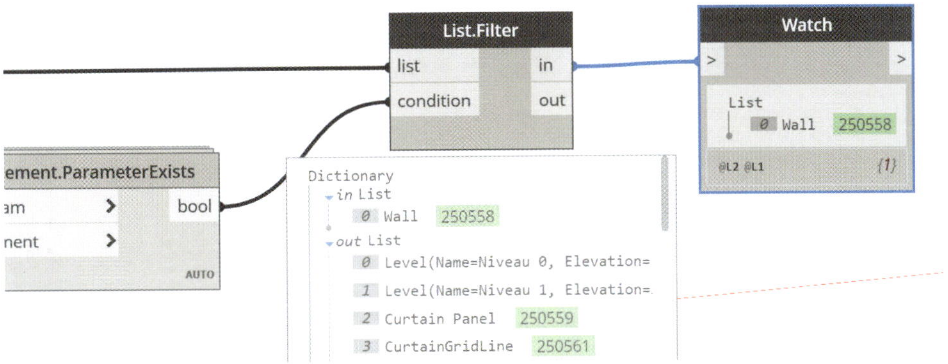

Fig. 8.17

SÉLECTIONNER DES PANNEAUX DE MURS-RIDEAUX PAR CATÉGORIE

Exercice 8.2

Temps estimé : 5 min

Difficulté : *

Document : nous avons utilisé l'exemple par défaut fourni par Autodesk, Le fichier correspondant à cet exercice est disponible (au format Dynamo 2.0.3) dans le contenu qui accompagne cet ouvrage, il est nommé **CH08_EX02_2.0.3_Sélectionner des panneaux de murs-rideaux par catégorie.dyn.**

Prérequis : aucun.

Objectif : apprendre à sélectionner des panneaux de murs-rideaux à partir d'une maquette Revit en utilisant le nœud `Categories`.

Nous utilisons le nœud `Categories` pour définir la catégorie Murs-rideaux, puis nous utilisons le nœud `All Eléments of Category` pour obtenir toutes les occurrences des panneaux de murs-rideaux dans la maquette Revit.

Le processus est illustré par la figure 8.18 :

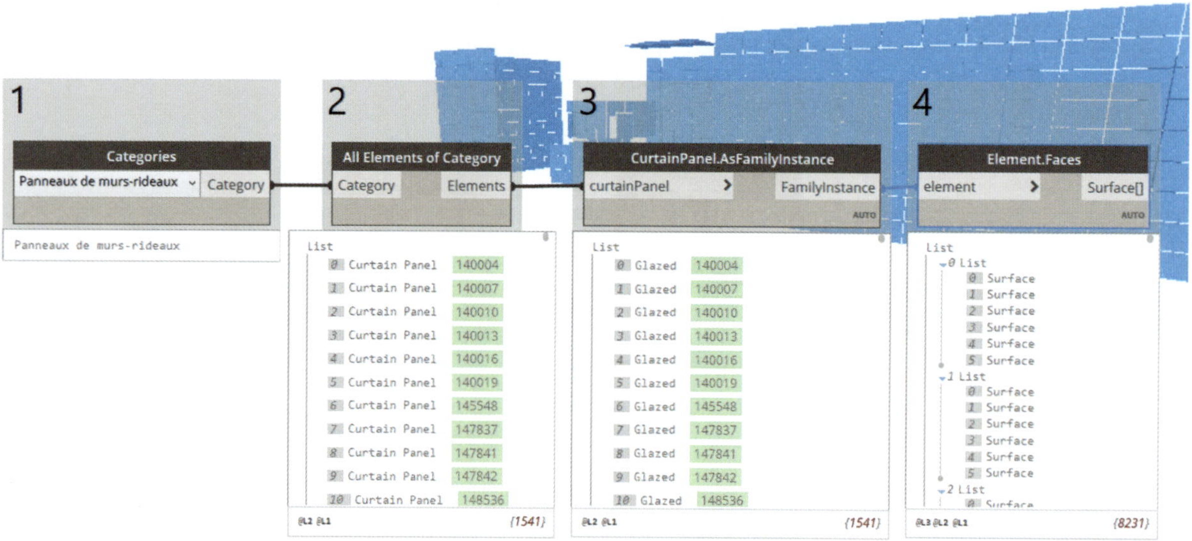

Fig. 8.18

1. `Categories` : ce nœud vous permet de choisir une catégorie et de l'utiliser dans le processus Dynamo. Dans cet exemple, nous avons sélectionné la catégorie Panneaux de murs-rideaux.
2. `All Elements of Category` : ce nœud vous permet de sélectionner tous les éléments d'une catégorie spécifique dans le modèle Revit ouvert. Dans cet exemple, le nœud a généré une liste de panneaux de murs-rideaux.
3. `CurtainPanel.AsFamilyInstance` : ce nœud vous permet de générer une liste des occurrences de la liste d'entrée.
4. `Element.Faces` : ce nœud est utilisé pour générer une liste de surfaces géométrique à partir d'une liste d'éléments Revit, cette liste de surfaces sera visualisée dans l'espace de travail Dynamo.

SÉLECTIONNER DES PANNEAUX D'UN MUR-RIDEAU AVEC PYTHON

Exercice 8.3

Temps estimé : 5 min

Difficulté : *

Document : nous avons utilisé l'exemple par défaut fourni par Autodesk, Le fichier correspondant à cet exercice est disponible (au format Dynamo 2.0.3) dans le contenu qui accompagne cet ouvrage, il est nommé **CH08_EX03_2.0.3_Sélection des panneaux d'un mur-rideau avec Python.dyn**.

Prérequis : aucun.

Objectif : apprendre à sélectionner des panneaux de mur-rideau à partir d'une maquette Revit en utilisant un code Python simple.

On va sélectionner tous les éléments de type Murs à partir du modèle Revit puis on va vérifier s'ils sont de type Murs-rideaux avec un script Python.

Avec la figure 8.19, nous obtiendrons tous les murs disponibles dans le modèle, puis nous utiliserons un code Python pour vérifier s'il s'agit d'un mur-rideau ou non, enfin nous générerons la liste des panneaux-rideaux intégrés (fig. 8.20).

Fig. 8.19

Fig. 8.20

Le processus est illustré par la figure 8.21 :

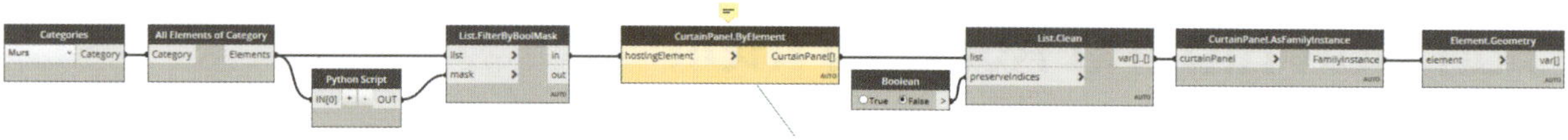

Fig. 8.21

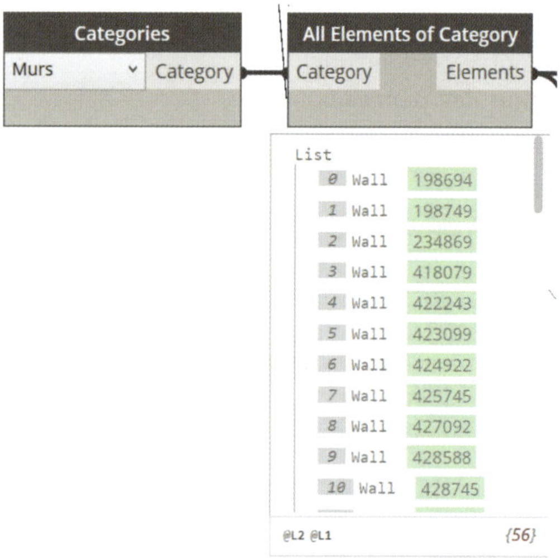

Fig. 8.22

1. `Categories + All Elements of Category` (fig. 8.22) : ces deux nœuds Dynamo intégrés vous permettent de sélectionner tous les éléments d'une catégorie. Dans cet exemple, nous avons sélectionné tous les éléments de la catégorie Murs. Cette méthode peut être adaptée à plusieurs flux de travail, en modifiant simplement l'option Category.

2. `Python Script` (fig. 8.23) : ce nœud vous permet d'écrire un code de langage Python. Dans cet exemple, nous avons écrit un code Python qui nous aidera à tester la liste des occurrences de murs, qu'il s'agisse de murs-rideaux ou non. Les données de sortie seront une liste de « true/false ».

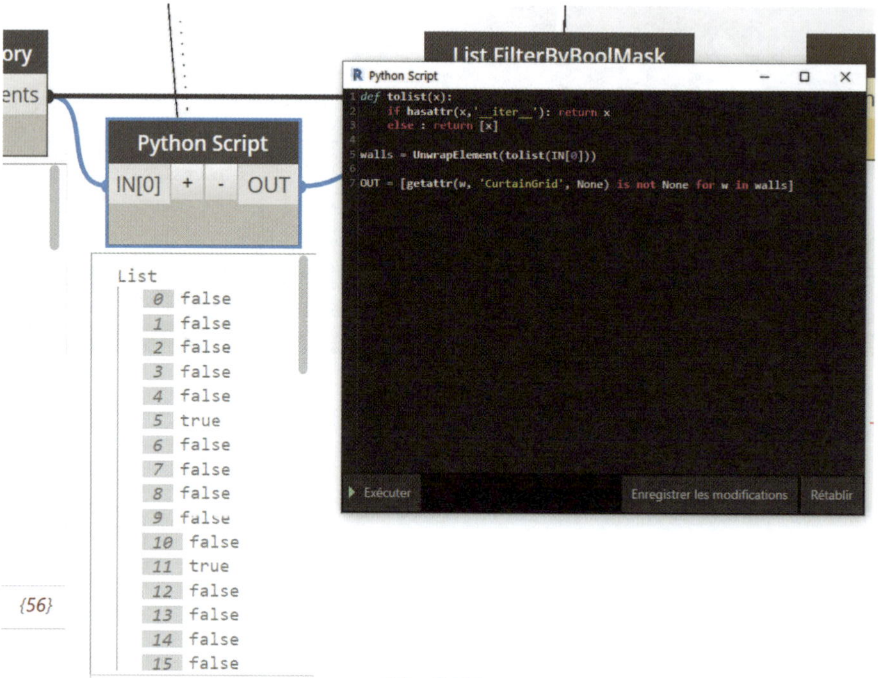

Fig. 8.23

3. `List.FilterBy.BoolMask` (fig. 8.24) : ce nœud vous permet de sélectionner des éléments en fonction d'une condition booléenne. Le résultat obtenu est constitué de deux listes IN et OUT. Le résultat IN est la liste des éléments qui ont passé la condition true, le résultat OUT est la liste des éléments qui ont passé la condition false.

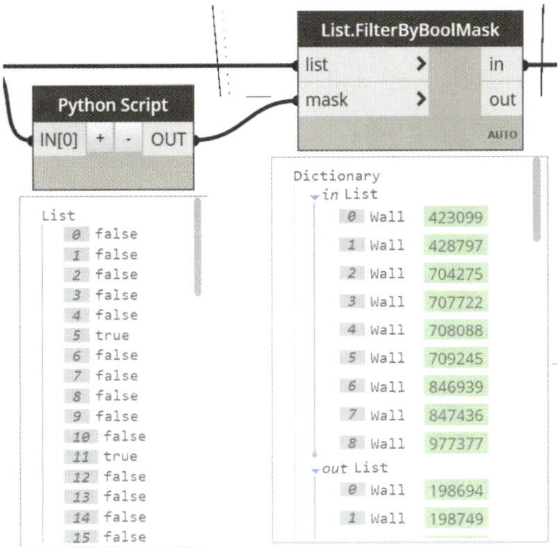

Fig. 8.24

4. `CurtainPanel.ByElement` (fig. 8.25) : ce nœud vous permet de générer une liste de panneaux de mur-rideau à partir d'une liste de murs-rideaux.

Vous remarquerez que ce nœud est de couleur jaune, ce qui signifie qu'il contient des valeurs Null. Cela se produit pour différentes raisons, l'une d'elles est que la liste des entrées ne correspond pas aux informations d'entrée requises.

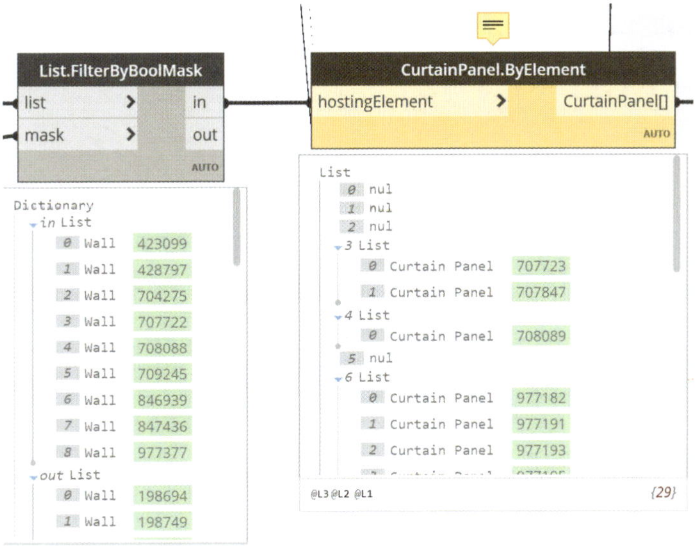

Fig. 8.25

5. `Boolean` (fig. 8.26) : ce nœud est utilisé pour donner la valeur True ou False.

   `List.Clean` : ce nœud vous permet de nettoyer une liste d'entrées contenant les valeurs Null. Il a la possibilité de conserver l'index des valeurs Null nettoyées.

   Dans cet exemple, nous choisissons d'être False, ce qui supprimera la valeur Null et supprimera également l'index afin de disposer d'une liste de résultats propre.

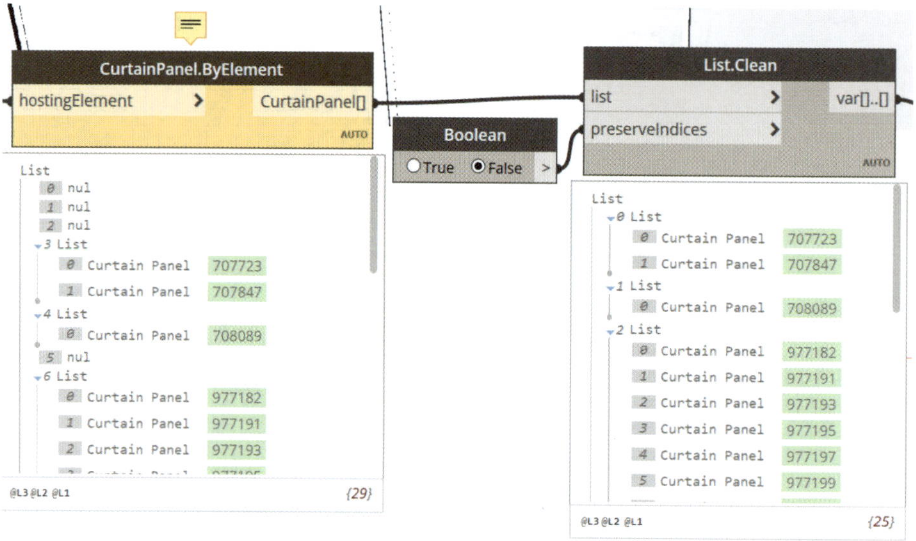

Fig. 8.26

6. `CurtainPanel.AsFamilyInstance` (fig. 8.27) : ce nœud est utilisé pour obtenir les occurrences d'une liste de types de panneaux de mur-rideau.

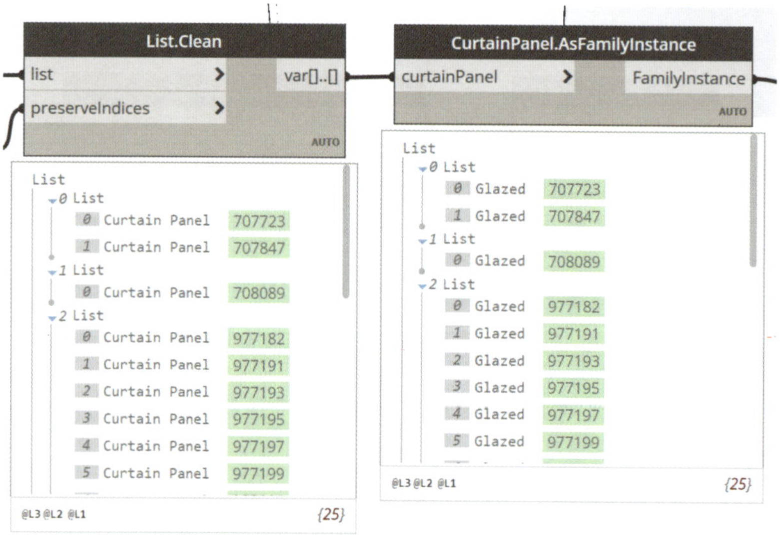

Fig. 8.27

7. `Element.Geometry` (fig. 8.28) : ce nœud est utilisé pour visualiser des éléments Revit en 3D dans Dynamo.

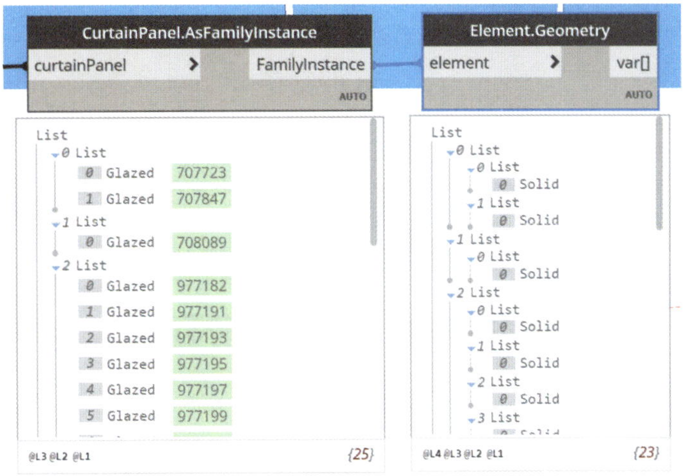

Fig. 8.28

La sélection des matériaux des murs-rideaux

L'obtention des informations sur les matériaux à partir d'éléments Revit peut être utile à des fins d'analyse ou encore pour pouvoir modifier ces valeurs ultérieurement. Pour les panneaux de murs-rideaux, la méthode consiste à utiliser le paramètre Matériau qui est un paramètre de Type.

Pour interroger le paramètre de chaque panneau de mur-rideau, on doit d'abord obtenir une liste des panneaux de mur-rideau (voir exercices précédents) puis utiliser l'une des méthodes présentées ci-après.

SÉLECTIONNER LES MATÉRIAUX DES MURS-RIDEAUX EN UTILISANT LE NŒUD ELEMENT.GETMATERIALS

Exercice 8.4

Temps estimé : 5 min

Difficulté : *

Document : nous avons utilisé l'exemple par défaut fourni par Autodesk. Le fichier correspondant à cet exercice est disponible (au format Dynamo 2.0.3) dans le contenu qui accompagne cet ouvrage, il est nommé **CH08_EX05_2.0.3_Sélectionner les matériaux des murs-rideaux en utilisant le nœud Element.GetMaterials.dyn**.

Prérequis : aucun.

Objectif : apprendre à obtenir les matériaux des panneaux de mur-rideau à partir d'une maquette Revit.

La méthode suivante est la plus simple car vous pouvez l'utiliser pour tous les types d'éléments Revit.

Nous utiliserons le nœud `Categories` pour définir la catégorie Panneaux de murs-rideaux, puis le nœud `All Elements of Category` et, enfin, le nœud `Element.GetMaterials`.

Le processus est illustré par la figure 8.29 :

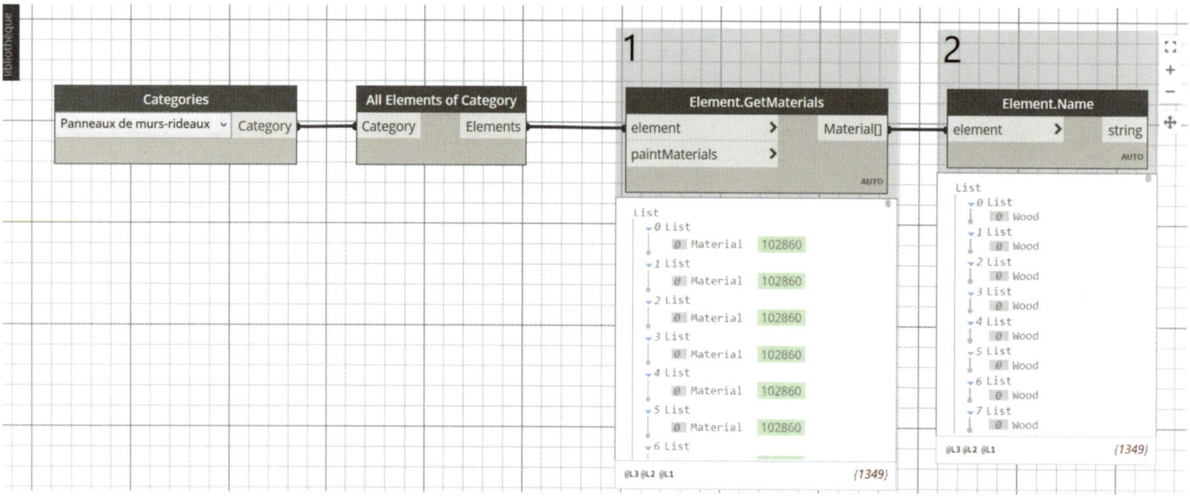

Fig. 8.29

1. `Element.GetMaterials` (fig. 8.30) : ce nœud est utilisé ici pour générer la liste des éléments de matériau pour une liste d'éléments de type panneau de rideau.

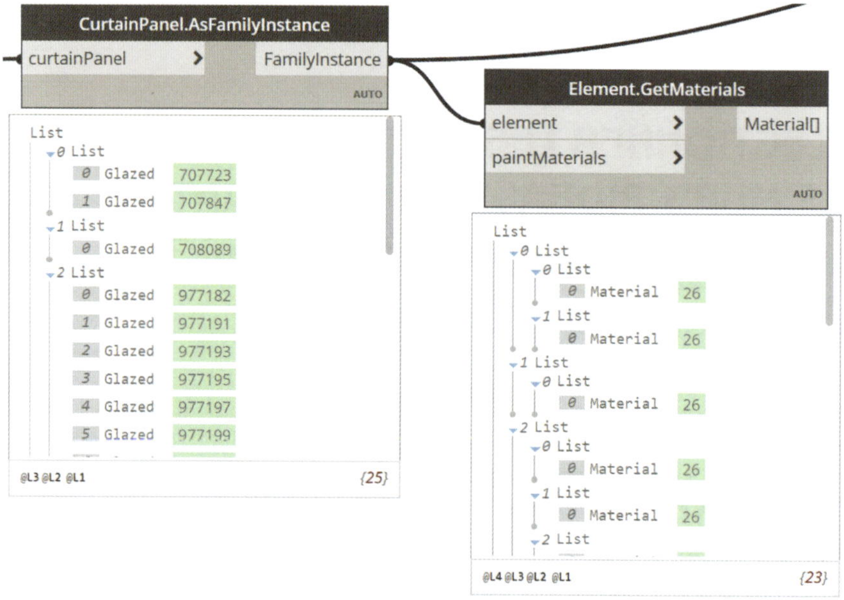

Fig. 8.30

2. `Element.Name` (fig. 8.31) : ce nœud permet de connaître le nom du matériau (ou de tout élément Revit).

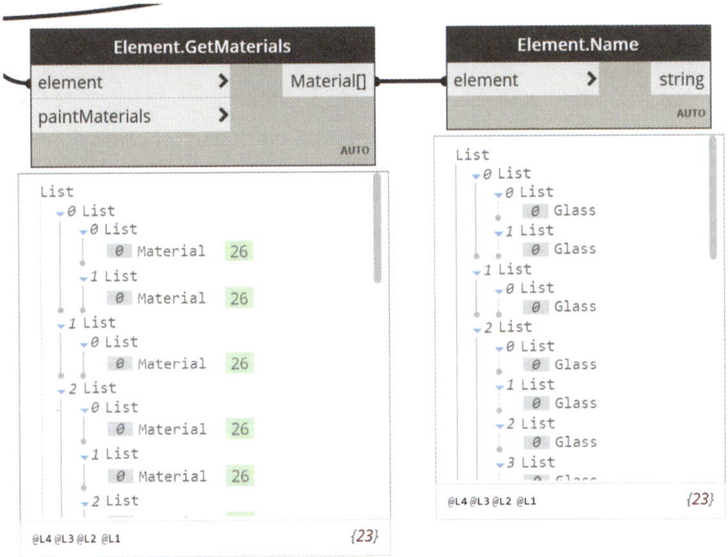

Fig. 8.31

3. La modification des éléments et des paramètres

Dans les paragraphes précédents, nous avons appris à sélectionner les différents éléments de murs-rideaux de Revit (quadrillages, meneaux, et panneaux) mais aussi à interroger la base de données en sélectionnant les éléments (comme les matériaux) et les géométries de chaque élément. Nous allons maintenant apprendre à modifier ces éléments d'un mur-rideau.

La modification des quadrillages

Dans les exemples suivants, nous allons voir comment modifier la disposition des quadrillages de rideaux à l'aide de différentes logiques qui diffèrent d'une manière aléatoire à des méthodes spécifiques de création, de modification ou de suppression de quadrillages existantes.

Exercice 8.5

CRÉER DES QUADRILLAGES SUR UN MUR-RIDEAU

Temps estimé : 10 min

Difficulté : *

Document : nous avons utilisé une maquette Revit vide. Le fichier correspondant à cet exercice est disponible (au format Dynamo 2.0.3) dans le contenu qui accompagne cet ouvrage, il est nommé **CH08_EX04_2.0.3_Création de quadrillages sur un mur-rideau.dyn**.

Prérequis : le package Rhythm doit être installé.

Objectif : apprendre à créer des quadrillages sur un mur-rideau existant avec Dynamo.

Le processus commence par l'analyse du mur-rideau et le choix du nombre de quadrillages horizontaux et verticaux à dessiner. Par exemple, dans la figure 8.32, il faut dessiner 16 lignes de quadrillages verticales et 4 lignes quadrillages horizontales.

Fig. 8.32

La première étape consiste à créer un mur-rideau vide sans quadrillage. L'idée est d'utiliser la géométrie du mur-rideau pour détecter les limites du mur-rideau.

La deuxième étape consiste à décider de la technique de création du quadrillage. Dans cet exercice, nous utiliserons une logique de division de la longueur totale du mur-rideau sur 2 valeurs de longueur ce qui nous donnera une division variable du mur-rideau comme sur la figure 8.33.

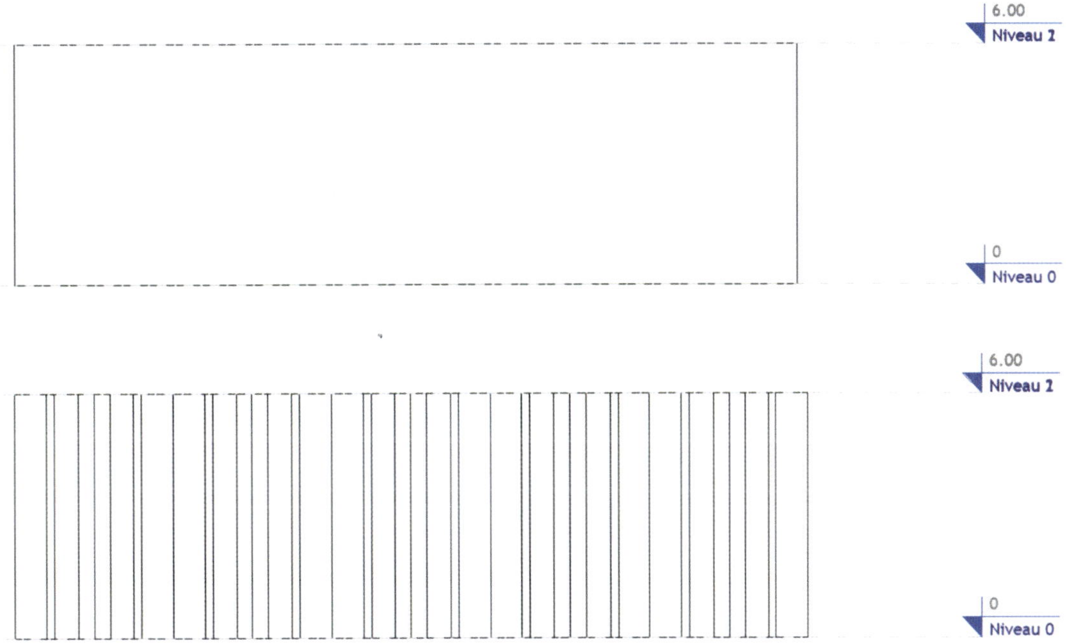

Fig. 8.33

Dessiner le mur-rideau

Ouvrez Revit et modélisez un mur-rideau sans quadrillage. On dessine un simple mur-rideau (fig. 8.34) et on s'assure que les paramètres de mise en page de la fenêtre de type de modification sont affectés à Aucun (fig. 8.35).

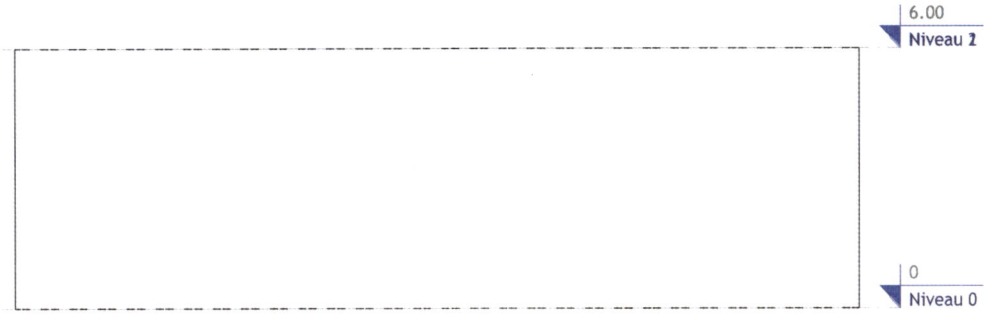

Fig. 8.34

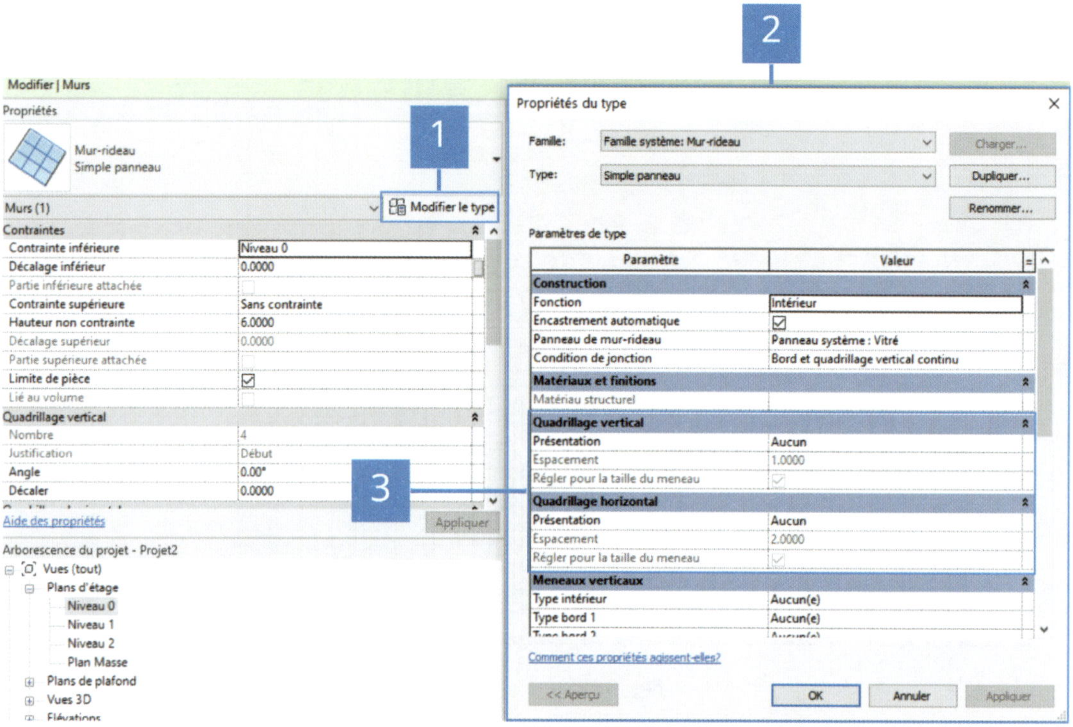

Fig. 8.35

Les paramètres de mise en page de la fenêtre de type de modification sont affectés à Aucun

Utiliser le script Dynamo

Le script Dynamo est constitué de trois étapes principales :

- la sélection du mur-rideau à partir de Revit,
- la préparation de la logique de division dans Dynamo,
- la création des quadrillages dans Revit

Ouvrez le script Dynamo associé à cet exercice (fig. 8.36).

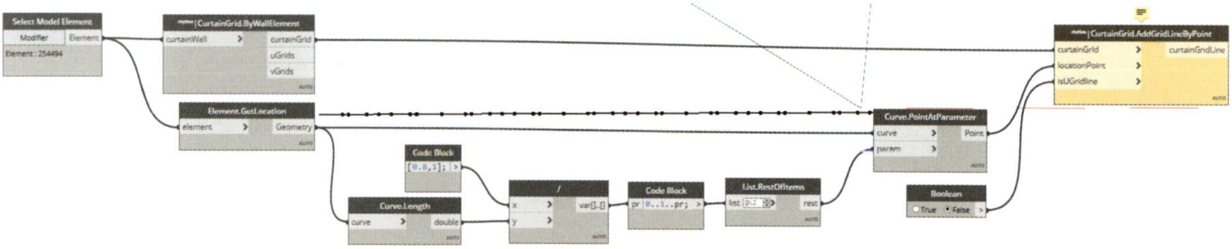

Fig. 8.36

1. `Select Model Element` (fig. 8.37) : cliquez sur Modifier et sélectionnez l'élément de mur-rideau dans Revit.

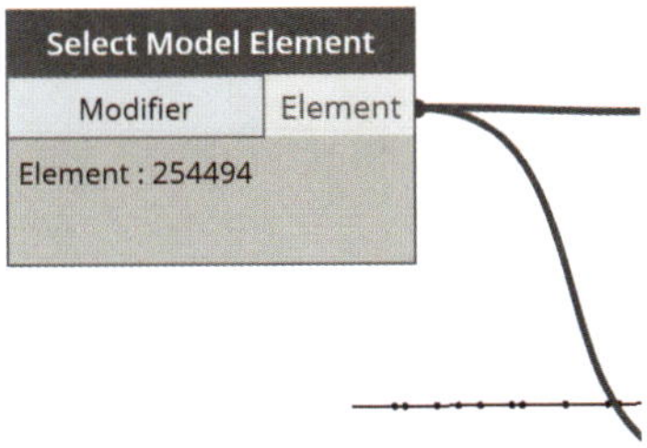

Fig. 8.37

`rhythm` | `CurtainGrid.ByWallElement` (fig. 8.37) : ce nœud du package Rhythm détectera le quadrillage du mur-rideau que nous utiliserons plus tard comme base pour créer de nouvelles lignes de quadrillages.

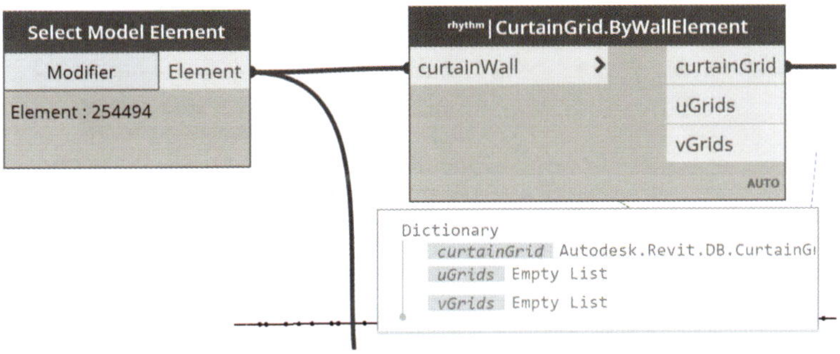

Fig. 8.38

`Element.GetLocation` (fig. 8.39) : ce nœud détectera l'emplacement du mur-rideau et créera une courbe dans Dynamo. Nous utiliserons cette courbe pour créer des points qui seront les nouveaux emplacements des quadrillages.

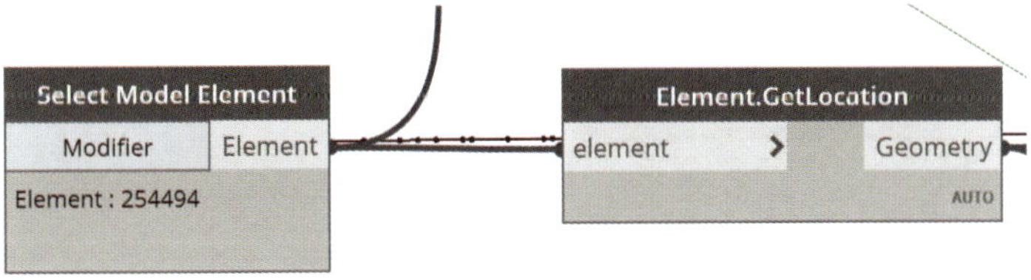

Fig. 8.39

2. Dans cette étape, nous utiliserons une combinaison de plusieurs nœuds afin de créer la logique de division de la courbe (fig. 8.40).

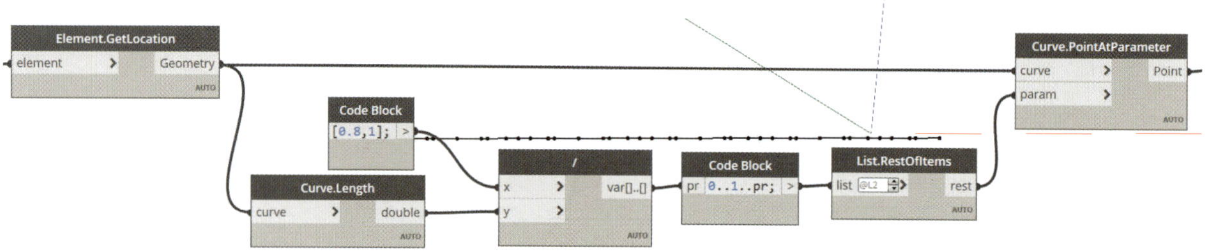

Fig. 8.40

Nous avons utilisé le nœud `Element.GetLocation` de l'étape précédente pour obtenir une courbe, puis nous avons utilisé le nœud `Curve.Length` pour connaître la longueur de cette courbe (fig. 8.41).

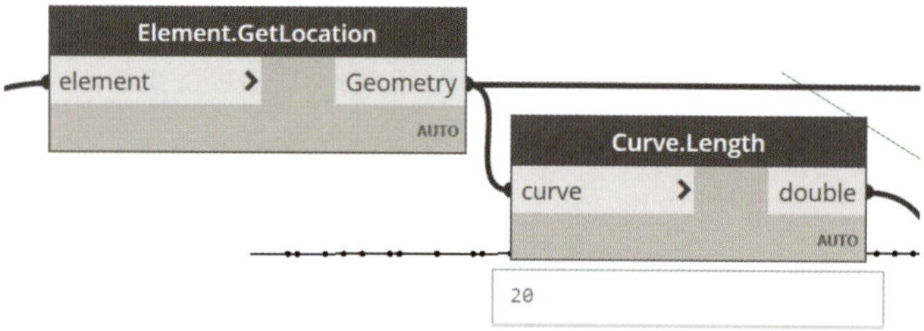

Fig. 8.41

Avec un `Code Block`, nous créons une liste de deux valeurs 0.8 et 1. Nous utilisons ensuite le nœud / pour diviser la liste du nœud de `Code Block` sur la valeur `Curve.Length` et nous obtenons une liste de valeurs (fig. 8.42).

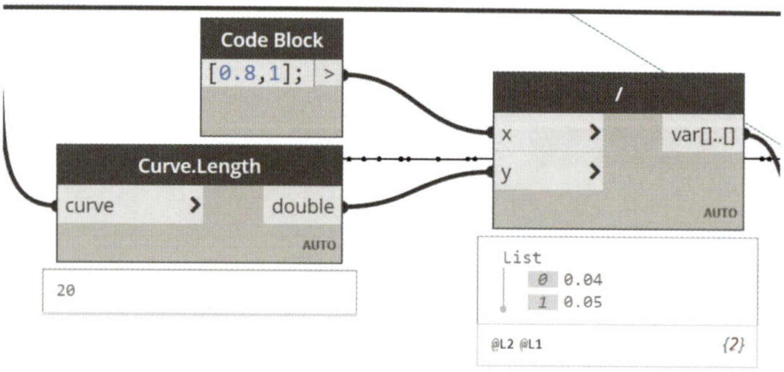

Fig. 8.42

Nous utilisons un nouveau nœud `Code Block` afin de générer une séquence de valeurs que nous utiliserons plus tard pour créer des points le long de la courbe (fig. 8.43). Dans ce nouveau `Code Block`, nous avons écrit « 0..1..pr » pour créer une liste de valeurs entre 0 et 1 ; ces valeurs commencent par 0 et augmentent de 0,04 et 0,05 dans chaque nouvelle liste. =

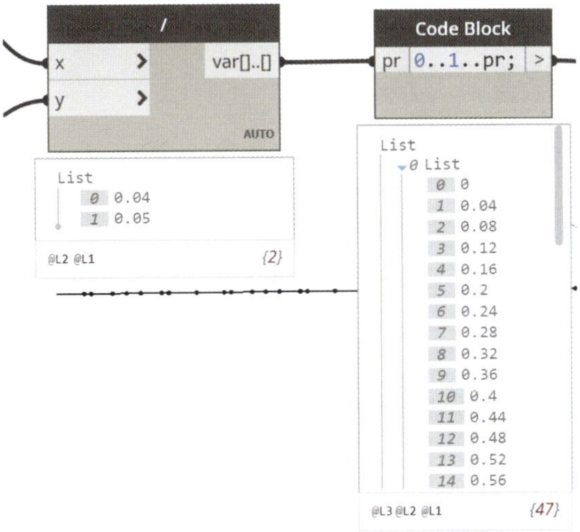

Fig. 8.43

Puis le nœud `List.RestOfItems` (fig. 8.44) supprime la valeur 0 au début de chaque nouvelle liste du nœud précédent (`Code Block`).

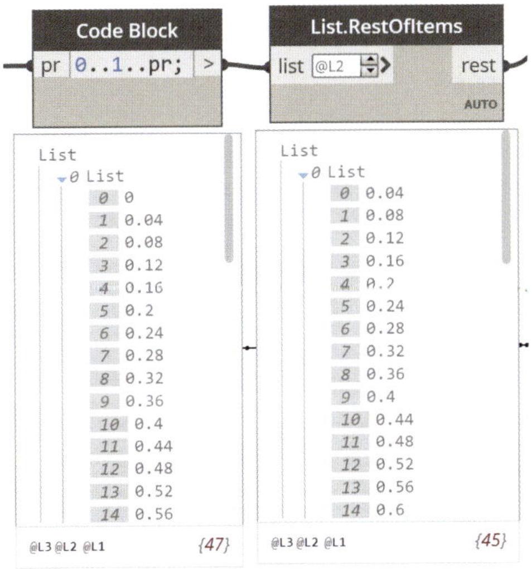

Fig. 8.44

Ensuite, le nœud `Curve.PointAtParameter` permet de créer une liste de points le long de la courbe en utilisant les valeurs que nous avons générées à l'étape précédente (fig. 8.45).

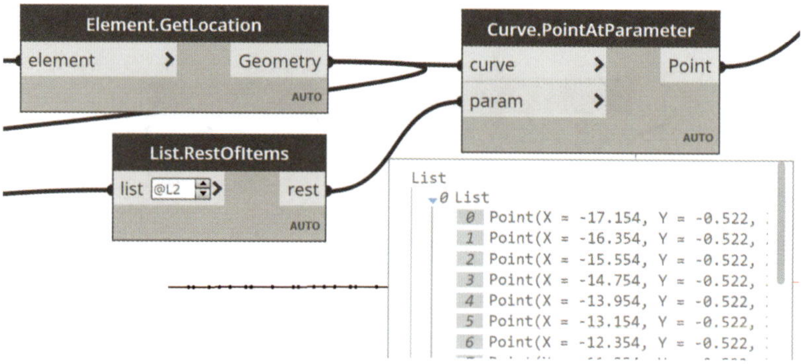

Fig. 8.45

Dans Dynamo, vous pouvez visualiser les points sur la courbe (fig. 8.46).

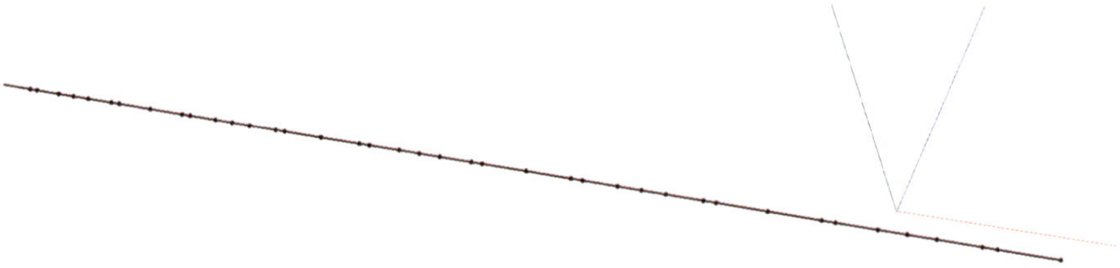

Fig. 8.46

Créer les quadrillages

Nous allons utiliser les points générés précédemment pour créer des quadrillages dans le mur-rideau Revit sélectionné grâce au nœud rhythm|`CurtainGrid.AddGridLineByPoint`. Ce nœud nécessite trois entrées (fig. 8.47) :

- la première est curtainGrid, elle correspond à la grille du mur-rideau ;
- la deuxième est locationPoint avec laquelle nous utiliserons la liste des points que nous avons générée précédemment ;
- la troisième est isUGridLine qui est une valeur booléenne permettant de définir la direction du nouveau quadrillage. Nous avons utilisé des valeurs fausses car nous dessinerons des quadrillages verticaux et non horizontaux.

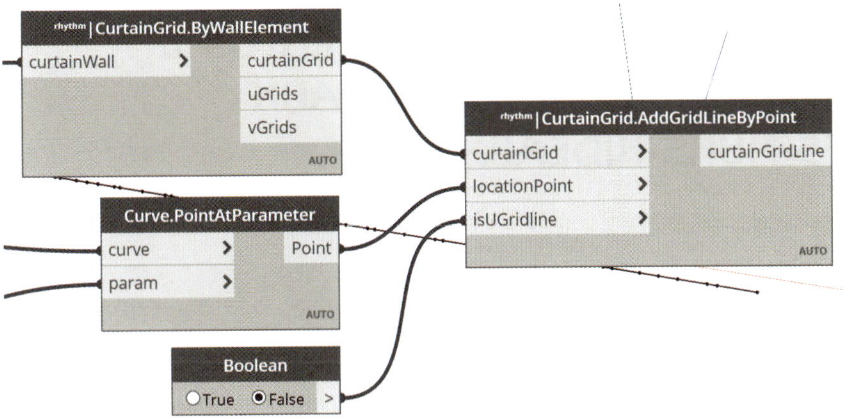

Fig. 8.47

L'exécution du script donnera une liste de quadrillages verticaux répétitifs le long du mur-rideau (fig. 8.48).

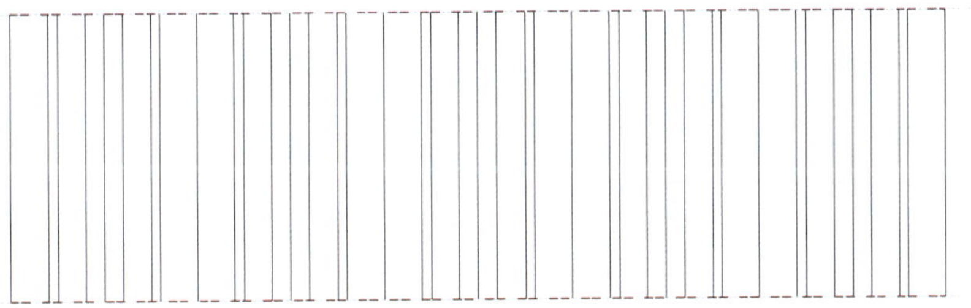

Fig. 8.48

La même technique peut être utilisée pour créer un quadrillage horizontal. Vous devrez, dans ce cas, créer une ligne verticale et la diviser en fonction du nombre de quadrillages horizontaux dont vous aurez besoin. Il faudra également changer la valeur du nœud `Boolean` (True au lieu de False) et le connecteur dans l'entrée du isUGridline du nœud `rhythm|CurtainGrid.AddGridLineByPoint`.

La modification des types de panneaux d'un mur-rideau

La modification des panneaux d'un mur-rideau dans Revit peut être effectuée facilement *via* l'interface utilisateur, cependant l'utilisation de Dynamo peut être utile pour gagner du temps et explorer des solutions de conception nouvelles à l'aide de techniques paramétriques.

Il existe plusieurs méthodes pour changer un type de panneaux de mur-rideau, celles qui suivent sont les plus courantes.

Exercice 8.6

MODIFIER DE MANIÈRE ALÉATOIRE LES LARGEURS DE PANNEAUX DES MURS-RIDEAUX

Temps estimé : 15 min

Difficulté : **

Document : les fichiers correspondants à cet exercice sont disponibles (au format Revit 2019 et Dynamo 2.0.3) dans le contenu qui accompagne cet ouvrage, ils sont nommés **CH08_EX06_2.0.3_Modification aléatoire des largeurs des panneaux de murs-rideaux.rvt** et **CH08_EX06_2.0.3_Modification aléatoire des largeurs des panneaux de murs-rideaux.dyn**.

Prérequis : aucun.

Objectif : apprendre à créer des familles de panneaux de mur-rideau et savoir utiliser Dynamo pour créer plusieurs variantes d'une façade paramétrique sur Revit.

On va créer une famille de panneau de mur-rideau personnalisé avec des paramètres d'épaisseur différents. Nous utiliserons ensuite Dynamo pour générer une liste aléatoire de valeurs qui seront appliquées aux paramètres de ces panneaux. À la fin de cet exercice, vous saurez comment créer plusieurs variantes d'un mur-rideau Revit (fig. 8.49 et 8.50).

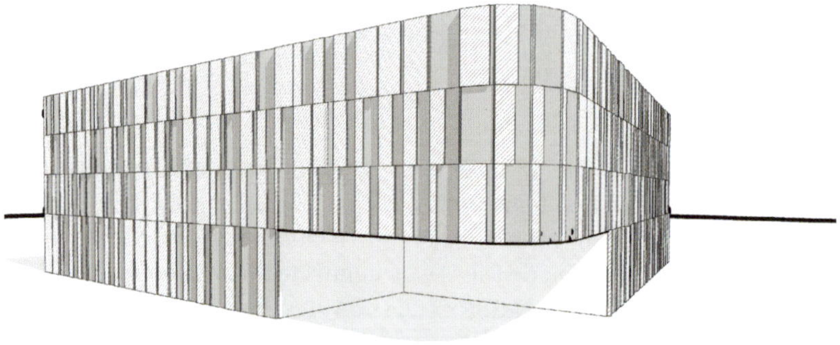

Fig. 8.49

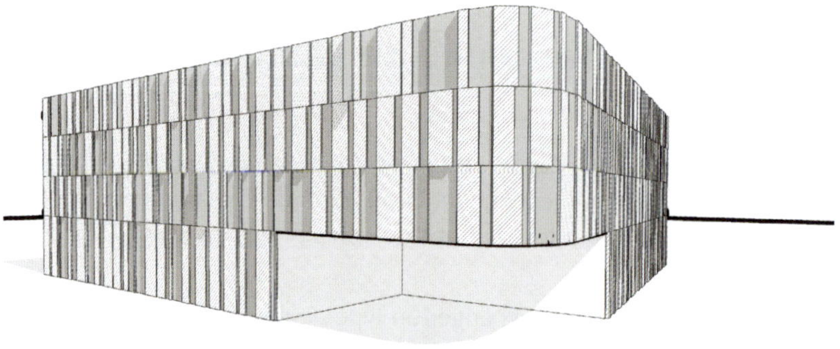

Fig. 8.50

Créer une famille de panneaux de murs-rideaux

Cet exercice contient une famille Revit qui comporte trois paramètres : le premier contrôlera la largeur de l'un des éléments solides et les deux autres contrôleront la profondeur ou l'épaisseur de chaque élément solide.

La méthode de création de cette famille est la suivante :

1. Ouvrez Revit : à partir du menu Fichier, sélectionnez Nouveau puis Nouvelle famille (fig. 8.51).

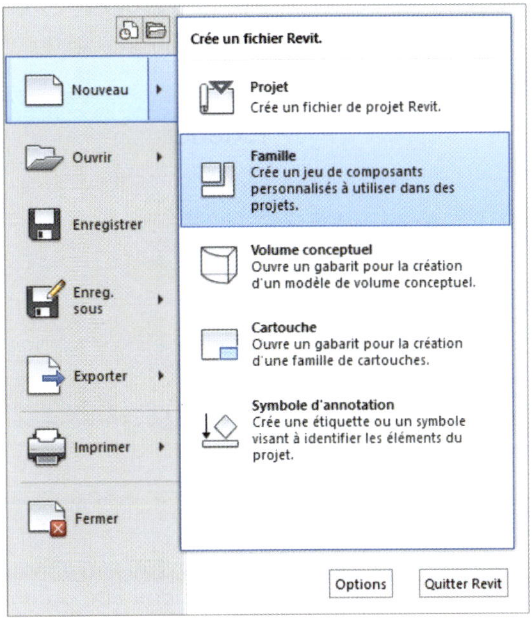

Fig. 8.51

2. Une fenêtre apparaît, sélectionnez le gabarit Panneau de mur-rideau métrique.rft (fig. 8.52).

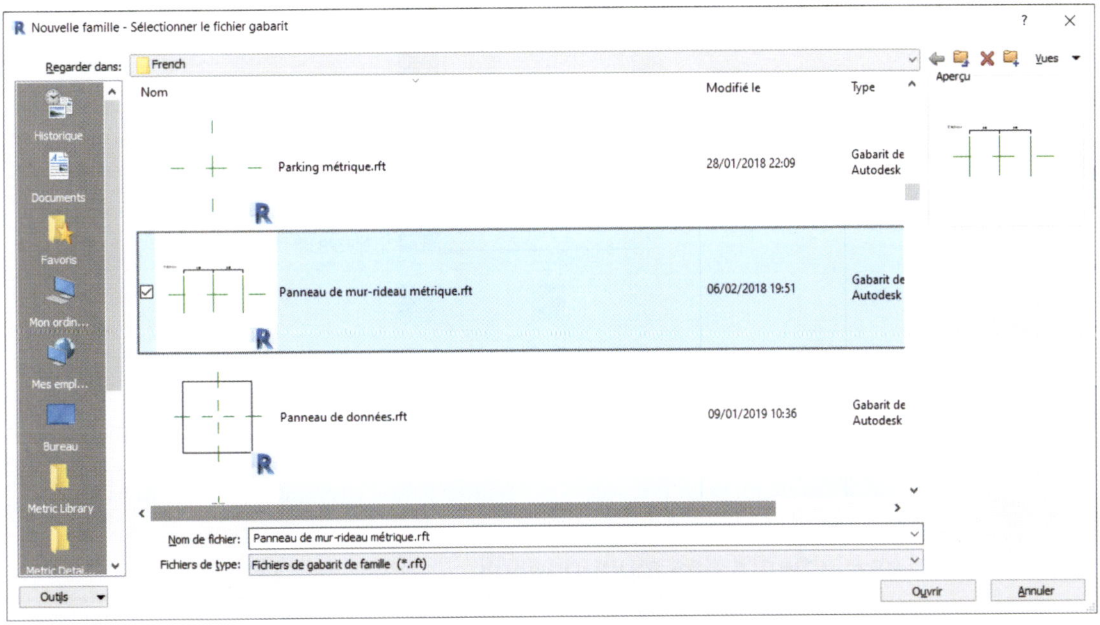

Fig. 8.52

3. Créez un plan de référence et commencez à modéliser deux solides pour le panneau de rideau. Assurez-vous de verrouiller les deux éléments solides en utilisant les plans de référence (fig. 8.53).

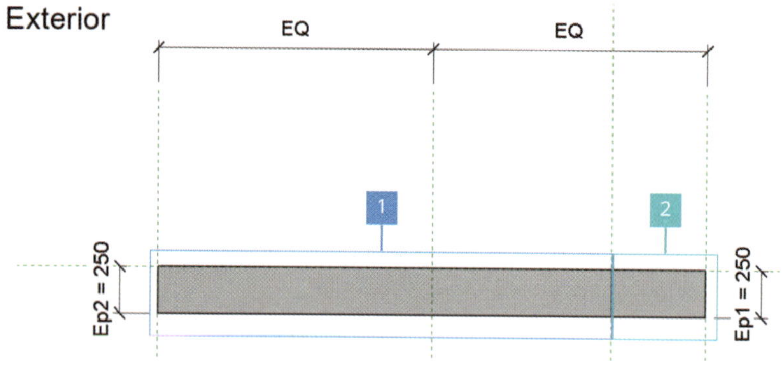

Fig. 8.53

4. Créez un nouveau paramètre pour la largeur de l'un des éléments solides, le type de ce paramètre doit être occurrence. Pour cet exemple, le paramètre s'appelle Larg1 (fig. 8.54).

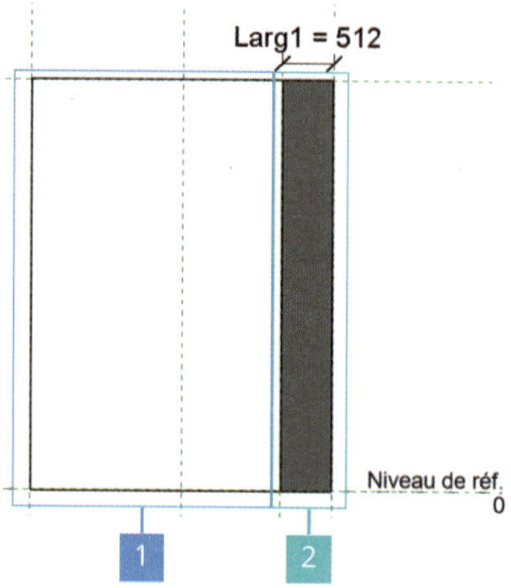

Fig. 8.54

5. Sélectionnez chaque élément solide et attribuez-lui un paramètre de matériau. Il est important de lui attribuer un paramètre de matériau différent, qui sera utilisé ultérieurement pour contrôler l'aspect de chaque panneau de rideau dans Revit.

Les éléments des murs-rideaux

L'exercice contient également une maquette Revit avec quelques murs-rideaux simples (fig. 8.55). Ces murs seront utilisés pour placer la famille de panneaux de murs-rideaux incluse dans ce chapitre.

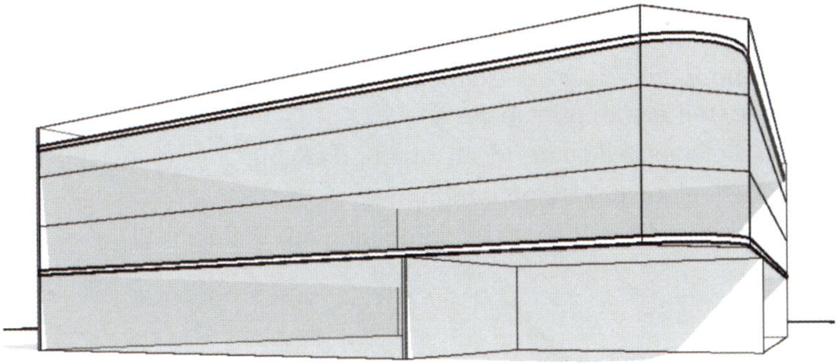

Fig. 8.55

La famille Revit doit être intégrée au type de mur-rideau. La méthode est la suivante :

1. Sélectionnez le mur-rideau et ouvrez Modifier le type.
2. Sélectionnez la nouvelle famille dans la liste des panneaux de rideaux (fig. 8.56). Pour les quadrillages verticaux, sélectionnez un « Espacement minimal » et définissez la valeur sur 1,2 m ; définissez 3 m pour l'espacement horizontal minimal, puis cliquez sur OK.

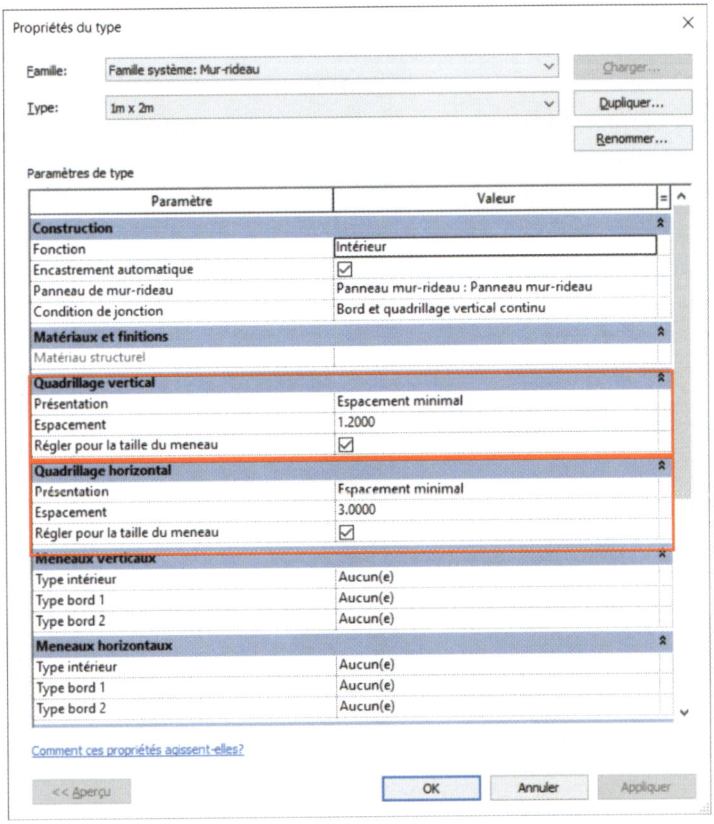

Fig. 8.56

Utiliser le script Dynamo

Le script Dynamo fournit pour cet exercice est détaillé ci-après (fig. 8.57). Le flux de travail comporte trois étapes principales :

- la sélection d'éléments de mur-rideau à partir de Revit,
- la création de logique de randomisation,
- la ré-application de la logique de randomisation aux éléments Revit.

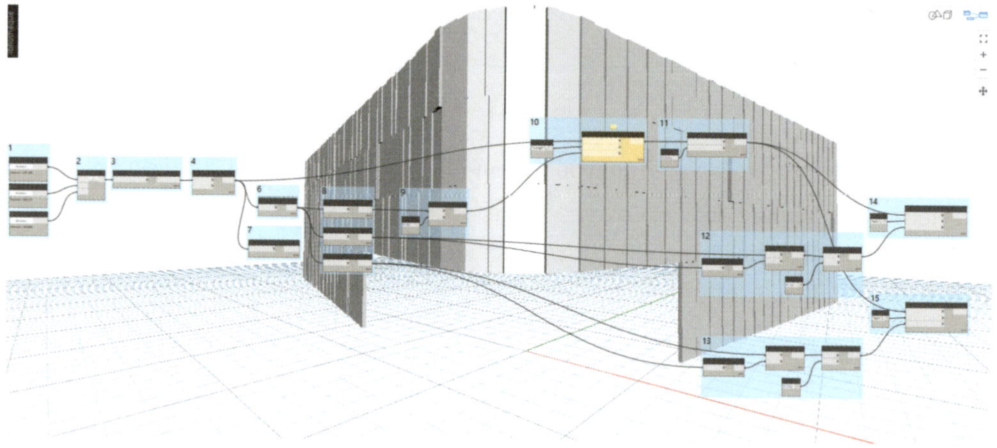

Fig. 8.57

Dans l'ordre :

1. `Select Model Element` (fig. 8.58) : ces trois nœuds permettent de sélectionner les éléments du mur-rideau dans Revit.
2. `List Create` : ce nœud permet de regrouper les murs-rideaux dans une seule liste afin de faciliter l'exécution de toutes les fonctions simultanément.

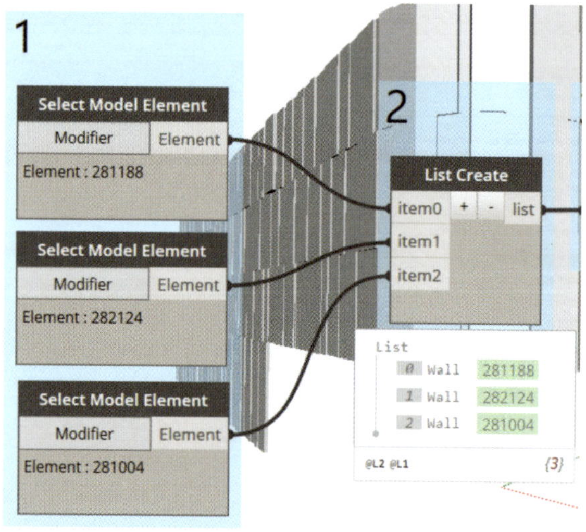

Fig. 8.58

3. `CurtainPanel.ByElement` (fig. 8.59) : ce noeud est utilisé ici pour interroger tous les panneaux de rideau de la liste précédente des murs-rideaux. Nous avons besoin de cette liste de panneaux, car ce sont les principaux éléments à modifier.

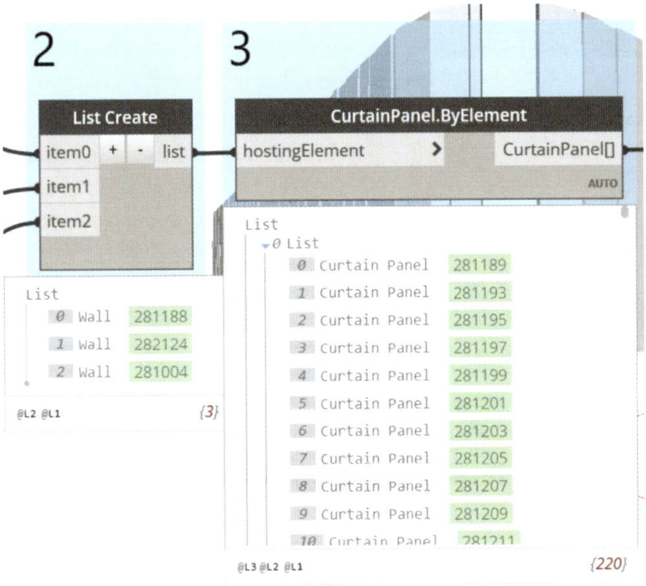

Fig. 8.59

4-5. Le fait d'avoir sélectionné plusieurs murs a créé une liste de listes qui doit maintenant être « aplatie », ce que permet le nœud `List.Flatten`. Le résultat sera une liste de tous les panneaux de rideaux pour tous les murs rideaux.

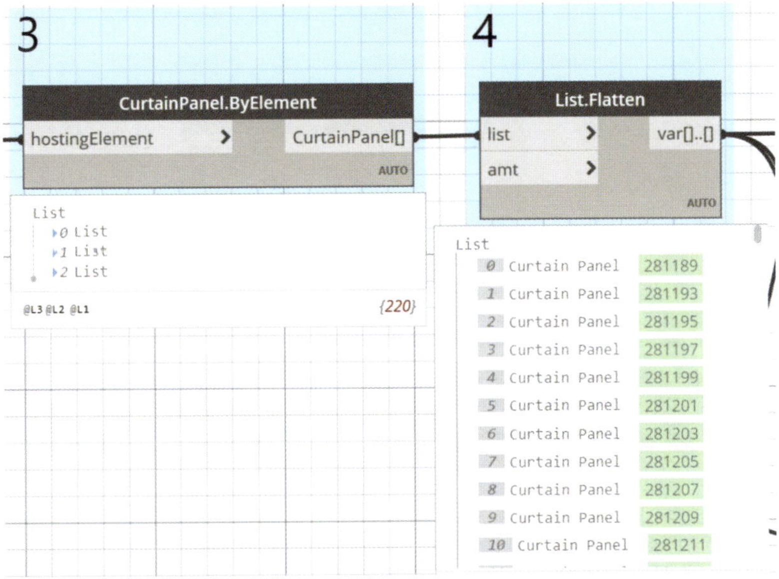

Fig. 8.60

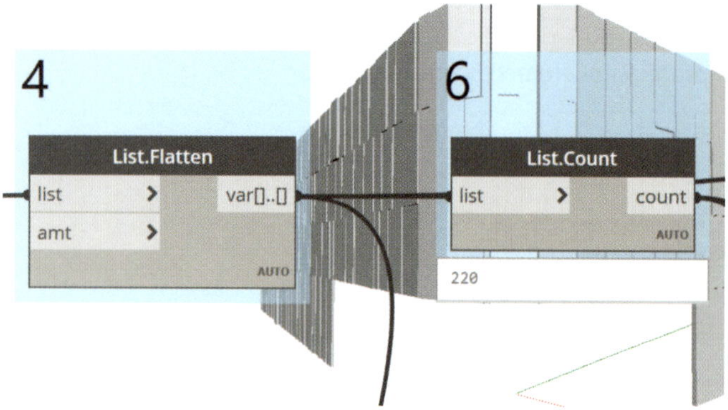

Fig. 8.61

6. Afin de générer une liste de valeurs aléatoire, nous avons besoin d'un montant spécifique, qui sera la quantité des valeurs générées. Ce montant sera le nombre de tous les panneaux de rideau.

   Pour obtenir le nombre total de panneaux de rideaux, nous utilisons le nœud `List.Count` (fig. 8.61). Le résultat obtenu sera un nombre unique. Cette valeur sera utilisée ultérieurement.

7. Il est toujours préférable de visualiser les éléments Revit dans Dynamo avant ou après l'application des modifications. C'est pourquoi nous utilisons le nœud `Element.Faces`. Ce nœud nous permet de générer toutes les faces de la liste d'entrées.

Le nœud `Element.Faces` *dans cet exemple montre uniquement les panneaux de rideau avant que nous n'exécutions de fonction*

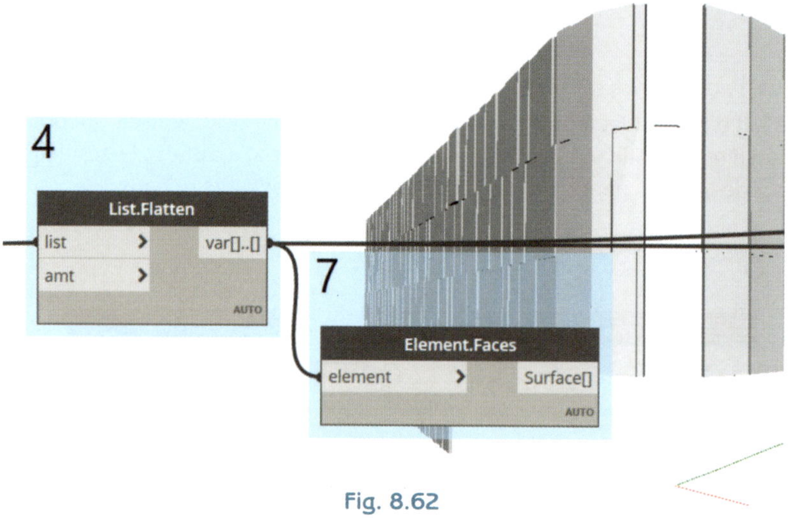

Fig. 8.62

Afin de générer une liste de valeurs aléatoires, nous utilisons le nœud `Math.RandomList`, le nœud générera une nouvelle liste de valeurs aléatoires à chaque fois que le script est exécuté. Nous utiliserons ces valeurs pour modifier les paramètres des panneaux de rideaux.

8. Le nœud `Math.RandomList` a besoin d'une seule entrée. Cette entrée doit être une seule valeur. Nous avons utilisé le nombre de panneaux de rideaux comme source pour ces nœuds. Comme on peut le constater, il y a trois nœuds différents pour générer trois listes aléatoires différentes chaque fois que le script s'exécute car il y a trois paramètres de panneaux de murs-rideaux (fig. 8.63).

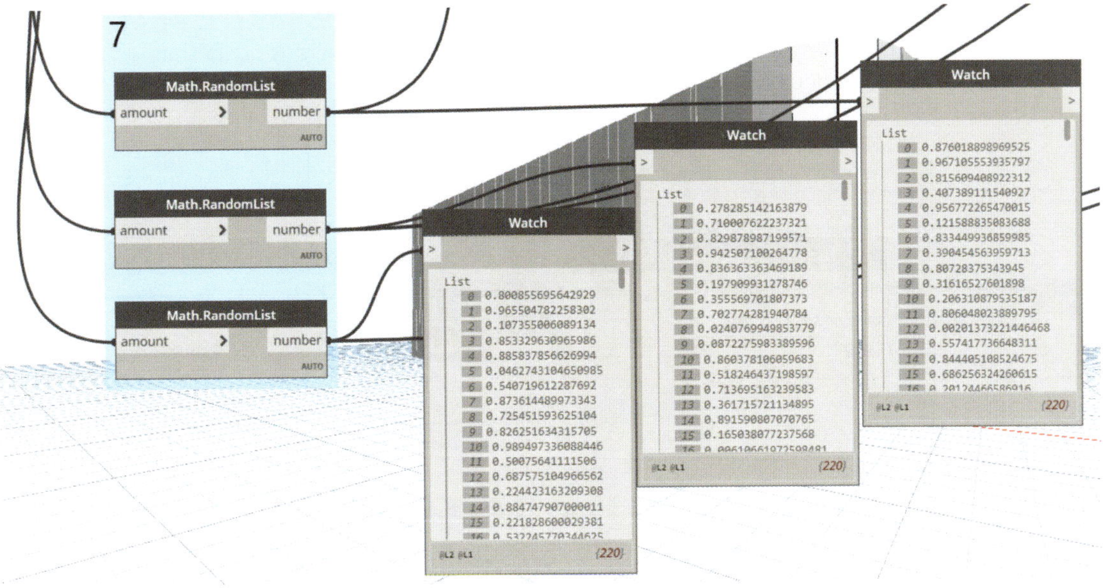

Fig. 8.63

9. Après avoir préparé toutes les entrées nécessaires, nous pouvons maintenant les utiliser pour apporter des modifications dans la maquette Revit.

   Le nœud `Element.SetParameterByName` vous permet de modifier les valeurs des paramètres des panneaux de murs-rideaux. Il nécessite trois entrées : la liste des éléments (panneaux de rideau), le nom du paramètre à modifier et la liste des valeurs aléatoires.

   Nous commencerons par modifier la largeur des panneaux de murs-rideaux. Pour ce faire, nous connectons à `Element.SetParameterByName` (fig. 8.64) : la liste des panneaux à l'entrée element, le nœud `Code Block` (qui contient le paramètre de Largeur) à l'entrée parameterName, la sortie du premier nœud `Math.RandomList` à l'entrée de la valeur d'entrée, value.

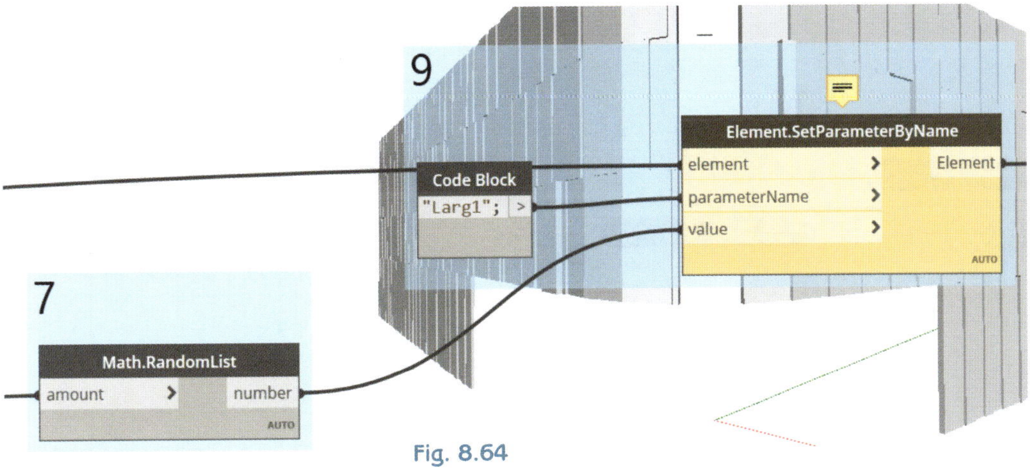

Fig. 8.64

10. Afin de nettoyer les valeurs Null, nous utilisons `List.Clean`. Le résultat obtenu est une liste de panneaux de rideau que nous utiliserons par la suite pour modifier les deux autres paramètres (fig. 8.65).

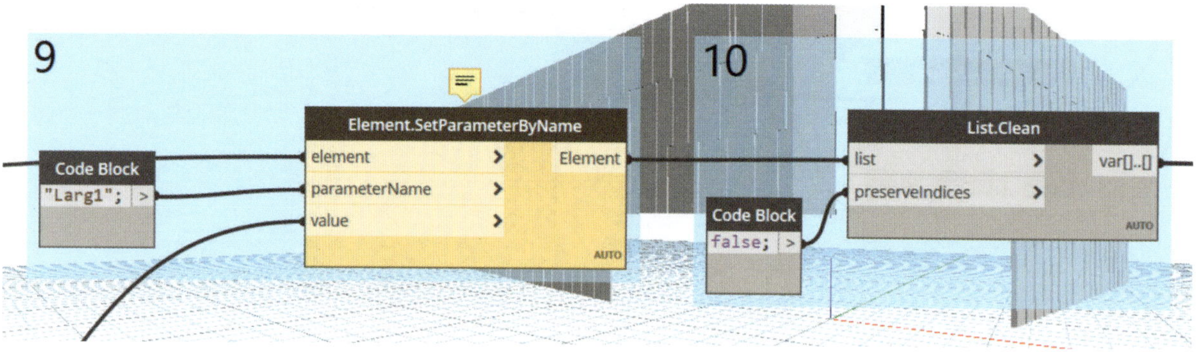

Fig. 8.65

11-12. Nous allons utiliser deux nouveaux nœuds `Math.Acos` et `Math.Asin` (fig. 8.66). Ces deux nœuds ont besoin d'une seule entrée, nous utiliserons une liste générée aléatoirement pour chacun. Ensuite, nous utiliserons le nœud / pour diviser les valeurs générées par le nœud `Math.RandomList` par les nouvelles valeurs Acos et Asin. Enfin, le résultat de l'opération de division sera ajouté à certaines valeurs pour le rendre un peu plus élevé.

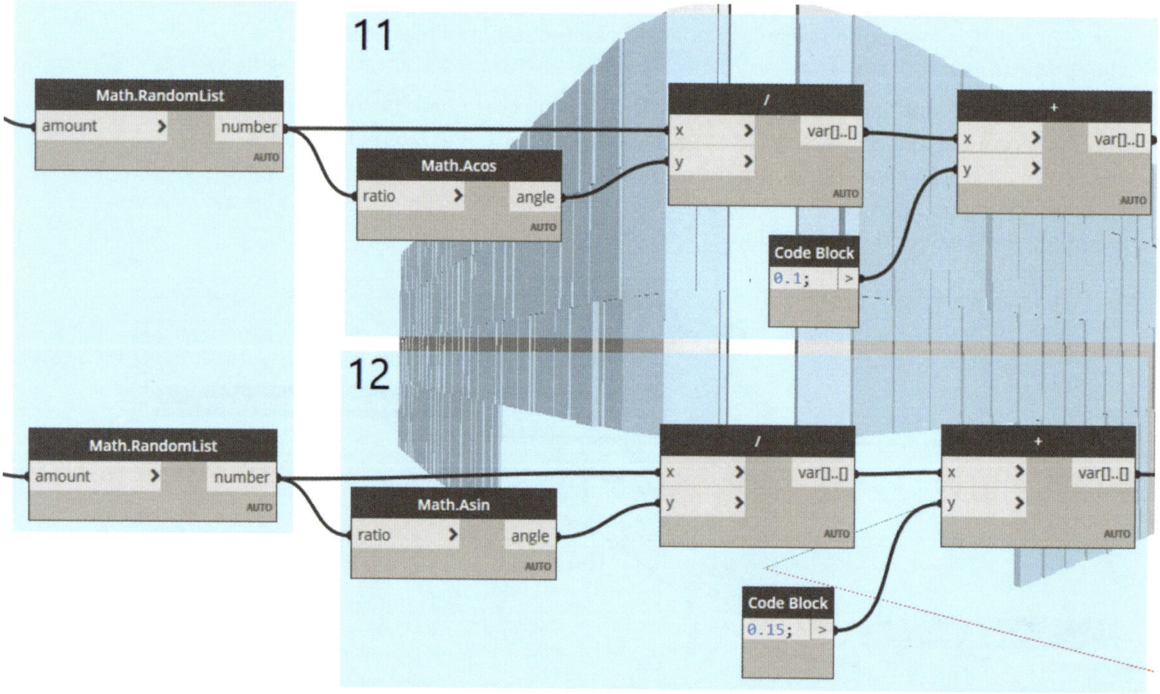

Fig. 8.66

13-14. Après avoir généré les deux listes précédentes, il est maintenant temps pour la dernière étape d'appliquer ces modifications aux paramètres de profondeur en utilisant à nouveau `Element.SetParameterByName` (fig. 8.67). Ce nœud nécessite trois entrées :

- element : la liste des panneaux de rideaux de l'étape 10 ;
- parameterName : la valeur de nœud `String` pour le nom du paramètre ;
- value : les nouvelles valeurs pour chaque panneau.

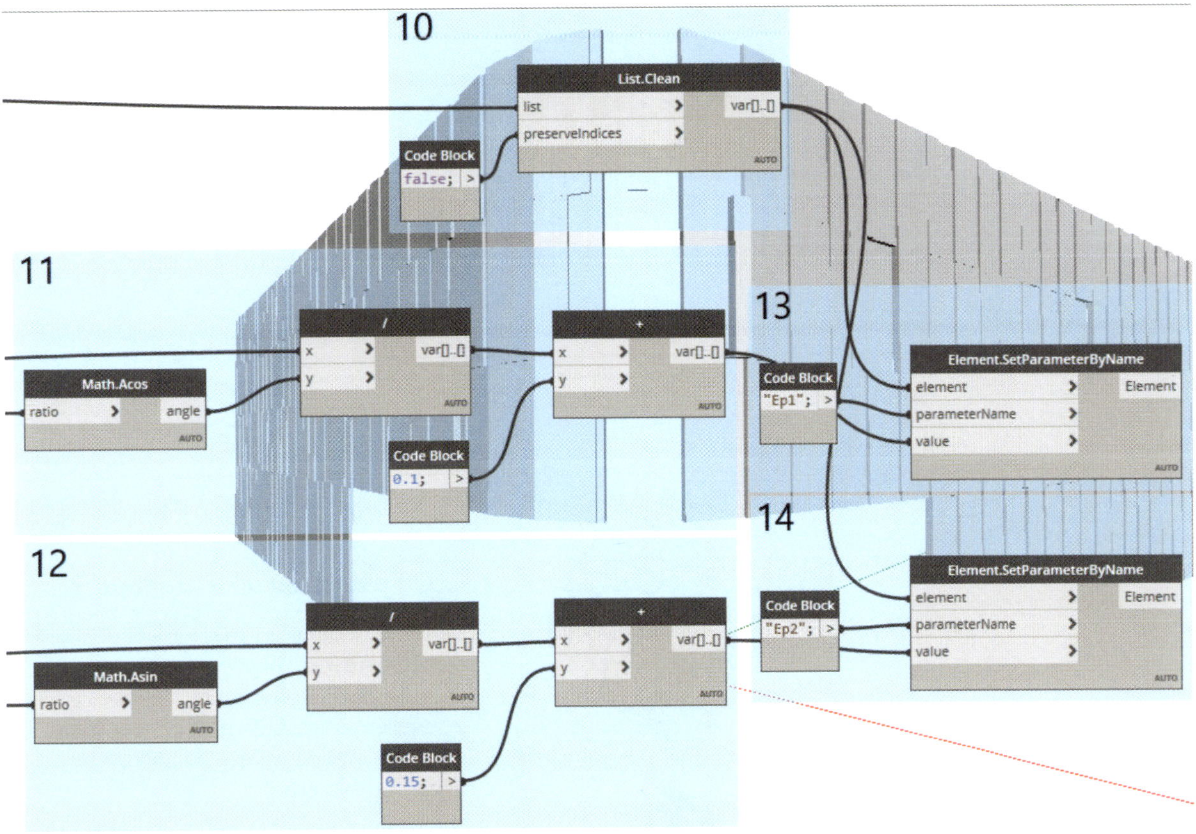

Fig. 8.67

Les deux nœuds précédents modifieront la valeur des paramètres Ep1 et Ep2 en utilisant les nouvelles listes de valeurs que nous avons déjà préparées.

En exécutant le script, nous obtiendrons à chaque fois un nouveau résultat (fig. 8.68).

Fig. 8.68

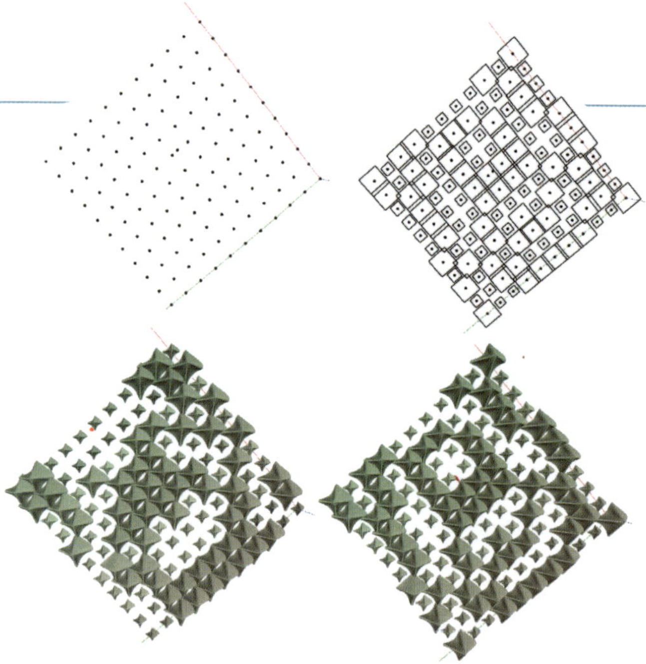

Fig. 8.69

Qu'est-ce qu'un attracteur ?

Dans le domaine mathématique des systèmes dynamiques, un attracteur est un ensemble de valeurs numériques vers lesquelles un système tend à évoluer, pour une grande variété de conditions de départ du système.

Les valeurs système qui se rapprochent suffisamment des valeurs de l'attracteur restent proches même si elles sont légèrement perturbées.

Dans Dynamo, l'utilisation de points attracteurs peut nous aider à calculer les distances entre le point attracteur et tout autre point. Ce qui peut être traduit plus tard en modifications réelles dans Revit, comme nous le verrons dans l'exemple suivant (fig. 8.69).

MODIFIER DES PANNEAUX DE MURS-RIDEAUX DE FAÇON ALÉATOIRE EN UTILISANT UN POINT D'ATTRACTION

Exercice 8.7

Temps estimé : 15 min

Difficulté : *

Document : les fichiers correspondants à cet exercice sont disponibles (au format Revit 2019 et Dynamo 2.0.3) dans le contenu qui accompagne cet ouvrage, ils sont nommés **CH08_EX07_2.0.3_Modification des panneaux de mur-rideau aléatoires utilisant un point d'attracteur.rvt** et **CH08_EX07_2.0.3_Modification des panneaux de mur-rideau aléatoires utilisant un point d'attracteur.dyn**.

Prérequis : aucun

Objectif : apprendre à créer des façades paramétriques avec des points d'attraction.

Nous allons modifier les valeurs de largeur des panneaux de murs-rideaux en utilisant une logique différente avec un point attracteur (fig. 8.70).

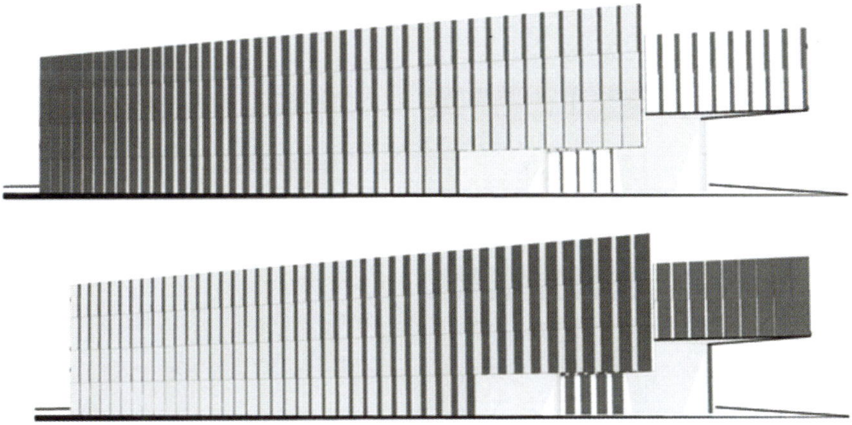

Fig. 8.70

Le fichier Revit associé à cet exercice contient un modèle simple de 4 murs-rideaux (fig. 8.71). Ces murs seront utilisés pour effectuer l'exercice du point d'attracteur.

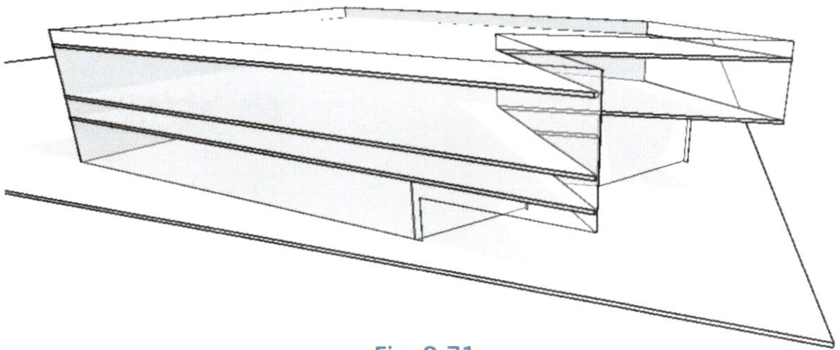

Fig. 8.71

Le script Dynamo associé à cet exercice contient les étapes suivantes (fig. 8.72) :

- sélection de murs-rideaux à partir de Revit,
- création de logique de points attracteurs,
- modification des éléments des panneaux de murs-rideaux.

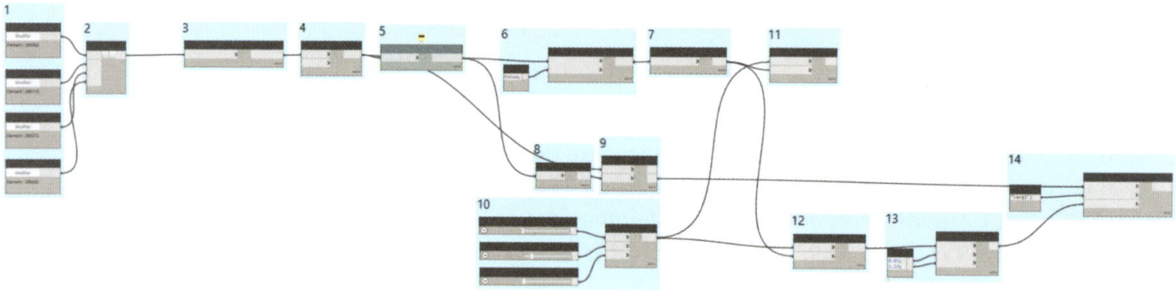

Fig. 8.72

1-2. Dans cette étape, nous avons utilisé quatre nœuds `Select Model Element` afin de sélectionner les éléments de mur-rideau dans Revit. Nous avons ensuite utilisé `List.Create` pour créer une liste pour les quatre murs (fig. 8.73).

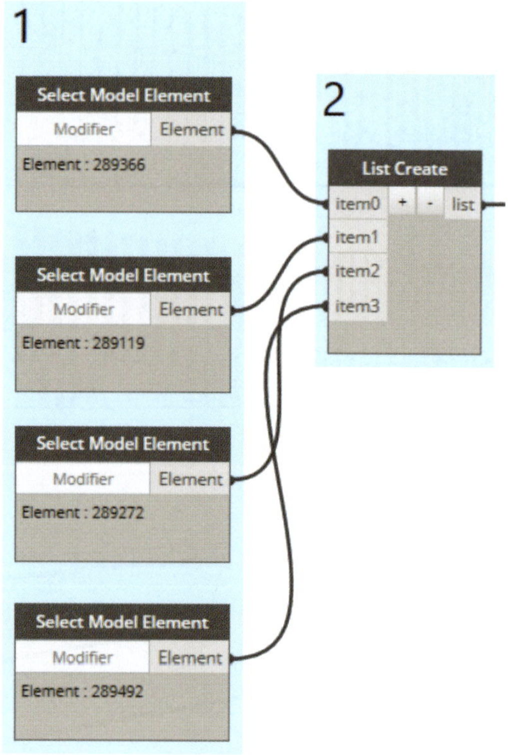

Fig. 8.73

3-4. Ensuite nous avons utilisé `CurtainPanel.ByElement` qui prend la liste des murs en entrée puis `List.Flatten` pour aplatir la liste des murs-rideaux et gérer ainsi plus facilement les listes dans le script (fig. 8.74).

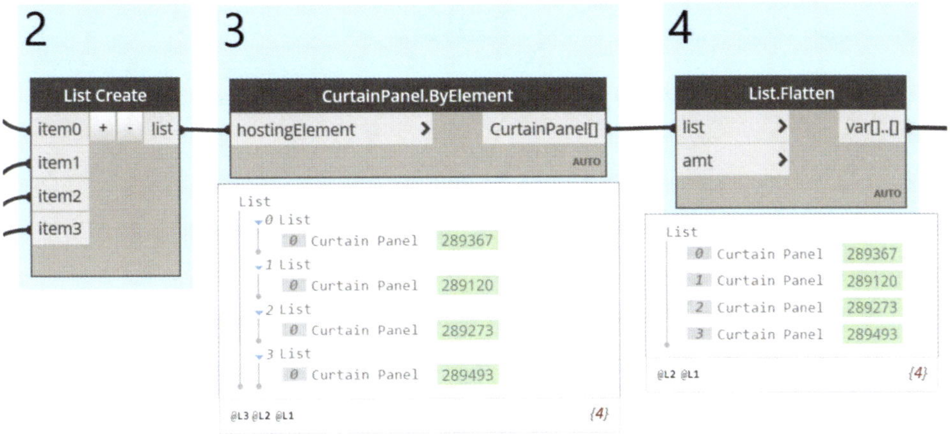

Fig. 8.74

5. Dans l'API Revit, chaque élément peut avoir une BoundingBox : une boîte virtuelle couvrant tout l'élément en 3D. Dans cet exemple, nous allons générer une BoundingBox pour chaque panneau de rideau, puis extraire le point minimum. Plaçons le nœud `Element.BoundingBox` (fig. 8.75).

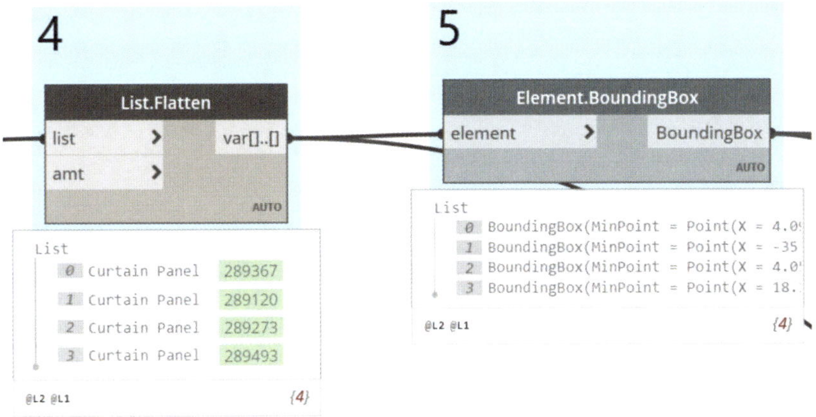

Fig. 8.75

6. Certains panneaux de rideaux pouvaient ne pas nous donner de cadre de délimitation, nous avons donc utilisé `List.Clean` pour supprimer toutes les valeurs Null afin d'éviter d'avoir des erreurs plus tard dans le script (fig. 8.76).

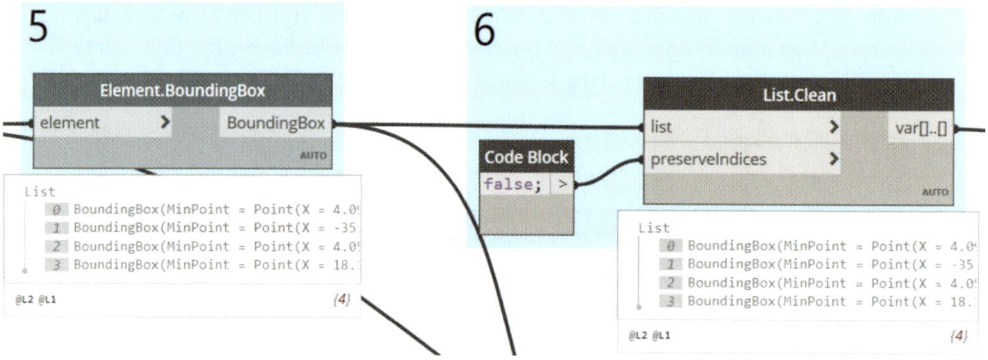

Fig. 8.76

7. Nous utilisons ensuite `BoundingBox.MinPoint` afin d'obtenir le point minimum de chaque cadre de délimitation de panneau de mur-rideau. Cette liste de points sera utilisée par la suite dans le script pour mesurer la distance entre le point d'attraction et chaque panneau (fig. 8.77).

   Notez que vous pouvez utiliser `BoundingBox.MaxPoint` ou même le centre de chaque panneau de rideau pour mesurer la distance. Tout dépend de votre logique de création du point attracteur.

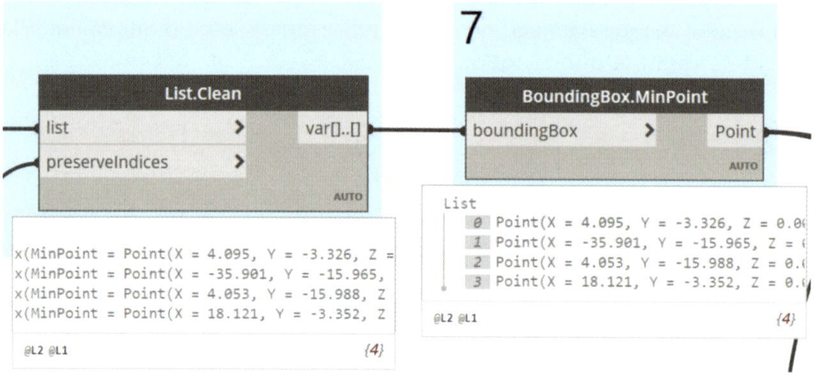

Fig. 8.77

8. À l'étape précédente, nous avons vu que certains panneaux n'avaient pas de boîtes de délimitation, nous devons donc éviter de les utiliser dans notre processus. Il existe plusieurs méthodes pour filtrer les panneaux de murs-rideaux vides. Dans ce script, nous avons utilisé `Object.IsNull` pour tester si les valeurs de `Element.BoundingBox` sont nuls ou non (fig. 8.78). Ce nœud donne une liste de valeurs True/False.
9. On utilise `List.FilterByBoolMask` pour créer deux listes de panneaux de rideaux : la première liste à partir de la sortie in correspond aux panneaux qui n'ont pas de BoundingBox – nous ne les utiliserons pas dans ce processus –, et la seconde à partir de la sortie out correspond à ceux qui ont des éléments BoundingBox que nous devrons utiliser dans ce processus.

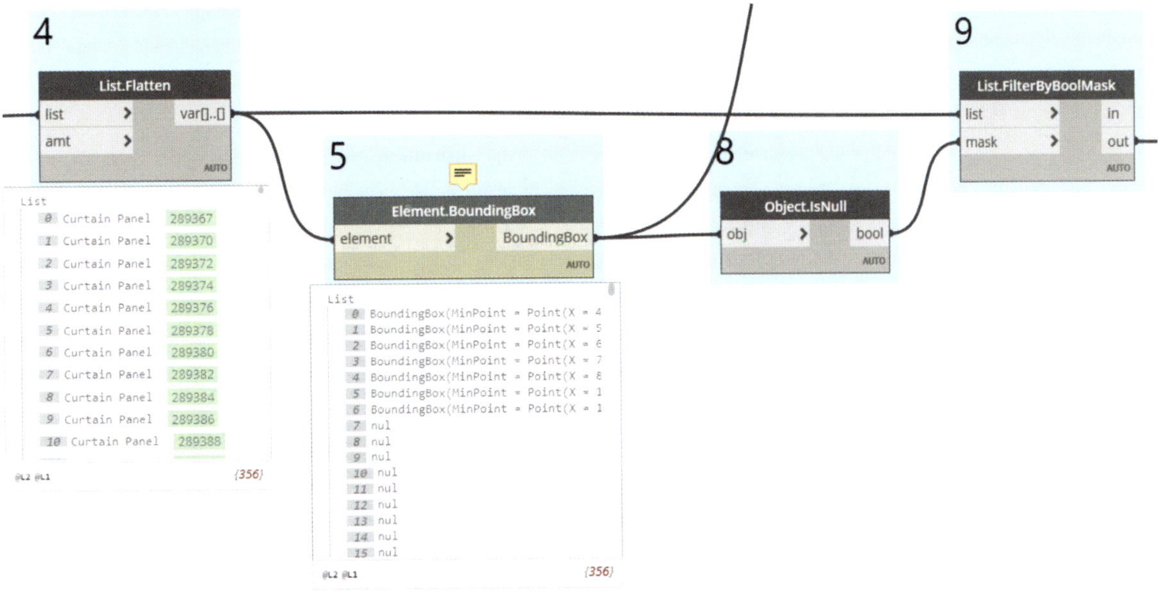

Fig. 8.78

10-13. Afin de créer la logique de l'attracteur, nous devons utiliser un point comme référence puis mesurer la distance entre ce point et chaque élément de panneau de mur-rideau à l'aide du nœud `Geometry.DistanceTo`. Le résultat obtenu correspondra aux valeurs que nous utiliserons pour modifier les paramètres des panneaux de murs-rideaux dans la maquette Revit afin d'appliquer la logique de l'attracteur.

`Geometry.DistanceTo` mesure la distance entre la sortie de `Point.ByCoordinates` qui sert de point de référence et les valeurs de `BoundingBox.MinPoint` de la deuxième entrée (fig. 8.79).

Nous avons ensuite utilisé le nœud `Math.RemapRange` pour réadapter les résultats de sortie en fonction des unités du modèle Revit.

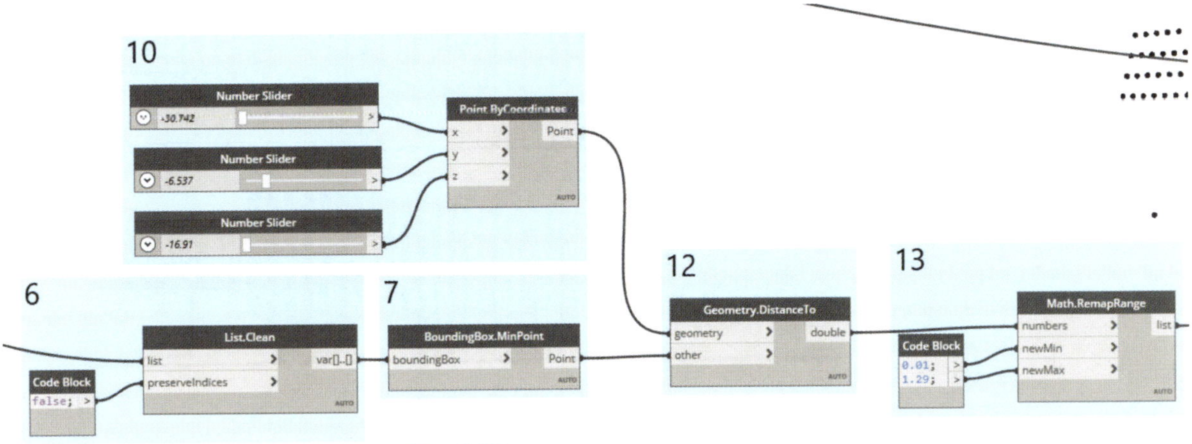

Fig. 8.79

13-14. La dernière étape de ce processus consiste à appliquer la nouvelle liste de valeurs aux panneaux de murs-rideaux Revit.

Pour ce faire, nous utilisons `Element.SetParameterByName` qui a besoin de trois entrées (fig. 8.80) :

- la première entrée est la liste des panneaux de murs-rideaux ;
- la deuxième entrée sera le paramètre de largeur du panneau de mur-rideau ;
- la troisième entrée sera les valeurs des nouvelles largeurs du nœud `Math.RemapRange`.

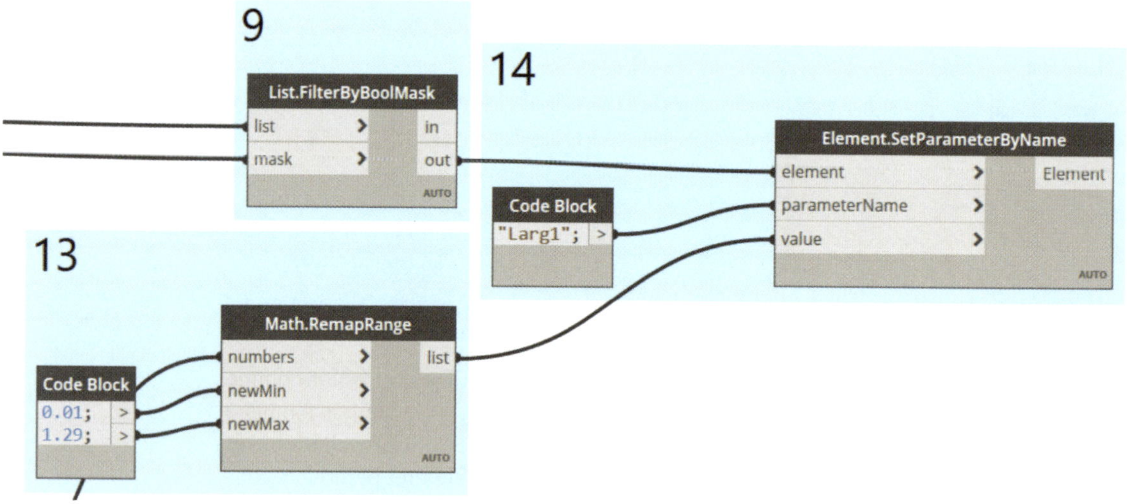

Fig. 8.80

En exécutant ce script, nous pouvons voir des résultats immédiats dans la maquette Revit et en modifiant l'emplacement du point d'attraction, nous pouvons également obtenir des résultats différents (fig. 8.81).

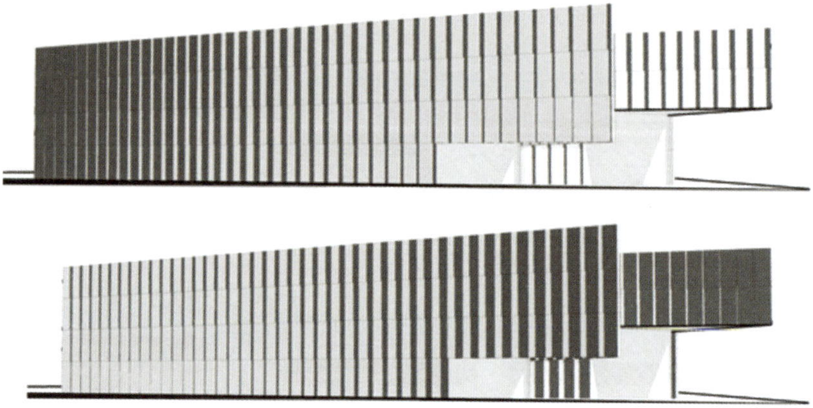

Fig. 8.81

La modification des matériaux des murs-rideaux

Pour terminer ce chapitre, nous allons apprendre à changer les matériaux des panneaux de rideaux. Deux types de modification sont proposés :

- la modification des couleurs des panneaux de rideau dans une vue Revit ;
- la modification des paramètres de matériau des panneaux de rideau.

MODIFIER LES COULEURS DES PANNEAUX DES MURS-RIDEAUX DANS UNE VUE REVIT

Exercice 8.8

Temps estimé : 10 min

Difficulté : **

Document : les fichiers correspondants à cet exercice sont disponibles (au format Revit 2019 et Dynamo 2.0.3) dans le contenu qui accompagne cet ouvrage, ils sont nommés **CH08_EX08_2.0.3_Modifier les couleurs des panneaux de rideau dans une vue Revit.rvt** et **CH08_EX08_2.0.3_Modifier les couleurs des panneaux de rideau dans une vue Revit.dyn**.

Prérequis : aucun.

Objectif : apprendre à créer des façades paramétriques avec des points d'attraction.

Dans cet exercice, la méthode utilisée est simple, elle permet de remplacer l'apparence des panneaux de mur-rideau dans la vue active du modèle Revit ouvert (fig. 8.82). Cette technique ne modifie aucune des valeurs de paramètre des panneaux de mur-rideau.

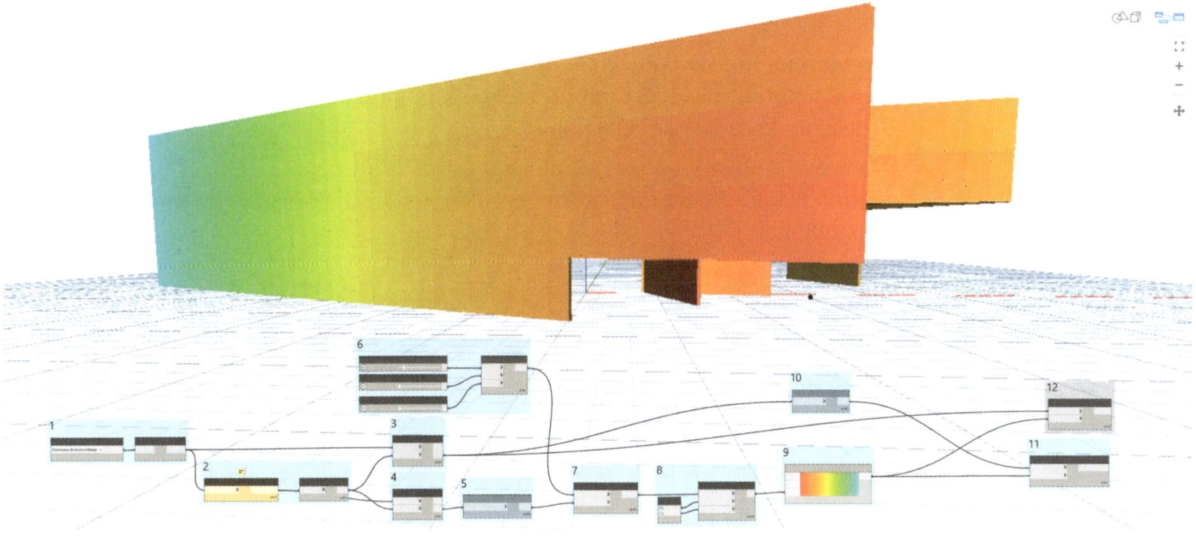

Fig. 8.82

1. Commençons par obtenir tous les panneaux de rideaux dans la maquette Revit en utilisant les nœuds `Categories` et `All Elements of Category` (fig. 8.83).

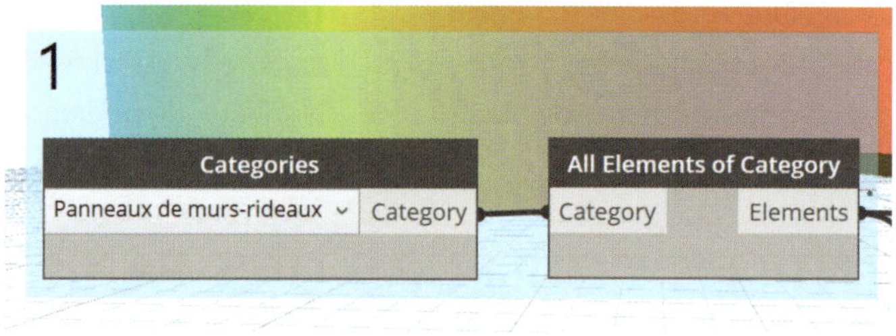

Fig. 8.83

2. Ensuite, nous devons filtrer la liste des panneaux de rideaux en générant une autre liste de BoundingBox puis nous testerons si la valeur est Null (fig. 8.84).

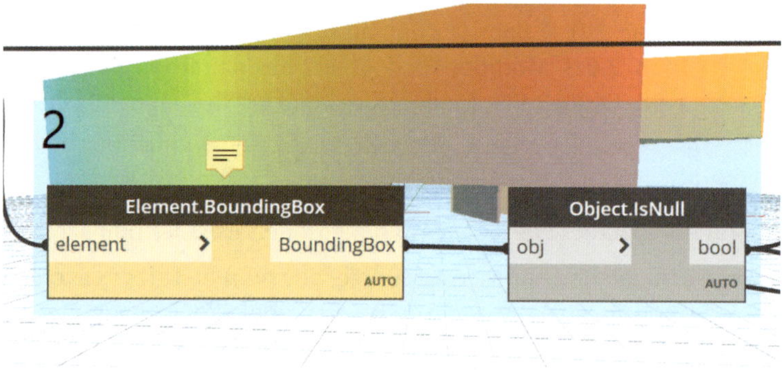

Fig. 8.84

3. En utilisant la liste booléenne de l'étape précédente, nous allons maintenant utiliser le nœud `List.FilterByBoolMask` pour générer deux listes de panneaux de rideau et de cadres de sélection.
4. Le nœud `BoundingBox.MinPoint` est utilisée ici pour générer un point virtuel pour chaque BoundingBox représentant chaque panneau de rideau de Revit (fig. 8.85).

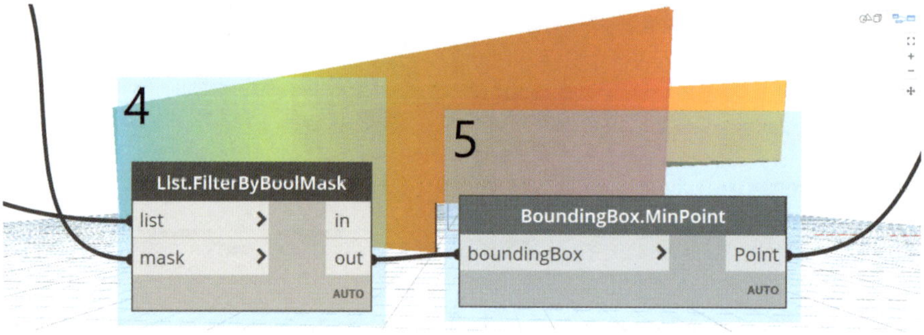

Fig. 8.85

5. En plus de la liste de points minimum pour chaque BoundingBox, nous avons besoin d'un point supplémentaire que nous utiliserons pour générer une liste de distances. Ce point doit utiliser le nœud `Number Slider` pour faciliter le déplacement dans Dynamo (fig. 8.86).

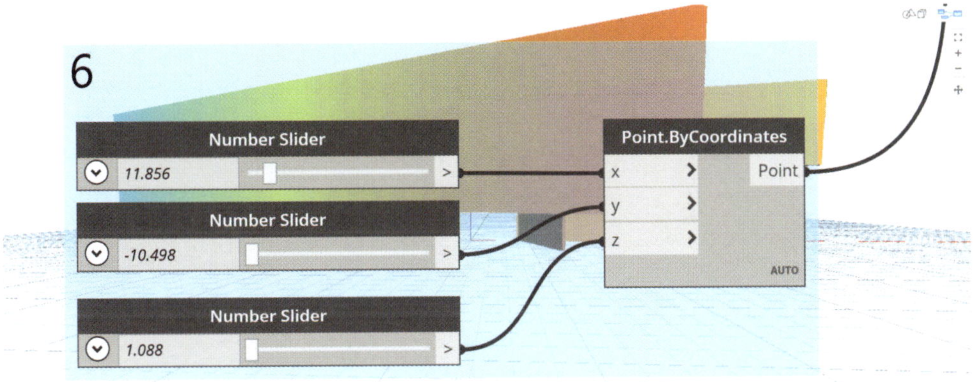

Fig. 8.86

6. Pour générer la liste des distances entre le point attracteur et tous les points des panneaux de murs-rideaux, nous allons utiliser le nœud `Geometry.DistanceTo`.

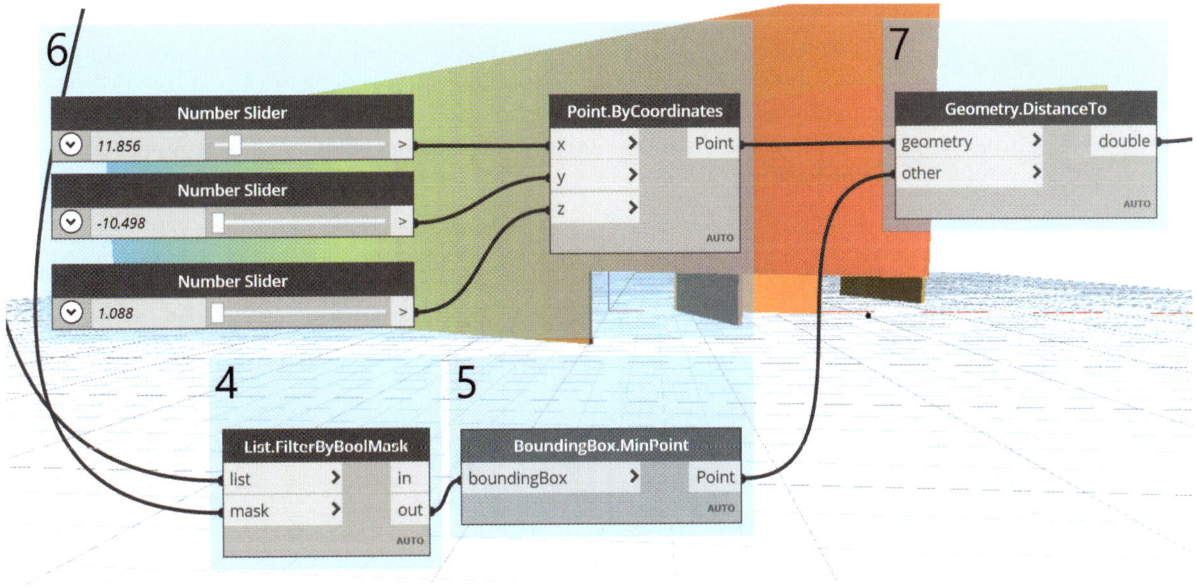

Fig. 8.87

7. Contrairement aux exemples précédents, les valeurs de distance sont un peu élevées pour nos besoins, c'est pourquoi nous allons utiliser le nœud `Math.RemapRange`, qui générera une nouvelle liste de valeurs utilisant un minimum et un maximum pour être cohérent avec les unités de la maquette Revit (fig. 8.88).

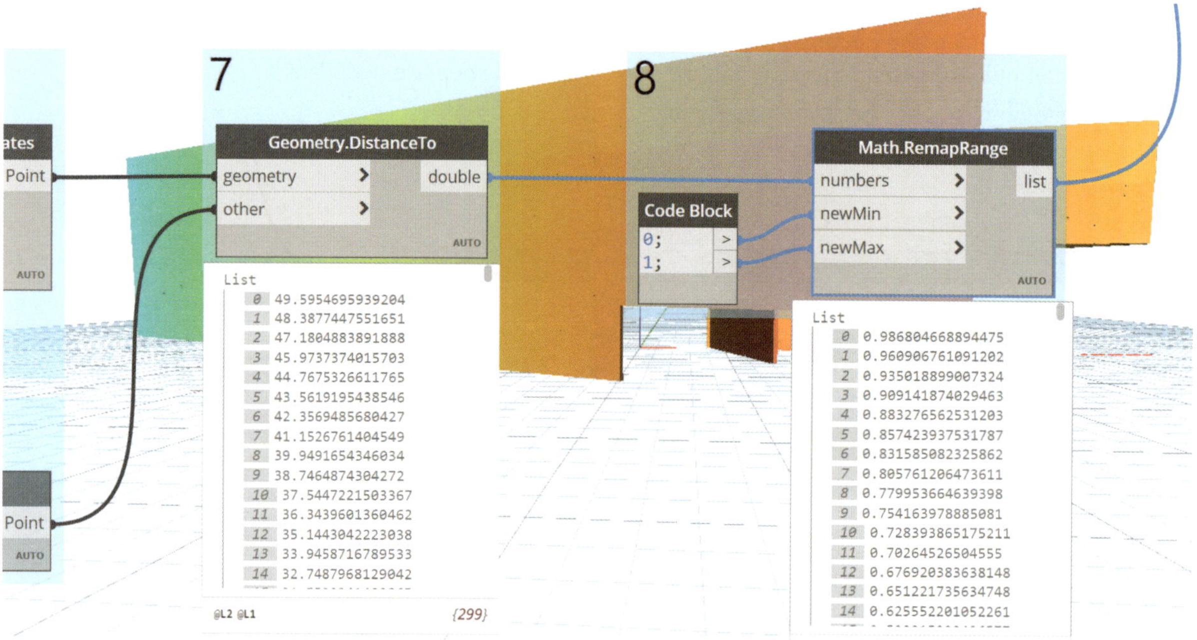

Fig. 8.88

8. Maintenant, nous allons utiliser la liste de valeurs de l'étape 8 avec un nouveau nœud appelé `Color Range`. Notre objectif est de générer une liste de couleurs qui corresponde au nombre de panneaux de rideaux et qui est en même temps contrôlée par la distance entre le point attracteur et les emplacements des panneaux de rideaux.

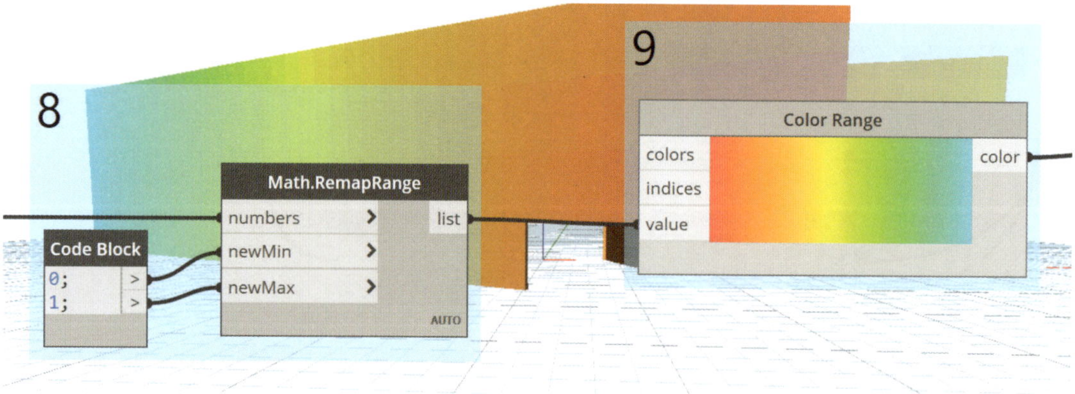

Fig. 8.89

9. Pour visualiser et appliquer les changements de couleur dans Dynamo, nous avons besoin de la géométrie de chaque panneau de rideau. Pour visualiser tout élément Revit dans Dynamo, nous pouvons utiliser le nœud `Element.Geometry` qui nécessitera une entrée et ce sera la liste des panneaux de murs-rideaux (fig. 8.90).

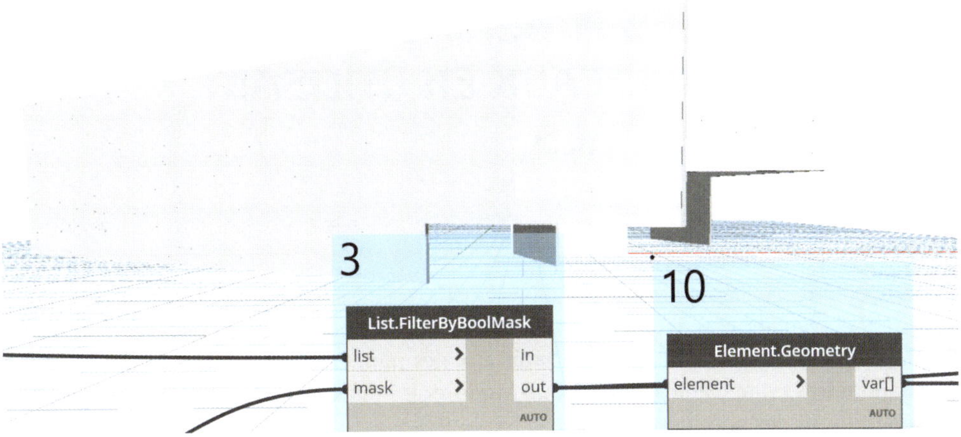

Fig. 8.90

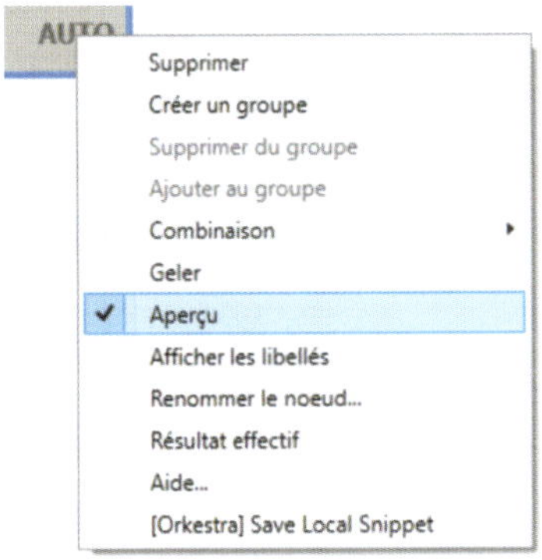

Fig. 8.91

Nous allons désactiver la visibilité de la liste des géométries dans ce nœud. Pour ce faire, cliquez avec le bouton droit de la souris sur le nœud et désactivez Aperçu (fig. 8.91).

11-12. Pour visualiser les colleurs de panneau de murs-rideaux, nous allons utiliser deux nœuds `GeometryColor.ByGeometryColor`, pour afficher les géométries des panneaux de rideau dans Dynamo et le nœud `Element.OverrideColorView` pour afficher les changements de couleur dans la vue Revit active (fig. 8.92).

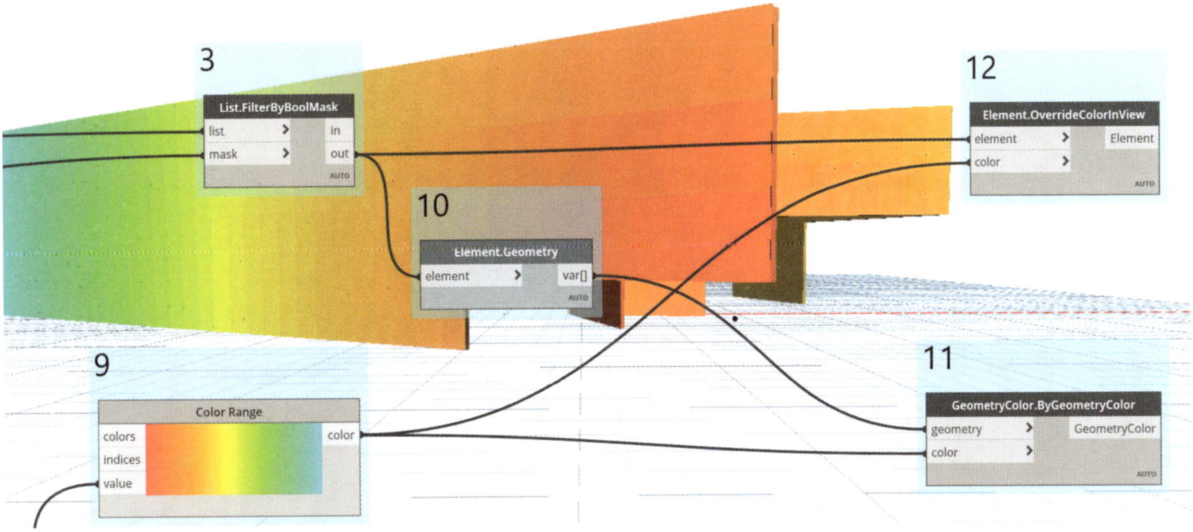

Fig. 8.92

Exercice 8.9 MODIFIER LES MATÉRIAUX DES PANNEAUX DES MURS-RIDEAUX EN UTILISANT DES PARAMÈTRES

Temps estimé : 10 min

Difficulté : *

Document : les fichiers correspondants à cet exercice sont disponibles (au format Revit 2019 et Dynamo 2.0.3) dans le contenu qui accompagne cet ouvrage, ils sont nommés **CH08_EX09_2.0.3_Modifier les matériaux des panneaux de rideaux en utilisant des paramètres.rvt** et **CH08_EX09_2.0.3_Modifier les matériaux des panneaux de rideaux en utilisant des paramètres.dyn**.

Prérequis : aucun.

Objectif : apprendre à créer des façades paramétriques avec des points d'attraction.

Cet exercice explique comment modifier les valeurs des paramètres des panneaux de mur-rideau (fig. 8.93). On utilise deux paramètres d'occurrence intégrés dans les familles de panneaux de murs-rideaux.

Le flux de travail est le suivant :

- ajout de deux paramètres aux panneaux de rideaux ;
- récupération de tous les éléments de panneaux de murs-rideaux à partir du modèle Revit ;
- création d'un dictionnaire entre les panneaux de rideaux et leurs paramètres de matériau ;
- création d'une logique aléatoire pour créer une nouvelle liste de matériaux ;
- application des nouveaux matériaux aux panneaux de rideaux Revit.

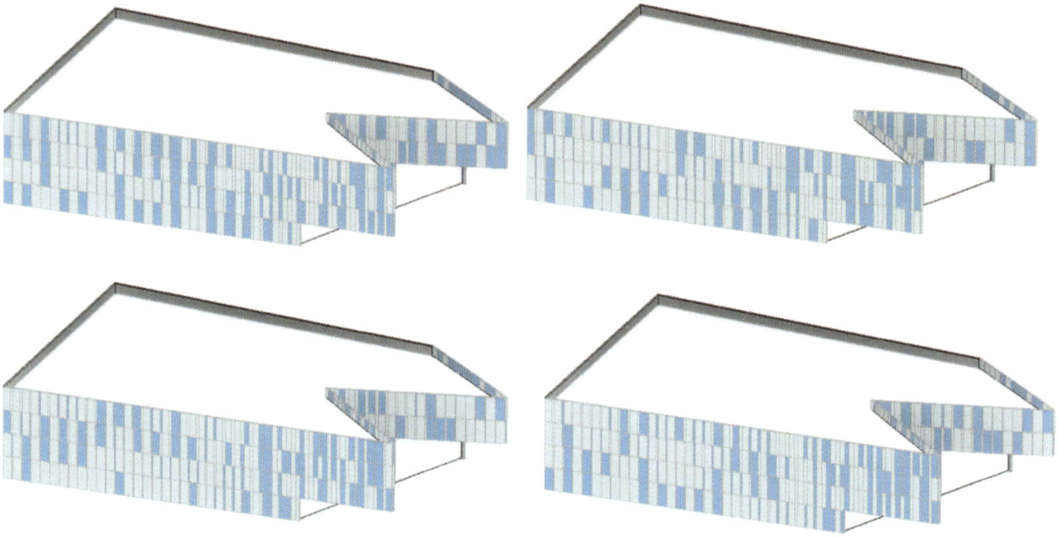

Fig. 8.93

Pour commencer, nous devons ajouter deux paramètres de matériau à chaque élément de la famille de panneaux Revit (fig. 8.94 et 8.95). Le paramètre matériel doit être le paramètre Occurrence.

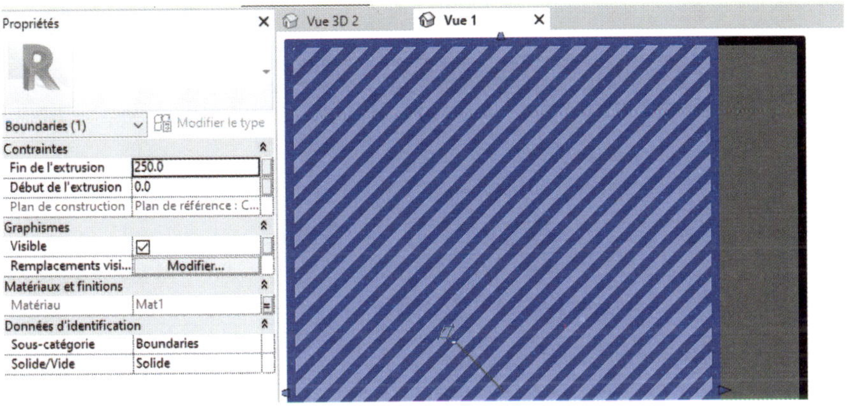

Finition Mat1

Fig. 8.94

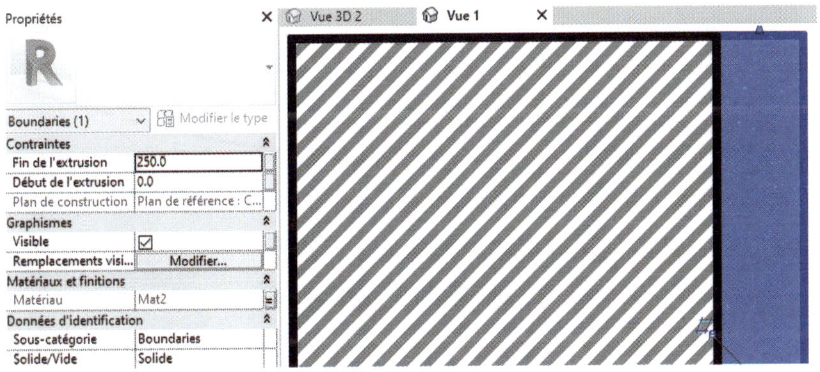

Finition Mat1

Fig. 8.95

Le script est présenté sur la figure 8.96 :

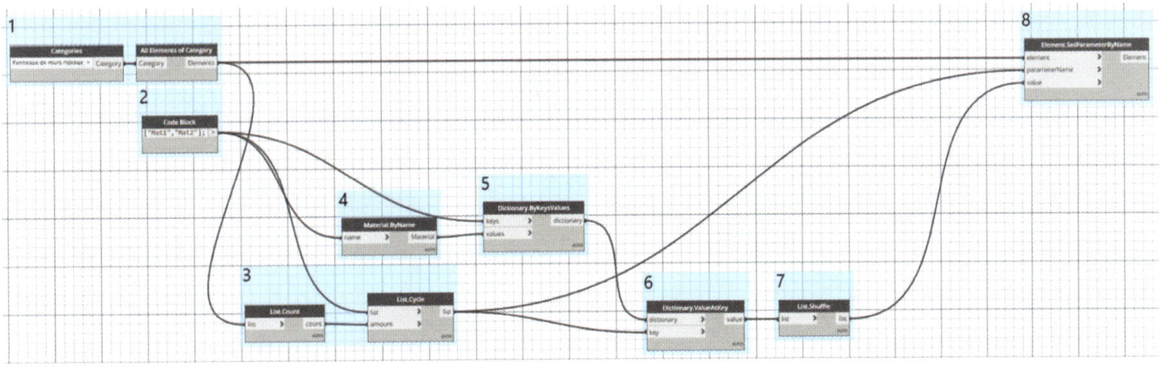

Fig. 8.96

1. Nous utilisons les deux nœuds `Categories` et `All Elements of Category` pour collecter tous les panneaux de rideaux du modèle Revit (fig. 8.97).

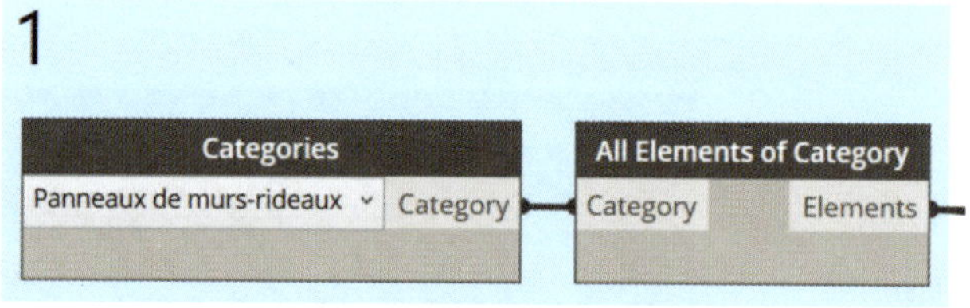

Fig. 8.97

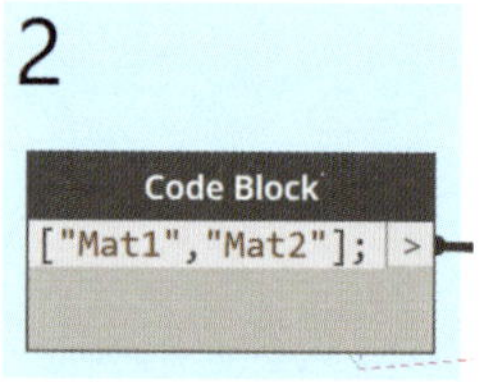

Fig. 8.98

2. Ensuite, nous écrivons les noms des paramètres que nous avons donnés à la famille Revit avec le nœud `Code Block` (fig. 8.98).

3. Ici, nous créons une nouvelle liste à partir des noms de paramètres, l'objectif étant que la longueur de cette liste soit la même que celle des panneaux de rideaux. Pour ce faire, nous utilisons le nœud `List.Count` pour obtenir la quantité de panneaux de rideau dans le projet, puis le nœud `List.Cycle` pour répéter les noms de matériau.

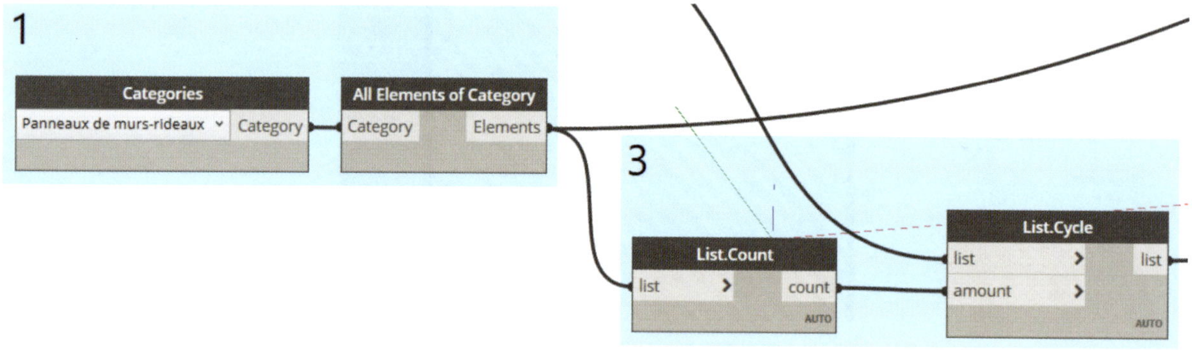

Fig. 8.99

4. Pour obtenir les éléments de matériaux Revit, nous utilisons le nœud `Material.ByName`. Ce nœud nécessite une liste de textes qui correspond au nom des matériaux dans Revit. Le résultat sera une liste de matériaux qui pourra être utilisée plus tard pour modifier des éléments Revit (fig. 8.100).

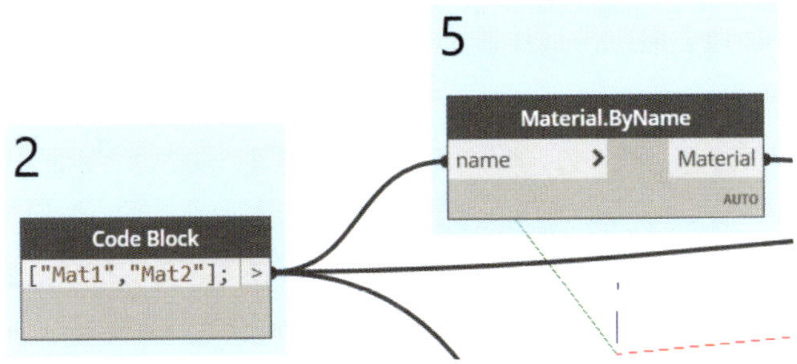

Fig. 8.100

5. `Dictionary.ByKeysValues` (fig. 8.101) : ce nœud permet de créer un dictionnaire dans Dynamo à partir d'une liste de valeurs (matériaux) et d'une liste de clés (noms de matériaux).

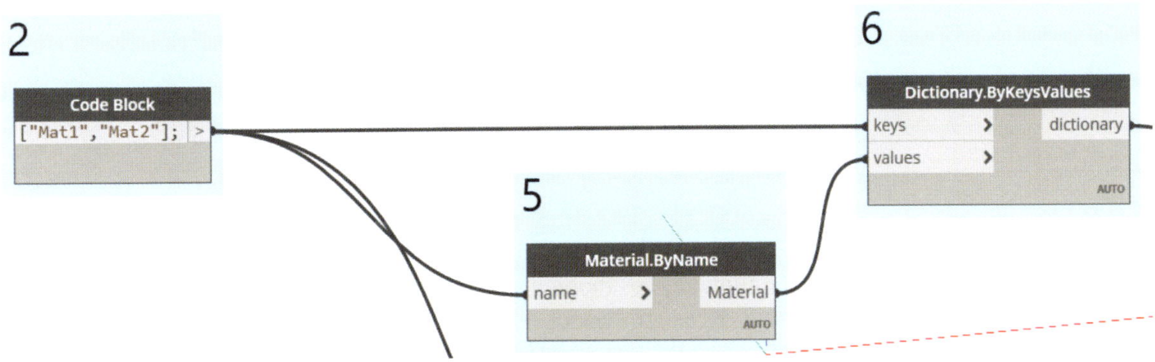

Fig. 8.101

6. En utilisant la liste des noms de matériaux de l'étape 3, nous allons trouver la liste parallèle de matériaux en utilisant le nœud `Dictionary.ValueAtKey` (fig. 8.102).

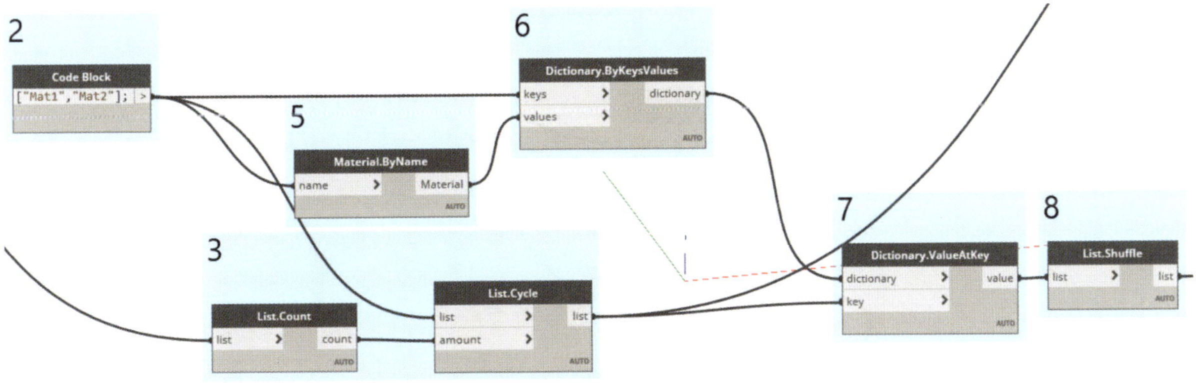

Fig. 8.102

7. Afin de créer une liste aléatoire de paramètres, nous utilisons le nœud `List.Shuffle`, le résultat sera une liste aléatoire de matériaux (fig. 8.103).

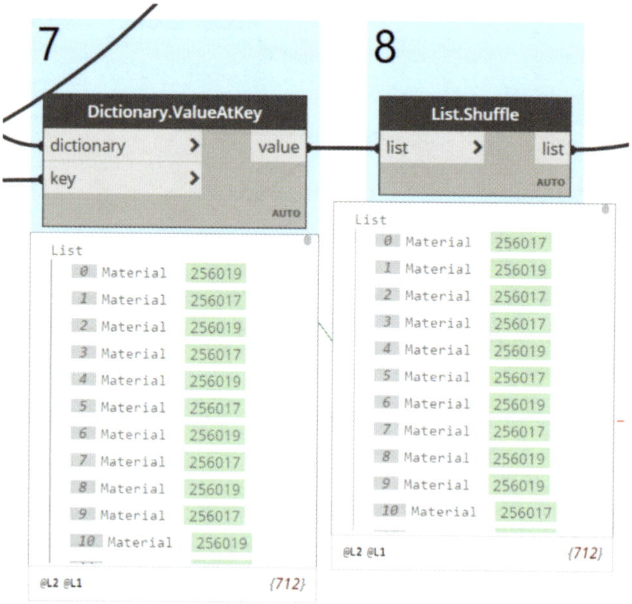

Fig. 8.103

8. Enfin, pour appliquer les modifications aux panneaux de rideaux Revit, nous utilisons le nœud `Element.SetParameterByName`. Ici, nous devons connecter la liste des panneaux de rideaux de l'étape 1, la liste des noms de paramètres de matériau de l'étape 3 et la liste des matériaux de l'étape 7 (fig. 8.104).

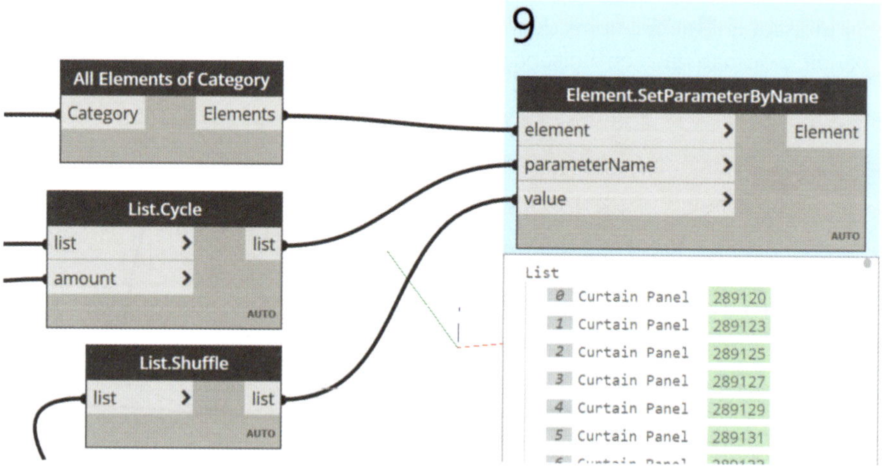

Fig. 8.104

Le résultat de cet exemple sera plusieurs variantes des façades, chaque fois que vous exécutez le script, vous obtiendrez une nouvelle variante de conception (fig. 8.105).

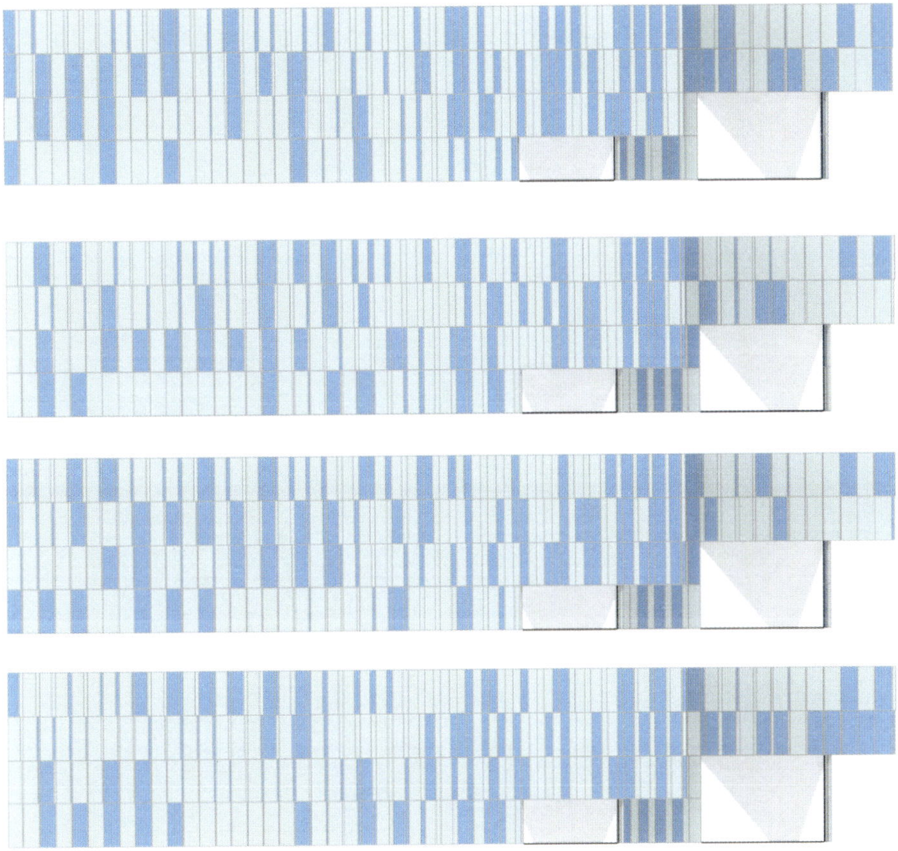

Fig. 8.105

Chapitre 9

Introduction à la conception générative

L'une des mises à jour importantes sous Revit 2021 a été la possibilité d'utiliser la puissance de Dynamo pour faire de la conception générative (Generative Design). On peut maintenant générer rapidement des alternatives de conception en fonction des objectifs, des contraintes ou des entrées spécifiques du modèle Revit. Les résultats peuvent être explorés, optimisés et même exportés directement dans une maquette Revit.

Dans ce chapitre, on va étudier les notions de base liées au Generative Design dans Dynamo et Revit 2021.

Objectifs d'apprentissage dans ce chapitre :

- Découvrir la conception générative.
- Comprendre le workflow.
- Configurer les scripts pour la conception générative.
- Découvrir les différentes méthodes de variations.

1. Qu'est-ce que la conception générative (Generative Design) ?

La conception générative est un processus de conception impliquant de l'humain et des algorithmes : le concepteur définit les paramètres de conception et les algorithmes produisent des études de dessins. Ces études sont évaluées par rapport à des objectifs quantifiables fixés par le concepteur, améliorées par ses commentaires, puis classées en fonction de la façon dont elles atteignent les objectifs définis (fig. 9.1).

Concept de Generative Design (source : autodesk.com)

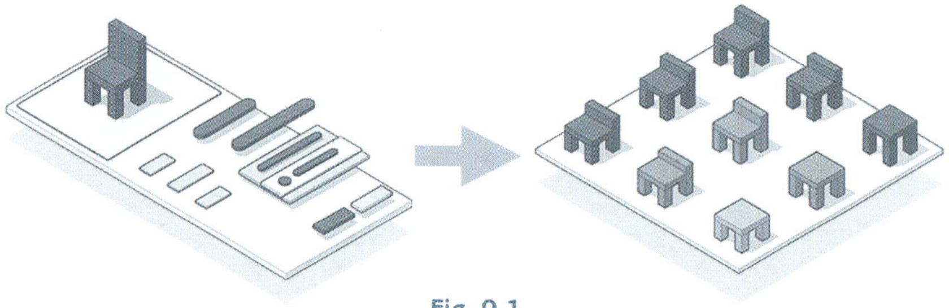

Fig. 9.1

Le processus de conception générative dans Revit 2021 donne la possibilité aux architectes et aux ingénieurs qui n'ont pas de connaissance en programmation d'utiliser des algorithmes pour explorer différentes options et choisir plusieurs solutions pour un même projet. Il leur permet de :

- de générer des variations en utilisant la puissance du moteur de calcul de Dynamo ;
- d'explorer la gamme complète des options possibles tout en se concentrant sur les solutions les plus performantes ;
- de mieux comprendre les conceptions en étudiant les relations entre les entrées et les résultats à grande échelle ;
- de prendre des décisions plus éclairées, en moins de temps, tout en tirant parti de ce qui est appris dans chaque étude.

2. Le workflow

Le processus de conception générative dans Revit débute par la définition d'un objectif et du type de l'étude dans le cadre d'un projet. Puis, on crée le script dans Dynamo et on exporte le graphique à utiliser dans les outils de conception générative dans Revit (fig. 9.2).

Dès que les résultats sont visibles, l'utilisateur peut commencer à les évaluer en fonction des critères prédéfinis dans Dynamo.

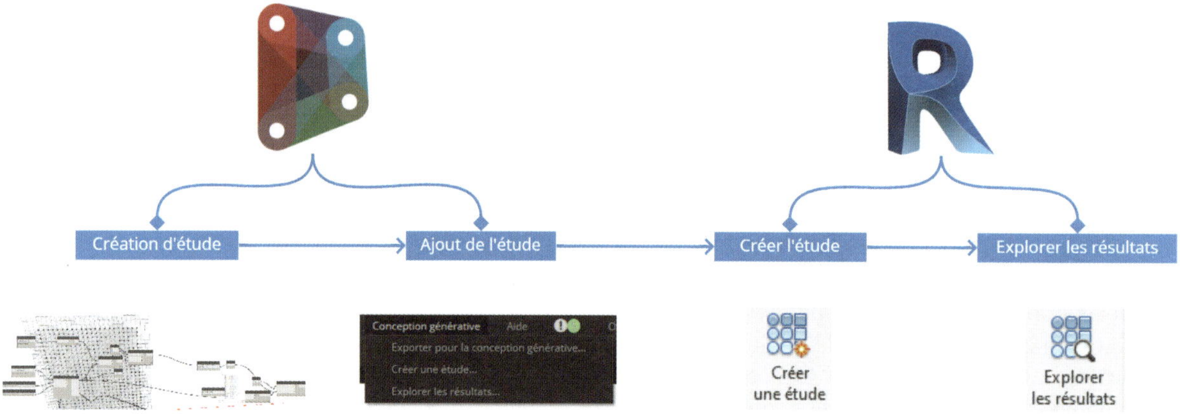

Fig. 9.2

La conception générative dans Revit 2021 est basée sur l'utilisation d'algorithmes pour couvrir trois grandes catégories lors de la création d'une étude (tab. 9.1).

Tab. 9.1

Étape du processus	L'algorithme utilisé
La génération de nouvelles études de conception	Generators (générateurs)
L'évaluation de chaque étude	Evaluators (évaluateurs)
Le classement et la solution atteignant l'objectif	Solvers (solveurs)

3. La mise en œuvre

Pour commencer à utiliser les outils de conception générative dans Revit et Dynamo, vous devrez effectuer certaines installations. Les outils de conception générative comportent deux parties principales qui s'installeront automatiquement avec la mise à jour de Generative Design for Revit 2021 (voir l'Aide de l'application de bureau Autodesk).

Les outils de conception générative sont disponibles pour tous les abonnés des collections AEC et Dynamo for Revit depuis Revit 2021 (fig. 9.3).

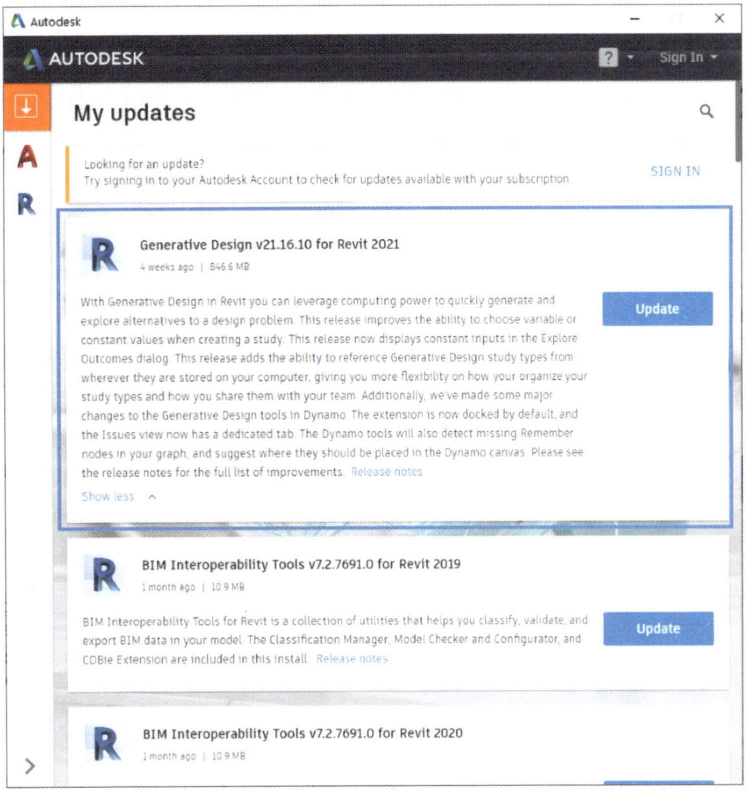

Fig. 9.3

Après l'installation, deux nouvelles modifications apparaîtront dans Revit et Dynamo. Si vous ne disposez pas de la licence Generative Design, un message d'erreur apparaîtra (fig. 9.4).

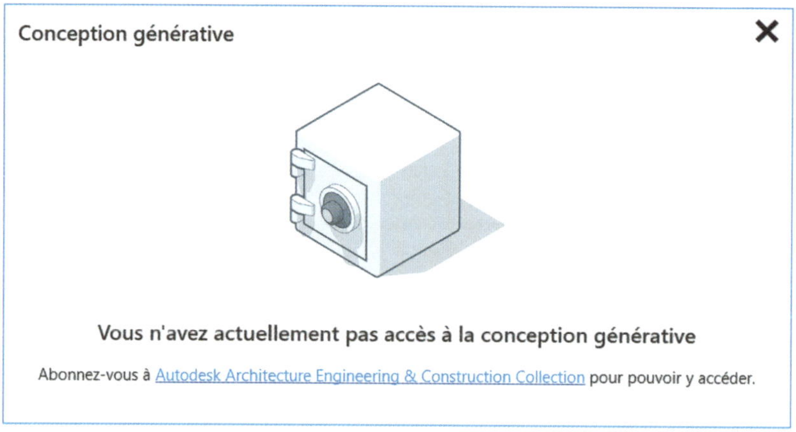

Fig. 9.4

Les outils de conception générative dans Dynamo

Après l'installation de la mise à jour Generative Design for Revit 2021, un package appelé GenerativeDesign apparaîtra dans la bibliothèque de nœuds Dynamo (fig. 9.5). Il comprend certains nœuds essentiels pour le processus de conception générative :

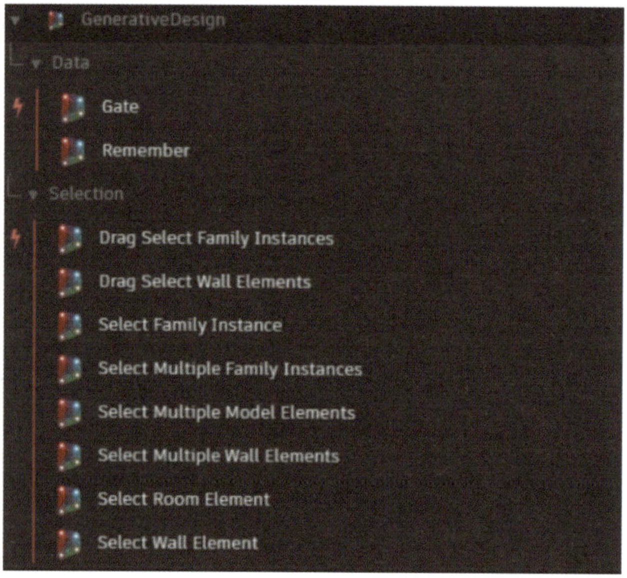

Fig. 9.5

- `Gate` et `Remember`, des nœuds de données qui sont principalement dédiés à l'utilisation des outils de conception générative dans Revit 2021.
- des nœuds de sélection (Selection), ce qui vous donne la possibilité d'inclure des entrées dans le script Dynamo pour demander à l'utilisateur de sélectionner certains éléments du modèle Revit tels que les murs, les familles, les pièces, etc. Ces éléments sélectionnés seront ensuite utilisés dans les outils de génération Dynamo pour effectuer les études et appliquer les modifications dans l'interface Revit.

Un autre élément important qui apparaîtra est l'extension Conception générative dans l'interface Dynamo (fig. 9.6).

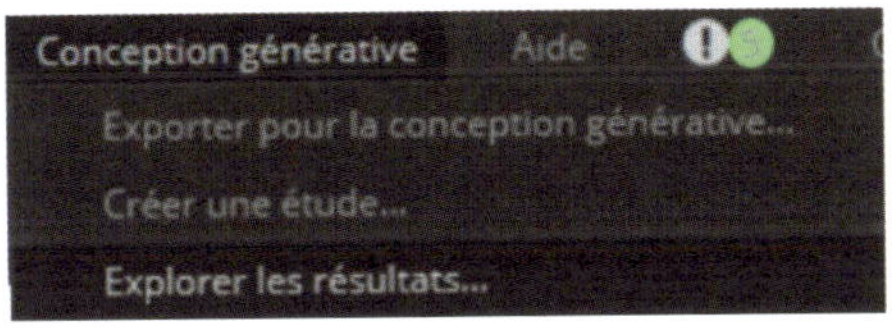

Fig. 9.6

Cette extension comprend trois options principales :

- **Exporter vers une conception générative** : cette option vous permet d'exporter le script Dynamo ouvert vers les outils de conception générative dans Revit 2021.
- **Créer une étude** : cette option vous permet, en tant que programmeur de script Dynamo, de tester le script en créant une étude directement à partir de l'interface Dynamo.
- **Explorer les résultats** : cette option vous permet d'explorer l'historique des résultats des études réalisées précédemment à l'aide des outils de conception générative dans Revit 2021.

Les outils de conception générative dans Revit 2021

Sous Revit deux outils apparaîtront, l'un sera utilisé pour créer des études de conception générative et l'autre outil pour explorer les résultats produits (fig. 9.7).

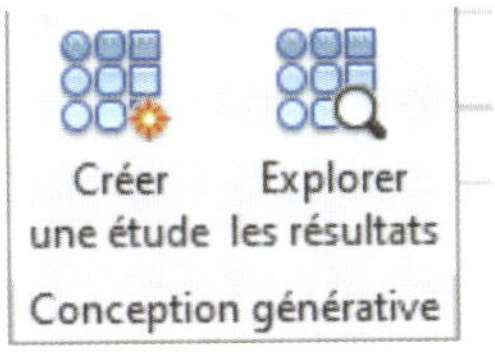

Fig. 9.7

Créer une étude

En cliquant sur cette option, on ouvre une fenêtre contenant la liste des scripts exportés de Dynamo pour les outils de conception générative dans Revit 2021. Par défaut, vous verrez six scripts créés par Autodesk que vous pourrez utiliser pour tester l'outil. Vous pourrez également les ouvrir dans Dynamo pour voir comment ils ont été réalisés et peut-être même y apporter des modifications (fig. 9.8 et 9.9).

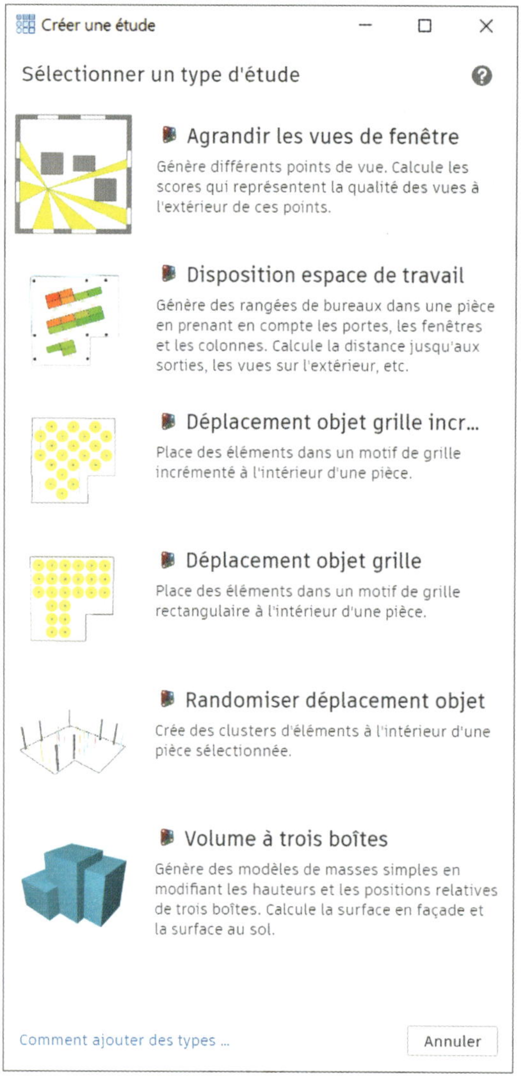

Fig. 9.8

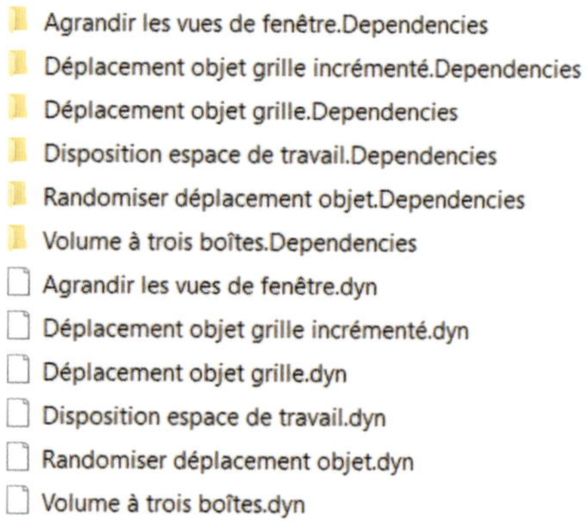

Fig. 9.9

Les exemples de scripts peuvent être trouvés dans le dossier C:\Users\username\Documents\AEC Generative Design

Explorer les études

En cliquant sur cette option, on ouvre une fenêtre qui montre les études réalisées précédemment sur l'ordinateur (fig. 9.10).

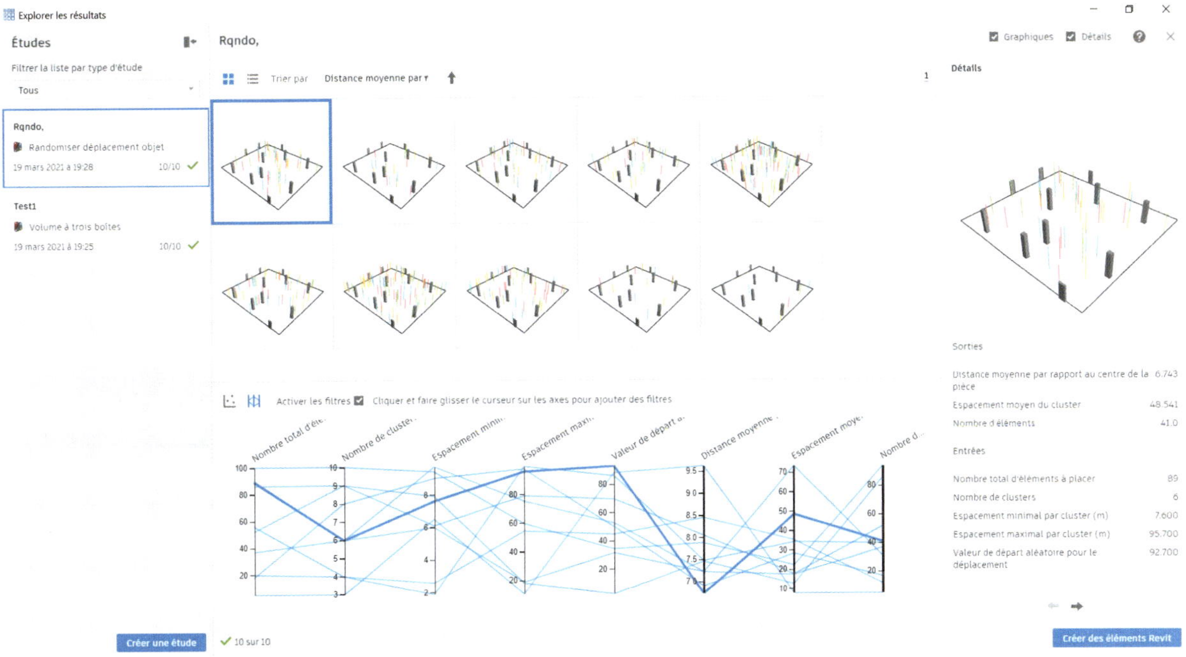

Fig. 9.10

Si vous n'avez pas créé d'études de conception générative auparavant, la fenêtre sera vide (fig. 9.11).

Fig. 9.11

Configurer un script pour les outils de conception générative

Avant d'utiliser un script Dynamo dans les outils de conception générative de Revit 2021. Vous devrez effectuer deux étapes de configurations simples.

Définir les entrées et les sorties

Comme pour le processus de configuration du lecteur Dynamo, vous devez identifier au moins une entrée et une sortie afin de transformer un script Dynamo en un script de conception générative.

Vous pouvez le faire en cliquant avec le bouton droit de la souris sur chaque nœud utilisé et en lui attribuant l'option « Est une entrée ». Ainsi, l'utilisateur final pourra préciser une donnée d'entrée (fig. 9.12).

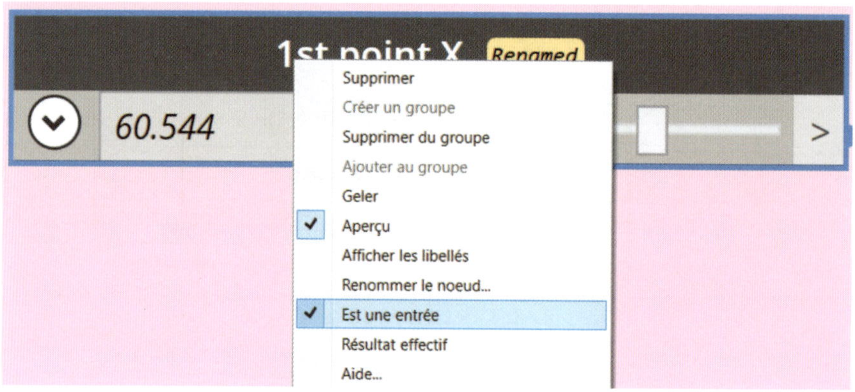

Fig. 9.12

Renommer le nœud avec une approche standard telle que IN_description permettra de distinguer ces entrées dans la boîte de dialogue Créer une étude.

> Actuellement, toutes les entrées doivent être des `Number Slider` ou `Integer`, `Boolean` ou des nœuds de sélection depuis Revit.

Pour définir les sorties à utiliser avec les outils de conception générative, cliquez avec le bouton droit sur les nœuds `Watch` et sélectionnez l'option « Est une sortie » (fig. 9.13).

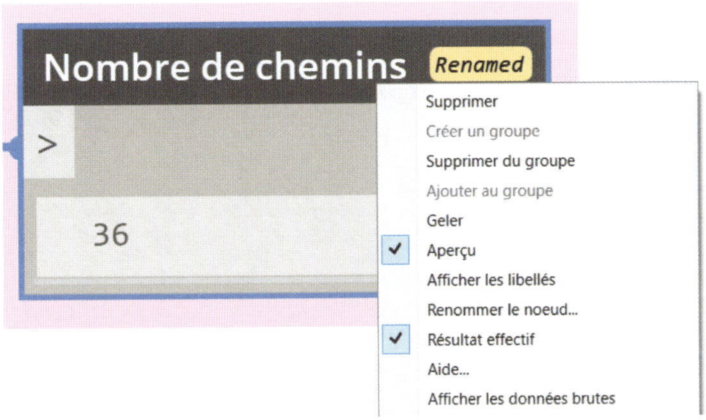

Fig. 9.13

Renommer les nœuds avec une approche standard aidera à les distinguer dans le Generative Design.

> **!**
>
> Actuellement, toutes les sorties doivent être des nœuds `Watch` avec un type de données « Nombre ».

Exporter les scripts vers les outils de conception générative

Une fois que vous avez correctement défini au moins une entrée et une sortie et que le script Dynamo est enregistré, vous pouvez l'exporter pour l'utiliser avec le jeu d'outils de conception générative.

Dans Dynamo/Revit, accédez à la barre d'outils et sélectionnez l'extension Conception générative puis l'option Exporter pour la conception générative… (fig. 9.14).

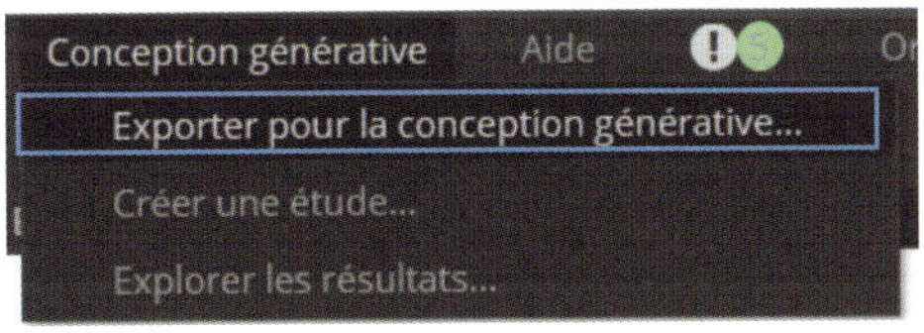

Fig. 9.14

Une nouvelle fenêtre apparaît dans laquelle vous devez donner des informations sur l'étude telles que le nom ou la vignette qui apparaîtra dans l'outil Créer une étude. Ajoutez les informations requises et cliquez sur Exporter (fig. 9.15).

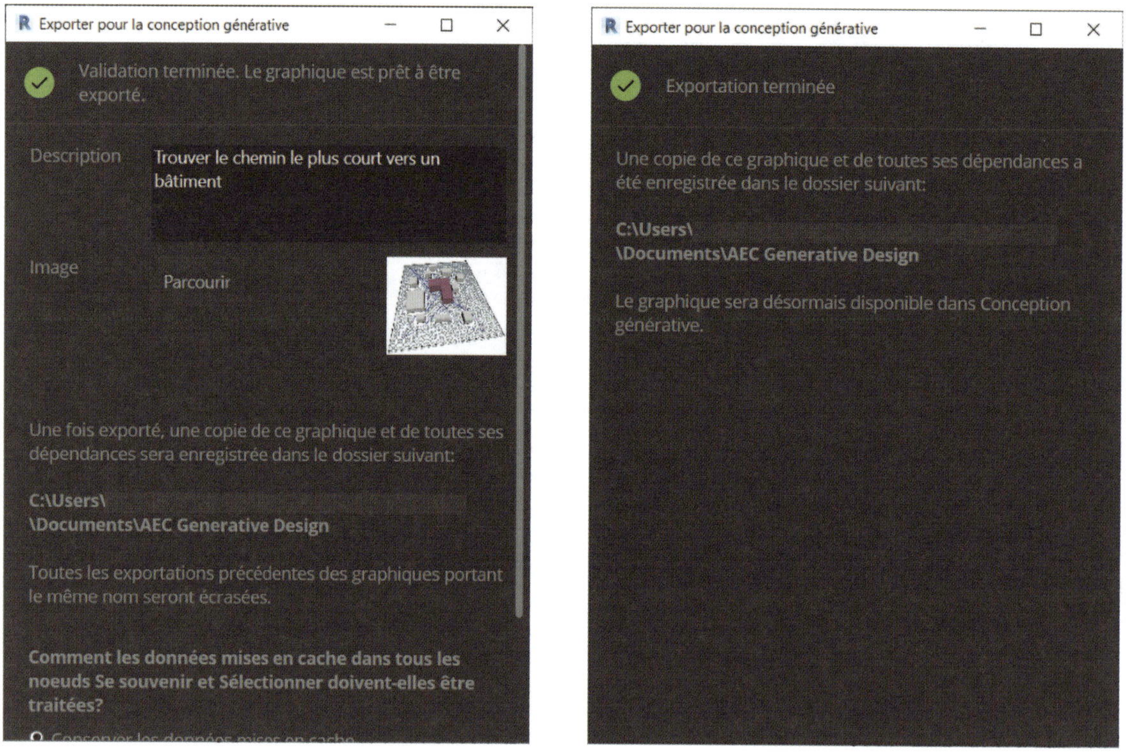

Fig. 9.15

Vous pouvez maintenant créer des études en utilisant le script Dynamo que vous venez d'exporter : dans le menu Conception générative de Dynamo ou Revit, cliquez sur Créer une étude (fig. 9.16).

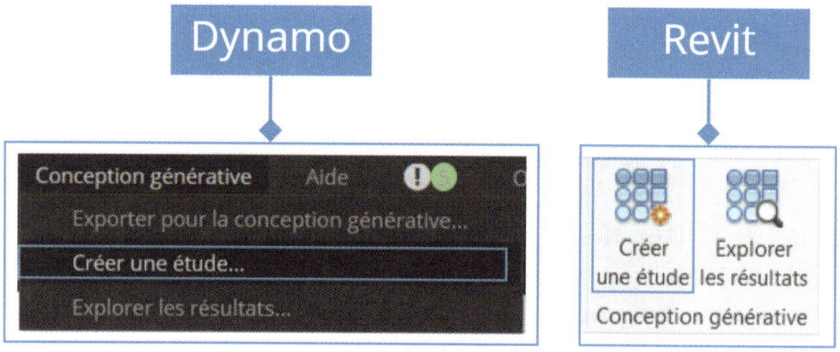

Fig. 9.16

Le script exporté apparaît dans la liste, prêt à être exécuté en fonction de vos entrées (fig. 9.17).

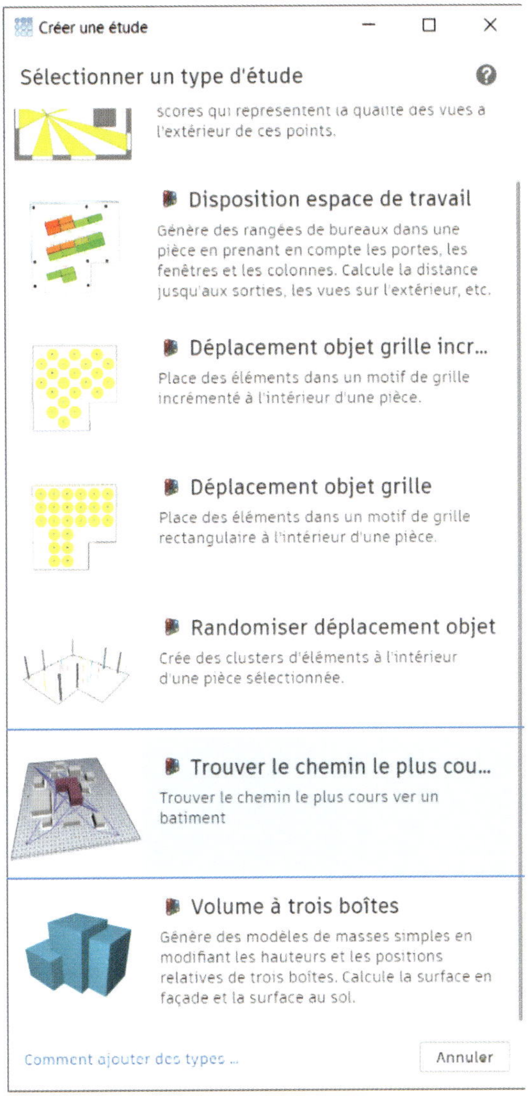

Fig. 9.17

La sélection de l'étude fait apparaître les entrées qui doivent être complétées avant d'exécuter l'étude (fig. 9.18).

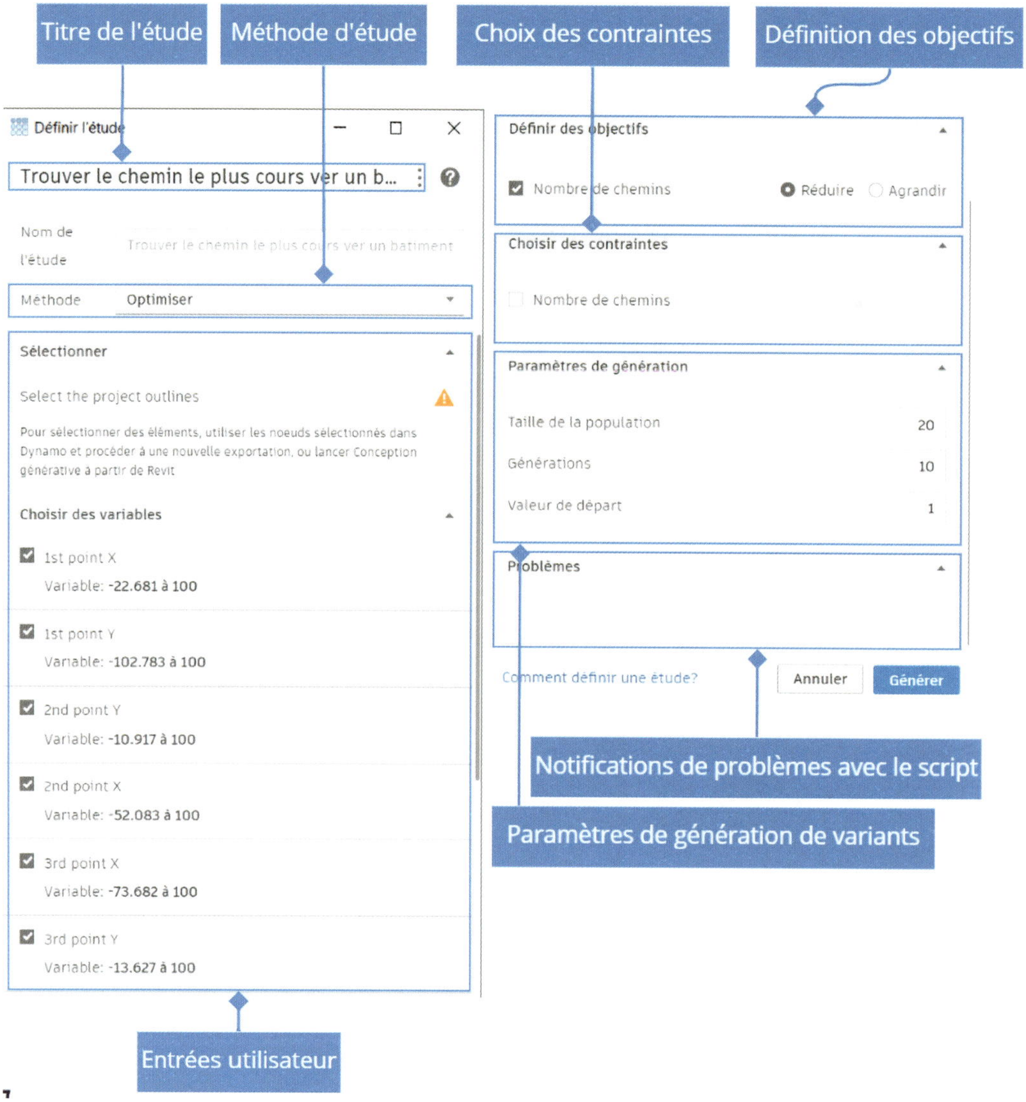

Fig. 9.18

Le bouton Générer permet d'enclencher le processus génératif (fig. 9.19).

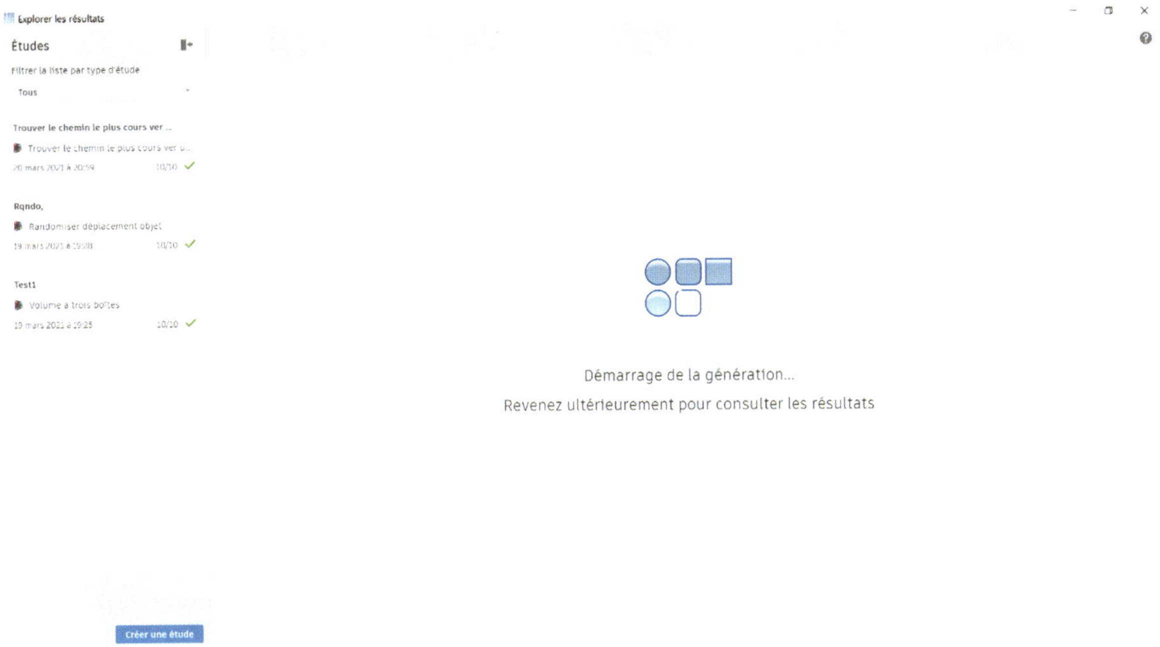

Fig. 9.19

À la fin du processus, une fenêtre avec les résultats de l'étude apparaîtra montrant les résultats de l'étude (fig. 9.20).

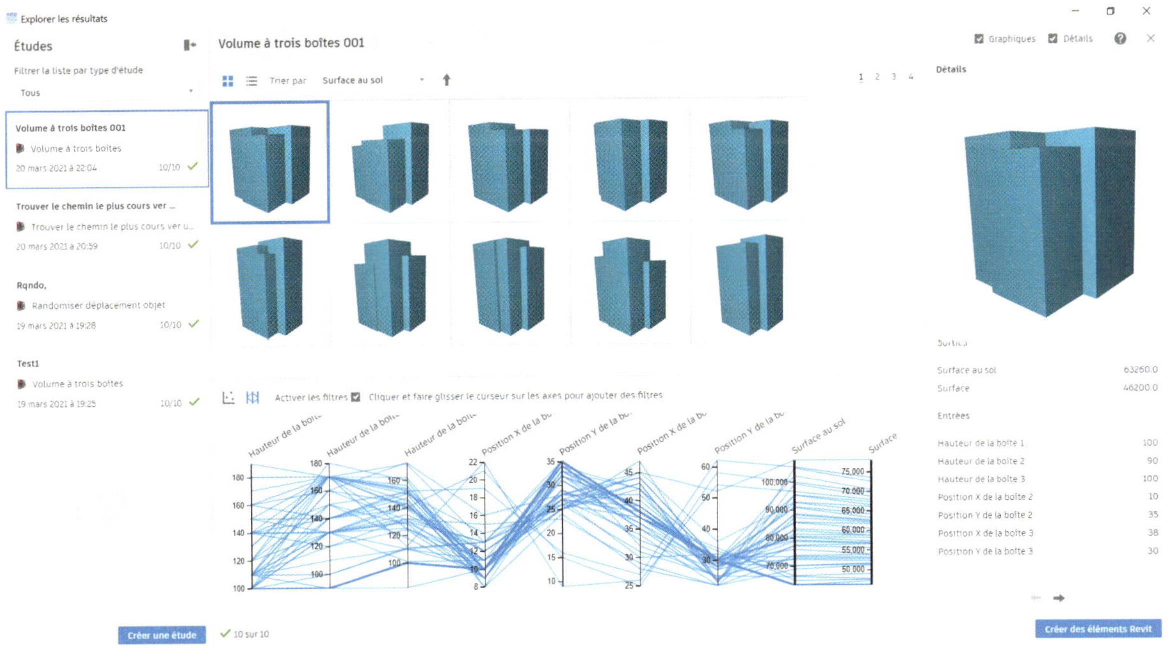

Fig. 9.20

4. Les packages supplémentaires

Refinery Toolkit

La « boîte à outils Refinery » est un ensemble de groupes de nœuds permettant d'optimiser les workflows de conception générative. Il contient deux groupes principaux permettant de créer des études sur deux échelles différentes :

- La plus grande : des sites de projets, des formes de construction et des bâtiments contextuels.
- La plus petite : la construction d'espaces intérieurs.

Le package dispose également de plusieurs nœuds pour transformer les différentes études en éléments Revit.

Pour installer le package Refinery Toolkit (fig. 9.21), vous pouvez rechercher « Refinery Toolkit » dans le gestionnaire de packages de Dynamo : une liste de résultats apparaît, installez les packages développés par DynamoTeam.

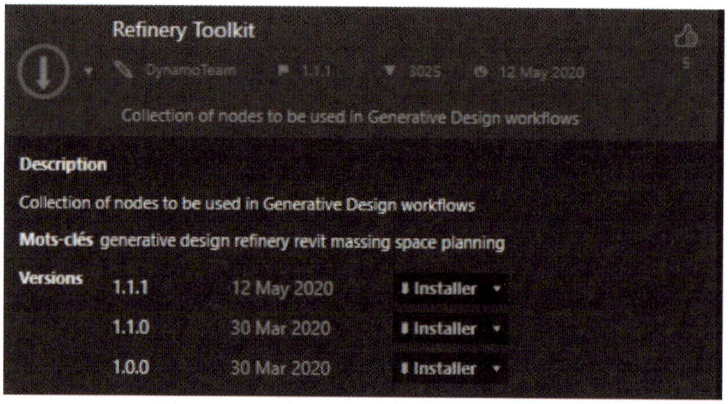

Fig. 9.21

Après l'installation, deux nouveaux groupes de nœuds seront visibles dans la bibliothèque (fig. 9.22) : `Massing` et `SpacePlanning`.

Fig. 9.22

Le groupe de nœuds Massing

Ce groupe fournit une liste de nœuds pour analyser, générer et intégrer des éléments à l'environnement Revit. Il permet d'analyser et de créer des études au niveau de la conception urbaine (site du projet, contexte…) :

- **Générer des sites de projets** (fig. 9.23)

  Le nœud `Site.VolumeByOutlineSetBack` permet de créer un solide site de projet dans Dynamo en utilisant trois entrées : les contours du site (siteOutline), la valeur de retrait (setback) et la distance (heightLimit). Le résultat obtenu sera un volume Dynamo représentant l'enveloppe entière du projet. Ce solide peut être utilisé, par exemple, pour tester si un bâtiment de projet s'intègre ou non dans le site du projet.

  Le deuxième nœud `Site.ContextByElement` permet de créer une liste de solides de contexte de site de projet. Il peut être utilisé pour générer des géométries dans Dynamo afin de représenter les bâtiments de contexte pour un projet. Les sorties peuvent être utilisées pour mesurer la distance entre un bâtiment de projet et tous les bâtiments de contexte.

  Prenons l'exemple de la figure 9.24, l'outil Revit « Limite de propriété » (Volume et Site > Modifier le site) est utilisé pour dessiner les limites de propriété d'un projet dans Revit.

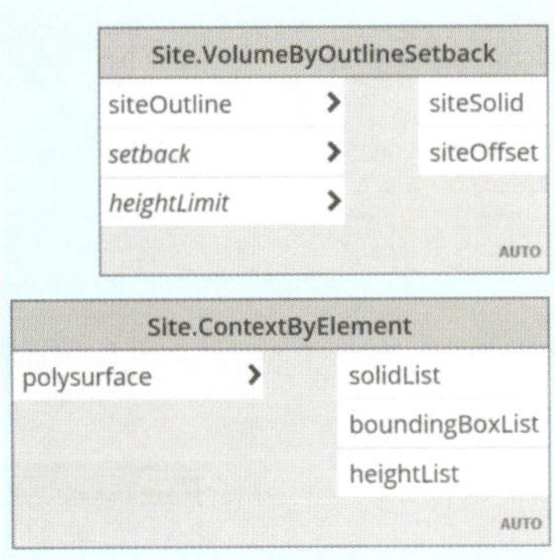

Fig. 9.23

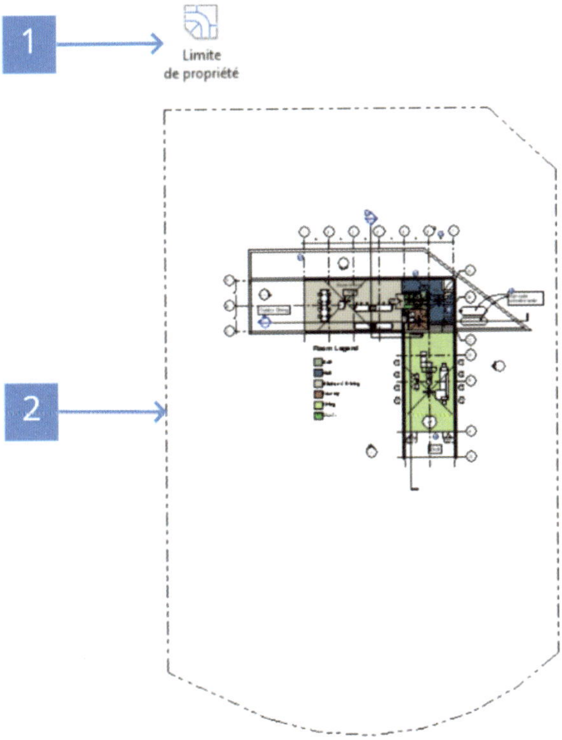

Fig. 9.24

Dans Dynamo, on a utilisé le nœud `Select Model Element` pour obtenir les lignes de propriété du projet puis le nœud `Element.Geometry` pour obtenir les courbes de la propriété du site. On a créé ensuite une Polycurve à partir des limites de propriété du site. Enfin, on a utilisé le nœud `Site.VolumeByOutlineSetback` pour représenter le site du projet en tant que volume incluant des conditions telles que les conditions PLU (hauteur maximale et retrait maximal, fig. 9.25).

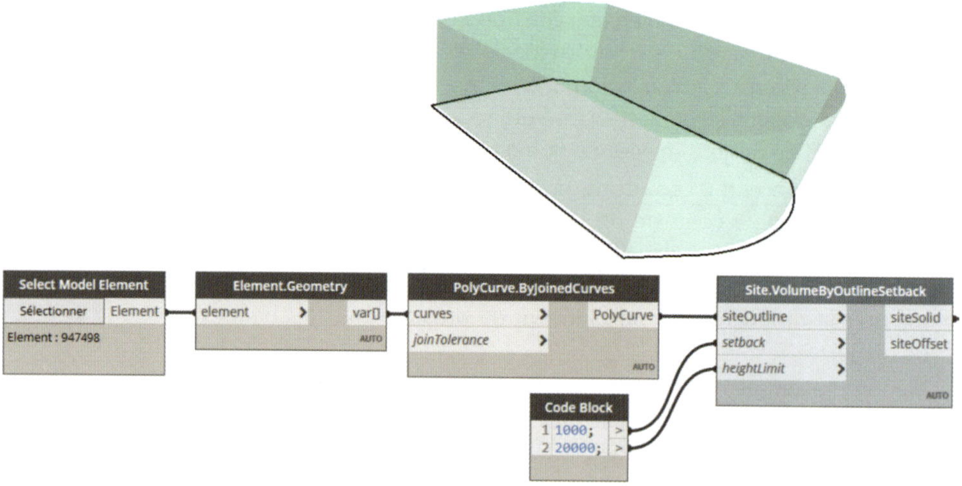

Fig. 9.25

- **Générer des bâtiments** (fig. 9.26)

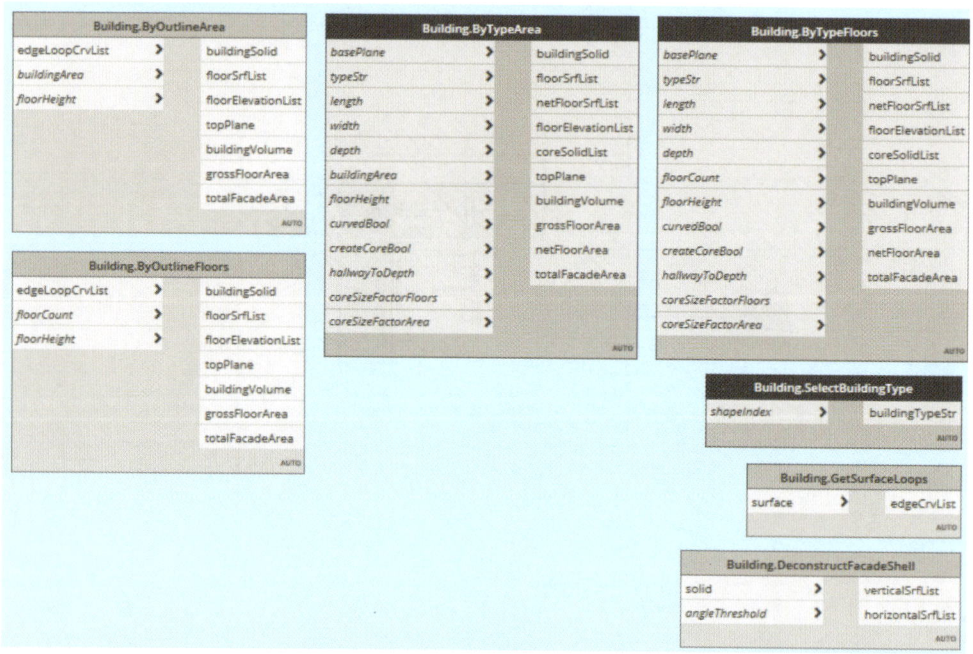

Fig. 9.26

Les nœuds de génération de bâtiments permettent de créer plus facilement des solides représentant un bâtiment de projet. Ils donnent toutes les possibilités d'entrée pour créer un script Dynamo et un usage avec les outils de conception générative.

Il existe plusieurs manières de créer des bâtiments. Dans l'exemple suivant (fig. 9.27), on utilise l'un de ces nœuds (`Building.ByTypeArea`) pour créer un bâtiment en forme de O. C'est l'entrée typStr qui indique la forme du bâtiment : vous pouvez aussi utiliser les valeurs U, L, H, O ou D pour la définir. On utilisera également `Number Slider` pour définir les dimensions du bâtiment (length, width, depth). Pour la zone du bâtiment, on utilisera la zone de la forme du site du projet que nous avons créée à l'étape précédente.

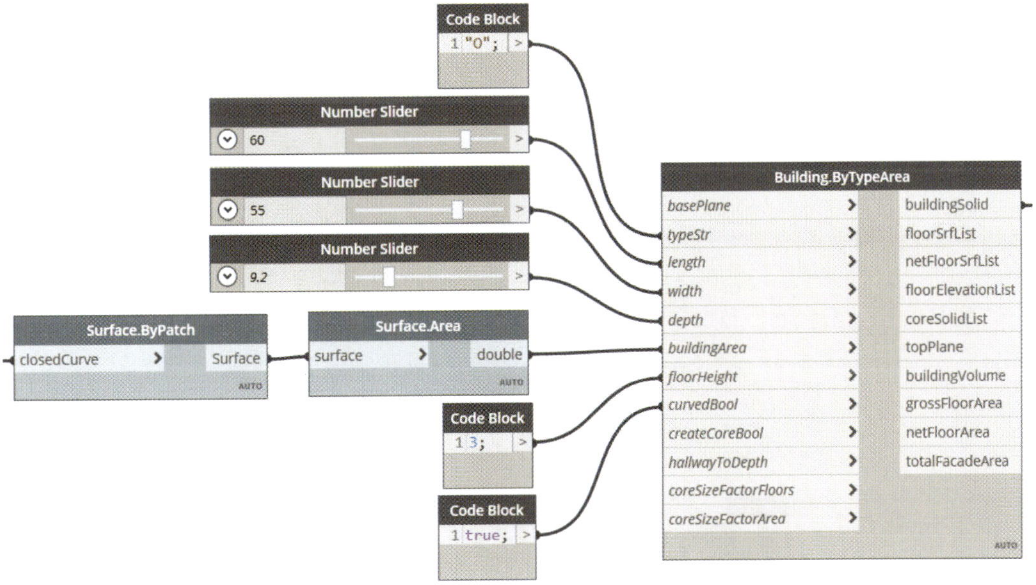

Fig. 9.27

Le résultat obtenu est un bâtiment créé dans l'arrière-plan Dynamo (fig. 9.28).

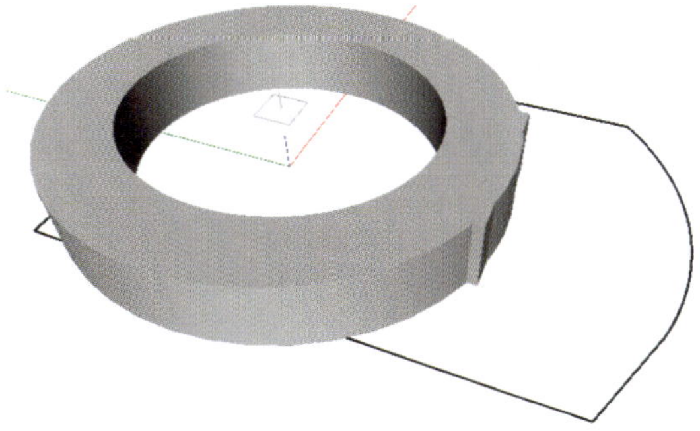

Fig. 9.28

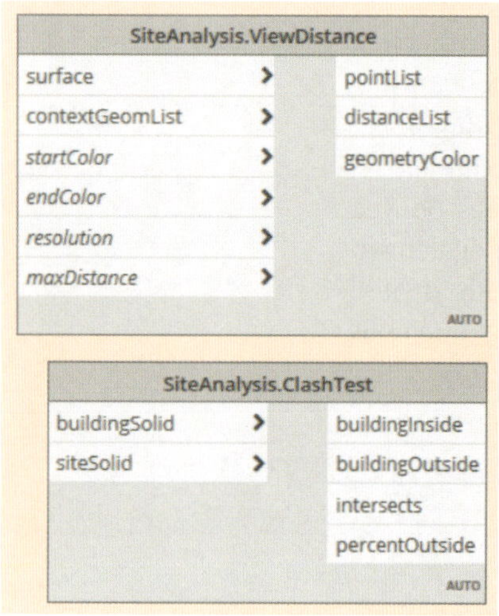

Fig. 9.29

- **Analyser des éléments** (fig. 9.29)

  Les nœuds d'analyse permettent de créer deux analyses comme intersections de distance et d'éléments :

  – En utilisant le nœud `Site.Analysis.ViewDistance`, vous pouvez mesurer la distance entre une surface (une façade de bâtiment, par exemple) et une liste d'autres géométries dans un site de projet.

  – Le nœud `Site.Analysis.ClashTest` vous aide à tester si une géométrie de site s'inscrit dans la surface du site du projet ou non.

  Lors des manipulations précédentes, nous avons représenté le site en 3D sous forme de O pour définir les limites du projet. On utilise maintenant le nœud `SiteAnalysis.ClashTest` pour voir si le bâtiment s'intègre correctement dans le site du projet.

  La géométrie solide du bâtiment est connectée à l'entrée building-Solid et la géométrie du site du projet à l'entrée siteSolid (fig. 9.30). Le nœud crée une intersection entre les deux solides et plusieurs sorties :

  – Le premier résultat est le buildingInside qui représente la partie du bâtiment à l'intérieur du site du projet.

  – Le deuxième résultat est le buildingOutside qui représente la partie du bâtiment qui sort du site du projet.

  Les deux sorties sont représentées par deux couleurs différentes (fig. 9.31).

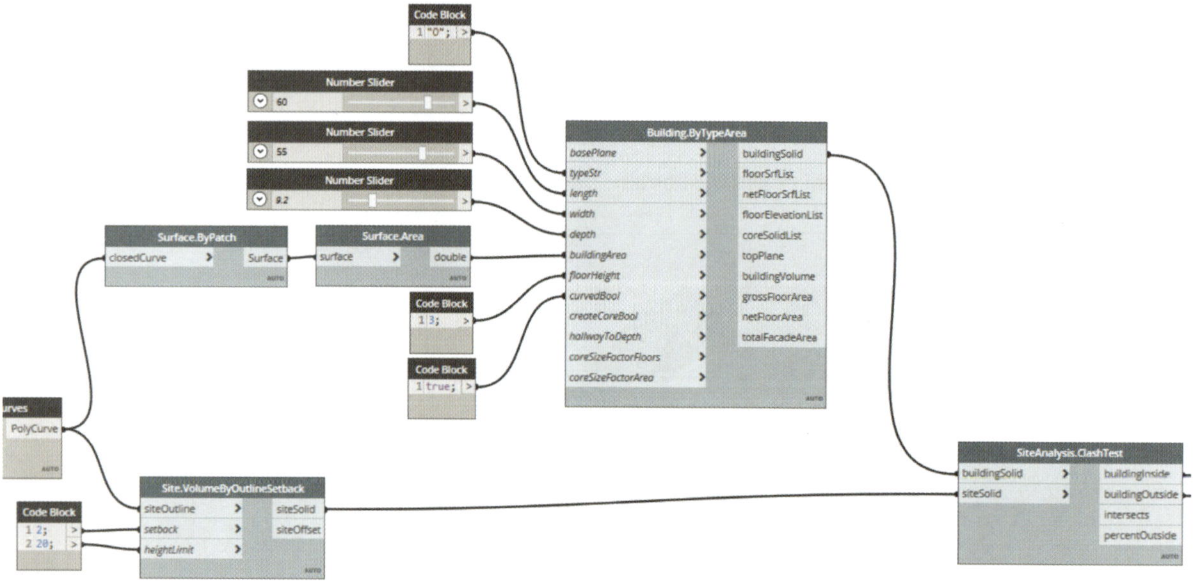

Fig. 9.30

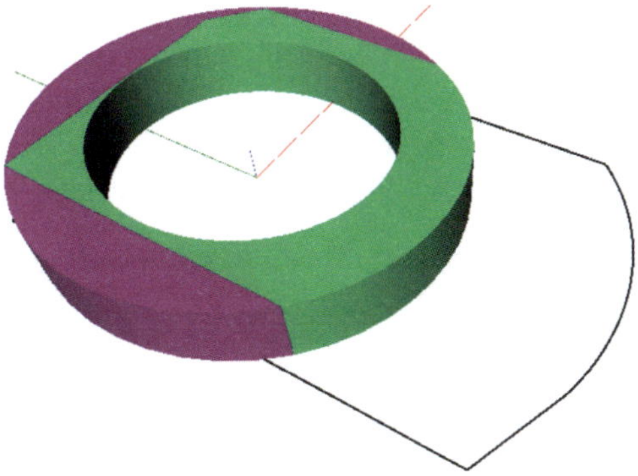

Fig. 9.31

- **Créer des éléments dans Revit** (fig. 9.32)

  Après avoir créé des études dans Dynamo à l'aide des nœuds précédents, vous pouvez utiliser le groupe de nœuds Revit pour créer des éléments dans Revit. Les nœuds `Revit.CreateRevitFloors` et `Revit.CreateRevitMass` permettent de transformer les géométries Dynamo en éléments Revit.

  Lors des étapes précédentes, nous avons créé le bâtiment et testé s'il s'intégrait ou non dans le site du projet. Nous pouvons étendre cette fonctionnalité en utilisant le nœud `Revit.CreateRevitFloors` pour créer des sols dans Revit, mais uniquement pour la partie du bâtiment qui se trouve à l'intérieur du site du projet.

  La forme du bâtiment est transformée en L et les dimensions du bâtiment sont modifiées pour tester la meilleure adéquation : l'objectif est de dessiner des sols Revit pour la partie verte de la figure 9.33, le reste de la géométrie sera ignoré.

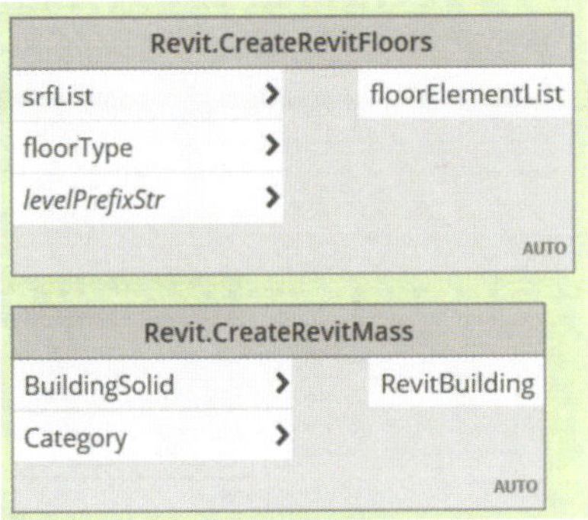

Fig. 9.32

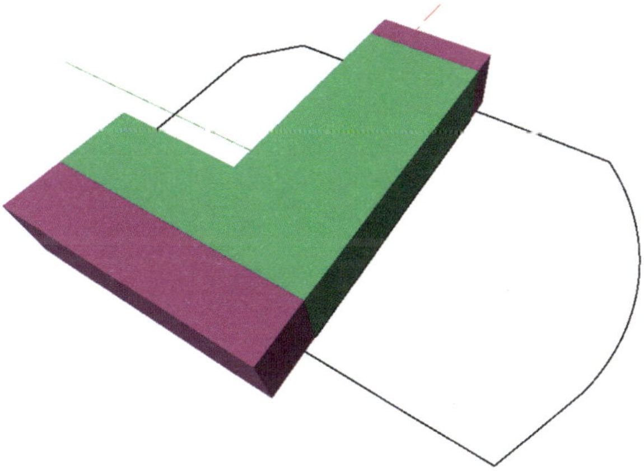

Fig. 9.33

On utilise les sorties du nœud `Site.Analysis.ClashTest` de l'étape précédente que l'on connecte au nœud `Building.DeconstructFacadeShell` pour obtenir deux listes de surfaces séparées afin de les utiliser pour créer des éléments Revit (fig. 9.34). La première sortie, verticalSrfList, contient uniquement les surfaces verticales de la géométrie verte (voir fig. 9.33). La seconde sortie, horizontalSrfList, contient les surfaces horizontales qui représentent les étages du bâtiment.

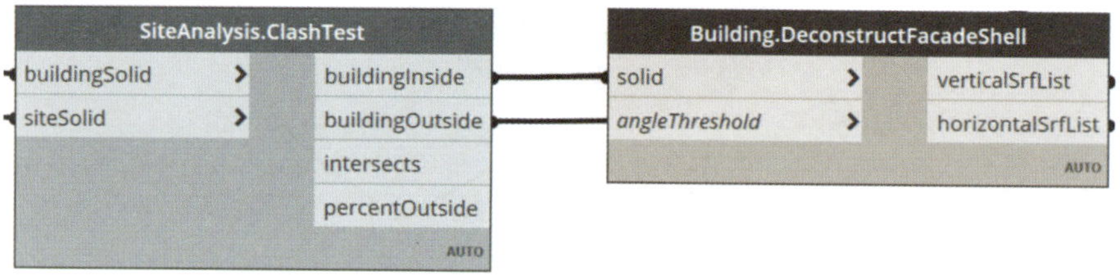

Fig. 9.34

On va utiliser la liste des surfaces verticales pour créer des murs et la liste des surfaces horizontales pour créer des sols. Le nœud suivant `Revit.CreateRevit-Floors` nécessite trois entrées : srfList qui est la liste des surfaces horizontales et floorType qui est le type de sol de Revit qui sera utilisé pour créer des sols Revit (fig. 9.35).

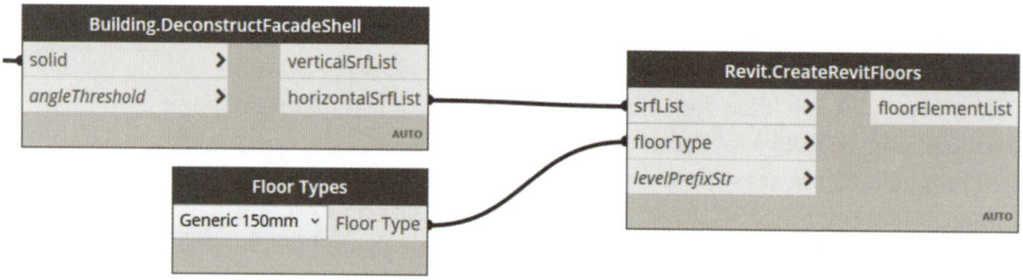

Fig. 9.35

Pour créer des murs dans Revit, on utilisera la liste des surfaces verticales avec le nœud `Wall.ByCurveAndHeight` (fig. 9.36). Pour les entrées, on utilisera `Geometry.Intersect` afin d'obtenir la ligne du bas de chaque surface verticale *via* le test d'intersection du nœud `Plane.XY` ; puis, `Surface.Area` pour la hauteur des murs afin de diviser les surfaces verticales par la longueur de la ligne du bas de la liste des surfaces.

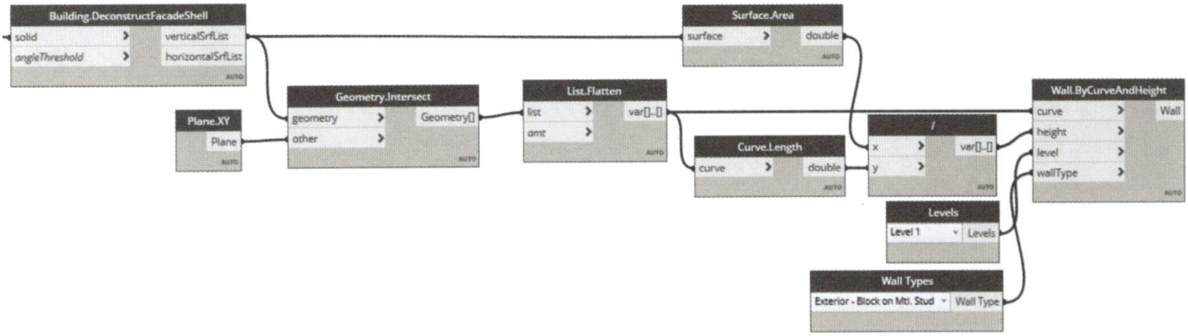

Fig. 9.36

En exécutant le script, Dynamo créera des sols et des murs Revit pour la solution choisie (fig. 9.37).

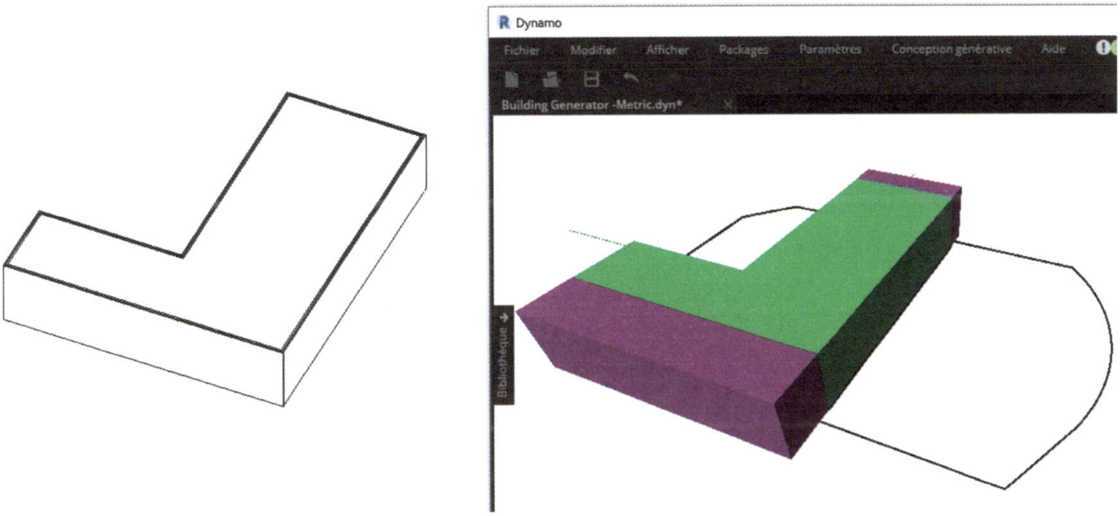

Fig. 9.37

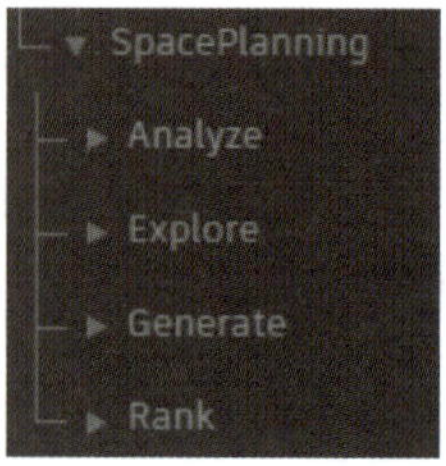

Fig. 9.38

Le groupe de nœuds SpacePlanning

Ce groupe contient quatre catégories de nœuds qui permettent d'analyser, d'explorer, de générer et de classer des solutions à partir d'une étude de conception générative (fig. 9.38).

- **Analyser des éléments** (fig. 9.39)

  `Analyze` contient une liste de nœuds qui permet d'analyser des facteurs qui peuvent être cruciaux pour une étude comme la visibilité, le plus court chemin de contiguïté…

Fig. 9.39

Pour la suite de notre exemple, on utilise `Visibility.OfPointsFromOrigin` afin d'analyser la visibilité d'un point (un humain, par exemple) vers les coins d'un bâtiment (points). Le champ au niveau des yeux est représentée sous forme de lignes bleues (fig. 9.40). À chaque fois que le point bouge, les lignes suivent pour nous montrer l'angle sous lequel une personne peut avoir le meilleur rapport de visibilité vers un coin de bâtiment.

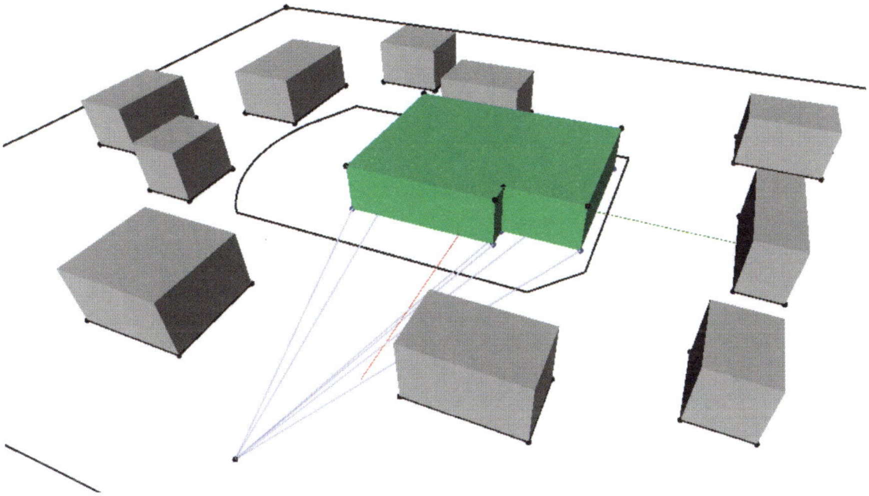

Fig. 9.40

Le nœud `Visibility.IsovistFromPoint` permet ensuite d'analyser la façon dont la zone de visibilité évolue si l'on se place sur les coins du bâtiment en point de départ. Les points d'angle du bâtiment sont collectés puis les bâtiments contextuels sont utilisés comme obstacles pour obtenir l'isoviste (surface colorée en turquoise sur la figure 9.41).

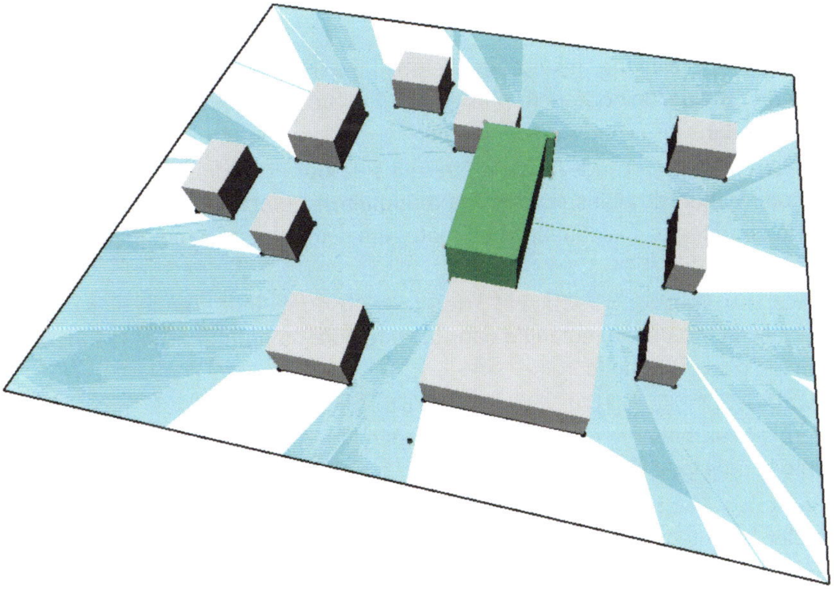

Fig. 9.41

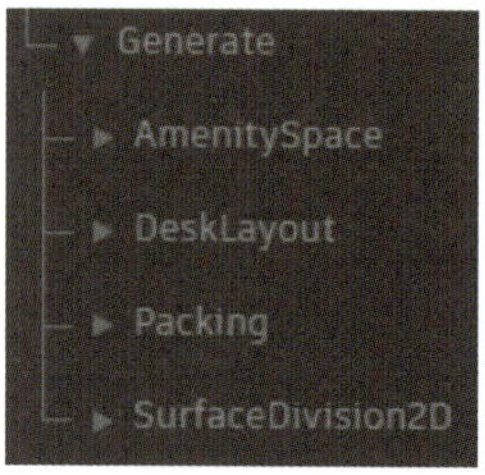

Fig. 9.42

- **Générer des éléments** (fig. 9.42)

  Les nœuds de ce groupe permettent de créer plusieurs types de géométries qui peuvent être utilisées dans le processus de conception générative. Il contient quatre sous-groupes.

  Par exemple, dans le groupe DeskLayout, `DeskLayout.Create` crée une liste de rectangles fermés (comme des si c'était des bureaux) et les adapte automatiquement dans la surface donnée (fig. 9.43).

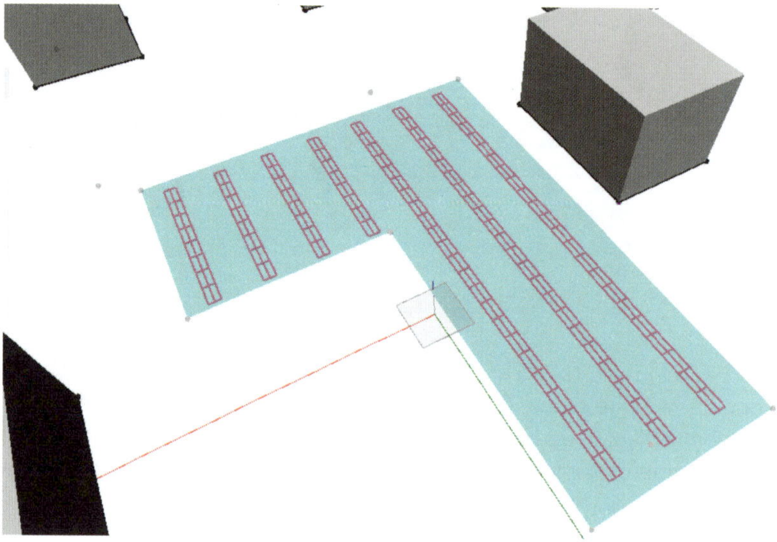

Fig. 9.43

Dans le groupe Packing, les nœuds d'emballage (BinPacking) permettent d'insérer des éléments dans un conteneur plus grand. Il existe deux méthodes d'empaquetage différentes dans les nœuds SpacePlanning :

Emballage 2D : ces nœuds peuvent être utilisés pour l'exploration de plans d'étage ou l'optimisation de plans résidentiels modulaires. L'emballage rectangulaire comporte trois stratégies d'emballage différentes qui déterminent comment les rectangles sont emballés (fig. 9.44) :

- `Packing.RectangleShortSideStrategy` (meilleur côté le plus court) qui permet d'emballer le rectangle dans la zone libre où il minimisera la longueur du côté le plus court de la zone.
- `Packing.RectangleLongSideStrategy` (meilleur côté le plus long) qui permet d'emballer le rectangle dans la zone libre où il minimisera la longueur du côté le plus long de la zone.
- `Packing.RectangleAreaStrategy` (meilleur ajustement) qui permet d'emballer le rectangle dans la zone libre là où la zone restante après le placement est minimisée.

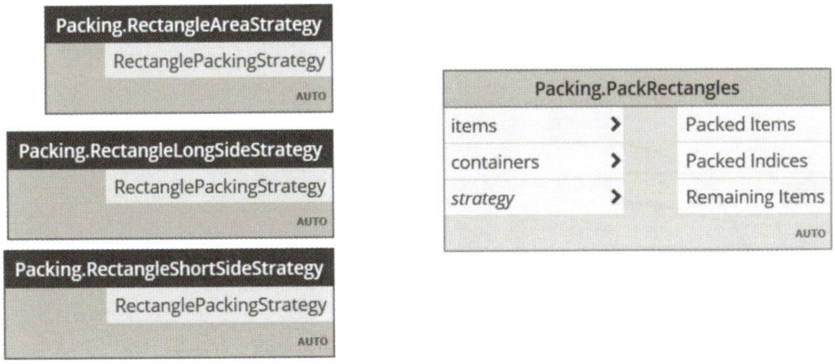

Fig. 9.44

Dans l'exemple suivant, nous avons utilisé `Packing.PackRectangles` pour tester la possibilité d'ajuster une liste de rectangles à l'intérieur d'un rectangle plus grand. Le nœud a pris tous les nœuds et a tenté de les adapter au plus grand rectangle puis a ignoré le reste (fig. 9.45).

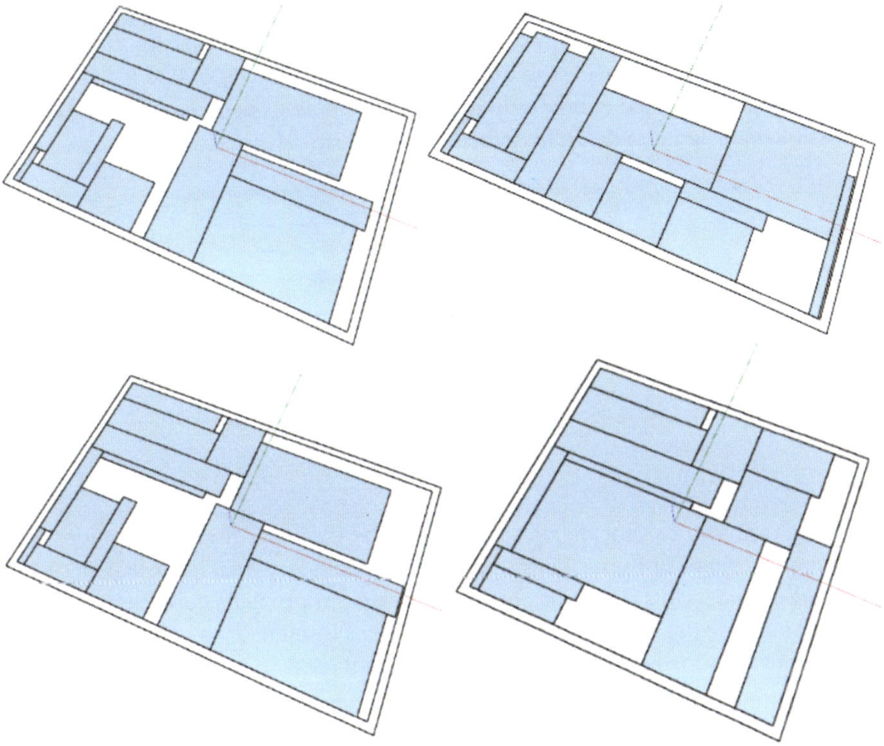

Fig. 9.45

Ce nœud avait besoin de trois entrées (fig. 9.46) : la liste des éléments qui sont les petits rectangles, les conteneurs soit le grand rectangle et une stratégie.

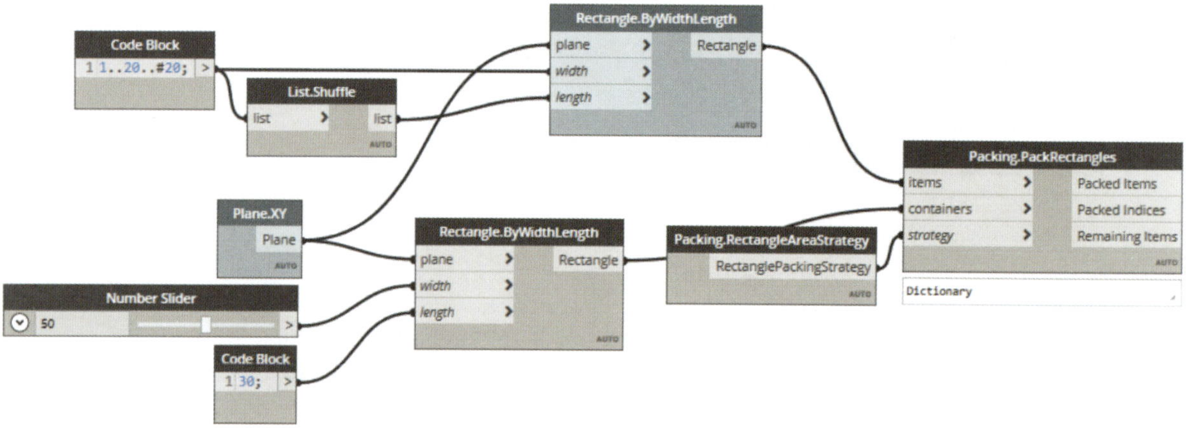

Fig. 9.46

Emballage 3D : il n'y a qu'un seul nœud permettant d'emballer les cuboïdes dans des conteneurs 3D. Il nécessite un Bin en tant que cuboïde et une liste d'éléments également en tant que cuboïdes. Il prendra les éléments et en emballera autant que possible dans le cuboïde de la corbeille (fig. 9.47).

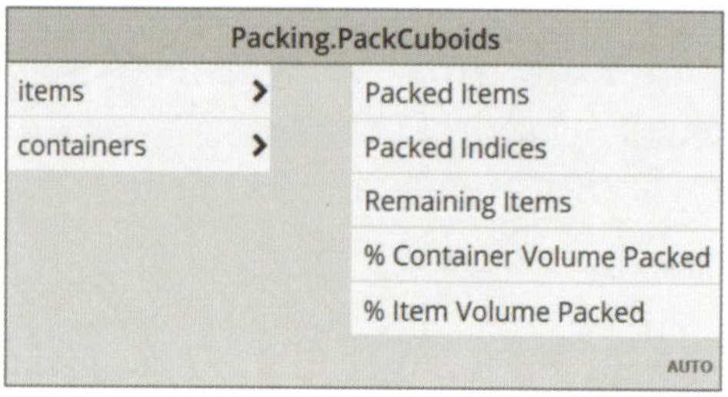

Fig. 9.47

Dans l'exemple suivant (fig. 9.48), nous avons créé une liste de cuboïdes 3D de différentes dimensions puis un grand cuboïde conteneur pour les petits cuboïdes. Le nœud travaille alors sur l'ajustement du maximum de petits cuboïdes dans le plus grand cuboïde (les cuboïdes verts sont ceux qui s'insèrent dans le grand cuboïde, les cuboïdes rouges sont ceux qui ne correspondent pas).

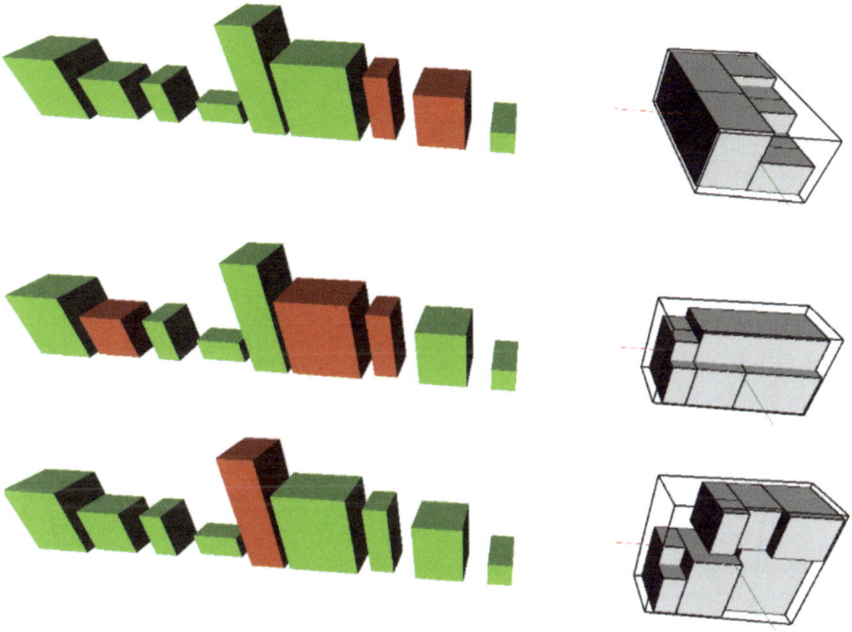

Fig. 9.48

SpaceAnalysis

Ce package fournit des techniques plus avancées pour réaliser des études à des fins de conception générative. Il est également utilisé pour analyser les espaces architecturaux et urbains.

Le package d'analyse de l'espace est organisé en cinq catégories (fig. 9.49) :

- Acoustics : cette catégorie contient des nœuds qui prennent en charge des flux de travail d'analyse acoustique approximatifs.
- Core : cette catégorie fournit le cadre pour tous les flux de travail d'analyse de l'espace. Elle contient le nœud `SpaceLattice` qui est utilisé dans tous les workflows d'analyse d'espace.
- Pathfinding : cette catégorie prend en charge des flux de travail de recherche de chemin. Elle utilise l'algorithme de chemin le plus court. Les algorithmes de recherche de chemin de cette boîte à outils fonctionnent sur une grille (treillis spatial) dont la taille et la résolution sont définies par le créateur du graphe.
- Utils : cette catégorie contient divers utilitaires à utiliser dans le package.
- Visiblity : cette catégorie prend en charge l'analyse de visibilité à l'aide d'un cône de vue ou d'un point de vue.

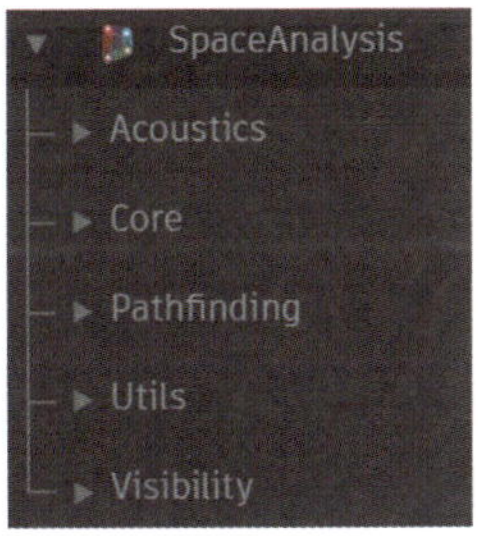

Fig. 9.49

Dans l'exemple suivant, on a utilisé ce package pour trouver le chemin le plus court entre trois points et le coin du bâtiment. On utilise le même bâtiment que pour les étapes précédentes (fig. 9.50) : les chemins les plus courts sont représentés en lignes bleues et les points en rouge.

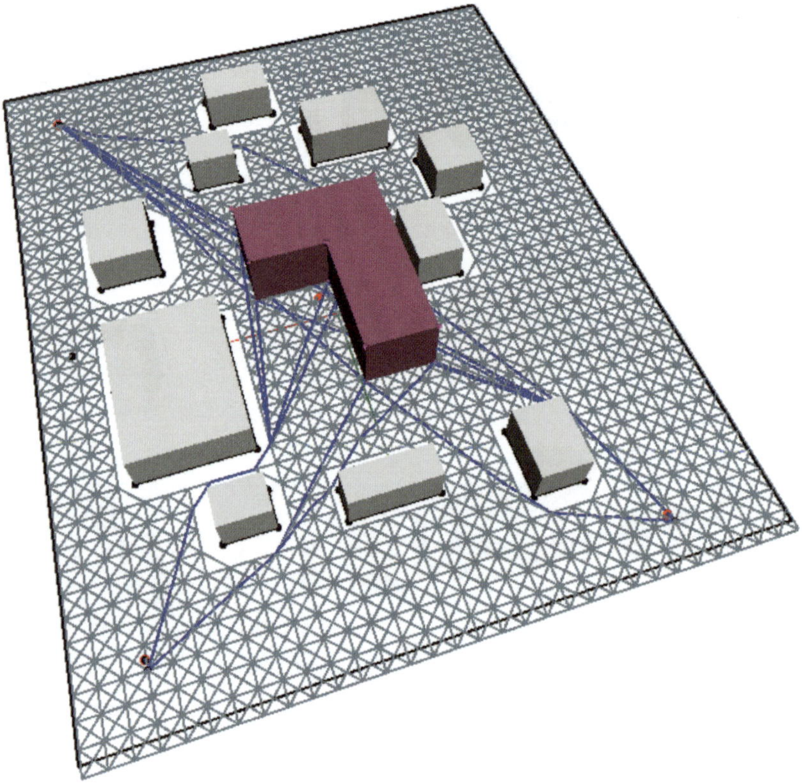

Fig. 9.50

5. Les différentes méthodes pour générer des variations

Sous Revit, il existe quatre méthodes de calcul possibles pour la conception générative (fig. 9.51) : Optimiser, Randomize, Produit croisé et Like This (comme ceci).

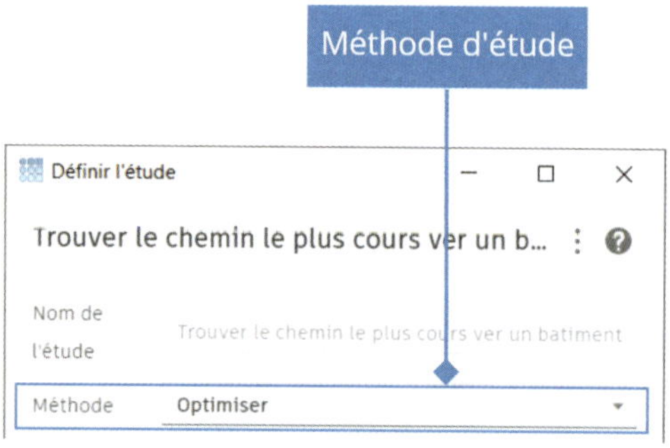

Fig. 9.51

Optimiser

Avec cette méthode, on itère le modèle pour atteindre les objectifs (fig. 9.52) : chaque génération évolue et s'améliore en fonction des résultats antérieurs.

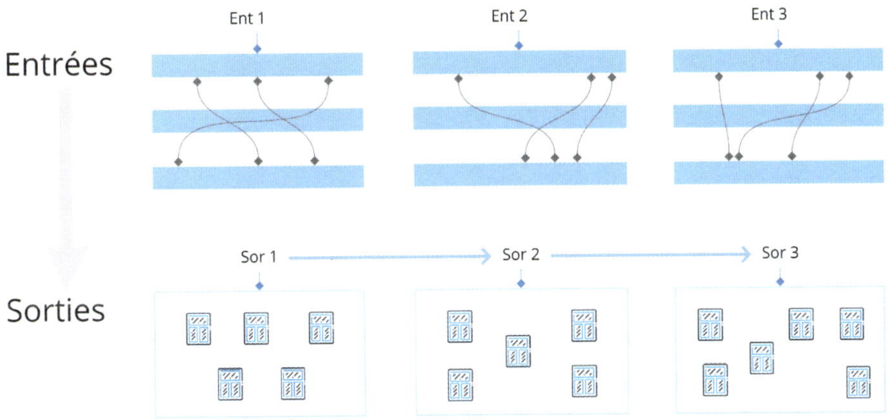

Fig. 9.52

Chaque itération utilise la configuration d'entrée de la génération précédente pour optimiser les nouvelles options de conception

Randomize

Avec cette méthode, on utilise des valeurs aléatoires dans les plages indiquées. Cela permet d'explorer un large échantillon de solutions possibles (fig. 9.53). En attribuant au hasard une valeur à chacun des paramètres d'entrée, Randomize génère un nombre spécifié d'options de conception.

Elle est recommandée pour explorer rapidement des alternatives de conception lorsqu'on ne sait pas encore quelles métriques seront optimisées.

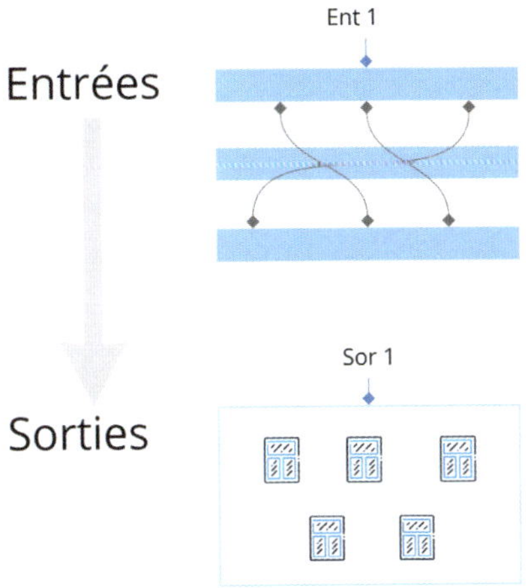

Fig. 9.53

Produit croisé

Avec cette méthode, on répartit uniformément les valeurs dans les plages. Elle permet d'expérimenter différentes combinaisons de variables. Les valeurs sont régulièrement espacées pour générer un nombre déterminé de résultats (fig. 9.54).

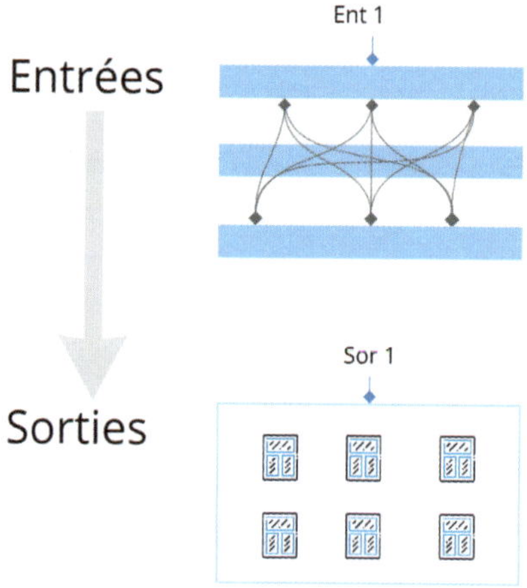

Fig. 9.54

Like This (comme ceci)

Avec cette méthode, on explore les variations d'un résultat choisi : les variables à modifier sont sélectionnées et une valeur de départ pour chacune d'elles est spécifiée (fig. 9.55). Lors de la création des résultats, les valeurs obtenues seront à moins de 20 % (plus ou moins) de la valeur de départ, sans dépasser la fourchette minimale ou maximale indiquée pour cette variable.

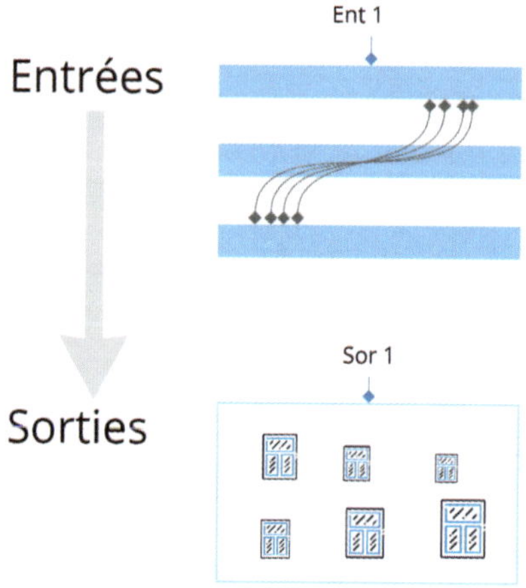

Fig. 9.55

Comment en savoir plus sur le processus de conception générative dans Revit 2021 ?

La conception générative est un palier dans le parcours d'apprentissage de Dynamo. Vous devez d'abord apprendre à produire et déboguer des scripts avant de décider de les utiliser pour un processus génératif.

Pour vous aider à poursuivre votre apprentissage sur les différentes techniques de conception générative avec Revit, nous vous recommandons de consulter le site (en anglais) mis en place par Autodesk (fig. 9.56) :

https://www.generativedesign.org/

Il contient une application complète pour l'ensemble du processus de conception générative avec Dynamo et Revit 2021, des explications détaillées sur le processus et surtout de nombreux exemples.

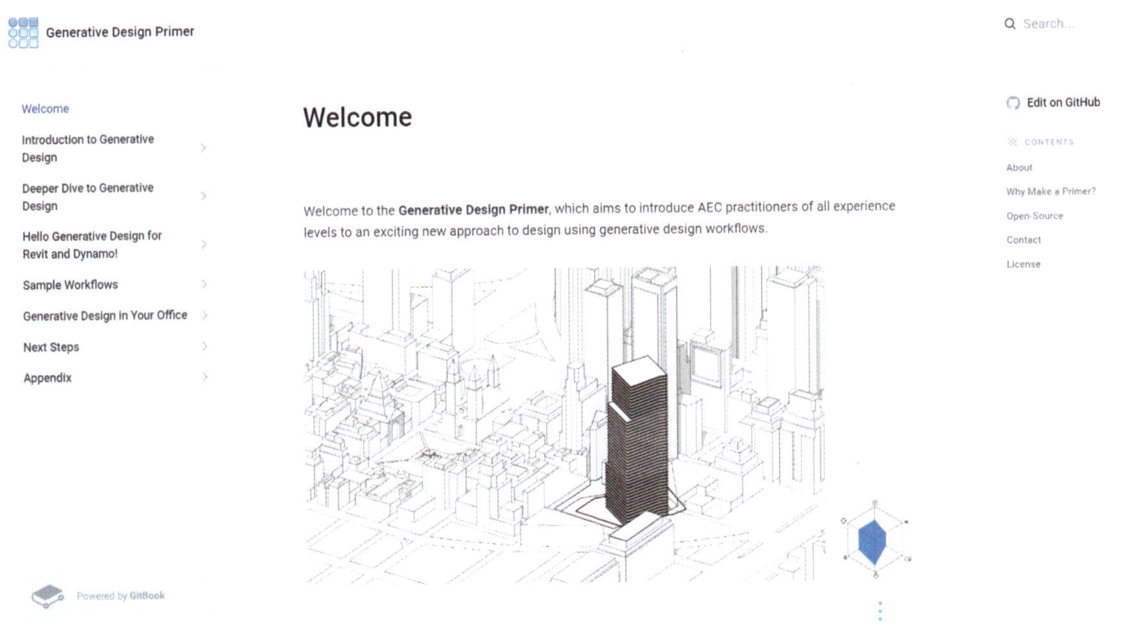

Fig. 9.56

Index

N

EDITIONS
LE MONITEUR
Une marque du groupe
INFOPRO digital

Le groupe Infopro Digital, certifié ISO 14001,
est engagé dans une démarche environnementale.
Cet ouvrage est imprimé en France sur un papier issu de forêts gérées durablement.

Achevé d'imprimer en avril 2022 sur les presses SEPEC,
sous le numéro 17444220408.
"les Bruyères", 01960 Péronnas France
Dépôt légal : avril 2021

IMPRIM'VERT®

PEFC™ 10-31-3532 / Certifié PEFC / Ce produit est issu de forêts gérées durablement et de sources contrôlées. / pefc-france.org